1 MONTH OF
FREE
READING

at
www.ForgottenBooks.com

By purchasing this book you are eligible for one month membership to ForgottenBooks.com, giving you unlimited access to our entire collection of over 1,000,000 titles via our web site and mobile apps.

To claim your free month visit:
www.forgottenbooks.com/free961508

ISBN 978-0-260-64248-6
PIBN 10961508

L'AMI DE LA RELIGION

ET DU ROI,

JOURNAL ECCLÉSIASTIQUE,

POLITIQUE ET LITTÉRAIRE.

*Videte ne quis vos decipiat per philosophiam
et inanem fallaciam.* · Coloss. II, 8.
Prenez garde qu'on ne vous séduise par les faux
raisonnemens d'une vaine philosophie.
ANNALES CATHOLIQUES.

TOME CINQUANTE-NEUVIÈME.

Chaque volume 7 francs et 8 francs franc de port.

PARIS.

LIBRAIRIE ECCLÉSIASTIQUE D'ADRIEN LE CLERE ET Cᵉ,
IMPRIMEURS DE N. S. P. LE PAPE ET DE MGᴿ L'ARCHEVÊQUE,
quai des Augustins, n° 35.

—

1829.

TABLE

DU CINQUANTE-NEUVIÈME VOLUME.

(4)

Fin de la Table du cinquante-neuvième volume.

†‡

L'AMI DE LA RELIGION

ET DU ROI.

Instruction pastorale de M. l'évêque de Chartres sur les progrès de l'impiété et sur ses outrages directs et récens envers la personne du Sauveur des hommes (1).

Cette Instruction pastorale, qui est datée du 2 février dernier, est encore une honorable et vigoureuse réclamation de l'épiscopat contre les maux de la religion et l'audace de l'impiété. Malheureusement les bornes de ce journal ne nous permettent d'en citer que de courts extraits. Le prélat commence par exposer les efforts du génie du mal :

« Jamais, nos très-chers Frères, on n'a vu sur la terre un mouvement des esprits aussi effrayant que celui qu'on remarque en ce moment parmi nous. Jamais la créature ne s'est élevée aussi orgueilleusement contre son créateur. Ce Dieu souverain a mis dans toutes les ames l'empreinte de sa lumière, le témoignage de sa grandeur; il s'y est ménagé des intelligences que la plus profonde perversité peut seule méconnoître. De là ces hommages universels, ce cri d'amour sorti de tous les cœurs, et que la reconnoissance des peuples offroit au père, au bienfaiteur, au maître souverain de la société humaine ; de là la déférence pour toutes ces lois et ces clartés intérieures qui nous découvrent l'usage et les limites de notre raison, l'impuissance de notre être, l'égarement prodigieux d'une ame assez aveugle pour penser que l'homme, en qui tout est d'emprunt, a des droits à une indépendance sans bornes, semblable à celle de Dieu même. Comment ne pas voir que ce sentiment de toutes les nations et de tous les âges est l'indice de la lumière qui doit nous conduire, la trace de ses rayons, et que le soulèvement forcené d'un petit nombre d'esprits qu'on voit dans un siècle seul fouler aux

(1) In-8°, prix, 1 fr. franc de port. A Paris, chez Adrien Le Clere et compagnie, au bureau de ce journal.

pieds toutes les notions reçues, ne prouve que leur délire impie et lamentable ? Tel est cependant, N. T. C. F., le triste déchaînement dont nous sommes témoins. La France, qui n'a pas sans doute rompu toute alliance avec les générations passées et avec les autres peuples du monde, ne désire au fond que d'acquitter la dette de toute créature et d'être fidèle à son Dieu ; mais il s'est élevé au milieu d'elle quelques sophistes avides, les uns de bruit, les autres de pouvoir, qui veulent à tout l'arracher à elle-même, à sa foi, à ses vertus antiques. Peu considérables par leur nombre, ils sont très-formidables par les facilités merveilleuses qu'il savent trouver et par une profondeur de corruption sans exemple. Leurs doctrines, reproduites sous mille formes, vont s'offrir incessamment à tous les esprits, les consternent ou les enivrent. La vérité, la sagesse, la religion, la loyauté ancienne, toujours vivantes au sein de la France, veulent en vain élever la voix ; des milliers d'impostures, de dérisions, de calomnies atroces, étouffent à l'instant cette voix auguste......

» On voit les sources mêmes qui devroient être les plus pures répandre les doctrines empoisonnées, fatales à la foi, destructives de la morale. Des chaires élevées par une autorité protectrice de la religion et des mœurs étendent les ravages et grossissent le cours de ce torrent. C'est de là que partent des traits mortels contre la foi de nos pères. On y joint, il est vrai, quelques signes de respect, on rend à la religion quelques hommages ; mais ces correctifs insuffisans, et ces contrepoids, dont on semble avoir exprès calculé la foiblesse, ne servent qu'à rendre plus meurtriers des coups dont un ménagement politique a seul ralenti la violence. C'est dans ces écoles qu'on entend avancer *que la réflexion ne doit pas être subordonnée au symbole*, c'est-à-dire que la réflexion a droit de juger des dogmes qui nous viennent d'une autorité divine, qu'elle peut par conséquent les combattre et les nier ; ce qui est le renversement de la foi par sa base même.

» C'est là qu'on apprend que la religion est très-peu propre à développer le génie et à former de grands hommes, parce que *la religion à pour essence de faire prévaloir dans la pensée l'idée de l'infini, de l'absolu, de l'invisible, de la mort, de l'autre vie*, parce que *Dieu est tout dans la religion*. Décision flétrissante pour notre foi, mais qui heureusement ne peut nous humilier, tant elle choque audacieusement la raison et l'histoire. Comme si une doctrine qui agrandit et perfectionne toutes nos facultés pouvoit en arrêter le noble essor ; comme si la religion, en mettant nos obligations d'état au premier rang de nos devoirs, n'enflammoit pas le zèle de tout chrétien, du prince, du magistrat, du guerrier, pour l'accomplissement de la tâche obscure ou éclatante qui lui est prescrite ; comme si les saint Louis, les Duguesclin, les Suger, les Vincent de Paul, les Bossuet, des milliers de noms qu'il seroit trop superflu d'accumuler ici, n'avoient pas brillé dans le monde et forcé l'admiration des siècles ; enfin, comme s'il étoit nécessaire d'être un athée ou un matérialiste pour être un grand homme.

» C'est là qu'on représente la religion comme un enthousiasme où le raisonnement n'a point de part, qu'on lui fait faire constamment une figure triste, honteuse ; qu'on la traîne à la suite de l'industrie, du commerce, de la chimie, de la sculpture, et qu'on rabaisse en mille manières ce sentiment, le plus sublime de tous, puisqu'il nous élève jusqu'à Dieu et nous unit à la perfection souveraine. C'est là, qu'après avoir fait un partage bizarre et fantasque des temps et des lieux, on range toujours la religion du côté où se trouve les idées étroites, l'ignorance, la foiblesse, l'incapacité; qu'on immole à son plus cruel adversaire, au moderne philosophisme, dont on célèbre les triomphes avec des transports qui tiennent du délire poétique; en un mot, c'est là qu'on ne jette dans les esprits, au sujet du christianisme, que des impressions d'indifférence, d'incrédulité, de dédain ou de mépris. »

M. l'évêque de Chartres cite quelques exemples de la morale perverse qu'étalent audacieusement dans leurs écrits les régulateurs de l'opinion. Il en vient ensuite au livre de Salvador, dont toutefois il ne prononce pas le nom, et s'étonne qu'au milieu d'une nation chrétienne, on ait osé traduire de nouveau en jugement le Fils de Dieu, et déclarer légale sa sentence de mort :

« Voilà donc ce qui vient d'être imprimé et proclamé hautement au sein du royaume très-chrétien; et remarquez-le, N. T. C. F., on insiste sur tous les détails d'une effroyable procédure, comme pour inculquer, pour prolonger le blasphème, et pour faire, en quelque sorte, avaler goutte à tous les enfans de l'Evangile cette espèce d'affreux breuvage.

» Est-ce là respecter une religion qui a tant de titres? Quoi! compter tous les coups qu'on a portés à celui en qui les chrétiens voient un Dieu, et à chaque marque nouvelle d'une fureur barbare, dire : *Cela est bien, on ne pouvoit mieux exécuter la loi*; n'est-ce pas faire aux disciples de cette religion le plus douloureux, le plus sanglant outrage? Combattre un dogme isolé de leur foi, c'est une erreur qui les contriste; mais attaquer publiquement l'objet direct et personnel de leur adorations, n'est-ce pas l'oubli et la violation de leurs droits les plus sacrés? Où est donc la Charte? Où est la protection qu'elle assure au christianisme? Seroit-il permis d'aller dire à un fils, profondément convaincu de l'innocence et des vertus sublimes d'un père cruellement immolé, que celui-ci a été tué *légalement*. Regarderoit-on comme le protecteur de cet enfant désolé celui qui trouveroit bon qu'on le forçat à entendre l'approbation froide et méthodique d'un supplice qui lui auroit arraché ce qu'il avoit de plus cher au monde? Mais quoi! les rapports de la créature envers son Dieu ne sont-ils pas mille fois plus tendres et plus étroits que ceux d'un fils envers l'auteur de ses jours? La Charte a-t-elle donc quelque chose de sérieux, peut-on dire qu'elle appuie et favorise la religion des chrétiens, si elle permet qu'on remplisse leur ame d'une douleur inexplicable en outrageant ce que leur foi a de plus saint et de plus intime? Cette religion est cependant la religion de l'Etat, c'est-à-dire, qu'elle est la croyance publique, authentiquement avouée; de plus, elle est réellement professée par la presqu'universalité des Français. N'est-ce donc pas offenser et blesser au cœur la nation entière que de traîner encore son Dieu devant le tribunal des hommes, et de l'y couvrir d'une nouvelle ignominie? »

Mais ce n'est pas seulement sur le jugement de J. C. que Salvador s'égare :

» Cet adversaire de l'Homme-Dieu est un athée à la manière de Spinosa. Voulez-vous vous en convaincre? Ecoutez ses paroles : « Le prin-
» cipe, *on doit distinguer deux choses, l'univers matière et Dieu,* quoi-
» qu'il offre deux abstractions des plus nécessaires dans la pratique,
» n'a pourtant qu'un rang secondaire. Dieu, sous ce rapport, n'est pas
» la plus grande pensée à laquelle puisse arriver l'homme ; il ne repré-
» sente qu'une subdivision de l'unité infinie, de cet être universel et
» éternel, à la fois actif et passif, qu'Abraham et Moïse appelèrent Jé-
» hova. » Vous le voyez, la distinction de l'univers-matière et de Dieu
n'est bonne que dans la pratique ; dans la spéculation et dans la réalité, la matière et Dieu ne composent ensemble qu'un tout qui forme
l'Etre éternel. Dieu ne représente qu'une subdivision de cet Etre éternel
et universel. Que suit-il de là ? C'est que Dieu n'est plus qu'un être
borné, qu'il n'est, aussi bien que la matière, qu'une portion de l'unité
infinie, en un mot, qu'il n'est plus Dieu : doctrine qu'il répète vingt
fois ailleurs, et qu'on peut regarder comme plus absurde encore que le pur
athéisme.

» Vous jugez aisément que, dans ce système, le gouvernement théocra-
tique d'Israël s'évanouit. Moïse, dont l'auteur réduit tous les miracles à des
effets naturels, ne pouvoit consulter Dieu ou Jéhovah, puisque Jéhovah
n'est, suivant lui, que l'univers, l'ensemble des êtres. Aussi, quoique l'E-
criture dise en cent endroits que Moïse parloit au nom de Dieu, portoit au
peuple les réponses, les oracles de Dieu, cet écrivain prétend qu'il faut entendre que le fameux législateur n'étoit inspiré que par son génie, par le
sentiment de l'utilité publique, par une certaine conscience de la volonté
générale. De sorte qu'au lieu de nous laisser la croyance où l'on est depuis
trois mille ans, que Moïse étoit le ministre du vrai Dieu, l'exécuteur de ses
volontés, il fait de ce saint homme une espèce de spinosiste et un républicain plus outré que les plus violens démagogues de 93.

» Que fait-il donc de l'histoire, de tous les monumens, des règles du
langage, d'une évidence pareille à la clarté du jour? Il n'en tient pas le
moindre compte. Oui, N. T. C. F., si nous employions pour défendre la
religion la millième partie des vaines subtilités, des inductions pitoyables,
des contes rabbiniques dont cet auteur fait usage, l'indignation seroit au
comble et avec raison ; et ce livre est cependant exalté et vivement recommandé par un certain parti. A quelles intentions ? Nous vous révélerons
dans un instant cet effroyable mystère.

Ce qui révolte justement au sujet du même ouvrage, ce
sont les éloges que lui ont donnés quelques journaux. Il rappelle quelques traits de leur mauvaise foi sur d'autres points,
et ne se dissimule pas que tant d'efforts tiennent à un plan
général et bien alarmant :

« Hélas! se pourroit-il qu'elle ne comprît pas, cette patrie infortu-
née, qu'au milieu d'un débordement si horrible d'impiété, elle doit for-

tifier et non affoiblir le principe religieux, seule digue élevée contre ce torrent? Et cependant la religion voit tomber tous les jours quelqu'un des foibles appuis qui l'aidoient à se soutenir. Ils ne tiennent pas contre les menaces et les cris forcenés de son ennemie. Qui sait ce qu'elle médite encore pour augmenter, au moyen des fables et des prétextes les plus grossiers, les embarras et le trouble qu'elle a jetés dans le camp du Seigneur? Quel triste ascendant ne se donnent pas ses ardens sectateurs! Spectacle inouï jusqu'à nos jours : les hommes les plus déclarés contre Dieu, qui aient peut-être jamais paru sous le ciel, s'entremettent publiquement et avec un air d'empire de toutes les affaires qui ont rapport au culte de Dieu. Ils prétendent s'en rendre maîtres absolus. L'athéisme surveille la foi, la contrôle, la cite tous les jours à son tribunal; il envoie de toutes parts des émissaires qui traversent son action sainte, qui ont charge de ramasser des calomnies, de grossir les torts les plus légers et les plus inévitables dans toutes les professions; il fait ensuite un corps de ces minuties et de ces faussetés. Il les publie à la face de la France avec un grand air de scandale, et donnant ainsi une fausse voie à l'indignation des peuples qu'il mérite si bien, il la fait retomber sur les objets naturels et sacrés de leur vénération et de leur confiance.

» Mais voici le grand ressort que ses agens mettent en œuvre. Ils ont créé cinq à six fantômes, très-futiles en eux-mêmes, mais qui, à force d'être reproduits, frappent vivement les imaginations, et prennent enfin quelque consistance. Ils désignent ces fantômes par les noms de parti-prêtre, de mysticisme, de théocratie, de domination, d'avarice du clergé, d'obscurantisme et d'ignorance. Or il est de mon devoir de vous faire connoître les réalités qu'ils cachent sous ces déguisemens. Sachez-le donc, et retenez-le bien, N. T. C. F.

» Tout ce qui n'est pas athée d'opinion ou de pratique, voilà leur parti-prêtre. Tout ce qui croit que les hommes ont une ame, et ne sont pas anéantis comme la brute, voilà leurs enthousiastes et leurs mystiques. Tout peuple qui a des prêtres, comme il a des guerriers, des magistrats, des laboureurs (ordre de choses qui a existé toujours et partout); voilà leur théocratie. Le zèle contre les vices et l'erreur que montrent les ecclésiastiques, lesquels au reste sont plus étrangers parmi nous à toute administration civile qu'ils ne l'ont été dans aucun temps ni dans aucun lieu; voilà la domination des prêtres. La persuasion où sont ceux-ci que la nation ne fait rien que de juste en leur fournissant le nécessaire, comme elle entretient tous ceux qui servent le public, et que de plus ce n'est pas sans titre qu'ils reçoivent le sixième des biens qui furent, il y a quarante ans, violemment enlevé à l'Eglise; voilà la cupidité insatiable des ministres sacrés. Ecoutez encore, N. T. C. F., les hommes qui, rejetant les folles idées de ces docteurs de mensonge, pensent comme les Bossuet, les Labruyère, les Corneille, les Fénelon et une foule d'autres génies supérieurs; voilà leurs ignorans et leurs esprits foibles. Des sophistes qui seront oubliés dans cinquante ans, et qui ne savent que reproduire et colorer avec quelque art les dogmes insensés ou atroces de la révolution; voilà leurs grands hommes...

» Nous ne pouvons omettre ici un exemple des prétentions de l'impiété, qui nous regarde personnellement. Au sujet des ordonnances du 16 juin, que nous avons discutées dans le temps, nous avons éprouvé des embarras que nos réflexions, rendues publiques, vous ont fait aisément présumer. Heureusement, les lois existantes nous ouvroient une voie où ces difficultés ne se montroient plus, et nous nous sommes empressé d'y entrer. En suivant leurs dispositions, nous avons pris un parti qui assure la continuité et la prospérité de l'éducation cléricale dans notre diocèse. Quel moyen de blâmer cette conduite? Et un Français, un homme public donne-t-il prise à la malignité même la plus aveugle, quand les lois et la Charte sont ses guides et son égide? Cependant un de ces journaux athées ou fauteurs d'athéisme, qui se rendent les inspecteurs arrogans et despotiques de nos fonctions, n'a pas craint de nous censurer avec le ton moqueur et outrageux, familier à ces écrivains envers les ministres d'un Dieu qu'ils voudroient bannir de la société humaine. Vous jugez sans peine combien peu nous avons été touché de ces insultes. La pureté de nos motifs, que Dieu connoît, et dont nous savons que vous ne doutez pas vous-mêmes, nous élève au-dessus de semblables attaques. Pour vous, N. T. C. F., soutenez notre foiblesse par vos prières, et demandez à Dieu qu'il nous continue ses miséricordes et les bénédictions dont il a daigné accompagner jusqu'à ce jour les effets de notre sollicitude. »

Le prélat termine son Instruction pastorale par un exposé précis et rapide des grandes preuves des points principaux de la religion. Ce morceau, utile pour affermir la foi des uns, le sera surtout pour éclairer l'ignorance et pour dissiper les doutes des autres.

Dans le dispositif, M. Clausel de Montals renouvelle son Ordonnance du 25 décembre 1825, par laquelle il recommandoit aux fidèles de s'abstenir de la lecture de tout écrit contraire à la religion et à la morale. Il les exhorte à multiplier leurs prières et leurs bonnes œuvres pour réparer les outrages publics faits à Notre-Seigneur. A cette intention, les prêtres réciteront pendant trois mois, à la messe, les oraisons *Pro reparatione injuriarum Christo illatarum*. Les fidèles sont invités à prier d'une manière spéciale, et avec le plus grand zèle, pour l'affermissement de la religion en France, pour le Roi et la famille royale, et pour la tranquillité et la prospérité du royaume.

Cette Instruction pastorale du respectable évêque est un nouveau service rendu à la religion; solide, pleine de nerf, dictée par un sentiment profond de religion, elle est partout empreinte de cette chaleur de zèle qui sied si bien à un évêque à la vue des maux de l'Eglise.

NOUVELLES ECCLÉSIASTIQUES.

Rome. M. François-Marie Fenzi, patriarche de Jérusalem, est mort dans cette capitale le 9 janvier dernier. M. Fenzi étoit né à Zara, d'une famille noble, le 24 mars 1738. Il devint archevêque de Corfou, du rit latin, le 20 septembre 1779, donna sa démission en 1816, et fut créé patriarche de Jérusalem dans le consistoire du 23 septembre, de la même année. Il étoit parvenu à l'âge de près de 91 ans, et étoit le doyen des évêques du monde catholique.

— Louis Fortis, général de la compagnie de Jésus, est mort le 27 janvier, d'une maladie de poitrine; il étoit âgé de 81 ans, et laisse après lui une grande réputation de sagesse et de piété. C'est lui qui défendit, il y a quelques années, d'enseigner sept propositions qui étoient comme la substance d'un système nouveau. On a nié le fait; mais il est notoire, dans toutes les maisons de la société, que la circulaire y a été envoyée, et il n'est aucun Jésuite qui n'en ait eu connoissance. Par une lettre en forme de codicile, le Père Fortis a nommé le vicaire qui doit le remplacer jusqu'à l'élection de son successeur, laquelle ne peut avoir lieu avant trois ou quatre mois, à cause de l'éloignement d'un grand nombre de membres. Ce vicaire-général est le le Père Vincent Pavani, déjà provincial de la société pour l'Italie, homme estimé pour ses vertus, ses lumières et sa capacité.

Paris. Deux ordonnances du Roi, du 18 janvier, sont relatives aux écoles secondaires ecclésiastiques. L'une porte que les évêques dont les écoles ont été autorisées enverront annuellement l'état des élèves désignés par eux pour jouir des demi-bourses. Une autre ordonnance augmente pour 16 diocèses le nombre d'élèves fixé par l'ordonnance du 26 novembre dernier, les prélats ayant réclamé cette augmentation. Ainsi le contingent du diocèse d'Autun sera porté de 360 à 380, celui de Beauvais de 300 à 340, celui de Dijon de 230 à 250, celui de Langres de 200 à 220, celui de Luçon de 240 à 260, celui de Nevers de 160 à 185, celui de Nîmes de 180 à 200, celui d'Orléans aussi de 180 à 200, celui de la Rochelle de 120 à 150, celui de Rodez de 100 à 164, celui de St–Flour de 150 à 200, celui de Strasbourg de 300 à 330, celui de Valence de 200 à 230, celui de Verdun de 160 à 210, et celui de Viviers de 130 à 210.

— Les élèves du grand séminaire de Poitiers désiroient depuis long–temps de rendre un hommage solennel à la croix de Migné, et s'ils n'ont pas cru qu'il leur convînt de prendre l'initiative d'une telle démarche, ils ont jugé du moins qu'ils pouvoient faire leur offrande après le Mandement de leur évêque, et après les exemples donnés par les villes de Lille, de Beauvais et d'Avignon. Ils ont donc résolu d'offrir un ostensoir, comme un monument de leur dévotion pour la croix ; sur le pied de cet ostensoir, qui est en argent, on voit en relief une croix de vermeil, et autour cette inscription : *In cruce D. N. Jesu Christi divinitùs apparente anno 1826, gloriantes seminarii Pictaviensis alumni. Oblatum anno 1829.* Une pieuse dame a voulu joindre à l'ostensoir une couronne enrichie de perles. La fête de la purification de la sainte Vierge a été choisie pour aller porter l'offrande. Le temps a favorisé cet édifiant pélerinage, auquel s'étoit joint un nombreux concours de fidèles. M. l'abbé Meschain, grand–vicaire et supérieur du séminaire, prononça un discours relatif à la cérémonie. On remarqua à la communion un général d'un nom cher à la Vendée, qui vint s'asseoir à la table sainte, et donna l'exemple de cette piété, qui s'allie si bien avec l'honneur et le courage. Les séminaristes arrivèrent à Migné vers les deux heures après midi ; ils se prosternèrent au pied de la croix du jubilé, en chantant *O Crux, ave.* Le saint sacrement fut exposé dans l'ostensoir, on chanta un cantique à la croix, et M. l'abbé Samoyault, directeur du grand séminaire, adressa aux fidèles quelques paroles vives et touchantes. Immédiatement avant la bénédiction, il prononça en chaire une amende honorable au saint sacrement, et un acte de consécration à la croix. Cette cérémonie a laissé dans tous les cœurs une forte impression de piété.

— Nous avons parlé des poursuites dirigées contre l'*Aviso de la Méditerranée,* pour outrages envers un ministre de la religion de l'Etat. L'affaire a été portée le 26 janvier à l'audience du tribunal correctionnel de Toulon. M. Colle, avocat, a plaidé pour M. Marquézy, aussi jeune avocat, gérant de l'*Aviso*. C'est ce M. Marquézy qui paroît avoir créé ce petit journal, et qui y prêche le libéralisme avec toute la ferveur d'un jeune adepte. Le meilleur moyen de servir la cause est de tourner en ridicule la religion et ses ministres. M. Marquézy avoit assez bien commencé sous ce rapport, il s'étoit permis des plaisanteries sur le curé de la Crau. Pour les excuser, M. Colle en a fait de nouvelles, dont quelques-unes assez impertinentes. Dans un plaidoyer de deux heures et demie, il a répété de mauvais quolibets qui traînent depuis long-temps dans les *Ana*. M. de Gombert, procureur du Roi, qui a soutenu la prévention, a déploré la licence de la presse; il s'est plaint surtout des journaux des départemens, qui, fidèles auxiliaires des feuilles révolutionnaires de la capitale, non-seulement répandent des opinions politiques fort exagérées, mais cherchent à affoiblir parmi le peuple le respect pour la religion et les idées d'ordre et d'obéissance. Ces journaux, a ajouté le magistrat, sont parvenus à un tel degré de *dévergondage*, qu'il n'est presque plus possible d'en arrêter le cours, et leur influence s'étend chaque jour en raison de l'impunité. Venant aux faits de la cause, le magistrat a présenté le rédacteur de l'*Aviso* comme écrivant sous la dictée d'une faction impie. On a prétendu qu'il n'avoit fait que plaisanter; c'est avec ces plaisanteries qu'on a ébranlé, il y a quarante ans, la religion et la monarchie. D'ailleurs, la réflexion qui termine le premier des deux articles de l'*Aviso* est non-seulement diffamatoire, mais empreinte d'une gravité qu'on ne peut caractériser. Enfin le fait est faux, comme le prouve le certificat de l'adjoint de la Crau. Le gérant de l'*Aviso* n'a donc voulu que faire du scandale; il n'en vouloit pas seulement à M. Giraud, curé de la Crau, mais à tous les prêtres, et dans une lettre à M. de Lasálle sur cette affaire, il s'exprime avec une ironie et une arrogance qui aggravent ses torts. Ces sages réflexions de M. de Gombert ont échoué devant le tribunal, Marquézy a été acquitté, et pourra continuer son système de diffamation. Le procureur du Roi a appelé devant la cour royale d'Aix.

— Le 31 janvier, Jean Richard, condamné à mort pour assassinat, par la cour d'assises de Saintes, a été exécuté à la Rochelle. Il étoit né à Saumur, et étoit âgé de 40 ans.

. Il arriva à la Rochelle la veille de l'exécution, et passa
presque toute la nuit avec M. l'abbé Jouslin, qui l'a assisté
avec une extrême charité. A midi, Richard monta dans
le chariot; le jeune ecclésiastique se plaça à côté de lui
sur le banc, et lui adressa des exhortations. Le patient
prioit à mi-voix, et regardoit à peine la foule. Devant
chaque église, il se levoit, on lui ôtoit son chapeau, et
il prioit plus haut. Il fit une dernière station devant l'é-
glise Notre-Dame, et pria avec ferveur. Arrivé au lieu du
supplice, le vertueux prêtre embrassa Richard, qui monta
les degrés avec fermeté, fit une dernière prière, et adressa
à la multitude un petit discours, dans lequel il demanda
pardon de ses crimes, et pria les assistans de le lui accorder. Le bourreau, lui voyant tant de résignation, ne l'at-
tacha même pas.

NOUVELLES POLITIQUES.

PARIS. Tous les organes de la révolution se récrient avec force sur ce que,
dans le projet de loi pour l'organisation municipale, on paroît vouloir laisser un souffle de vie au clergé de France. C'est une concession qu'ils
trouvent énorme et incompatible avec le désir qu'ils ont de sauver la
patrie. Le *Globo* se demande avec effroi ce qu'on veut faire de cette
légion de prêtres. A notre tour, nous demandons quel bien elle peut
faire, et quel mal elle peut empêcher au milieu des légions révolutionnaires, qui vont plus que jamais gouverner l'Etat. Le clergé est donc
réduit maintenant à concourir aux élections des conseils municipaux, et
on trouve encore que c'est trop.

— Le *Constitutionnel* connoît un impôt plus scandaleux, plus détes
table, mille fois pire enfin que la ferme des jeux et la loterie royale;
c'est celui que l'entreprise des inhumations de Paris lève sur les morts.
Il se compose de deux parties, dont l'une est purement industrielle, et
par conséquent à l'abri de tout reproche; mais l'autre est un revenu de
fabrique, un profit d'église, et par conséquent une branche gourmande,
qu'il faut couper au plus vite. A en juger par la chaleur avec laquelle
MM. du *Constitutionnel* insistent sur le prompt redressement de cet abus,
on diroit qu'ils se croient menacés de mourir, et qu'ils sentent le moment approcher. S'il en est ainsi, que Dieu leur fasse miséricorde; mais
que l'entreprise des inhumations ne leur fasse point de grâce!

— Dans son dernier ouvrage, M. de Bonald manifeste de vives inquiétudes au sujet des enfans trouvés et de la mendicité, qui commencent à écraser la France de leur double charge. Or voulez-vous savoir
ce que le *Journal des débats* conclut des sages réflexions que l'auteur

publie là-dessus ? Il en conclut que le noble pair *a voué une haine immense aux temps et aux institutions modernes.* Ainsi prenez-en votre parti, les enfans trouvés et la mendicité sont des bénéfices de notre temps qui font partie du beau idéal de nos institutions modernes.

— S. A. R. Madame, duchesse de Berri, qui ne cesse de donner des marques de sa sollicitude à l'arrondissement de Dieppe, ayant eu connoissance, par M. le sous-préfet, du naufrage du batiment pêcheur *l'Adolphe,* qui a péri corps et biens dans la nuit du 4 janvier dernier, et informée que les neuf malheureux composant l'équipage laissoient plusieurs veuves et orphelins dans la misère, a daigné faire remettre à ce magistrat une somme de 500 fr. pour leur être distribuée.

— M. le vicomte Harmand d'Abancourt, conseiller-maître à la cour des comptes, est nommé président en ladite cour à la place de M. le baron Brière de Surgy, décédé. M. Pernot, conseiller référendaire de première classe, remplace M. Harmand d'Abancourt dans sa place de conseiller-maître.

— Une ordonnance royale du 1er février porte que le traitement de réforme ne pourra être accordé qu'aux officiers qui auront complété leur huitième année de service.

— Par ordonnance royale du 18 janvier, les pensions aux frais du gouvernement, assignées à chaque collège-royal à pensionnat, sont fixées à trente-deux, indépendamment de celles qui sont réservées pour les écoles préparatoires instituées par l'ordonnance du 9 mars 1826. Ces trente-deux pensions sont réparties ainsi : pensions entières, dix ; trois-quarts de pension, douze ; demi-pensions, vingt-six. La réduction dans le nombre des bourses entières, résultant de cette répartition, s'effectuera à mesure des vacances.

— Les collèges électoraux de Trévoux (Ain), Rhétel (Ardennes), Marseille et Mont-de-Marsan, sont convoqués pour le 26 mars prochain, à l'effet d'élire chacun un député, en remplacement de MM. de Cauna et Lefebvre-Gineau, décédés ; Straforello et Bouchet, démissionnaires.

— M. Labbey de Pompières a déposé à la chambre une pétition d'un sieur Quiclet, tendante à signaler le retard que M. le garde-des-sceaux a apporté à prendre une décision sur la plainte contre M. Amy, président de la cour royale, au sujet de l'inscription de ce magistrat sur la liste électorale de 1827.

— Le *Moniteur* publie un avis du ministre des finances pour rappeler les dispositions de la loi qui exige que toutes les pétitions adressées aux ministres, aux administrations, et à toutes les autorités, soient sur papier timbré. Sont seulement dispensées de cette formalité les pétitions adressées aux chambres, ou les demandes de secours. Toutes autres pétitions faites sur papier non timbré seront regardées comme nulles.

— Avant de mourir, l'ancien directeur Barras a gratifié son valet de chambre d'une légère somme de cent trente mille francs. On peut conclure de là que la sévérité de nos Grecs modernes ne s'oppose point à ce qu'ils gagnent amplement leur vie au service de l'Etat. Il ne faut plus s'étonner si tant de gens se présentent pour administrer les affaires publiques, et si, d'un autre côté, parmi les nouveaux seigneurs qui vont en carrosse, il se rencontre parfois des valets de chambre.

— M. Louis Lefebvre-Gineau, membre de la chambre des députés, et ancien professeur de physique au collège de France, est mort le 3 février, à l'âge de 75 ans. On se rappelle qu'il avoit été frappé d'apoplexie il y a une quinzaine de jours, ce qui l'empêcha de présider la chambre comme doyen d'âge. Il étoit de l'Académie des sciences, et inspecteur-général des études. Il a eu beaucoup de part aux observations et aux calculs qui ont suivi et déterminé le nouveau système métrique. Il fut nommé membre du corps législatif par le département des Ardennes en 1807 et en 1813, envoyé à la chambre des représentans en 1815, et fut encore député aux dernières élections. Il siégoit au côté gauche.

— M. Jean-Baptiste Gail, membre de l'Académie des inscriptions, professeur au collège de France, et l'un des conservateurs des manuscrits de la bibliothèque du Roi, est mort à Paris le 5 février. Il étoit né dans la même ville le 4 juillet 1755, et fut nommé en 1791 suppléant de Vauvilliers pour la chaire de grec au collège royal. Dans son ardeur pour l'étude de cette langue, il fit quelque temps un cours gratuit de grec. Lors des prix décennaux, il réclama très-vivement contre la décision du jury qui avoit donné le prix à M. Coray ; ce fut le sujet de quelques écrits. Le système et les opinions de Gail, sur le grec et sur les antiquités, ont rencontré des contradicteurs. Il a traduit un grand nombre d'auteurs grecs, et la collection de ses ouvrages sur le grec forme 33 vol in-4°, 28 in-8°, 13 in-18.

— Il faut que nos journalistes de Paris n'aient jamais rien vu, pour faire autant de bruit qu'ils en font au sujet de la mise en vente de deux ou trois nègres qu'ils ont remarquée dans les petites affiches de la Guadeloupe. Ignorent-ils donc qu'aux Etats-Unis, où l'on jouit de la liberté telle que l'entend leur bon ami M. de la Fayette, ces sortes de transactions ne cessent d'avoir lieu, et que les gens de couleur s'y négocient comme des effets de commerce ? Il est vrai que là on ne peut vendre un nègre que pour quatre-vingt-dix-neuf ans, et qu'à l'expiration de ce petit bail, il a le droit de se faire mettre en liberté par son juge de paix.

— M. le duc de Mortemart, ambassadeur de S. M. près la cour de Russie, est parti mercredi dernier pour Pétersbourg.

— La cour royale, sous la présidence de M. Séguier, a, dans son audience de mardi dernier, confirmé purement et simplement le jugement du tribunal correctionnel qui a condamné le libraire Alex. Baudouin à six mois de prison et 500 fr. d'amende, comme éditeur des *Chansons inédites de Béranger*. Le prévenu étoit défendu par M. Persil ; c'est M. l'avocat-général Bayeux qui portoit la parole dans cette affaire.

— M. Bois-le-Comte, qui a été chargé dernièrement d'une mission à Constantinople, est arrivé à Paris lundi dernier, avec des dépêches diplomatiques.

— Les journaux publient le traité conclu à Madrid le 30 décembre dernier entre la France et l'Espagne pour la dette de cette dernière. Il est signé de MM. de Saint-Priest, ambassadeur de France, et Salmon, ministre espagnol des affaires étrangères. Les ratifications ont eu lieu peu de jours après. Le roi d'Espagne s'est engagé à faire inscrire sur son grand livre de la dette publique, au nom du trésor royal de France, un capital provisoire de 80 millions, portant intérêt de trois pour cent à partir du 1er janvier 1829, payables à Paris de six mois en six mois. Il sera payé en outre par semestre une somme de 1,600,000 fr. destinée à être amortie. Un an après les ratifications, les deux gouvernemens régleront définitivement leurs réclamations réciproques, et la créance de 80 millions sera augmentée ou diminuée s'il y a lieu.

— Mad. la maréchale princesse d'Eckmuhl vient d'obtenir, sur le ministère de la guerre, une pension de 10,000 fr.

— La princesse de Carignan, née de la Vauguyon, veuve du prince de Carignan, maréchal-de-camp, mort il y a quelques années, vient de périr, à l'âge de quarante ans, de la manière la plus malheureuse. Cette dame, lisant le soir auprès de sa cheminée, le feu a pris à ses vêtemens. En se sauvant, le mouvement a augmenté l'incendie, et elle est morte à moitié consumée.

— Un beau portrait du Roi vient d'être donné par le ministre de l'intérieur à la ville d'Auch. La ville d'Agen a reçu en même temps un portrait en pied de S. M.

— Un vol d'une hardiesse extraordinaire a été commis, le dimanche 8, à l'église paroissiale de Mont-de-Marsan. La messe de onze heures venoit de finir, la sacristie étoit fermée, et la clef avoit été posée dans une cachette de l'église. Le voleur, qui connoissoit bien, à ce qu'il paroît, les localités, s'est emparé de cette clef et a pénétré dans la sacristie. Là il a fait choix de celui des ornemens sacerdotaux qui avoit le plus de prix, et a disparu sans que personne l'ait aperçu. On n'a pu encore découvrir le coupable.

— Un violent incendie vient de réduire en cendres les habitations de quatre cultivateurs de la commune d'Haugard, canton de Mareuil (Somme). Les récoltes et les bestiaux ont été détruits. Une souscription a été ouverte à Paris pour les incendiés.

— On écrit de Toulon que le dey d'Alger, ayant consenti à traiter avec le consul français à Tunis, M. de Lesseps, celui-ci avoit en conséquence demandé les autorisations nécessaires. Son fils est chargé de lui porter la réponse du Roi; il est dans ce moment à Toulon, et va s'embarquer pour Tunis. On assure que les dépêches dont M. de Lesseps fils est porteur donnent à son père les autorisations nécessaires; mais on craint bien que le dey ne veuille seulement que gagner du temps.

— La peste s'étant manifestée à Calavrita et à Vrachura en Achaïe, le général Hygonet s'y étoit aussitôt rendu de Patras avec des troupes, et avoit formé un cordon sanitaire autour de deux bourgs infectés, ensuite les malades y ont été isolés; on a brûlé tous les meubles, tous les effets, et même les maisons où les accidens ont eu lieu.

— Le 2 février, l'église cathédrale de Saint-Pierre à Yorck, en Angleterre, a été réduite en cendres. Il paroît que ce temple protestant étoit éclairé par le gaz, et qu'une négligence de quelques gardiens a été la cause de cette catastrophe.

CHAMBRE DES DÉPUTÉS.

Le 9, après la lecture du procès-verbal, M. le président annonce la mort de MM. Lefebvre-Gineau et de Cauna, et donne lecture de lettres par lesquelles MM. André, de Wanghen, Legris-Lassalle, de Villequier et de Puymaurin demandent des congés pour cause de mauvaise santé.

Par une autre lettre, M. Aimé Martin donne sa démission de secrétaire-rédacteur. Un successeur sera nommé par la chambre en comité secret, sur une liste de trois candidats présentés par le bureau et les questeurs.

La chambre admet, sur le rapport de M. Pavée de Vandœuvre, M. Dumans, élu à Laval.

M. le ministre des finances a la parole pour présenter le projet de loi sur la dotation de la chambre des pairs, que l'on n'a pas eu le temps de discuter à la dernière session. D'après ce projet, les dotations héréditaires, montant à 1,784,000 fr., accordées par le Roi à des pairs, seront converties en inscriptions de rentes cinq pour cent, sans qu'aucune de ces dotations puisse excéder 12,000 fr. de rente. Ces rentes seront inaliénables et transmissibles au successeur à la pairie, si sa fortune ne s'élève pas à un revenu de 30,000 f. Les pensions dont jouissent actuellement des pairs ou d'anciens sénateurs, en vertu de l'ordonnance de 1814, ou leurs veuves, seront inscrites au livre des rentes viagères. Une rente de 120,000 fr. cinq pour cent sera inscrite au grand livre de la dette publique, pour être affectée aux pensions que le Roi a accordées ou accordera à des pairs ecclésiastiques. Il pourra être accordé, à des pairs qui auront rendu des services à l'Etat, une dotation par lettres-patentes de S. M.; vérifiées par les deux chambres. Les immeubles de l'ancien sénat seront réunis au domaine.

M. le ministre de l'intérieur monte ensuite à la tribune pour présenter les deux projets de loi municipaux. Il lit d'abord un fort long exposé des motifs, M. de Martignac repousse les accusations de ceux qui reprochent au ministère d'abandonner les prérogatives de la couronne et l'autorité royale; il montre la France s'attachant de plus en plus aux institutions libres, et demandant qu'elles soient non pas une simple forme ni une illusion, mais une réalité féconde. Il est indispensable, suivant S. Exc., d'accorder à la génération nouvelle une part dans les affaires du pays, un aliment pour sa patriotique activité.

M. Cuvier, commissaire du Roi, donne lecture en premier lieu du projet de loi *des communes,* qui contient cent quatre articles. Les communes sont urbaines ou rurales : les premières sont celles dont la population agglomérée s'élève à trois mille habitans, ou qui sont le siège d'un évêché, d'une sous-préfecture ou d'un tribunal. Les maires et adjoints de celles-ci sont nommés par le Roi; dans les communes rurales, ils sont nommés en son nom par le fonctionnaire qu'il délègue. Les maires ou adjoints devront avoir leur domicile réel dans la commune. Les conseils municipaux des communes rurales sont composés, suivant la population, de huit, douze ou seize membres, élus par une assemblée des notables de l'endroit. Les communes urbaines auront vingt conseillers choisis de même. On dressera, à peu près comme les listes du jury, une liste des notables contre laquelle on pourra se pourvoir. Les évêques, curés et desservans, et tous les fonctionnaires civils et judiciaires, font de droit partie des notables. Les assemblées de notables sont convoquées par les préfets et présidées par les maires. Les attributions des maires et des conseils, les dépenses et revenus des communes, sont déterminés, ainsi que ce qui regarde les emprunts, contributions, réparations, legs, actions judiciaires, et la réunion ou création d'une commune. Les conseils municipaux se réunissent annuellement sur la convocation du préfet. Toute délibération hors de cette réunion légale est nulle, illicite et punissable. Le Roi peut d'ailleurs prononcer la dissolution des conseils municipaux.

Un autre commissaire du Roi lit le second projet de loi, qui concerne les conseils d'arrondissement et de département. Les premiers sont composés d'autant de membres qu'il y a de cantons. Ces membres sont élus dans des assemblées de canton que convoque le Roi. Les conseils-généraux de département auront seize, vingt, vingt-quatre ou trente membres, choisis par les conseils d'arrondissement. Les uns et les autres sont convoqués annuellement par S. M., qui peut les dissoudre. Il y aura aussi des listes de citoyens les plus imposés pour ces différens conseils, et elles seront pareillement sujettes à réclamations. Le dernier article de ces deux projets de loi porte qu'il sera statué ultérieurement, à l'égard de la ville de Paris, par une loi spéciale.

M. le président donne acte de la présentation de ces projets, dont la lecture ne se termine qu'à six heures et demie, et produit beaucoup de sensation.

Le 10, la chambre admet MM. Lachèse et de Saint-Aignan. Une lettre de M. Partouneaux annonce qu'il ne peut se rendre encore aux séances. L'ordre du jour indique de nouvelles communications du gouvernement.

M. le ministre de l'intérieur annonce que, dans certains départemens, quelques divisions en arrondissemens ont été faites de manière à nuire aux intérêts des particuliers et aux communications de l'autorité. Pour y apporter les modifications nécessaires, S. Exc. présente vingt-six projets de loi relatifs à autant de départemens.

M. le ministre des finances présente un projet de loi tendant à proroger pendant six ans les droits existans sur la vente du tabac. Il fait observer que cet impôt, qui produit 45 millions par an, ou 2 fr. par livre, semble devoir être le dernier à dégrever.

M. Roy annonce ensuite que S. M. l'a chargé de présenter le projet de loi sur la pêche fluviale, déjà adopté l'année dernière par la chambre des pairs. M. Favard de Langlade lit l'exposé des motifs et le texte de cette loi.

M. le président propose à la chambre de délibérer sur ces différens projets dans l'ordre qu'ils ont été présentés, c'est-à-dire, de commencer par celui de la dotation de la chambre des pairs, ensuite les projets de loi municipaux.

M. Pelet de la Lozère demande que l'on renvoie à la même commission le projet de loi sur les communes, et celui sur les conseils d'arrondissement et de département. Il s'étonne d'ailleurs que, différemment de ce qui a eu lieu en 1789 et en l'an 8, on ait divisé cette matière en deux lois.

M. Lepelletier d'Aulnay combat cette proposition; il voit deux parties bien distinctes dans cet objet, et trouve qu'il est préférable de les examiner séparément. Il demande donc que, conformément au règlement, elles soient renvoyées à deux commissions.

M. le président met aux voix la proposition de M. Pelet de la Lozère. L'extrême droite et l'extrême gauche se lèvent pour son adoption ; les deux centres votent contre. Il y a doute. A la contre-épreuve, la proposition est rejetée.

Comme il faut quelques jours pour l'impression des différens projets de loi, et de leur exposé des motifs, la chambre ne se réunira dans ses bureaux pour leur examen préalable que le vendredi 13.

On ne nous laisse rien ignorer des démarches de M. Dumonteil et de celles de ses amis en sa faveur. Aujourd'hui , c'est M. Isambert qui se remue pour lui. Cet avocat a écrit , à M. le maire du huitième arrondissement , une lettre très-pressante pour l'engager à délivrer à Dumonteil un certificat d'indigence. La lettre , du 4 février, montre tout l'intérêt que l'avocat prend à son client. Le maire , dans sa réponse du 6 février, déclare que , *pénétré de ses devoirs, il ne doit à personne compte des sentimens de sa conscience , et que , n'étant pas personnellement convaincu, il ne peut certifier contre sa conviction.* Les libéraux espèrent que la nouvelle loi municipale les débarrassera d'un maire aussi scrupuleux que M. Mouffle.

Les journaux des Pays-Bas ont publié un document important ; c'est un rapport fait au Roi par le ministre de l'intérieur, Van Gobbelschroy, sur les pétitions qui circulent dans le royaume pour demander la liberté de l'enseignement. Ce rapport , daté du 30 janvier, a pour but de justifier le système adopté par le gouvernement sur l'instruction publique ; mais les raisons données par le ministre n'ont pu convaincre les Belges. Catholiques et libéraux s'élèvent également contre le rapport et contre la conclusion que tire le ministre, qu'il n'y a rien à changer en ce moment à la marche du gouvernement. Ce qui touchera le plus les catholiques dans ce rapport, c'est ce qui concerne le collège philosophique. Le ministre , après avoir vanté cette institution, continue en ces termes :

« V. M. , par cet esprit de conciliation qui lui faisoit désirer de hâter le moment où les différends existans sur les matières religieuses seront aplanies, a daigné consentir à modifier le principe du collège philosophique de commun accord avec l'autorité ecclésiastique. Ainsi, relativement à cet objet encore , il n'y a dans ce moment aucune mesure à prendre. Toutefois, Sire , le temps où ce point pourra être réglé est prochain , puisque, comme j'ai eu l'honneur d'en rendre compte à V. M. , les conférences sur cette partie de l'exécution du concordat qui concerne la nomination des évêques aux sièges vacans , sont aujourd'hui si avancées, que V. M. peut avoir la certitude de les voir incessamment terminées à la satisfaction commune. Cette époque , désirée par les catholiques non moins que par V. M. elle-même , sera , je l'espère , une époque de réconciliation et de concorde....

» Alors aussi V. M. pourra peut-être sans inconvénient révoquer celles des mesures prohibitives de 1825 qui ne seroient pas en harmonie avec l'état des choses à établir. »

Le Gérant, ADRIEN LE CLERE.

✠✠✠✠✠✠✠✠✠✠✠✠✠✠✠✠✠✠✠✠✠✠✠✠✠✠✠✠✠✠✠✠✠✠✠✠✠✠✠

Sur quelques nouveaux journaux.

Les amateurs de journaux auront de quoi choisir; voici une demi-douzaine qui s'élèvent en ce moment sur l'horizon, et qui jettent plus ou moins d'éclat. Je ne parle point de l'*Universel,* journal tout consacré aux lettres et aux sciences, et qui paroît vouloir rester étranger à la politique; sa rédaction, savante et soignée, le distingue des feuilles éphémères qu'une même année verra naître et mourir. Je ne parle point du *Peuple,* que beaucoup de libéraux même trouvent exagéré, et qui semble destiné à échauffer encore les passions de la multitude. Nous avons ou nous allons avoir d'autres journaux conçus dans un esprit différent, et qui s'annoncent pour combattre les mauvaises doctrines. L'*Observateur hebdomadaire* se publie tous les jeudis depuis le premier janvier; il doit offrir le résumé de tous les journaux, ce qui nous paroît une fort grande entreprise dans un moment où il y en a tant d'anciens et de nouveaux. Loin de nous cependant l'idée de vouloir inspirer quelques préventions contre un recueil qui a parlé de l'*Ami de la religion* avec bienveillance, et qui, dans le peu de numéros qui ont vu le jour, a signalé les erreurs et les faussetés des journaux révolutionnaires. De plus, on nous promet pour tous les mardis, à dater du 17 février, le *Correspondant catholique, journal consacré à la religion et à la philosophie, à la politique et à la littérature, aux sciences et aux arts;* la matière est vaste, comme on voit; le Prospectus, qui est écrit d'une manière neuve et brillante, semble indiquer dans ce journal un auxiliaire du *Mémorial.* Un autre journal a pour titre : *le Journal ecclésiastique, ou Défenseur de la religion et de ses ministres, par une société de prêtres;* celui-ci a commencé le 31 janvier, et paroîtra quatre fois par mois. Quelques-uns doutent que ce soit réellement *une société de prêtres* qui dirige cette entreprise; du moins n'en nomme-t-on aucun. Ce journal pa-

roissoit à **Toulouse** depuis 1820, et on vient de le transporter à **Paris**. Nous ne connoissions point ce journal, mais
l'on vient de nous gratifier des deux premiers numéros.
Nous ne dirons rien de la rédaction, et nous laissons les
lecteurs en apprécier le mérite. A ce journal vient de
s'en réunir un autre qui paroissoit à Paris depuis 1822,
sous le titre de *Tablettes du clergé;* ce dernier recueil, qui
avoit eu un moment de vogue, en étoit venu, dit-on, à
n'avoir pas plus d'abonnés que de rédacteurs. Sa chute et
celle de la *France chrétienne,* qu'on avoit essayé trois fois
de faire revivre, et qui trois fois, est morte de langueur,
prouvent qu'en ce genre il est plus aisé de commencer que
de se soutenir. On fait de belles promesses dans un Prospectus brillant, on en impose à quelques lecteurs qui veulent essayer du nouveau venu, et qui sont tout étonnés ensuite que la rédaction ne réponde pas aux magnifiques annonces du Prospectus.

Outre les journaux ci-dessus nommés, il paroît tous les
mois, depuis quelque temps, une livraison d'un recueil intitulé *Chronique édifiante.* Il y en a déjà six livraisons. Ce
recueil est fort singulier, et il est bon de prévenir que le
clergé y est tout-à-fait étranger. L'auteur n'est point prêtre,
et est formellement désavoué par l'autorité ecclésiastique.
Il remplit sa chronique de menaces effrayantes, d'exhortations à la pénitence, d'anecdotes fort suspectes, de réflexions où l'on trouve presque toujours quelque exagération. L'auteur donne des conseils aux évêques, et même au
Pape. Dans sa quatrième livraison, il dit : « Il est donc nécessaire, il est urgent que le Pape ordonne des pénitences
publiques dans toute l'Eglise... Il est pressant que le souverain pontife ordonne une prédication générale de la pénitence; il faut que le saint Père, que les cardinaux, les
évêques, les prêtres, les religieux prêchent partout la pénitence et d'exemple et de parole. Il faut que tous les religieux et les religieuses, qui sont les anges tutélaires des empires, les colonnes de l'Eglise, les favoris du Seigneur, les
victimes volontaires de la félicité publique, élèvent leurs
bras vers le ciel pour implorer miséricorde. » Il me semble
qu'il y a un peu d'arrogance à tracer ainsi au Pape ce qu'il
a à faire. C'est très-bien fait sans doute de pratiquer la pénitence et de s'imposer des austérités; mais l'auteur n'a

point mission pour prêcher à cet égard les premiers pasteurs. C'est d'eux qu'il doit recevoir des conseils et des leçons, et ce n'est point à lui à leur rappeler leurs obligations avec le ton du commandement, *il faut*. De plus, les religieux ne sont point les *colonnes de l'Eglise; ce* sont les évêques qui mériteroient plutôt ce titre. Ailleurs, il est dit que les communautés religieuses sont le *fondement de l'Eglise;* ce qui n'est point vrai.

Dans cette même livraison, il y a un article ridicule sur *Satan et sa grande armée.* L'auteur voit les *démons répandus dans l'air,* et les démons reviennent souvent dans son recueil, et jouent un grand rôle dans sa *Chronique.* Il croit que le magnétisme animal est une opération diabolique, et notez qu'il le dit d'une manière générale et absolue. Il se moque de la prudence humaine, qui est une prudence *fausse et réprouvée de Dieu;* mais s'il y a une prudence fausse et réprouvée de Dieu, il y a aussi une prudence chrétienne, qui est même la première des vertus cardinales, et que l'auteur feroit bien de pratiquer un peu. Cette prudence est recommandée très - fréquemment dans l'Ecriture. *Soyez prudens comme les serpens,* disoit Notre-Seigneur à ses apôtres. Saint Paul vouloit que les vieillards fussent prudens, et que les femmes âgées donnassent des leçons de prudence aux jeunes filles. Saint Pierre exhortoit aussi les fidèles à la prudence. Nous voyons que l'Ecriture loue la prudence d'Abraham, de Jacob, de Joseph, de Moïse, de Josué, de David, de Salomon, d'Ezéchias, etc. Notre - Seigneur nous a donné l'exemple de cette vertu lorsqu'à l'âge de 12 ans, il étoit dans le temple au milieu des docteurs qui admiroient, dit l'écrivain sacré, *sa prudence et ses réponses.* Saint Paul dit bien qu'il y a une *prudence de la chair qui est la mort de l'ame,* mais il ajoute qu'il y a une *prudence de l'esprit qui en est la vie et la paix.* Nous lisons dans les *Proverbes* que celui *qui pèse ses discours est docte et prudent.* L'anonyme pourroit ne pas dédaigner de suivre de tels conseils et de tels exemples. Une vertu qu'il trouve si souvent recommandée dans les livres saints lui apprendroit à consulter quelquefois au lieu de faire le docteur, à ne pas se mêler de théologie qu'il ne connoît pas, à ne pas raconter des faits apocryphes ou des miracles douteux, à ne pas publier des livres qui peuvent produire plus de mal que de bien. Je crois qu'il seroit bon qu'il méditât là-dessus dans son oraison, et qu'il songeât à se bien affermir dans l'humilité ; ce seroit le moyen de se garantir des erreurs et des illusions qui peuvent très-bien se concilier avec les pratiques extérieures de religion et même avec les austérités.

La sixième livraison de la *Chronique édifiante* est plus ridicule encore peut-être que les précédentes. Il y a un article sur la médecine chrétienne et la médecine philosophique, qui est plein d'exagérations. On y lit que *tous les magnétiseurs sont magiciens, le sachant ou sans le savoir ; les premiers ont pacte exprès avec le démon, et les derniers ont pacte tacite.* Ce que l'auteur dit des remèdes n'est pas plus sensé. Un article *sur les assemblées nationales, politiques et autres,* a pour objet de montrer que *Satan y préside,* et que *les démons répandus dans l'air doivent s'y trouver en grand nombre.* « Si un orateur monte à la tribune, Satan l'inspire, appuie sa parole, et remplit de ténèbres l'esprit des auditeurs, qui prennent ces ténèbres pour des lumières. En même temps, les démons qui possèdent spirituellement les auditeurs philosophes, hérétiques ou mauvais chrétiens, opèrent dans leurs cœurs et sur leurs imaginations, et plus l'orateur est méchant, plus il est écouté, aimé, plus il a d'influence sur la direction des affaires, et plus par conséquent les délibérations seront contraires à la justice et à la religion. Les assemblées qui ont eu lieu pendant la révolution ne laissent pas le moindre doute sur cette vérité. »

L'auteur entre successivement dans le détail sur chacune de ces assemblées. La première est les Etats-généraux ; *Satan, assisté de ses principaux démons, devoit de droit présider invisiblement l'assemblée.* Je laisse de côté un portrait de Mirabeau, que l'auteur appelle un *monstre. Venons maintenant,* dit-il, *à l'Assemblée constituante convoquée sous les mêmes auspices, et composée des mêmes élémens : Satan y préside encore.* Ainsi l'auteur semble faire des Etats-généraux et de l'Assemblée constituante deux assemblées distinctes : cela prouve qu'il n'est pas bien fort sur l'histoire, même sur celle de notre temps. Il fait siéger Robespierre à l'Assemblée législative, dont celui-ci ne fut jamais membre. *Arrive la Convention ; Satan la préside encore.* Nous n'osons pas contredire l'auteur sur ce point. Quant à toutes les assemblées qui ont suivi, il insinue assez ce qu'il en pense, quand il dit que, dans les assemblées *où la religion n'a aucune part, où la prière est négligée, Satan doit présider ; qu'on ne peut s'empêcher d'y reconnoître l'ouvrage de Satan, et la coopération des démons répandus dans l'air*, et que *les gouvernemens qui convoquent ou qui souffrent de pareilles assemblées sont coupables devant Dieu et devant les hommes....*

Voilà ce qu'il plaît d'appeler la *Chronique édifiante*. Nous eussions volontiers gardé le silence sur ce triste recueil, s'il ne nous avoit paru nécessaire de faire remarquer que le clergé n'y a aucune part. Assez de gens seront disposés à faire retomber sur les prêtres le ridicule ou l'odieux d'une telle publication. L'auteur a pris soin lui-même de le disculper par les traits qu'il lance de temps en temps sur le clergé. On dit qu'il le ménage encore moins dans ses conversations particulières ; mais il ne le flatte pas dans sa *Chronique*. Il a l'air de se plaindre que le clergé soit *dans l'opulence et le luxe*. Effectivement, le faste des prêtres est une des calamités de notre époque, et il fait beau crier contre l'opulence des curés, à qui on donne 1000 fr., 900 fr. ou 750 fr. de traitement.

En vérité, la religion n'est-elle pas fort à plaindre? n'étoit-ce pas assez qu'elle fût en butte à la haine de ses ennemis qui la combattent et l'outragent? Faut-il encore qu'elle ait à subir les mauvais offices de quelques esprits ignorans et présomptueux qui se mêlent de plaider pour elle, et qui gâtent sa cause par leurs imprudences, leurs niaiseries, leurs folies mêmes? Qu'ils prient pour l'Eglise, qu'ils jeûnent pour les péchés du peuple et pour les leurs, puisque Dieu leur a fait la grâce de trouver *le jeûne au pain et à l'eau exquis* (*Chronique*, quatrième livraison, page 105); mais qu'ils se tiennent dans la retraite et le silence qui conviennent à la médiocrité de leurs lumières, et qu'ils ne compromettent pas les intérêts de la religion par des contes ridicules, par des accusations pleines d'aigreur ou de violence, et par un langage et un ton qui annoncent l'absence totale de jugement, ou, ce qui seroit pis encore, un déplorable orgueil.

NOUVELLES ECCLÉSIASTIQUES.

PARIS. Une dépêche télégraphique nous apprend que le Pape est mort le 10 de ce mois. Point encore de détails.

Par une ordonnance du 8 février, insérée dans le *Moniteur* du 16, M. de Richery, évêque de Fréjus, a été nommé à l'archevêché d'Aix, vacant par la mort de M. de Bausset, et M. l'abbé Gallard, curé de la Madeleine, à Paris, et grand-vicaire du diocèse, a été nommé à l'évêché du Mans, en remplacement de M. de la Myre, dont nous avons annoncé la démission. On dit que M. de Bausset avoit, dans sa dernière maladie, témoigné le désir d'avoir M. de Richery pour successeur; ce prélat étoit son suffragant et son ami, et avoit été autrefois chanoine et grand-vicaire d'Aix. Le Roi a bien voulu remplir le vœu de l'archevêque mourant. Un tel choix est bien propre, en effet, à diminuer les justes regrets du clergé et des fidèles d'Aix pour la perte qu'ils viennent de faire. M. l'abbé Gallard, qui est nommé au Mans, administroit depuis quelques années la paroisse de la Madeleine avec autant de sagesse que de talent; et jouissoit de l'estime et de la confiance de M. l'archevêque de Paris. Ses heureuses qualités, son caractère conciliant, sa piété aimable, sa prudence, promettent au clergé du Mans un évêque digne d'être son chef et son modèle.

— Le clergé de France a perdu, comme nous l'avons annoncé dans un précédent numéro, un de ses plus dignes prélats dans la personne de M. de Bausset, archevêque d'Aix. M. Pierre-François-Gabriel-Raymond-Ignace-Ferdinand de Bausset-Roquefort, né à Béziers le 31 décembre 1757, étoit cousin de feu M. le cardinal de Bausset. Il étoit, avant la révolution, grand-vicaire d'Orléans, et ne suivit point, à l'époque de nos troubles, les déplorables exemples de son évêque. Après le concordat, M. de Cicé, devenu archevêque d'Aix, le nomma chanoine de sa métropole. M. de Pancemont, évêque de Vannes, étant mort, M. l'abbé de Bausset fut nommé pour lui succéder, et sacré à Aix le 29 mai 1808. Sa modération et sa sagesse triomphèrent des circonstances difficiles où il se trouvoit. Une démarche qu'il fit en 1814 prouva quel étoit son désintéressement et son amour pour la paix. M. Amelot, évêque de Vannes, n'avoit point donné sa démission en 1801, et beaucoup de ses diocésains conservoient pour lui un vif attachement. M. de Bausset lui écrivit dès le 15 avril pour l'engager à reprendre son siège. De plus, il rédigea un acte de démission de l'évêché de Vannes, le signa, et l'envoya à M. Amelot, alors encore à Londres. Cette offre ne fut point acceptée, et peut-être qu'au fond elle ne pouvoit pas l'être ; mais elle n'en honore pas moins le dévoûment et la modestie de M. de Bausset, et elle dut lui concilier de plus en plus l'estime et l'affection de ses diocésains. Le prélat continua de gouverner son troupeau avec la même sagesse. C'est à lui qu'on dut l'établissement des Jésuites à Ste-Anne d'Aurai. Plein d'estime pour ces vertueux et habiles maîtres, il les appela encore depuis pour diriger son petit séminaire d'Aix. M. de Bausset fut nommé à ce dernier siège en 1817, mais il n'en prit possession qu'en 1819. Depuis, il donna son consentement au démembrement de son diocèse pour rétablir les sièges de Fréjus et de Marseille, et reçut à cette occasion, de la ville de Marseille, un témoignage flatteur d'estime ; elle lui fit présent d'une chapelle en vermeil. En 1824, le prélat sacra, dans sa cathédrale, M. l'évêque actuel d'Angoulême, qui étoit son grand-vicaire et son ami, et sur lequel il n'avoit pas peu contribué à appeler le choix du Roi. On sait que M. de Bausset faisoit partie de la chambre des pairs. Dans sa dernière maladie, il ne se fit point illusion sur son état, et demanda les sacremens le 18 janvier. Il mourut le 29 du même mois, jour de la fête de saint François de Sales. Nous ne pouvons mieux terminer cet article qu'en rapportant quelques extraits du Mandement que le chapitre métropolitain d'Aix a publié le 30 janvier sur la mort du prélat :

« La mort vient de nous enlever le pasteur vénérable que le Seigneur dans sa miséricorde avoit enfin accordé à nos vœux et à nos besoins. Son arrivée dans ce diocèse, après une viduité aussi longue que douloureuse, avoit rempli tous les cœurs d'allégresse. Instruits et guidés par ses soins paternels, nous goûtions en paix les doux fruits de sa tendre sollicitude : heureux, N. T. C. F., si vous avez su mettre à profit ses exemples et ses leçons salutaires ! Nous étions ses enfans, il n'existoit que pour vous et pour nous, et chaque jour, ainsi qu'il nous le manifesta lui-même durant sa maladie, au moment où il eut recours aux sacremens de l'Eglise, *chaque jour il n'avoit cessé de prier pour les ouailles qui lui étoient confiées.* La foiblesse de sa santé ne l'arrêta jamais lorsqu'il s'agissoit de remplir ses devoirs de premier pasteur, et la plus grande peine qu'éprouvât son cœur, celle que lui causoit sa tendresse paternelle, il nous le disoit lui-même la dernière fois que nous étions rassemblés auprès de lui, *sa peine la plus cruelle étoit de ne pouvoir se trouver dans la maison du Seigneur, au milieu de son troupeau.* Ses paroles étoient des paroles de paix et de bénédictions.....

» Nous ne vous entretiendrons pas de tout le bien qu'il faisoit, de tout le bien qu'il vouloit faire ; sa charité n'avoit pas de bornes. Jamais il ne fut insensible au malheur ni à l'infortune ; il répandoit ses dons avec abondance dans le sein des pauvres, et la justice de ses œuvres durera éternellement. Sa vie a été une vie d'œuvres salutaires, sa mort a été précieuse devant Dieu. Dans les intervalles de repos que lui laissoit sa cruelle maladie, il s'occupoit de Dieu ; il portoit ses regards sur l'image de Jésus crucifié, qu'à l'exemple de l'apôtre il appeloit l'auteur et le consommateur de notre foi. Résigné à la volonté du Seigneur, il s'humilioit en sa présence, nous entretenoit du mystère de la croix du Sauveur, et s'excitoit à la porter avec ardeur et avec joie, à l'exemple de ce divin modèle. »

Le chapitre finit par ordonner des prières pour le repos de l'ame du vénérable archevêque. Le Mandement est signé de MM. de Robineau, de Suffren, Rey, Abel, Portalis, Christine, Pin, Honorat et Arnaud (1). Suivant les intentions

(1) On nous transmet quelques observations au sujet de ce Mandement ; nous les insérons ici en appelant la discussion sur les points qu'elles renferment.

D'abord on a remarqué que le chapitre donnoit un Mandement avant de procéder à la nomination des vicaires capitulaires, ce qui est contraire à l'usage. Le chapitre s'est fondé sur ce qu'il étoit en droit d'exercer la juridiction par lui-même pendant les huit premiers jours de la vacance. Il est vrai que tel paroît être le sentiment de Thomassin et de Ducasse, qui s'appuient sans doute sur le décret du concile de Trente, qui porte que le chapitre nommera un grand-vicaire dans les huit jours qui suivront la mort de l'évêque. Puisque le concile donne huit jours pour cette nomination, cela suppose que, jusqu'à la nomination, le chapitre pourroit exercer la juridiction. Toutefois l'usage y est contraire, et les chapitres nomment ordinairement le grand-vicaire immédiatement après la mort.

En second lieu, le Mandement proroge les pouvoirs des prêtres employés dans le ministère ; ces pouvoirs avoient-ils donc cessé par la mort de l'archevêque ?

Enfin des dispenses ont été accordées après la mort de l'archevêque, et avant la nomination des vicaires capitulaires, et ces dispenses ont été accordées, non par le chapitre en corps, mais par un seul chanoine, en se fondant sur ce que le chapitre pouvoit exercer la juridiction en corps. Mais en admettant la vérité du principe, deux chanoines sont-ils censés représenter tout le chapitre ? Ne peut-on pas douter de la validité de telles dispenses ?

du prélat, ses biens devoient retourner à sa famille, et ses livres et sa chapelle devoient passer au séminaire et à St-Sauveur; mais son testament olographe ne se trouvant pas signé, on ne sait ce que deviendront ses dispositions.

— Nous avons d'autant plus de raisons de faire connoître un jugement fort remarquable rendu le 7 février, à Paris, par le tribunal de commerce, présidé par M. Aubé, que très-peu de journaux en ont parlé, sans doute parce que ce jugement n'a pas eu le bonheur de leur plaire. Le baron de Satgé avoit composé un livre sous ce titre : *Les Merveilles du pouvoir absolu, suivies des causes et des effets de la superstition.* Le 7 octobre 1828, l'auteur contracta, pour la publication de cet ouvrage, avec Riga, imprimeur, et Jeannin, libraire. Le livre fut imprimé chez David; mais après avoir examiné les épreuves, Riga et Jeannin trouvèrent l'ouvrage trop hardi, et refusèrent de le mettre en vente. M. Satgé, *incapable,* dit-on, *de céder à des considérations de ce genre,* cita les imprimeurs devant le tribunal de commerce, et demanda 3000 fr., puis 10,000 fr. de dommages-intérêts. M. Duquenel a plaidé pour lui; il s'est moqué des scrupules des libraires, et a prétendu qu'ils avoient vendu le manuscrit de M. Satgé à une faction, que celui-ci n'attaquoit dans son livre que des abus odieux, que c'étoit un vieux champion de la monarchie, et qu'il n'avoit été conduit à écrire contre le despotisme, que parce que M. de Villèle avoit empêché le Roi de remplir la promesse faite à M. Satgé d'une somme de 300,000 fr. ou d'un domaine, pour les bons et loyaux services qu'il avoit rendus à la monarchie. Cette injustice criante du ministre a révolté le généreux royaliste, et lui a inspiré des plaintes amères; il y a d'autres exemples de défections semblables. M. Auger, avocat des libraires, a fait remarquer que le manuscrit ne leur avoit pas été communiqué avant l'impression, que l'auteur ne l'envoyoit que par parcelles, et que ce n'est qu'après l'impression terminée qu'on a pu juger de l'ensemble. On étoit loin d'attendre d'un vieillard en cheveux blancs tant de violence et d'acrimonie. L'intention de faire de son livre un épouvantail perce à chaque page. Les conventions privées doivent être observées sans doute; mais ces principes doivent céder à des considérations plus impérieuses. L'auteur des *Merveilles* est un homme en révolte ouverte contre nos lois; il outrage ce qu'il y a de plus saint. L'avocat n'a rien voulu citer en public, mais il mettra sous les yeux du tribunal, dans la chambre du conseil, des passages qui prouveront que le livre sape tous les fondemens de la société. M. Satgé proteste de son amour pour la liberté, s'élève contre les détracteurs des ordonnances, et accuse Riga d'avoir vendu à une faction le manuscrit et les exemplaires. Riga s'écrie que c'est une calomnie. M. Chaix-d'Estange lui-même, avocat non suspect, a déclaré que le livre étoit répréhensible. Le tribunal a rendu un jugement dont le considérant porte que le sieur Satgé n'ayant pas communiqué son manuscrit en entier, et les libraires alléguant la crainte des poursuites, le tribunal a examiné le manuscrit dans la chambre du conseil, et s'est assuré que les craintes des libraires n'étoient ni chimériques, ni exagérées; qu'on ne peut regarder comme licites les obligations qu'ils avoient contractées, et dont l'effet seroit d'appeler sur eux des poursuites et des peines. Le tribunal a donc déclaré les conventions nulles et non avenues; seulement les libraires rendront à Satgé son manuscrit, et deux effets qu'ils avoient reçus de lui, et dont ils n'ont rien touché. Riga et Jeannin ont été condamnés aux dépens pour tous dommages-intérêts; David a été mis hors de cause. Les libraires ont demandé acte des réserves qu'ils font de poursuivre M. Satgé pour les imputations diffamatoires qu'il s'est permises à l'audience. Le tribunal a donné acte, et M. Satgé, qui a eu peur de s'être trop avancé, a prétendu que ses assertions n'avoient pas été aussi positives qu'on paroissoit le croire. Le tribunal a félicité M. Auger de la réserve qu'il avoit mise dans sa plaidoirie. Ce jugement justifie la répugnance des libraires à imprimer un mauvais livre, et rendra peut-être les méchans écrivains moins téméraires dans leurs entreprises.

— On diroit que MM. les chevaliers de l'ordre légal ont entrepris de faire revivre tous les vieux procès ou les prêtres se trouveroient compromis. Voilà pourquoi le *Constitutionnel* du 13 janvier a réchauffé une misérable petite affaire que l'on croyoit éteinte dans le diocèse de Nanci, car elle date de près de deux ans. Le nouveau bruit qu'on veut en faire nous force de nous en occuper. Voici les faits qui s'y rapportent. Dans presque toutes les paroisses du diocèse, il existe des congrégations de filles pieuses qui font profession d'une dévotion spéciale envers la sainte Vierge. D'après les statuts de ces associations, les curés en ont la police, et peuvent en exclure pour cause grave. Or, il se présenta, en juin 1827, une occasion où M. Baillard, curé de Flavigny, crut devoir user de ce droit. Ayant appris que deux de ses congréganistes (auxquelles déjà il avoit fait grâce une fois après les avoir expulsées) s'étoient oubliées d'une manière peu édifiante dans les réjouissances d'une noce, il déclara en chaire, le dimanche suivant, qu'il les renvoyoit de nouveau de la congrégation, et comme tout le monde savoit pourquoi, il n'eut pas grand'chose à dire pour donner à ses reproches une certaine gravité. Les libéraux aiment tant les congrégations, que tout à coup ils se mirent en devoir de faire rentrer les deux pauvres filles dans les honneurs qu'un acte arbitraire venoit de leur enlever. Ils les prennent donc sous leur protection, leur donnent des conseils, de l'argent et un avocat, pour les mettre en état de poursuivre leur cruel pasteur. M. Poirel, de Nanci, est l'homme de loi par excellence pour toutes ces choses-là. C'est à lui que cette bonne fortune appartient, et le voilà muni de la procuration d'une des plaignantes; car l'autre ne voulut point absolument du secours et des subsides de la philantropie. Assigné dans les formes, le curé est d'abord renvoyé de la plainte par le tribunal de première instance de Nanci, qui se déclare incompétent. Le zélé M. Poirel n'en resta pas là, et en effet, il fut plus heureux devant la cour royale, où sa cliente obtint satisfaction; mais M. le curé de Flavigny, à son tour, se pourvut en cassation, et l'arrêt fut cassé. Avec des ennemis moins chauds de la religion, et un comité directeur moins riche, l'affaire auroit pu paroître assez décidée; mais on voulut tenter la fortune auprès d'une autre cour. Celle de Metz jugea, et les libéraux succombèrent. Comme si ce calice n'eût pas été déjà assez amer pour eux, le curé, en retournant chez lui, après avoir gagné sa cause, trouva toute sa paroisse en fête. On vint en procession à sa rencontre; les jeunes gens vouloient le porter en triomphe. Des décharges de mousqueterie, des acclamations, des feux de joie, voilà comment son retour fut célébré. Il n'y eut pas jusqu'au père d'une des deux congréganistes disgraciées, qui ne vînt joindre ses félicitations à celles des autres paroissiens, et remercier son digne pasteur de la leçon de morale qu'il avoit donnée à sa fille dans l'origine de cette affaire. Mais au milieu de toutes ces joies, que devient ce pauvre M. Poirel? Il se retourne de tous côtés; il espère que le ministre et le conseil d'Etat auront pitié de son zèle; il confie ses chagrins à la *Gazette des tribunaux* et au *Constitutionnel,* qui, pour le consoler, se mettent à crier de toute leur force : *Exoriare aliquis ultor.* Malheureusement pour la bourse du comité directeur et pour la gloire de M. Poirel, l'*aliquis ultor* ne paroît pas, l'un en est pour ses frais, l'autre pour ses peines. Selon toute apparence, le conseil d'Etat laissera au curé de Flavigny la police de sa petite congrégation de filles, dont les mœurs et la piété ne gagneroient peut-être pas grand'chose à passer sous la direction des libéraux.

NOUVELLES POLITIQUES.

PARIS. Vous savez combien les libéraux sont scandalisés de ce qu'on ait pu songer aux curés et aux desservans dans le projet de loi sur l'organisation municipale. Vous les avez entendus s'écrier avec effroi : *Que veut-on faire de cette légion de prêtres !* Eh bien ! les voilà maintenant scandalisés au même degré de ce que les rabbins et les autres ministres du culte israélite ont été oubliés dans le dénombrement de la tribu votante. Ainsi vous voyez bien qu'ils songent à tout, et qu'ils veulent de tout, pourvu que la religion catholique n'en soit pas.

— Le Roi a daigné accorder à l'arrondissement de Nogent-le-Rotrou, le plus pauvre du département d'Eure-et-Loir, une somme de 800 fr. pour venir au secours des indigens pendant la mauvaise saison. M. le Dauphin a bien voulu y joindre une somme de 500 fr.

— L'ordonnance royale qui arrête que le traitement de réforme ne pourra être accordé aux officiers qu'après huit ans de service, porte que désormais tout officier jouissant de ce traitement ne pourra en être privé que par suite d'une condamnation juridique.

— Le nouveau président de la cour des comptes, M. le vicomte Harmand d'Abaucourt, est nommé membre de la commission de surveillance de la caisse d'amortissement et de celle des dépôts et consignations.

— M. de Guilhermy, conseiller d'Etat, l'un des présidens de la cour des comptes, ancien député aux Etats-généraux de 1789, étant dangereusement malade, a reçu ces jours derniers les sacremens de l'Eglise. Le Roi, M. le Dauphin, Mad. la Dauphine et M. le duc d'Orléans, qui n'ont pas oublié l'antique et constante fidélité de ce vieux serviteur, ont envoyé savoir de ses nouvelles.

— M. Auvray, proviseur du collège royal de Henri IV, a versé, au bureau de charité du douzième arrondissement, le produit d'une collecte faite au profit des pauvres parmi les administrateurs, professeurs et élèves. Cette quête, réunie à celle de l'institution Hallays-Dabot, s'élève à 1606 fr.

— M. Charles Dupin a déposé vendredi dernier, dans les bureaux de la chambre des députés, la proposition de nommer une commission de renseignemens et d'informations sur le mode le plus avantageux, pour le trésor royal et les contribuables, de percevoir l'impôt sur les tabacs, et sur le degré de liberté qu'il convient d'accorder à la culture de cette plante.

— M. le prince de Polignac est reparti pour Londres dimanche soir.

— Quelques libéraux s'étoient plaints de la publicité donnée à la souscription en faveur de Béranger : un député, M. Duris-Dufresne, s'est mis au-dessus de ces scrupules, et a écrit ce qui suit au *Courrier français* : « Monsieur, je vous prie de recevoir ma souscription pour payer l'amende de M. Béranger. Je m'associe avec plaisir aux témoignages de l'amitié et de l'humanité ; ce sont des sentimens véritablement français. » Voilà ce qui s'appelle entendre l'ordre légal, respecter l'autorité de la chose jugée.

— M. Magalon, rédacteur-gérant de *l'ancien Album,* est cité en police correctionnelle sous la prévention du double délit de provocation à l'assassinat et d'outrage à la morale publique, par la publication dans ce journal d'un article intitulé *l'Ami de la vertu.*

— L'ordonnance de police qui se rend annuellement pour prescrire les mesures d'ordre pendant le carnaval contient, cette année, quelques dispositions de plus. Le débit dans les rues du livre dit *Poissard* est formellement interdit. Il est défendu aux individus déguisés de s'arrêter dans les rues ou sur les places pour y tenir de ces propos obscènes ou inconvenans qui scandalisoient à cette époque le public.

— Un incendie a éclaté, le 25 janvier, dans la commune de Quesnel (Somme). Neuf habitations ont été consumées avec tout ce qu'elles contenoient.

— Un pont suspendu en fer vient d'être établi sur la rivière de l'Oise, en remplacement du bac de Mery, vis-à-vis le village d'Auvers. Ce pont, qui est d'un seul jet, a 180 pieds de long.

— C'est à tort que des journaux ont répandu le bruit que les Pères du grand St-Bernard ont résolu d'éloigner de leur église le monument érigé au général Desaix.

— Le roi de Bavière a quitté Munich le 9 février pour se rendre à Rome. Après un séjour dans cette ville, il ira à Naples, où il a fait appeler le colonel Heidegger, afin d'obtenir de cet officier des éclaircissemens précis sur la situation de la Grèce.

— On a découvert l'individu qui avoit mis le feu à la belle cathédrale d'Yorck, en Angleterre. C'est un fou nommé Martin, qui, par suite d'un rêve, s'étoit imaginé qu'il devoit commettre cet acte de frénésie. Il a été arrêté, et doit être jugé prochainement.

— D'après l'exemple donné par le Dauphin de France, le prince royal de Prusse vient de se charger du protectorat des prisons.

— La Russie a fait faire à la Porte ottomane, pour l'échange des prisonniers, une proposition qui n'a été accueillie qu'à la condition que Jussuf-Pacha seroit livré avec ses adhérens.

— Le 29 janvier, don Miguel, qui est maintenant totalement rétabli des suites de son accident, s'est rendu, avec les infantes ses sœurs, à l'église de Sainte-Marie, pour y entendre une messe et un *Te Deum* solennels. Il alla en même temps faire ses prières à la belle chapelle du Saint-Sacrement, et à l'autel où se trouve exposée à la vénération publique l'image miraculeuse de Notre-Dame da Rocha. De là le prince alla dîner au palais de Neussidades, et ne retourna que le soir au palais de Queluz.

— Il est probable que c'est le général Jackson qui sera le président des États-Unis en remplacement de M. Adams. Presque tous les États ont déjà voté. Le *Courrier de New-Yorck* publie le résultat des suffrages de chacune de ces provinces. Au total, sur 1,134,984 votans, le général Jackson a 627,762 voix, et M. Adams 508,705 : majorité en faveur du général, 119,057.

CHAMBRE DES PAIRS.

Le 14, MM. le comte Abrial et le marquis de Lauriston, dont l'admission avoit été précédemment prononcée, ont été reçus conformément aux usages de la chambre.

M. le maréchal marquis de Gouvion-Saint-Cyr a prononcé l'éloge funèbre de M. le comte Dessoles.

M. le garde-des-sceaux a présenté un projet de loi sur le duel, et M. le ministre de la guerre le projet de code de justice militaire, divisé en deux projets de loi, le premier relatif à la juridiction, et le second à la pénalité.

La chambre se réunira, le jeudi 19, pour l'examen de ces lois, dans les bureaux, et ensuite en assemblée générale.

Le projet de loi sur le duel contient, dit-on, trois articles. Les combattans seroient, dans tous les cas, interrogés ou arrêtés, et traduits devant la chambre d'accusation, qui renverra l'affaire devant la cour d'assises, lors même qu'il ne s'agiroit que de blessures qui n'auroient occasionné aucune maladie ni incapacité de travail. Si la réponse du jury est affirmative, la cour prononcera, en cas d'homicide, l'interdiction des droits civiques, civils et de famille pendant cinq à dix ans, ou seulement de trois à cinq ans, s'il n'est résulté que des blessures du combat.

CHAMBRE DES DÉPUTÉS.

Le 13, MM. les députés se sont réunis, à midi, dans leurs bureaux respectifs, pour l'examen préparatoire des divers projets de loi présentés par le gouvernement, et la nomination des commissaires qui doivent en faire l'examen définitif. Ce travail n'a pu se terminer dans la séance.

Le 14, MM. les députés se sont réunis de nouveau dans les bureaux. Ils ont nommé la commission du projet de loi relatif à la dotation de la chambre des pairs. Voici sa composition :

MM. les vicomte de Laguette de Mornay et de Cormenin, le baron Lepelletier d'Aulnay, le marquis de Bizemont, Cassaignolles, le comte de Saint-Georges, Raudot de Ricard, Calmant.

Le même jour, MM. le président, les vice-présidens, les secrétaires et les questeurs se sont réunis pour désigner les candidats dont ils ont à soumettre les noms à la chambre en remplacement de M. Aimé-Martin, qui a donné sa démission de secrétaire-rédacteur des procès-verbaux. Beaucoup de personnes s'étoient mises sur les rangs. Les onze membres du bureau de la chambre ont procédé à un choix entre ces candidats par la voie du scrutin. M. R. D. Lagarde a obtenu 10 suffrages, M. Delalonde 6, et M. Guillemot 6, après un ballotage où M. Letellier a eu 5 voix.

Le discours du roi d'Angleterre pour l'ouverture du parlement est un évènement bien remarquable dans l'histoire de la Grande-Bretagne ; c'est la première fois que le prince appelle l'attention du parlement sur l'ensemble des lois qui frappent les catholiques. On ne doute pas que ces lois ne soient révoquées, si l'influence du ministère se joint sincèrement à une opinion déjà fortement prononcée. Ceux qui ont proposé l'adresse dans l'une et l'autre chambre ont fait l'éloge de la détermination du duc de Vellington. Plusieurs journaux anglais s'indignent de ce système de concession qui blesse leurs vieilles idées protestantes; d'autres applaudissent à ce qu'ils regardent comme un acte juste et honorable. Le *Standard* assure que les catholiques seront admissibles à toutes les places, excepté à celles de lord chancelier d'Angleterre et de vice-roi d'Irlande. Suivant le même journal, les modifications ou garanties qu'on exigeroit seroient la nomination des évêques catholiques par le roi et l'augmentation du cens électoral, qui seroit porté de quarante shellings à vingt livres ster. ou cinq cents fr. par an. Il faut espérer que le parlement se montrera entièrement généreux, et qu'il n'imposera pas des garanties que les catholiques ne pourroient pas accepter sans compromettre les droits ou les intérêts de leur religion.

Déjà un commencement de discussion a eu lieu dans les deux chambres du parlement sur la question catholique. Dans la chambre des pairs, le comte de Winchelsea, lord Eldon, le duc de Newcastle, lord Farnham se sont prononcés dans la séance du 5 février contre les concessions que l'on se propose de faire aux catholiques. Au contraire, le marquis de Salisbury, le comte de Wicklow, le marquis de Devonshire ont applaudi à la mesure. Le même jour, dans la chambre des communes, lord Clive, lord Corry, sir Joseph Yorke, lord Milton, M. Maurice Fitzgerald, M. Brownlow, M. Brougham, sir James Mackintosh, sir Francis Burdett, se sont montrés favorables à l'émancipation; M. Bankes, sir R. Inglis, le marquis de Chandos, M. Moore, M. Pelham, le général Gascoyne, ont parlé dans un sens opposé. Le 6 février, l'adresse fut adoptée dans la chambre des communes après des discours de sir Thomas Lethbridge, M. Leslie Forster, M. Huskisson, et sir John Newport, en faveur du projet des ministres.

Le 10 février, la même question est revenue sur le tapis dans la chambre des pairs à l'occasion de pétitions contre les catholiques. Le duc de Rutland ne veut pas encore se prononcer sur la mesure avant de connoître le bill. L'archevêque de Cantorbéry, l'évêque de Londres et lord Redesdale, sont toujours opposés à l'émancipation; lord Lansdown et lord Clifden y applaudissent de tout leur cœur. Dans la chambre des communes, M. Peel a développé sa motion pour interdire les réunions de l'association catholique d'Irlande. On sait que ce ministre a changé d'avis sur la question de l'émancipation; il a expliqué les motifs qui l'ont dirigé. Son discours a été fort applaudi. La première lecture du bill contre l'association a eu lieu après une discussion dans laquelle lord Althorp, M. William Stuart, M. Stanley, M. Huskisson et lord Palmerston ont parlé en faveur du projet. La seconde lecture fut fixée au jeudi suivant.

Le 11 février, il y a encore eu des discussions dans les deux chambres à l'occasion de pétitions sur l'émancipation. Dans la chambre des communes, M. William Peel, frère du secrétaire d'Etat, et M. Sugden, ont annoncé qu'ils voteroient pour le bill. Lord John Russell a présenté une pétition en faveur des catholiques de la part de ministres presbytériens, indépendans et anabaptistes de Londres. Sur quatre-vingt-trois ministres, soixante-huit avoient signé la pétition.

Le jeudi 12, on a fait la seconde lecture du bill. Il autorise le lord-lieutenant à supprimer les réunions de l'association, et porte trois mois de prison, un an pour la récidive, et une amende de 100 liv. sterl. contre ceux qui refuseroient de se soumettre.

Les membres les plus influens du parlement ont écrit à Dublin pour engager à dissoudre l'association. Les évêques catholiques d'Irlande se trouvoient réunis dans cette ville lorsque les lettres sont arrivées. Ils ont adopté une résolution pour remercier le roi, et pour inviter l'association à cesser ses réunions; ils déclarent qu'ils sont pleins de confiance dans la promesse des ministres d'émanciper les catholiques. M. Shiel a été mandé par eux pour porter leurs vœux à l'association: il a rempli sa commission le 10 février. Tout le monde a été d'avis de se dissoudre; seulement on a résolu d'écrire à M. O'Connel, qui vient d'arriver à Londres. Cette démarche n'est qu'une politesse qu'on a voulu lui faire; l'association se regarde comme dissoute.

Le Gérant, ADRIEN LE CLERE.

✠✠✠

Du nouvel ouvrage de M. de La Mennais.

M. de La Mennais, qui gardoit le silence depuis assez long-temps, vient enfin de le rompre par un écrit qui étoit annoncé depuis plusieurs mois, et qui excite vivement la curiosité. La réputation de l'auteur, son génie observateur, son talent comme écrivain, ses opinions connues, tout inspiroit le désir de voir comment il jugeroit la crise actuelle. On vouloit même croire qu'un homme aussi habile ne se contenteroit pas de sonder nos plaies, et qu'il y appliqueroit un remède efficace. On a donc dévoré son livre avec avidité, des milliers d'exemplaires ont eu peine à satisfaire l'empressement du public. L'effet général de l'ouvrage a-t-il répondu à ce mouvement de curiosité? C'est ce que nous n'oserions décider. On a reconnu sans peine la touche brillante et vigoureuse de l'auteur, on a admiré des pages empreintes d'un rare talent; mais beaucoup de gens sont tout étonnés d'assertions et de principes qui leur paroissent fort extraordinaires. Nous nous permettrons d'en signaler quelques-unes, nous exposerons nos doutes; le lecteur jugera si nos observations ont quelque fondement, et si ce livre peut être compté parmi les services que l'auteur a rendus à la religion.

Le titre seul du livre, *des Progrès de la révolution et de la guerre contre l'Eglise,* indique assez la pensée de l'auteur; il la développe dans une suite de chapitres, où il caractérise l'époque actuelle, et examine les doctrines des partis, leurs conséquences, les mesures qu'on a obtenues, et ce que nous avons à craindre pour l'avenir. Il voit la société politique livrée à l'action de deux doctrines également fausses et également opposées à l'ordre social; c'est le libéralisme et le gallicanisme, dont il trace tour à tour le portrait.

Qu'on ne l'accuse point de passion ou de violence dans son jugement sur le libéralisme; il parle même avec estime de ce mouvement qui entraîne tant de gens à combattre obstinément pour la cause libérale : *Nous le disons sans détour, ce mou-vement est trop général, trop constant pour que l'erreur et les passions en soient l'unique principe. Dégagé de ses fausses théo-ries et de leurs conséquences, le libéralisme est le sentiment qui, partout où règne la religion du Christ, soulève une partie du peuple au nom de la liberté ; ce n'est autre chose que l'impuis-sance où toute nation chrétienne est de supporter un pouvoir pu-rement humain, qui ne relève que de lui-même, et n'a de règle que sa volonté.* Bien des libéraux ne se doutoient vraisem-blablement pas que le système qu'ils suivent eût une si belle origine, et partît d'un principe si respectable. M. de La Mennais applaudit même à leurs vœux : *Quand le libéralisme demande la liberté, il demande l'ordre ; il demande ce que nul n'a le droit de refuser aux hommes, ce que Dieu lui-même leur commande de vouloir et d'aimer.* L'auteur va jusqu'à dire que les libéraux ont raison contre leurs adversaires sur le fond des choses ; voici textuellement sa phrase : *Le parti opposé aux intérêts du trône a d'ailleurs, sur le fond des choses dispu-tées entre lui et le pouvoir, un immense avantage de raison, et ceci c'est beaucoup, c'est tout à la longue.* Les feuilles libérales ne devoient-elles pas des remercîmens à l'auteur pour ces éton-nantes concessions ? Et immédiatement après : *Que demandent les libéraux ? L'exécution franche et loyale de la Charte jurée par le prince ; il n'y a rien à répondre à cela. Que demandent-ils encore ? Des lois complémentaires en harmonie avec la Charte, lois également promises par le prince, et dont la nécessité est admise de part et d'autre ; il n'y a rien non plus à répondre à cela.* Je ne sais cependant si quelques-uns de ces royalistes incorrigibles, comme il y en a encore, ne pourroient pas trouver qu'on fait ici bien de l'honneur aux libéraux ; ils prétendent que ces gens-là ne sont pas bien francs dans leur attachement pour la Charte, et que leurs vœux vont un peu plus loin que M. de La Mennais ne le suppose. Ils disent que la Charte a été franchement exécutée, mais qu'il y a deux manières de l'entendre, et qu'il seroit trop dangereux de laisser à un parti le droit de l'interpréter, de l'expliquer et de l'étendre à son gré. Enfin, ils veulent que ce soit à celui qui a donné la Charte qu'il appartienne d'en fixer le sens.

Les libéraux sauront encore quelque gré à M. de La Men-nais de son jugement sur Louis XIV ; car il ne traite pas fa-

vorablement ce prince: il l'accuse d'avoir *fait du despotisme
la loi fondamentale de l'Etat. Louis XIV*, dit-il, *ramena la
société détruite dans sa base au point où le christianisme l'avoit
trouvée, et en préparant son entière dissolution, dont nous sommes
témoins, il légua aux princes des échafauds; à l'Europe d'indi-
cibles calamités, et remit en question l'existence du genre humain*. Dans d'autres endroits, l'auteur ne caractérise pas
moins durement le système politique de Louis XIV; il lui
reproche d'avoir dit : *L'Etat, c'est moi*, et il cite, page 59,
des anecdotes assez suspectes, pour motiver ses accusations
contre l'ancienne cour. Un homme comme M. de La Mennais devoit-il faire tant de fonds sur des anecdotes douteuses? N'y a-t-il pas un peu d'exagération dans son jugement
sur Louis XIV? Ce prince suivit-il un autre système que le
cardinal de Richelieu, et n'auroit-on pas pu faire remonter
à ce ministre l'accusation intentée au monarque?

Sur une autre question plus grave encore, M. de La Mennais ne déplaira point encore aux libéraux. Il plaide pour la
liberté de la presse, et cela sans restriction. *Il faut*, dit-il,
*que la discussion soit, de part et d'autre, dégagée de toute en-
trave, afin que nul ne puisse dire, nul ne puisse penser n'avoir
pas été entendu, et que la conclusion dernière, résultat général
des efforts particuliers, ne semble pas être le triomphe de quelques hommes........ L'unité ne peut renaître qu'à la suite d'un
libre combat. Le silence laisse chacun dans sa conviction; et la
moindre gêne apportée à la discussion l'y confirme. Ceux qui,
effrayés de l'erreur, sollicitent aujourd'hui des restrictions à la
faculté légale de défendre par le raisonnement ce que l'on croit
vrai, s'abusent doublement.... Renoncez donc à l'idée folle de
mettre les esprits aux fers...* Ainsi, l'auteur trouve bon que
chacun défende ce qu'il croit vrai; ainsi, toutes les attaques
contre la religion seroient autorisées. Nous reconnoissons
ici la doctrine que M. de La Mennais avoit soutenue dans le
Mémorial catholique, cahier de janvier 1827; du moins cet article lui fut attribué dans le temps. Il y étoit dit que *le clergé
demandoit la liberté de discussion. Le ministère*, ajoutoit-on,
redoute cette liberté, mais l'Eglise a d'autres pensées. L'Eglise
a-t-elle d'autres pensées quand elle a condamné tant de mauvais livres, et qu'elle en a interdit la lecture aux fidèles?
Les papes ont-ils d'autres pensées quand ils ont établi une
congrégation de l'Index pour indiquer les livres qu'il est

défendu de lire? Le clergé de France avoit-il *d'autres pensées* quand il portoit des censures contre des livres pernicieux, ou quand, dans le dernier siècle, il sollicitoit du gouvernement, avec tant d'instance, des mesures sévères contre l'impression et la distribution des ouvrages où la religion étoit attaquée? Nous ne savons trop comment on pourroit concilier cette pratique constante de l'Eglise avec ce système de liberté indéfinie que M. de La Mennais préconise aujourd'hui. Mais cet écrivain, avec toute la fermeté de ses doctrines, a fait aussi quelquefois des concessions à l'esprit de son siècle. Il dit, dans son nouveau livre, que *le monde aujourd'hui est travaillé de l'insurmontable besoin d'un ordre nouveau*, et qu'on *n'arrête point le mouvement progressif de la société.*

Toutefois, si les libéraux applaudissoient à l'opinion de M. de La Mennais sur la liberté de la presse, à son jugement sur Louis XIV, et à quelques autres assertions de son livre, ils n'auront pas lieu, nous devons le dire, d'être satisfaits de la manière dont il juge le libéralisme au fond. Le libéralisme, dit l'auteur, conduit par ses doctrines à la servitude, il établit la souveraineté de la raison individuelle, il est destructeur par son action, il anéantit la société spirituelle, et par contrecoup, la société civile; c'est ce que M. de La Mennais établit dans les chapitres II et III de son ouvrage.

Après avoir signalé les doctrines et les résultats du libéralisme, l'auteur poursuit le gallicanisme, qu'il traite avec encore plus de rigueur; car non-seulement il ne lui fait aucune concession, mais il lui prête des maximes que les gallicans n'admettent certainement pas, ou il en tire des conséquences qu'ils repoussent. Les théologiens gallicans n'ont jamais soutenu ce principe, que *personne n'ayant le droit de discuter les actes des princes, ce qu'ils commandent est toujours légitime ou supposé tel.* Ils n'ont jamais dit *que les souverains ne peuvent avoir, en ce qui regarde l'usage du pouvoir, aucune règle de conduite extérieurement obligatoire, qu'ils ne sont assujettis à aucune loi de justice immuable et universelle.* Bossuet a précisément établi le contraire dans sa *Politique sacrée*, il y expose les devoirs des rois, devoirs par rapport à la religion, par rapport à la justice, par rapport à toutes les branches du gouvernement. Il marque nettement qu'on ne doit pas obéir au prince quand il commande contre Dieu. Cet ouvrage de Bossuet est, d'un bout à l'autre, la réfutation de la doctrine que M. de La Mennais attribue aux gallicans. Y a-t-il beaucoup de bonne foi à citer comme les opinions des gallicans des extraits d'un livre condamné par le clergé de France? Les exagérations de Dupuy n'ont jamais été la doctrine des évêques, puisque les évêques ont censuré son *Traité des droits et libertés de l'Eglise galli-cane*. Attribuer à l'église gallicane les maximes les plus outrées d'un compilateur désavoué par elle, c'est comme si on jugeoit l'Eglise romaine par les écrits des protestans. Le passage ridicule que M. de La Mennais cite page 52, et le triomphe qu'il en tire, ne sont guère dignes d'une discussion franche et loyale

Un reproche plus fondé, est celui qu'il fait aux gallicans de soutenir qu'un prince ne cesse pas d'être légitime parce qu'il est tyran, impie et persécuteur, et qu'on ne peut se soustraire à son empire. L'auteur trouve cette doctrine absurde. *Peuples*, dit-il, *qui gémissez sous l'exécrable tyrannie d'un Néron ou d'un Henri VIII, obéissez donc, le gallicanisme vous l'ordonne*. Mais cette doctrine, que M. de La Mennais signale comme ridicule, étoit celle que pratiquoient les premiers chrétiens. Ils ne se révoltoient point contre Néron, ils se laissoient traîner aux supplices. Les gallicans peuvent sans honte se régler sur de tels modèles, et avouer une doctrine qui leur est commune avec les confesseurs et les martyrs.

(La suite à un numéro prochain.)

NOUVELLES ECCLÉSIASTIQUES.

PARIS. Rien n'avoit pu nous préparer à la triste nouvelle que nous avons annoncée dans notre dernier numéro. Au commencement de ce mois, le saint Père jouissoit encore d'une très-bonne santé. Le jour de la fête de la Purification, S. S. assista à tout l'office dans la chapelle Sixtine. Elle bénit et distribua les cierges suivant l'usage,

fit la procession, entendit la grand'messe, et entonna le
Te Deum, qu'on a coutume de chanter ce jour-là à Rome
pour remercier Dieu d'avoir préservé cette capitale d'un
tremblement de terre en 1703. Le *Diario* du 7 n'annonçoit rien de fâcheux, et le 10, à 9 heures du matin, le
saint Père à succombé à la même maladie qui avoit failli
l'enlever au commencement de son pontificat. Léon XII
étoit dans sa soixante-neuvième année. Né à la Genga,
diocèse de Spolète, le 2 août 1760, il avoit été fait cardinal en 1816, et avoit été élu Pape le 28 septembre 1823.
Il a gouverné l'Eglise pendant cinq ans, quatre mois et
douze jours. A une époque d'agitation et de troubles, il
a montré cette sagesse qui commande le respect même aux
esprits les plus prévenus. En attendant que nous essayions
de rappeler ce qu'il a fait de plus important pendant son
pontificat, nous citerons l'article que lui a consacré le journal officiel. « La perte d'un souverain pontife si éclairé,
si pieux et si modéré, dit le *Moniteur*, est une vraie calamité pour la chrétienté; la France, plus encore que tout
autre Etat catholique, doit déplorer la fin prématurée de
Léon XII, qui avoit pour elle une affection particulière,
comme il avoit une juste et entière confiance dans les vertus et la religion de son Roi. Sa haute sagesse portoit
dans toutes les affaires un esprit de conciliation et de paix;
elle apprécioit les temps et les conjonctures; elle a su
maintenir l'unité dans les deux mondes, en veillant avec
une sollicitude infatigable au gouvernement de l'Eglise,
et en pourvoyant à ses besoins avec zèle et fermeté. »

— L'affaire Daniélon (1), dont nous avons parlé plusieurs
fois, vient d'être jugée en dernier ressort à la cour royale
d'Angers. On a vu, n° 1496, qu'elle avoit été renvoyée à
cette cour par la cour de cassation, qui avoit cassé successivement un arrêt de la cour d'assises du Finistère et
un arrêt de la cour d'assises d'Ille-et-Vilaine. La cour

_____

(1) François-Louis Daniélon, forçat libéré, fut traduit devant la cour
d'assises du Finistère pour avoir volé un ciboire dans le tabernacle de l'église
de Rumingol. Il fut déclaré coupable le 19 janvier 1828, mais le jury avoit
écarté la circonstance capitale. Le ministère public, se fondant sur l'état
de récidive de l'accusé, demanda contre lui la peine de mort; néanmoins
Daniélon ne fut condamné qu'aux travaux forcés à perpétuité. C'est cet
arrêt qui a été cassé, ainsi que celui rendu à Rennes le 11 juin.

d'Angers s'est occupée de cette cause en audience solennelle le 31 janvier. M. Desmirail, procureur-général, a présenté son réquisitoire, dans lequel, sans examiner la question si l'art. 56 du Code pénal peut se combiner avec les dispositions de la loi du 20 avril 1825, il a invoqué la loi du 30 juillet 1828, suivant laquelle la cour, quand une affaire lui est renvoyée, ne peut appliquer une peine plus grave que celle qui résulte de l'interprétation la plus favorable à l'accusé. Il a ajouté qu'il n'appartient pas aux tribunaux de prononcer par voie de dispositions générales et réglementaires, et que les magistrats doivent éviter la discussion des points de doctrine, dont la décision est sans intérêt quant au résultat des causes qui leur sont soumises. Le procureur-général a donc requis que François-Louis Daniélon fût condamné aux travaux forcés à perpétuité. La cour d'Angers a adopté cette manière de voir, et se fondant sur l'article 2 de la loi du 30 juillet 1828, elle n'a pas cru pouvoir appliquer une peine plus grave à Daniélon, et l'a condamné aux travaux forcés à perpétuité et à l'exposition. D'après l'article 3 de la loi du 30 juillet, une loi interprétative doit être proposée aux chambres dans la session qui suit le référé; le référé étant du 29 novembre, ce devroit donc être dans la session actuelle que cette question fût soumise aux chambres.

— Deux missionnaires de la maison Saint-Michel de Laval ont donné dernièrement une mission dans la paroisse de Voutré, canton d'Evron, diocèse du Mans. Cette mission commença le 14 décembre; les paroisses voisines s'étoient réunies aux habitans du lieu. Les grandes vérités annoncées par les missionnaires firent une telle impression, que bientôt les confessionnaux furent assiégés. Il fallut inviter de nouveaux confesseurs à venir au secours des premiers. Les cérémonies ordinaires de la mission touchèrent surtout les fidèles; on n'entendoit que des témoignages de conversion et de repentir. Chacun se félicitoit d'avoir ouvert les yeux à la vérité, et d'avoir mis ordre aux affaires de sa conscience. Environ mille personnes, tant de la paroisse que des environs, parurent à la sainte table, toutes avec des marques sensibles de piété; cent quarante hommes se firent inscrire pour porter la croix. Le chemin qui conduit au lieu où on devoit la planter étoit bas et bourbeux;

on fit un appel à la bonne volonté des habitans, et pendant trois jours, soixante-dix ouvriers travaillèrent avec zèle à aplanir et préparer le terrain. Dans d'autres temps, l'ouvrage auroit été une affaire de trois mois; pour des hommes si bien disposés, ce ne fut qu'un jeu. Chacun offrit de même son concours pour la confection de la croix et pour les préparatifs de la plantation. Le dimanche 11 janvier, le signe sacré du salut fut porté en triomphe au milieu d'un peuple nombreux qui faisoit retentir l'air d'acclamations. Chacun, en se retirant, ne savoit comment exprimer sa joie, et le pasteur, tout étonné de la nouvelle face qu'a prise sa paroisse, bénit Dieu d'un si heureux changement, et se félicite d'avoir appelé les hommes courageux auxquels il a été donné d'opérer un si grand changement.

— Un des derniers évêques constitutionnels, M. Monin, évêque des Ardennes, est mort à Metz le 19 janvier, dans un âge avancé. Joseph Monin étoit né le 23 novembre 1741, à Palizeul, village du duché de Bouillon. Après de bonnes études, il entra dans l'ordre de Prémontré, et prononça ses vœux le 5 septembre 1762, à l'abbaye de Lavaldieu, près Charleville. Dès qu'il eut été ordonné prêtre, son abbé, qui lui reconnut quelque mérite, voulut soigner ses études, et l'envoya au collège que les Prémontrés avoient à Paris pour y faire sa licence. Monin ne prit cependant que le grade de bachelier en théologie. En 1769, il fut nommé maître des novices à l'abbaye de Prémontré, et en 1771, prieur-curé d'Hargnies, diocèse de Namur, dans les Ardennes. Une note que nous avons reçue d'un de ses confrères porte que sa conduite y fut estimable, qu'il fit bâtir l'église et le presbytère, qu'il étoit l'arbitre des différends, et qu'il savoit les étouffer ou les calmer. La révolution le séduisit; il fut président de l'administration du district de Rocroy, et prononça, en cette qualité, un discours pour l'élection des députés à la confédération du 14 juillet 1790; ce discours fut imprimé à Charleville en 1790, in-12, et fut inséré dans le *Mercure national*. Nicolas Philbert, évêque constitutionnel des Ardennes, étant mort le 22 juin 1797, on s'occupa de lui donner un successeur. Quelques prêtres et des laïques réunis à Sédan élurent Monin en mars 1798. Il eut le triste avantage de l'emporter sur ses concurrens, Herbelet et Perin, vicaires épiscopaux. Il vint à Paris, et fut sacré à

Notre-Dame par les *réunis* le dimanche premier juin, et
non le premier juillet, comme il est marqué dans le *Tableau
des évêques constitutionnels.* Il prit possession de son siège le
22 juillet, et on trouve une lettre de lui dans les *Annales*
des constitutionnels, où il dit qu'il sera possible de ramener la concorde *quand Dieu aura appelé à lui quelques vieillards qui tiennent encore à l'ancien système.* Monin publia,
à cette époque, une Lettre pastorale mentionnée dans les
Annales; il y exhortoit à la paix et à la charité, et faisoit
l'éloge de son prédécesseur. Il disoit, en commençant, qu'il
étoit *sincèrement uni de communion avec le siège apostolique,*
ce qui ne paroît pas avoir plu à ses confrères, comme si
on eût pu suspecter leur sincérité. Monin assista au concile de 1801, où il ne se fit point remarquer. Il donna sa
démission la même année, et obtint, en conséquence, la
pension de 3333 fr. Il se retira à Metz, où il parut vouloir
se faire oublier. Une sœur, ancienne religieuse, plus âgée
que lui, et quelques amis, formoient sa société. Il disoit
tous les jours la messe dans une communauté de religieuses
qui lui ont rendu de bons offices dans sa maladie. Son titre
d'évèque constitutionnel ne lui avoit pas fait perdre son attachement pour son ordre; il accueilloit les anciens Prémontrés qui passoient par Metz, et entretenoit quelque correspondance avec ceux du dehors. Nous savons d'ailleurs
d'une manière authentique que M. Monin avoit eu des entretiens avec M. l'évêque de Metz, et qu'il lui avoit remis
un acte d'adhésion aux jugemens du saint Siège sur les
affaires ecclésiastiques de France. La chose nous a été cer-
tifiée par un chanoine de Metz. Monin étoit arrivé à sa
38ᵉ année lorsqu'il a succombé à une maladie, pendant laquelle il a montré les sentimens les plus édifians. Tout
nous porte à croire qu'il a réparé la faute qu'il avoit com-
mise, et qui avoit été pour ses confrères un véritable sujet
d'affliction.

— Il a paru à Aurillac une notice nécrologique sur M. Delolm de Lalaubie, maire de cette ville; une circonstance
que nous mentionnerons bientôt nous engage surtout à
en donner un extrait. M. Louis-Henri-Guy Delolm de
Lalaubie étoit un médecin distingué dans sa profession;
il avoit fait de bonnes études au collège Louis-le-Grand,
et se rendit recommandable par les qualités de l'esprit et

par celles du cœur. Le goût de l'instruction, un jugement sain, un caractère doux et égal, l'amour de l'ordre, des inclinations bienfaisantes, le firent estimer et aimer de ses concitoyens. Il se maria dans un âge assez avancé, perdit sa femme, et n'eût désiré de plus longs jours que pour les consacrer à l'éducation de ses enfans. Sa fin a couronné une vie si laborieuse et si utile; il est mort en chrétien, et l'acte dont nous allons parler atteste ses religieuses dispositions. M. de Lalaubie, encore fort jeune, avoit publié pendant la révolution un opuscule *sur la loi naturelle*, dont plusieurs passages attaquoient la révélation. Dans sa longue maladie, il a rétracté cet écrit. L'acte de cette rétractation est du 3 novembre 1828, et est ainsi conçu : *Dans le discours sur la religion naturelle que j'ai publié pendant la révolution, je regrette beaucoup d'avoir ajouté à la fin tout ce que j'ai dit contre la révélation, particulièrement dans l'application que j'en fesois à la religion chrétienne et catholique.* Signé *Delolm de Lalaubie*. Cette déclaration, souscrite par M. de Lalaubie plus de deux mois avant sa mort, ne lui fut dictée que par une conviction profonde des vérités de la religion. Il manifesta fortement et à plusieurs reprises le désir que la plus grande publicité fût donnée à cet acte, et ses parens ont rempli ses dernières volontés en insérant cette pièce à la suite de la notice, avec l'attestation de mad. Arnal, tante de mad. de Lalaubie. Cette démarche honorable ne rendra que plus chère la mémoire du maire d'Aurillac; ses obsèques ont prouvé combien il étoit respecté. Tous les habitans d'Aurillac y ont assisté en deuil; le préfet a voulu s'y trouver, et des discours, prononcés sur la tombe du défunt, ont été l'expression de l'estime publique et de la douleur générale. Félicitons surtout M. de Lalaubie d'avoir réparé une erreur de sa jeunesse, et d'avoir donné un gage de son retour sincère à la religion.

— On commence à espérer que les obstacles qui s'opposoient à l'exécution du concordat des Pays-Bas vont s'aplanir successivement. Il est question de la nomination de quelques évêques. On dit que M. l'abbé Van Bommel est nommé à l'évêché de Liège, M. de Planck à l'évêché de Tournai, et M. Van de Velde à celui de Gand. Ces choix ne peuvent qu'être agréables aux catholiques. M. Van Bommel est un ecclésiastique distingué par sa piété et par son

mérite, qui a dirigé long-temps un séminaire dans la partie
du nord. M. de Planck est curé d'Hannut, et M. Van de
Velde est curé à Lierre, près Anvers. Ces choix ont été con-
certés entre le saint Siège et le gouvernement. D'après le
concordat, la première nomination d'évêques devoit être
faite par le Pape; mais on croit que le gouvernement avoit
obtenu la promesse d'exercer quelque influence sur la nomination. Un journal des Pays-Bas regrette qu'on n'ait pas
nommé quelqu'un des grands-vicaires qui administroient
les diocèses depuis quelques années, et qui s'étoient concilié l'estime et l'affection des catholiques par leur zèle et
leur prudence. Leur expérience auroit pu, en effet, être
utile dans le moment actuel, mais d'autres considérations
n'ont pas permis de s'arrêter à des choix si honorables. On
ne parle point encore de la nomination des évêques pour
Amsterdam et pour Bois-le-Duc, et on ne sait ce qui retarde
l'exécution du concordat pour ces sièges.

NOUVELLES POLITIQUES.

Paris. Le *Constitutionnel* avoit compté sur des cohues révolutionnaires
pour les élections municipales, et partant il ne s'accommode point des li-
mitations fixées par le projet de loi. Il regarde comme un outrage fait à la
sagesse du peuple souverain l'espèce de précaution qu'on a prise de ne pas
le réunir en trop grand nombre; et à ce sujet il demande pourquoi l'on ne
défend pas de même aux catholiques de se réunir dans les églises au-delà
de soixante personnes. Ce pourquoi n'est pas difficile à résoudre : c'est que
les fidèles n'ont pas coutume de se rassembler par esprit de désordre et
pour troubler la paix des Etats, tandis que les révolutionnaires ne se rassemblent jamais impunément pour la tranquillité publique. Les fidèles se
rassemblent pour apprendre à devenir meilleurs; les révolutionnaires, pour
apprendre à devenir plus mauvais. Plus les fidèles fréquentent les églises,
plus il y a de sûreté pour le royaume; plus les révolutionnaires fréquentent leurs cohues politiques, plus il y a de dangers à craindre pour l'Etat.
Enfin, pendant la révolution, les églises étoient fermées et les clubs étoient
ouverts; ce qui répond mieux que tout le reste aux pourquoi du *Constitutionnel*.

— On se rappelle que le siège du cul-de-sac Dauphin et le massacre des
citoyens de Paris au 13 vendémiaire conduisirent Barras au premier poste
de la république. Il ne faut pas demander si, à la suite de cette expédi-

tion, il se présenta des amateurs pour prendre part à la curée. On prétend qu'il reçut au-delà de quatre mille pétitions qui lui demandoient des récompenses civiles et militaires, sur des titres plus ou moins odieux, que les fanfarons de révolution exagéroient peut-être encore pour donner plus de prix à leurs hauts faits. Soit par curiosité, soit pour s'armer au besoin de tout cet étalage d'actions mauvaises et de sentimens atroces, on assure que Barras avoit précieusement conservé tous ces beaux monumens historiques. Or, étonnez-vous maintenant des cris qui s'élèvent de toutes parts pour réclamer contre l'affreuse violation des papiers de l'ancien chef du Directoire; étonnez-vous des consultations d'avocats et des mille articles de journaux par lesquels on établit que le gouvernement n'avoit pas le droit de toucher à une chose aussi sacrée! Espérons cependant que les parties intéressées en seront quittes pour la peur, et qu'en considération du grand nombre de gens qui jouissent encore du fruit de ces vieilles pétitions, le salutaire principe d'union et *oubli* sera de nouveau reconnu et proclamé.

— Une feuille sémi-périodique, éclose depuis la nouvelle loi sur la presse, contenoit, il y a quelque temps, le récit de la mort de Sand en style admiratif. L'assassin de Kotzebue, sous le titre de l'*Ami de la vertu*, étoit le héros d'un pompeux article de l'*ancien Album*. On l'y représentoit comme un martyr de la sainte cause de la liberté; on y faisoit l'éloge d'un assassinat et le panégyrique d'un coupable. Cet article étoit d'un bout à l'autre l'apologie du crime : le ministère public a traduit au tribunal de police correctionnelle les sieurs Eugène Brifaut, qui en est l'auteur, et Magalon, gérant du journal, sous la prévention d'outrage à la morale publique et de provocation à l'assassinat. Des châtimens répétés auroient dû rendre ce dernier plus circonspect, car il a déjà subi deux condamnations de prison à treize et six mois pour écrits séditieux. M. l'avocat du Roi Champanhet a soutenu l'accusation avec force; les prévenus ont été défendus par l'avocat Berville. Le tribunal n'a pas trouvé le second chef d'accusation suffisamment justifié; mais il a condamné Magalon, attendu la récidive, à un an de prison et 500 fr. d'amende, et Brifaut à deux mois de prison et 100 fr. d'amende.

— Un arrêté de M. le préfet de police, approuvé par le ministre de l'intérieur, porte qu'un conseil provisoire, composé de seize souscripteurs, sera formé sous la présidence du préfet de police, pour s'occuper des travaux préparatoires qu'exige l'établissement d'une maison de refuge et de travail avec les deniers provenant de la souscription ouverte pour l'extinction de la mendicité, qui s'élèvent déjà à 4 ou 500,000 fr. Sont nommés par M. de Martignac membres de ce conseil : MM. le marquis de Marbois, le baron Séguier, le duc de Caraman, le baron Pasquier, les ducs de Doudeauville, de la Rochefoucauld-Liancourt, de Choiseul, pairs de France; le baron Ternaux, le comte Al. Delaborde, Dupin aîné, Vassal, députés; Lecordier et Cochin, maires des premier et douzième arrondissemens; Breton, membre du conseil-général du département; Chodron, président de la chambre des notaires; J. Greffulhe, propriétaire. M. Cochin remplira les fonctions de rapporteur.

— M. le baron de Burosse, député, est nommé sous-préfet de Saint-Sever, en remplacement de M. le baron de Cauna, décédé.

— Le corps de M. Auger, de l'Académie française, que toutes les recherches n'avoient pu faire découvrir jusqu'à présent, a été retrouvé dans la Seine à Meulan.

— Le tribunal correctionnel d'Avranches a condamné le sieur Louis Filleul, marchand, à 30,000 fr. d'amende, comme usurier. Cent quarante témoins ont été entendus dans cette affaire. Le montant des prêts usuraires étoit estimé à 150,000 fr.

— Don Miguel a fait, le 2 février, sa seconde sortie. Il s'est rendu, avec les infantes ses sœurs, à l'église Sainte-Lucie, qui appartient à l'ordre militaire de Saint Jean de Jérusalem, dont le monarque est le protecteur. Le prince a recueilli de nouvelles preuves de la joie et de l'affection de ses sujets.

— Il n'y a plus aucun espoir de paix entre la Russie et la Turquie; on fait de part et d'autre les plus grands préparatifs de guerre. La peste s'est déclarée dans les hôpitaux militaires de Jassy, malgré la rigueur du froid.

— Les hostilités, depuis long-temps interrompues, ont repris sur un point de la Moldavie. Un bulletin de l'armée russe vient de paroître pour annoncer la prise par les troupes russes, sous les ordres du général Langeron, de l'importante forteresse de Kali, tête du pont de Nicopolis. Un pacha, 60 officiers et 350 soldats ont été faits prisonniers; 250 Turcs sont morts sur les remparts. Les Russes ont attaqué le même jour les faubourgs de Turnow, dont toute la population a péri ou s'est enfuie dans la citadelle, qui est sur le point de se rendre. Ces deux combats, qui ont eu lieu le 24 janvier, ont coûté aux Russes 80 hommes tués et 250 blessés.

CHAMBRE DES PAIRS.

Le 19, la chambre a d'abord entendu l'éloge funèbre de M. le marquis de Lévis, prononcé par M. le marquis de Mirepoix, et celui de M. le duc de Saint Aignan, prononcé par M. le comte de Laroche-Aymon.

Trois commissions ont été ensuite nommées, d'après le vœu de la chambre, par M. le chancelier, président, pour l'examen des projets de loi présentés dans la dernière séance, et dont la chambre s'est occupée dans les bureaux.

CHAMBRE DES DÉPUTÉS.

Le 19, tous les ministres sont présens. M. le président annonce que MM. de Mostuejouls et Balguerie junior s'excusent de ne pouvoir se rendre encore à la chambre. L'ordre du jour est le développement des propositions faites par quelques membres.

M. Salverte a la parole pour développer celle qu'il a faite de reprendre l'accusation de trahison et de concussion soulevée l'année dernière contre le précédent ministère. Un ajournement plus long-temps prolongé lui paroît contraire à la loyauté française. Il rappelle succinctement les principaux griefs du ministère, la censure, les Jésuites, la corruption des électeurs ; la création des soixante-seize pairs, la dissolution de la garde nationale, les troubles de la rue Saint-Denis. Il prétend qu'il y a encore dans les départemens de l'ouest une armée occulte et bien organisée.

M. Salverte a parlé ainsi pendant plus de deux heures, excitant de plus en plus l'impatience de la chambre et même de ses amis. Tout le monde causoit, et son discours n'a point été écouté.

M. le président rappelle les dispositions du réglement sur les propositions, qui veulent que l'on vote la prise en considération, l'ajournement ou la question préalable.

M. le ministre de l'intérieur annonce qu'il ne veut pas suivre l'orateur dans toutes les parties de son discours ; mais il doit faire observer qu'on ne peut, comme le propose M. Salverte, donner suite au rapport de la commission chargée l'année dernière de la motion de M. Labbey de Pompières : la session ayant été close, les actes non consommés par la chambre sont comme s'ils n'étoient pas. Ce n'est pas comme en Angleterre, où la session est seulement ajournée, et où les travaux commencés reprennent naturellement leur cours.

On demande la question préalable. M. Chauvelin regrette que l'on se trouve dans un tel embarras pour n'avoir pas arrêté d'abord des dispositions à suivre dans l'instruction d'une semblable affaire. Il s'oppose d'ailleurs à la question préalable, et demande l'ajournement.

La question préalable est mise aux voix et adoptée par une majorité composée des deux sections de la droite et d'une partie du centre gauche.

On passe à la proposition de M. Labbey de Pompières pour le même objet. M. de Pompières déclare que, d'après ce qui vient de se passer, il demande qu'elle soit ajournée, mais qu'il n'entend pas la retirer. M. le président fait observer qu'il n'appartient pas à un député d'ajourner sa proposition ; que la chambre seule a ce droit. Ajourner une proposition qu'on a faite, c'est la retirer.

M. B. Constant soutient le contraire, et rappelle qu'on ne s'est pas opposé dans le temps à ce qu'il ajournât sa proposition sur la librairie.

M. de Montbel montre qu'il ne seroit pas convenable à la chambre d'adopter encore un ajournement sans limites dans l'affaire qui occupe la chambre. On ne peut laisser planer une accusation contre d'anciens ministres du Roi, des membres de la chambre des pairs. Leur position ne peut rester plus long-temps indécise.

MM. Dupin aîné, de la Bourdonnaye, G. de la Rochefoucauld, Ravez et de Cambon présentent des observations sur l'exécution du réglement en pareil cas, et sur le parti à adopter. Le côté gauche est fort agité, et montre un embarras singulier. M. Labbey de Pompières lui-même hésite, se consulte, paroît interdit, et enfin déclare qu'il retire sa proposition.

M. le président se dispose à donner lecture de celle de M. Charles Dupin sur les tabacs, mais il la retire également. On passe à celle de M. Marschall, qui demande que les projets de loi d'intérêts locaux soient votés par assis et levé. La prise en considération de cette proposition est prononcée.

L'auteur du *Via Crucis*, annoncé avec éloge dans ce journal les années précédentes (n°ˢ 1321 et 1423), ayant fait hommage de son livre au saint Père, en a reçu le bref suivant, qui n'est pas seulement flatteur pour l'auteur, mais qui sera un puissant encouragement pour pratiquer la dévotion du chemin de la croix :

« Leo P. P. XII,

» Dilecte fili, salutem et apostolicam benedictionem. Accepimus unâ cum tuis litteris opus a te conscriptum : *Via Crucis* ou *Méthode pratique du chemin de la Croix;* quo tuæ in personam humilitatis nostræ pietatis et observantiæ testimonio affecti simus, ipse per te existimare facilè potes. Quid enim nobis qui crucem insigne præferimus officii nostri optandum magis sit, quàm ut crucis honor amplificetur, augeaturque eorum multitudo qui eam ultro amanterque ferentes post Dominum, ad paratam ab eo compatientibus gloriam recta contendant? Eo autem cum vel in primis sanctissima pertineat exercitatio, quæ *Via Crucis* appellatur, cumque in ejus ratione præcipienda, te non modò congruenter puriori doctrinæ, sed apposite ad sensus pietatis, in hominum animis excitandas, eosque ad Christi sectanda vestigia vehementer inflammandas esse versatum, tot nos sapientissimorum Galliæ archiepiscoporum et episcoporum indubia faciant testimonia; num laborem ac donum tuum potuissemus magis quàm dici queat, gratum et acceptum non habere? Utinam verò ut illud per se aptum est ad tantum boni afferendum, ità reipsâ in tantâ præsertim sæculi perversitate, quàm plurimis afferat! Talis ut exitus tibi contingat, zeli tui benignissimum Dominum, per crucem et passionem suam, supplices obsecramus : paratam autem tibi ab eo mercedem conatuum adeo salutarium, toto animo gratulantes, pignus paternæ caritatis nostræ, gratæque voluntatis apostolicam benedictionem tibi, dilecte fili, amanter impertimur.

» Datum Romæ ap. S. Petrum, die 15 oct. an. 1828, pont. nostri anno VI.

» G. Gasparini, S. S. D. N., ab epist. latinis. »

On remarque, dans ce bref, en quels termes le saint Père parle des évêques de France qui ont approuvé le livre. Ce bref a été transmis à l'auteur par un illustre prélat, qui répond en même temps à différentes questions qui lui avoient été proposées. Voici, dit-il, la réponse à vos demandes, vous pouvez la regarder comme approuvée par le saint Père. 1° Les grâces contenues dans le bref sont accordées aux fidèles de chaque diocèse de France, comme on le voit par le bref de Pie VII à feu M. l'archevêque de Bordeaux; 2° On peut gagner les indulgences en cas de mauvaise santé ou de quelque autre obstacle légitime et bien certain; 3° Le bref est accordé pour toutes les éditions subséquentes, quel qu'en soit le format, pourvu qu'elles soient conformes; 4° Les 6 *pater, ave* et *gloria patri* sont obligatoires pour gagner les indulgences.

Nous supprimons les autres réponses qui ne sont pas nécessaires pour l'instruction des fidèles. On nous prie cependant de faire connoître que les divers exemplaires du *Via Crucis* n'ont nul besoin d'être indulgenciés.

On remarque que les livres imprimés à Rome ne demandent ordinairement qu'un *gloria patri*, un *pater* et un *ave*; mais il y a sans doute erreur, car l'exemplaire apporté par les prêtres français, dont il est parlé dans le *Via Crucis*, 3ᵉ édition, page 90, fait formellement mention de six à la fin. Ce qui a pu causer la méprise, c'est ce grand nombre d'ouvrages imprimés en France sur celui de Rome, par des libraires qui ne les avoient pas soumis à des personnes au courant des règles de cette dévotion.

Nous ajouterons que l'*Histoire de la Passion* renfermée dans le *Via Crucis* retrace avec exactitude toutes les circonstances rapportées par les quatre évangélistes. On a mis entre les mains des enfans le moins coûteux des abrégés, pour leur donner une connoissance parfaite de la passion, et éviter la confusion que les quatre récits séparés pouvoient laisser dans leur esprit.

On nous prie de nouveau de rappeler à nos lecteurs un établissement qui paroît offrir toutes les garanties que l'on peut désirer; c'est la Banque de prévoyance, ou Agence-générale de placemens sur les fonds publics. Un commissaire du Roi est attaché à l'établissement, et des comptes journaliers sont rendus à une commission spéciale. Un cautionnement de 60,000 fr. et la fortune des cinq administrateurs sont affectés à leur gestion, et un fonds d'un million a été fait par cent commanditaires pour supplément de garantie. Les fonds déposés à l'Agence sont immédiatement employés en rentes à cinq pour cent, et les inscriptions de ces rentes sont remises entre les mains d'un notaire; au fur et à mesure de la clôture des compagnies, elles sont placées à la Caisse des dépôts et consignations au nom et pour le compte de chaque particulier.

Le nouveau prospectus de l'Agence explique la nature de ses opérations; il y en a de deux sortes, placement par compagnie avec accroissement de revenu, et placement à terme fixe pour cinq années. Plusieurs journaux ont fait connoître les avantages de ces opérations; voyez entre autres la *Quotidienne* du 6 mai et du 21 juillet dernier. On nous assure que M. l'abbé Burnier-Fontanelle, docteur de Sorbonne, mort l'année dernière, avoit émis une opinion favorable à l'établissement. Les ministres de la guerre et de la marine ont joint leurs suffrages à ceux des administrateurs et des banquiers qui avoient applaudi à l'institution.. Ce qui distingue cette Agence, c'est qu'elle conserve à chaque famille son patrimoine, et que cependant elle ménage à chacun de ses sociétaires survivans un accroissement de revenu.

Cela s'explique par un procédé assez simple. Les actionnaires sont formés par sociétés de dix personnes de même âge; supposez que la mise de chacun soit de 100 francs de rente, les dix personnes ont une rente perpétuelle de 1000 francs; cette rente se partage d'abord entre dix, puis, à mesure des extinctions, entre neuf, entre huit, entre sept, etc., jusqu'à ce que le dernier des dix jouit de la rente entière pendant sa vie. A sa mort, on rend aux familles des dix sociétaires la mise de ceux qu'elles représentent.

Pour plus de détails, on peut consulter le prospectus, ou s'adresser à l'Agence dont les bureaux sont place de la Bourse, nouvelle rue Vivienne.

Le Gérant, ADRIEN LE CLERE.

****

Sermons du Père de Ligny, de la compagnie de Jésus (1).

Le nom du Père de Ligny est avantageusement connu dans la littérature sacrée par son *Histoire de la vie de J. C.* Une étude approfondie de l'Ecriture sainte, une connoissance exacte des devoirs du christianisme, un sincère attachement à l'Eglise, beaucoup de solidité dans les pensées, et même de finesse dans une foule d'observations qu'il sait tirer du fonds inépuisable des saints Evangiles, et présenter avec art; telles sont les qualités qui ont fait de l'auteur de la *Vie de J. C.* un des écrivains ecclésiastiques les plus recommandables et les plus utiles du siècle dernier. Nous ne croyons pas que, comme prédicateur, il soit resté au-dessous de sa juste réputation. On le voit dans les différens sujets qu'il a traités, toujours clair et précis quand il expose, solide et suivi quand il raisonne, ingénieux quand il réfute, plein d'une douce piété quand il parle des opérations merveilleuses de la grâce, ou qu'il raconte les victoires de l'amour divin sur un cœur long-temps rebelle; quelquefois pathétique, comme lorsqu'il fait entendre les cris de vengeance que pousse vers la justice divine la malheureuse victime des conseils ou des exemples d'un pécheur scandaleux; enfin, ce qui n'est pas à oublier, ramenant presque tout à la pratique, se reportant toujours à l'époque à laquelle il parle, et s'identifiant en quelque sorte avec son siècle, si d'abord on trouve que le Père de Ligny ne cite pas fréquemment la sainte Ecriture, on voit bientôt, avec un peu d'attention, qu'il la fond habilement dans son style; quelquefois même la grande connoissance qu'il en avoit paroît lui avoir présenté naturellement les paroles du texte sacré comme l'expression la plus simple de ses propres pensées.

---

(1) 2 vol. in-8°, prix, 9 fr., et 2 vol. in-12, prix, 5 fr. A Lyon et à Paris, chez Périsse, et au bureau de ce journal.

Un des meilleurs sermons de ce recueil, est sans doute celui dans lequel l'orateur combat l'incrédulité que son siècle a vu naître. C'est là surtout que l'on voit le Père de Ligny déployer ce caractère d'observation dont il avoit fait preuve dans une foule de notes de sa *Vie de J. C.*, dirigées aussi en grand nombre contre les prétendus philosophes. En supposant que leur incrédulité ne soit pas une erreur, le Père de Ligny prétend, au commencement de ce discours, qu'ils seroient néanmoins inexcusables aux yeux de Dieu, parce qu'ils décident sans lumières et agissent contre leurs lumières; division simple, mais vraie, qui met au grand jour et la cause et le crime de l'incrédulité.

Mais veut-on savoir d'où provient le plus ordinairement cette incrédulité? que l'on suive l'orateur dans les développemens de sa première proposition; il la montrera naissant au milieu des fougues et des vertiges de la première jeunesse.

« Telle en est l'époque, dit-il, page 90, et je défie tous les incrédules d'en pouvoir assigner une autre. Je sais qu'il en est dans la maturité de l'âge et de la raison, mais je sais aussi qu'ils n'ont point commencé alors à le devenir; en un mot, on cesse assez ordinairement d'être incrédule à quarante ans, mais ce n'est pas l'âge où l'on commence à l'être : c'est au sortir de l'enfance, à cet âge impétueux et déréglé, qui est éminemment l'âge de la folie...... C'est dans ce déchaînement des passions et dans cet étourdissement de la raison, c'est du milieu des ardeurs de cette fièvre brûlante que paroît tout à coup la lumière vive et pure qui découvre à un homme de vingt ans la vérité qui a échappé à tous les yeux, et la vanité des sophismes qui ont fait illusion à l'univers. Mais ce n'est pas dire assez, dans les ardeurs de cette fièvre; elle a ses redoublemens et ses transports, et il semble que ce soient là ses momens les plus lumineux. Ce que peut-être on n'avoit encore vu qu'à demi, on le voit à découvert dans une partie de débauche et dans la chaleur d'un festin dissolu. Là, tous les doutes achèvent de se dissiper, et il ne se propose rien contre la religion, qui, à la lueur des flambeaux de la volupté, ne paroisse évidence et démonstration. Là se débitent ces plaisanteries souvent fades, toujours indécentes, que la plupart n'ont pas l'esprit de produire, et dont ils ne sont que les honteux échos. Là se répètent ces doutes usés... Ce jargon obscur et suranné, voilà les preuves qui les persuadent ; dans ces lieux de dissolution et de crime, voilà l'école où ils s'instruisent ; ces hommes perdus de mœurs et d'honneur, voilà les docteurs qu'ils écoutent ; la liqueur qui les échauffe ou la volupté qui les embrase, voilà le génie qui les inspire, ou plutôt voilà les divinités qu'ils adorent, etc. »

Mais ceux-ci, dira-t-on, ne sont pas les seuls qui décident contre la foi ; combien d'autres parmi ceux qu'on appelle beaux esprits ! « Le bel esprit, répond l'orateur, bien loin de supposer le bon sens, l'exclut pour l'ordinaire ; je ne le dirois pas si hardiment, si ce n'étoit l'opinion de tous les hommes, qui regardent assez communément ces deux choses, le bel esprit et le bon sens, à peu près comme incompatibles, et cela fondé sur une règle infaillible, qui est l'expérience.... » Toute cette réponse est remarquable par sa justesse et l'intérêt que l'orateur sait attirer sur sa discussion, et à coup sûr, si le Père de Ligny n'a pas l'avantage d'être un de ces beaux esprits qu'il plaisante si sérieusement, on ne peut lui refuser un sens exquis et un jugement fort solide. Plus loin, il montre avec non moins de ressemblance ces hommes brillans, ou si l'on veut, savans en quelque partie à laquelle ils se sont appliqués uniquement, ignorans sur le fait de la religion autant et plus peut-être que le commun des hommes. « Dites-moi, je vous prie, ajoute-t-il, sait-on tout parce qu'on fait bien une chose?..... Celui qui sait l'histoire sait-il pour cela le cours des astres? et le grand géomètre est-il dès-lors un grand jurisconsulte? Pourquoi donc seroit-il dès-lors un grand théologien? N'est-ce pas plutôt ne l'être pas, vu les bornes étroites de l'esprit humain? On verra, par la lecture de ce morceau, que nous ne faisons qu'indiquer, que le Père de Ligny avoit parfaitement jugé la secte des beaux esprits incrédules dont l'ignorance en fait de religion égaloit souvent l'impiété ; on verra sans doute aussi que ce discours, qui réussit si bien à la démasquer, viendroit fort à propos aujourd'hui, où nous avons tant de petits géomètres, tant de petits historiens, tant de petits hommes d'Etat, tant de petits savans ou passant pour tels, et surtout de très-petits jurisconsultes, et autres docteurs aussi légers de science que d'allure, qui font aussi les grands théologiens, sans savoir leur catéchisme, et qui, bien loin de dédaigner le très-gros héri-

D ı

tage d'ignorance religieuse que leur ont légué les savans des beaux jours de l'incrédulité naissante, l'enrichissent au contraire, chaque jour, de nouvelles inepties et de plus lourdes bévues.

Après avoir montré la mauvaise foi de ceux qui ne lisent que les ouvrages contraires à la religion, le Père de Ligny passe à sa seconde proposition : l'incrédule est inexcusable, parce qu'il agit contre ses lumières. Ici l'orateur s'adresse à ces incrédules, et c'est le grand nombre, qui se vantent de se conduire par la loi naturelle, et il ne craint pas de leur dire que, tout en reconnoissant qu'il y a des devoirs de religion, de justice et d'honnêteté auxquels cette loi nous oblige à l'égard de Dieu, des hommes et de nous-mêmes, ils agissent cependant contre leurs lumières, puisqu'ils manquent à tous ces devoirs à la fois, et agissent constamment comme si Dieu, la probité, la pudeur, n'étoient que de vains noms et des êtres purement imaginaires. C'étoit ce qu'il falloit prouver; le Père de Ligny l'a fait avec force, netteté, chaleur, et en même temps avec une modération d'autant plus recommandable, que le sujet prêtoit davantage à une censure trop maligne peut-être pour la gravité de la chaire. Il traite une question délicate, savoir, s'il y a beaucoup de fonds à faire sur la probité d'un grand nombre d'incrédules. Il termine en montrant, ce qui paroîtra peut-être un peu dur, mais ce qui pourtant est appuyé sur de tristes et nombreux exemples, en montrant, dis-je, qu'ils respectent encore moins la pudeur que la probité, et arrive par là parfaitement à son but, qui étoit de démasquer la mauvaise foi de la plupart des incrédules. C'étoit mettre le doigt dans la plaie, et il l'a si bien enfoncé, qu'il y a de quoi faire crier le malade, s'il lui reste quelque sensibilité. Nul doute qu'en lisant cette peinture si vraie de l'incrédulité, avec un peu de bonne foi, on ne confesse cette vérité, que jamais, ou bien rarement peut-être, elle n'entreroit dans un cœur, si elle n'avoit au dedans les passions pour l'y introduire.

Au reste, si nous nous sommes arrêtés si long-temps à ce discours, ce n'est pas que les autres n'offrent rien de satisfaisant et de remarquable, c'est uniquement parce qu'il nous a paru celui de tous qui convient spécialement à notre époque, et que caractérise plus expressément le genre de talent du Père de Ligny ; talent qui repose principalement, comme nous l'avons déjà donné à entendre, sur la clarté des divisions, sur la solidité des preuves, sur un style simple et noble, qui offre beaucoup de finesse et d'observation dans les détails de mœurs. On lira aussi avec plaisir le sermon sur l'autorité de l'Eglise ; le dogme y est exposé avec la gravité et la lucidité que réclamoit ce sujet, et la morale est habilement rattachée au dogme. Celui sur Magdeleine pénitente, le Panégyrique de saint Augustin, la Passion et autres, ont de quoi plaire aux ames pieuses. Quelque sujet qu'il traite, le Père de Ligny paroît toujours pénétré de la dignité du ministère qu'il exerce, et beaucoup moins désireux de flatter les oreilles de ses auditeurs par de belles périodes, que de sauver leurs ames, en leur présentant des réflexions pieuses et solides, propres à les porter à des retours salutaires sur eux-mêmes. En un mot, le Père de Ligny appartenoit à l'école des Jésuites, de laquelle est sorti le plus grand nombre des prédicateurs vraiment évangéliques, et nous croyons donner plus de poids à notre jugement, en ajoutant que M. de Boulogne, évêque de Troyes, ayant entendu souvent dans sa jeunesse le Père de Ligny à Avignon, s'en ressouvenoit encore avec plaisir aux jours de ses triomphes oratoires.   O.

NOUVELLES ECCLÉSIASTIQUES.

Rome. Le saint Père commença à ressentir, le 5 février au soir, les atteintes d'une strangurie ; le mal ayant augmenté dans la nuit, on appela les médecins, qui administrèrent les remèdes ordinaires. Toutefois la maladie augmenta le 6 et le 7 ; le 8, il y eut un peu de relâche, et l'on conçut quelque espérance ; mais sur le soir, le mal redoubla, et le lendemain matin, le danger augmentant, le souverain pontife demanda lui-même le saint viatique, qui lui fut administré par M. Barbolani, son camerier secret. Peu après, il voulut que M. Soglia, archevêque d'Ephèse, et aumônier secret, lui fît les dernières onctions, et répondit

avec piété et courage aux prières accoutumées. M. le cardinal Bernetti, secrétaire d'Etat, fit part de la situation du
Pape à MM. les cardinaux della Somaglia et Zurla, et au
corps diplomatique. Le sacré Collège se transporta au Vatican pour s'informer de la santé du saint Père. M. le cardinal Castiglioni, grand pénitencier, entra dans la chambre
de l'auguste malade, et l'assista suivant les devoirs de sa
charge. M. le cardinal-vicaire, qui avoit fait exposer le
saint sacrement dans les trois grandes basiliques, ordonna
aux prêtres de réciter l'oraison pour le pontife mourant.
Tous les spectacles furent fermés. Sur le soir du même jour,
le saint Père, qui avoit toujours joui de sa présence d'esprit,
entra dans un profond assoupissement, et après une longue
et tranquille agonie, il rendit le dernier soupir le 10, vers
neuf heures trois quarts du matin. Ses grandes actions,
comme chef de l'Eglise et comme souverain de l'Etat pontifical, sont assez connues. Léon XII célébra le jubilé, excita le zèle des fidèles pour la reconstruction de l'église St-
Paul, délivra les environs de Rome des malfaiteurs qui les
infestoient, embellit Rome, encouragea les sciences et les
arts, enrichit la bibliothèque du Vatican et les musées,
donna des soins particuliers à l'instruction et aux études,
fit des règlemens très-sages sur l'administration publique,
la justice et le commerce, favorisa les établissemens de
charité, et remplit tous les devoirs de pontife, de prince
et de père commun.

— Après la mort du Pape, M. le cardinal Galeffi, camerlingue, réunit le tribunal de la chambre apostolique, et se
transporta avec tous les membres au Vatican. Là, étant
entré dans la chambre du pontife, il se mit à genoux, pria
pour l'auguste défunt, et lui jeta de l'eau bénite. Il s'approcha ensuite pour reconnoître le corps, dont on décou-
vrit le visage, retourna au pied du lit, et reçut du maître
de la chambre l'anneau du pêcheur, qui fut rompu. En retournant à son palais, S. Em. fut accompagnée de la garde
suisse, et reçut des postes militaires les honneurs accoutumés. Elle assigna aux clercs de la chambre leurs diverses
fonctions. Toutes les cloches de la ville annoncèrent la
perte du chef de l'Eglise. Le soir, M. le cardinal della Somaglia réunit chez lui les cardinaux chefs d'ordre qui se
trouvoient à Rome. Avec le cardinal-camerlingue, qui as-

siste à toutes les congrégations pendant la vacance du siège, étoient présens M. le cardinal Fesch, comme premier de l'ordre des prêtres ; M. le cardinal Cacciapatti, comme premier de l'ordre des diacres, et le secrétaire du sacré Collège. Les Pères pénitenciers de la basilique du Vatican se tenoient auprès du corps du Pape, et récitoient des prières. Le 11, au matin, le sénat a fait ouvrir les prisons où étoient détenus les coupables des moindres délits.

Paris. Les cardinaux français se mettent successivement en route pour se rendre au conclave. M. le cardinal de la Fare part accompagné de M. l'évêque de Samosate, son suffragant, et de M. l'abbé de Belland, son grand-vicaire. M. le cardinal de Croï emmène M. l'abbé Coudrin, son grand-vicaire à Rouen, et M. l'abbé Trébuquet, et M. le cardinal de Latil MM. les abbés de Sambucy et de Breignac, ses grands-vicaires. M. le cardinal d'Isoard part également avec un de ses neveux et deux ecclésiastiques. On suppose que M. le cardinal de Clermont-Tonnerre se rendra directement de Toulouse en Italie.

— M. Jean-Baptiste-François-Nicolas Millaux, évêque de Nevers, est mort dans cette ville le 19 février. Le prélat étoit né à Rennes le 25 novembre 1756 ; il étoit précédemment grand-vicaire de Rennes et supérieur du séminaire. Il fut nommé évêque de Nevers en 1823, et sacré en cette qualité le 6 juillet de la même année. Dans le peu de temps qu'il a gouverné ce diocèse, il a montré beaucoup de zèle et d'activité, a formé des séminaires, et a pris des mesures pour réparer les pertes du sacerdoce. Le diocèse de Nevers, précédemment réuni à Autun, est un de ceux où la disette de prêtres se fait le plus sentir.

— M. l'archevêque de Paris vient de publier un fort beau Mandement sur la mort nu Pape. L'éloge si bien senti que le prélat y fait de Léon XII, ce qu'il dit de ses rapports particuliers avec l'illustre pontife, sa trop juste réclamation contre un écrit plein de témérité, tout cela est propre à intéresser et à instruire les fidèles ; nous rapporterons donc le Mandement presqu'en entier :

« Le pape Léon XII vient de mourir ! Une faveur particulière, on diroit presque miraculeuse, de la divine Providence l'avoit non-seule-

ment élevé sur la chaire apostolique, mais sêmbloit aussi l'avoir promis à la catholicité pour perpétuer long-temps encore en sa personne
les illustres et saints exemples donnés par ses deux prédécesseurs d'heureuse et vénérable mémoire. Moins affoibli par l'âge que par une infirmité qui, peu de mois après son élection, l'avoit mis aux portes du
tombeau, il s'étoit senti soudain ranimé par une vertu secrète que nous
aimions à regarder comme le présage d'une longévité que les années
déjà si pleines, quoique, hélas! si courtes, de son pontificat, annon-
çoient devoir être si glorieuse et si utile. Son zèle et ses travaux ont
révélé ce que nous pouvions en attendre; sa fin prématurée nous livre
au regret d'avoir vu tout d'un coup s'évanouir tant d'espérances!

» Toutefois, N. T. C. F., quelque abrégée qu'ait été la carrière de
Léon XII, il a cependant assez vécu pour mériter les éloges magnifiques que l'Esprit de Dieu décerne au grand-prêtre Simon, fils d'Onias.
Par l'usage généreux, et peut-être quelquefois prodigue, de ses forces renouvelées et de sa santé raffermie, il a soutenu pendant sa vie la maison du Seigneur; durant les jours de son suprême sacerdoce, il a for-
tifié le temple, et s'est employé de tout son cœur à en réparer les
ruines. *Sacerdos magnus qui in vitâ suâ suffulsit domum, et in diebus
suis corroboravit templum.*

» En effet, n'est-ce pas lui qui, par son empressement à publier le
jubilé de l'année sainte, par ses soins à en assurer les fruits, sut creu-
ser avec profondeur et asseoir avec solidité les fondemens de cet édifice
spirituel dans la structure duquel nous sommes tous appelés à entrer
comme des pierres vivantes et choisies? *Templi etiam altitudo ab ipso
fundata est.* N'est-ce pas de son temps que nous avons vu couler ces
fontaines salutaires, qui ont rejailli pour tant d'ames jusque dans la
vie éternelle; ces bénédictions de la grace, qui, répandues d'abord par
ses mains sacrées sur la ville chérie, ont ensuite été par ses ordres dis-
tribuées avec abondance dans tous les diocèses du monde chrétien, comme
par autant de canaux, dont il étoit sur la terre la source pure, et, pour
ainsi dire, la mer intarissable? *In diebus ipsius emanaverunt putei aquarum, et quasi mare adimpleti sunt suprà modum.* C'est ainsi qu'il a signalé les premières années de sa charge pastorale : il s'est appliqué avec
une tendre sollicitude à pourvoir aux plus pressans besoins du peuple
de Dieu, qui étoit aussi le sien; il l'a délivré de la perdition, en lui
ménageant, en lui offrant des moyens multipliés de sanctification et de
salut : *curavit gentem suam et liberavit eam à perditione.* Il lui fut donné
d'ouvrir la porte sainte, d'agrandir en quelque sorte la céleste Jérusalem, d'élargir l'entrée de la maison de Dieu, d'en dilater et d'en remplir le parvis : *prævaluit amplificare civitatem, et ingressum domûs et
atrii amplificavit.* Vous avez été vous-mêmes, N. T. C. F., les témoins
et les objets de ces merveilles.

» Mais ce n'est pas assez; ce ne seroit pas avoir achevé l'éloge de notre
vénérable pontife que de dire qu'il fut parmi nous l'instrument des miséricordes divines, puisque, malgré son active et prudente fidélité à dispenser les biens du père de famille, cette louange appartient plus encore à son
autorité qu'à sa personne. Nous continuerons donc à lui appliquer les paroles du texte sacré. Par la vivacité de sa foi, il a paru comme l'étoile du
matin au milieu des nuages; il a su dissiper toutes les préventions dont la

vertu la plus sincère ne manque jamais d'être environnée ici-bas, surtout lorsqu'elle est appelée à commander aux passions des hommes, et à éclairer leurs ténèbres; par son inaltérable douceur, il leur a fait supporter et chérir sa lumière comme celle de l'astre de la nuit, dont le plein même ne fatigue pas une vue foible et malade : *quasi stella matutina in medio nebulæ, et quasi luna plena in diebus suis lucet.* Rempli d'une modération courageuse et d'une prudente fermeté, toujours prêt à offrir sa médiation pacifique et persuasive, constamment disposé à épuiser tous les moyens de conciliation et d'accord, nous l'avons vu, à une époque dont nous voudrions perdre jusqu'au souvenir, par une sage longanimité, par la seule influence de ses conseils, prévenir de fâcheuses divisions, écarter les obstacles qui pouvoient troubler une précieuse harmonie, et se montrer comme l'arc qui brille dans le ciel, et qui annonce la fin des orages; *quasi arcus refulgens inter nebulas gloriæ.* Ses pieux et saints exemples ont répandu dans le champ de l'Eglise la bonne odeur de Jésus-Christ, comme les roses du printemps, et sa prédilection pour la France nous l'a fait prendre plus d'une fois pour un de ces lis, l'orgueil de nos rivages et l'objet de notre plus tendre amour; *quasi flos rosarum in diebus vernis, et quasi lilia quæ sunt in transitu aquarum.* Hélas! N. T. C. F., pourquoi faut-il que nous soyons obligé de conclure aussi tôt, et de dire enfin qu'il a été semblable à la flamme qui étincelle et qui s'échappe, et au parfum de l'encens qui s'évapore? *quasi ignis effulgens, et thus ardens in igne.*

» A d'aussi puissans motifs d'un regret général, nous sera-t-il permis, N. T. C. F., d'en ajouter qui nous soient personnels, et dont nous trouvons la source au fond de notre cœur? Eh! pourrions-nous donc jamais oublier les bontés dont ce tendre père nous a comblé, les doux entretiens dont il nous a honoré, l'hospitalité généreuse qu'il nous a donnée, les marques continuelles de bienveillance et d'affection qu'il nous a prodiguées, le dernier gage surtout que nous en avons reçu peu de semaines avant sa mort, lorsqu'après avoir examiné le compte fidèle que nous lui avions rendu de toute notre conduite dans un moment difficile, il nous fit assurer de sa satisfaction pleine et parfaite? Pourrions-nous oublier enfin tant de grâces spirituelles et temporelles, dont nous croyons être spécialement redevable à sa bénédiction? Non, jamais ce souvenir ne s'effacera de notre esprit; jamais notre cœur ne le laissera se perdre ou s'affoiblir : notre vie est désormais le terme de notre reconnoissance. Nous en avons déjà consigné les témoignages dans les actes de notre épiscopat; la métropole de Paris les conserve religieusement; le besoin de l'exprimer nous fait un devoir de les renouveler encore aujourd'hui, que nous devenons l'interprète et l'organe de la douleur commune.

» Cette douleur, déjà par elle-même si juste et si légitime, s'augmente encore par les graves circonstances où se trouvent placées la religion et l'Eglise de France en particulier. Chaque jour, ses soupirs et ses gémissemens sont consignés au livre des douleurs. Celui des consolations doit-il bientôt s'ouvrir pour elle? Hélas! auroit-il donc été scellé de nouveau et fermé sur la tombe de Léon XII!... Qui pourroit n'être pas attendri au récit de ses longues infortunes? Qui pourroit n'être pas effrayé à la vue de ce qui lui reste à souffrir? Après ses anciens malheurs, à côté de ses tribulations récentes, quelle source nouvelle d'embarras et de chagrins semble jaillir encore! quelle semence de discorde et de maux n'apercevons-nous pas s'élever et se développer dans son propre sein ! Tandis que nous croyions n'avoir à craindre que de l'audace ou des embûches de nos ennemis déclarés, qui ne nous laissent ni trève ni relâche, voilà que l'esprit de système, triste et dangereuse tentation des plus beaux talens, s'est introduit, se manifeste dans les camps du Seigneur, et nous menace d'une guerre intestine. Non content de cette vaste carrière des innocentes disputes, que la vérité elle-même laisse à ses enfans la liberté de parcourir, mais dont elle leur défend de franchir les limites, il veut ériger en dogmes ses propres opinions, en nous accusant sans justice de dépasser nous-même les bornes de ce qui a été défini par l'autorité infaillible de l'Eglise.

» Non content de s'ériger en censeur amer de ceux dont on doit du moins toujours respecter le caractère et les intentions, il se fait hardiment le détracteur d'un de nos plus grands rois et du plus savant de nos pontifes ; il proclame sans autorité comme sans mission, au nom du ciel, des doctrines subversives de l'ordre que Jésus-Christ a établi sur la terre, en partageant son pouvoir souverain entre deux puissances distinctes, indépendantes l'une de l'autre, chacune dans l'ordre des choses qui lui ont été confiées : doctrines qui, selon le sens naturel qu'elles présentent, ne tendent à rien moi, malgré les intentions les plus louables, qu'à ébranler la société toute entière dans ses fondemens, en détruisant l'amour de la subordination dans le cœur des peuples, et en semant dans celui des souverains la défiance contre leurs sujets ; doctrines qui, loin de servir la religion, ne peuvent que lui susciter des persécutions de tous les genres, en la représentant comme une dominatrice inquiète et jalouse qui foule tout à ses pieds ; doctrines d'ailleurs qui ne sont appuyées sur aucune preuve solide, dont on ne trouve pas de monumens successifs et durables dans l'antiquité, qui ne portent point avec elles ce caractère d'universalité qui distingue la foi de l'Eglise et son enseignement de celui de toutes les (1) sectes ; doctrines que nous n'avons reçues ni de Jésus-Christ ni de ses apôtres, qui n'ont pour elle ni l'autorité de l'Ecriture ni celle de la tradition ; doctrines par conséquent que nous gémissons d'entendre annoncer, fût-ce par le plus habile écrivain, par le plus profond publiciste, par le plus grand génie, et si nous osions le dire après l'apôtre saint Paul, *par un ange même descendu du ciel* ; doctrines que nous nous sommes efforcé d'arrêter tantôt par notre silence, tantôt par nos protestations réitérées et publiques ; doctrines enfin que nous repoussons avec toute la loyauté d'un cœur français, sans croire rien perdre pour cela de l'intégrité d'une ame catholique. »

M. l'archevêque ordonne en finissant, de dire à la messe, pendant neuf jours, les oraisons pour le Pape mort, de célébrer dans chaque église un service à la même intention, de dire à la messe, après les neuf jours, les oraisons pour

---

(1) Quelques exemplaires du Mandement portent ici le mot *autres*, qui doit être supprimé, comme on en a averti par une circulaire.

l'élection d'un Pape, et de chanter à la grand'messe l'hymne *Veni Creator*, pour attirer les lumiéres du Saint-Esprit sur le conclave.

— Le jeudi 26, à dix heures très-précises, il sera célébré dans l'église métropolitaine un service solennel pour le repos de l'ame du pape Léon XII. M. l'archevêque de Gênes, nonce apostolique, officiera pontificalement après la messe ; les absoutes seront faites par son Excellence, et par quatre archevêques ou évêques.

NOUVELLES POLITIQUES.

PARIS. Le proverbe a raison de dire qu'il fait bon battre les glorieux : non-seulement ils ne s'en vantent pas, mais ils ont l'air d'en être enchantés. Voyez M. Labbey de Pompières et ses amis ; écoutez les journalistes de leur confrérie. A coup sûr ils ont été battus, autant qu'on puisse l'être, dans leur triste expédition de jeudi dernier contre l'ancien ministère, et le ridicule qu'ils y ont cherché s'effacera difficilement. Eh bien ! ils paroissent contens, et ce sont eux qui crient : *Ville gagnée*. Or voulez-vous savoir comment ils entendent que c'est une ville gagnée ? Ils vous l'expliquent en disant qu'ils n'ont pas eu le temps de la prendre, mais que c'est tout comme. *Nascetur ridiculus mus*. Sans doute il étoit facile de prévoir l'issue de cette entreprise, et aussi la manière dont elle a fini n'a-t-elle pas causé plus de surprise qu'une fusée qui s'éteint dans l'air. Mais ce qui est vraiment triste et de mauvais augure pour nos mœurs nouvelles, c'est qu'on ait imaginé de choisir un vieillard, un *président d'âge*, comme il l'a rappelé lui-même, pour le faire figurer dans une parade où ses cheveux blancs contrastoient si malheureusement avec la risée publique.

— On parle toujours avec une certaine surprise de cette soustraction de registres opérée on ne sait comment, et qui a mis à découvert toute la police secrète de M. Delavau. Cela se débite en quatre volumes chez tous les libraires sous le titre de *Livre noir*. Ce qui enchante particulièrement les libéraux dans ce bon tour d'escamotage, c'est qu'il servira, disent-ils, à dégoûter le gouvernement de son vieux système de surveillance, et à rendre la police politique désormais impossible. Voilà une arrière-pensée qui se découvre assez franchement, et qui aide à expliquer pourquoi M. de Belleyme se met aussi à vouloir jouer *cartes sur table*, en donnant une livrée particulière à ses agens de police. Pour le coup, il n'y aura plus que les conspirateurs bornés qui se laisseront prendre, et les autres ne se plaindront pas de manquer de facilités pour conduire leurs entreprises à bien. Les conjurés de Saumur, de Colmar et de la Rochelle ont été bien mal avisés de tant se presser. Ils auroient profité de l'âge d'or qui commence pour leurs successeurs.

— De ce que le général Maison vient d'être nommé maréchal de France, beaucoup de gens seront probablement tentés de conclure que l'expédition de la Grèce n'est rien moins que finie. Nous sommes du nombre de ces gens-là ; car si le retour du général devoit être prochain, comme on le prétendoit, il nous semble que rien n'eût été plus convenable que de lui réserver son bâton de maréchal pour sa bien-venue. Ce qui se fût alors présenté naturellement à l'esprit comme la pensée d'une récompense, s'y présente maintenant comme la pensée d'un encouragement.

— M. Eusèbe Salverte, dans son malencontreux discours de jeudi dernier, à l'appui de sa proposition pour reprendre l'accusation des ministres, a avancé que l'ex-garde-des-sceaux avoit prolongé pendant vingt mois la détention des déportés de la Martinique, en retenant volontairement les pièces de leur pourvoi en cassation : M. le comte de Peyronnet a écrit à l'honorable député pour démentir ce fait, qui est entièrement contraire à la vérité. Il suffit, dit M. de Peyronnet, de recourir aux documens de cette affaire pour voir que ni les condamnés, ni leur procédure n'ont été à la disposition du ministère de la justice ; que les pièces nécessaires au pourvoi n'étoient pas même arrivées en France au commencement de 1816 ; qu'enfin l'arrivée de ces pièces n'a jamais pu dépendre de la volonté du ministre inculpé, et qu'il n'a ni prescrit, ni permis aux employés de son administration de retenir aucune d'elles.

— Par ordonnances du 22 février, le Roi a élevé à la dignité de maréchal de France M. le lieutenant-général marquis Maison, commandant l'expédition de Morée ; au grade de lieutenant-général, M. le baron Durrieu, chef d'état-major de cette expédition ; à celui de maréchal-de-camp, MM. Trezel, de Cubières, le marquis de Faudoas, le vicomte de la Hitte ; et à celui de colonels, MM. Sanfourche et de Vaudreuil, également attachés à la même expédition. MM. les maréchaux-de-camp vicomte Tiburce Sébastiani et Hygonet sont nommés commandeurs de l'ordre de Saint-Louis ; M. le maréchal-de-camp Schneider est nommé grand-officier de l'ar Légion-d'Honneur ; et MM. les colonels de la Serre, Rullière et Audry, commandeurs du même ordre.

— M. le capitaine d'artillerie Duhamel, qui a été blessé gravement à la tête, dans une des affaires de la Morée, est de retour à Paris. Le Roi a récompensé les services de cet officier en le nommant chef de bataillon.

— Mad. la Dauphine, informée par M. Duport-Chevalier, maire de la commune de Chivres, près Soissons, qu'une cotisation volontaire venoit d'avoir lieu entre les habitans de ladite commune pour fournir aux frais de réparations de l'église et de l'école, a bien voulu y participer pour une somme de 300 fr.

— Les trois commissions de la chambre des pairs nommées par M. le chancelier ont choisi pour président, savoir, la première chargée d'examiner la loi sur le duel, M. le maréchal Molitor ; la seconde relative à la juridiction militaire, M. le maréchal Gouvion de Saint-Cyr, et la troisième chargée de la discussion du code pénal militaire, M. le maréchal duc de Raguse.

— La commission chargée de l'examen du projet de loi sur les conseils d'arrondissement et de département a nommé pour président M. Dupont (de l'Eure), et pour secrétaire M. de Rambuteau. La commission de la loi communale a nommé pour président M. de Lastours, et pour secrétaire M. Humblot-Conté.

— M. Queyrel fils, libraire à Gap, s'étant élancé dans la Durance pour sauver, au péril de sa vie, celle d'un malheureux voiturier entraîné par le courant, M. le ministre de l'intérieur, à la demande de M. le préfet des Hautes-Alpes et de M. Colomb, député de ce département, s'est empressé de décerner une médaille d'or en récompense à ce courageux jeune homme.

— Encore un criminel acquitté par le jury. La cour d'assises de Pau avoit à juger dernièrement un nommé Marcadet, convaincu d'avoir volé des poules, et ce vol étoit aggravé des circonstances d'avoir été commis de nuit dans une maison habitée, et à l'aide d'effraction et d'escalade. Le fait étoit constant; l'accusé avoit été arrêté au moment où il franchissoit les murs, emportant la volaille dont il s'étoit emparé. Néanmoins le jury, mu, nous dit-on, par un beau sentiment d'humanité, a déclaré Marcadet non coupable.

— D'après les états officiels de la population du royaume des Pays-Bas arrêtés au 1er janvier 1829, on compte dans ce royaume 6,166,854 habitans.

— Les pétitions continuent de se multiplier dans les Pays-Bas. De toutes parts, on demande avec instance l'exécution franche et définitive du concordat, la suppression du monopole de l'instruction publique et de l'impôt de mouture, la liberté de la presse, le rapport de l'arrêté, la loi de 1815, le rétablissement du jury; etc. Le roi des Pays-Bas, cédant aux vœux exprimés de toutes parts, vient de nommer une commission composée de membres de la seconde chambre, pour revoir promptement les dispositions actuellement existantes sur l'instruction moyenne, et examiner de quels changemens ou modifications elles sont susceptibles.

— Il vient d'être présenté aux chambres des Pays-Bas un projet de loi sur l'organisation du pouvoir judiciaire et l'administration de la justice. Cette loi rapporteroit celle du 18 avril 1827.

— Une nouvelle révolution, mais plus sanglante que les précédentes, vient d'avoir lieu dans la capitale du Mexique. Pendant la nuit du 30 novembre, comme Santaanna et Guerrero approchoient de la ville, 3 mille miliciens et gens sans aveu de Mexico s'emparèrent d'une caserne qui renfermoit le parc d'artillerie, et des principaux points de la ville dont ils convoitoient le pillage. Les soldats du gouverneur essayèrent en vain de les en débusquer : après deux jours de combats, les révoltés parvinrent à chasser leurs adversaires de la ville; ils se mirent alors à piller toutes les maisons, massacrèrent 800 habitans, presque tous Espagnols, et maltraitèrent les Français et les Américains. Bientôt les soldats de Guerrero et de Santaanna arrivèrent, et achevèrent, avec la populace, de piller toute la ville. On évalue le dommage à 8 ou 10 millions de dollars. Pendant ce désordre, le congrès et les ministres prirent la fuite ainsi que les consuls étrangers , excepté celui des États-Unis , M. Poinsett , l'un des chefs du parti ré_ volutionnaire. Le général Guerrero s'est mis à la tête du gouvernement , et a publié une proclamation dans laquelle il annonce que les étrangers seront protégés. Mexico et la Vera-Cruz étoient toujours en son pouvoir le 30 dé_ cembre. Voilà les douceurs de la liberté pour le Mexique.

— Un décret de Bolivar du 18 novembre dernier, levant la prohi_ bition expresse qui existoit, porte que les produits naturels , les effets et les marchandises de l'Espagne et de ses colonies seront dès-lors ad_ mis dans les ports de la Colombie, pourvu que l'importation soit faite par des vaisseaux neutres , n'ayant aucun Espagnol à leur bord.

CHAMBRE DES DÉPUTÉS.

Le 20 , M. le président lit une lettre de M. le comte de Saint-Aulaire , par laquelle ce député de Verdun annonce que son père étant mort, il suc_ cède à sa pairie , et ne pourra plus prendre part aux travaux de la chambre des députés. M. Royer-Collard invite le quatrième bureau à désigner un autre commissaire pour la loi départementale.

M. Jacques Lefèvre développe sa proposition , portant qu'après la clôture des discussions générales, nul discours écrit ne sera prononcé , si ce n'est pour développer un amendement imprimé et distribué.

M. de Corcelles ne trouve pas que cette mesure épargneroit beaucoup de temps : d'ailleurs , n'a-t-on pas la ressource de ne pas écouter les orateurs trop longs et trop ennuyeux ? (Rire. Tous les regards se portent sur M. Sal_ verte, qui avoit lu la veille un si énorme discours pour l'accusation des mi_ nistres.)

La proposition , appuyée encore par M. Félix de Leyval , et combattue par M. Al. Delaborde , est mise aux voix et rejetée à une grande ma_ jorité.

On ouvre un scrutin pour la nomination d'un secrétaire-rédacteur des procès-verbaux , en remplacement de M. Aimé Martin , démissionnaire. Il y a 338 votans, majorité absolue , 170. Les suffrages se partagent ainsi entre les trois candidats présentés par le bureau : MM. Lagarde, 171; Delalonde, 159; Guillemot , 9.

M. Lagarde, ayant obtenu exactement la majorité nécessaire, est proclamé secrétaire-rédacteur. M. de Silans, autre secrétaire-rédacteur, nommé en 1827, conserve toujours ses fonctions.

Le 21, MM. Humblot-Conté et Viennet font un rapport de pétitions.

Des marchands demandent des restrictions au colportage, et se plaignent de ce que les commissaires-priseurs font des ventes de marchandises à l'en_ can. Ordre du jour pour ce qui concerne le colportage, et renvoi de la se_ conde partie de la pétition au garde-des-sceaux.

Le sieur Legrand de Jequthare demande l'exécution des lois pour placer les enfans de familles nombreuses dans les collèges ou dans les écoles des arts et métiers. M. le ministre de l'instruction publique fait observer que la loi de l'an 10, qui a créé 6400 bourses, ne sauroit être exécutée à raison du peu de fonds accordés pour cela par le budget, puisqu'il ne sera possible de donner cette année que 82 demi-bourses. M. de Conny pense que les bourses devroient être données aux enfans dont les parens ont rendu des services à l'Etat, et que pour savoir si ce but a été atteint, on devroit chaque année publier la liste des élèves qui ont obtenu des bourses. La pétition est renvoyée au ministre.

Le sieur Brefort, propriétaire à Meulan, demande que les faux électeurs soient poursuivis, et que si les lois sont insuffisantes, la chambre prenne les mesures qu'elle jugera convenables pour obtenir leur prompt châtiment. M. Marschall appuie cette pétition, et prie M. le ministre de l'intérieur de donner des renseignemens sur ce qui a été fait. M. de Martignac rappelle comment la chambre a procédé l'année dernière sur les pétitions relatives aux élections, et qu'elle a cru devoir écarter la pénalité. M. le ministre de la justice, continue-t-il, a nommé une commission d'enquête, les pétitions ont été examinées avec le plus grand soin ; mais toutes les plaintes ont été trouvées exagérées, et la plupart des préfets ont été jugés irréprochables. M. de Martignac alors a rendu compte au Roi et a pris ses ordres, qu'il a exécutés avec exactitude et loyauté. La chambre prononce l'ordre du jour, suivant les conclusions de la commission.

Des pétitions pour obtenir des pensions aux veuves des officiers morts avant 1814, et faire supprimer les retenues qu'on exerce sur les pensions des militaires en retraite au profit des invalides, sont renvoyées aux ministres compétens.

La chambre passe à l'ordre du jour sur une pétition contre les compagnonages d'ouvriers. M. Ch. Dupin entre à ce sujet dans de grands détails sur les sociétés d'ouvriers.

Le sieur Clavet, à Lyon, demande que l'on fasse cesser l'abus des titres et des surnoms que prennent illégalement quelques personnes ; il prétend qu'il y a à Lyon 188 personnes indûment titrées. M. de Lacroux-Laval, maire de cette ville, repousse ces assertions avec d'autant plus d'assurance qu'il connoît la plupart des personnes citées, et qu'il sait qu'elles ont hérité de leurs noms. L'honorable membre explique que lui-même, dont il est question dans la pétition, tient son nom d'un père qui a péri pour la légitimité en 1793. La chambre adopte l'ordre du jour.

Au moment où l'on appeloit la pétition d'un sieur Chirmer, employé destitué, sollicitant la mise en accusation de M. Roy, ministre des finances, de M. de Villèle son prédécesseur et de leurs chefs de bureaux, la chambre se lève spontanément.

Commission du projet de loi communale : MM. Humblot-Conté, Duvergier de Hauranne, Brillet de Villemorge, Chauvelin, de Lastours, Dupin aîné, Pelet, Dumarallach, Moyne.

Commission du projet de loi des conseils d'arrondissement et de département : MM. Rouillé de Fontaine, Dupont (de l'Eure), de Villebrune, Aug. Perrier, Méchin, Sébastiani, Gautier, Dumeylet, de Rambuteau.

Le 23, M. J. Lefèvre fait le rapport de la commission qui a examiné la proposition de M. Marschall, tendant à introduire dans le règlement de la chambre que les propositions de loi qui ont pour objet des intérêts purement locaux seront votés par assis et levé, à moins que le scrutin secret ne soit réclamé par cinq députés au moins. La commission propose l'adoption de cet article réglementaire. La discussion en est remise à mercredi.

M. de Villeneuve propose, au nom d'une autre commission, l'adoption des vingt-six projets de loi tendant à modifier les circonscriptions de divers cantons et arrondissemens. Ces projets seront discutés immédiatement après la proposition de M. Marschall.

La séance publique est levée; la chambre se forme en comité secret. On assure que M. Sébastiani a développé alors sa proposition, tendant à supplier le Roi de proposer une loi portant qu'il ne seroit plus fait à l'avenir de retenue sur les pensions militaires de 900 fr. et au-dessous, et qu'à cet effet l'augmentation de fonds nécessaires pour la dotation des invalides de terre et de mer seroit portée au budget.

—————

La société catholique des bons livres a, le 10 du courant, distribué, sous la présidence de M. le baron de Damas, gouverneur de S. A. R. M. le duc de Bordeaux, les prix proposés en 1827.

Le prix de philosophie, consistant en une médaille d'or de 2000 fr., a été accordé à M. Riambourg, président à la cour royale de Dijon, auteur d'un ouvrage intitulé *l'Ecole d'Athènes*.

Une mention honorable a été accordée à M. Derode, professeur de mathématiques, membre de la société des sciences de Lille, qui avoit présenté un manuscrit portant pour titre *Histoire abrégée de la philosophie*.

Les noms de MM. Blaud, médecin en chef de l'hôpital de Beaucaire; Gintrac, professeur à l'école secondaire de médecine de Bordeaux, et Bravais, membre de la société des bonnes études, à Paris, ont été mentionnés avec éloge. Ces trois concurrens avoient envoyé à la société catholique trois ouvrages physiologiques vraiment remarquables.

La société catholique propose, pour 1830, divers sujets sur lesquels elle entend laisser toute liberté aux auteurs. En histoire, la question de la certitude historique, de l'hérédité française, toutes les autres questions qui peuvent montrer la popularité des anciennes institutions monarchiques, l'état de l'Eglise dans l'ancienne France, l'histoire de la réforme, ou la réfutation des erreurs historiques qui auroient déshonoré les publications modernes, etc. etc. En philosophie: l'examen du principe de l'éclectisme, qui n'est, sous un autre nom, que le principe du doute, ou le scepticisme ou l'absence de toute philosophie, parce qu'il est la ruine de toute certitude.

En mathématiques: la statistique morale et religieuse de la France. Recommandation expresse est faite aux concurrens de citer les sources où ils auront puisé les données numériques dont ils feront usage.

Les fonds des prix pour les meilleurs ouvrages qui seront présentés sur ces matières ainsi qu'en physiologie, seront faits par l'association pour la défense de la religion catholique.

—————

Le Gérant, ADRIEN LE CLERE.

‡‡

Du nouvel ouvrage de M. de La Mennais.

(Fin du n° 1517.)

Entre les doctrines des libéraux et des gallicans, M. de La Mennais place ce qu'il appelle le *christianisme complet*, le *christianisme catholique; dès qu'on rejette ce christianisme catholique, toute société devient radicalement impossible. C'est sous l'empire du christianisme catholique qu'ont pris naissance et se sont développées toutes les libertés européennes.* L'auteur expose la doctrine du *christianisme catholique* telle qu'il la conçoit : « Il y a deux glaives, le glaive spirituel et le glaive matériel, celui-ci nécessairement subordonné au premier. Il y a au-dessus de l'ordre temporel une puissance qui veille sans cesse pour y maintenir l'observation de la loi de justice et de vérité, et le prince qui la viole fondamentalement, qui essaie de substituer un pouvoir purement humain au pouvoir qu'il tient de Dieu sous certaines conditions imprescriptibles, qui, refusant d'être le ministre, le vicaire du Christ, se révolte contre l'autorité de qui la sienne dérive, perd tous ses titres à l'obéissance, et le peuple opprimé peut et doit à son tour, selon les lois de la société spirituelle, user de la force pour défendre son vrai souverain et se reconstituer chrétiennement. »

Voilà donc le *christianisme catholique, le peuple peut et doit user de la force !* On peut aller loin avec un tel principe. Il est vrai que, pour le faire paroître moins hardi, l'auteur dit en note que *ces grandes questions doivent être décidées par le tribunal suprême de l'Eglise.* Mais *le peuple,* qui *peut et doit user de la force,* attendra-t-il les décisions de ce tribunal ? L'auteur même n'oblige pas rigoureusement les peuples à attendre cette décision, car au même endroit il approuve, il loue l'insurrection des Belges contre Joseph II en 1789. Or, les Belges n'avoient point attendu la décision de l'Eglise pour prendre les armes; et effectivement, quand on a posé le principe, quand on a dit au peuple qu'il *peut et doit user de la force*, il paroît difficile, dans la pratique, de l'astreindre à attendre une décision qui peut tarder. Est-ce que les gallicans ne pourroient pas prendre ici leur revanche, et s'élever contre une doctrine qui tend à légitimer la révolte, et qui livreroit les Etats à des secousses sans fin ? M. de La Mennais cite une lettre du pape Nicolas Ier, qui auroit besoin de quelque explication. Je viens, par hasard, en faisant ma lecture ordinaire, de rencontrer dans la vie des saints un exemple d'un autre saint pape, qui n'eût pas approuvé la doctrine de l'insurrection : « L'empereur Léon l'Isaurien ayant déclaré en 726 la guerre aux images, les évêques orthodoxes d'Orient refusèrent d'obéir à ses édits, et consultèrent le pape Grégoire II. Le saint pontife tâcha de fléchir le persécuteur par ses larmes et par ses prières, mais il ne put rien gagner. Persuadé toutefois qu'on ne peut, dans aucun cas, être dispensé de la fidélité que l'on doit à son prince, il sut retenir dans le devoir les peuples d'Italie qui vouloient se révolter à cause des persécutions qu'éprouvoient les catholiques (1). » Voilà donc un pape, et un saint pape, qui pensoit comme les gallicans sur l'obéissance due aux princes ; cette autorité prouve au moins que leur doctrine à cet égard n'est pas si coupable ni si absurde.

Il y auroit aussi un peu de quoi s'étonner de voir M. de La Mennais appliquer une censure théologique au premier article de la déclaration de 1682. On sait que les papes, en condamnant même les quatre articles, ne leur ont point appliqué de note ou de qualification théologique ; ils les ont réprouvés, cassés, déclarés nuls ; ils ne les ont point déclarés erronés, encore moins hérétiques. M. de La Mennais n'auroit-il pas pu imiter cette prudence du saint Siège ? Ne pourroit-il pas, dans sa sagesse, tolérer ce que le Pape tolère ? Sied-il à un simple prêtre de prononcer que le sens que présente le premier article *n'est pas seulement erroné, mais hérétique ?* Celui qui professe tant d'attachement pour l'autorité pontificale pourroit la prendre pour règle de sa conduite comme de sa doctrine, et quand elle s'abstient, il pourroit sans honte s'abstenir aussi. Com-

_____

(1) *Vie des Pères*, trad. de l'anglais de Butler, tome II, au 13 février.

ment est-il donc possible qu'il se soit publié jusqu'au point de dire que *quiconque adhère au premier article adhère à l'abolition complète, absolue de la religion catholique, et de toute religion?* On croit rêver quand on lit de telles assertions dans un ouvrage de discussion et de doctrine. Ainsi, tant de savans évêques, tant de vertueux prêtres qui, depuis 150 ans, ont adhéré au premier article, *ont adhéré à l'abolition absolue de toute religion.* A qui espère-t-on en imposer avec ces folles et téméraires accusations contre tout le clergé d'une grande Eglise? et ce qu'il y a de curieux, c'est que l'auteur lui-même adhéroit autrefois au premier article. Dans des *Observations* qu'il a publiées en 1818 sur la promesse d'enseigner les quatre articles, et qu'il a reproduites dans ses *Mélanges* en 1819, il déclare *tenir autant que personne au premier article;* il adhéroit donc aussi *à l'abolition complète de toute religion,* et s'il a eu le malheur de rester jusqu'à ces derniers temps dans cette espèce d'apostasie, car c'en seroit une que d'*adhérer à l'abolition de la religion,* il pourroit avoir plus d'indulgence pour ceux qui n'ont d'autre tort que de penser comme il pensoit autrefois.

Si, de ces questions de doctrines, nous passons à d'autres points, nous trouverons encore dans le livre de M. de La Mennais des assertions bien extraordinaires. Beaucoup de gens ont été étonnés de son jugement sur les Jésuites : « Ce n'est ici ni le lieu ni le moment de juger la compagnie de Jésus, et de chercher entre les calomnies de la haine et les panégyriques de l'enthousiasme la vérité rigoureuse et pure. Rien de plus absurde, de plus inique, de plus révoltant que la plupart des accusations dont elle a été l'objet. On ne trouveroit nulle part de société dont les membres aient plus de droit à l'admiration par leur zèle et au respect par leurs vertus. Après cela, que leur institut, si saint en lui-même, soit exempt aujourd'hui d'inconvéniens même graves, qu'il soit suffisamment approprié à l'état actuel des esprits, aux besoins présens du monde, nous ne le pensons pas. » Qui forçoit l'auteur à donner ce petit plaisir aux ennemis des Jésuites? Est-il bien généreux, dans un moment où la haine et le déchaînement sont poussés si loin contre la société, de la représenter aussi comme offrant des *inconvéniens graves,* et comme n'étant pas en harmonie avec l'esprit du siècle? Heureusement nous avons une autorité bien

imposante à opposer à M. de la Mennais. Nous trouvons
dans un livre imprimé il y a quelques années, un éloge
magnifique non-seulement des Jésuites comme particuliers,
mais de leur institut. Nous ne pouvons insérer ici ce passage ou plutôt ces passages, car il y en a deux, tous deux
longs, tous deux très-beaux, très-honorables, et écrits avec
cet éclat de style et cette chaleur de conviction qui appartiennent à l'auteur. Il déplore éloquemment la destruction
des Jésuites, qu'il signale comme une calamité et comme
une des mesures qui favorisèrent les progrès de l'impiété.
Ne pouvant citer en entier ces passages, qui feroient plusieurs pages, nous en rapporterons au moins ici quelques
phrases :

« J'ai parlé de dévoûment, et à ce mot, la pensée se re-
porte avec douleur sur cet ordre naguère florissant, dont
l'existence toute entière ne fut qu'un grand dévoûment à
l'humanité et à la religion..... Ce régime, à la fois doux et
sévère, étoit le chef-d'œuvre de l'institut des Jésuites......
Telle étoit cette société fameuse, qui ne sera jamais, dit
M. de Bonald, remplacée que par elle-même : objet de haine
pour les uns, de vénération et d'amour pour les autres,
signe de contradiction parmi les hommes, comme le Sauveur même des hommes au service de qui elle s'étoit consacrée, comme lui, elle passa en faisant du bien, et comme
lui, elle ne recueillit pour récompense que l'ingratitude et
la proscription. »

Tel est le jugement que portoit, il y a quelques années,
de l'institut des Jésuites un écrivain dont M. de La Mennais
fait sans doute quelque cas. Cet écrivain est M. de La Mennais lui-même. Le passage ci-dessus est tiré de ses *Réflexions
sur l'état de l'Eglise*, publiées en 1808, et réimprimées par
l'auteur en 1819, à la tête de ses *Mélanges* (1). Ainsi pensoit
cet auteur il y a 20 ans, et même il y a 10 ans; qu'est-il
arrivé depuis qui l'ait forcé de changer de sentiment?
Comment les Jésuites ont-ils démérité à ses yeux? Il ne
faut point se le dissimuler, ils ont eu un tort très-grave;
ils n'ont point adopté la doctrine de M. de La Mennais, et
leur général a eu la foiblesse de défendre de l'enseigner.

_____

(1) Voyez les pages 18, 62 et 63 du volume cité.

Dès-lors, il est visible que leur institut n'est pas *exempt d'inconvéniens*, et n'est plus *approprié aux besoins présens du monde* (1).

Le même motif paroît avoir dicté ce que l'auteur dit de l'enseignement de la théologie dans la plupart des séminaires. *Cette théologie, dit-il, n'est plus qu'une scolastique mesquine et dégénérée, dont la sécheresse rebute les élèves, et qui ne leur donne aucune idée de l'ensemble de la religion.* Cela doit être en effet pour tous les séminaires où on ne se conforme pas au système de l'auteur de l'*Essai sur l'indifférence*. M. de La Mennais ne borne même pas là ses reproches au clergé, il l'accuse de rester en arrière du siècle. *Tout a changé autour de vous; il faut donc que le clergé change aussi. Ce n'est point par ce qu'ils savent que les ennemis du christianisme sont forts, mais par ce qu'ignorent ses défenseurs naturels.* Nous avons vu les détracteurs du clergé s'empresser de recueillir ces reproches, dont ils se feront des armes au besoin. Nous laissons les lecteurs apprécier l'à-propos, la sagesse et l'équité d'un tel langage. Dans le même chapitre, l'auteur adresse des conseils au clergé; il faut que les évêques se ressaisissent de leurs droits et les exercent avec une pleine indépendance. L'avis est fort bon sans doute, mais il faut avouer que l'exécution n'en est pas facile. *Nous ne saurions*

(1) Il paroît que Pie VII n'étoit pas de l'avis de M. de La Mennais, et qu'il jugeoit l'institut des Jésuites très-approprié aux besoins actuels de l'Eglise, puisqu'il l'a rétabli par sa bulle du 7 août 1814. M. de La Mennais, qui exalte si fort l'autorité des papes, ne la reconnoît-il que quand elle s'accorde avec ses idées? Le pape parle dans sa bulle des vœux unanimes qui lui ont été adressés en faveur des Jésuites, des demandes vives et pressantes des évêques pour le rétablissement d'un corps si utile. Ces vœux et ces demandes ne pourroient-ils pas contrebalancer l'opinion actuelle d'un auteur isolé?

Nous remarquons ici que M. de Boulogne, dans une lettre qu'il adressa au pape le 10 juin 1814, et qui se trouve rapportée à la suite de la notice sur ce prélat, tome Ier de ses œuvres, exprime son vœu pour le rétablissement de la société. V. S., dit-il, *pourroit se joindre encore ici à tous nos collègues qui ne font qu'un vœu pour l'établissement d'un corps enseignant, et à cette occasion, nous pouvons l'assurer que le roi a toujours conservé et conserve encore un grand goût et une grande estime pour les Jésuites.*

Nous avons cité, dans ces dernières années, des témoignages non moins précis de plusieurs évêques en faveur des Jésuites. N'est-il pas plus sage, plus sûr, plus honorable de penser comme les papes et les évêques, qui sont unanimes sur ce point, que de chercher à élever entre eux des sujets de dissensions et de disputes?

trop le redire, le plus pressant devoir du clergé est de s'isoler
complètement d'une société politique athée. S'isoler complète-
ment de la société ne seroit peut-être pas le moyen d'y obtenir plus d'influence; cependant l'auteur insiste beaucoup
sur ce conseil.

Nous nous sommes expliqué franchement sur ce livre,
parce qu'on ne doit aucun ménagement à celui qui n'en
observe aucun. Plus la réputation de M. de La Mennais
est grande, plus il importe de signaler les tristes écarts
dont il donne en ce moment le spectacle. Enfin, nous
pouvions d'autant moins nous taire, que quelques journaux affectoient de voir dans cet écrivain l'organe du
clergé, et dans son livre l'expression des sentimens du
parti apostolique, comme ils l'appellent. Or, les exagérations de M. de La Mennais, les douceurs qu'il adresse
aux libéraux, sa doctrine sur les insurrections, ce qu'il
dit de l'adhésion au premier article de 1682, son jugement
sur les Jésuites et sur l'enseignement des séminaires, tout
cela montre assez combien il est en opposition avec le corps
épiscopal et avec le clergé.

NOUVELLES ECCLÉSIASTIQUES.

Rome. Le 13 février au soir, les entrailles du souverain
pontife Léon XII furent déposées dans une urne, et portées, suivant l'ancienne coutume, à l'église des saints Vin-
çent et Anastase, où elle furent reçues par les clercs mi-
neurs. Le 12 au matin, le corps du saint Père, après avoir
été embaumé et revêtu de la soutane blanche, fut exposé
dans la chapelle de Sixte IV au Vatican. Les pénitenciers
de Saint-Pierre y continuèrent les prières qu'ils avoient
commencées dès l'instant de la mort. On permit au peuple
d'entrer dans la chapelle, et d'offrir au pape défunt le tribut de ses respects et de sa piété. Le 13 au matin, les cardinaux se rassemblèrent au Vatican; on lut les constitutions
des papes relatives au conclave, et chacun des cardinaux
en jura l'observance. Le prélat Capelletti fut confirmé dans
la place de gouverneur de Rome; le prélat Mai fut chargé

de faire l'oraison funèbre du pape, et le prélat Testa de prononcer le discours sur l'élection du pape futur. Dans la même congrégation, on nomma les cardinaux Galeffi, Falzacappa, et Rivarola pour préparer la tenue du conclave qui aura lieu au palais Quirinal, comme le dernier. Les cardinaux se rendirent ensuite à la chapelle Sixtine, où le corps du pape étoit exposé. On fit l'absoute, et le corps, revêtu des habits pontificaux, fut porté processionnellement dans l'église Saint-Pierre. Le cercueil étoit porté par huit chapelains en tunique, et autant de chanoines tenoient les côtés du poele. Tout le clergé de l'église accompagnoit avec la croix et des torches, et étoit suivi des cardinaux et escorté par les gardes nobles et suisses. Le corps fut placé dans la grande nef de l'église sur un lit élevé, et M. della Porta, vice-gérent, fit l'absoute. Après la cérémonie, on transporta le corps dans la chapelle du Saint-Sacrement près la grille, afin que le peuple pût en approcher; et en effet, beaucoup de fidèles vinrent baiser les pieds du pontife. Le 14 au matin, on commença dans l'église la neuvaine ordinaire de services, et on fit, dans toutes les autres églises de la capitale, les prières accoutumées pour le repos de l'ame de Léon XII.

Paris. En conformité du Mandement de M. l'archevêque de Paris du 21 de ce mois, il a été célébré, en l'église métropolitaine, le jeudi 26, un service solennel pour le repos de l'ame du pape Léon XII. M. le nonce y a officié, assisté de M. Boudot, archidiacre, de M. Abeil, archiprêtre, et de deux autres chanoines comme diacre et sous-diacre. MM. les archevêques de Paris, de Tours, de Bourges et d'Avignon, MM. les évêques d'Evreux, de Beauvais, l'ancien évêque de Tulle, d'Hermopolis, de Tempé et de Caryste étoient présens; on y voyoit aussi MM. les curés de Paris et de la banlieue, un grand nombre de prêtres du diocèse et les clercs des séminaires. A l'offertoire, M. l'archevêque de Paris a été porter les offrandes. Après la messe, les cinq absoutes d'usage ont été faites successivement par M. l'évêque de Caryste, MM. les archevêques de Bourges, d'Avignon, de Tours, et M. le nonce. M. l'archevêque de Paris et MM. les autres archevêques et évêques sont ensuite venus jeter l'eau bénite. Cette religieuse et funèbre cérémonie s'est terminée à midi; elle avoit attiré un grand concours de fidèles, qui se sont empressés de témoigner par leur affluence et par leur recueillement combien la mémoire de l'auguste chef de l'Eglise leur étoit vénérable et chère.

— M. le ministre des affaires ecclésiastiques a adressé la lettre suivante aux archevêques et évêques, pour leur annoncer la mort du pape :

« Le Roi, que des liens étroits attachoient au saint Père, et qui en avoit reçu des témoignages particuliers d'estime, de confiance et d'affection, a voulu qu'il fût, dans cette circonstance, dérogé à l'usage ordinaire, et m'a chargé, en vous notifiant la mort de Léon XII, de vous annoncer qu'il lui sera agréable que vous ordonniez des prières pour le repos de l'ame de Sa Sainteté.

...» Vous jugerez sans doute convenable aussi d'exhorter les fidèles à réunir leurs vœux pour obtenir du ciel un digne successeur au pontife dont nous déplorons la perte. »

— M. le cardinal de Croï est parti jeudi pour Rome. Les autres cardinaux étoient partis la veille et la surveille. C'est par erreur que nous avons annoncé, dans le dernier numéro, que M. l'abbé Trébuquet devoit partir avec M. le grand-aumônier.

— Le samedi 31 janvier, M. le duc de Rohan, archevêque de Besançon, arriva au village de Saint-Ferjeux, près Besançon. Son dessein étoit de célébrer la messe le lendemain dans la chapelle souterraine où se trouve le tombeau des saints Ferréol et Ferjeux, apôtres du diocèse. Dans la soirée, les grands-vicaires, une députation du chapitre et des curés de la ville, le préfet, le maire allèrent saluer le prélat. L'entrée solennelle qu'on lui préparoit pour le lendemain ne put avoir lieu à cause du mauvais temps. M. l'archevêque avoit fait prendre possession par procureur le dimanche précédent. Le dimanche 1er février, le prélat vint vers les deux heures à l'archevêché, où un nombreux clergé alla le chercher en procession. M. Loye, premier grand-vicaire, le complimenta, et Mgr lui répondit avec autant de grâce que de bonté. Il fut conduit sous le dais à l'église, où l'on récita les prières d'usage. Le prélat s'étant assis sur son trône, le clergé alla *ad osculum manûs*. Ensuite M. de Rohan adressa de l'autel un petit discours aux fidèles qui se pressoient autour de lui. La cérémonie finit par la bénédiction pontificale, et M. l'archevêque fut reconduit chez lui par son clergé. Sa réputation de piété, qui l'avoit précédé à Besançon, paroît encore au-dessous de la réalité. Soit dans ses entretiens, soit dans ses exhortations publiques, on remarque un esprit de foi et en même temps une affabilité qui lui ont gagné les cœurs. On s'empresse pour l'entendre dans les églises et communautés qu'il visite successivement, et où il ne manque pas de faire quelques exhortations courtes et touchantes. Il médite des embellissemens pour son église métropolitaine. Ayant obtenu une indulgence plénière pour son premier office pontifical, il le fit annoncer pour le dimanche 8 février, et beaucoup de personnes se préparèrent à profiter de cette grâce. La foule ne fut pas moindre à l'église le matin et le soir que le dimanche précédent. On se servit pour la première fois d'un bel ornement de drap d'or, que le prélat a obtenu de la libéralité du Roi. Il prononça un petit discours à l'office du soir, et adressa à son troupeau des paroles pleines des sentimens d'une charité persuasive.

— On a imprimé à Amiens une *Pratique de piété de quarante jours en l'honneur de Notre-Dame des sept douleurs.* Cette pratique doit commencer le 2 mars, et doit durer jusqu'au 10 avril. Elle a pour but d'attirer les grâces de Dieu sur la France. On doit vivre pendant ce temps dans un plus grand recueillement, faire une aumône et deux communions pour la France, le Roi et la famille royale, et réciter chaque jour sept *Ave* en l'honneur des sept douleurs, la prière de saint Bernard *Memorare*, et des invocations au cœur de Jésus et à celui de Marie. M. l'abbé d'Auzers, grand-vicaire d'Amiens, a permis, le 14 février, d'imprimer cette pratique, qui se distribue dans le diocèse.

— Le journal officiel du soir annonçoit, il y a quelques jours, que les Capucins qui se trouvoient à Marseille avoient de nouveau reçu l'ordre de se disperser. Leur présence dans cette ville offusquoit apparemment les apôtres de la tolérance et les amis de la liberté. On a cru faire beaucoup en accordant quelque délai à quatre d'entr'eux qui sont Français et septuagénaires. Leur âge et leurs infirmités, dit le *Messager*, réclamoient des égards. Quant aux autres, on s'en est apparemment cru dispensé. Le Père gardien, qui étoit venu de Rome, y retourne ; les Espagnols et les Italiens ont pris la route de Nice. Voilà une grande victoire remportée par l'ordre légal, on a fait fuir quelques pauvres Capucins. Mais on n'en restera pas là ; les libéraux, toujours plus entreprenans à mesure qu'on se montre plus foible, préparent un nouveau coup. Un avocat, célèbre par son zèle, a rédigé une pétition contre des congrégations respectables. M. Isambert, à qui les affaires de ses cliens laissent apparemment du loisir, et qui, plus occupé de politique que de procès, trouve le temps de faire des brochures contre les missionnaires, des lettres pour Dumonteil, et des dissertations sur les appels comme d'abus en réponse à M. de Cormenin ; M. Isambert, dis-je, vient de dénoncer à la chambre des députés quelques réunions de prêtres qui se livrent, ou aux travaux des missions ou à la direction des séminaires. Ces réunions sont autorisées par des ordonnances spéciales ; mais on ne reconnoît au Roi que le droit de détruire, et non point celui de créer. On approuve les ordonnances qui renversent, et on ne veut point de celles qui rétablissent et protègent. Au fait, les libéraux n'ont pas plus de besoin de séminaires que de missions ; ils ne veulent pas plus de prêtres pour la France que pour aller prêcher la foi chez les idolâtres, et si on les laisse faire, ils provoqueront la destruction de tous les établissemens sur lesquels la religion repose, et sans lesquels elle ne sauroit subsister.

— Avant la mission donnée à Voutré, et dont nous avons parlé dans un dernier numéro, les mêmes missionnaires en avoient donné une autre à Brécé, aussi dans le diocèse du Mans. Cette paroisse, où l'on compte à peu près 3000 ames, en a ressenti les plus heureux effets. Il est à peine resté vingt personnes qui ne se soient pas approchées du tribunal de la pénitence. On se portoit en foule pour entendre les instructions des missionnaires, et on voyoit des hommes qui, au sortir de l'église, ne pouvoient retenir leurs larmes. Non-seulement les missionnaires n'ont éprouvé aucun désagrément, mais ils ont été entourés de marques d'estime et de respect. C'étoit à qui contribueroit à la plantation de la croix. Le nombre de ceux qui se sont approchés de la sainte table a été au moins de 1800. On a remarqué que, quoique la mission ait eu lieu peu après les ordonnances, on n'a entendu, de la part des missionnaires, ni plainte ni murmure pour la rigueur dont ils étoient l'objet.

NOUVELLES POLITIQUES.

Paris. Les journaux révolutionnaires ne sont pas contens, comme de raison, du dernier Mandement de M. l'archevêque de Paris : il les sèvre de calomnie, et les réduit à un petit ordinaire qui n'est pas de leur goût. Afin de s'en dédommager, et de détruire autant que possible le fâcheux effet du Mandement, ils se sont mis dès le lendemain à chicaner le prélat sur la ferme des chaises d'église. Ils trouvent que c'est un impôt ridicule, mal assis et illégal, qui écrase les pauvres fidèles. Une chose curieuse seroit de savoir en quoi il pèse sur les fidèles du *Constitutionnel*, et ce que la ferme des chaises d'église peut gagner par an avec ses abonnés.

— Le Roi, informé par M. Saullay de Laistre, sous-préfet d'Hazebrouck, de l'incendie de la filature de MM. Genot, à Bailleul, vient de mettre à la disposition de ce magistrat une somme de 1000 fr., pour être répartie par lui entre les plus malheureuses victimes de cet évènement. Peu de jours auparavant, une somme de 500 fr. avoit été distribuée aux ouvriers de cette fabrique par M. de Laistre, de la part de M. le Dauphin.

— Le Roi, voulant remédier aux principaux inconvéniens du jeu de la loterie, et réduire les frais administratifs de son service, a, par ordonnance du 22 de ce mois, décidé que la loterie ne pourroit être établie dans les huit départemens où elle n'existoit pas (Basses et Hautes-Alpes, Aveyron, Cantal, Corrèze, Corse, Creuse, Lozère), et qu'elle seroit supprimée définitivement dans les 28 ci-après : Allier, Ardèche, Arriège, Aude, Charente, Côtes-du-Nord, Dordogne, Drôme, Eure-et-Loir, Gers, Indre, Landes, Loir-et-Cher, Haute-Loire, Lot, Lot-et-Garonne, Haute-Marne, Mayenne, Meuse, Nièvre, Haute-Saône, Deux-Sèvres, Tarn, Tarn-et-Garonne, Vendée, Haute-Vienne, Vosges, Yonne. Le *minimum* des mises, qui étoit de 50 cent., est fixé à 2 fr. Les remises accordées aux receveurs de loterie sont réduites à 5 pour 100 sur les premiers 100,000 fr., à 4 sur les seconds 100,000 fr., à 3 pour les 50,000 f. suivans, à 2 sur les 50,000 f. suivans, enfin à 1 pour 100 sur les recettes au-delà de 300,000 fr. Cette ordonnance recevra son exécution à partir du 1er janvier 1830.

— M. le baron Thirat de Saint-Agnan, chef de division au ministère de la guerre, est nommé intendant militaire, et M. le chevalier de Chalard, colonel d'infanterie, est promu au grade de maréchal-de-camp.

— C'est mardi 24 que M. le nonce a présenté au Roi, en audience particulière, la lettre du sacré Collège pour annoncer la mort du pape Léon XII. Son Exc. a été conduite à cette audience, avec tout le cérémonial convenable, par MM. les barons de Lalive et de Viviers, introducteurs des ambassadeurs.

— Mercredi dernier, MADAME, duchesse de Berri, a présidé l'association des orphelines dite de l'œuvre de Saint-André, placée sous la protection de MADEMOISELLE.

— Il y a eu, mercredi, un service solennel dans l'église de Sainte-Geneviève, à l'occasion de la translation du corps du célèbre Soufflot, architecte, au talent duquel on doit ce beau monument. M. l'abbé Desjardins, archidiacre de Sainte-Geneviève, a officié, assisté de deux missionnaires.

— La frégate française la *Thétis*, qui servoit de quartier-général aux révolutionnaires portugais dans le Tage, vient enfin de recevoir l'ordre de quitter Lisbonne.

— La feuille ministérielle du soir dément le bruit avancé par quelques journaux, qu'une nouvelle expédition alloit être envoyée en Morée, et seroit portée à 25,000 hommes.

— Christine-Louise de Bade, née princesse de Nassau, et veuve du margrave Frédéric, est morte à Carlsruhe, le 19 février, à l'âge de 53 ans.

CHAMBRE DES DÉPUTÉS.

Le 25, l'ordre du jour est la discussion de la proposition de M. Marschall, tendant à ce que les projets de loi d'intérêts locaux soient votés par assis et levé, à moins que cinq députés ne réclament le scrutin secret.

M. de Berbis appuie l'économie de temps à laquelle vise M. Marschall; mais il faudroit concilier ce but avec les règles fondamentales, et laisser aux lois qu'on vote le caractère d'authenticité qui résulte d'une majorité bien constatée. Il propose donc d'amender ainsi l'article : Lorsque plusieurs lois relatives à des intérêts locaux, présentées ensemble, renvoyées à une commission unique, et comprises dans un seul rapport, ne donneront lieu à aucune réclamation, elles seront successivement votées par assis et levé, et il sera voté sur l'ensemble au scrutin secret. Dans le cas où une discussion s'éleveroit à l'occasion d'une ou plusieurs de ces lois, il sera voté au scrutin sur chacune de celles qui y auront donné lieu.

M. le ministre de l'intérieur appuie l'amendement de M. de Berbis, comme se trouvant mieux en harmonie avec l'article 18 de la Charte que la proposition de M. Marschall. L'amendement de M. de Berbis, combattu par MM. Lefèvre, rapporteur de la commission, et Marschall, et défendu par M. Al. de Noailles et de Schonen, est mis aux voix et adopté à l'unanimité.

L'application de cette disposition nouvelle se fait sur-le-champ aux vingt-six projets de loi tendant à modifier des limites dans autant de départemens. Ils sont adoptés successivement par assis et levé sans aucune discussion, et ensuite collectivement au scrutin, par 256 boules blanches contre 8 boules noires.

La chambre se forme ensuite en comité secret. On assure que M. Sébastiani a développé de nouveau sa proposition tendant à exempter de toute retenue les pensions militaires au-dessous de 900 fr., et que M. le ministre des finances a déclaré que, sans s'opposer à ce que cette proposition fût discutée et mise en délibération, il se réservoit tous les moyens de la combattre. La prise en considération, ajoute-t-on, a été adoptée à une grande majorité.

Connoissez-vous les édits et ordonnances du 4e siècle, par lesquels les empereurs du Bas-Empire ont défendu à Louis XVIII et à Charles X de souffrir des Lazaristes et des missionnaires dans leurs Etats? Connoissez-vous l'opinion de Tacite, de Pline et de Strabon sur la discipline actuelle de l'église de France? Savez-vous ce que le roi Clovis a décidé au sujet de la congrégation du Saint-Esprit, des Trapistes, et des autres établissemens religieux du 19e siècle?

Eh bien! si vous ignorez tout cela, tâchez de lire les pétitions que deux avocats du barreau de Paris viennent d'adresser à la chambre des députés, l'une contre les missions, et l'autre contre les missionnaires. Vous y verrez que l'empereur Théodose, que l'empereur Valens, que l'historien Strabon et Pline le Naturaliste ont fort désapprouvé les ordonnances royales rendues depuis la restauration, en faveur du culte catholique; mais qu'en revanche ils approuvent fort le décret rendu le 18 août 1792, par la Convention nationale, cinq jours après qu'elle eut brisé le trône de Louis XVI, et renfermé le roi lui-même dans la tour du Temple.

Quoique tout ceci ait l'air d'une plaisanterie, rien n'est plus vrai cependant. Les pétitions actuelles sont fondées sur ce décret de la Convention et sur les édits des anciens empereurs de Constantinople. Elles établissent que l'autorité royale n'a rien à y revoir, et que c'est la seule loi compatible avec les autres harmonies de l'ordre légal.   B.

Un catholique anglais, fort connu par ses ouvrages et par ses disgrâces, est mort le 4 janvier à Paris, où il étoit fixé depuis plusieurs années; c'est M. Francis Plowden, ancien avocat à Londres et auteur de beaucoup d'écrits historiques et politiques. Il étoit frère de Charles Plowden, Jésuite et président du collège de Stonyhurst, qui mourut le 13 juin 1821 en Franche-Comté, en revenant de Rome, comme nous l'annonçâmes no 729. Francis Plowden fut élevé au collège anglais de Saint-Omer, et, quoique catholique, fut reçu docteur ès lois en l'université d'Oxford, en récompense de son zèle à défendre la constitution anglaise. Il publia quelques ouvrages de législation et de politique; mais ayant frondé la conduite du gouvernement anglais dans son *Histoire de l'Irlande*, il fut poursuivi devant les tribunaux, et condamné à une amende énorme de 5000 liv. sterl. L'impossibilité où il étoit de la payer le força de quitter l'Angleterre. Il se retira en France, où il a toujours résidé depuis, et il obtint une petite pension sur les fonds des collèges britanniques et un logement dans l'ancien collège anglais. Depuis plusieurs années, le dépérissement de sa santé faisoit pressentir sa fin. Il avoit été marié, et laisse un fils et deux filles.

Ses principaux ouvrages sont un *Examen des droits naturels des sujets britanniques*, 1784, in-8°; une *Histoire abrégée de l'empire britannique pendant les vingt derniers mois*, 1794, in-8°; une *Histoire abrégée de l'empire britannique en 1794, 1795*, in-8°; *l'Église et l'État, ou Recherche sur l'origine, la nature et l'étendue de l'autorité ecclésiastique et civile dans ses rapports avec la constitution anglaise*, 1795, in-4°; *Revue historique de l'état de l'Irlande*, 1803, 3 vol. in-4°; *Histoire d'Irlande*, 1812, 5 vol. in-8°; deux *Lettres historiques à sir John Cox Hippisley*, in-8°; deux *Lettres historiques à Charles O'Connor ou Columbanus*, 1812 et 1813, in-8°; *Subordination humaine*, Paris, 1824, in-8°, etc. Ce dernier écrit est une espèce de dissertation sur l'autorité spirituelle et civile dans ses rapports avec la question de l'émancipation; mais l'auteur y embrasse beaucoup d'objets et y fait de fréquentes digressions. Il parle des Jésuites, des jansénistes, et surtout de M. Butler, avocat anglais et écrivain très-connu, auquel il paroît en vouloir extrêmement. Il est difficile de méconnoître dans cet écrit diffus, obscur et amer, l'effet de l'âge et de l'exil sur une tête ardente. M. Plowden étoit d'ailleurs un homme aussi estimable qu'instruit, dont les premiers écrits ont eu une juste réputation.

Réponse à un article inséré dans le Journal de Genève, numéro du 5 février 1829.

Lettre de M. Vuarin, curé de Genève, à M. le conseiller Rigaud, premier syndic de la république et canton de Genève.

Genève, 13 février 1829.

M. le premier syndic, le numéro du *Journal de Genève* du 5 février courant, que j'ai l'honneur de vous adresser, renferme un article qui commence par ces mots : *Un des détenus catholiques*, et finit par ceux-ci : *Persévérer dans une conduite répréhensible.*

J'ai l'honneur de vous déclarer, M. le syndic, que, dans la circonstance dont il est question, je ne me suis écarté ni de la ligne de mon devoir, ni de la ligne de mes droits, soit pour le fond, soit pour la forme. Je me suis borné à rappeler par ma conduite aussi calme que ferme, à un jeune homme, les règles des convenances et les principes du droit canonique qu'il a paru avoir oubliés.

Parmi les bienfaits signalés dont la ville de Genève doit tous les jours bénir la Providence, le plus précieux sans contredit, aux yeux de la foi, est de lui avoir rendu le culte antique de ses pères qu'elle avoit professé pendant plus de treize siècles. Le concordat de 1801, auquel elle est redevable de ce prodige de miséricorde, a établi *une et une seule paroisse catholique* dans l'enceinte de ses murs, et pour la desserte de la banlieue. Le titre canonique de l'érection de cette paroisse est daté du 17 septembre 1803.

Le devoir de l'obéissance envers mon évêque m'a appelé à la direction de cette paroisse depuis vingt-trois ans. Le titre de ma nomination est du 24 février 1806.

Jusqu'au 31 janvier dernier inclusivement, aucun acte canonique, ni même aucun *titre coloré* n'avoit dérogé au dispositif, ni aux conséquences légales de ces actes. Un jeune homme a prétendu exercer, d'abord à mon insu, puis contre ma volonté, ainsi qu'il conste par la déclaration ci-jointe, (1) les fonctions de propre curé dans l'église et dans le cimetière, dont les clefs me sont confiées. J'ai dit à M. l'aumônier des prisons : *Non licet*. Celui-ci, au lieu d'écouter la voix de son devoir, et même de respecter les simples convenances, a préféré se promener triomphalement en voiture depuis les prisons jusqu'au cimetière, précédé du corbillard qui conduisoit *son paroissien*. Je ne suis responsable de ces voies de fait et de ces puérilités ni devant les hommes, ni devant Dieu. *L'honneur et le mérite* en appartiennent tout entiers aux acteurs et aux approbateurs de la scène.

J'aime à croire que ce jeune homme n'a puisé ni dans son cœur, ni dans sa conscience, la règle de la conduite étrange qu'il a tenue, mais qu'il a été influencé et égaré par des conseillers malavisés ou perfides. A l'age où il est, son zèle a encore besoin de la maturité que donne l'expérience. J'éprouve de la consolation à lui rendre cette justice auprès du chef du gouvernement, en me rappelant celle qu'il m'a lui-même rendue, il y a quelques années, très-spontanément et d'abondance de cœur. Je suis persuadé, M. le syndic, que vous lirez avec intérêt la lettre qu'il m'écrivit de Rome sur la fin de 1822; j'ai l'honneur de vous en transmettre une copie (2).

Je sais que les tribunaux me sont ouverts pour demander justice contre les calomnies et les fausses assertions énoncées dans le *Journal de Genève*, et l'impartialité dont s'honorent les respectables magistrats qui les composent m'est un gage du zèle et de l'équité qu'ils mettroient à faire droit à ma juste plainte. Il est permis au curé de Genève, qui peut présenter avec assurance son front et ses cheveux blancs dans toute la cité, de dédaigner la calomnie.

Les collaborateurs de ce journal sont sans doute *bien innocens* dans leur ignorance du droit canon ; mais je suis surpris qu'aucun n'ait été inspiré même par le sens commun. Ceux d'entr'eux qui sont chefs de famille savent que le droit des clés, dans toute maison bien réglée, n'appartient qu'au chef. Ceux qui seroient administrateurs ou militaires savent que le droit des clés, pour toute la ville, est réservé à M. le syndic de la garde ; ceux qui seroient jurisconsultes et légistes auroient dû retenir leur plume jusqu'à dues informations.

Il est étonnant qu'ils aient osé outrager le gouvernement et des magistrats qui savent respecter le caractère dont ils sont revêtus, et qui connoissent sans doute l'étendue de leurs attributions et les limites de leurs pouvoirs, qu'ils les aient outragés, dis-je, jusqu'à leur faire jouer dans ce

---

(1) Nous soussignés vicaires de la paroisse catholique de Genève, déclarons et certifions que M. Moglia a voulu, hier 31 janvier, faire dans l'église, ainsi qu'au cimetière, la cérémonie religieuse pour l'inhumation d'un prisonnier, d'abord à l'insu, puis contre la volonté positive et connue de M. le curé, et qu'il s'est conduit dans cette circonstance d'une manière contraire à toutes les convenances et à toutes les règles.

Genève, 1er février 1829.　　　　Signé, SUBLET et GAVAIRON, vicaires.

(2) Cette lettre de M. Moglia, datée du 11 décembre 1822, étoit pleine de témoignages de son respect et de sa reconnoissance pour M. le curé de Genève. Elle attestoit également les sentimens d'estime et de bienveillance du saint Père et de plusieurs prélats pour le respectable pasteur.

scandale, sorti de la maison pénitencière, un rôle que je m'abstiens de qualifier. Dans cette misérable tracasserie qui vous aura sans doute affligé, je n'ai eu, à ce sujet, aucune espèce de rapport direct ou indirect avec des fonctionnaires publics. Si l'ordre que le journaliste suppose avoir été donné existoit réellement, il y auroit eu sagesse, prudence, dans la conduite de celui de MM. les auditeurs qui, au dire du journaliste, auroit été *chargé de faire ouvrir la porte du cimetière, en cas de refus possible de la part du curé de livrer les clés* de l'église des morts. Un magistrat, en acceptant une noble fonction, ne se dévoue pas ainsi aux circonstances éventuelles jusqu'à se métamorphoser en serrurier sacrilège.

Si le curé de Genève avoit eu des torts dans l'affaire de la cérémonie religieuse de l'inhumation, le droit canonique et la constitution divine de l'Église catholique ont établi deux juges pour le censurer et le rappeler à son devoir, son évêque, et le souverain pontife en cas d'appel.

Par respect pour l'autorité, je dois supposer, jusqu'à ce que le contraire me soit prouvé, qu'elle est restée étrangère aux scènes de la maison pénitencière, et aux mesures que lui prêtent les rédacteurs du journal. Mais ce qui me surprend au-delà de toute expression, c'est que, dans une ville où M. le Noble, conseiller d'État, chargé de la police, exerce le droit de censure sur la *feuille d'avis*, dont les méprises ne peuvent être fâcheuses que pour des intérêts matériels, des journalistes puissent *impunément* calomnier le premier fonctionnaire public du canton dans l'ordre religieux catholique, comme si ce fonctionnaire n'étoit pas établi en vertu de la constitution, comme s'il n'étoit pas reconnu par les lois, comme s'il n'étoit pas placé formellement sous la garantie et la protection des deux actes diplomatiques auxquels Genève doit son incorporation à la Suisse et son nouveau territoire.

J'aurois cru trahir mon ministère, M. le syndic, et descendre au-dessous du poste que j'ai l'honneur d'occuper dans Genève, si je n'avois soumis ces observations et l'exposé des faits à la sagesse et à la justice du chef de l'État. Ce magistrat, également distingué par ses qualités personnelles et par l'emploi éminent auquel l'appelle tous les deux ans la confiance de ses concitoyens, ne jugera pas, comme les rédacteurs du journal, que, dans un canton mixte, ce soit être *bien ami de la paix*, et que ce soit témoigner *beaucoup d'égards à leurs frères les catholiques*, que d'attaquer le curé du chef-lieu du canton, dont le plus grand tort, à leurs yeux, est peut-être de ne s'être jamais écarté de son devoir, dans l'administration importante qui lui est confiée.

J'ai l'honneur d'être avec un profond respect, M. le premier syndic, votre très-humble et très-obéissant serviteur,

VUARIN, curé de Genève.

Le 13 février au soir, M. le curé de Genève s'est rendu chez M. le premier syndic pour lui remettre lui-même cette lettre. Il étoit accompagné de MM. Sublet et Gavairon, ses vicaires, et de M. Jacquier, auxiliaire provisoire. En l'absence de M. le premier syndic, M. le curé de Genève a confié sa dépêche au concierge.

Le Gérant, ADRIEN LE CLERE.

++

Nouvelles des missions d'Amérique.

Depuis que nous avons rendu compte, n° 1477, du n° 14 des *Annales de l'association de la Propagation de la foi*, on a publié les n° 15 et 16 de ces *Annales*. Le n° 15 est consacré à la mission du Kentuckey et à celle de Siam qu'on y trouve sur la première mission n'auroient rien de bien nouveau pour nos lecteurs, que nous avons souvent entretenus des travaux et des succès du vénérable évêque de Bardstown. Nous remarquons seulement une lettre de M. Flaget à M. D. P., en date du 1er novembre 1827, où le prélat expose les raisons qui doivent intéresser l'association en faveur de son diocèse, et répond aux objections qui ont été faites à cet égard. En effet, des membres de l'association ont prétendu que les fonds ne devoient être employés que pour les missions des infidèles et des sauvages, et qu'ainsi on ne devroit rien donner pour les nouveaux évêchés d'A- mérique, où il y a peu ou point de sauvages à convertir. M. Flaget répond à cela en rappelant les établissemens qu'il a formés, et l'utilité dont ils peuvent être. Laissera- t-on dépérir ce qui avoit été si heureusement commencé? Ses séminaires ne seront-ils pas une pépinière où se forme- ront des missionnaires qui porteront un jour la foi parmi les infidèles? Les sauvages ne seront jamais plus assurés d'avoir constamment des missionnaires que lorsqu'on aura trouvé le moyen de les former dans le pays même; mais au- paravant, il faut bien établir les diocèses, et pour cela, il faut bâtir des églises, des séminaires, des écoles, et former un noyau d'où la foi se répandra un jour dans le reste du Nouveau-Monde. Ces raisons de M. l'évêque du Kentuckey nous paroissent sans réplique, et répondent aux difficultés et aux scrupules de quelques personnes estimables. Nous avions déjà présenté, dans notre n° 1349, quelques observa- tions sur ce sujet; la lettre de M. Flaget les justifie et les confirme.

L'article de la mission de Siam se compose de lettres de M. Brugnière, missionnaire, arrivé depuis deux ans dans ce pays; il rend compte de son voyage à Quéda, à Ligor, à Bang-Koc, et donne quelques renseignemens sur les mœurs des habitans du royaume de Siam.

Le n° 16 des *Annales* traite de quatre missions, celle de l'Ohio, celle du Michigan, celle des îles Sandwich et celle du Su-Tchuen. L'article de la mission de l'Ohio est assez étendu, et se compose de lettres de l'évêque et des missionnaires. Comme nous avons parlé beaucoup moins souvent de ce nouveau diocèse, nos lecteurs verront peut-être avec plaisir que nous leur offrions quelques extraits des lettres citées dans les *Annales;* ce sera un supplément à ce que nous avons dit sur la mission de l'Ohio, n°ˢ 854, 949 et 1024.

On sait que M. Ed. Fenwick, aujourd'hui évêque de Cincinnati, est un religieux Dominicain, qui fut d'abord missionnaire dans le Kentuckey, puis dans l'Ohio. Lorsqu'il arriva dans ce dernier pays, il y a environ dix ans, il n'y avoit alors qu'une petite chapelle de 22 pieds de long sur 18 de large, élevée par le zèle de quelques bons Allemands, qui, étant très-pauvres, n'ont même pas pu encore l'achever. Cependant l'évêque ayant été fixé à Cincinnati, il lui fallut quitter la chapelle et la ferme contiguë pour se rendre à Cincinnati, où il n'y avoit ni église, ni logement pour le missionnaire. Le troupeau catholique se composoit de trois ou quatre familles irlandaises et de six ou sept allemandes. En 1822, la première année de l'épiscopat de M. Fenwick, il n'y eut que 5 communians à Pâque; en 1827, il y en a eu plus de 300. Jusque-là M. l'évêque n'avoit eu avec lui qu'un seul prêtre pour parcourir un pays immense et visiter les catholiques; aujourd'hui il avoit neuf missionnaires, sans compter les quatre du Michigan. Ces missionnaires étoient tous fort pauvres, et l'évêque ne l'étoit pas moins. Ses seules ressources étoient les fonds que lui envoyoit la charité des fidèles d'Europe. Il ne recevoit pas assez de sa chapelle et de son diocèse pour payer seulement les frais de son cheval ou de ses lettres. La collecte qui se fait les dimanches à l'église, et qui compose toute la mense épiscopale, se monte à environ quatre dollars par semaine, et les ports de lettres vont par semaine à trois, quatre ou même cinq dollars.

Malgré cela, M. l'évêque a entrepris de bâtir une cathé-

drale, et il y est parvenu avec les secours de l'association.
M. l'évêque a fait la consécration de cette église le 17 décembre 1826. Elle a 90 pieds de long sur 45 de large ; elle est
en briques, et remarquable par sa régularité et par le genre
gothique de ses fenêtres ; l'intérieur est simple, mais l'autel,
la chaire et le trône de l'évêque sont très-ornés. Le tabernacle en bronze est surmonté d'un beau crucifix, placé au
milieu de dix grands chandeliers aussi en bronze. Les murs
sont couverts de trente tableaux. Sur la tribune du fond est
un orgue, et l'église est pavée en briques. Les dons que
M. l'évêque a reçus lors de son voyage en Europe ont été
sa principale ressource pour cette entreprise, il n'a rien reçu
d'Amérique. On espère que la construction de cette église
servira aux progrès de la religion dans une ville qui a déjà
18,000 habitans, et qui s'accroît tous les jours. L'église en
bois qui existoit étoit si petite, qu'elle ne suffisoit pas à recevoir tous les fidèles, et son exiguité se faisoit surtout sentir
lorsque le père Hill prêchoit : les protestans, qui vouloient
l'entendre, augmentoient la foule. Maintenant du moins, les
catholiques qui viennent se fixer à Cincinnati, et les protestans qui se convertissent, pourront assister aux instructions
et au service divin. Les conversions à la foi catholique sont
nombreuses dans cette congrégation et dans les autres parties
du diocèse ; elles le seroient encore davantage, s'il y avoit
plus de missionnaires. Le 12 avril 1828, M. Fenwick administra le sacrement de confirmation avec beaucoup de pompe
à huit nouveaux convertis, dont quatre avoient récemment
reçu le baptême ; quatre ou cinq autres adultes convertis se
préparoient à recevoir la confirmation.

Une des plus sages mesures de M. l'évêque de Cincinnati,
c'est de n'avoir point de *trustees* ou de marguilliers établis
par un acte de la législature. Quand on se rappelle les prétentions de ces *trustees* à Philadelphie, à Charleston, à Norfolk et ailleurs, les embarras qu'ils ont suscités et les chagrins qu'ils ont causés aux évêques et aux pasteurs, on ne
peut que féliciter le diocèse de l'Ohio de s'être affranchi
d'une protection si funeste ; ce sont les *trustees* qui sont
cause des scandales et du schisme qui règnent encore à Philadelphie. Au lieu de cela, M. Fenwick a des agens qu'il
dirige, et dont il n'a point à redouter d'opposition ou de
concurrence.

F 2

M. l'évêque a visité en 1827 une partie de son diocèse, annonçant la parole de Dieu, et administrant les sacremens dans les diverses congrégations. Il a traversé de grandes forêts sans prêtre et sans domestique, de crainte d'être quelquefois à charge à de pauvres gens chez lesquels il logeoit. Son voyage a duré trois mois ; le prélat a vu avec satisfaction que ses congrégations augmentoient de jour en jour. Il y a dans le diocèse onze églises ou chapelles déjà bâties, ou qui sont en construction, sans compter deux autres projetées. A Zanesville, à Canton, et auprès de la Nouvelle-Lisbonne, les églises sont en briques et bien bâties, mais seulement couvertes, faute de fonds ; elles n'ont encore ni plancher, ni fenêtres. M. l'évêque a béni la nouvelle église de Zanesville. Les conversions sont fréquentes dans les congrégations ; les baptêmes d'adultes se présentent aussi assez souvent. Parmi les 11 églises ci-dessus, cinq sont en briques et élevées sur un plan fort simple ; il faudroit 3000 piastres pour les achever toutes. Il seroit nécessaire d'avoir un prêtre dont l'unique fonction seroit de visiter les brebis dispersées, de les baptiser, de les instruire ou de les affermir. Mais tel est l'état de pauvreté des missionnaires, qu'ils manquent de moyens pour faire ces voyages continuels. Dernièrement on reçut à la Nouvelle-Orléans des livres destinés pour la mission de l'Ohio ; ils restèrent à la douane, faute d'argent pour payer les droits. Ceux qui veulent envoyer d'Europe des livres ou des ornemens d'église achèveroient la bonne œuvre, s'ils payoient tous les frais de douane et de transport.

M. Fenwick aspiroit à former un séminaire, et vouloit pour cela acheter le terrain contigu à la cathédrale ; mais on en demandoit 2000 dollars. L'ancienne chapelle devoit servir pour le séminaire. En attendant, M. l'évêque avoit été obligé d'envoyer au séminaire de Bardstown trois sujets qui lui avoient été adressés par M. Rézé. Il y avoit à Cincinnati deux religieuses, la sœur Saint-Paul, et une autre venue du Kentucky ; elles tenoient une école de vingt-cinq filles, et ne vivoient que de charité ; mais la sœur Saint-Paul étoit depuis devenue infirme, ce qui faisoit craindre à M. Fenwick de ne pouvoir soutenir son établissement.

Au commencement de 1827, le prélat envoya en Europe un de ses missionnaires, M. Frédéric Rézé, élève de la Propagande, afin de recueillir des secours et d'obtenir des sujets. M. Rézé se rendit à Rome, et nous croyons qu'il est encore en France, occupé des intérêts de la mission. M. Bellamy, autre missionnaire, qui travailloit dans le Michigan, en est parti en septembre 1827, pour se rendre en Chine, où le portoit son attrait. Une nouvelle perte a encore été plus sensible à M. Fenwick, c'est celle du père Hill, religieux Dominicain, et un des plus zélés missionnaires de l'Ohio. Le père Hill étoit un Anglais, ancien capitaine dans la garde royale; étant venu s'établir en Flandres, il se trouva auprès d'un couvent de Dominicains, et fut frappé de la vertu de ces religieux. Il fit abjuration, et se rendit à Rome, où il entra dans l'ordre de Saint-Dominique. Depuis, il passa dans l'Ohio, et fut un des plus laborieux coopérateurs de M. Fenwick. Dans l'été de l'année dernière, il fit une longue mission du côté du lac Erié; il écrivoit à l'évêque, le 17 août 1828, que Dieu l'avoit comblé de consolations dans ses travaux; il avoit opéré plusieurs conversions, baptisé vingt-deux adultes, entr'autres un sauvage, réhabilité des mariages, et entendu grand nombre de confessions. La plupart des catholiques qu'il visita n'avoient pas vu de missionnaires depuis trois ou quatre ans. C'est à la suite de cette mission que le père Hill fut saisi d'une fièvre violente qui l'enleva à Canton le 3 septembre dernier (1). Le père Hill étoit grand-vicaire de M. l'évêque de l'Ohio.

(La suite à un numéro prochain.)

NOUVELLES ECCLÉSIASTIQUES.

ROME. La neuvaine d'obsèques pour Léon XII commença le 14 février. M. le cardinal Pacca, sous-doyen, officia le premier jour, et fit l'absoute; tout le sacré Collège et la prélature y assistoient. Après la messe, les cardinaux tinrent la seconde congrégation générale, où ils confirmèrent les ma...

(1) A la même page des *Annales*, la mort du père Hill est marquée du 3 décembre. Cette date paroît une erreur.

gistrats et officiers de Rome et de l'État de l'Eglise. Le soir, on ôta les restes de Pie VII de la niche où ils étoient déposés suivant l'usage, et on les transporta sans pompe dans les caveaux du Vatican, d'où on les déposera dans le mausolée que prépare le sculpteur Thorwaldsen, suivant les intentions du cardinal Consalvi, et qui sera placé cet été dans l'église St-Pierre, près l'autel de St-Grégoire. Le 15, le second service fut célébré dans la même chapelle du chœur par M. le cardinal Galeffi, après quoi on tint la troisième congrégation, où le père Laurent de Camerata, Capucin, fut nommé confesseur du conclave. Le soir, les cardinaux de la création de Léon XII se réunirent pour donner la sépulture au corps du pontife; on récita les prières accoutumées. M. della Porta, patriarche de Constantinople, bénit un cercueil de cyprès, où le corps fut placé, revêtu de sa soutane blanche et des autres ornemens pontificaux. Le visage fut couvert d'un voile blanc, et tout le corps d'un voile rouge. On mit aux pieds une bourse de velours contenant trois autres bourses, où étoient les médailles d'or, d'argent et de bronze représentant les faits les plus remarquables du dernier pontificat. On y plaça aussi un cylindre avec un parchemin, où étoient retracées les actions du pape. Ensuite on ferma le cercueil, qui fut mis dans un plus grand cercueil en plomb, et celui-ci dans un plus grand encore en bois, et le tout fut placé dans la niche, d'où on avoit ôté précédemment les restes de Pie VII. Le 16, troisième jour des obsèques, M. le cardinal Castiglioni célébra la messe solennelle, qui fut suivie de la quatrième congrégation générale, et le 17, M. le cardinal Bertazzoli officia; la cinquième congrégation fut tenue, on y reçut l'ambassadeur d'Autriche, qui vint exprimer les regrets de l'empereur sur la perte du pontife. M. le cardinal della Somaglia lui répondit.

PARIS. Le Mandement de M. l'archevêque de Paris pour le carême de cette année, est une pressante exhortation à la pénitence; le prélat commente éloquemment ce précepte de l'Evangile, *faites pénitence :*

« Voilà, N. T. C. F., ce que Jésus notre Sauveur ne cessoit de redire, pendant les jours de sa vie mortelle, dans les synagogues; voilà ce qu'il répétoit en mille manières dans les villes, dans les bourgades. Pour nous rendre plus sensible la nécessité de la pénitence, il a voulu pratiquer lui-même; sa vie laborieuse, son jeûne de quarante jours, ses douleurs, ses souffrances, sa passion, sa mort nous en apprennent, sur ce point capital de la vie chrétienne, plus encore que ses discours, ses paraboles et ses miracles. Il étoit ressuscité, il avoit vaincu le péché, le monde et l'enfer; glorieux et triomphant, il apparoissoit à ses apôtres avant de monter au ciel, il conversoit avec eux, il leur donnoit l'intelligence des saintes Ecritures, et il leur rappeloit encore l'obligation d'aller prêcher en son nom la pénitence; *oportebat... prædicari in nomine ejus pœnitentiam.* Saint Jean, le témoin prophétique des futures destinées de l'Eglise, nous assure qu'il a entendu de nouveau la voix du Fils de l'homme, *mort dans le temps, et désormais vivant dans tous les siècles,* qui lui ordonnoit de recommander la pénitence aux âges les plus reculés, d'en transmettre par écrit l'inévitable loi pour tous ceux qui se seroient rendus coupables en quelque manière, soit par de honteux désordres, soit par une dédaigneuse indifférence, soit par un orgueilleux mépris, soit même par une foiblesse inexcusable; *pœnitentiam agite...*

» La loi du carême, le précepte de l'abstinence et du jeûne, N. T. C. F., ne sont que la conséquence de ce grand commandement, que l'Eglise n'a point donné, mais qu'elle a reçu de son divin fondateur. Elle ne peut le supprimer, elle ne fait qu'en proclamer et en régler l'exécution, elle s'y soumet fidèlement elle-même, et il n'est pas plus permis à ses ministres de le taire ou de le dissimuler, que les autres vérités de l'Evangile. C'est en vain que la nature frémit, que l'orgueil se révolte, que le respect humain se trouble et se déconcerte, que la sensualité s'irrite et se décourage, qu'une timide et fausse conscience cherche à s'étourdir par mille folles illusions, et à se créer mille prétextes spécieux pour repousser un joug qui l'importune, ou pour en alléger le poids : le relâchement des mœurs, les soupirs de la mollesse, les cris de la désobéissance, nous osons le dire, les ménagemens et la tendre indulgence que réclame la piété infirme ne sauroient rien retrancher dans la sévère obligation renfermée dans ces deux mots : *Faites pénitence;* obligation qui nous est imposée, et que nous devons remplir, non-seulement en qualité de pécheurs, mais encore en qualité de chrétiens. L'innocence elle-même n'a pas d'excuse légitime pour s'en dispenser, depuis que le juste par excellence a voulu en goûter toute l'amertume, et en subir toute la rigueur; *pœnitentiam agite,* faites pénitence. Après ces graves et solennelles paroles, sorties de la bouche de Jésus-Christ, gravées en caractères sanglans sur son corps adorable, il n'y a plus à disputer, N. T. C. F.; il faut abaisser son front dans la poussière, recevoir avec respect et avec joie, *comme une onction de pénitence,* au commencement de la sainte quarantaine, ces cendres sacrées qui nous avertissent d'en parcourir généreusement la carrière. Entrons-y sans hésiter, poursuivons-la sans murmurer; achevons-la, s'il est possible, sans en rien retrancher. Aux privations ordonnées, aux sacrifices prescrits, à la mortification des sens, ajoutons la conversion du cœur, l'amendement de nos mœurs, et la mortification des désirs déréglés de l'esprit. Ne nous contentons pas de la pénitence extérieure; joignons-y la pénitence intérieure, sans laquelle toutes les autres pratiques ne nous serviroient de rien. Que chacun de nous s'attache, pendant ce saint temps, à examiner sa conscience et à la purifier, à découvrir ses fautes et à les pleurer, à reconnoître ses mauvais penchans et à les réprimer, à proportionner enfin sa pénitence à ses besoins, et à en appliquer le remède salutaire là surtout où le mal est le plus dangereux et le plus à craindre ; *pænitentiam age.* »

À la fin du Mandement (1), M. l'archevêque annonce l'exercice de dévotion qui aura lieu, comme les années précédentes, à Notre-Dame, en l'honneur de la passion du Sauveur et de la compassion de la sainte Vierge. Tous les vendredis, les reliques de la passion seront exposées ; immédiatement après complies, il y aura une instruction sur le mystère de la passion. On sait que c'est M. l'archevêque qui faisoit ces instructions, lesquelles attiroient un grand nombre de fidèles. Après les discours, il y aura l'adoration de la croix. Des indulgences ont été attachées par le feu pape à cet exercice, et M. l'archevêque a fait imprimer un petit livre pour faciliter l'exercice de dévotion. Le dispositif du Mandement est d'ailleurs le même que nous avons donné l'année dernière, n° 1412.

— La société pour le soulagement et la délivrance des prisonniers tiendra son assemblée annuelle à Notre-Dame, le vendredi 6 mars, à deux heures précises. M. l'archevêque a bien voulu permettre que la quête pour les prisonniers se fît après le discours par lequel il doit ouvrir les instructions du carême, et qui aura aussi pour objet d'implorer la charité en faveur des pauvres prisonniers. Cette quête sera faite par deux dames. Les dons peuvent aussi être envoyés chez Mme la marquise de Latour-du-Pin, trésorière, ou chez Mme la vicomtesse Dambray, trésorière-adjointe. La société pour le soulagement et la délivrance des prisonniers est déjà ancienne, et a été rétablie depuis la révolution ; Mme la comtesse de Gibon en fut pendant plusieurs années la trésorière et l'ame. Cette société, depuis son rétablissement, a mis en liberté 700 prisonniers pour dettes, a assisté plus de 1800 autres détenus, et a secouru ou consolé environ 10,000 individus. On est heureux de pouvoir s'associer à une telle œuvre, et aux favorables résultats qu'elle a produits pour la religion et l'humanité.

_____

(1) Ce Mandement se trouve chez Adrien Le Clère et compagnie, au bureau de ce journal. Prix, 60 centimes.

— Les journaux se sont amusés à faire leurs conjectures sur le choix du pape futur; l'un annonce que les *candidats* sont les cardinaux Nazelli (il auroit fallu dire *Nasalli*), Galeffi, Castiglioni et Giustiniani. D'abord l'expression de *candidats* est assez mal choisie, puisqu'on pourroit dire que tous les cardinaux sont *candidats*. Un journal étranger prétend que les cardinaux Castiglioni, Capellari et Bertazzoli sont ceux qui réuniront le plus de suffrages. Le *Courrier* a donné sa voix au cardinal Fesch, et puis il lui a plu de désigner un autre cardinal. Chacun peut imaginer là-dessus telles conjectures qu'il lui plaît, mais il n'y a pas beaucoup de fonds à faire sur de pareils bruits. Il est difficile de savoir en France quelles sont les dispositions des cardinaux, et ce qu'on en peut dire à Rome même dans les salons est tout-à-fait arbitraire et varie suivant les idées ou les désirs de chacun. Comment est-il possible qu'avant l'ouverture du conclave on devine sur qui se porteront les voix, quand il règne tant d'incertitude à cet égard, même lorsque le conclave est ouvert? Les premiers jours se passent ordinairement à s'observer, et on a remarqué que, le plus souvent, les cardinaux sur qui les voix sembloient se réunir au commencement étoient précisément ceux qui en avoient le moins à la fin.

— Le *Courrier français* se déclare opposant à six ordonnances du Roi qui ont autorisé des couvens de femmes sans la permission des chambres. Le régime des ordonnantes ne lui paroît légal qu'autant qu'il peut servir à détruire les Jésuites et autres congrégations pieuses. Alors tout est bon et régulier; mais si, au lieu de démolir, on s'avise de fonder quelque chose pour le bien de la religion, il n'y a plus moyen d'y tenir, et les ordonnances royales sont frappées de nullité *ipso facto*. C'est ce qui s'appelle bien entendre la Charte, et avoir des idées justes sur la légalité.

— Le diocèse de Marseille vient de perdre un de ses meilleurs ouvriers évangéliques dans la personne d'un prêtre qui, jeune encore, avoit déjà rendu de grands services. Marie-Jacques-Antoine Suzanne avoit fait avec succès ses premières études à Aix, et entra dans la communauté des missionnaires établie en la même ville. Il s'y prépara aux travaux du ministère en faisant des conférences sur la religion pour des jeunes gens dont il affermissoit ainsi la foi.

Ses soins ne furent pas perdus, car plusieurs de ces jeunes gens sont entrés dans l'état ecclésiastique, et la plupart des autres édifient dans le monde. Ordonné prêtre par dispense avant sa vingt-troisième année, M. Suzanne se dévoua aux missions, et parcourut un grand nombre de paroisses de la Provence et du Haut-Dauphiné. Partout il a laissé de profonds souvenirs. Son éloquence avoit quelque chose de simple et de populaire, qui, joint à beaucoup d'onction, faisoit impression sur les auditeurs. Sa charité dans toute sa conduite étoit surtout remarquable dans le tribunal de la pénitence; on trouvoit auprès de lui les consolations, es lumières et tous les secours spirituels. Il exerçoit aussi la miséricorde corporelle, et n'étoit étranger à aucun genre de bien. Son zèle a brillé entr'autres dans la ville et le diocèse de Marseille. Placé par M. l'évêque à la tête des missions, il parvint à bâtir une église au centre de la ville pour les exercices des missionnaires. Ses travaux excessifs pendant le jubilé lui attirèrent un crachement de sang qui, depuis trois ans, lui interdisoit le ministère de la parole. Cependant, comme il paroissoit s'être rétabli, M. l'évêque le nomma chanoine et grand pénitencier, tout en le laissant à la tête de la communauté des missionnaires; mais à peine ce vertueux prêtre fut-il en possession de son canonicat, qu'une rechute l'a enlevé. Rien de plus édifiant que les détails de sa mort. Pendant trois semaines d'agonie, son esprit et son cœur étoient sans cesse tournés vers Dieu. Il demandoit à souffrir davantage, et ne parloit que du bonheur du ciel. Il est mort, âgé seulement de 30 ans. Ses obsèques ont eu lieu le 1er février, au milieu d'un grand concours de confrères et d'amis. Huit jours après, un de ses confrères a prononcé son oraison funèbre dans l'église de la mission.

NOUVELLES POLITIQUES.

Paris. Il faut plaindre les habitans de la province qui ne lisent que les journaux révolutionnaires de Paris. Ils doivent avoir le jugement faussé au dernier point sur tout ce qui se passe dans la chambre des députés. On réduit pour eux les plus brillans discours du côté droit à quelques phrases sèches et ineptes. On réduit à neuf les harangues du côté gauche qui n'ont pas réussi. On en retire les niaiseries, les inadvertances et les mots nuisibles aux vues du parti. En un mot, toute la droiture est à gauche, et toute la gaucherie à droite. C'est ainsi qu'en lisant dans les journaux anti-monarchiques le compte rendu de la séance de samedi dernier, vous croiriez que la cause du régicide a succombé contre toute raison, et que, si la pudeur publique a obtenu satisfaction, c'est une grande grâce qu'on lui a faite.

— Les bons exemples se propagent ; un vieux partisan de la révolution vient de mourir, après avoir recommandé que son corps fût porté directement de sa maison au cimetière. C'est le sieur Mangourit, ancien agent diplomatique sous le Directoire ; il a suivi l'exemple donné dans ces derniers temps par Talma, Manuel, Chaussier, Gall, Barras, etc. Il n'y a rien là qui nous étonne ; les *précédens* de M. Mangourit, comme on dit aujourd'hui, avoient dû nous préparer à cette résolution de sa part. Michel-Ange-Bernard Mangourit étoit lieutenant criminel au bailliage de Rennes en 1782, et perdit cette place par un événement qui a été diversement raconté, et sur lequel on peut voir le *Mercure britannique,* par Mallet-Dupan, tome Ier, page 131, in-8°. Il reparut à Rennes à l'époque de la révolution, et s'en montra chaud partisan. Envoyé dans le Valais en 1798 par le Directoire, il y fit des proclamations contre les nobles et les prêtres, et déclara la guerre aux signes de la féodalité. Le Directoire le nomma secrétaire de légation à Naples, où on refusa de le reconnoître. Il passa comme commissaire des relations extérieures à Ancône, et fut chargé de provoquer une insurrection chez les Grecs. De retour en France en 1802, il publia la relation de la *Défense d'Ancône,* 2 vol. in-8°. On dit qu'il y a des choses intéressantes dans cet ouvrage sur la situation de l'Italie à cette époque. Mangourit fit en 1803 un voyage en Allemagne, dont la relation parut en 1805, et fut critiquée par les journaux. On a encore de lui le *Mont-Joux, ou le Mont-Bernard,* suivi des *Vingt-sept jours, ou la Journée de Viterbe,* 1801, in-8°, et quelques ouvrages dramatiques. Mangourit étoit un des fondateurs de la loge du Mont-Thabor ; il est mort à Paris le 17 février dans sa 77e année. Le *Constitutionnel* n'a pas manqué de faire son éloge ; il l'appelle *M. de Mangourit, un homme de bien, un excellent citoyen ;* cela est de rigueur pour tous les vieux révolutionnaires. Les obsèques de celui-ci ont été faites avec pompe ; 12 *citadines* formoient le cortège, et M. Félix Lepelletier de Saint-Fargeau, l'ancien ami de Babeuf, a prononcé sur la tombe de Mangourit un discours où il a retracé rapidement la vie publique et privée de celui-ci, qui étoit aussi son ami. Le beau trio d'amis que ces trois noms, Babeuf, M. Félix et Mangourit ! Nul doute que si ce bon Babeuf n'avoit pas été victime de son zèle, et qu'il mourût en ce moment, on ne fît aussi son éloge, et qu'on ne nous dît de lui, comme de Mangourit, qu'il s'étoit *toujours montré fidèle à la liberté et à son pays.*

— Le concierge du collège de Montreuil, le sieur Juré, a perdu sa femme et ses enfans, qui ont disparu de son domicile le 14 février. Il s'en prend à tout le monde, il se plaint du maire de Montreuil ; il prétend que M. l'abbé Lecomte, principal du collège, doit être responsable de ses enfans. Il s'est adressé pour cela aux magistrats. N'est-il pas plaisant qu'un père qui ne sait pas être maître chez lui, qui n'a pas pu garder sa femme et ses enfans, rende les autres responsables de son malheur ?

— A la nouvelle de l'incendie qui a consumé neuf maisons de la commune de Quesnel (Somme), le Roi s'est empressé d'envoyer 800 fr. aux victimes de ce désastre, M.ᵐᵉ la Dauphine 300 fr., MADAME, duchesse de Berri, 200 fr., et M. le duc d'Orléans 100 fr.

— M. Vigne-Lachall, conseiller à la cour royale de Grenoble, est nommé président de la chambre, en la même compagnie, en remplacement de M. Félix Faure, député, non-acceptant. Il a pour successeur M. Badin, procureur du Roi à Vienne (Isère). M. Bresson, avocat, est nommé conseiller à la cour royale de Nanci.

— M. de Valdené, ancien secrétaire du cabinet de MONSIEUR, a été nommé secrétaire du Roi.

— M. l'avocat-général de Vaufreland a porté, samedi dernier, la parole dans la cause des sieurs Fabien et Bissette contre M. le comte de Peyronnet. Ce magistrat a opposé aux demandeurs une fin de non-recevoir tirée de la qualité du défendeur. Il a soutenu que les sieurs Fabien et Bissette ne pouvoient intenter leur action contre un pair de France, sans en avoir obtenu l'autorisation à la chambre à laquelle il appartient. La cour a prononcé son arrêt lundi. Elle a mis l'appel au néant, et prononçant par jugement nouveau, a déclaré Fabien et Bissette non-recevables dans leurs demandes, et les a condamnés aux dépens. L'arrêt est fondé sur la loi du 24 août 1790, qui a fait défense aux tribunaux de connoître des actes administratifs, de quelque nature qu'ils soient, la demande ne reposant ici que sur un fait relatif à des fonctions de ministre.

— Le tribunal de première instance s'est occupé, samedi dernier, de la demande de la veuve de l'ex-directeur Barras pour la levée des scellés apposés sur les papiers du défunt par M. Pinard, juge de paix du premier arrondissement, en exécution d'un ordre émané de M. de Peyronnet en juillet 1825. L'avocat Pierre Grand a soutenu l'illégalité de cette mesure, et a prétendu que Barras n'étoit possesseur d'aucun papier qui puisse intéresser le gouvernement. M. l'avocat du Roi Bernard a demandé et obtenu la remise de la cause à huitaine.

— On assure que, dans la séance de la chambre des députés de lundi dernier, il a été lu une proposition portant qu'à l'avenir, il ne seroit plus nommé de vice-présidens; qu'après le choix du Roi, sur la liste des cinq candidats à la présidence, les quatre autres seront de droit vice-présidens de la chambre.

— M. Marschall vient de déposer à la chambre des députés cinq pétitions qui ont pour objet le rétablissement de la garde nationale, une loi sur la responsabilité des ministres, l'abolition du double vote et de la septennalité, et la suppression du monopole universitaire.

— Le général Saldanha et le colonel Pizarro, commandans des réfugiés portugais à Brest, sont arrivés à Paris. Ils viennent, dit-on, remercier le gouvernement du généreux accueil qu'ils ont reçu en France.

— On a jugé le 21 février, aux assises de Saint-Omer, l'affaire du nommé Périé-Dussumier, professeur d'écriture, né à Bergerac, et âgé de 30 ans.

Cet individu s'étoit présenté, en 1825, au supérieur du séminaire de Saint-Nicolas, à Paris, avoit demandé à faire abjuration du protestantisme, et avoit obtenu une place de secrétaire. En 1827, il alla à Bordeaux, et, à l'aide d'un faux certificat du supérieur, il obtint de M. l'archevêque de Bordeaux une somme de 140 fr. D'autres escroqueries ont fait arrêter Périé à Saint-Omer, où il s'étoit rendu. On sut qu'il avoit été condamné par défaut, en décembre 1827, à un an de prison et 50 fr. d'amende, par le tribunal correctionnel de Paris, pour escroquerie d'une montre à l'horloger du séminaire. M. l'archevêque de Bordeaux, et M. Frère, supérieur du séminaire Saint-Nicolas, ont été assignés pour aller déposer à Saint-Omer. Le prélat est arrivé le 20 février à Saint-Omer, et est descendu au collège, où M. l'abbé Joyez, principal, lui avoit offert un logement. Il a été visité par les autorités, et a été reçu le lendemain au palais de justice avec les honneurs dus à son rang. Dans sa déposition, il n'a pas reconnu Périé, mais il a reconnu le certificat. M. Frère avoue qu'il avoit conçu de la bienveillance pour Périé; mais il n'a pas signé le certificat présenté. Enfin, après d'autres témoignages et des plaidoiries contradictoires, le jury a déclaré Périé non coupable d'avoir fabriqué les deux certificats, mais coupable d'en avoir fait usage, et d'avoir escroqué 140 fr. à M. l'archevêque de Bordeaux. Il a été condamné à cinq ans de réclusion et à la flétrissure.

— La séance de la deuxième chambre des Etats-généraux des Pays-Bas du 26 février a été fort intéressante. M. Van Rheenen a fait un rapport sur 150 pétitions relatives à la liberté de la presse et de l'instruction publique, à la mise à exécution du concordat, à la responsabilité ministérielle, à l'inamovibilité des juges et à l'institution du jury. Le rapporteur a conclu par proposer le dépôt au greffe, en soumettant à la chambre la question de décider s'il ne conviendroit pas d'en faire l'objet d'une proposition au gouvernement. M. de Brouckère et d'autres orateurs tels que MM. Angillis et de Stassart ont insisté fortement pour qu'une supplique fut immédiatement adressée au roi dans le sens de ces pétitions, aucune disposition de la loi fondamentale ni des statuts de la chambre ne s'y opposant. Cette importante discussion a été remise au lendemain.

— La *Gazette d'Augsbourg* publie le protocole signé dernièrement à Londres par MM. de Polignac, Aberdeen et Lieven, plénipotentiaires des trois puissances alliées. Cet acte porte que l'expédition française arrêtée par le protocole du 19 juillet 1828 ayant obtenu l'évacuation de la Morée par les troupes turco-égyptiennes et la cessation des hostilités dans cette péninsule, il a été convenu, pour mettre ce pays à l'abri d'une nouvelle invasion, que le gouvernement français seroit libre d'y laisser une partie de ses troupes, et que la Morée, les îles attenantes et les Cyclades seroient placées sous la garantie provisoire des trois cours jusqu'à ce que le sort du pays ait été réglé d'un commun accord avec la Porte. L'ambassadeur du gouvernement des Pays-Bas à Constantinople a été invité à lui remettre une notification en conséquence.

— La Porte a répondu aux ouvertures de paix qui lui ont été faites de la part de la France et de l'Angleterre, qu'elle est prête à autoriser le reis-effendi à permettre le retour à Constantinople des ambassadeurs de ces puissances, et à rouvrir les négociations sur les bases du protocole du 16 novembre 1827, dans cette capitale ou dans une des îles de l'Archipel. Au moyen de cet arrangement, la Porte promet de ne commettre, pendant les négociations, aucune hostilité contre la Morée, ni contre les îles que les puissances ont prises sous leur protection.

— Suivant des nouvelles reçues à Toulon de la division devant Alger, elle a eu divers engagemens avec de petits bâtimens ennemis, dont plusieurs ont été coulés, et les autres obligés de prendre la fuite. Le blocus n'est pas facile, nos croiseurs ne peuvent, dit-on, s'approcher assez près de terre pour intercepter les communications.

CHAMBRE DES PAIRS.

Le 2 mars, M. le comte Lemercier a prononcé l'éloge funèbre de M. le comte Abrial, et M. le prince duc d'Aremberg, celui de M. le prince duc de Chalais.

M. le ministre de l'intérieur a ensuite présenté les 26 projets de loi relatifs à des changemens de circonscription territoriale, et déjà adoptés par la chambre des députés.

Le surplus de la séance a été occupé par divers rapports faits au nom du comité des pétitions par MM. le comte de Tournon, le marquis de Mortemart, le duc de Narbonne, le comte Lemercier et le comte de Saint-Roman.

La chambre a, dit-on, passé sur toutes à l'ordre du jour, à l'exception de celle d'un sieur Benon-Lacombe, dirigée contre les impôts qui surchargent les terres cultivées en vigne et la vente des vins. Cette pétition a été renvoyée au ministre des finances et au dépôt des renseignemens.

C'est, ajoute-t-on, à l'unanimité que la chambre a prononcé l'ordre du jour sur la pétition d'un sieur Félix Mercier, qui demandoit, par amendement au projet de loi municipale, que les maires fussent nommés par l'assemblée des notables dans toutes les communes au-dessous ds 3000 ames. On dit que le ministre de l'intérieur a pris la parole, et a protesté avec force contre cet amendement, comme violant d'ailleurs la Charte.

CHAMBRE DES DÉPUTÉS.

Le 28 février, la chambre accorde un congé à M. de Margadel. Le rapport des pétitions est fait par MM. Viennet, Daunant et Clément. L'ordre du jour est adopté sur celle du sieur Schirmer, employé destitué par le ministre des finances, qui demande sa réintégration et la mise en accusation du ministre. Cet homme s'est oublié jusqu'à frapper un chef de division fort âgé; il refuse d'ailleurs une pension de 600 fr.

Le sieur Tingard, avocat à Rouen, demande que les faux-monnoyeurs ne soient plus punis de mort. Cette pétition est appuyée par M. J. Lefèvre et surtout par M. de Tracy, qui pense que la peine de mort répugne à nos lumières et à nos idées. M. de Berbis réclame l'ordre du jour; il ne conçoit pas cet acharnement du parti contre la législation existante à cet égard. Les gouvernemens doivent être sévères, quand il s'agit de garantir la société des entreprises des malfaiteurs. M. de Tracy remonte précipitamment à la tribune. Il soutient que la société n'a pas le droit d'infliger la peine de mort à aucun de ses membres; et que le plus beau frontispice qu'une nation puisse mettre à son code pénal, c'est l'exemption de cette peine.

M. le ministre de l'intérieur s'étonne que l'on conteste un tel droit à la société entière, et que l'on vienne l'accuser d'assassinat chaque fois qu'elle l'exerce. L'orateur, à propos d'une pétition relative seulement aux faux monnoyeurs, ne devoit point généraliser une question si importante; il y a danger grave à censurer ainsi en général nos lois pénales.

M. de Tracy obtient de nouveau la parole pour un fait-personnel : il croit que le ministre n'a pas bien compris ses assertions, et qu'il n'a point dépassé son droit de député. L'ordre du jour, combattu encore par M. Girod (de l'Ain), et appuyé par M. de la Boulaye, est mis aux voix et rejeté à une foible majorité. La pétition est renvoyée au garde-des-sceaux et au bureau des renseignemens.

Le sieur Berger, à Lyon, demande que l'on révise l'organisation des monts-de-piété pour détruire leurs abus. M. Ch. Dupin s'élève fortement contre les intérêts usuraires des monts-de-piété, et par suite réitère ses observations contre la loterie. La pétition est renvoyée au ministre de l'intérieur.

La veuve de l'ex-conventionnel et régicide Bertrand-Lhosdinière se plaint d'un déni de justice à l'occasion d'une plainte qu'elle a portée contre le procureur du Roi à Domfront, pour mutilation du monument funéraire de son mari. (Voir le n° 1469 de ce journal.)

M. le rapporteur, après avoir rapporté le texte de l'inscription que ce magistrat avoit cru devoir faire effacer (*la patrie perd en lui un de ses meilleurs citoyens, et la liberté un de ses plus zélés défenseurs*); expose que la cour royale de Caen a décidé qu'il n'y avoit pas lieu à suivre contre lui sur la dénonciation de la veuve Bertrand; et que la seule marche qui lui restoit étoit de se pourvoir en cassation contre cette décision. Il propose, au nom de la commission, l'ordre du jour sur le prétendu déni de justice, et le renvoi au garde-des-sceaux quant à la conduite du procureur du Roi.

M. de Pina fait d'abord remarquer l'adresse ou plutôt l'astuce avec laquelle les réclamans ont mené cette affaire : ils ont préféré faire du scandale ; ils craignoient d'ailleurs une punition personnelle pour l'apposition de l'épitaphe, s'ils eussent suivi la voie naturelle des tribunaux. L'honorable membre fait sentir tout ce qu'il y a d'odieux à faire hautement l'apologie d'un criminel en traçant une inscription si révoltante dans un lieu public. C'est en vain qu'on invoqueroit le pardon du passé commandé par la Charte; le pardon n'autorise point à louer les coupables.

M. Lemercier insiste pour le renvoi au garde-des-sceaux, et attaque vivement la conduite du procureur du Roi. M. de Conny prononce, au milieu des murmures de la gauche, un discours pour justifier ce magistrat. C'est au nom de la France outragée par une inscription si coupable, c'est au nom de l'honneur national que les députés doivent défendre, que je viens, dit M. de Conny, invoquer, aux cris de vive le Roi ! l'ordre du jour sur une semblable pétition.

M. le garde-des-sceaux ne veut point traiter le fond d'une question aussi affligeante pour tous les bons Français. En droit, dit-il, la question est toute simple. Sur la dénonciation de la veuve Bertrand, la cour royale de Caen a rendu une ordonnance de *non-lieu* : il falloit recourir à la cassation plutôt que d'employer la publicité, car cela semble indiquer une combinaison de ce sentiment qui a dicté l'inscription. (Murmures à gauche.) Si le magistrat attaqué a méconnu un instant les limites de son pouvoir, il y a été porté par un grand scandale : ce seroit prolonger le scandale que de ne pas adopter l'ordre du jour en pareil cas ; c'est entrer même dans l'esprit de la Charte, qui, en demandant l'oubli des votes, n'a pu permettre des apologies directes des assassins d'un bon roi.

M. Mercier, qui est révolté par un attentat aussi sacrilège que celui du procureur du Roi de Domfront, conjure le ministre d'éloigner de leurs fonctions des hommes qui encourent à ce point l'indignation publique..... M. de Charencey appuie l'ordre du jour. M. Salverte reproduit les assertions de ses amis. M. Ravez, ramenant de nouveau la question à son véritable point, soutient que ce n'est pas à la chambre à juger le magistrat, que l'affaire doit suivre son cours devant les tribunaux. Donner suite à cette pétition, seroit attaquer la chose jugée. Et pourquoi réserve-t-on tant de colère contre le procureur du Roi, et tant d'intérêt pour ce qui a provoqué sa conduite? Personne n'ose cependant défendre l'épitaphe. M. Pataille appuie aussi l'ordre du jour : il est mis aux voix et adopté par une majorité formée du côté droit et des deux centres. Les députés se lèvent aussitôt en désordre.

La séance du 2 mars a été employée au renouvellement des bureaux et à la nomination de la commission des pétitions et de celle qui devra examiner la proposition de M. Sébastiani, tendant à supplier le Roi de faire rapporter par une loi nouvelle les dispositions des lois existantes qui prescrivent une retenue sur les pensions militaires. Voici le résultat de la réorganisation des bureaux :

Présidens : MM. d'Haussez, Pardessus, Janckowitz, Ravez, Bignon, de Saint-Aignan, Dumans, de la Bourdonnaye, Labbey de Pompières.

Secrétaires : MM. de Mauléon, de Noailles, de Clarac, de Berbis, Benjamin Constant, Etienne, Faure, Riberolles, de Cormenin.

Commission des pétitions : MM. de Lorgeril, de Curzay, Seguy, de Berbis, de Schonen, Sapey, Girod, Gautier, de Bérenger.

Commission chargée de l'examen de la proposition de M. Sébastiani : MM. Jacqueminot, Amat, de Panat, Sébastiani, Lepelletier d'Aulnay, Gérard, Oberkampf, Dartigaux, Delaborde.

Il n'y a point de séance indiquée.

Le Gérant, ADRIEN LE CLERE.

✠✠✠

Mandemens du carême.

Nous comptions nous étendre moins cette année que les précédentes sur les mandemens de carême, l'abondance des matériaux que nous sommes obligé de laisser en arrière à chaque numéro, sembloit nous en faire une loi; mais, d'un autre côté, l'importance et l'intérêt de plusieurs mandemens, les circonstances graves où se trouve la religion, la sagesse ou la vigueur des réflexions que ces circonstances ont inspirées à de respectables prélats, les réclamations qu'ils font entendre contre l'esprit du siècle, les salutaires conseils qu'ils opposent au délire des opinions et à la licence des écrits, tout nous force à donner au moins une idée sommaire de ces monumens de leur vigilance et de leur zèle. Ces monumens appartiennent à l'histoire de notre époque, et si nos ennemis attaquent avec amertume ces actes de l'autorité pastorale, il ne nous est pas permis de les passer sous silence, et de ne pas faire remarquer tout ce qu'a d'imposant cette unanimité du corps épiscopal dans ses alarmes, dans ses réclamations et dans ses conseils aux fidèles. Il faut plaindre ceux qui trouvent un sujet de risée dans ces alarmes trop légitimes, et un sujet d'insultes dans ces trop justes réclamations.

M. le cardinal archevêque de Toulouse rappelle d'abord, dans son Mandement, les alarmes qu'il avoit manifestées dans celui de l'année dernière sur les progrès de l'irréligion. Ces alarmes, dit-il, ne se sont que trop réalisées; des ordonnances successives ont dépouillé les évêques de leur droit sur les écoles, ont détruit huit établissemens précieux à la religion et à la société, et ont jeté l'inquiétude et la crainte dans les autres petits séminaires. S. Em. continue ensuite en ces termes :

« D'un autre côté, à quels excès ne se sont point portés des écrivains, qui se font un jeu du sacrilège, contre la religion elle-même? C'est en vain que notre loi fondamentale a reconnu la religion catholique comme la religion de l'Etat, et lui a donné ainsi un droit incontestable au respect de tous les Français. A la faveur d'une presse licencieuse, qui ne connoît plus aucune retenue depuis qu'on a rompu les digues destinées à la contenir, on a insulté cette religion sainte par toute sorte de dérisions; on l'a outragée par toute sorte de blasphèmes, on a redoublé d'efforts pour avilir ses ministres, on a osé même attaquer son divin chef, on a osé justifier la condamnation et le supplice ignominieux du fils de Dieu!... »

S. Em. n'a même pas cru pouvoir dissimuler un autre genre de scandales, et elle déplore les outrages faits à la majesté royale par un poète, et par les éloges et les applaudissemens qu'il a reçus publiquement. Toutefois le vénérable archevêque implore les miséricordes de Dieu sur nos ennemis.

« Daigne le Seigneur, dit-il, avoir pitié de leur aveuglement, dissiper les ténèbres de leur esprit et toucher leur cœur! Nous détestons la licence et l'impiété, et nous nous estimerions heureux de sacrifier notre vie pour en arrêter les progrès, mais nous n'avons aucun ressentiment contre les insensés qui s'en font les sectateurs, et nous serions très-disposé à répandre notre sang, s'il étoit nécessaire, pour procurer leur conversion. »

M. l'archevêque de Toulouse parle enfin des dernières épreuves auxquelles il a été exposé :

« Si, dans une circonstance récente, nous avons cédé quelque chose à la nécessité pour conserver de précieux établissemens, notre conscience nous rend le témoignage que nous n'avons été poussés à cette démarche par aucune crainte des hommes, ni par aucun intérêt temporel. Nous avons cédé d'abord parce que nous nous y sommes crus suffisamment autorisés par l'intervention pacifique et persuasive du vicaire de Jésus - Christ, ensuite parce que notre cœur ne pouvoit résister au cruel spectacle de cinq cents élèves du sanctuaire qui erroient comme des brebis sans pasteur autour de leurs anciens asiles, et dont la vocation pouvoit être ébranlée ou même détruite par de plus longues contradictions. »

Il manquoit à S. Em. une dernière épreuve, c'est que son Mandement ait été l'objet des attaques et des déclamations de certaines feuilles trop connues. Elles ne lui ont pas épargné, à cette occasion, les dérisions et les insultes; mais l'épiscopat et le clergé sont accoutumés désormais à ces témoignages de la malice et de la haine de leurs ennemis, et comme M. le cardinal, ils n'y opposent que les efforts du zèle et les vœux de la charité.

M. l'archevêque de Tours réfute les prétextes dont on se sert pour éluder la loi de l'abstinence; on allègue l'âge, les travaux, la santé, mais ces raisons n'empêchent point de se livrer aux plaisirs. Ce n'est que quand le carême arrive que l'on commence à se plaindre de la foiblesse de la nature. Le prélat avertit aussi de ne pas compter sur des dispenses qui ne seroient pas fondées sur de graves motifs, et rappelle les exemples de ces anciens pénitens dont les austérités ont de quoi nous confondre.

M. l'archevêque d'Avignon montre combien la foi est nécessaire *dans ces jours de déception et de ténèbres*, et gémit sur les dangers que présente notre époque :

« Le torrent dévastateur des fausses doctrines a inondé notre patrie; les digues de l'enfer sont rompues; la licence, sous le nom de liberté, répand avec une intarissable profusion et un acharnement diabolique ses poisons jusque dans les cabanes les plus reculées. Son souffle empesté atteint tous les âges et toutes les conditions. Repoussez avec une vive indignation ces prétendues lumières qui ne sont que ténèbres; défendez-vous de ces promesses qui ne sont que fraude; écartez de vos yeux, arrachez des mains de ceux qui vous sont chers, ou qui vous sont confiés, ces nombreux écrits dégoûtans d'impiété, de sophismes et de corruption. Déplorez le sort de ces infortunés qui, s'étant imprudemment abreuvés à ces coupes empoisonnées, éprouvent, ce semble, l'affreux besoin de communiquer à ceux qui les approchent le venin qui les consume; qui blasphèment contre Dieu et son Christ, s'élèvent contre l'Eglise, sa doctrine, ses lois et ses ministres, et peu satisfaits de l'inquiétude qui les tourmente, cherchent à enlever aux autres la paix dont ils jouissent. Sans les exclure de votre charité et de vos plus ardentes prières, évitez leur société, redoutez la contagion dont ils sont atteints. »

M. l'évêque de Bayonne fait voir combien la bonté de Dieu se manifeste dans la promesse du Sauveur, dans sa venue, dans son caractère, dans sa doctrine, dans ses miracles, dans sa mort, dans son empire, dans son futur jugement et dans son éternel triomphe. Le prélat s'étonne qu'une religion si bienfaisante et si pure puisse avoir des ennemis, et surtout que notre siècle en ait vu de si ardens et de si implacables :

« La religion de nouveau triomphante, la justice, la paix, l'ordre réta-blis, les ont de nouveau irrités. Ils ont multiplié à l'infini, avec une nou-velle ardeur, les écrits obscènes ou impies. Ils ont distillé chaque jour et ré-pandu en tous lieux, contre les ministres de la religion, le poison de la calomnie, et le fiel de leur malice ne s'est pas épuisé.

» Ce n'étoit point assez pour eux de s'attacher à noircir les ministres sa-crés ; ils se sont enfin élevés contre le Fils de Dieu même, et le monde a été témoin d'un attentat jusqu'alors inoui. Au milieu d'une nation chrétienne, celui dont le nom adorable reçoit les hommages de l'univers entier, Jésus Christ, après dix-huit cents ans de triomphe, de bienfaits et de gloire, a été cité au tribunal des impies, et le monde a gardé le silence ; il a vu blas-phémer son Sauveur sans frémir, et les aberrations d'une philosophie in-sensée en sont venues à ce point, de comprendre dans je ne sais quelle monstrueuse liberté des cultes, la faculté d'outrager impunément le culte de toutes les nations de la terre.....

» La religion ne périra pas ; mais le ciel, irrité de tant de perversités, d'injustices, de calomnies, d'impiétés, de blasphèmes, peut exercer encore une fois ses vengeances, et verser de nouvelles calamités sur notre infortu-née patrie. Il peut lâcher le frein à la fureur des méchans, et en faire les instrumens de sa colère. Notre indifférence pour les maux de la religion, pour les insultes faites à la majesté divine et au nom adorable du Sauveur, pourroient nous mériter à nous-mêmes le dernier des malheurs, celui d'être entraînés par le torrent, et de perdre le don inestimable de la foi. Il faut que notre âme s'afflige à la vue de tant de scandales. Il faut que nous ve-nions souvent gémir devant les saints autels, supplier notre Dieu d'arrêter le débordement de tant de crimes, le conjurer de nous regarder dans sa mi-séricorde, de défendre son Eglise, de protéger le trône, l'auguste et pieux monarque qui l'occupe et sa royale famille, de conserver la religion à la France, d'éclairer les hommes aveugles et foibles, et de confondre ou plu-tôt de convertir les méchans. »

- M. d'Astros ordonne donc, pour le dimanche de la Quinquagésime, une amende honorable qui se fera après la messe, le saint sacrement exposé ; on y chantera le *miserere*, et on dira l'oraison pour la réparation des inju-res faites au Sauveur.

M. l'évêque de Meaux, après avoir rappelé dans son Mandement la né-cessité de la pénitence, fait voir qu'elle est encore plus indispensable aujourd'hui, que les progrès de la corruption et de l'impiété s'étendent avec une si effrayante rapidité :

« Et pouvons-nous en être étonnés, N. T. C. F., surtout depuis que la presse, débarrassée des entraves qui la contenoient encore, peut répandre en liberté toutes les extravagances dont est susceptible l'esprit humain abandonné à lui-même? Comment pouvoir se défendre contre la contagion, lorsque certains journaux vomissent tous les jours à pleine bouche leur poison irréligieux dans toutes les parties de la France; lorsqu'une secte impie, leur prêtant son secours, la couvre d'ouvrages antisociaux et obscènes, aussi propres à pervertir l'esprit qu'à corrompre le cœur? »

Le prélat exprime sa peine sur des mesures trop connues, arrachées par les clameurs des ennemis de la religion, et ajoute :

« Il ne leur suffit pas de flétrir par des dénominations odieuses toute personne qui montre de l'attachement à la religion et sait en remplir les devoirs; d'accumuler les calomnies sur les ministres de la religion, ou de faire rejaillir sur le corps entier les torts que peuvent avoir quelques-uns des membres qui le composent; il ne leur suffit pas d'appeler le mépris, l'insulte et l'outrage sur ces prêtres pleins de l'amour de Dieu et du prochain, qui se consacrent avec tant de zèle et de désintéressement aux travaux pénibles des missions; enfin il ne leur suffit plus d'encourager l'impiété, en prodiguant les éloges les plus pompeux à des hommes qui, nés chrétiens, ont repoussé jusqu'au dernier moment les secours de la religion, et en couvrant de fleurs leur tombe toute païenne.

» Ces moyens de destruction sont encore trop lents à leur gré : oui, N. T. C. F., de ces chaires antiques, consacrées par nos pères à faire entendre les préceptes d'une saine et sage philosophie, ne sortent que trop souvent aujourd'hui les leçons du matérialisme et de l'impiété. Parcourez certains journaux à l'occasion du jugement porté depuis peu dans une cause trop célèbre. Quel langage! *Le catholicisme, disent-ils, est défendu par ses dogmes, ses mystères; mais les doctrines nouvelles opposent la réflexion à ses dogmes, pénètrent ses mystères : attendons, la loi civile s'affranchira de la loi religieuse; cette révolution est infaillible. Ne pas croire en Dieu, ajoutent-ils, est une croyance tout comme une autre, légale tout comme une autre. Si nous sommes forcés d'admettre une cause première, nous n'accorderons à cette cause ni intelligence ni liberté; le triomphe de nos doctrines peut seul assurer l'union du gouvernement avec le pays.* Peut-on parler avec plus d'audace? Oui, N. T. C. F., on a été plus loin encore. Du fond de ces abîmes qu'habitent les démons.... nous nous trompons, car *les démons croient et sont saisis de frayeur;* du sein de la capitale s'est fait entendre une voix; pourrons-nous le dire? elle a osé faire l'apologie du déicide!!! L'apologie du déicide, grand Dieu! Mais au moins cette voix a été étouffée par les cris de la multitude outrée d'un pareil attentat à la majesté divine! Non, elle a retenti librement jusqu'aux extrémités de la France. Des journaux se sont empressés de l'y transmettre, en approuvant le blasphème de l'écrivain. Mais au moins la lecture de ces feuilles a-t-elle porté l'effroi dans tous les cœurs! »

M. de Cosnac s'étonne de tant d'ingratitude envers une religion à qui nous devons tant de bienfaits. Il se demande pourquoi des écrivains montrent à la fois et tant de bienveillance pour le protestantisme, et tant de haine pour la religion catholique. Il indique encore d'autres moyens d'apprécier leurs intentions et leur bonne foi, et finit en conjurant les fidèles de prévenir par la pénitence les malheurs qui les menacent.

M. l'évêque de Grenoble n'est pas moins effrayé des maux de la religion et des dangers qui nous menacent :

« Nous ne vous le dissimulerons pas, N. T. C. F., notre ame est profondément affligée.... Eh! comment ne le seroit-elle pas à la vue de ces torrens d'impiété, qui, partis du sein de la capitale, et grossis de tout le limon impur qu'ils rencontrent sur leur passage, se répandent sur notre malheureuse patrie, et pénètrent jusqu'aux lieux les plus reculés, jusqu'à des hameaux que l'on croyoit le moins accessibles? L'irréligion ne se couvre plus, comme autrefois, d'un masque imposteur ; elle marche tête levée, elle montre partout un front d'airain qui ne sait plus rougir. Le comble du malheur, c'est qu'elle multiplie ses efforts pour devenir populaire, et Dieu veuille qu'on ne finisse pas. un jour par se familiariser avec elle, au point de la regarder comme nationale, et comme faisant partie de ce que l'on appelle l'ordre légal! Oh! qu'il faut que l'arbre de la croix ait jeté de bien profondes racines dans notre sol pour qu'il n'en soit pas déjà arraché!

» Or, il suffit d'avoir des yeux et de regarder autour de soi pour comprendre quelle est la cause qui contribue le plus à propager l'impiété et qui en facilite le plus les rapides progrès. Funeste et déplorable licence de la presse, dont nous avons d'autant plus de droit de gémir, qu'elle emploie et fatigue plus de bras pour répandre les poisons tant anciens que nouveaux de l'incrédulité, et que l'honneur d'être gardien et interprète du dépôt sacré est l'un des premiers devoirs et l'une des plus belles prérogatives de l'épiscopat! Funeste et déplorable licence de la presse, qui se rit des foibles barrières qu'on lui présente, et qui, à moins qu'on ne lui en oppose de plus fortes, pourra bien, tôt ou tard, entraîner dans son cours impétueux les débris de la religion avec ceux de la monarchie! »

Le prélat recommande donc de fermer les yeux à la lecture des feuilles mensongères et des écrits pervers qui égarent tant d'ames. Cependant au milieu de circonstances tellement alarmantes, qu'on n'y voit pas de remède dans les moyens humains; M. l'évêque de Grenoble indique des motifs de consolation, l'accord de l'épiscopat, les heureux résultats des missions qui ont eu lieu dans le diocèse, les sentimens de foi que le prélat a remarqués dans ses visites pastorales, le zèle des peuples pour réparer et agrandir les églises, la ferveur des pieuses congrégations, etc. Le prélat ordonne dans son diocèse une quarantaine de prières et de bonnes œuvres pour implorer le secours de Dieu en faveur de la France; cette quarantaine a commencé le dimanche de la Quinquagésime et finira le 10 avril.

Le Mandement de M. l'évêque d'Orléans offre les développemens d'une instruction pastorale, où le prélat considère successivement le prix de notre ame, la grandeur de notre origine, la prééminence de nos facultés, puis ce que nous avons perdu par le péché, et le remède que nous trouvons.à ces pertes dans l'obéissance à la loi de Dieu. Le prélat insiste sur ce dernier point, et en tire des réflexions toutes pratiques. Il remercie, en finissant, ses ecclésiastiques de leur fidélité généreuse à contribuer au soulagement des prêtres âgés et infirmes.

L'Instruction pastorale de M. l'évêque d'Evreux a pour objet la sanctification du dimanche. Le prélat fait voir l'ancienneté et la sagesse du précepte, il explique la manière d'y satisfaire, et répond aux prétextes qu'on imagine pour s'en dispenser.

Le Mandement de M. l'évêque de Châlons, quoiqu'il ne porte pas le titre d'instruction, en est aussi une; elle traite de la foi, de ses caractères et de ses heureux effets. A cette occasion le prélat recommande l'œuvre de la propagation de la foi qui a pour but de soutenir les missions lointaines. Il loue le zèle qu'on a montré en plusieurs lieux pour réparer ou relever les églises. A Hurlen, entr'autres, les habitans ont fait eux-mêmes le travail; jeunes et vieux, tous s'y portoient avec ardeur, et de plus tous ont payé le contingent pour lequel ils avoient souscrit. M. l'évêque se fait un devoir de célébrer leur foi et de citer leur exemple.

M. l'évêque de Metz bénit Dieu du bien qui se fait encore dans son diocèse, du bon esprit qu'il a remarqué dans ses visites pastorales, des heureux résultats des missions, du zèle de plusieurs paroisses pour réparer les églises. Malheureusement de justes sujets de crainte se mêlent à ces motifs de consolations : on s'obstine à propager de désolantes doctrines ; ce qui effraie le prélat, ce n'est plus seulement la licence avec laquelle on les répand, c'est la faveur, le crédit, la protection dont elles semblent jouir parmi nous, c'est l'assurance avec laquelle on les professe hautement, c'est l'imprudence, la légèreté avec laquelle on les accueille, c'est l'égarement où elles conduisent; c'est l'agitation qu'elles entretiennent, ce sont les divisions et les troubles qu'elles font naître. M. l'évêque de Metz gémit profondément sur le débordement d'erreurs, d'impiétés et de mensonges dont nous sommes témoins, et qui forme, pour les générations naissantes, un écueil et un fléau auxquels il est si difficile d'échapper.

M. l'évêque de la Rochelle venge la religion de l'indifférence des uns et des attaques des autres; il se demande comment une doctrine si belle et si pure peut avoir des ennemis, il raconte ses principaux bienfaits, les vertus qu'elle conseille, les bonnes œuvres qu'elle enfante, les maux qu'elle répare, les services qu'elle a rendus à la société et à l'humanité, tandis que la doctrine contraire n'a pour elle que de belles phrases, des théories stériles et de pompeux projets. Ce Mandement est un de ceux qui sont écrits avec le plus de talent, de force et de sagesse.

M. l'évêque de Fréjus se félicite d'avoir terminé la visite générale de son diocèse, qui l'a occupé pendant cinq ans; il a vu par lui-même toutes ses paroisses, et a recueilli de nombreux témoignages d'attachement et de respect. Le prélat exhorte ses coopérateurs à cultiver ces dispositions favorables et à combattre les efforts du génie du mal. « Hélas! dit-il, les temps sont mauvais, les mœurs publiques se dégradent et se corrompent toujours plus, l'esprit de licence et de désordre fait chaque jour de nouveaux progrès, la religion, qui seule pourroit opposer quelques digues à ce funeste débordement, est oubliée ou négligée par les uns, avilie ou outragée par les autres. Uniquement occupés des pensées de changemens, d'ambition, de haine et de vengeance, la plupart des hommes ne voient rien hors du cercle étroit de la vie et de leurs plaisirs, ils n'élèvent jamais leurs yeux et leurs désirs vers les années éternelles. Insensés ! qui s'agitent et se tourmentent sans cesse sur un monceau de sable que le moindre vent peut disperser et détruire avec eux, sans travailler un instant à bâtir, sur le fondement solide de la religion et de la vertu, l'édifice de leur bonheur présent et de leur salut à venir. »

L'Instruction pastorale et Mandement de M. l'évêque de St-Claude rappelle la doctrine de l'Eglise sur les mauvais livres. Le prélat établit d'abord le droit qu'elle a de proscrire certaines productions, droit qu'elle a exercé dans tous les temps, et qui est pour elle un devoir. On a aujourd'hui d'autres idées, on prétend qu'il faut tout lire, on se fie sur sa pénétration, et on se jette imprudemment au milieu des dangers. L'expérience nous apprend quelles sont, pour la plupart des lecteurs, les suites de cette présomption. M. l'évêque de Saint-Claude traite ce sujet avec tout le zèle d'un pasteur effrayé des dangereux effets des mauvais livres; c'est là en effet la grande plaie de la religion, et un évêque ne pouvoit attaquer un désordre plus commun et plus affligeant.

Le Mandement de M. l'évêque du Puy est une juste et éloquente réclamation contre un des plus grands scandales. Jusqu'ici, dit le prélat, l'impiété n'avoit pas osé attaquer directement l'Homme-Dieu ; cet excès d'audace étoit réservé à nos jours. D'abord on a voulu déshonorer et anéantir le sacerdoce en renversant la loi du célibat; on a détruit des établissemens où la jeunesse étoit formée aux bonnes mœurs et à la piété. Mais ce n'est pas tout, dit M. de Bonald :

« Ce succès de l'impiété n'est pas assez pour elle. Le temps de tout oser est arrivé : *Il faut que les pensées de plusieurs, qui étoient cachées au fond de leur cœur, soient révélées* dans toute leur difformité. Comme le Rédempteur du genre humain fut livré aux caprices barbares d'une soldatesque effrénée pendant la nuit affreuse qui précéda sa passion, ainsi, de nos jours, le Roi des rois est abandonné sans défense, sans protection, à tous ceux qui veulent insulter à sa personne sacrée, à ses mystères, à sa doctrine : *Jesum verò tradidit voluntati eorum.* Si nous vous paroissons nous écarter de la vraisemblance, entendez des voix audacieuses soutenir hautement, dans le royaume très-chrétien, en présence des autels encore debout, que Jésus, fils de Dieu, a été justement condamné; que la croix étoit le juste châtiment dû à sa vie; que ses juges ont prononcé contre lui une sentence dictée par l'équité. Peut-être n'a-t-on pas trouvé assez de rigueur dans le supplice, peut-être que cette couronne douloureuse qui ceignoit le front du Roi de gloire, n'avoit pas assez d'épines; les clous qui ont percé ses mains et ses pieds n'étoient pas assez acérés. Qui sait tout ce que peut exiger ce nouvel ordre de choses qui doit tout régler aujourd'hui, et auquel on veut soumettre le ciel et la terre ?

» Ainsi il s'est rencontré parmi nous des hommes d'un esprit assez pénétrant pour trouver en Jésus une juste cause de condamnation, tandis que ne purent la découvrir ni les princes des prêtres, aiguillonnés dans leurs recherches par la plus basse jalousie, ni les témoins, qui ne parurent devant les juges que pour se contredire, ni Pilate ni Hérode, qui ne purent s'empêcher de rendre hommage à l'innocence du Sauveur, ni le traître lui-même, qui désespéra de la miséricorde divine pour avoir livré le sang du juste, ni la femme de Pilate, qui s'empressa de faire connoître à son époux la sainteté de celui qu'on traduisoit à son tribunal ; et malgré toutes ces preuves d'innocence, nous sommes réduits à entendre des chrétiens répéter avec les Juifs : *Nous savons que cet homme est un pécheur*, *nos scimus quia hic homo peccator est*. Et malgré que l'iniquité de cette procédure soit démontrée avec la dernière évidence par le récit des évangélistes, ceux qui se proclament les seuls organes de la vérité, et qui se vantent d'en inscrire tous les jours les oracles sur leurs feuilles légères, ne craignent pas de publier qu'il n'y a pas dans le jugement de Jésus-Christ autant d'injustice qu'on avoit paru le croire, et qu'il ne seroit pas impossible de justifier la sentence qui l'envoya au calvaire. Ne diroit-on pas qu'on s'efforce de s'associer au crime de l'infidèle Jérusalem, et qu'on regrette de ne pouvoir renouveler le plus exécrable des forfaits? *Rursùm crucifigentes sibimetipsis filium Dei et ostentui habentes*.

» En entendant de tels blasphèmes, un cri d'horreur et d'indignation auroit dû s'élever vers le ciel de toutes les parties du royaume ; la foi auroit dû se ranimer dans tous les cœurs, et nous aurions dû voir les peuples consternés se précipiter dans les temples, tomber au pied des autels pour faire amende honorable d'une impiété dont n'auroient jamais dû se rendre coupables des chrétiens qui ne peuvent *méconnoître le Seigneur de la gloire*, comme ils ne peuvent oublier sa miséricorde et ses bienfaits ; mais non, au siècle de la plus haute civilisation, l'apologie du déicide n'est plus sans doute que le développement énergique de la liberté d'écrire, et l'équité prétendue de la condamnation de Jésus-Christ, sera bientôt, comme l'athéisme, une de ces *croyances respectables* dont on ne doit parler qu'avec une extrême réserve, et qu'on ne pourroit attaquer sans être accusé de torturer les consciences et de vouloir opprimer la raison. Maintenant nous demanderons aux chrétiens qui connoissent toute l'économie de leur religion et les admirables inventions de la charité de Dieu pour le salut du monde, nous leur demanderons si l'on doit s'étonner ou se plaindre que de temps en temps des voix fassent entendre ce cri : *Malheur à Jérusalem!* »

Plus loin, le vertueux évêque s'étonne que l'impiété ait ses cours publics, et la révolte ses chaires, et qu'on tende ainsi des pièges à la jeunesse qui vient puiser le poison là où elle auroit dû trouver des enseignemens salutaires. Le prélat ordonne en finissant qu'il y ait dans toutes les églises de son diocèse un salut tous les premiers vendredis du mois en l'honneur du sacré cœur pour la réparation des outrages faits à la personne du Sauveur.

Nous sommes contraint de renvoyer au numéro prochain quelques Mandemens que nous avons reçus plus tard ou qui n'ont pu trouver place ici.

NOUVELLES ECCLÉSIASTIQUES.

Rome. La neuvaine des obsèques de Léon XII continue d'être célébrée. Le 18 février eut lieu la 5ᵉ messe, à laquelle officia M. le cardinal Fesch ; après quoi les cardinaux tinrent la 6ᵉ congrégation générale, où l'on tira au

sort les cellules du conclave. L'ambassadeur du Roi de
France y vint saluer le sacré Collège, et prononça un discours auquel le doyen, M. le cardinal della Somaglia, répondit. Le 19, M. le cardinal de Gregorio célébra la messe;
dans la congrégation qui suivit, on élut les serviteurs du
conclave, et l'ambassadeur des Pays-Bas fut admi devant le
sacré Collège. Le 20, qui étoit le 7e jour, commencèrent
les services qu'on a coutume de faire avec plus de pompe.
On avoit élevé dans la nef du milieu de l'église St-Pierre
un vaste monument en forme de pyramide, avec des inscriptions, des ornemens et tous les attributs du pouvoir
pontifical. La messe fut célébrée par M. le cardinal Falzacappa, et les 5 absoutes par MM. les cardinaux Fesch,
Bertazzoli, Galeffi, Pacca, et par le célébrant. Dans la 8e
congrégation, on admit l'ambassadeur d'Espagne, et on
chargea deux cardinaux d'approuver les conclavistes.

PARIS. On rapporte avec certitude les particularités suivantes touchant la mort de Léon XII. Quelques jours avant
la courte maladie qui l'a enlevé, il s'entretenoit familièrement avec quelques prélats de sa maison. Mgr Testa, secrétaire pour les lettres latines, témoignoit au saint Père sa
joie de le voir si bien portant. *Je vous remercie, mon cher
Testa,* lui dit le pape, *mais sachez que, dans peu de jours, nous
ne nous verrons plus.* S'adressant ensuite à Mgr le majordome,
il lui remit l'anneau pontifical que les papes sont dans l'u-
sage de porter. *Cet anneau,* lui dit-il, *appartient à la chambre apostolique, et c'est vous qui en êtes le dépositaire et le gardien; je vous le remets.* Le majordome hésitant à le recevoir, le pape ajouta : *Prenez-le, il pourroit s'égarer, on n'est
pas toujours bien à soi lors d'un évènement.* On a trouvé sur
la table du saint Père l'inscription suivante, qu'il avoit lui-
même composée, et dont nous donnons aussi la traduction.
Elle révèle la piété sincère, l'humilité profonde du pontife,
jointes au tact et à la délicatesse de l'homme de goût :

LEONI MAGNO
Patrono cœlesti
Me supplex commendans,
Hic apud sacros cineres
Locum sepulturæ elegi,
Leo XII, humilis cliens,
Hæredum tanti nominis
Minimus.

Ici,
Près des cendres sacrées
de
Léon le Grand,
J'ai choisi le lieu de ma sépulture,
Implorant avec instance l'appui
de
Mon céleste patron
Pour moi, son humble client
Léon XII,
Le moindre entre les héritiers d'un si grand nom.

— Deux journaux annoncent que, d'après des lettres de Rome, l'ouverture du conclave doit avoir lieu la première semaine de carême. Cette nouvelle est tout-à-fait invraisemblable; on ne doute point que le conclave ne soit déjà ouvert. L'usage est que les cardinaux entrent au conclave le lendemain de la neuvaine d'obsèques qui se fait pour le pape mort. Or, la neuvaine d'obsèques pour Léon XII a commencé le 14 février, elle a dû finir le 22, et il y a toute apparence que les cardinaux sont entrés au conclave le 23 au soir. Ainsi, à la mort du Pie VII, qui avoit eu lieu le 20 août, ses obsèques commencèrent le 24, et finirent le 1ᵉʳ septembre, et les cardinaux entrèrent au conclave le 2 au soir, et commencèrent le lendemain les scrutins. De même, au présent conclave, le premier scrutin a pu avoir lieu le 24. Le premier courrier en apportera sans doute la nouvelle.

— Tous les dimanches de carême, il y aura, dans l'église de Saint-Etienne-du-Mont, des exercices religieux spécialement destinés aux élèves des diverses facultés. L'exercice commencera à une heure et demie précise par des chants qu'exécutera l'institution de musique religieuse; il sera suivi de l'instruction qui sera faite successivement par M. le curé, M. l'abbé Martin de Noirlieu, sous-précepteur de M. le duc de Bordeaux, et M. l'abbé James, aumônier de l'école polytechnique. Une enceinte sera réservée pour les hommes, et on espère que les jeunes gens, que l'on a spécialement en vue, sentiront le prix de ces instructions, et viendront y puiser des idées justes et saines sur des points importans. Le zèle et les talens des ecclésiastiques qui ont conçu ce projet en font espérer d'heureux résultats.

— Le lundi 9 mars, à deux heures, un sermon sera prêché dans l'église Saint-Germain-l'Auxerrois, par M. l'abbé

Longin, en faveur de l'établissement des jeunes Orphelines, qui sont sous la protection de MADEMOISELLE. Madame la Dauphine et MADAME assisteront au sermon, qui sera suivi de la bénédiction du saint sacrement et de la quête; celle-ci sera faite par mesdames de la Feronays, de Louvigny et Lebrun. Le lendemain mardi 10 mars, M. l'archevêque célébrera une messe d'actions de grâces à 10 heures précises, dans la chapelle de la maison, rue du Regard, n° 13. On sait que c'est là que Mlle Buchère a transféré, il y a 5 ans, l'établissement qu'elle dirige depuis 20 ans, et qui étoit d'abord dans l'enceinte même de la paroisse de St-Germain-l'Auxerrois. On peut lui adresser les dons, ou à madame Cramail, place St-Germain-l'Auxerrois, n° 24.

NOUVELLES POLITIQUES.

PARIS. Un homme fameux par ses cruautés vient encore de disparoître de la scène du monde : c'est le conventionnel Lecarpentier, mort au Mont-St.-Michel le 27 janvier dernier. Jean-Baptiste Lecarpentier étoit né à Hesleville, près Cherbourg, et étoit, au moment de la révolution, huissier à Valognes, d'autres disent avocat. Nommé, en 1792, député du département de la Manche à la Convention, il y vota la mort du Roi. Son discours dans le procès du prince est assez plat, mais en revanche il est atroce. La Normandie et la Bretagne n'oublieront point les exploits de Lecarpentier dans ses missions; on en trouve le détail dans *les Missionnaires de 1793*, de Fabry. Lecarpentier étoit l'effroi des honnêtes gens. A Saint-Malo, où il résida assez long-temps, il envoyoit fréquemment des victimes au tribunal révolutionnaire. Celui qui écrit cet article étoit alors à St-Malo, et se rappelle quelle terreur produisoient le nom et la présence du représentant du peuple. Dénoncé après le 9 thermidor, mis en jugement en prairial an 3, il fut compris dans l'amnistie du 3 brumaire an 4. Depuis, il vécut dans l'obscurité. Il est dit, dans la *Biographie des vivans*, qu'il ne signa point l'acte additionnel en 1815; mais c'est une erreur. Lecarpentier auroit donc dû sortir de France, suivant la loi du 12 janvier 1816 contre les régicides relaps; mais ou il resta, ou il rentra peu après. Il fut arrêté à la fin de 1819, et conduit dans les prisons de Cherbourg, comme ayant rompu son ban. Le *Constitutionnel* prit alors sa défense avec zèle. *Le fait est*, disoit-il le 18 novembre 1819, *que M. Lecarpentier est un vieillard généralement aimé dans son pays; il étoit connu par ses vertus, et surtout par sa bienfaisance*. Malgré ses *vertus*, la cour royale de Caen renvoya le régicide devant la cour d'assises de Coutances. Il se pourvut en cassation; mais son pourvoi fut rejeté le 6 janvier 1820, et le

15 mars suivant il fut condamné, par la cour d'assises, à la peine de la déportation, comme ayant signé l'acte additionnel et enfreint son ban. On l'enferma dans la maison centrale du Mont-Saint-Michel, où il est demeuré jusqu'à sa mort. Ainsi, on peut le regarder aussi comme une victime de la terreur de 1815.

— Le Roi, pour récompenser le capitaine anglais Dillon, qui, par suite de ses deux voyages aux îles Vanicolo, a rapporté à S. M. les débris du naufrage de Lapérouse, et découvert le point où ce navigateur avoit péri, a nommé cet officier chevalier de la Légion-d'Honneur, et lui a accordé en outre une indemnité de 10,000 fr. pour ses frais de voyage, et une pension viagère de 4000 fr.

— M. de Robineau-Villemont, conseiller-auditeur à la cour royale d'Aix, est nommé conseiller en la même compagnie, en remplacement de M. Poitevin, admis à la retraite. MM. Masclet, juge à Vienne, et Charlemagne, substitut à Châteauroux, sont nommés procureurs du Roi aux mêmes sièges.

— Lundi dernier, M. le Dauphin a visité le dépôt central de l'artillerie, place Saint-Thomas-d'Aquin. S. A. R. étoit accompagnée du ministre de la guerre et de M. le général Bordessoulle.

— C'est M. Dupin aîné qui est nommé rapporteur de la commission qui a examiné le projet de loi des communes. On dit que de nombreux changemens ont été faits au projet de loi primitif. D'après ces amendemens, il faudroit que le Roi choisît chaque maire parmi les membres du conseil municipal, et la plus grande extension seroit donnée pour la composition des assemblées de notables, et dans la faculté par ceux-ci de nommer les conseils municipaux.

— M. le duc Charles de Damas, pair de France et premier gentilhomme du Roi, est mort jeudi dernier.

— M. Denevers, fils du greffier de la chambre civile, est nommé bibliothécaire de la cour de cassation, en remplacement de M. Lebreton, décédé.

— M. Robin de Livet, habitant l'île de la Trinité, colonie anglaise, a fait don à la commune de Villards (Ain), son pays natal, d'une somme de 499 fr. pour subvenir aux réparations de l'église.

— Le feu s'étant manifesté le 23 février dans une commune du Morvan, M. l'abbé Pillien, curé d'Alligny, à la première nouvelle de ce malheur, courut au secours des incendiés. Le seul moyen d'opposer quelque obstacle au fléau étoit de monter sur la toiture; mais personne n'osoit entreprendre de braver ce danger. M. Pillien seul l'affronta, et seul il parvint à éteindre le feu. Ce respectable ecclésiastique se déroba ensuite aux témoignages de la reconnoissance qu'avoit excités son dévoûment.

— La cour royale de Metz vient de se prononcer contre la légalité de l'ordonnance du 24 juillet 1816, en ce qu'elle punit les détenteurs d'armes de guerre d'une amende avec emprisonnement outre la confiscation, attendu, dit le considérant, que ces peines ne peuvent être portées que par une loi, c'est-à-dire par le concours des trois pouvoirs.

— Le 21 février, l'un des moulins à poudre de la poudrière située près d'Angoulême a sauté. Cette explosion, dont la cause n'est pas connue, a causé la mort de trois ouvriers.

— Dans la soirée du 25 février, il y a eu, dans le bagne de Toulon, une insurrection parmi les trois cents condamnés à vie qui devoient être transportés à Brest à bord de la corvette *la Caravane*. L'autorité, qui craignoit ce mouvement, avoit si bien pris ses mesures, qu'il a été comprimé à l'instant. La troupe de service a été obligée de faire feu sur les turbulens, et plusieurs forçats ont été tués ou blessés.

— A l'occasion de la mort du pape Léon XII, le gouvernement de Fribourg a rendu une ordonnance pour défendre les danses, les spectacles et les travestissemens pendant tout le reste du carnaval : aussi le *Constitutionnel* ne manque pas de dire que les magistrats de Fribourg sont sous la domination des Jésuites.

— Le tribunal correctionnel de Bruxelles a acquitté M. l'avocat Weusteuraad, éditeur de l'*Eclaireur*, prévenu de calomnie envers M. Van Maanen, ministre de la justice. Le tribunal a établi que, d'après les principes de la liberté de la presse, on pouvoit attaquer librement le ministère, et que les excursions que s'étoit permises le journaliste ne constituoient ni délit, ni contravention dans la législation existante.

— L'*Observateur autrichien* confirme la nouvelle de la reddition de Turnow. Cette place a capitulé le 11 février. En moins de trois semaines de temps, et malgré le froid et les neiges, le général russe Langeron, dit le bulletin, a pris d'assaut la forteresse de Kalé, sur le Danube, et a forcé Turnow à se rendre. Il a pris 98 canons et 8 drapeaux, et a tué ou fait prisonniers 3500 Turcs.

— Une seconde expédition de constitutionnels portugais a tenté de débarquer à Terceire ; mais elle en a été empêchée, comme la première, par les menaces du capitaine anglais Walpool.

CHAMBRE DES PAIRS.

Le 5, les 26 projets de loi relatifs à des changemens de circonscription territoriale ont été renvoyés à une commission composée de MM. les marquis d'Aragon, de Beaurepaire, de Moustiers, de Merenville, de Mortemart, de Tramecourt, et les comtes Pelet et d'Orglandes.

M. le baron Pasquier a fait le rapport du projet de loi relatif au duel. La discussion en a été remise à jeudi prochain. La commission, qui a vu avec peine que le nom même de duel n'existoit pas dans le projet, propose, dit-on, un premier article qui classe franchement le duel parmi les crimes et délits énumérés dans le Code pénal. Elle a ajouté en outre une disposition portant que les cours d'assises pourroient prononcer l'éloignement du prévenu à la distance de 12 myriamètres du lieu habité par la famille du combattant malheureux, et demande que les dispositions de cette loi soient applicables aux militaires, sauf à ce qu'ils soient jugés par des conseils de guerre.

Quelques réflexions sur une lettre de M. l'abbé de La Mennais, adressée à la Quotidienne, et insérée dans cette feuille le 4 mars 1829.

Le modeste auteur de cette lettre commence par déclarer qu'on *n'essaiera pas* de réfuter son dernier ouvrage, qui a pour titre : *Des progrès de la révolution.* M. de La Mennais peut avoir raison, et on peut s'imaginer qu'il n'est pas très-nécessaire de réfuter un ouvrage qui est rempli de faits faux ou présentés sous un faux jour, de raisonnemens absurdes, et d'assertions d'autant plus téméraires, que l'écrivain qui se les permet est étranger aux premières notions de la théologie : c'est ce qu'il ne sera pas difficile de prouver jusqu'à l'évidence.

M. de La Mennais s'en prend à M. l'archevêque de Paris, qui a cru, en pasteur vigilant et éclairé, devoir garantir son troupeau des doctrines dangereuses et désorganisatrices que professe l'auteur de l'*Essai sur l'indifférence en matière de religion* (1). Cet auteur ne veut pas qu'on lui reproche *l'esprit de système*, et la raison qu'il nous donne, c'est qu'il fait profession de s'en tenir rigoureusement sur tous les points à l'enseignement du saint Siège. Mais c'est là précisément ce qu'il faudroit prouver. Il n'y a jamais eu de novateurs qui n'aient prétendu avoir pour eux quelque autorité, ou celle de l'Eglise, ou celle des Pères, ou celle du saint Siège, ou celle de l'Ecriture. Mais cette prétention n'a jamais été une preuve que ces novateurs n'étoient pas dominés par *l'esprit de système.*

(1) Pour apprécier la valeur de ce que dit M. de La Mennais que M. l'archevêque de Paris n'a pas lu son livre ou ne l'a pas entendu, il suffiroit de relire le Mandement du prélat : on ne parle pas ainsi de ce que l'on ne connoît pas ou de ce qu'on n'auroit pas compris.

Au reste, on peut remarquer que M. l'archevêque n'a qualifié les doctrines dont il est question que *dans le sens naturel qu'elles présentent*, et encore sans attaquer les *intentions*, qu'il suppose *louables*. Ce sens naturel a été saisi de la même manière par tout le monde : n'y auroit-il donc que M. de La Mennais qui s'entendît lui-même, et son livre seroit-il une énigme dont lui seul eût le mot? M. de La Mennais n'aspire pas cependant à la réputation d'un écrivain obscur. S'il a des explications satisfaisantes à donner, il n'est personne qui ne soit disposé à les recevoir et à les accueillir même avec joie, pourvu qu'elles démontrent clairement qu'il reconnoît la distinction des deux puissances, et qu'il admet leur indépendance respective, chacune dans les limites des choses dont la dispensation lui a été confiée. C'est pour le moment le seul point qui soit en litige.

Dans sa lettre, ainsi que dans son dernier ouvrage, M. de La Mennais affecte de nous présenter comme particulière à l'église de France la doctrine de la distinction et de l'indépendance des deux pouvoirs qui gouvernent les hommes sur la terre. Nous le défions de nous citer, dans tout l'univers catholique, une seule église ou une seule école, où on ose enseigner que les papes ont le droit de dispenser les sujets du serment de fidélité qu'ils doivent à leurs souverains. A Rome même, on se tait sur cette question délicate. En Autriche, en Pologne, en Espagne et partout ailleurs, on reconnoît et on pratique le dogme salutaire de l'indépendance des rois, et les points de doctrine qui distinguent les Français d'avec les ultramontains, sans les diviser, n'ont rapport qu'à la juridiction spirituelle du souverain pontife.

M. de La Mennais prétend que M. l'archevêque de Paris est trop affirmatif, lorsqu'il lui reproche de « proclamer sans autorité comme sans mis- » sion, au nom du ciel, des doctrines subversives de l'ordre que Jésus- » Christ a établi sur la terre, en partageant son pouvoir souverain entre » deux puissances distinctes, indépendantes l'une de l'autre, chacune dans » l'ordre des choses qui lui ont été confiées. »

Pour répondre à ce reproche si grave et malheureusement si mérité, M. l'abbé de La Mennais a soin de ne citer de ses écrits que les passages où il paroît professer la même doctrine que M. l'archevêque de Paris. Ces passages, étant tronqués à dessein par l'auteur, ne disent pas sa pensée toute entière. Nous allons y suppléer. Sans sortir de son dernier ouvrage qui traite des *Progrès de la révolution*, nous demandons à M. de La Mennais s'il est bien d'accord avec M. l'archevêque, nous osons dire avec tous les autres évêques, avec tous les ecclésiastiques et tous les chrétiens sages, lorsqu'il nous dit, pag. 5, que « le droit du souverain, fondé sur la loi divine » qui l'oblige comme ses sujets, *expire*, lorsqu'il se révolte contre le chef » suprême de qui dérive son pouvoir; » lorsque, page 63, il enseigne que « le glaive matériel est nécessairement subordonné au glaive spirituel, de » même que le corps doit être subordonné à la raison; autrement *il fau-* » *droit admettre deux puissances indépendantes*, l'une conservatrice de la » justice et de la vérité, l'autre aveugle, et dès-lors destructive par sa na- » ture de la vérité et de la justice; » lorsque, page 66, il dit avec le pape Nicolas Ier : « Voyez si les princes gouvernent selon le droit : autrement on » devroit plutôt les tenir pour tyrans que pour rois, et leur résister et *s'éle-* » *ver contre eux*, plutôt que de leur être soumis; » lorsque enfin, page 103, le même auteur ose dire dans une note : « La royauté a cessé d'être *légi-* » *time*, selon le sens chrétien du mot, pour devenir simplement *légale*, » de sorte que, renverser la souveraineté, c'est renverser un ordre *légal*, » et *non pas* un ordre *divin*; car il n'y a d'ordre divin, sous l'empire du » christianisme, qu'en Jésus-Christ et par Jésus-Christ, à la fois pontife » et roi. »

Il ne s'agit pas ici d'examiner ce qu'il y a de faux supposé et de mauvaise logique dans ces manières de parler de M. de La Mennais. Ce qu'il suffit de remarquer, c'est que cet écrivain, qui prétend être d'accord avec M. l'archevêque de Paris sur la distinction des deux puissances, se garde bien de citer les passages qui prouvent le contraire. On l'a accusé plusieurs fois d'avoir mutilé et tronqué une foule de textes et de citations dans les derniers volumes de son *Essai sur l'indifférence*. Il paroît que, pour n'en pas perdre l'habitude, M. de La Mennais, dans sa lettre adressée à la *Quotidienne*, a cru devoir tronquer, altérer ou passer sous silence ce qu'il a écrit lui-même.

Quoi qu'en dise cet écrivain téméraire, ses doctrines n'ont pour elles ni *l'autorité de l'Ecriture ni celle de la tradition*, et quoique, dans l'assemblée des Etats de 1614, le cardinal Duperron ait prétendu les défendre, en leur attribuant une perpétuité de onze siècles, il ne faut pas se laisser entraîner à ce témoignage, car « il étoit bien convaincu, dit Bossuet, que ses audi-» teurs, quand ils seroient de sens rassis, en rabattroient beaucoup; » et lui-même, à la fin de sa harangue, il proteste de son obéissance et de son dévoûment envers ses souverains, et déclare qu'il « a suivi la fortune du » feu roi Henri le Grand, et cela *en saine conscience*, voire selon les maxi-» mes, tant de ceux qui tiennent *la partie affirmative*, que de ceux qui » tiennent *la négative*. »

Cet écrivain appelle doctrine de l'Eglise une doctrine qui a pu impunément être condamnée par la Sorbonne en 1626, et déclarée *nouvelle, fausse, erronée et contraire à la parole de Dieu*; une doctrine que nos cours de justice ont flétrie impunément par des arrêts sévères en 1595, 1660, et plusieurs fois encore avant 1682. Quelle idée M. de La Mennais veut-il nous donner de l'Eglise, lorsqu'il prétend qu'elle enseigne ce dont elle tolère la condamnation? Comment ne sait-il pas encore qu'on ne doit reconnoître pour doctrine de l'Eglise que ce qu'elle a défini, et ce qu'elle ordonne de croire sous peine de damnation éternelle. L'enseignement de l'Eglise n'est point une chose douteuse, et sur laquelle il soit permis de contester. Elle réprouve tout ce qu'elle condamne, elle ne tolère point l'hérésie, et comme elle ne réprouve point ceux qui croient et qui enseignent qu'il y a dans le monde deux puissances indépendantes l'une de l'autre, il s'ensuit que la la doctrine opposée à cette doctrine n'est point sa doctrine, mais celle de quelques docteurs particuliers.

M. l'abbé de La Mennais suppose en plusieurs endroits de son dernier ouvrage que cette doctrine de la distinction des deux puissances n'a été proclamée en France qu'en 1682. Ce que nous venons de citer prouve évidemment le contraire. En 1626, la doctrine de M. de La Mennais étoit appelée *doctrine nouvelle*. Il faudroit être bien étranger à l'histoire de France, pour ignorer qu'en aucun siècle on y ait cru que les papes avoient le droit de destituer les rois. Les ouvrages et les opinions de Bellarmin, de Santarel et autres ont été proscrits bien avant 1682.

Que penser de cette présomption de M. de La Mennais, qui se flatte qu'on ne réfutera pas ses erreurs? Il n'a aucune idée d'une saine théologie. Il cite des définitions qui ne sont pas des définitions. Il prend un fait pour une sentence, une opinion pour un article de foi, une délibération pour une décision, une lettre confidentielle pour une lettre dogmatique, une discussion pour une rupture, une diversité de doctrines pour une opposition de croyances.

Son dernier ouvrage offre une foule de preuves de ces assertions. Ses *Pièces justificatives* sont surtout très-curieuses, en ce qu'elles ne justifient rien de ce que l'auteur veut justifier.   T.

Le Gérant, ADRIEN LE CLERE.

****

Suite des Mandemens de carême.

M. l'archevêque d'Albi traite spécialement dans son Mandement du précepte de la sanctification du dimanche, de l'importance de ce précepte, des devoirs qu'il impose, des différentes manières de le violer. Le vénérable prélat parle aussi en passant des tristes circonstances où se trouve la religion. « Les cris de l'impiété retentissent de toutes parts, une guerre mortelle est déclarée à la religion et à ses ministres dans des écrits incendiaires répandus avec profusion et accueillis avec avidité. La foi s'affoiblit et s'éteint, et la corruption des mœurs fait chaque jour des progrès plus alarmans. De si funestes dispositions semblent nous présager de nouveaux malheurs, et tout nous autorise à craindre que le Seigneur ne nous fasse ressentir encore les terribles effets de sa vengeance. »

M. l'archevêque de Bourges insiste sur le danger des mauvaises lectures :

« Vous avez offensé Dieu par la lecture de ces ouvrages impies et licencieux où les dogmes de notre sainte religion sont niés avec audace, où l'on s'efforce de flétrir, par toute sorte d'outrages et de calomnies, le caractère auguste de ses ministres, où la pratique des devoirs les plus sacrés est livrée à la dérision et au mépris. Ah ! brûlez ces livres infâmes qui ont causé de si grands maux, et qui ne sont propres qu'à corrompre tous les cœurs. Ils ont troublé la paix des familles ; ils ont enlevé aux épouses le cœur de leur époux ; des enfans, qui jusqu'alors avoient été dociles et soumis, pervertis par la lecture de ces ouvrages, sont devenus orgueilleux, insubordonnés, rebelles à l'autorité paternelle.....

» Vous devez vous interdire la lecture de ces libelles, affreuses productions de l'esprit infernal, qui distillent le fiel et la calomnie, pour qui rien n'est sacré, ni l'état le plus saint, ni le caractère le plus honorable, ni le dévoûment le plus généreux, ni la fidélité la plus éprouvée. Comment peut-on aimer la vertu, la vérité, la justice, et se plaire à lire des ouvrages où la vertu est continuellement outragée, où les mensonges les plus impudens sont revêtus des couleurs de la vérité, où tous les droits de la justice et de l'équité sont violés par un vil intérêt et par une haine implacable ? »

M. l'évêque de Dijon peint éloquemment l'esprit de séduction et les ravages qu'il cause, et y voit le grand scandale du moment et la plaie mortelle du siècle :

« Jamais, en effet, l'art de l'imposture et le prestige des déceptions fut-il porté plus loin, accueilli avec plus de complaisance et plus pernicieusement employé qu'il ne l'est aujourd'hui ? Jamais *l'homme de péché, l'enfant de perdition*, s'éleva-t-il en aucun temps avec plus d'audace contre tout ce qui s'appelle Dieu, ou que l'on révère comme l'image de Dieu? Jamais les oracles de l'impiété et les fondateurs de la secte irréligieuse proclamèrent-ils aussi insolemment leurs affreux systèmes, que le font sous nos yeux les disciples nouveaux nés de la philosophie moderne? Jamais, en un mot, l'indifférence fit-elle plus de progrès, l'irréligion plus de ravages, et la séduction plus de conquêtes?

» Il est donc vrai que la séduction domine et règne dans le monde; que la séduction est une puissance, et non-seulement une puissance réelle, mais encore la plus redoutable et la plus irrésistible des puissances.

» Mais ce que vous ne pouvez trop déplorer avec nous, N. T. C. F., c'est que le siège de son empire, le centre de sa domination, c'est au milieu de nous, c'est au sein de notre malheureuse patrie, qu'il ne se trouve déjà que trop bien établi. Et pourquoi ne le dirions-nous pas hautement, puisqu'il n'est personne qui l'ignore, ni aucun homme de bien qui n'en gémisse?

» Oui, c'est au milieu de nous, dans cette ville capitale, séjour du pouvoir, des talens et des arts, dans cette cité la plus florissante et la plus glorieuse de toutes, que l'on pourroit à tant de titres appeler la reine des cités, que, par la plus adroite, mais en même temps la plus fatale combinaison, la secte irréligieuse, organe de la séduction, semble avoir affecté de placer le siège de sa puissance, le foyer de la contagion, et en effet, quel lieu, quelle région sur la terre pourroit lui offrir plus de moyens de succès, plus d'instrumens de triomphe? N'étoit-elle pas assurée de trouver là une génération d'hommes indifférens ou déjà pervertis, une immense tribu d'esprits superbes, ennemis nés du pouvoir, et impatiens de tout joug; une multitude turbulente d'écrivains emportés, toujours prêts à souffler la révolte par leurs écrits séditieux, ou à accréditer l'irréligion par leurs discours blasphématoires; en un mot, tout ce qui peut pervertir les cœurs et asservir les intelligences?

» C'est là que, sous ses auspices, on voit s'élever de toutes parts des écoles d'impiété, des *chaires de pestilence*, où de jeunes sophistes, s'érigeant en maîtres, et dogmatisant sans autorité comme sans mission, substituent effrontément les systèmes aux vérités, les opinions aux doctrines, où la plus inconcevable audace, sous le nom de philosophie, fait hautement et sans pudeur une guerre insensée à la Divinité, et s'applique sans relache à introduire au milieu de nous des sectes de blasphémateurs.

» Au fond de nombreux ateliers qui ne reposent jamais, des spéculateurs avides, mettant à contribution tous les secrets de l'art et les ressources de l'industrie, produisent et reproduisent sans fin, avec une inépuisable fécondité, les systèmes les plus monstrueux, et, bravant également l'œil de la surveillance et le grand jour de la publicité, ils osent tout et se permettent tout, moins effrayés du scandale qu'ils font que rassurés par l'impunité dont jouit la licence. De ce foyer de corruption, comme du cratère enflammé d'un volcan, les ouvrages licencieux, les écrits incendiaires, se répandent de tous côtés comme autant de laves brûlantes, et c'est à la faveur de cette reproduction active et continue, aidée de la plus rapide circulation, que le génie de la séduction se fait fort de changer la face de la terre, et d'agrandir partout et sous peu le cercle de sa domination universelle. »

M. de Boisville s'afflige surtout des pièges que l'on tend à la jeunesse, et du zèle opiniâtre avec lequel on s'efforce de l'égarer. Il l'engage à se défier des insinuations et des éloges de ceux qui ne la flattent que pour la corrompre.

M. l'évêque de Versailles déplore aussi l'affoiblissement de la foi, la désertion de nos temples, l'oubli profond de la religion et de Dieu même; mais il trouve dans ces scandales même un motif pour redoubler notre zèle :

« Ah ! N. T. C. F., c'est dans ces jours désastreux, où l'impiété porte de toutes parts, dans l'héritage de Jésus-Christ, la destruction et le ravage, où la religion, délaissée par d'innombrables enfans, et tremblant pour la constance de ceux qui lui restent encore fidèles, voit s'affoiblir chaque jour la croyance à ses dogmes, le respect pour ses traditions, l'obéissance à ses lois, que doit s'allumer au fond de nos cœurs une ardeur plus généreuse, et le délaissement même où languit la religion, ses humiliations et ses amertumes doivent redoubler pour elle notre respect et notre amour....

» En effet, que d'innombrables mondains abhorrent l'Evangile, faut-il s'en étonner ? Ils ne peuvent souffrir son langage austère et l'inexorable sévérité de ses lois. L'avare y voit condamner son avidité insatiable; le prodigue, ses dissipations; l'homme sensuel, sa mollesse; l'homme dur et insensible, son inflexible rigueur. Mais que dans le monde, au milieu de sa corruption, de ses enchantemens et de ses prestiges; mais que sur le trône et parmi le faste et la pompe des cours, Jésus-Christ distingue encore des amis véritables qui portent le titre de ses disciples, comme leur titre le plus cher, qui relèvent l'éclat de la naissance et de la dignité par l'éclat des vertus chrétiennes, ne se souvenant de leur puissance que pour soutenir la foiblesse, et de leur opulence que pour soulager le malheur; la raison, à cette vue, s'attache plus fortement à la religion, dont ces traits éclatans lui manifestent la puissance.

» Que des hommes plongés dans une stupidité grossière repoussent avec brutalité les enseignemens de la religion, faut-il s'en étonner ? Ils blasphèment ce qu'ils ignorent, et doivent s'irriter contre des préceptes qui les menacent de mettre un frein à leurs vices et de captiver leur férocité. Mais qu'au sein d'une classe obscure, d'humbles chrétiens, enfans soumis de la religion, mettent encore à lui obéir leur consolation et leur joie. qu'ils versent leurs larmes dans son sein, et prennent sous ses yeux leurs innocens plaisirs, qu'ils règlent leur conduite sur ses préceptes, leurs désirs sur ses conseils, leurs espérances sur ses promesses, et qu'ils transmettent enfin à leurs enfans, comme un précieux héritage, leur respect et leur amour pour elle; tant de constance au milieu d'une indigne lacheté, tant d'innocence au milieu d'une corruption profonde, relèvent encore, aux yeux de la raison, la sainteté de cette religion divine, et les bienfaits de sa douce influence.

» Qu'une jeunesse égarée par de coupables doctrines, et trompée par l'ardeur même que Dieu mit au fond de son cœur pour la vérité, s'éloigne de la religion, ou même arbore l'étendard de l'incrédulité, faut-il s'en étonner ? Elevée et nourrie au sein de nos dissensions, elle ne connoît la religion que par l'affreux tableau que lui en tracèrent la haine ou le mépris; elle ne voit dans les leçons de l'Evangile qu'une morale triste et désespérante, dans nos dogmes sacrés qu'un joug insupportable à sa fierté, dans les ministres des autels que des maitres farouches, ennemis de tout bien, et surtout de son bonheur. O Dieu, prenez pitié de la jeunesse, et dissipez ces préventions injustes et cruelles ! Mais si, dans cette défection, un jeune chrétien se présente, qui, prévenu des bénédictions célestes, et portant sur un front modeste le garant de sa vertu, apprit de bonne heure à défendre avec un égal courage son honneur et sa foi ; si on le voit honorer la religion par son humble docilité, et opposer à de vaines railleries un généreux mépris, comme à d'indignes exemples une fermeté invincible ; si on le voit enfin assidu dans nos temples, et, dans l'âge bouillant des passions, cherchant au pied des autels, ou dans le tribunal de la miséricorde, un appui pour sa foiblesse, une sauvegarde pour son cœur, c'en est assez, ce spectacle a tout dit à la raison, elle y voit le triomphe le plus éclatant de la religion et sa plus éloquente apologie.....

» On fait gloire d'être esclave de sa parole, on la regarde comme un lien sacré qui ne doit être brisé ni par la crainte ni par l'espoir, c'est la loi de l'honneur. Mais la religion n'a-t-elle pas reçu votre parole, n'a-t-elle pas reçu vos sermens ? Oui, elle les reçut, non-seulement à votre entrée dans la vie, et lorsque vos parens, comblés de ses bienfaits et pleins de son amour, la conjurèrent de vous adopter aussi, et de vous placer sous son aîle ; mais vous-mêmes, capables bientôt d'apprécier à votre tour la sainteté de ses droits, vous mîtes votre joie à ratifier ces premiers engagemens ; l'autel fut mille fois le témoin et le dépositaire de vos promesses. L'honneur vous commande donc de garder à la religion la foi que vous lui avez si souvent jurée, et de maintenir pour jamais une si vénérable et si solennelle alliance; car ne prétendez pas que les succès scandaleux de l'impiété ont ébranlé votre croyance, et que vous avez besoin d'en raffermir les fondemens avant de vous engager dans une fidélité pleine de périls, l'honneur vous répond que vous devez rougir de vos doutes sur la religion, s'ils ne doivent leur origine qu'à ses malheurs, et qu'après tout, pour un cœur noble, le temps des épreuves de la religion et de ses infortunes n'est pas le temps d'examiner ses titres, mais de la consoler et de lui obéir. »

M. l'évêque de Nanci fait admirer cette belle économie du gouvernement de l'Eglise, cette hiérarchie si bien liée, cette chaire indéfectible où est assis le successeur de Pierre, ces évêques qu'il envoie dans différentes contrées, et cette chaire qui perpétue parmi les fidèles les doctrines de la foi et les sources de la grâce. « Combien, dit-il, la parfaite intelligence de ces grandes vérités ne vous sera-t-elle pas utile en tout temps, mais surtout dans les graves circonstances où nous nous trouvons ? Vous y puiserez d'abord un sentiment plus vif de reconnoissance pour l'auteur et le conservateur de notre foi, et vous vous exciterez à lui renouveler le public hommage et le serment d'une inviolable fidélité, avec d'autant plus d'empressement que l'on a bien osé renouveler en quelque sorte et justifier publiquement la condamnation du Sauveur du monde prononcée par la synagogue et le peuple déicide, et cela dans un ouvrage digne de toute votre exécration, et qui a cependant trouvé des chrétiens pour admirateurs, crime jusqu'à-présent inconnu dans cette monarchie des Clovis et des saint Louis, attentat énorme qui autorise et reproduit, autant qu'il est en lui, le déicide même, qui n'étonne pas moins par le prodige de son audace que que par celui de son impunité, et qui semble appeler sur notre malheureuse patrie des châtiment proportionnés aux excès d'une si monstrueuse licence !

» Dans la méditation de ces vérités saintes, vous puiserez aussi, N. T. C. F., les plus fortes raisons de vous mettre en garde contre ceux qui, par des discours mensongers et d'incidieuses paroles, voudroient vous séduire pour mieux vous diviser et vous corrompre, vous déshériter des dons de la grâce et des trésors d'une foi simple et pure, vous faire craindre la religion et ses ministres, ou du moins affoiblir en vous à l'égard de vos pasteurs ces sentimens de docilité, d'amour, de confiance, qui sont aussi légitimes que naturels à vos cœurs, et dont nous avons nous-même si souvent et avec tant de consolation recueilli parmi vous les plus touchans témoignages.

» Vous puiserez encore dans la méditation de ces hautes vérités les considérations les plus propres, soit à vous raffermir, s'il étoit nécessaire, sur les bases sacrées de vos antiques croyances, soit à vous prémunir contre cette confusion déplorable et toujours croissante de tant de doctrines fausses, de tant de systèmes impies où toutes les folles inventions de l'homme viennent tour à tour se présenter à la face de l'univers pour remplacer les conseils et faire taire les ordres d'une sagesse divine, se jetant avec fracas au milieu du monde, afin d'y tout remuer, tout bouleverser dans la politique comme dans la morale, et dans les royaumes et les gouvernemens de la terre comme dans le royaume de la foi et dans le gouvernement spirituel de l'Eglise. »

M. l'évêque de Montpellier traite, dans son Mandement, de l'influence de la religion sur le bonheur des peuples et sur la prospérité des Etats. Quel autre ressort plus puissant, quel autre motif plus efficace invoqueroit-on pour maintenir la paix des empires? L'intérêt, l'amour-propre, les lois, les récompenses, les passions? La raison comme l'expérience montrent l'insuffisance de ces motifs. Le prélat ne veut pas cependant qu'on se borne à présenter la religion comme utile; elle n'est utile que parce qu'elle est véritable. Il indique rapidement ses principales preuves, et développe ses principes sur les devoirs des rois et des peuples. Que ne dit-elle pas aux princes sur les maximes de justice, de sagesse et de bienfaisance qui doivent les diriger dans l'administration de leurs Etats? Que ne dit-elle pas aux grands et aux riches sur l'usage qu'ils doivent faire de leur pouvoir et de leur fortune? Quelles vertus elle inspire! quels grands motifs elle présente!

« Mais non, voilà la grande erreur de notre siècle et la folie des prétendus sages de nos jours : c'est qu'avec des lois et de la politique ils ont cru pouvoir conserver les mœurs ; c'est qu'avec des lois et de la politique ils ont cru pouvoir conserver toutes les vertus, et se passer ainsi de la religion. Mais qu'est-il arrivé? C'est qu'avec les lois et la politique on a perdu les mœurs, avec les lois et la politique on a perdu les vertus ; et la société, livrée en proie à toutes les passions, déchirée par les guerres intestines, est devenue le théâtre sanglant de toutes les horreurs et de tous les crimes.

» N'en doutons pas, N. T. C. F., si le génie et les mœurs de la nation ont évidemment baissé, s'il n'y a jamais eu tant de perfidie dans les sociétés, d'audace et de noirceur dans les intrigues de l'ambition, de prodigalité dans le luxe, d'infidélités dans les mariages, d'impudence et de raffinement dans la volupté ; si la perte de l'innocence entraîne de nos jours presque infailliblement celle des principes ; si l'on

est parvenu à mépriser jusqu'aux bienséances de l'honnêteté purement
mondaine ; si les plus grands scandales sont devenus le sujet le plus
plaisant comme le plus ordinaire des entretiens ; en un mot, si des forfaits autrefois inouïs sont devenus communs parmi nous ; si nous entendons dire tous les jours que des hommes foibles et atroces ont fait
frémir la religion et la nature, en terminant de leur propre main une
vie que leur lâcheté ne pouvoit plus supporter, n'en doutons pas,
N. T. C. F., c'est dans les progrès de l'impiété qu'il faut chercher les
causes de tous ces malheurs ; et si elle a déjà fait tant de ravages dans
un temps où elle est encore partout combattue, à quels maux ne faudroit-il pas nous préparer, si jamais elle devenoit libre et dominante !........

» Quelle douleur profonde ne doivent donc pas ressentir tous les cœurs
religieux, tous les amis de l'ordre et de la paix publique, à la vue du
déchaînement toujours croissant de tant d'écrits journaliers et impies,
qui distillent sans cesse le fiel le plus amer contre ces doctrines célestes,
qui travaillent sans relâche à les déraciner du fond des cœurs, et qui
propagent dans le sein de notre malheureuse patrie et jusqu'aux extrémités de l'Europe d'odieux principes, source féconde de troubles, de
désordres et de crimes ! Si nous demandons à quoi ont abouti toutes les
mesures législatives que l'on a jugé devoir prendre pour arrêter le cours
de ce torrent dévastateur, l'on sera forcé de nous répondre qu'elles n'ont
servi jusqu'à ce jour qu'à le rendre plus fougueux et plus redoutable,
et qu'à étendre plus au loin ses funestes ravages. »

Ce Mandement est, dans son ensemble et dans ses développemens,
une solide et lumineuse apologie de la religion, et elle est parfaitement
adaptée aux besoins du moment et aux objections et aux erreurs les plus
communes aujourd'hui.

M. l'évêque de Carcassone s'afflige des désordres qui se multiplient,
de la perte des ames, des égaremens de tant d'insensés, de la violation
de la loi divine, de l'indifférence de ceux-ci, de la haine de ceux-là.
Après avoir indiqué quelques remèdes à ces maux, le prélat continue
ainsi :

« A ces moyens de sanctification, ajoutez encore, N. T. C. F., l'importante précaution d'écarter loin de vous ces livres licencieux et impies, qui, semblables à un torrent dévastateur dont toutes les digues
sont rompues, se répandent à grands flots de la capitale jusqu'aux extrémités les plus reculées du royaume très-chrétien, envahissent nos
villes et nos campagnes, pénètrent dans l'humble demeure de l'artisan
et du laboureur, exercent de cruels ravages dans les ames, dégradent les
esprits, corrompent les cœurs, étouffent les lumières de la foi, détruisent l'espérance, la dernière consolation des malheureux, et à la charité, source féconde de toutes les vertus, substituent une haine farou-
che de Dieu et de son Eglise, et un affreux scepticisme qui favorise tous
les crimes conseillés par l'intérêt personnel.

» Prenez aussi le soin de vous tenir en garde contre ces productions
de chaque jour, qui, sous la promesse de vous apprendre les nouvelles
de la veille, mettent sous vos yeux un ramas d'impostures et de calomnies, d'insinuations perfides, d'attaques ouvertes ou cachées contre

ce qu'il y a de plus sacré dans l'ordre politique ou religieux ; poison subtil, dont les effets sont d'autant plus funestes que vous, l'avalez en riant, et sans en concevoir la moindre méfiance. »

M. l'évêque de Bayeux embrasse à la fois dans son Mandement ce qui est relatif au carême et ce qui regarde la mort du pape. Dans la première partie, le prélat présente en peu de mots les grands caractères de la religion ; il réfute en passant ceux qui prétendent borner la religion à la morale, et termine ainsi cette première partie : -

« Et que personne d'entre vous ne dise qu'une doctrine aussi parfaite pouvoit convenir aux chrétiens des premiers âges, mais qu'elle n'est point faite pour les siècles de relâchement où nous vivons, qu'il faut suivre les usages des temps et s'y conformer. Quoi ! N. T. C. F., ignorez-vous donc que la morale de l'Evangile est fondée sur la corruption de notre nature, sur la violence des penchans qui nous sollicitent au mal, sur le péril des écueils qui nous environnent et sur notre propre foiblesse, et par conséquent que cette morale est de tous les temps et de tous les lieux ? Ce qui relève l'excellence de cette doctrine, c'est qu'elle est proportionnée à nos besoins et parfaitement assortie à notre état présent ; mais où seroit la sagesse et la sainteté de l'Evangile, si les règles en étoient sujettes au changement des mœurs et des usages ? Chaque siècle ayant ses usages nouveaux, et chaque peuple des coutumes différenres, il faudroit donc un Evangile nouveau pour chaque siècle et pour chaque peuple. L'Evangile de Jésus-Christ ne seroit pas cet Evangile éternel annoncé dès le commencement, du haut du ciel, à toute langue et à toute nation.

» Quoi ! dans ces beaux jours où l'Eglise naissante offroit de si grands exemples de courage et de ferveur, les disciples de la foi s'éloignoient du monde, fuyoient les théâtres et les plaisirs publics, fréquentoient assidument les temples, méditoient la loi du Seigneur, et lorsque tout tend au relâchement et à la licence, au milieu d'une corruption devenue presque générale, il vous seroit permis de vivre au gré de vos désirs, dans un cercle continuel de jeux et de vains amusemens! Exposés à plus de périls, ne deviez-vous pas, au contraire, redoubler de vigilance et de précautions pour vous garantir de la contagion du siècle, et pour ne pas risquer de périr ? Que, dans les choses indifférentes, ou dans ce qui regarde les sciences et les arts, vous suiviez, si vous le voulez, la marche des siècles, rien ne s'y oppose, c'est au temps et à l'expérience d'agrandir le domaine des connoissances humaines, mais de régler vos mœurs sur le changement des siècles et pes temps, et trop souvent sur la corruption qui les accompagne, l'Esprit saint vous en fait une défense expresse : *Nolite conformari huic seculo.* C'est l'Evangile, la loi de Jésus-Christ, sainte et immuable comme lui-même, qui doit être la règle constante et perpétuelle de nos actions. Le ciel et la terre passeront, mais les paroles saintes de la loi ne passeront point ; elles traverseront les siècles sans s'altérer, jusqu'au dernier jour où elles nous jugeront..... »

Le Mandement de M. l'évêque de Belley est un de ceux qui sont le plus appropriés aux circonstances ; le prélat y réfute les principales objections rebattues dans les journaux et dans les conversations sur le *parti-prêtre* et sur ce qui a rapport à l'état présent des affaires. Ce morceau, judicieux et solide, nous a paru devoir être cité en entier, et, ne pouvant le donner aujourd'hui, nous le renvoyons à un numéro suivant.

M. l'évêque de Tulle n'a que de trop justes raisons d'appliquer aux circonstances actuelles ce que saint Paul dit des derniers temps :

« Ne semble-t-il pas que nous touchions à ces jours funestes que suivra le second avènement du Fils de Dieu, et qui seront particulièrement marqués par l'affoiblissement de la foi, où elle sera comme éteinte, où l'iniquité régnera davantage, où la charité de plusieurs se refroidira; à ces derniers temps annoncés dans les écrits apostoliques, où paroîtront des hommes pleins de l'amour d'eux-mêmes, dévorés de cupidité, superbes, impies, dénaturés, ennemis de la paix, calomniateurs, livrés à l'incontinence, inhumains, souillés de trahisons, de perfidies, déguisant avec une détestable hypocrisie leurs doctrines mensongères, infernales, ayant la conscience gangrénée, noircie de crimes?

» Ces traits, N. T. C. F., ne caractérisent-ils pas de faux philosophes de ce siècle, qu'ils appellent siècle de lumière, mais que leurs égaremens signalent comme un siècle de ténébres et de dépravation? N'osent-ils pas proposer, soutenir les plus monstrueuses erreurs, enseigner dans les écoles, où ne devroient être entendues que les leçons de la vérité et du bien, d'inouïs systèmes d'impiété, de licence, qui provoquent autant la pitié que l'horreur, et d'une absurdité si révoltante, qu'il est superflu de les réfuter ; travestir l'ordre public en une confusion, un chaos où n'existe aucune autorité, où sont rompus les liens de l'unité catholique, sapées les bases de la puissance civile, où les plus énormes attentats, les plus atroces forfaits, celui même qui se commit en accablant d'outrages, de tourmens, en immolant sur la croix le Rédempteur du genre humain, seroient autorisés ; en un mot, favoriser les vices, les passions, y ouvrir un champ libre. »

M. de Mailhet se félicite ensuite du succès des missions dans trois principales villes de son diocèse, et à cette occasion, il venge les missions en général des reproches qu'on leur fait. Les missions mettent fin à beaucoup d'abus et de désordres, et *ne peuvent déplaire qu'aux esprits chagrins ou pervertis, que la vue de la piété fatigue, ou qui se jouent de notre foi.* A la fin de son Mandement, M. l'évêque annonce la mort du pape, et ordonne un service pour lui dans toutes les églises du diocèse.

MM. les grands-vicaires du Mans, délégués par M. de la Myre pour administrer le diocèse en attendant que sa démission soit acceptée par le pape, annoncent, dans leur Mandement du carême, le départ de ce prélat, qui s'est retiré à Paris pour ne s'y occuper que de son salut. C'est en son nom qu'ils s'adressent encore aux fidèles pour les exhorter à la pénitence et leur donner les autres avis convenables au commencement du carême. Ce Mandement est signé de MM. Bouvier, Marie, Gravelle, Bureau, Bourmault, Dubois et Menochet.

NOUVELLES ECCLÉSIASTIQUES.

Rome. Le 21 février, 8e jour des obséques du souverain

pontife; la messe fut célébrée par M. le cardinal Pedicini, et les absoutes furent faites par les cardinaux Odescalchi, Dandini, Falzacappa, de Gregorio, et par le célébrant. Dans la congrégation qui suivit, les ambassadeurs de Naples et de Russie, et le ministre de Prusse, vinrent complimenter le sacré Collège. Le 23, le cardinal Odescalchi officia, et le prélat Mai prononça l'éloge du feu pape en latin. Les absoutes furent faites par les cardinaux Gazzola, Bussi, Zurla, Pedicini, et par le célébrant. Le roi de Bavière assistoit à la cérémonie, ainsi que le corps diplomatique. Dans la congrégation qui se tint ensuite, les cardinaux diacres, qui ne sont point dans les ordres sacrés, produisirent le bref pontifical qui leur accorde voix active et passive dans le conclave. On reçut l'envoyé de Bavière, qui complimenta le sacré Collège. Les autres chargés d'affaires près le saint Siège témoignèrent au cardinal doyen combien ils prenoient part à la douleur commune.

— Le 23, au matin, tous les cardinaux se rendirent à la chapelle du chœur de l'église St-Pierre, où M. le cardinal della Somaglia chanta une messe solennelle du St-Esprit. Le prélat Testa y prononça un discours latin sur l'élection du nouveau pontife. Le 22, vers les quatre heures, les cardinaux se réunirent dans l'église de Saint-Sylvestre, au Quirinal. On entonna le *Veni Creator*, et les cardinaux sortirent de l'église, traversèrent la place, qui étoit garnie de troupes, et entrèrent au palais pontifical, où le conclave étoit préparé. Ils étoient accompagnés de leurs conclavistes, et se trouvoient au nombre de 32, savoir : de l'ordre des évêques, les cardinaux della Somaglia, Pacca, Galeffi, Castiglioni et Bertazzoli; de l'ordre des prêtres, les cardinaux Fesch, Oppizzoni, Testaferrata, de Gregorio, Doria, Falzacappa, Pallotta, Pedicini, Dandini, Odescalchi, Zurla, Bussi, Gazzola, Micara, Cappellari, Caprano, Giustiniani, Fransoni, Barberini, Benvenuti, Nasalli et Gamberini, et de l'ordre des diacres, Cacciapiatti, Frosini, Riario, Cristaldi et Marco y Catalan. Les cardinaux Naro, Vidoni, Rivarola, Guerrieri et Bernetti étoient entrés au conclave, et attendoient leurs éminences à la porte. Plusieurs prélats leur faisoient aussi cortège. Les cardinaux étant entrés dans la chapelle Pauline au nombre de 37, on y acheva le *Veni Creator*, et M. le cardinal doyen prononça un discours pour exhorter le sacré Collège à pourvoir l'église d'un nouveau chef. On lut de nouveau les bulles apostoliques pour l'élection, et tous les cardinaux jurèrent de les observer. Le même serment fut prêté par les prélats, par M. del Drago, gouverneur du conclave, par le prince Chigi, maréchal de la sainte Eglise, et gardien du conclave, par les conservateurs du peuple et par les commandans des troupes. LL. EEmm. étant passées dans leurs cellules, y reçurent les hommages du corps diplomatique, de la prélature et de la noblesse. Enfin, à trois heures de nuit, on donna avec la cloche le signal accoutumé, tous les étrangers sortirent, et le conclave fut fermé.

Paris. Quelques journaux ont parlé d'un mouvement populaire qui auroit eu lieu à Rome. Il paroît qu'on en a beaucoup exagéré l'importance, et que tout se réduit à l'arrestation de quelques réfugiés napolitains, qui avoient cherché à exciter du trouble. Ainsi, Rome est tranquille, et le conclave continue paisiblement ses opérations. Le *Constitutionnel* ne peut souffrir qu'on soupçonne à ce sujet les *carbonari*, qui sont les meilleurs gens du monde, et qui n'ont jamais fait de révolution; le vrai coupable est M. de Metternich. Cela ne rappelle-t-il pas exactement ces beaux temps de révolution, où on avoit toujours à la bouche les noms de Pitt et de Cobourg, et où on accusoit perpétuellement ces deux personnages des désordres, des malheurs et des crimes auxquels la France étoit alors en proie?

— Nous avons omis d'annoncer dans notre dernier numéro l'assemblée de charité qui a eu lieu le jeudi 9 mars à Saint-Sulpice, pour la maison du Refuge, rue Saint-Etienne-des-Gres. C'est M. l'archevêque de Bordeaux qui a prononcé le discours. La quête a été faite par mesdames Portalis et Arilles. Nous avons parlé plusieurs fois de cet établissement si digne d'exciter l'intérêt des amis de la religion et de l'humanité. Il renferme ordinairement 40 enfans, et depuis 1817, on en a arraché plus de 200 à la perversité des prisons. Ceux qui voudroient prendre part à la bonne œuvre sont priés d'envoyer leur offrande à mesdames les quêteuses ou à quelqu'un des administrateurs parmi lesquels est M. Agasse, notaire.

— La société charitable des écoles chrétiennes et gratuites du dixième arrondissement fera célébrer le jeudi

12 mars, dans l'église de Saint-Thomas-d'Aquin, une messe solennelle en l'honneur de saint Vincent de Paul, patron de ces écoles. La messe commencera à midi et demi, et sera suivie du sermon par M. l'abbé de Bonnevie, chanoine de Lyon. Après le discours, M. l'ancien évêque de Tulle donnera la bénédiction du saint sacrement. La quête sera faite par mesdames les comtesses de Beaurepaire et d'Auteuil.

— Plusieurs évêques ont publié des mandemens sur la mort du pape. Ils paient à l'envi un tribut d'éloges à la mémoire de cet illustre et vertueux pontife dont le règne a été trop court, et qui doit être particulièrement cher à la France par l'affection et la bienveillance qu'il témoignoit pour notre nation. M. l'archevêque de Tours s'est empressé entr'autres de rendre hommage aux vertus de Léon XII. Le prélat espère que la France restera toujours attachée au saint Siège; il s'honore de partager les sentimens exprimés par Bossuet dans ce beau passage du discours sur l'unité de l'Eglise : *Sainte Eglise romaine,* etc. Puis le prélat continue ainsi :

« Mais en protestant de notre attachement à cette Eglise principale, mère de toutes les églises, pourrions-nous ne pas condamner ceux qui ne craignent pas de calomnier l'église de France, cette fille aînée de l'Eglise romaine, qui mérita et qui reçut tant de fois les éloges des souverains pontifes; qui osent imprimer la note d'hérésie sur ce front auguste que n'ont jamais déshonoré *les taches ni les rides,* et qui, sans mission, tranchent de leur autorité privée des questions sur lesquelles le saint Siège lui-même s'abstient de prononcer : écrivains téméraires qui rendent la religion suspecte *aux puissances établies de Dieu même,* qui fortifient toutes les préventions de l'hérésie contre le catholicisme, et qui appellent sur l'Eglise le mépris et la haine des peuples, en lui supposant des prétentions exagérées qu'elle repousse. »

NOUVELLES POLITIQUES.

Paris. Le *Constitutionnel* déclare qu'il est toujours content du ministre de l'instruction publique, mais il trouve que l'on ne seconde pas assez ses excellentes vues; que l'enseignement mutuel languit, et que les fonctionnaires chargés de le pousser y mettent de la mauvaise grace. Il paroît, d'après le dire du *Constitutionnel,* qu'il y a quelque chose qui ne va pas comme il faut entre le ministre et le conseil royal de l'université, et que celui-ci auroit la prétention de n'être pas tout-à-fait sous le pouvoir de Son Excellence. *Non nostrûm inter vos.*

— M. le duc de Maillé remplace M. le duc Ch. de Damas dans les fonctions de premier gentilhomme de la chambre du Roi.

— Le collège du deuxième arrondissement électoral de la Meuse est convoqué à Verdun pour le 20 avril, à l'effet d'élire un député en remplacement de M. de Saint-Aulaire, appelé à la pairie par le décès de son père.

— C'est M. le général Sébastiani qui est nommé rapporteur de la loi départementale.

— Le *Bulletin des lois* vient de publier des ordonnances royales qui accordent d'une part une pension de 6000 fr. à Mme la marquise Dessolles, et une de 1000 fr. à Mme Regnaud de Saint-Jean-d'Angely, comme veuve d'un ancien donataire dépossédé, autorisé ensuite à rentrer en France ; et de l'autre, des pensions de 6000 fr. à M. Fauchet, ancien préfet ; de 3333 fr. à MM. Musnier de la Converserie et de Limairac, anciens préfets de Lot-et-Garonne et de Vaucluse ; de 3000 fr. à M. de Montureux, ancien préfet de l'Ardèche, et de 500 fr. à M. Stefanini, ex-sous-préfet de Bastia.

— Le tribunal de première instance a rendu dernièrement, sous la présidence de M. Moreau, son jugement dans l'affaire relative aux scellés apposés sur les papiers de l'ex-directeur Barras. Après le réquisitoire de M. l'avocat du Roi Bernard, le tribunal, conformément à ses conclusions, a ordonné qu'il seroit procédé à la levée des scellés en présence de la veuve Barras et du préfet de la Seine ; que ceux des papiers qui seroient jugés appartenir à l'État seront remis au préfet, et qu'en cas de difficulté sur ce point, il en seroit référé au tribunal.

— M. Legonidec, ancien député du côté droit, qui habite sa maison de campagne auprès de la Carneille, écrit de Mortain à la *Quotidienne* que, loin d'avoir produit de la consternation dans le pays, l'action énergique de M. le procureur du Roi Girardville y a été généralement applaudie et a produit le meilleur effet. C'est au nom des habitans de l'arrondissement de Domfront, qu'il a représentés pendant sept ans à la chambre, et du bon esprit desquels il rend témoignage, que M. Legonidec s'empresse de réclamer contre les assertions de M. Lemercier.

— Une ordonnance royale du 1er mars établit un nouveau tarif de la poste aux chevaux pour les voyageurs.

— Tous les dimanches de ce carême, on fait à 2 heures et demie, dans l'église Saint-Nicolas-du-Chardonnet, un sermon en allemand.

— Le journal ministériel du soir dément le bruit avancé par une feuille que le roi de Sardaigne étoit dangereusement malade ; au départ du dernier courrier, ce prince continuoit à jouir de la meilleure santé.

— Après plus de huit jours de grands débats sur la discussion entamée à la seconde chambre des Pays-Bas, à propos des 150 pétitions pour l'exécution franche du concordat, la liberté de la presse et de l'instruction, la responsabilité ministérielle, etc., et malgré la vive opposition des ministres, la motion de M. Lehon, tendante à ce qu'on fît de ces pétitions l'objet d'une communication officielle au gouvernement, a été adoptée à la majorité de 56 voix contre 43.

— L'empereur d'Autriche vient de déclarer Venise port franc. Cette mesure importante étoit depuis long-temps réclamée par les Vénitiens. Une faveur semblable vient d'être accordée au port de Cadix par le roi d'Espagne.

CHAMBRE DES DÉPUTÉS.

Le 6, la chambre accorde un congé à M. Audry de Puyraveau. M. Pelet de la Lozère développe sa proposition tendant à insérer dans le règlement qu'à l'avenir la chambre n'élira plus de vice-présidens, que les quatre candidats sur lesquels ne sera pas tombé le choix du Roi pour la présidence le seront de droit, et qu'enfin elle nommera les quatre secrétaires pour tout le cours de la session.

La prise en considération est mise aux voix et adoptée par une majorité formée du côté gauche et des deux centres. La proposition est en conséquence renvoyée à l'examen des bureaux.

M. Mestadier fait le rapport de la commission qui a examiné le projet de loi concernant la pêche fluviale, déjà adopté par la chambre des pairs. Il propose l'adoption de ce projet, mais avec beaucoup d'amendemens.

Le 7, le rapport des pétitions est fait par M. de Sade. La chambre renvoie à M. le ministre des affaires ecclésiastiques une pétition de MM. Noualher et Barrault-Grosset, prêtres, qui demandent une augmentation de leur pension, et passe à l'ordre du jour sur celle du sieur Delaunay, officier en retraite, qui voudroit que l'on ne fît aucun don testamentaire aux établissemens ecclésiastiques.

Le sieur Duliège se plaint de ce qu'il ne peut obtenir un brevet de libraire. M. le ministre de l'intérieur expose à la chambre que, depuis qu'il est entré au ministère, il a reçu une multitude de demandes semblables. Il y avoit 625 libraires à Paris, il en a admis 30 de plus, et en a créé 180 dans les départemens. De l'avis de la chambre du commerce elle-même, il a cru devoir user sobrement de la faculté qui lui est confiée à cet égard; au reste, le gouvernement s'occupe d'une loi sur la librairie. La pétition est renvoyée au ministre.

Le sieur Franque, avocat à Paris, demande l'abrogation de la loi sur le sacrilége. La commission propose l'ajournement de cette pétition, attendu qu'elle manque de documens, et qu'elle désiroit faire des vérifications.

Les sieurs Isambert et Pierre Grand, avocats à Paris, demandent l'interdiction des missions et la prohibition des congrégations religieuses. Un grand mouvement se fait dans l'assemblée; les principaux orateurs de la droite montent aussitôt au bureau de M. le président pour se faire inscrire; MM. Ch. Dupin, Delaborde, Méchin, réclament aussi la parole. M. de Sade, rapporteur, expose que la pétition du sieur Grand ne contient que des indications courtes et vagues, mais que la commission a examiné avec soin celle de l'avocat Isambert. Le rapporteur considère la législation relative aux associations religieuses. Les sociétés des missions étrangères, des Lazaristes, des missions du Saint-Esprit, et des missions de France ont été autorisées depuis la restauration par des ordonnances royales. Les trois premières reçoivent des subventions sur le budget. M. de Sade pense que ces congrégations auroient besoin d'une autorisation plus positive, et devroient être soumises à une règle unique. Il termine en blamant sans ménagement les missionnaires de France, et propose le renvoi des pétitions au garde-des-sceaux pour l'exécution des lois du royaume.

M. de Lepine remonte aux lettres-patentes de 1627 pour établir l'origine légale des Lazaristes. Un décret de l'an XII les a rétablis. C'est en vain qu'on invoqueroit la loi de 1792, qui abolit toutes les congrégations ; car il est des lois de cette époque qui prononcent la déportation d'un évêque *qui oseroit* s'opposer au mariage d'un prêtre, qui ordonnent la déchéance du roi, la proscription du clergé, le culte de la déesse Raison, etc. Or ces lois, faites en haine de la religion et de la monarchie, ne sont-elles pas abrogées par la Charte qui a restauré l'une et l'autre? Quant aux missions de France, l'honorable membre oppose au sieur Isambert son confrère M. Billecoq, qui a su si bien les défendre dans un discours dont l'orateur lit un passage. Un évêque qu'on ne taxera ni de superstition ni de fanatisme, un publiciste de nos jours, M. de Pradt quand il étoit évêque de Poitiers, fit lui-même faire dans son diocèse une mission dont il se loua des résultats.

M. Kératry répond que les missions de ce temps étoient du moins soumises au gouvernement. Il se plaint de ce qu'on ait donné à M. de Rauzan le titre de chef des missions. Il prétend que les missions de l'intérieur portent partout le trouble, et qu'il n'aura servi à rien de supprimer les Jésuites, si on tolère ces exercices. On ne doit pas plus souffrir le tapage religieux des missionnaires, que le tapage trop royaliste des jeunes procureurs du Roi. Il gémit de voir se former tant de couvens de femmes qui ne servent à rien. Quant aux missions étrangères, il est persuadé qu'elles ne produisent pas les effets qu'on leur attribue, que les prêtres ne vont chez les sauvages que pour aller commander des peuplades à la manière du docteur Francia. Les expressions de M. Kératry excitent à tout moment les murmures et les interruptions de la droite. Il termine en citant ces paroles de M. de Châteaubriand à l'ouverture du conclave, que la religion doit aujourd'hui s'approprier à la *société perfectionnée.*

Le ministre des affaires ecclésiastiques se plaint d'abord de l'orateur précédent qui a traité le clergé d'une manière offensante, et qui s'est exprimé de manière à blesser les ames pieuses dans ce qu'elles ont de plus cher. Il examine ensuite la pétition, et regrette d'y trouver des paroles aigres et injurieuses, de vagues allégations, des accusations indiscrètes. Il est étonné que M. Isambert torture l'*Almanach du clergé*, pour y trouver ce qui n'y est pas. Le prélat distingue les missions intérieures et les congrégations qui tiennent des séminaires. Les missions intérieures ne sont point une innovation, les évêques les ont toujours encouragées, et ils en ont le droit. Louis XVIII autorisa une société de missionnaires par une ordonnance du 25 septembre 1816. Ces missionnaires ne sont liés par aucun vœu, et travaillent sous l'autorité des évêques. Louis XVIII a autorisé les missionnaires du diocèse de Besançon par ordonnance du 3 février 1816. Les missions sont nécessaires, vu le petit nombre des prêtres de paroisses ; elles ont contribué puissamment à l'amélioration des mœurs en plusieurs lieux. S'il y a eu des écarts de zèle, le gouvernement saura les réprimer.

Quant aux congrégations dénoncées, elles n'ont point de rapport avec les missions à l'intérieur. Les Lazaristes ont donné quelques missions dans les campagnes, mais en petit nombre; ils rendent beaucoup de services pour les missions étrangères. M. l'évêque de Beauvais fait leur éloge; il parle surtout, avec l'accent de l'estime et de la reconnoissance, de la congrégation de Saint-Sulpice, si chère à Fénelon, et si bien appréciée par M. le cardinal de Bausset. Le prélat signale les dangers d'une pétition propre à alarmer, à diviser, à aigrir les esprits. Il espère que l'ordre du jour en fera justice, qu'on ne reviendra point sur ce qui est établi, et qu'on ne voudra pas inquiéter ou détruire ce qui a été institué, et mettre en doute la légalité d'établissemens utiles. La chambre protégera des prêtres modestes et paisibles, et respectera l'œuvre et le nom de saint Vincent de Paul.

M. Marchall prononce un discours contre les missionnaires, et cherche à combattre les assertions du ministre.

M. de Montbel s'étonne que M. Kératry ait évoqué l'affaire du procureur du Roi de Domfront à l'occasion des missionnaires, et de ce que le pétitionnaire invoque à tout moment, et sans discernement, l'Almanach du clergé. L'orateur le renvoie plutôt au Bulletin des lois, où l'on peut voir l'ordonnance, contresignée Lainé, qui a autorisé les missionnaires de France. Ils n'exercent d'ailleurs que sous l'autorité des ordinaires. M. de Montbel cite quelques passages fort hardis de la pétition, et en montre la fausseté. M. Isambert a écrit que la religion avoit besoin *d'être épurée*, et qu'elle doit être *constamment sous une surveillance spéciale*. Il faut donc qu'après avoir été long-temps proscrite elle soit, comme les malfaiteurs, placée sous la surveillance de la haute police. Ailleurs, il dit que Jésus-Christ a voulu donner au *mosaïsme* concentré dans la Judée, l'universalité d'après une nouvelle forme.

M. Agier demande que l'on divise la question, et que l'on vote séparément sur les missionnaires de France pour le renvoi de la pétition au garde-des-sceaux.

Une grande agitation succède à cette proposition; toute la droite s'y oppose. M. le président prononce la clôture, et insiste pour que la division ait lieu. Il met d'abord aux voix l'ordre du jour sur les Lazaristes, les missions étrangères, celles du Saint-Esprit et les Sulpiciens : il est adopté presque à l'unanimité. L'ordre du jour mis ensuite aux voix sur les missionnaires de France présente une épreuve la plus douteuse; le côté et le centre droit, moins le bataillon de M. Agier, se lèvent pour son adoption; mais MM. de Charencey et Delalot n'ont point cette fois voté avec le côté gauche. M. de Conny et d'autres députés royalistes réclament l'appel nominal. M. Royer-Collard consulte le bureau, et annonce que la pétition est renvoyée au garde-des-sceaux en ce qui concerne les missions de France.

Nous rendrons compte plus tard de la séance du 9, qui d'ailleurs n'a rien offert d'important.

———————

Le bill pour la suppression de l'association catholique en Irlande, après avoir été adopté dans la chambre des communes, a été porté à la chambre des lords, et là, il a donné lieu à de nouvelles discussions. Chaque jour, il arrivoit de nombreuses pétitions pour et contre l'émancipation. On a

remarqué que, le 20 février, il y a eu cinquante-six pétitions en faveur
des catholiques, et quinze contre. Lord Nugent a présenté la pétition des
catholiques eux-mêmes ; elle étoit signée du duc de Norfolk, de huit autres pairs, de seize baronnets, et de dix-huit mille individus de tout rang.
Chacune de ces pétitions amenoit journellement quelque explication entre
le ministère et les partisans ou les ennemis de l'émancipation. Lord Eldon,
lord Colchester, lord Redesdale sont ceux qui se sont fait remarquer le
plus par leur opposition ; l'évêque de Bristol a aussi fort maltraité les catholiques.

Mais ce qu'il y eut de plus curieux dans ces discussions, ce furent les discours des frères du roi. Le duc de Cumberland parla contre l'émancipation ;
la question, dit-il, est de savoir si l'Angleterre sera protestante ou pa-
piste, car dès qu'un catholique pourra siéger au parlement, le parlement
cessera d'être protestant. Le duc regrette de se séparer de son vieil ami,
le duc de Wellington, mais il croit qu'on se prépare de grands chagrins
par la mesure projetée.

Le duc de Sussex, qui présentoit une pétition de dix-sept cents habitans de Bristol, en faveur des catholiques, l'a appuyée par un discours
dans le même sens ; il a engagé les prélats à apporter dans cette discussion
la même modération qu'ils ont mise dans celle sur le *test act*, et a répondu
à ceux qui voyoient dans la mesure projetée un danger pour la constitution protestante.

Dans la séance du 23 février, le duc de Clarence, héritier présomptif
de la couronne, a prononcé aussi un discours en faveur de l'émancipation. Depuis vingt ans, il partage cette opinion, et s'il s'étoit abstenu de
la manifester, c'étoit pour ne pas contrarier les vues du gouvernement. Le
duc applaudit entièrement à la mesure, et engage aussi les évêques à bien
réfléchir avant de la combattre ; il est allé jusqu'à reprocher aux opposans
d'attaquer le projet d'une manière basse et *infâme*. Cette dernière expression a piqué le duc de Cumberland, qui s'en est plaint amèrement ; mais
le duc de Sussex a déclaré que, dans l'intention de l'orateur, elle ne s'appliquoit pas à son illustre frère, et le duc de Clarence a ajouté qu'il n'é-
toit pas étonnant que le duc de Cumberland, qui vit depuis tant d'années
sur le continent, ne comprît pas bien la liberté des discussions du parlement.

La troisième lecture du bill sur l'émancipation a passé le 24 février.

L'insertion de l'article qui précède avoit été retardée par l'abondance
des matières. La même raison nous empêche de donner aujourd'hui le
projet présenté le 5 mars au parlement par M. Peel. Ce projet est assez
étendu. Il relève les catholiques des incapacités auxquelles ils étoient
sujets. Le gouvernement n'interviendra en rien dans la nomination des
évêques. Le serment prescrit aux catholiques est à peu près le même
qui avoit été prescrit dans les derniers temps. Nous ferons connoître,
plus amplement dans le prochain numéro la proposition, qui paroît
conçue d'une manière favorable pour les catholiques. Nous apprenons
en ce moment que la motion préparatoire de M. Peel a été adoptée le
samedi 7, à trois heures du matin, par 348 voix contre 166.

Le Gérant, ADRIEN LE CLERE.

+++

Proposition pour l'émancipation des catholiques de la Grande-Bretagne.

La question de l'émancipation des catholiques, si souvent débattue en Angleterre depuis 30 ans, occupoit surtout les esprits depuis le discours de la couronne pour l'ouverture du parlement. De nombreuses pétitions pour et contre attestent combien, de part et d'autre, on mettoit d'intérêt à obtenir ou à empêcher l'émancipation. On avoit vu, aux dernières élections d'Oxford, M. Peel échouer uniquement parce qu'il avoit changé d'avis sur la mesure, et qu'il se montroit aussi favorable aux catholiques qu'il leur avoit été jusque-là contraire. Le parti des zélés protestans, qui domine dans l'université d'Oxford, l'avoit fait exclure, et avoit porté à sa place sir Richard Inglis, qui a eu la majorité. Mais M. Peel siégera à la chambre à un autre titre, comme député du bourg de Westbury. C'est le 5 mars qu'il a paru comme ministre pour présenter le projet du gouvernement; catholiques et protestans, tous étoient également curieux de connoître les bases du projet. Dès 9 heures du matin, la foule se portoit dans les alentours de la chambre, cependant les tribunes n'ont été ouvertes qu'à plus de six heures du soir. A l'ouverture de la séance, quelques membres ont voulu présenter des pétitions sur la question qui alloit se débattre; mais la chambre étoit pressée d'entendre M. Peel, et une acclamation générale l'a engagé à se lever et à prendre la parole.

Le secrétaire d'Etat a d'abord demandé qu'on lût la partie du discours du roi relative à l'émancipation. Cette lecture achevée, il a commencé son discours. Il se levoit, a-t-il dit, dans un esprit de conciliation et de paix pour proposer l'arrangement définitif de la question catholique, qui a excité si souvent l'attention du parlement, et sur laquelle les conseils du roi avoient été divisés jusqu'ici. Le ministre a raconté ici ce qui s'est passé à ce sujet sous les ministères précédens, les divisions de l'opinion, et ce qui en est résulté de fâcheux. L'état de l'Irlande s'est aggravé, les réclamations deviennent chaque jour plus nombreuses et plus pressantes; ne vaut-il pas mieux accorder de bonne grâce ce qu'on seroit peut-être un jour obligé d'accorder à la nécessité? M. Peel montre les dangers que l'on auroit à craindre, si on persistoit à soutenir le système actuel; il répond aux raisons des opposans, et s'appuie du suffrage de M. Pitt et d'autres hommes d'État dans ces derniers temps. Il rend compte des motifs qui l'ont porté lui-même à changer d'opinion, et s'attache à faire voir que l'opinion publique n'est pas contraire à l'émancipation, comme quelques-uns le prétendent; et en effet, on a vu déjà plusieurs fois la majorité de la chambre des communes voter pour cette mesure.

Après un long préambule, dont nous ne pouvons offrir que la substance, M. Peel fait connoître le projet du gouvernement; en voici les dispositions principales :

« 1. La base du projet est l'affranchissement des catholiques romains de toutes les incapacités qui pèsent sur eux, et le rétablissement de l'égalité des droits politiques.

» 2. Les catholiques romains pourront être admis dans les deux chambres du parlement.

» Il n'y aura aucune restriction quant au nombre. Les catholiques, en devenant membres de l'une ou de l'autre chambre, devront prêter le serment dont voici la formule : « Je déclare que je professe la religion catho-
» lique romaine. Je promets sincèrement que je serai fidèle à S. M. Geor-
» ges IV, et que je le défendrai de tout mon pouvoir contre toutes conspi-
» rations et attentats quelconques qui pourroient être dirigés contre sa
» personne, sa couronne ou sa dignité, et je ferai tous mes efforts pour
» découvrir et faire connoître à S. M., ses héritiers et successeurs, toutes
» trahisons et conspirations qui pourroient être formées contre lui ou eux;
» je promets sincèrement de maintenir et de défendre de tout mon pouvoir
» la succession à la couronne, laquelle succession, aux termes d'une loi
» intitulée : *Acte qui limite la couronne et qui assure mieux les libertés des*
» *sujets*, est et demeure limitée à la princesse Sophie, électrice de Hano-
» vre, et à ses héritiers protestans. J'abjure toute obéissance et toute fidé-
» lité envers toute autre personne qui réclameroit ou qui prétendroit avoir
» des droits à la couronne de ce royaume.

» Je déclare en outre que la doctrine qui dit que les princes excommu-
» niés ou dégradés par le pape, ou toute autre autorité de l'Église de Rome
» peuvent être déposés ou assassinés par leurs sujets, n'est point un arti-
» cle de ma foi, que je l'abjure, que je la repousse, et que j'y renonce, et
» je ne crois pas que le pape de Rome, ou tout autre prince, prélat, per-
» sonne, État ou potentat étranger, ait ou doive avoir aucune juridiction,

» puissance, supériorité ou prééminence temporelle ou civile, directe ou
» indirecte, dans l'intérieur de ce royaume. Je jure que je défendrai de
» tout mon pouvoir l'établissement de la propriété tel qu'il existe d'après
» les lois de ce royaume, et je désavoue et abjure solennellement toute in-
» tention de renverser l'établissement actuel de l'église. Je jure solennel-
» lement que je n'emploierai jamais aucun des privilèges auxquels j'ai ou
» je puis avoir des droits pour troubler ou affoiblir la religion protestante
» ou le gouvernement protestant dans ce royaume, et en présence de Dieu,
» je déclare solennellement et dans toute la sincérité de mon ame, que
» j'entends cette déclaration suivant le sens apparent et ordinaire, et que
» je jure d'être fidèle à toutes les parties de ce serment, sans évasions,
» équivoques ou réserves mentales quelconques (1). »

» 3. Les catholiques romains seront incapables d'occuper les dignités de
lord-chancelier et de lord-lieutenant d'Irlande.

» 4. Ils pourront remplir toutes les fonctions municipales; ils pourront
être shérifs et juges.

» 5. Mais ils ne pourront occuper des places appartenant à l'église établie, soit dans les cours ecclésiastiques, soit dans les institutions ecclésiastiques; ils ne pourront non plus remplir aucune fonction dans les universités, dans les collèges d'Eton, de Winchester et de Wesminster, ni
dans aucune école de fondation ecclésiastique.

» On maintiendra les lois qui privent les catholiques du droit de présenter aux places qu'on vient d'indiquer. Dans le cas où un catholique
romain occuperoit un emploi auquel est attaché un droit de patronage ecclésiastique, la couronne aura le droit de transférer ledit droit de patronage ecclésiastique à une autre personne.

» Nul catholique romain ne pourra occuper un emploi qui lui donneroit le droit de conseiller la couronne sur la nomination à des places qui
concernent l'église établie d'Angleterre et d'Irlande.

» 6. Les lois pénales actuelles sur les catholiques romains sont rapportées.

» 7. Les catholiques romains seront, sous le rapport de la propriété,
placés sur le même pied que les dissidens.

» 8. Les membres catholiques du parlement ne seront, dans aucune
discussion, obligés de se retirer de la chambre, comme l'avoit proposé
M. Wilmot Horton.

» 9. Il ne sera désormais requis aucune déclaration contre la transsub-
stantiation.

» 10. Au sujet des garanties ecclésiastiques, les catholiques romains
seront placés sur le même pied que tous les autres dissidens.

» 11. Il n'y aura aucun veto, ni aucune intervention dans les rapports
sur des matières spirituelles qui pourront s'établir entre l'Eglise catholique
romaine et le siège de Rome.

---

(1) Ce serment est à peu près le même qui fut prescrit en 1778, et que
les catholiques prêtoient sans difficulté.

» 12. Les titres et les noms épiscopaux actuellement en usage dans l'église anglicane ne devront point être pris par les membres de l'Eglise catholique romaine.

» 13. Lorsque les catholiques romains seront admis dans des fonctions municipales et à d'autres emplois, les insignes de ces fonctions ne pourront, dans aucun cas, être portés dans un autre temple qu'un temple de l'église établie. Il ne pourra être porté de robes de fonctionnaires publics dans une autre église que l'église établie.

» 14. Quant aux Jésuites et aux ordres monastiques, les noms et le nombre des individus appartenant aux communautés existantes devront être enregistrés. Les communautés liées par des vœux religieux ou monastiques ne pourront s'étendre, et il sera pris des précautions pour empêcher que des Jésuites étrangers ne puissent s'introduire à l'avenir dans ce pays. Les Jésuites qui s'y trouvent actuellement devront être enregistrés.

» 15. La franchise électorale sera élevée de 50 schellings à 10 livres sterling. »

Un des articles les plus remarquables de ce projet est celui où le gouvernement renonce à tout *veto* et à toute intervention pour la nomination des évêques. Cet article fait tomber par là même l'opposition qui étoit générale en Irlande contre le *veto*. M. Peel a expliqué les raisons qui ont décidé le gouvernement à ne pas se mêler des rapports des catholiques avec Rome, à ne pas demander un *veto* pour la nomination des évêques, et à ne pas donner de traitement au clergé catholique. Il a cru que ce seroit blesser l'indépendance de l'Angleterre que d'entrer en négociation avec le saint Siège. Un arrangement de cette nature, a-t-il dit, auroit eu pour résultat de donner à la religion catholique une sorte d'établissement national, de la faire entrer dans l'Etat, de reconnoître l'autorité du pape; c'est ce qu'on a voulu éviter. Le gouvernement veut rester étranger aux communications des catholiques avec Rome. Il a paru aussi qu'il répugneroit aux idées du peuple anglais d'accorder une dotation au clergé catholique.

Quant aux Jésuites et aux autres religieux, le ministre a exposé que le gouvernement ne touchera point à ce qui existe, mais qu'il prendra des mesures pour empêcher que les corps religieux ne s'étendent davantage. On n'inquiétera point les Jésuites qui existent actuellement dans les trois royaumes; mais ils donneront leurs noms, afin qu'on sache leur nombre, et qu'on empêche les Jésuites étrangers de venir s'établir en Angleterre.

Toutes les mesures ci-dessus sont applicables non-seulement aux catholiques d'Angleterre, mais à ceux d'Irlande et d'Ecosse.

M. Peel a terminé son discours en demandant que la chambre se formât en comité général. Il a parlé pendant plus de quatre heures, et n'a fini qu'à plus de minuit. Il a été écouté constamment avec la plus grande attention, et interrompu quelquefois par de vifs applaudissemens. Son discours a paru produire un grand effet. Quand il a eu repris sa place, beaucoup de membres ont quitté la salle, et quelques orateurs, qui ont voulu parler contre l'émancipation, ont été écoutés avec peu de faveur. La discussion a été remise au vendredi soir.

La discussion a donc continué le 6; à l'ouverture de la séance, quelques membres ont voulu faire une diversion, en demandant qu'on s'occupât des pétitions pour et contre les catholiques; mais la chambre, à une majorité de 205 voix contre 76, a décidé qu'elle avoit reçu assez de pétitions, et que la discussion de la veille seroit reprise. M. Peel a annoncé que si la chambre adoptoit sa proposition, il présenteroit, le lundi suivant, le bill pour l'émancipation, et qu'il en demanderoit la seconde lecture pour le lundi d'après.

La discussion s'étant rouverte, M. Charles Grant a parlé en faveur de la motion, et a fait remarquer le talent que M. Peel avoit montré la veille. MM. Brougham, Stuart, Huskisson, sir John Newport ont adhéré complètement au projet. Sir Thomas Lethbridge est convenu de la nécessité de l'émancipation. Quatorze membres ont combattu la motion, leurs discours n'ont rien offert de bien remarquable. M. Peel, dans une courte réplique, a remarqué que les adversaires de la mesure n'indiquoient aucun moyen de sortir d'embarras. On est allé aux voix, et la motion de se former en comité général a passé à une majorité de 348 contre 160.

Quand on compare ce résultat avec la majorité de 5 ou 6 voix qu'avoient obtenue les catholiques dans les discussions qui avoient eu lieu les années précédentes sur la même question, on est fondé à croire que l'opinion publique est fortement prononcée en faveur de la mesure, et que la chambre des pairs cédera à l'impulsion générale.

NOUVELLES ECCLÉSIASTIQUES.

ROME. Le 24 février, au matin, les cardinaux réunis dans le conclave se rendirent à la chapelle Pauline, revêtus de la *croccia* ou grand manteau violet à longue queue. M. le cardinal della Somaglia célébra la messe, et donna la communion à tous les cardinaux, qui allèrent à l'autel deux à deux, avec une étole blanche sur leur manteau. Après la messe, on plaça en avant de l'autel la table du scrutin, avec des sièges pour les scrutateurs, et on distribua aux cardinaux les feuilles du scrutin et les livres des litanies. M. Perugini, évêque de Porphire et sacriste, récita le *Veni Creator*, et les cardinaux, restés seuls, commencèrent le premier scrutin, avec les cédules cachetées, et toutes les règles prescrites. On ouvrit, avec les formes usitées, les tours par lesquels on pourra faire entrer dans le conclave ce qui sera nécessaire.

— Le 24, le 25 et le 26, les chefs d'ordre ont été les cardinaux della Somaglia, Fesch et Cacciapiatti ; les trois jours suivans, les chefs d'ordre étoient les cardinaux Pacca, Opizzoni et Vidoni.

— Le 27, au soir, les cardinaux Arezzo, Morozzo et Macchi, qui étoient arrivés successivement à Rome, entrèrent dans le conclave, après avoir visité la basilique du Vatican. M. le cardinal Ruffo, archevêque de Naples, arriva le 27, au soir, et descendit chez les prêtres de la mission *in Monte-citorio*.

PARIS. Tout le monde sait que le sacré Collège, dans son complet, est composé de 70 cardinaux, dont 6 de l'ordre des évêques, 50 de l'ordre des prêtres, et 14 de l'ordre des diacres ; mais ce nombre est rarement rempli en entier. Le sacré Collège ne compte en ce moment que 58 cardinaux, dont un seul de la création de Pie VI, 33 de celle de Pie VII, et 24 de celle de Léon XII. Il y a dans ce nombre 6 cardinaux de l'ordre des évêques, 42 de l'ordre des prêtres, et 10 de l'ordre des diacres. La plupart des cardinaux sont de Rome ou de l'Italie ; il n'y en a que

12 des autres pays, savoir, 5 Français, 3 Autrichiens, 3 Espagnols et 1 Portugais. Il y a dans le sacré Collège 5 religieux, savoir, les cardinaux Zurla, Gazzola, de Silva, Micara et Capellari. Les cardinaux Zurla et Capellari sont de l'ordre des Camaldules, le cardinal Gazzola est de celui des Cordeliers, le cardinal Micara étoit et est encore général des Capucins. Le cardinal de Silva, qui est Portugais, est le patriarche de Lisbonne; il est de l'ordre des Augustins. On ne peut savoir encore combien il y aura en tout de cardinaux dans le conclave. Le cardinal Firrao, premier prêtre, sera probablement hors d'état de s'y rendre; ce cardinal, qui demeure à Naples, est dans sa 93ᵉ année, et est paralytique. Les plus âgés après lui sont les cardinaux della Somaglia, Naro et Gazzola, qui sont dans leur 85ᵉ année. Le cardinal de Clermont-Tonnerre a 80 ans. Les cardinaux Gravina, Guerrieri, Louis Ruffo, Albani, Nazalli touchent à leur 80ᵉ année. Le cardinal archiduc d'Autriche est assez jeune, mais on ne croit pas qu'il fasse le voyage. On ne sait encore si tous les cardinaux d'Espagne et de Portugal pourront se rendre au conclave. Le patriarche de Lisbonne a 72 ans, et est le plus éloigné. L'archevêque de Tolède n'a que 64 ans, et l'archevêque de Séville que 63, mais celui-ci est infirme. On peut donc croire qu'il n'y aura pas beaucoup plus de 50 cardinaux dans le conclave. Nous avons vu qu'il en étoit entré 37 le premier jour; depuis, il en est arrivé 3. Les cardinaux français doivent être à Rome en ce moment, ainsi que l'archevêque de Milan, le primat de Hongrie, etc. C'est alors sans doute que les opérations du conclave marcheront plus vite. Au dernier conclave, qui n'a duré que 26 jours, il n'y avoit d'abord que 34 cardinaux, et à la fin, il y en avoit 49; quatre seulement ne s'y étoient point rendus.

— Le mardi 10, M. l'archevêque a présidé la réunion de trimestre pour l'œuvre des petits séminaires. Cette réunion a eu lieu à l'archevêché. M. l'abbé Matthieu, chanoine de la métropole, a prononcé le discours, qui a roulé sur l'œuvre et sur l'intérêt qu'elle doit exciter. Les paroisses ont apporté chacune leur contingent, et on a vu avec plaisir que le résultat des quêtes étoit plus satifaisant que les circonstances ne permettoient de l'espérer. La charité des fidèles s'est soutenue au milieu des alarmes qu'on avoit pu

concevoir, il y a quelques mois, sur l'existence des petits
seminaires. M. l'archevêque a terminé la séance en féli-
citant les dames du succès de leur zèle, et en leur présentant de nouveaux motifs propres à l'animer encore.

— La quête annuelle pour les Sœurs de Saint-André aura
lieu dans l'église de Saint-Eustache le lundi 16 mars, à la
suite du sermon que prêchera à une heure précise M. l'abbé
Martin, chanoine honoraire de Montpellier. On sait que
MADAME, duchesse de Berri, a bien voulu prendre sous sa
protection les Sœurs de Saint-André, qui se dévouent à l'instruction des enfans de la campagne, et au soin des malades
à domicile. S. A. R. se propose d'assister au discours. Les
personnes qui ne pourroient s'y trouver sont priées d'envoyer leur offrande à madame la duchesse de Valençay, rue
de l'Université, n° 80, ou à madame la comtesse Portalis,
place Vendôme.

— La séance de samedi dernier a présenté un triste spectacle. La pétition de M. Isambert, le rapport fait sur cette
pétition, et surtout le discours d'un autre député, ont
profondément affligé les amis de la religion. Qui auroit cru
que de cette tribune où, il y a quelques années, on étoit
accoutumé à entendre un langage si franchement chrétien,
et des vœux si nobles et si sages pour la prospérité des établissemens religieux; qui auroit cru, dis-je, que de là seroient partis des vœux de destruction, des dérisions amères,
des accusations fausses, des outrages même à la piété et des
blasphèmes? Que vouloit donc ce M. Isambert? Pourquoi
ne laisse-t-il pas aux autres la liberté qu'il réclame pour
lui-même? On ne le force point d'assister à des missions;
pourquoi veut-il priver ceux qui les aiment d'y prendre
part? En quoi des congrégations modestes de prêtres, qui
vivent dans la retraite et dans les pratiques de la piété,
peuvent-elles offusquer les amis de l'ordre légal? Elles ne
troublent point le monde dans ses plaisirs, ni les partis dans
leurs disputes; pourquoi le monde et les partis les trouble-
roient-ils dans leurs paisibles exercices? Que dirons-nous
du discours de M. Kératry, de ce langage plein de moquerie
et d'aigreur sur des objets respectables? Ce ton railleur et
insultant est-il digne d'une grande assemblée, et s'il prévaloit dans les délibérations, quelle idée donneroit-il de la sa-

gesse de nos députés? N'est-ce pas déjà une chose *déplorable* qu'un seul membre ait donné un tel exemple, et cette séance de samedi ne montre-t-elle pas mieux que tout le reste, quels progrès nous avons faits et où nous allons?

— M. l'évêque de Blois, dans son Mandement du carême, attaque principalement cette cupidité funeste, une des plaies les plus dangereuses de la société, et gémit des désordres qu'elle enfante et des excès où elle conduit. Le vigilant et sage pasteur signale aussi d'autres sources de maux :

« Dans quelle classe de la société, N. T. C. F., l'orgueil de la vie, si fécond en désirs insatiables d'élévation, n'a-t-il pas pénétré? Qui est-ce qui consent aujourd'hui à demeurer dans la condition où la Providence l'a fait naître? Qui est-ce qui n'aspire pas à un plus haut rang que celui de ses pères? Partout on s'émeut, on s'agite, on ne rêve qu'avancement, et dans les folles pensées qu'on roule dans sa tête, le monde n'a pas de faveurs si brillantes qu'on ne croie pouvoir obtenir, ni le pouvoir de degré si élevé auquel on ne porte ses prétentions. De là cette inquiétude des esprits, ce malaise universel qui fait craindre sans cesse pour la tranquillité et pour la durée même de la société.

» Un autre désordre, enfant de l'orgueil, et qui caractérise particulièrement notre siècle, n'est-ce pas, N. T. C. F., cette curiosité téméraire qui veut tout voir, tout apprendre, tout approfondir, et qui, non contente de s'exercer sur les objets que l'auteur de la nature a livrés aux recherches de l'homme, prétend pénétrer jusque dans les secrets du ciel ; la religion, ses mystères, elle appelle tout à son tribunal, et Dieu lui-même, sur son trône, n'est pas à l'abri de ses investigations sacrilèges. On ferme l'oreille aux conseils de la sagesse éternelle, qui nous défend, dans les livres saints, de rechercher ce qui surpasse notre intelligence, et de scruter ce qui est au-dessus de nos forces; mais bientôt, hélas ! pour avoir osé sonder la majesté du grand Dieu, on est accablé par le poids de sa gloire, on tombe dans l'obscurité du doute, dans les profondes ténèbres de l'incrédulité.

» Oui, N. T. C. F., c'est dans l'orgueil du siècle qu'il faut chercher la cause de l'incrédulité de nos jours, la plus profonde, la plus funeste qui ait jamais désolé le monde. Comme l'orgueil va croissant, elle aussi, elle croît tous les jours. Mille bouches de l'enfer sont ouvertes pour la vomir sur la terre. Des écrits sans nombre distillent ses poisons mortels dans tous les rangs de la société. Pour le malheur de l'homme, on ne cesse d'exagérer les droits de sa raison, afin de lui faire secouer le joug de la foi; on arrache du cœur de l'infortuné son unique consolation, l'espoir d'une meilleure vie, et on ne lui laisse que ses maux avec un affreux désespoir. »

— La cour de cassation avoit renvoyé devant la cour royale d'Agen l'affaire du nommé Montpeyre, dont il a été parlé numéros 1467 et 1496 ; cette affaire est assez semblable à celle de Daniélon. Montpeyre avoit été traduit devant

la cour d'assises de l'Aude pour vol de vases sacrés ; il fut
déclaré coupable par le jury, mais quoiqu'il eût déjà subi
une condamnation, on ne lui appliqua que la peine des travaux forcés, malgré la disposition précise de la loi sur le
sacrilège, La cour de cassation a annullé cet arrêt. La cause
ayant été portée le 16 février devant la cour royale d'Agen,
M. le procureur-général Rivière a traité la question si la
loi de 1825 sur le sacrilège se rattache au Code pénal, et a
soutenu l'affirmative par les mêmes motifs que l'avoit fait
M. Mourre à la cour de cassation. Il a montré même que les
cours d'assises se contredisoient en refusant d'appliquer le
Code pénal à la loi du sacrilège, puisqu'elles empruntent à
ce Code la peine de la flétrissure, dont la loi ne parle pas.
Mais la cour royale d'Agen, se fondant sur l'article 2 de la
loi du 30 juillet 1828, n'a pas cru pouvoir condamner Montpeyre à une peine plus grave, et a laissé subsister pour lui
la peine des travaux forcés à perpétuité. Cet arrêt, semblable à celui de la cour royale d'Angers dans l'affaire de Daniélon ; semble appeler une loi interprétative de l'art. 8
de la loi sur le sacrilège ; mais le moment n'est peut-être
pas très-favorable pour une discussion de cette nature.

— Les missionnaires de Meaux, en sortant de la paroisse
de Varreddes, où ils avoient eu à supporter tout ce que
l'irréligion et la plus noire calomnie avoient pu mettre en
œuvre pour traverser leur zèle, se rendirent à Signets, dans
le canton de la Ferté-sous-Jouarre, se soumettant par
avance à de nouvelles persécutions, si le Seigneur l'ordonnoit ainsi ; mais il leur réservoit en ce lieu un dédommma-
gement à leurs précédens chagrins. Dès leur arrivée, la
foule qui remplissoit le saint temple à tous les exercices de
la mission, leur fit augurer que la bonté divine leur préparoit des consolations dans la conversion d'un grand nombre
d'ames. Leur espérance ne fut pas vaine ; les émissaires de
l'impiété eurent beau rémuer et recommencer leurs mensonges et leurs cris, les fidèles, qui voyoient dans les missionnaires des hommes paisibles qui n'aspiroient qu'au
bonheur de les réconcilier avec Dieu, des hommes désintéressés qui ne leur demandoient pour prix de leurs travaux
que d'accueillir les vérités saintes qu'ils venoient leur prêcher, des hommes infatigables qui étoient à leur disposition la nuit et le jour ; les fidèles ont, dis-je, apprécié à leur

juste valeur les discours et l'agitation de certains esprits ou
méchans ou abusés. Les tribunaux de la pénitence ont été
assiégés, depuis l'instant surtout où les autorités du lieu
ont donné l'exemple. La jeuhesse de l'un et l'autre sexe,
renonçant à de funestes plaisirs, a témoigné que désormais les exercices de la religion seroient ses plus agréables délassemens; les époux, en se jurant une fidélité inviolable, ont béni le ciel d'avoir enfin trouvé l'unique
moyen de vivre heureux; les ennemis se sont embrassés
comme des frères; de pieux cantiques ont remplacé partout les chants profanes, et la cessation des excès du vin a
ramené dans les ménages une heureuse abondance, ce qui
est devenu dans une année de misère un double bienfait.
M. l'évêque de Meaux, instruit de ces détails, en a éprouvé
une vive joie; le prélat a voulu faire lui-même la clôture de
cette intéressante mission. Cette paroisse, qui n'avoit pas
encore joui de la présence de son premier pasteur, a reçu
avec ferveur, de ses mains, la communion et la confirmation, et a recueilli de sa bouche des paroles d'édification
et d'encouragement. Le même jour a eu lieu la plantation
de la croix. Tout sembloit concourir à rendre cette cérémonie imposante : le digne évêque qui la présidoit, le concours de toutes les paroisses voisines, la beauté du jour,
la modestie et le recueillement de tous les assistans. La
mission s'étoit ouverte le 18 janvier, elle s'est terminée le
1er mars, jour de la Quinquagésime.

NOUVELLES POLITIQUES.

PARIS. Savez-vous de quelle manière le *Journal des débats* s'y prend
pour consoler la France chrétienne de tout ce qui se passe? Il la console sérieusement, sans paroître se moquer d'elle, en lui faisant remarquer que les bals ont été plus brillans et plus courus cet hiver
que les hivers précédens; que, par égard, pour la dignité du peuple
souverain, la police ne le régale plus de vin et de saucissons le jour de
la fête du Roi, et qu'enfin les moindres mises de la loterie ont été
portées à 40 sous pour la sûreté des petits haillons. Après cela, osez
encore vous plaindre de ce que la monarchie s'en va en concessions
révolutionnaires, l'éducation chrétienne en vexations et en entraves,
et la religion catholique en insultes quotidiennes. Des bals plus suivis;

une loterie plus chère, des saucissons retranchés ; voilà vos compensations et vos dédommagemens. Réjouissez-vous donc, tout est bénéfice.

— M. Viennet, poète et député, vient de publier une *Epître aux convenances*, dont le *Constitutionnel* est ravi. D'après l'éloge que ce journal en fait, on imagineroit qu'il auroit beaucoup profité de cette lecture sur les convenances. Mais malheureusement, à quelques lignes de là, il dit tout crument que M. de Larochefoucauld, directeur des beaux-arts, est un homme *sans goût et sans littérature*. C'étoit ce que les anciens latins disoient des gens les plus grossiers et les plus mal élevés de leur temps.

— La *Gazette des tribunaux* appelle l'intérêt de ses lecteurs sur *un illustre et malheureux proscrit* qu'on a forcé dans sa vieillesse à chercher un asile à Bruxelles : c'est ce bon abbé Sieyes, qui doit être en effet doublement cher aux libéraux, puisqu'il a abjuré son état et voté la mort du Roi. Cet *honorable banni*, comme dit la *Gazette*, est fort à plaindre ; il réclame en justice une petite somme de 264,966 fr. Les négocians auxquels il fait cette demande consentent à lui payer 156,000 fr. ; mais le *malheureux proscrit* veut tout. Le pauvre homme !

— M. le duc de Fitz-James est nommé gouverneur du château de Compiègne, en remplacement de M. le duc de Maillé, qui devient premier gentilhomme de la chambre.

— Par décision royale du 1er de ce mois, M. le général Brun de Villeret, député de la Lozère, est rétabli au tableau des membres du conseil d'Etat, en qualité de maître des requêtes en service extraordinaire.

— MM. Tixier-Lachaussagne et Lezaud sont nommés conseillers à la cour royale de Limoges, et M. Pagnon fils à celle de Grenoble. M. Etienne de la Rivière remplace le premier comme substitut du procureur-général à Limoges. M. Duplan est nommé président du tribunal de première instance de Valence, et M. Villart procureur du Roi à Morlaix.

— La veuve Barras a interjeté appel du jugement rendu sur référé, dont nous avons rendu compte dans le dernier numéro. L'affaire sera incessamment portée devant la cour royale.

— M. le baron Siméon, auditeur au conseil d'Etat, est parti le 10 pour Rome, chargé de dépêches pour M. le vicomte de Châteaubriand.

— Le ministre de l'intérieur vient de prendre un arrêté portant qu'il sera ouvert un concours pour l'exécution du grand bas-relief qui doit orner le fronton de la nouvelle église Sainte-Madeleine. Tous les sculpteurs sont appelés à prendre part à ce concours, et déposeront à l'avance une esquisse modèle. Les artistes choisiront un trait de la vie de sainte Madeleine, ou tout autre sujet propre à rappeler la pieuse destination du monument.

— La frégate *la Vénus* vient de partir de Toulon pour Navarin. Elle conduit en Morée un jeune officier, M. de Rohan, envoyé par S. M. à M. le marquis Maison, à l'effet de lui remettre son bâton de maréchal de France.

— Le grand-visir récemment nommé vient d'être déposé. Son successeur est le fameux Reschid-Pacha, connu par la chute d'Ali, pacha de Janina, la prise de Missolonghi et celle de l'Acropolis. Les Turcs, d'abord chassés de Livadie par les Grecs, sont rentrés dans cette ville. Omer-Pacha repousse vers l'isthme de Corinthe les troupes grecques d'Ipsilanty.

— La frégate française *l'Armide* a transporté à Smyrne 150 esclaves turcs, délivrés par l'intervention de M. le comte Guilleminot avant son départ de la Grèce, et que le vice-amiral de Rigny a fait remettre à Hassan-Pacha.

— M. le vicomte de Canellas, seigneur portugais, est chargé d'une mission par le roi don Miguel auprès de la cour des Pays-Bas. Il est passé à Paris ces jours derniers.

— Le duc de Northumberland, nommé vice-roi d'Irlande, a fait son entrée à Dublin le 6 mars.

CHAMBRE DES PAIRS.

Le 12, M. l'archevêque de Tours a prononcé l'oraison funèbre de M. de Bausset-Rocquefort, archevêque d'Aix.

M. le comte d'Orglande a fait le rapport des 26 projets de loi relatifs à divers changemens de circonscription territoriale, et M. le garde-des-sceaux a présenté diverses lettres d'institution de pairie.

La chambre s'est ensuite occupée de la discussion du projet de loi sur le duel. Elle a entendu successivement MM. les comtes de Pontécoulant et de Tocqueville, le baron Mounier, le marquis de Malleville, le maréchal duc de Raguse et le garde-des-sceaux.

Ces deux derniers orateurs ont, dit-on, combattu les dispositions sévères réclamées par la commission contre les duellistes; mais elles ont été défendues avec force par MM. de Malleville et Pasquier.

Aucun autre orateur n'étant inscrit sur l'ensemble du projet, M. le baron Pasquier, rapporteur, a présenté le résumé de la discussion générale, et la délibération sur les articles a été fixée au lendemain.

CHAMBRE DES DÉPUTÉS.

Le 9, M. le ministre de l'intérieur présente quatre projets de loi concernant des localités. Trois ont pour but d'autoriser à s'imposer extraordinairement la ville de Boulogne, pour achever son port; cinq départemens pour leurs routes, et les villes de Saint-Germain, Arles et Poitiers pour des frais de construction ; le quatrième tend à modifier la circonscription de quelques arrondissemens.

M. de Cambon fait le rapport de la commission à laquelle a été renvoyé le projet de loi tendant à proroger pendant six ans le privilège pour le gouvernement de l'achat, de la fabrication et de la vente des tabacs. Il s'attache à démontrer que cet impôt viole trop fortement le droit de propriété. Il ne conclut à l'adoption du projet qu'en réduisant à deux ans la prorogation du privilège, pendant lequel temps le gouvernement s'occuperoit des moyens de supprimer ce monopole. Ce n'est que dans cet espoir que la commission consent à la prorogation.

Ces conclusions sont accueillies par les marques d'approbation de la gauche. La discussion de cette loi est fixée après celle de la pêche fluviale.

M. Demarçay a la parole pour développer sa proposition tendant à ajouter dans le règlement qu'il seroit nommé, pour l'examen du budget, autant de commissions qu'il y a de ministères. Il a en vue par là un examen plus scrupuleux et plus approfondi des chapitres de chaque ministère.

M. le ministre des finances combat cette proposition. Il s'ensuivroit qu'une grande partie de la chambre seroit occupée à cet examen particulier, puisqu'il y auroit 91 commissaires. Ne suffit-il pas d'avoir établi, l'année dernière, que le budget seroit présenté en deux parties (recettes et dépenses), et de nommer ainsi deux commissions ?

M. le ministre de l'intérieur et MM. de la Boulaye, de Chantelauze et de Berbis ajoutent à ces considérations. La proposition, après avoir été défendue par MM. Duvergier de Hauranne, Ch. Dupin et B. Constant, est mise aux voix et rejetée par une majorité formée du côté droit et des deux centres.

L'ordre du jour amène la discussion du projet de loi de la pêche fluviale. La plupart des députés quittent leurs places, malgré les instances du président. M. André signale quelque amélioration dans cette loi, et y trouve la pénalité trop sévère. Comme il étoit le seul orateur inscrit, la discussion générale est fermée.

Le 10, l'ordre du jour est la discussion des articles du projet de loi de la pêche fluviale.

L'article 1er, qui porte que le droit de pêche sera exercé au profit de l'Etat dans les rivières et canaux navigables et dans les bras ou fossés qui en tirent leurs eaux, est adopté avec quelques changemens de rédaction, après avoir entendu MM. de Chantelauze, Pardessus, Thil, Bavoux, de Marmier, de Cordouc et M. le ministre des finances.

L'article 2, qui laisse aux propriétaires riverains des autres rivières et canaux le droit de pêche jusqu'au milieu du cours de l'eau, ne donne lieu à aucune discussion.

Le troisième article porte que des ordonnances royales détermineront quels seront les canaux et les parties de rivières où la pêche appartiendra à l'Etat, et fixeront les limites entre la pêche fluviale et la pêche maritime dans les fleuves et rivières affluant à la mer, et que, dans le cas où des cours d'eau deviendroient navigables, les propriétaires qui seront privés du droit de pêche recevront une indemnité.

Une discussion s'engage sur les limites de la pêche maritime dans les af-

fluens. à la mer. Le projet les fixe au point où les eaux cessent d'être salées. M. Gautier demande que ce soit jusqu'où atteignent les hautes marées
de pleine et de nouvelle lune. MM. le ministre des finances, de Bouthi-
lier, commissaire du Roi, et Mestadier, combattent cet amendement
comme donnant trop d'extension à la pêche maritime. La chambre n'est
plus en nombre.

Le 11, M. le ministre des finances présente quatre projets de loi pour le
réglement définitif de l'exercice 1827, les allocations supplémentaires pour
l'exercice 1828, et le budget de 1830 par recettes et dépenses évaluées.

D'après les détails donnés par M. Roy, les dépenses de 1827 présentent
un excédant à raison de quelques services extraordinaires; mais en 1828 il
y a eu un peu de bénéfice.

Le ministre annonce que les besoins de l'exercice 1830 sont à peu près
les mêmes que ceux de l'année courante. Les ministères des affaires étrangères et de la marine, l'instruction primaire, la dotation de la chambre
des pairs, la refonte des anciennes monnoies, réclament quelque augmentation; le budget des affaires ecclésiastiques nécessite une allocation supplémentaire de 1,056,700 fr. (murmures à gauche), ponr l'amélioration du
sort des desservans, des vicaires, des jeunes ecclésiastiques suppléans, des
prêtres infirmes et des anciennes religieuses.

Au reste, toutes les économies possibles seront apportées sur les autres
services; les recettes de l'année prochaine sont évaluées à 979,552,224 fr.
contre 977,735,329 fr. de dépenses; ce qui laisse un boni de 1,416,895 fr.

M. Roy ajoute qu'il ne prétend pas que tout soit parfait dans le système
des impôts publics; mais qu'il ne faut y toucher qu'avec prudence. Il se
plaint de ce que le revenu public soit en quelque sorte traité en ennemi,
et de ce que les principales ressources de l'Etat soient attaquées avec une
violence qui pourroit amener des perturbateurs..... Le gouvernement s'occupe d'un travail approfondi sur les routes et les canaux, de la meilleure
répartition des contributions, et de la présentation d'un projet de loi sur
les boissons.

Une assez longue agitation succède à la lecture de cet exposé des motifs,
pendant laquelle la gauche a donné plusieurs fois des marques de mécontentement. Le silence enfin se rétablit, et l'on reprend la délibération des
articles du projet de loi de la pêche fluviale. La discussion relative aux limites de cette pêche dans les affluens à la mer se termine par un amendement de M. Mestadier, qui porte que la pêche qui se fera au-dessus du
point où les eaux cessent d'être salées sera soumise aux règles de police établies par la présente loi.

Les articles 4 à 13 sont adoptés sans réclamations. Ils sont relatifs aux
gardes-pêche, à la concession que fera l'Etat du droit de pêche par adjudication au plus offrant. Il est défendu de pêcher sans la permission du propriétaire ou adjudicataire, à peine de 20 à 100 fr. d'amende, de dommages-
intérêts et de la confiscation du poisson; mais tout le monde peut pêcher
à la ligne flottante dans les rivières navigables.

Le 12, la séance n'est ouverte qu'à deux heures. Il y a à peine cent
membres.

La chambre adopte les articles 13 à 30 de la loi de la pêche fluviale. Ils
sont relatifs aux adjudications de la pêche, prescrivent quelques mesures
de police, et prononcent des punitions contre ceux qui entraveroient le

passage des poissons ou qui empoisonneroient les rivières ou les étangs. Deux amendemens, proposés par MM. de Schonen et Pataille, sont rejetés.

La séance est levée de bonne heure, et la discussion continuée au lendemain.

———

Nous avons pour caution de l'anecdote qu'on va lire, le témoignage d'un homme de bien, que ses sentimens religieux rendent incapable d'aucune exagération, et à plus forte raison, d'aucune assertion contraire à la vérité.

Le jour de l'enterrement du directeur Barras, voyant une foule considérable devant la porte du défunt, et beaucoup de gens qui montoient dans son appartement, il y monta aussi avant que le convoi se mît en marche. Il entendit un jeune homme et un vieillard qui parloient à voix haute et d'un ton fort animé, au milieu d'un cercle, et en présence du cadavre. Ils vantoient l'un et l'autre les vertus et les grandes qualités du mort, et se vantoient eux-mêmes de l'avoir empêché de ternir sa gloire par un acte de foiblesse. « Vous rappelez-vous, disoit l'un, comme, aux approches de la dernière heure, il nous insinuoit qu'il verroit volontiers un prêtre, et comme je le rassurai en lui disant qu'il avoit tout le temps d'y penser? — Et moi, disoit l'autre, ne lui ai-je pas fait honte, lorsqu'un peu plus tard, il témoigna le désir de parler à M. l'archevêque de Paris? » Les assistans d'applaudir, et les orateurs d'ajouter : « Ah! si nous l'avions laissé faire, et si nous n'avions trouvé moyen de dissiper ses pensées sombres, en l'amusant jusqu'à ce que la tête n'y fût plus, il auroit probablement fini d'une sotte manière; car il paroissoit bien disposé à foiblir et à se laisser aller à son idée de prêtres. »

Ainsi l'on voit avec quel zèle les frères et amis travaillent à empêcher un mourant de faire le plongeon; c'est le même service que Condorcet, à ce qu'on prétend, rendit autrefois à d'Alembert mourant.

———

On nous prie d'annoncer que M. Claude, ancien magistrat et gradué dans la faculté des lettres, vient d'ouvrir un cabinet d'affaires qu'il destine spécialement aux ecclésiastiques. Nous ne connoissions point personnellement M. Claude; mais les témoignages qu'il nous a produits nous paroissent lui mériter la confiance du clergé. Il est recommandé, entr'autres, par un pair de France, dont le caractère loyal, les sentimens royalistes et les principes religieux ont paru avec éclat dans l'une et l'autre chambre. Un tel suffrage seroit seul un titre honorable pour M. Claude, qui demeure à Paris, rue et hôtel Christine, n° 6, et prie seulement que l'on affranchisse les lettres.

Le Gérant, ADRIEN LE CLERE.

+++

Sur des conjectures d'un anonyme touchant le conclave.

Il a paru dans le *Nouveau journal de Paris,* les 2, 5 et 8 mars, trois lettres sur l'élection du pape et sur le conclave; elles sont signées ainsi : † *F. M. M.* Cette signature semble indiquer que l'auteur de la lettre est un évêque; non, le signataire est seulement, si on l'en croit, un ancien *mon-signor,* c'est-à-dire, un homme qui avoit rang dans la pré-lature. Or, à Rome, on donne souvent le titre de prélats à ceux qui ne sont pas même dans les ordres. M. F. M. M. doit être rangé, à ce qu'il paroît, dans cette catégorie; il a tout-à-fait l'air d'un homme qui a, comme on dit, jeté le froc aux orties, et qui n'a plus rien d'un prélat. Son ton, les anecdotes qu'il raconte, les plaisanteries dont il les assaisonne, ses jugemens sur les personnages, tout cela n'est pas propre à donner une haute idée de ses lumières et de sa sagesse. De plus, de petites faussetés assez palpables achèvent d'ôter tout crédit à cet anonyme. Il débite avec assurance les contes les plus ridicules; ainsi il prétend que ce sont *les nonnes de St-Sylvestre in capite* qui *triomphent dans l'élection du pape, puisqu'elles peuvent disposer des voix de la plus grande partie du sacré Collège, dont plusieurs sont leurs confesseurs et d'autres leurs oncles et frères.* Nous pouvons dire hardiment que l'ancien prélat se moque du monde quand il avance de telles sornettes, et cette importance qu'il donne à un couvent de filles dans une ville où il y en a beaucoup d'autres est une absurdité aux yeux de ceux qui connoissent un peu Rome et ses usages. Il n'est point vrai que la plus grande partie des cardinaux soient confesseurs ou parens des religieuses de St-Sylvestre. Ces pauvres Franciscaines seroient sans doute fort étonnées d'apprendre qu'elles ont tant de crédit et d'influence.

L'anonyme, qui est poli, divise les cardinaux en 3 classes, *les savans, les dévots et intrigans, les fainéans et ignorans;* la première classe, selon lui, est peu nombreuse; les deux autres le sont beaucoup. Je me doute bien dans quelle classe il faudroit ranger l'anonyme, s'il étoit cardinal. Heureuse-

ment que l'Eglise, suivant toutes les apparences, n'aura
point à s'affliger d'une telle promotion. Le ci-devant prélat
passe en revue les cardinaux; il nous dit pourquoi tel ou tel
cardinal ne sera pas élu pape. Les raisons qu'il en donne ne
valent pas la peine que l'on cherche à y répondre; mais nous
devons faire remarquer une bévue grossière. Il dit : *Le car-*
dinal Trajetto a du mérite, il est intrigant, mais ne se donne
pas la peine de courtiser les nonnes; donc il ne sera pas pape. Je
parie bien, en effet, que le cardinal Trajetto ne sera pas
pape, par une petite raison assez simple, c'est qu'il n'y a
pas dans le sacré Collège de cardinal Trajetto. Conçoit-on
qu'un homme qui prétend connoître Rome fasse de pareilles
balourdises, qu'il mette au nombre des cardinaux celui qui
n'est point cardinal, et qu'il suppose qu'il peut être question d'élire pape ce cardinal créé par lui seul? Il y a eu autrefois, dans le sacré Collège, un cardinal Caraffa di Trajetto, de la création de Clément XIV; mais il est mort il y a
déjà plusieurs années, et fort avancé en âge. Il existe à Rome
en ce moment, à ce que je crois, un prélat du même nom,
mais il n'est point cardinal; c'est ce qui est assez notoire,
et ce que chacun peut vérifier dans l'*Almanach royal*, dans
l'*Almanach du clergé*, etc. Quelle confiance peut-on avoir
dans un écrivain capable de telles âneries?

L'anonyme mêle la fausseté à la vanterie dans ce qu'il
nous rapporte de ses entretiens avec quelques cardinaux; il
leur prête ses propres idées et ses propres préjugés. Le cardinal Galeffi lui a témoigné qu'il n'aimoit pas les Jésuites;
il n'en faut pas davantage pour engager le sieur F. M. M. à
porter ce cardinal à la papauté, et il ajoute ces paroles, tout-
à-fait placées dans la bouche d'un prélat romain : *Le cardi-*
nal Galeffi, ayant une telle opinion de cette secte diabolique, ne
manquera pas de la détruire, et quel plus grand bienfait pour-
roit-il rendre à l'humanité? Nos libéraux ne diroient pas
mieux, et l'épithète de *secte diabolique* est digne de l'urba-
nité du *Constitutionnel* ou du *Nouveau journal de Paris*. Une
conversation prétendue du feu cardinal Fontana avec l'anonyme est dans le même goût, et le cardinal y parle à peu
près comme feroit M. de Pradt ou M. Viennet. Il déclare
que, s'il devenoit pape, il renonceroit à la souveraineté temporelle; il fait de très-belles phrases sur la marche du siècle,
sur le progrès des lumières, sur l'esprit philosophique, sur

les heureux effets de la civilisation. Pour quiconque a connu le sage et pieux cardinal Fontana, ce langage est extrêmement vraisemblable dans sa bouche. L'anonyme s'amuse aussi à faire parler le cardinal Litta; il nous raconte des anecdotes sur les anciens et les nouveaux conclaves, anecdotes qu'il tient de son oncle le cardinal. Cet oncle n'est point nommé dans les lettres, mais on devinera aisément de qui M. F. M. M. veut parler.

Enfin, dans sa dernière lettre, le prélat postiche revient au conclave actuel, et nous apprend que, d'après une lettre qu'il a reçue de Rome, le sacré Collège s'est partagé *en deux cohortes militantes et intrigantes*. A la tête de la première est le cardinal Bernetti, qui étoit en dernier lieu secrétaire d'Etat, et qui est *secondé*, dit l'anonyme, *par tous les cardinaux napolitains, les Caccia-Liatti* (lisez Caccia-Piatti), *les Vidoni, les Falzacappa, les Testaferrata et le cardinal-ministre de Bavière*. Ah! Mgr, quelle nouvelle bévue; il n'y a point à Rome de cardinal-ministre de Bavière. Vous avez donc oublié que le cardinal Haeffelin, qui occupoit ce poste, est mort depuis près de deux ans. Comment l'ami qui vous écrit de Rome, dites-vous, peut-il ignorer cela? Comment ne sait-il pas que le ministre actuel de Bavière, le baron de Malzen, n'est point cardinal? En vérité, Mgr, votre ami et vous, vous connoissez bien peu le terrain que vous voulez décrire. Quand on fait de telles méprises, est-on bien recevable à donner son avis sur le conclave? Quoi qu'il en soit, l'anonyme suppose que les cardinaux nommés ci-dessus portent le cardinal Pacca, et que la *seconde cohorte*, qui a à sa tête les cardinaux Giustiniani et Odescalchi, et qui est composée *de tous les cardinaux romains et de quelques espagnols*, porte le cardinal Galeffi. Il seroit inutile de rechercher ce qu'il y a de plausible dans les suppositions de l'anonyme; nous nous contenterons de dire qu'il ne faut juger du cardinal Pacca ou du cardinal Galeffi, ni par les louanges qu'il donne à l'un, ni par la critique qu'il fait de l'autre. Ces deux illustres personnages sont également au-dessus des louanges et du blâme d'un homme tel que le sieur F. M. M., qui connoît bien mal leurs sentimens. M. le cardinal Galeffi a dit à d'autres précisément le contraire de ce que rapporte l'anonyme. Nous ne nous arrêterons point sur ce qu'il nous conte des ambassadeurs des puissances à Rome;

K 2

il y a là comme dans tout le reste des choses ridicules, par exemple, que les ambassadeurs d'Espagne, de Naples et du Brésil *sont considérés comme des Babouins*. Qu'a voulu dire par là le judicieux anonyme? Où est le sel de cette ingénieuse plaisanterie? C'est ce qu'il ne nous est pas donné de deviner.

NOUVELLES ECCLÉSIASTIQUES.

ROME. Le 2 mars, M. le cardinal Ruffo, archevêque de Naples, visita la basilique du Vatican, et l'après-midi du même jour, Son Em. fit son entrée au conclave. Le jour suivant, M. le cardinal Gaysruch, archevêque de Milan, arriva à Rome, et descendit au palais Braschi.

— Les 2, 3 et 4 mars, les cardinaux chefs d'ordre étoient les cardinaux Galeffi, Morozzo et Rivarola. Les 5, 6 et 7, ce devoit être les cardinaux Arezzo, Testaferrata et Guerrieri-Gonzaga.

— On fait des prières pour l'élection du souverain pontife. Le saint sacrement a été exposé dans différentes églises comme pour les prières des quarante heures, et les confréries s'y rendent processionnellement matin et soir, en chantant les litanies et les prières en usage pour la vacance du saint Siège. Les curés des paroisses et les religieux mendians se rendent également en procession de la basilique des Douze-Apôtres au palais Quirinal. Arrivés près la chapelle des auditeurs de Rote, où on chante tous les jours une messe du Saint-Esprit, ils entonnent le *Veni Creator*, et le continuent jusqu'à l'église de Saint-Sylvestre, où est célébrée aussi une messe du St-Esprit. Cela se continue chaque jour.

PARIS M. l'archevêque a repris, comme nous l'avons annoncé, le cours d'instructions qu'il avoit déjà fait les années précédentes tous les vendredis de carême. Le vendredi 6, premier vendredi de carême, le prélat parloit en même temps pour la société des prisons, et a rattaché à cette œuvre ses considérations sur le Sauveur et sur la passion. Il a montré J. C. prisonnier lui-même, et éprouvant les privations, les humiliations et les mauvais traitemens auxquels les prisonniers sont exposés. M. l'archevêque a présenté, sur ce sujet, les réflexions les plus propres à intéresser la piété des fidèles.

et à exciter leur charité envers les prisonniers. L'auditoire etoit très-nombreux, et la quête a été abondante. Le vendredi suivant, un plus grand nombre encore de fidèles remplissoit la nef de Notre-Dame. M. l'archevêque, qui paroît suivre dans ses instructions un autre plan que les années précédentes, a parcouru tout l'ancien Testament, et y a trouvé de nombreuses et frappantes figures de J. C., de ses souffrances et de sa mort. Une grande connoissance et d'heureuses applications de l'Ecriture, une suite de réflexions attachantes et pleines d'utilité dans la pratique, une abondance de pieux sentimens et d'excellentes vues, voilà ce qu'on a remarqué dans ce discours, qui a duré une heure et demie, et qui n'a paru long à personne.

— M. le cardinal de Clermont-Tonnerre est parti de Toulouse le 10 mars au matin pour se rendre au conclave. S. Em. avoit reçu quelques jours auparavant, de Paris, ses instructions et ses passeports. Elle est accompagnée de M. l'abbé Berger, un de ses grands-vicaires. M. l'abbé Darassus, chanoine honoraire de Toulouse, doit rejoindre M. le cardinal en route. Son Em. a pris la route la plus courte, elle passera par Nice. Elle se propose de prendre pour conclaviste M. l'abbé Clausel de Coussergues, qui se trouve à Rome depuis quelques mois. Il y a long-temps qu'il ne s'est trouvé autant de cardinaux français réunis au conclave; depuis plus d'un siècle, il n'y en avoit jamais eu plus de trois; cette fois, il y en aura cinq. Les quatre dont nous avons précédemment annoncé le départ doivent être arrivés depuis plusieurs jours, et sont en ce moment dans le conclave.

— Les journaux ont annoncé que M. l'abbé Gallard, curé de la Madeleine, qui avoit été nommé à l'évêché du Mans, avoit eu, la semaine dernière, une audience du Roi. Ce modeste ecclésiastique a prié S. M. d'agréer qu'il restât dans une paroisse où il est justement aimé et honoré. Le Roi a eu égard à sa demande. M. l'abbé Gallard a reçu, tous ces jours-ci, les remercîmens de son clergé et de ses paroissiens, qui se félicitent de conserver un pasteur si sage, si appliqué à ses devoirs, si occupé des intérêts des pauvres, si propre à se concilier l'estime et la confiance de toutes les classes. M. le curé de la Madeleine pourra continuer le bien qu'il a déjà fait dans une paroisse qui est une des plus importantes de la capitale.

— Nous avons reçu plusieurs mandemens sur la mort du pape, nous regrettons de n'en pouvoir donner des extraits. Tous non-seulement font l'éloge du pontife, mais sont remplis de témoignages d'artachement au saint Siège. *Ne nous séparons jamais*, dit M. l'archevêque d'Albi, *de la barque de Pierre, centre de l'unité, hors de laquelle il n'y a point de salut.* M. l'évêque de Versailles célèbre avec la plus touchante effusion la mémoire de Léon XII, et peint *les évêques de France entourant son autorité suréminente de leur profonde vénération, et répondant par l'affection la plus vive à sa tendresse paternelle;* nous pourrons revenir sur son Mandement, qui est écrit avec un rare talent. M. l'évêque de Nanci rappelle *les pressans motifs qui doivent rattacher plus fortement que jamais* les fidèles *au centre inébranlable de l'unité catholique, et les unir par le fond de leurs entrailles, comme s'exprimoit Bossuet, à cette vénérable et sainte Eglise romaine, mère et maîtresse de toutes les autres églises.* M. l'évêque de Limoges ne s'exprime pas avec moins d'énergie dans son Mandement du carême, et après avoir parlé des promesses faites par le Sauveur à son Eglise :

« De là, dit-il, cette force qui résiste à tous les assauts, cette sagesse qui dissipe toutes les erreurs, cette sainteté qui réprouve tous les vices; de là, cette autorité infaillible qui prononce des jugemens sans appel, cette unité admirable qui range des peuples sans nombre, de tous les siècles et de tous les pays, sous l'autorité des mêmes pasteurs, sous la prédication et sous la profession de la même foi, sous l'administration des mêmes sacremens, et qui n'en fait plus qu'un seul peuple, qu'un seul cœur, qu'une seule ame en Jésus-Christ; de là cette union étroite et nécessaire, cet inviolable attachement à la chaire de Pierre, en laquelle seule toutes les autres gardent l'unité, cette primauté du successeur du prince des apôtres, de celui dont le nom mystérieux marquoit la force et la solidité de son ministère, à qui fut confié le soin de confirmer ses frères dans la foi, de paître les agneaux et les brebis, qui reçut le premier et le seul d'abord les clefs qui devoient être confiées à tous les autres, qui fut établi la base et le fondement de l'édifice indestructible, contre lequel les portes de l'enfer ne prévaudront jamais. »

Un langage si consolant et si précis confond les imprudens et les téméraires qui semblent prendre plaisir à mettre l'épiscopat français en opposition avec le saint Siège. Assurément le gallicanisme des professions de foi ci-dessus n'a rien de bien inquiétant pour la tranquillité de l'Eglise, et Rome n'a pas beaucoup à craindre d'évêques qui manifestént de tels sentimens. Le Mandement de MM. les grands-vicaires du Mans sur la mort du pape mérite une place à côté de ces déclarations épiscopales. MM. les grands-vicaires y parlent du souvrain pontife dans les termes les plus magnifiques :

« Il est le vicaire de Jésus - Christ sur la terre, le chef visible de l'Eglise, le docteur des nations, le pasteur des pasteurs, le centre de l'unité chrétienne, l'oracle universel. Appuyé sur l'infaillible promesse de Jésus-Christ, il puise dans le sein même de la Divinité les lumières qui le dirigent, les dons et les grâces qu'il répand. Il n'y a point de salut hors de sa communion, et en suivant ce qu'il enseigne, jamais on ne s'égare ; car c'est à lui de confirmer ses frères dans la foi. Nul n'a le droit de se soustraire à son autorité paternelle ; les rois sont ses enfans comme les moindres de leurs sujets. Les évêques, établis de droit divin pour gouverner leurs diocèses, sont d'humbles disciples à son égard. Quoique ses collègues dans l'épiscopat, et juges de la foi comme lui, ils lui doivent cependant la soumission, le respect et l'obéissance. C'est de lui que tout part, c'est à lui que tout se rapporte ; il est à la tête de ce corps admirable de pasteurs.... »

Ne voilà-t-il pas des gallicans bien dangereux et des ennemis bien redoutables du saint Siège ? N'est-il pas juste et sage de flétrir un clergé où l'on pense et s'exprime ainsi ? J'imagine que les partisans d'un certain livre devront applaudir à ce passage ; en revanche, ils seront peut-être un peu moins contens de celui qui suit :

« Il (le pape) peut donc tout dans l'ordre spirituel ; mais hors de là, il ne peut rien. Il n'est pas plus l'héritier de César, que les princes ne sont les successeurs des apôtres. Les deux puissances destinées à gouverner la société civile et religieuse viennent également de Dieu et ne relèvent que de lui ; elles sont toutes les deux souveraines, chacune dans sa sphère ; la perfection résulte de leur accord, et si elles venoient à empiéter l'une sur l'autre, il y auroit désordre et confusion.

» La religion, il est vrai, condamnera toujours la tyrannie et l'oppression de quelque part qu'elles viennent, parce qu'elle réprouve, au nom de Dieu, tout ce qui est inique ; mais jamais elle n'enseignera aux sujets qu'ils doivent se soulever contre les princes, ni aux enfans qu'ils peuvent se révolter contre des parens qui abusent de leur autorité. La rebellion et la révolte seront toujours à ses yeux des désordres que nul prétexte ne pourra justifier. Elle dira à ses enfans, comme elle l'a dit dans tous les siècles : Si on vous commande de violer les lois divines, *obéissez à Dieu plutôt qu'aux hommes*, mais ne vous révoltez pas ; si on vous persécute injustement, soyez fermes dans la justice, mourez, s'il le faut, mais en mourant, pardonnez à vos persécuteurs, priez pour eux, prêchez le respect qui leur est dû et l'obéissance qu'ils ont le droit d'attendre dans tout ce qui n'est point mal. Par là, vous imiterez Jésus-Christ, les apôtres, et ces innombrables légions de martyrs qui ont tant illustré l'Eglise, en scellant de leur sang la foi qu'ils professoient.

- » Tel est, N. T. C. F., la véritable doctrine de l'Évangile, doctrine que nous trouvons consignée dans nos livres saints, dans les monumens les plus authentiques de la vénérable antiquité; doctrine qui s'enseigne dans les écoles chrétiennes depuis un bout du monde jusqu'à l'autre; doctrine à laquelle nous demeurons invariablement attachés, et dont nous ne nous départirons jamais. Nous désavouons hautement, comme des maximes fausses, pernicieuses, antichrétiennes, funestes à la religion et à l'Etat, tout ce qu'on tenteroit d'y opposer. »

— Pendant qu'on dénonce les missionnaires, et que l'on cherche à soulever les passions contre eux par des accusations où il n'y a pas moins d'ingratitude que d'injustice et de fausseté, ils continuent à exercer leur zèle avec la même charité et le même dévoûment. Ceux qui avoient donné cet hiver, à Nogent-le-Rotrou, la mission dont nous avons parlé, sont allés de là à Brive, et y ont ouvert la mission le 11 janvier. D'abord ils avoient été accueillis avec quelques préventions, et les déclamations continuelles des journaux n'avoient trouvé que trop d'esprits disposés à mal juger ces hommes respectables; mais ils n'ont eu qu'à paroître en chaire pour dissiper ces nuages. On a vu en eux, au lieu d'artisans de troubles et de ligueurs fanatiques, comme leurs ennemis les appellent; on a vu, dis-je, en eux des prêtres sages, zélés, modestes, désintéressés, sévères pour eux seuls, indulgens et aimables dans leurs rapports avec le prochain. Aussi leurs premiers exercices eurent bientôt ramené ceux qui les avoient jugés le plus défavorablement. Bientôt l'église paroissiale ne suffit plus pour contenir la foule, et les Ursulines consentirent à prêter leur église. Les missionnaires y prêchoient tous les soirs, indépendamment des instructions qu'ils faisoient soir et matin à la paroisse. La mission a été constamment suivie par toutes les classes, et l'ordre et le calme y ont toujours régné. M. l'abbé Menoust, chef de la mission, étoit assisté de MM. Delahaye, Rebours et de Féron, qui se partageoient les travaux. Le clergé de la ville les secondoit avec zèle. On ne sauroit dire tous les heureux résultats de leurs prédications réitérées. Les haines se sont éteintes, les désordres ont cessé, le respect humain a été foulé aux pieds, et l'esprit de religion a paru renaître. La jeunesse surtout a goûté les instructions

solides et les entreticns affectueux des missionnaires. Trois
communions générales ont eu lieu les trois dimanches qui
ont précédé le carême; on y a vu réunies environ deux mille
personnes. Le 25 février, on a fait la plantation de la croix,
où plus de 3oo jeunes gens se relevoient pour porter le
signe du salut. D'autres pieuses cérémonies avoient préludé
à celle-là, qui a été fort imposante par la réunion des autorités, par la présence d'un grand nombre de fidèles, et par
toutes les marques d'une religieuse allégresse.

NOUVELLES POLITIQUES.

PARIS. Enfin un principe de sagesse est éclos, samedi dernier, dans la
chambre des députés; le rapporteur d'une pétition incongrue a osé reconnoître que *ce n'est point aux particuliers à proposer des projets de lois.*
Mais remarquez à cette occasion combien les pauvres prêtres ont de malheur! Ces sages réflexions n'arrivent que quand il n'est plus temps pour
eux d'en ressentir les bons effets, et qu'ils ont subi en plein toute la rigueur des principes contraires. A leur égard, c'est comme un cri de grâce
qui se fait entendre après l'exécution. Tant qu'il y a eu des congrégations
religieuses à persécuter, des petits séminaires à désorganiser, des Jésuites et
des missionnaires à sacrifier, les Marcet, les Isambert et autres pétitionnaires de bonne intention ont été les bien venus à présenter des plans de
réforme et de bouleversement. On ne les a point chicanés sur leur droit
d'intervention, sur la grande initiative qu'ils usurpoient, sur leur qualité de simples particuliers, en un mot, sur ce que la chose ne les regardoit point; on ne s'est aperçu de rien. Il y a plus, on a consenti à reconnoître le régime des ordonnances, mais pour ce cas-là seulement, et en
tant qu'il n'y auroit que la religion qui pût en souffrir; exceptions heureuses, comme vous voyez, qui, en laissant la carrière ouverte aux pétitions contre le culte catholique, n'empêchent pas d'établir en principe
que ce n'est point aux particuliers à proposer des projets de lois. Seulement, c'est un principe dont on s'est avisé un peu tard, et ceux qui sont
morts sont morts.
— Les actions de la révolution continuent d'être en hausse. Le *Courrier français* demande des honneurs civiques pour l'illustre inventeur des
répugnances contre les Bourbons. Un général, condamné à mort comme ennemi de l'Etat, se représente comme pétitionnaire, non-seulement pour se
moquer de la sentence qui pèse sur sa tête, mais pour se faire compter
l'arriéré de traitement et les indemnités qu'il prétend avoir à réclamer.
D'un autre côté, les journaux cherchent à réveiller la sensibilité nationale
et la reconnoissance publique en faveur de l'abbé Sieyes, qu'ils saluent
des noms d'*honorable proscrit* et d'*illustre malheureux.* Pour couronner ces
triomphes de la révolution, un nouveau pétitionnaire se présente avec un

réquisitoire contre le Roi, qui se permet de prolonger le licenciement de la garde nationale de Paris. Il faut connoître cette fière mercuriale pour apprécier le degré d'anarchie où nous sommes arrivés. Il faut voir de quelle manière on nargue la majesté souveraine, en lui signifiant que la volonté générale d'une nation équivaut pour le moins à celle du Roi. Vraiment, les fruits de l'arbre de la liberté commencent à devenir si amers pour la royauté elle-même, que désormais il faudra cesser de plaindre les particuliers qui ont le plus à en souffrir.

— Dans la formule de serment annexée au projet d'émancipation des catholiques d'Irlande, on remarque une expression singulière et fort inusitée ; c'est celle qui désigne le souverain pontife sous le nom de *pape de Rome*, comme si l'on craignoit de le confondre avec des papes de Bagdad ou d'Amsterdam. Cependant, à force de chercher la cause de cette bizarre locution, voici à quoi nous avons cru pouvoir l'attribuer. Depuis quelque temps, M. l'abbé de Pradt travaille à constituer l'Amérique méridionale sous le rapport religieux, après l'avoir si bien constituée sous le rapport politique. Dans un de ses derniers écrits, il s'attache à prouver qu'il faut à ce pays-là un pape qui le laisse *sans gêne* dans sa religion, et qui se borne à sanctionner pour lui *l'ouvrage de la nature*. Or comme il est clair que ce ne seroit pas le *pape de Rome* qui conviendroit pour cette belle opération, et qu'à vue de pays, l'ancien archevêque de Malines seroit un homme beaucoup mieux choisi pour *sanctionner l'ouvrage de la nature*, le gouvernement anglais aura probablement prévu ce cas, et désigné le *pape de Rome*, comme il l'a fait, pour le distinguer d'avance du *pape sans gêne*.

— Après la célébration de la messe en commémoration du 12 mars 1814, MM. les Bordelais ont été présentés à S. M., qui les a accueillis avec beaucoup de bonté. On remarquoit, avec M. le comte de Lynch, MM. l'archevêque de Bordeaux, les comtes de Marcellus, de Peyronnet, d'Autichamp, de Lur-Saluces, Duhamel, le baron d'Haussez, et d'autres personnages de distinction. La députation bordelaise a été ensuite admise auprès de M. le Dauphin, de Mᵐᵉ la Dauphine et des enfans de France. M. le comte de Lynch a remis à M. le duc de Bordeaux une bourse contenant le produit de la quête faite par le fils de M. le maire de Bordeaux pour l'œuvre de Saint-Joseph.

— Une ordonnance royale du 7 mars a nommé, pour présider les quatre collèges électoraux qui doivent se réunir le 26 de ce mois, savoir, à Trévoux, M. Leviste de Montbriant, député ; à Réthel, M. Rivals de la Salle, membre du conseil-général ; à Mont-de-Marsan, M. Dombidau de Crouzeilles, président de la cour royale de Pau ; à Marseille, M. Reguis, président du tribunal de première instance, et pour vice-président, M. Vardilhon, adjoint au maire de cette ville.

— Ce n'est pas M. le duc de Fitz-James, mais M. le comte de Lassale, aide-de-camp du Roi, qui est nommé gouverneur du château de Compiègne en remplacement de M. le duc de Maillé.

— La loi du 27 avril 1825, qui accorde une indemnité de 30 millions de rentes aux émigrés, leur a prescrit de présenter leurs réclamations dans le délai d'un an pour les habitans du royaume, sous peine de déchéance. Une ordonnance royale du 8 de ce mois enjoint aux réclamans qui ont négligé de produire les pièces justificatives de les fournir dans un délai de 3 mois à dater d'une notification qui leur sera faite à la diligence du préfet. Ils auront, pour présenter au ministre leurs observations contradictoires, un second délai de 3 mois, à partir de la communication de l'avis donné par le préfet en conseil de préfecture.

— Une consultation avoit été rédigée par M. Hennequin pour M. de Bully, député du Nord, dont on attaquoit de nouveau l'éligibilité. Elle est signée de MM. Delacroix-Frainville, doyen de l'ordre des avocats; Louis, bâtonnier; Berryer fils, Billecocq, Gairal, Thevenin, Couture, Demante, de Portez, Duranton, Gaudry et Guichard, avocats du barreau de Paris, et de M. Laloux, avocat de la cour royale de Douai.

— Il a été déposé ces jours derniers, à la chambre des députés, une pétition signée d'un grand nombre de pères de famille du département de la Seine, qui réclament contre la fixation exagérée de la répartition du coutingent pour le recrutement assigné au département de la Seine, cette répartition étant faite d'après la population effective et mobile, dont il n'y a guère qu'un tiers d'individus qui appartiennent réellement à ce département.

— La chambre des députés ne cesse de recevoir des pétitions pour la suppression ou la diminution des droits sur les boissons. Beaucoup de députés se sont chargés d'en présenter.

— M. Roux est rétabli sur la liste des maîtres des requêtes honoraires.

— Don Miguel a nommé le comte de San-Lorenzo ministre de la guerre, en remplacement du duc de Cadaval, qui avoit le portefeuille par interim.

— La chambre des députés du Mexique a décrété, au commencement de janvier, l'expulsion générale des Espagnols, en n'accordant qu'un mois à ceux qui sont sur les côtes, et deux ou trois mois à ceux qui sont encore à Mexico ou dans l'intérieur. Il ne manquoit le décret que la sanction du sénat qui n'a pas dû se faire attendre. Au reste, les Espagnols et d'autres étrangers ont pris l'avance, ne pouvant plus rester dans un pays qui n'offre aucune garantie. En moins d'un mois, on leur a délivré à Mexico plus de 4000 passeports; la plupart se rendent aux Etats-Unis. On a voulu recommencer à Mexico un second pillage, mais la canaille en a été empêchée par la troupe de ligne.

CHAMBRE DES PAIRS

Le 13, on a commencé la discussion des articles du projet de loi sur le duel.

Le premier paragraphe introduit par la commission a été adopté, après avoir été combattu par MM. le garde-des-sceaux, le ministre de l'instruction publique, le duc de Broglie et le comte de Tocqueville, et soutenu par MM. le comte Siméon et le baron Pasquier, rapporteur. MM. les comtes de Peyronnet, de Bastard et de Pontécoulant ont aussi été entendus sur la rédaction de ce paragraphe, qui est, dit-on, ainsi conçu :

« Sont compris dans les faits que le Code pénal qualifie de délits, crimes ou tentatives de crimes, et punis comme tels, tous les faits résultans du duel entre deux ou plusieurs personnes, soit que le duel ait eu lieu à l'arme blanche ou avec des armes à feu. »

La discussion s'est ensuite ouverte sur le second paragraphe, portant que les faits seront constatés, et les inculpés interrogés ou arrêtés dans les formes prescrites par le Code d'instruction criminelle, et que les pièces seront transmises dans les vingt-quatre heures au procureur du Roi. La chambre a entendu à ce sujet MM. les comtes de Kergariou et de Peyronnet, les barons Séguier et Pasquier, ainsi que M. de Vatimesnil, qui a encore plaidé vivement la rédaction du gouvernement. A la demande d'un de ces orateurs, ce paragraphe a été renvoyé à un nouvel examen de la commission.

Le 14, les différens articles du projet de loi sur le duel ont donné lieu à une discussion dans laquelle ont été entendus MM. le baron de Barante, les comtes de Pontécoulant, de Peyronnet, le duc de Cazes, les comtes de Tascher, de Tournon, de Tocqueville, le duc de Praslin, le vicomte Chifflet, le marquis de Laplace, le comte d'Ambrugeac, le baron Pasquier, rapporteur, et le garde-des-sceaux.

On assure que, dans son discours sur la pénalité du projet de loi, M. de Tascher a appelé l'attention du gouvernement sur l'omnipotence du jury, dont les effets se font si singulièrement remarquer depuis quelque temps, et qui ne tendent à rien moins qu'à envahir le pouvoir législatif.

Les articles ont successivement été adoptés avec les amendemens proposés par la commission.

M. de Tournon proposoit, dit-on, des peines plus sévères en cas de récidive; mais la chambre s'est contentée de la latitude laissée aux juges dans la punition d'un mois à deux ans d'emprisonnement contre les inculpés, introduite par la commission et adoptée.

A la demande de M. le général d'Ambrugeac, la chambre a supprimé le dernier paragraphe, qui appliquoit la présente loi aux militaires, le nouveau Code devant statuer sur le duel.

L'ensemble de la loi a été ensuite mis aux voix et adopté au scrutin à la majorité de 96 contre 75. La chambre se réunira jeudi.

CHAMBRE DES DÉPUTÉS.

Le 13, la délibération continue sur les articles de la loi de la pêche fluviale.

On adopte les articles 30 à 36, qui prononcent une amende de 20 à 50 fr. contre ceux qui vendroient des poissons n'ayant point les dimensions déterminées par les ordonnances, qui emploieroient des appâts prohibés, ou qui feroient usage de filets non marqués par les agens de l'administration. Les mariniers de rivière ne pourront avoir de filets ni engins de pêche dans leurs bateaux, et les fermiers de la pêche ne pourront user que du chemin de halage.

L'article 37 assimile les gardes-pêches nommés par l'administration aux gardes-forestiers royaux, et les autorise à constater les délits par des procès-verbaux qu'ils transmettront aux procureurs du Roi. M. Voyer d'Argenson demande que ces procès-verbaux ne puissent valoir que comme dénonciation, sans quoi, dit-il, on augmenteroit le nombre de ces agens de tyrannie, d'oppression et de terreur qui couvrent le sol de la France: (Rires et murmures.) Cet amendement, combattu par MM. Favard de Langlade et Pardessus, est rejeté.

Les articles 38, 39, 40 et 41, relatifs aux pouvoirs des gardes-pêches et à la saisie du poisson et des ustensiles en cas de contravention, passent sans difficulté, avec un amendement de M. Pataille, portant que les filets dont la confiscation aura été prononcée seront vendus au profit du trésor. Après une épreuve douteuse, on en rejette un de M. Busson, qui laissoit le produit de la vente du poisson, en pareil cas, aux fermiers de la pêche ou aux propriétaires riverains.

On adopte également les articles 42 à 53, sur la rédaction, l'enregistrement et l'affirmation des procès-verbaux, ainsi que le 54°, qui porte que les procès-verbaux revêtus de ces formalités, quoique dressés par un seul agent, feront preuve suffisante jusqu'à inscription de faux, quand la contravention n'entraînera pas une condamnation à plus de 5o fr. M. Daunant vouloit qu'on mît *jusqu'à preuve contraire*; mais après quelques débats cet amendement, combattu par MM. Favard de Langlade, Jacquinot de Pampelune et Mestadier, est rejeté au scrutin à la majorité de 129 contre 121.

Le 14, M. le général Lafond-Blagnac demande et obtient un congé.

Le rapport des pétitions est fait par MM. Jars, Boulard, Gérard, Daunant et de Sade.

La chambre passe à l'ordre du jour sur celle du général de Vaudoncourt, qui demande l'annulation de l'arrêt de la cour d'assises qui l'a condamné à mort par contumace, pour sa conduite à Metz pendant les cent jours, et qu'on lui accorde une indemnité et l'arriéré de son traitement.

Le sieur Gueliard, à Béthune, présente des réflexions sur la nécessité de réformer le Code pénal; il propose de remplacer la peine de mort par la déportation, etc. Le côté droit et une partie du centre droit se lèvent pour l'ordre du jour; la majorité obtient le dépôt au bureau des renseignemens.

Les sieurs Vaisse et Samry, avocats à Toulouse, et Petit, juge à Paris, présentent des observations sur les juges-auditeurs et sur la prétendue illégalité de leur institution. La commission, qui partage l'avis des pétitionnaires, propose le renvoi au garde-des-sceaux. M. Bourdeau, sous-secrétaire d'Etat de la justice, convient qu'il y a quelque chose à réformer dans cette institution, et déclare que le gouvernement s'occupe de présenter une loi sur cette matière. Le renvoi est adopté.

Cent quatre-vingt-deux électeurs de Lille réclament contre l'admission à la chambre de M. de Bully, qui, selon eux, ne paie pas le cens, et qui vient d'être rayé de la liste des électeurs par suite d'une décision judiciaire. M. de Sade, rapporteur, fait observer qu'il y a ici autorité de la chose jugée, puisque la chambre a prononcé sur l'admission de cet honorable député du Nord. Il ne se présente ici qu'une question nouvelle, c'est de savoir si la chambre doit conserver un de ses membres quand il cesse d'être éligible. Les précédens et les convenances ne le veulent pas; et comme la

Charte ne s'est pas prononcée à cet égard, il faudroit qu'une loi spéciale vînt décider le contraire. Au reste, les députés, par leurs fonctions, doivent être à l'abri des attaques et des recherches. La commission propose donc l'ordre du jour en ce qui touche l'admission de M. de Bully; mais toutefois le renvoi au garde-des-sceaux pour ce qui est relatif à quelques altérations ou intercalations de registres dénoncées par les pétitionnaires.

M. de la Boëssière demande vivement la question préalable, comme devant avoir la priorité d'après l'article 21 du règlement. M. le président soutient que la chambre ne peut délibérer que sur les conclusions de la commission. M. de Chauvelin appuie la question préalable. M. de la Boëssière montre qu'il y va de la dignité de la chambre elle-même et de l'autorité des décisions qu'elle a prises. M. Royer-Collard insiste, malgré les réclamations de M. de Montbel.

M. B. Morel croit que la chambre pourroit revenir sur ce qu'elle a fait, si sa bonne foi a été surprise, et que le devoir de M. de Bully seroit de donner sa démission.... M. Agier appuie les conclusions de la commission, en soutenant que la chambre ne peut point révoquer ses décisions. Tout est jugé, ajoute-t-il; quant à M. de Bully, il ne peut avoir affaire qu'à sa conscience.... M. Pas de Beaulieu justifie les pétitionnaires, et prétend que l'on ne doit pas rester député quand on n'est plus électeur; il conseille donc à M. de Bully de suivre l'exemple de M. Mousnier-Buisson, et demande le dépôt de la pétition au bureau des renseignemens.

M. de Bully obtient la parole; il explique ses droits d'éligibilité, la possession annale de ses biens, et répond aux assertions des pétitionnaires. Plus il descend dans sa conscience, plus il y trouve le calme et la certitude. M. de Schonen attaque de nouveau les droits de M. de Bully; les plus violens murmures empêchent de l'entendre, et l'obligent à descendre de la tribune.

M. de la Boulaye défend les titres de M. de Bully, et invoque l'omnipotence de la chambre. M. Dupin aîné fait l'éloge du courage des électeurs de Lille, et soutient la nullité des actes contestés. Il regrette que la chambre soit obligée de prononcer l'ordre du jour par impuissance. Quant à l'ajournement, il l'accorderoit volontiers à M. de Bully pour se justifier, jusqu'à la dissolution de la chambre. M. Pardessus, malgré les interruptions de la gauche, établit avec force les droits de l'honorable membre.

Il est six heures; on demande vivement la clôture. M. Viennet ne peut obtenir la parole au milieu du tumulte, qui s'accroît de plus en plus. L'ordre du jour sur l'éligibilité de M. de Bully est enfin mis aux voix et adopté à une grande majorité. Le renvoi au garde-des-sceaux de ce qui concerne les mutations de registres, *il y a sept ans*, est prononcé par les deux sections de la gauche et une partie du centre droit. M. Pas de Beaulieu, malgré les réclamations de la droite, redemande en outre le dépôt au bureau des renseignemens. La chambre se partage pour cette mesure : M. le président déclare qu'elle est adoptée.

Le 16, après la lecture du procès-verbal, M. de Caqueray fait observer que deux journaux, le *Constitutionnel* et le *Courrier*, ont annoncé faussement que des applaudissemens avoient éclaté dans les tribunes après le discours de M. Dupin contre l'éligibilité de M. de Bully. Il demande donc que le procès-verbal constate que le règlement n'a pas été violé à cet égard; il importe, dit l'orateur, que l'assertion de ces deux journaux soit démentie, puisqu'elle est publiée avec audace par des hommes habiles à s'emparer de tous les scandales, et à en inventer au besoin.

M. le président répond que cette observation est sans objet, puisqu'elle n'attaque en rien la rédaction du procès-verbal; il le déclare donc adopté.

M. Royer-Collard donne ensuite lecture d'une lettre de M. de Bully. L'honorable membre déclare que, puisque l'on a renvoyé à M. le garde-des-sceaux l'instruction d'une accusation qui se rattache par des liens intimes à son élection même; il croit devoir s'abstenir de prendre part aux délibérations de la chambre jusqu'à ce que cette instruction, provoquée par le renvoi de samedi dernier, soit mise à fin. Il faut que la France soit éclairée, ajoute M. de Bully, et je vais hâter de tous mes moyens une vérification que je suis loin de redouter, et que j'appelle de tous mes vœux.....

On reprend la délibération de la loi de la pêche fluviale. La chambre adopte les articles 54 à 59 sur le pourvoi contre les procès-verbaux et les exceptions que présenteroient les délinquans. Un amendement, proposé par la commission pour qu'il soit sursis aux poursuites en cas d'exception, est rejeté à la suite d'une discussion, et à une forte majorité.

Les 25 autres articles passent successivement avec les changemens proposés par la commission. Ils sont relatifs à l'exécution des jugemens, et sont assimilés aux dispositions du Code forestier. M. Pataille vouloit qu'on supprimât que les punitions seroient doublées pour les faits commis la nuit ou en récidive, et M. Gallot, qu'on réduisît la détention à deux jours quand l'amende n'excéderoit pas 25 francs; mais ces amendemens ont été rejetés, ainsi qu'un article additionnel proposé par M. Demarçay, en faveur du contrevenant.

On procède au scrutin sur l'ensemble du projet de loi, et il est adopté à la majorité de 249 contre 18. Cette loi sera reportée à la chambre des pairs, à raison des changemens qui y ont été faits.

M. le président annonce que l'on s'occupera demain du projet de loi sur le tabac.

Sur un article de M. de Pradt dans le Courrier français.

Il faut rendre justice à M. de Pradt, il est franc dans ses doctrines révolutionnaires et dans sa haine contre la religion. Pour un gouvernement qui auroit envie de se sauver en profitant des secrets de l'ennemi, ce seroit un homme impayable.

Tandis que les autres s'avancent tout doucement par des chemins couverts jusqu'aux fondemens de l'Eglise catholique, tandis qu'ils se contentent d'enlever la religion morceaux par morceaux; il nous déclare lui que c'est une affaire faite, et qu'il ne reste plus qu'à proclamer *l'indépendance antireligieuse.* Cette indépendance antireligieuse nous étoit une chose acquise, selon lui, avant que la révolution vînt la mettre en évidence. Dès-lors, il n'y avoit plus de considération et de succès dans le monde que pour les gens qui se moquoient de tout. Au Parnasse, au théâtre, dans la littérature, on ne réussissoit qu'en proportion des impiétés qu'on avoit l'art de faire passer.

L'ancien archevêque de Malines reconnoît, il est vrai, qu'à une certaine époque de la révolution, on parut revenir à des sentimens religieux ; mais il ne veut pas qu'on en fasse honneur à la main puissante qui nous châtioit du haut du ciel ; il ne veut pas que nous ayons le mérite d'avoir compris les avertissemens que la Providence nous envoyoit ; il ne veut pas, enfin, que la raison, le repentir, ni aucun retour sur nous-mêmes puissent entrer pour rien dans ce résultat. Cela, dit-il, n'est arrivé que par la maladresse des révolutionnaires ignorans qui ne savoient pas ce que c'est que la persécution, qui ne voyoient pas *qu'avec du sang chrétien ils refaisoient le christianisme.*

Rien n'embarrasse donc M. de Pradt dans la marche de ses idées, et tout le ramène à prouver que *l'indépendance antireligieuse* est une chose toute décidée, une affaire entièrement consommée. Si la révolution a pu nous ouvrir un moment les yeux sur les conséquences de l'impiété, c'est qu'elle s'y étoit prise maladroitement, et que, par ses attentats grossiers, elle nous dégoûta de l'incrédulité. Si Buonaparte laissa les choses dans l'état où il les trouva par rapport à la religion, c'est qu'avec tout son génie il n'y connoissoit rien, et qu'en donnant une *charte* au christianisme, il ne pouvoit pas lui donner *l'existence.* Si la restauration entreprit de ranimer la religion catholique, c'est qu'elle n'y entendoit rien non plus, et qu'elle revenoit d'ailleurs *avec beaucoup de pensées dont la France n'avoit que faire.*

Somme totale : l'ancien archevêque de Malines veut que l'on comprenne bien, une fois pour toutes, que le monde n'est plus gouverné que par le besoin de l'indépendance, à commencer par *l'indépendance antireligieuse.* Point de congrégations d'aucune espèce ; point d'éducation religieuse ni pour les hommes ni pour les femmes ; point de vie dévote ; point de fêtes *du sacré Cœur et du saint Cœur* ; point de ces trois mille couvens consacrés à la piété, et qui ne sont bons qu'à entretenir l'esprit monacal ; point d'évêques surtout à la tête des affaires ecclésiastiques, parce qu'ils seront toujours plus ou moins enclins à favoriser les pratiques et les idées que le siècle réprouve.

Ainsi M. de Pradt n'y va point par quatre chemins, comme vous voyez. Il vous dit franchement de quoi il est question. C'est la ruine de la religion toute entière que son parti demande ; *c'est l'indépendance antireligieuse,* ni plus ni moins ; et si vous êtes embarrassés pour exécuter cette entreprise, il sait encore vous indiquer de quelle manière il faut s'y prendre. Faites comme l'Assemblée constituante ; tranchez et taillez dans le vif ; montez sur le faîte de l'édifice social ; soufflez, et que d'un mot il disparoisse. Vous verrez après.

On se fait effort pour ne voir que du ridicule dans les écarts d'un écrivain déjà trop fameux par la bizarrerie de ses opinions ; mais comment ne pas gémir profondément, quand on songe que cet écrivain est un évêque, qu'il a compté au nombre des premiers pasteurs, et qu'il est arrivé à un âge qui devroit lui rappeler la nécessité des pensées graves et des méditations sérieuses ? Comment ne pas s'étonner de le voir, avec son caractère et ses années, non-seulement partager, mais encourager le délire et l'aveuglement de l'esprit de système et de l'esprit de parti ?   B.

Le Gérant, ADRIEN LE CLERE.

✝✝✝

Notice historique et critique sur la sainte couronne d'épine N. S. J. C., et sur les autres instrumens de sa Passion ; qui se conservent dans l'église métropolitaine de Paris, suivie de pièces justificatives, et ornée de gravures en taille-douce (1).

L'auteur de cette *Notice* en expose lui-même l'occasion et le sujet dans ce passage de la Préface :

« Les précieuses reliques de la Passion de notre Seigneur dont l'église métropolitaine de Paris a été successivement enrichie depuis quelques années, et spécialement au mois d'octobre dernier (1827), l'exposition solennelle qu'on en fait dans cette église en plusieurs fêtes, et surtout pendant les pieux exercices que M. l'archevêque vient d'y établir à perpétuité pour tous les vendredis de carême, engagent naturellement tous les fidèles de ce diocèse à s'instruire sur un objet d'ailleurs si intéressant pour la piété. Il semble même d'autant plus utile de leur procurer cette instruction, que, depuis la révolution, qui a détruit ou dispersé dans ce diocèse, comme dans tout le royaume, tant de précieux monumens, il n'a paru aucun ouvrage qui expose en détail l'origine de ceux dont nous proposons de traiter. C'est dans cette vue que M. l'archevêque, toujours occupé des moyens d'entretenir les sentimens et la pratique de la piété parmi les fidèles confiés à ses soins, a bien voulu nous suggérer l'idée de cette *Notice*, et l'honorer même de son approbation. »

Pour atteindre son but, l'auteur partage sa *Notice* en trois articles principaux, dont le premier traite du bois sacré de la croix de J. C. ; le second, de la sainte couronne de N. S., et le troisième, des clous qui ont servi à son crucifiement.

Sur le premier point, l'auteur examine d'abord l'histoire de l'Invention miraculeuse de la croix de J. C. sous l'empereur Constantin en 326, et il montre que ce fait est établi par des preuves à l'abri de la critique la plus sévère. Il examine ensuite ce qu'est devenue, depuis cette époque, la croix du Sauveur, et il rapporte en détail l'histoire des prin-

(1) Un vol. in-8°, sur papier superfin satiné, prix, 3 fr. et 3 fr. 75 cent. franc de port. A Paris, chez Adrien Le Clere et compagnie, au bureau de ce journal.

cipales portions de ce bois sacré qui, dès le temps de Constantin, furent déposées à Jérusalem et à Constantinople. Enfin il recherche avec un soin particulier l'origine des portions considérables de la vraie croix, qui se conservent aujourd'hui dans le trésor de l'église métropolitaine de Paris.

Le second article est consacré à l'histoire de la sainte couronne de N. S. L'auteur ne se contente pas de donner cette histoire depuis la translation de la sainte couronne de Constantinople à Paris en 1238, mais il recueille avec soin tout ce que la tradition des premiers siècles nous a conservé sur un objet si intéressant pour la piété. On trouve dans cette partie de la *Notice* des détails peu connus, et qui rendent de plus en plus respectable le pieux monument dont il s'agit. Cet article est terminé par une description exacte de l'état présent de la sainte couronne, et par quelques recherches sur la matière dont elle est composée. L'auteur examine à ce sujet les différentes conjectures des critiques, et propose quelques explications propres à les concilier.

Enfin on trouve rassemblé avec le même soin, dans le troisième article, tout ce qui concerne les saints clous de N. S., et spécialement ceux qui se conservent aujourd'hui dans le trésor de l'église métropolitaine de Paris.

Dans le développement de ces trois articles, l'auteur éclaircit les antiquités relatives à son sujet, distingue soigneusement en cette matière le vrai d'avec le faux, le certain d'avec l'incertain, et s'applique à tenir un juste milieu entre l'aveugle crédulité qui reçoit tout sans distinction, et la critique hardie ou téméraire qui rejette avec dédain les traditions les plus respectables. Ses recherches méritent d'autant plus d'être encouragées, que très-peu d'auteurs, surtout en France, et depuis le renouvellement de la critique, ont traité avant lui cette matière, et que le petit nombre de ceux qui l'ont traitée laissent beaucoup à désirer :

« Le *Dictionnaire de la Bible* de dom Calmet, et les *Vies des Saints* de Baillet sont, à vrai dire, les seuls ouvrages français où l'on trouve cette matière traitée avec une certaine étendue. Mais on sait que, dans ces deux auteurs, l'érudition l'emporte souvent sur l'exactitude, et que si l'on a justement reproché au premier d'être quelquefois peu sévère dans sa critique, celle du second mérite encore plus de reproches pour son excessive hardiesse. » (Préface de la *Notice*, page 17.)

Au reste, l'auteur de la *Notice*, non content de recueillir ce qu'on avoit écrit avant lui sur les pieux monumens dont il traite, s'applique surtout à constater leur conservation pendant la révolution. Cette partie de son travail, qui est une des plus importantes dans les circonstances présentes, est fondée sur des *pièces justificatives* qu'on trouve à la suite de l'ouvrage, et qui semblent de nature à satisfaire tout esprit droit et impartial.

Cette courte analyse de la *Notice* montre assez qu'on ne doit pas la regarder comme un ouvrage de circonstance, et d'un intérêt purement local. Outre que l'objet de cet ouvrage intéresse par lui-même tous les fidèles, l'auteur, à l'occasion des précieux monumens dont il parle, donne souvent des renseignemens importans sur les reliques du même genre qui se conservent dans les principales églises du monde chrétien. Il ne se contente pas de rappeler les lieux où l'on conserve des portions notables de la vraie croix, de la sainte couronne et des saints clous de N. S., mais il indique les principaux auteurs français ou étrangers qui en ont parlé, et discute même quelquefois leurs témoignages avec une certaine étendue. C'est ce qu'on remarque en particulier à l'occasion du *titre de la croix*, qui se conserve à Rome dans l'église de *Sainte-Croix de Jérusalem*, et dont l'auteur examine avec soin l'authenticité d'après les règles de la critique. Cette discussion, et quelques autres qu'on rencontre çà et là dans le cours de la *Notice*, seront surtout appréciées par les personnes qui ont le goût et l'habitude des recherches historiques.

Sous ce dernier rapport, la *Notice* entière, indépendamment des autres considérations qui la rendent digne de l'attention des pieux fidèles, nous semble de nature à exciter une louable curiosité, et nous croyons que les lecteurs instruits partageront volontiers les sentimens que l'auteur exprime à cet égard dans la Préface de son ouvrage :

« Si les anciens monumens de l'histoire profane sont regardés avec raison comme des objets d'une juste curiosité ; si les savans les plus laborieux se croient abondamment récompensés de leurs travaux et de leurs veilles, lorsqu'ils sont parvenus à tirer de l'obscurité un manuscrit, une médaille, et d'autres objets semblables, qui souvent n'ont de mérite que celui d'une antiquité plus ou moins reculée ; combien les monumens de la Passion de notre Seigneur Jésus-Christ ne sont-ils pas plus dignes d'exciter une louable curiosité ! Ces précieuses reliques ne sont-elles pas, selon l'expression

de Bossuet, *le glorieux trophée de la plus insigne victoire qui fût jamais ?*
Ne nous rappellent-elles pas les plus grands évènemens dont l'histoire ait
conservé le souvenir ? Que sont en effet tous les évènemens politiques ou
militaires, tous les faits purement humains dont se composent les annales
des nations, en comparaison des merveilles de la vie et de la mort de Jésus-
Christ, et de l'étonnante révolution qu'elles ont opérée dans le monde ?
Les ruines de ces anciennes cités qu'on recherche avec tant de soins et de
travaux, et tous les monumens que les anciens peuples ont laissés de leur
grandeur et de leur faste, auront-ils jamais, aux yeux d'un vrai savant,
une importance comparable à celle des monumens de la Passion de Jésus-
Christ, considérés avec les yeux de la raison et de la religion ? »

Nous devons ajouter, en finissant, que les gravures jointes à cette *Notice*, l'importance de leurs sujets, le soin avec
lequel elles sont exécutées, lui donnent un nouveau prix,
en même temps qu'elles augmentent l'intérêt des discussions relatives aux sujets qu'elles représentent.

NOUVELLES ECCLÉSIASTIQUES.

PARIS. On assure que, dans un des premiers scrutins du
conclave, M. le cardinal Pacca a réuni jusqu'à 22 voix, mais
il lui en auroit fallu 27 pour avoir le nombre des suffrages
requis, le conclave étant alors composé de 40 cardinaux.
M. le cardinal Pacca est un des membres les plus distingués du sacré Collège, il est connu par son zèle à défendre
les droits du saint Siège, lorsqu'il étoit nonce à Cologne en
1786, et plus récemment sous Buonaparte. Il subit alors une
longue détention à Fénestrelle. Ce cardinal est âgé de 72 ans.
Un tel choix ne pourroit être qu'honorable et avantageux à
l'Eglise ; mais le résultat des premiers scrutins n'est pas un
indice bien sûr pour l'avenir, et il y a lieu de croire que l'arrivée de plusieurs cardinaux dans le conclave aura pu apporter quelque changement dans la direction des suffrages.

— Le lundi 23 mars, il y aura, dans l'église de Saint-
Vincent de Paul, rue Montholon, une assemblée de charité
à laquelle assistera madame la Dauphine. La réunion sera
à deux heures très-précises ; M. l'archevêque de Bordeaux
prononcera un discours en faveur des établissemens formés
sur la paroisse, et qui sont sous la protection de S. A. R.

Madame la comtesse de Mortemart et madame la baronne
de Livois ont été désignées par elle pour faire la quête. Les
personnes qui ne pourroient se trouver à la réunion sont
priées de transmettre leur offrande à mesdames les quêteuses, ou à M. le curé de St-Vincent de Paul, rue Papillon,
n° 9.

— M. l'évêque de Marseille embrasse plusieurs objets
dans son Mandement de carême. Le prélat commence par
déplorer l'égarement des esprits :

« Dans quelles malheureuses circonstances l'Eglise nous impose-t-elle
le devoir de vous instruire ! et faut-il rien moins que l'obligation sacrée et
indispensable de notre charge pastorale, pour oser élever la voix dans ce
temps de délire et de déception, où, dans un sens aussi vrai qu'à l'époque
du déluge, non-seulement toute chair a corrompu sa voie, mais tout esprit
s'est détourné de la vérité et l'a méconnue ? Nous parlerons cependant, parce
que le silence des pasteurs achèveroit la ruine des peuples. Nous élèverons
la voix au milieu d'une nation qui voit avec une apathique et effrayante
indifférence la religion sainte de nos pères exposée périodiquement aux attaques et à la rage de l'impiété ; les dogmes de notre foi livrés à la dérision
des libertins, et d'un peuple apostat qui applaudit à leurs sarcasmes ; la
morale de l'Evangile corrompue par les détestables maximes qu'on a la témérité de vouloir y substituer ; les ministres de la religion calomniés, leurs
plus généreux sacrifices comptés pour rien, leurs plus saintes actions ma-
licieusement dénaturées, leur ministère sacré méprisé et indignement dé-
crié, et jusqu'à la personne divine de notre Seigneur Jésus-Christ, rédempteur des hommes, devant qui tout ge,ou doit fléchir au ciel, sur la terre
et dans les enfers, sacrilègement outragée, et son saint et redoutable nom
systématiquement blasphémé. Seroient-ils donc arrivés ces jours malheureux prédits par l'apôtre des nations ?.....

» L'Eglise né craint rien pour elle. Que lui importent les fureurs criminelles de ses ennemis ? Elle a des promesses qui sont au-dessus de toutes les
atteintes. *Jamais les portes de l'enfer ne prévaudront contre elle.* L'univers
se ligueroit pour la détruire, elle n'en seroit pas moins immortelle, et sa
durée aussi prolongée que les siècles. Si cette mère compatissante fait entendre sa voix plaintive, c'est qu'elle pleure sur ses enfans dont le sort à venir excite ses alarmes : car si les efforts des hommes seront à jamais impuis-
sans pour renverser l'Eglise de Dieu, ils peuvent néanmoins lui enlever un
grand nombre d'enfans qu'elle a portés dans son sein et nourris de ses doctrines célestes ; ils peuvent réussir à séparer d'elle une nation égarée qui
croiroit avoir conquis la liberté, quand, reniant le catholicisme et sa gloire de
quatorze siècles, elle auroit cessé d'être la fille aînée de l'Eglise. Ce malheur, qui précipiteroit notre pays dans un abîme de malheurs ; cette apostasie nationale, qui entraîneroit tant d'apostasies particulières ; et cause-
roit la ruine éternelle de tant d'ames, c'est par des spoliations successives
qu'on y arriveroit infailliblement. Tels seroient les coupables projets de ces
hommes trop puissans, pour lesquels la religion de Jésus-Christ est un ob-

jet de haine et de mépris, et qui voudroient entraîner vers ces affreux résultats ceux mêmes qui sont établis pour conserver les doctrines qui assurent le bonheur des peuples et la paix des nations.

» Aussi, pour ne pas nous rendre complices des succès dont se flattent les impies, avons-nous dû, dans ces dernières circonstances, faire souvent entendre les accens d'une juste douleur et d'une fermeté sacerdotale, et nous pouvons, devant le Seigneur, nous rendre ce témoignage, qu'en toute occasion nous avons tâché de remplir ce devoir avec franchise et simplicité; que si notre voix particulière a pu quelquefois paroître importune, c'est-là un malheur auquel nous nous étions résigné d'avance par la pensée que Dieu connoissoit nos intentions, et que c'étoit notre conscience seule qui parloit, comme c'est aussi d'après ses seules impulsions que nous avons toujours agi : car, fidèle aux principes que nous avons proclamés avec nos vénérables collègues dans l'épiscopat, nous avons fait depuis tout ce qui étoit en nous pour défendre et conserver intacts les droits divins dont nous sommes dépositaires, et grâce au ciel, aucune concession indigne de notre ministère n'a compromis l'autorité de notre langage. Ce que nous avons trouvé possible, nous l'avons fait, et ce que nous avions déclaré ne pouvoir se faire, nous ne l'avons point fait. »

Le prélat fait ensuite un bel éloge de Léon XII, et s'afflige des pertes que vient d'éprouver coup sur coup le chapitre de la cathédrale de Marseille. En peu de temps, la mort a enlevé M. Jean Ripert, ancien supérieur du petit séminaire; M. Alphonse de Sinety, aumônier du Roi; M. Guillaume Martin, grand-chantre; M. Jean-Baptiste-Marie Carle, curé de St-Ferréol; M. Jean-Baptiste Custinel, M. François Maillaguet et M. Suzanne, dont nous avons parlé précédemment. Tous ces ecclésiastiques étoient chanoines titulaires ou honoraires.

— M. l'évêque de Rodez commence ainsi son Mandement de carême:

« Seroient-ils arrivés, N. T. C. F., ces malheureux jours où la religion, en butte depuis si long-temps aux attaques les plus violentes, aux mépris les plus insultans, succomberoit sous les coups de ses ennemis et s'éteindroit dans presque toutes les ames? Quand on ne reconnoîtroit pas les moyens d'une efficacité si prompte et si affreuse, mis en œuvre pour pervertir les esprits et les cœurs; quand on n'auroit pas vu l'impiété ouvrir de toutes parts des sources empoisonnées pour infecter de leurs vapeurs pestilentielles toutes les conditions et tous les âges, et qu'on n'en jugeroit que par la douleur et les gémissemens des ames religieuses si profondément affligées, et par la joie barbare de ceux qui, dans leur aveugle fureur, en ont juré la ruine, pourroit-on ignorer que cette religion sainte a reçu de cruelles blessures, qu'elle a vu s'affoiblir son salutaire et légitime empire, et que ses divins enseignemens ont perdu, sur un trop grand nombre de ses enfans, leur force et leur autorité? Mais vous, N. T. C. F., qui lui fûtes toujours fidèles et dociles (et quand je parle à ceux qui ont eu ce bonheur, je sais, et j'en bénis le Dieu des miséricordes par mille actions de grâces, que c'est à la très-grande partie de mes chères brebis que je m'adresse); mais vous, toujours inébranlables dans la foi de l'Eglise, qui n'avez pas péri dans le fatal naufrage où tant d'autres ont été engloutis, vous bornerez-vous à gémir sur les odieux succès de l'impiété, et sur la déplorable défection qu'elle reconnoît et proclame pour son ouvrage? Cette foi même, qui vit dans votre cœur, ne vous dit-elle pas que vous avez, dans ces tristes circonstances, des devoirs particuliers à remplir? Et s'ils ne se présentoient pas à votre esprit, nous allons vous les retracer. »

Le prélat expose ensuite ces devoirs : le premier est une vive reconnoissance envers Dieu, qui nous a préservés de l'erreur au milieu de tant de pièges tendus sous nos pas, et de tant d'écrits impies qui circulent autour de nous; le second devoir est de plaindre les ennemis de la religion, et surtout la jeunesse entourée de tant d'objets de séduction. Enfin M. l'évêque veut surtout que l'on honore sa foi par ses œuvres, et il adresse sur ce sujet aux fidèles les plus pressantes exhortations.

— On vient de publier un *Supplément* à la *Correspondance de Grimm et de Diderot*; ce *Supplément* se compose des morceaux et fragmens retranchés par la censure impériale en 1812 et en 1813. La plupart de ces morceaux ne nous intéresseroient que fort peu, et il seroit même assez difficile de donner des motifs satisfaisans pour beaucoup de suppressions; mais il y en a une assez remarquable, elle concerne saint Vincent de Paul, ce grand homme et ce grand saint, si célèbre par sa piété, par l'influence qu'il eut sur son siècle, par les institutions qu'il fonda, par les services qu'il rendit à la religion et à l'humanité, et par les plus hautes comme les plus touchantes vertus. On n'avoit pas encore essayé de flétrir la réputation de cet apôtre de la charité; un philosophe impie et moqueur l'a entrepris, et comme on avoit voulu faire de Fénelon un homme indifférent à toutes les croyances, on a voulu aussi faire de saint Vincent de Paul un *socinien*. Le lecteur a peut-être peine à croire à un tel excès d'audace et de déraison; voici le passage tel qu'il se trouve dans la *Correspondance inédite de Grimm et de Diderot*, et tel qu'il est cité dans le *Globe* du 25 février dernier :

« Saint Vincent de Paul est un saint de nouvelle date, chef et instituteur de l'ordre des Lazaristes. Il est mort en odeur de sainteté, il y a environ cent ans. Ce saint a fait, de son vivant, plusieurs miracles, déclarés et reconnus tels par l'Eglise infaillible. Il passoit pour zélé Moliniste, et la haine qu'on portoit aux Jansénistes n'avoit pas peu contribué à lui faire obtenir les honneurs de la canonisation. Lorsque les frères Lazaristes la sollicitèrent pour leur patron, qui n'étoit encore que béatifié, auprès du cardinal Fleury, ce ministre, qui devoit pour cela interposer ses bons offices auprès du pape, demanda si leur Vincent avoit fait des miracles? Ils dirent qu'oui. De quelle espèce? S'il avoit, par exemple, ressuscité un mort? Ils répondirent qu'ils ne pouvoient ni ne vouloient en imposer à son Eminence; qu'il n'en avoit jamais ressuscité qu'un seul. La canonisation fut obtenue. Or voici ce qui vient d'arriver; c'est du moins le bruit public. Il y avoit, dans la famille d'Argenson, un paquet cacheté, en 1659, par un des ancêtres de cette maison, et transmis à sa postérité avec ordre de ne l'ouvrir que cent ans après. Ce terme étant échu, M. de Paulmy vient d'ouvrir son paquet, en présence du roi et de Mme de Pompadour. On y a trouvé, dit-on, une déclaration de saint Vincent, avec lequel M. d'Argenson avoit été intimement lié, par laquelle il assure qu'il a toujours vécu et qu'il est mort dans les opinions du socinianisme, et persuadé comme il l'est que cette doctrine, la seule véritablement divine, sera universellement répandue cent ans après sa mort, et aura détruit toutes les autres opinions erronées, il veut que sa déclaration de foi reste ignorée jusqu'à ce terme où la vérité aura triomphé de tous les mensonges. Il en est arrivé autrement, et le socinianisme n'a pas fait ces progrès; mais on sent qu'aujourd'hui l'Eglise ne doit pas se trouver peu embarrassée des miracles d'un saint hérétique, miracles dont elle a reconnu l'authenticité, et en vertu desquels Vincent avoit obtenu les honneurs de la canonisation. »

Voilà donc que, sur un *dit-on*, on transforme en *socinien* un prêtre, un saint, un homme illustre par 50 ans de travaux, de dévoûment et de prodiges de charité. La belle autorité qu'une anecdote ramassée dans les balayures de quelque salon! l'imposant témoignage qu'un ouï-dire recueilli par un homme frivole! C'étoit *le bruit public*, dit-il; comment se fait-il que ce *bruit public* ait été ignoré jusqu'ici? Si c'étoit un *bruit public*, comment n'en est-il pas parlé dans les nombreux mémoires du temps? Comment cette anecdote auroit-elle échappé à tous les auteurs contemporains, aux compilateurs d'*Ana*, à tant d'écrivains empressés à recueillir tout ce qu'ils entendent, et pour qui une telle histoire eût été une découverte précieuse? Saint Vincent de Paul *socinien!* quelle bonne fortune pour les gens qui aiment à se moquer de la religion et des prêtres! comme on eût fait sonner bien haut un pareil trait! Combien Voltaire, d'Alembert et les autres beaux esprits du temps s'en fussent amusés! Que c'étoit là un sujet fécond d'épigrammes piquantes!

Cependant nous ne voyons rien là-dessus dans les mémoires et les autres correspondances de l'époque. Ce *bruit public* n'est venu à la connoissance que du seul Grimm, qui ne peut même dire de qui il le tient; et c'est sur un tel témoignage qu'on iroit admettre un conte révoltant par son absurdité! On croiroit sur un ouï-dire que saint Vincent de Paul *a toujours vécu et est mort dans les opinions du socinianisme!* Il auroit *toujours* été *socinien* cet homme de prière et d'oraison, ce prêtre humble et recueilli, continuellement occupé des choses de Dieu, ce zélé directeur des consciences, qui savoit si bien inspirer la piété aux autres par ses discours, par ses exemples, par son extérieur seul! Il auroit *toujours* été *socinien* ce missionnaire si zélé, ce fondateur d'une société de missionnaires, qui toute sa vie prêcha la parole divine, qui établit des conférences et des retraites pour ranimer la foi dans toutes les classes de la société, qui créa tant de séminaires, et travailla avec tant d'ardeur à la réforme et à la sanctification du clergé. Il auroit *toujours* été *socinien* cet instituteur d'une congrégation de pieuses filles, dont le monde même admire le dévoûment et la charité! Ces pieuses filles seroient-elles aussi par hasard des *sociniennes,* et seroit-ce un *socinien* qui leur auroit inspiré des vertus si héroïques et tant de persévérance et de courage dans des soins qui répugnent à la nature? Après avoir flétri le père comme un hypocrite, pourquoi n'essaieroit-on pas de diffamer aussi les filles? Ne seroit-il pas possible d'imaginer aussi quelques *on dit,* quelque *bruit public* pour noircir les vertus des servantes des pauvres, et pour empoisonner leurs bonnes œuvres? Ce trait de gratitude et d'équité seroit digne de la pénétration et de l'habileté des faiseurs de découvertes, des *déterreurs* d'anecdotes, des gens si ardens à décrier le clergé et à souiller tout ce qui tient à la religion; seulement ils feront bien de mettre, s'ils le peuvent, un peu plus de vraisemblance dans leurs fictions que Grimm n'en a mis dans la sienne. En vérité, la censure impériale lui avoit rendu service en supprimant cette sottise, et quoi qu'en disent MM. du *Globe,* il eût été à désirer que l'anecdote fût restée ensevelie dans un éternel oubli. Elle ne sauroit faire tort à la réputation de saint Vincent de Paul, mais elle peut en faire beaucoup à la sagacité et à la bonne foi de l'écrivain qui recueille une fable si impertinente.

—On nous mande un fait assez étonnant, et que l'on ne sait comment expliquer. M. Meyer, pasteur protestant, président du consistoire, résidant à St-Laurent-du-Pape, canton de Lavoulte, département de l'Ardèche, a adressé, dit-on, à tous les instituteurs de ce canton, la circulaire suivante datée du 2 mars dernier :

« Monsieur, un ordre itératif du gouvernement m'engage à vous adresser les questions suivantes : 1° Votre école est-elle ouverte aux protestans ? 2° Quel est le nombre des élèves qui la fréquentent ? 3° Dans quelle proportion s'y trouvent les protestans ? Vous m'obligerez infiniment de vouloir bien répondre à ces questions le plus tôt qu'il vous sera possible, devant moi-même présenter le travail qu'on me demande à ce sujet, au plus tard au 15 du courant. J'ai l'honneur d'être, etc.

« MEYER, pasteur, président. »

Que penser de cette circulaire ? Quelle est cette autorité que s'attribue M. le pasteur Meyer ? Peut-on croire qu'il a réellement une mission du gouvernement pour l'enquête qu'il fait ? N'auroit-on retiré par une ordonnance l'inspection aux évêques sur les écoles que pour l'attribuer à la sourdine aux ministres protestans ? Si le gouvernement a besoin de renseignemens sur le nombre des enfans protestans qui fréquentent les écoles, n'y a-t-il pas des comités établis par ordonnance, et auxquels on peut s'adresser ? Toute autre marche est-elle dans l'ordre légal ? Comment un pasteur étranger à l'enseignement se trouve-t-il investi d'une autorité sur les écoles ? Quel est cet ordre *itératif* dont il parle ? Pourquoi ne nomme-t-il pas le ministre qui le lui a adressé ? Pourquoi ne fait-il pas connoître la nature et la teneur de la dépêche qu'il a reçue ? Les instituteurs sont-ils tenus de déférer à son invitation ? Son intervention en pareille matière ne doit-elle pas leur paroître fort insolite ? Ne sont-ils pas autorisés à ne tenir aucun compte de la circulaire ? On se perd dans ces questions, et nous serions très-curieux de voir l'explication de cette énigme.

— Grâce à M. de Montlosier et aux journaux qui suivent ses traces, il y a aujourd'hui, en beaucoup de lieux, une merveilleuse disposition à réprimer les envahissemens de ce *parti-prêtre,* qui avoit pris dans les dernières années une attitude si menaçante, et qui nous ramenoit visiblement à la théocratie. On vient d'en avoir un exemple dans le diocèse de Langres. M. Messager, curé de Pierrefaite, avoit

cru pouvoir user du droit que l'ordonnance du 21 avril
1828 reconnoît aux curés de surveiller les écoles. En visi-
tant, le 21 janvier dernier, les livres de classe dans l'école
de sa paroisse, il tomba sur un *Mercure de France* de juillet
et août 1738, où il trouva à l'ouverture du livre un article
sous ce titre : *Ecole de l'amour*. Le curé se persuada que ce
volume étoit au moins déplacé dans une école ; il ne vit pas
bien quels rapports le *Mercure* avoit avec l'enseignement
primaire, et s'il étoit bien utile de faire lire à des enfans
l'*Ecole de l'amour*. Il séquestra donc le livre, les parens le
réclamèrent ; le curé tâcha de leur faire entendre ses raisons, qui ne furent pas goûtées. Dès le lendemain, on lui
envoya une citation par huissier pour rendre le livre ou
payer 5 fr. Vous conviendrez que voilà une manière un peu
vive de procéder envers son curé ; si la mode s'en établis-
soit, elle donneroit de l'occupation aux huissiers. Pour un
rien, pour un livre, pour un mot, on les mettroit en campagne ; on auroit des procès en abondance, la discorde seroit dans toutes les paroisses, et on jouiroit ainsi de la perfection de l'ordre légal. M. le curé de Pierrefaite fut donc
appelé devant le juge de paix du canton de la Ferté-sur-
Amance. La cause fut entendue le 3 février. Le curé, inter-
rogé, répondit qu'il avoit cru de son devoir d'ôter des mains
de son paroissien un livre dangereux, après quoi M. le juge
de paix tira de son carton un grand papier où le jugement
se trouvoit écrit d'avance. On admira la prévoyance de ce
magistrat, qui avoit ainsi prononcé avant d'avoir entendu
les parties. Il condamnoit le curé à tout ce qu'avoit demandé
l'adversaire, et de plus, aux frais et dépens. Avec ces précautions, il faut espérer que le *parti-prêtre* ne prévaudra
pas trop dans le canton de la Ferté-sur-Amance. On raconte
même des circonstances qui ajoutent à l'intérêt du fait en
lui-même. Au sortir de l'audience, le valet de M. le juge de
paix se décora, lui et son cheval, de lauriers et de rubans
en signe de triomphe, et le magistrat fut reconduit jusqu'à
Pierrefaite où il réside, aux acclamations des habitans du
lieu, qui se félicitoient de l'humiliation de leur pasteur.
Ainsi les curés qui voudroient soustraire de mauvais livres
peuvent s'attendre qu'on saura désormais les forcer de les
rendre, pour la plus grande édification du public et pour
le perfectionnement de la génération naissante.

NOUVELLES POLITIQUES.

Paris. Quand un homme est engagé dans le faux, il est bien rare qu'on le rencontre deux fois sur le même chemin. L'année dernière, M. l'abbé de Pradt, en se retirant brusquement dans ses montagnes d'Auvergne, voulut bien nous apprendre la cause de son humeur : elle étoit, fondée sur ce qu'il n'avoit pas cru venir à la chambre des députés pour s'y occuper de pêche fluviale. Et voilà que cette année il fait un long sermon dans le *Courrier français*, pour gourmander ses anciens collègues sur le peu d'intérêt qu'ils ont paru mettre à traiter la question de la pêche fluviale, et pour leur représenter que le mandat qu'ils ont reçu de leurs commettans leur fait un devoir de s'ennuyer pendant les cinq jours de la semaine qui ne sont pas consacrés à la guerre contre la religion.

— Dans un procès de bigamie qui vient d'être jugé par la cour d'assises des Vosges, un des jurés a paru regarder comme une circonstance digne d'attention que le second mariage n'étoit pas célébré à l'église. Là-dessus il faut entendre la *Gazette des tribunaux* exprimer, au nom du siècle, la pitié qu'inspire cette bonhomie du temps passé. D'où vient donc ce juré avec sa vieille candeur, avec son antique simplicité ? Ignore-t-il que *nous avons changé tout cela*, comme les médecins de Molière, et que le mariage est une des choses qui sont tombées dans le règne animal ? Ce bon juré des Vosges avoit à prononcer sur une action qui est, sans contredit, plus morale que matérielle, et il étoit bien aise de savoir si le mariage de l'accusé avoit une ame. Ajoutons même qu'il y a plus d'inconséquence dans le fait des libéraux que dans le sien, puisque tous ceux d'entre eux qui ont quelque soin de leur considération, se gardent bien de mépriser dans la pratique ce qu'ils affectent de mépriser dans la théorie, et que ce n'est pas à la porte des municipalités que les mères honnêtes ont coutume de quitter leurs filles.

— Une fausse nouvelle répandue sans examen par les journaux, et qu'ils n'ont point encore démentie, a causé une sorte d'effroi depuis quinze jours dans la capitale. Il s'agissoit d'un cocher de fiacre qui, tenté par les diamans de deux dames qu'il avoit à conduire dans la rue Pigale, les auroit enlevées malgré elles, au grand galop, par le canal de la Villette. Le fait est que ce malheureux n'ayant reçu que le prix d'une course, ne se crut pas obligé de suivre l'itinéraire qu'elles lui avoient indiqué, et qu'il prit par le plus court au lieu de prendre par le plus long, comme elles le demandoient. La frayeur dont elles furent saisies étoit sans fondement, et elles eurent tort de sauter hors de la voiture ; car leur cocher arriva fort exactement à la destination qu'elles lui avoient indiquée, et il ne fut pas peu surpris de trouver son carrosse vide. Tout cela s'est éclairci de manière à ne laisser aucun doute sur l'innocence de ce pauvre homme.

— Par décision royale du 1er de ce mois, M. Cornet-d'Incourt a été rétabli sur la liste des conseillers d'Etat honoraires.

— M. Faucon, censeur des études au collège royal de Rouen, est nommé proviseur de ce collège.

— M. le préfet de police vient de publier une ordonnance pour instituer des sergens de ville qui porteront un uniforme, et seront chargés de l'in · spection des voitures et de rondes de nuit.

— Le portrait du Roi, dont le ministre de l'intérieur a fait présent à la ville d'Auch, a été inauguré solennellement dans une des salles de l'hôtel-de-ville, et en présence du conseil municipal, le 1er de ce mois.

— Depuis assez long-temps, on s'apercevoit que diverses soustractions avoient lieu dans plusieurs églises de Nîmes, notamment dans celles de Saint-Charles et de Saint-Baudile. Ces soustractions consistoient en chandeliers, nappes d'autel, niches, tableaux et autres effets d'église, et en divers objets appartenant à des particuliers, tels que livres, parapluies, tabatières, etc. On fit long-temps les recherches les plus actives pour découvrir les auteurs de ces vols ; enfin on s'aperçut que c'étoit une femme nommée Louise Favier, qui affectoit la plus grande piété. Cette femme, qui a avoué beaucoup d'autres vols antérieurs, va être jugée par la cour d'assises du Gard. Nous verrons comment le jury de ce département se prononcera dans cette affaire.

— Les détenus de la maison centrale de Riom se sont révoltés le 3 de ce mois, dans le but de s'évader ; mais leur mouvement insurrectionnel a été promptement réprimé.

— Un incendie épouvantable a réduit en cendres, le 11 de ce mois, une partie du bourg de Sissonne, chef-lieu de canton, à 4 lieues de Laon, et dont la population est d'environ 1300 habitans. Le feu a dévoré 150 bâtimens, et le dommage est évalué à 300,000 fr. Une femme et deux enfans ont péri dans les flammes ; 80 ménages sont réduits à la plus affreuse misère. M. le baron de Walkenaer, préfet de l'Aisne, s'étoit rendu presque aussitôt sur les lieux ; il a chargé M. le maire de Laon de faire faire une quête par des dames au profit des incendiés.

— Le roi de Naples est atteint, depuis le commencement du mois, d'une ophtalmie qui l'oblige à garder le lit. Il n'a pu se lever pour recevoir le roi de Bavière, lorsqu'il est venu lui rendre visite.

— La *Gazette d'Augsbourg* annonce que le duc de Wellington a envoyé en Italie des courriers à des pairs favorables à l'émancipation des catholiques, qui se trouvent en voyage, à l'effet de les inviter à expédier à Londres leur procuration pour faire voter à leur place dans cette question.

CHAMBRE DES PAIRS

Le 19, le ministre des finances a d'abord communiqué le projet de loi relatif à la pêche fluviale, qui a été adopté avec des modifications à l'autre chambre.

La commission de surveillance de la caisse d'amortissement a fait ensuite, par l'organe de M. le marquis d'Orvilliers, son président, le rapport annuel sur la situation de cette caisse, et de celle des dépôts et consignations.

Le surplus de la séance a été occupé par la délibération de 26 projets relatifs à des circonscriptions territoriales, lesquels ont été adoptés au scrutin à la majorité de 125 contre 2.

CHAMBRE DES DÉPUTÉS.

Le 17, l'ordre du jour est l'ouverture de la discussion sur la loi concernant les tabacs.

M. de Brigode croit que ce monopole, tel qu'il est, nuit au commerce et à l'agriculture; il trouve d'ailleurs sa prorogation beaucoup trop longue, et il demande que, si l'on adopte le projet, on y ajoute un aritcle portant qu'il sera nommé de suite, par la chambre des députés, une commission chargée des moyens de supprimer l'impôt des tabacs.

M. Ch. Dupin ne votera ce projet qu'en réduisant à deux ans la prorogation du monopole, comme l'a proposé la commission. Il attaque d'ailleurs cet impôt comme excessif : pour le prouver, il entre, suivant son habitude, dans des détails minutieux, et disserte ensuite longuement sur les tabacs cultivés en France; ce qui fatigue l'attention et la patience de la chambre.

M. de Gouve de Nuncques s'élève aussi contre le monopole, qu'il trouve inconstitutionnel et intolérable; il croit qu'avec de plus grandes économies, et surtout par la suppression des gros traitemens, des sinécures, et du trop grand nombre d'employés, il seroit possible de se passer de cet impôt.

M. Bacot de Romans, commissaire du Roi, combat l'amendement proposé par la commission; car le gouvernement seroit obligé de présenter encore dans deux ans la même loi. Il s'attache à établir la nécessité de conserver une branche si importante du revenu public (45 millions), et à prouver que l'impôt des tabacs seroit le dernier à dégrever. Son système de perception ne sauroit être amélioré, et concilie raisonnablement les avantages de la culture nationale.

M. Cunin-Gridaine attaque encore le monopole des tabacs, et s'en réfère à l'amendement de la commission. M. Syrieys de Marinhac montre qu'il est de l'intérêt des contribuables de conserver cet impôt; si on le supprimoit, comment pourroit-on diminuer les droits sur les boissons et sur le sel, qu'il importe plutôt d'alléger? Puisqu'on veut détruire les monopoles et les privilèges, que ne parle-t-on de céux de la Banque de France, des agens-de-change et de tant d'autres? L'orateur conclut en faveur du projet du gouvernement.

La chambre se forme ensuite en comité secret. On assure que M. Lepelletier d'Aulnay a fait alors le rapport de la commission qui a examiné la proposition de M. Sébastiani tendant à provoquer une supplique au Roi pour supprimer les retenues sur les pensions militaires au profit de la caisse des Invalides, et qu'il a conclu au rejet de cette proposition. La discussion en a été fixée à samedi.

Le 18, M. Al. de Noailles fait le rapport de la commission qui a examiné la proposition de M. Pelet, ayant pour but de décider qu'à l'avenir les quatre vice-présidens seroient ceux des cinq candidats à la présidence sur lesquels le choix du Roi ne seroit pas tombé, et que les secrétaires seroient nommés pour toute la session. La commission, trouvant que rien ne rend urgente ni indispensable cette innovation, propose de maintenir les dispositions du réglement et de ne point accueillir la proposition.

On reprend la discussion générale de la loi sur les tabacs. MM. B. Constant, de Turkeim, Renouard de Bussières et Durand-Delcourt reproduisent les argumens des précédens orateurs contre le monopole. Le projet de loi est défendu successivement par MM. de Riberolles, Laisné de Villevêque, de Lorgeril et de Saint-Albin. La chambre prononce ensuite la clôture.

M. le président annonce que M. d'Andigné lui demandant quand on se réunira dans les bureaux pour examiner les lois des finances, il ne peut en préciser le jour, attendu que les comptes détaillés des ministères ne sont pas encore distribués. (Agitation et murmures.) Dès que l'on aura reçu ces cahiers, continue-t-il, on aura à s'en occuper pendant plusieurs jours consécutifs, ou bien à y consacrer les trois heures qui précèdent la séance. Cette dernière proposition est adoptée au milieu du tumulte.

Il reste à décider, continue M. Royer-Collard, le jour où commencera l'examen. M. d'Andigné demande que ce soit dès lundi. MM. B. Constant, de Laborde et Méchin insistent pour que ce ne soit qu'après le renouvellement des bureaux. Ils sont appuyés vivement de tout le côté gauche, qui n'a pas lieu d'être satisfait de la dernière composition des bureaux. (Voir le n° 1520.) Le désordre et la confusion sont au comble; MM. de Berbis, de Cambon soutiennent avec toute la droite, et en invoquant les précédens, la proposition de M. d'Andigné. Elle est enfin adoptée par une majorité formée des deux parties de la droite et de quelques membres du centre gauche.

M. Aug. Perrier demande que la commission des comptes soit de dix-huit membres. M. de Montbel fait remarquer que le règlement s'y oppose. Cette motion étant mise aux voix, les deux sections de la gauche et une partie du centre droit se lèvent pour son adoption, qui est prononcée.

Le 19, M. le président annonce la mort de M. Al. de Lameth, et tire au sort la députation qui doit assister à ses obsèques.

Les membres de la commission de surveillance de la caisse d'amortissement sont ensuite introduits, et M. le marquis d'Orvilliers, président de cette commission, donne lecture du rapport annuel de la situation de cette caisse.

M. Dupin aîné fait le rapport de la commission sur le projet de loi des communes. Après s'être félicité de la présentation d'une telle loi et en avoir exposé la nécessité, il annonce que la commission y a apporté l'examen le plus approfondi, puisqu'elle y a consacré dix-huit séances de cinq heures chaque jour. La loi lui a paru claire, mais bien incomplète pour satisfaire aux vœux et aux besoins de la nation, car c'est elle qui doit consolider le plus l'ordre constitutionnel. La commission croit donc devoir proposer de nombreux et importans amendemens.

Elle s'est décidée à laisser au monarque la nomination des maires; elle multiplie le nombre des notables, auxquels elle donne le titre d'*électeurs*; elle croit que les ministres du culte ne doivent point en faire partie; elle restreint les cas de dissolution des conseils municipaux; enfin, elle émet le vœu que le projet relatif à la capitale soit présenté au plus tard dans la session prochaine.

M. Sébastiani est ensuite appelé à la tribune pour le rapport du projet de loi sur l'organisation départementale. Les conseils d'arrondissement et de département, dit l'orateur, doivent maintenant être étrangers à tout

intérêt politique et à tout privilège. Il se plaint de ce qu'on n'attribue l'é‑
lection de ces conseils qu'à 40,000 électeurs, tandis que 80,000 concourent
à la nomination des députés. La commission se prononce donc contre cette
restriction, et demande que, dans les cantons où il n'y aura pas 50 élec‑
teurs, ce nombre soit complété par les habitans les plus imposés. Elle croit
aussi devoir demander la suppression des conseils d'arrondissement, et mo‑
difier les attributions que le projet laissoit aux conseils de département.
Comme le préopinant, M. Sébastiani déclare que la commission a fait ce
qu'elle a pu pour s'accorder avec le ministère, mais qu'il ne lui a pas été
possible.

M. Agier monte aussitôt à la tribune, et demande que l'on suive, pour
la délibération, l'ordre de la présentation de ces deux projets de loi, c'est‑
à‑dire, que la priorité reste à la loi communale, cette marche étant plus
naturelle. M. Salverte demande le contraire. M. G. de la Rochefoucauld,
craignant que l'une des deux lois étant adoptée, le ministère retire l'autre,
voudroit qu'on les réunît en une seule. M. Raudot appuie la demande de
M. Agier. Une grande agitation a lieu dans la salle.

M. le ministre de l'intérieur soutient que la loi communale doit être
discutée la première, car les communes sont les élémens des départemens,
et la seconde loi n'est que le complément de l'autre. Le Roi, d'ailleurs, a
adopté cet ordre, et le gouvernement n'a aucune raison cachée de vouloir
cette marche. MM. Mauguin, de Laborde et d'Harcourt insistent pour
que la loi départementale ait la priorité.

M. de Leyval appuie le vœu du gouvernement. M. le ministre de la ma‑
rine déclare de nouveau que le ministère n'a aucune arrière‑pensée, et qu'il
est unanime dans cette affaire. Le tumulte s'accroît, et la clôture, vivement
sollicitée, est enfin adoptée malgré les réclamations de M. B. Constant.

M. le président met aux voix la priorité pour la loi départementale, et
elle passe à une majorité formée du côté droit, du côté gauche, et d'une
partie du centre gauche. Une grande sensation a lieu par suite de cette dé
cision contraire aux vues du ministère.

Un grand nombre de membres se sont fait inscrire pour et contre ces
deux lois.

Almanach du clergé de France, pour 1829 (1).

Cet almanach contient, comme on sait, l'état de l'église de Rome et celui
de l'église de France, les noms des évêques, des grands‑vicaires, des cha‑
noines, des curés, le clergé de la cour, celui des colonies, un tableau de la
législation sur les matières ecclésiastiques, l'état des congrégations autori‑
sées, enfin tout ce qui regarde le personnel des diocèses. C'est un recueil bon
à consulter, et sur lequel nous espérons pouvoir revenir.

---

(1) Un vol. in‑12, prix, 5 fr. et 6 fr. 50 cent. franc de port. A Paris,
chez Adrien Le Clere et compagnie, au bureau de ce journal.

Le Gérant, ADRIEN LE CLERE.

✠✠

Lettre de M. de Frénilly sur le livre de M. l'abbé de La Mennais (1).

L'auteur de cette *Lettre* n'a pas prétendu examiner tout le livre de M. l'abbé de La Mennais, ni réfuter toutes ses assertions; il se borne presque à discuter le système de M. de La Mennais sur la société spirituelle et les conséquences qu'il en tire. On peut douter si ce système est bien juste, mais les conséquences surtout en sont forcées. Il n'est point vrai que la doctrine de l'indépendance des rois ne date que de 1682; il n'est pas vrai non plus que, selon les gallicans, les princes soient absolument indépendans de toute espèce d'autorité spirituelle : ils en dépendent, dit M. de Frénilly, même pour des actes temporels; mais cette autorité ne les domine que par des voies spirituelles, par le tribunal de la pénitence, par des admonitions, par des menaces, par l'excommunication; elle les réprime comme saint Ambroise réprima Théodose.

M. de La Mennais décide que le peuple opprimé peut et doit à son tour user de la force, et il cite ici l'exemple de la Vendée; mais cet exemple prouveroit plutôt contre lui-même, car les Vendéens combattoient, non contre leur prince, mais pour leur prince et contre une détestable usurpation. « D'ailleurs, ajoute M. de Frénilly, M. de La Mennais n'a-t-il pas craint que le peuple, qui n'est pas fort sur l'argumentation, ne s'arrêtât pas à comprendre qu'en cas d'oppression il devoit attendre l'ordre de l'Eglise pour se soulever, et qu'il se fît lui-même juge de l'oppression et arbitre armé de la résistance, avant qu'une bulle de Rome lui eût permis de le faire? Il y a dans la langue des mots gros de troubles et de malheurs, que l'amour de l'ordre doit faire effacer. »

M. de Frénilly remarque aussi que M. de La Mennais, pour appuyer son système, recourt à des suppositions for-

(1) In-8°, prix, 1 fr. 50 cent. et 1 fr. 75 c. franc de port. A Paris, chez Blaise, rue Férou, et au bureau de ce journal.

cées et à des hypothèses qu'il crée à son gré. « C'est, pour ainsi dire, se faire un être de raison ou plutôt de déraison que de se forger de nos jours des tyrans hérétiques, persécuteurs et impies, pour se créer la nécessité d'un vengeur temporel, oubliant toutefois qu'il y a là pétition de principes. »

L'auteur de la *Lettre* s'étonne comme nous que l'on donne des anecdotes fort suspectes comme des espèces de preuves dans une question de principes et de doctrines. « Que Louis XIV ait dit : *La France, c'est moi;* ce qui d'ailleurs signifioit toute autre chose que ce qu'on a bien voulu lui faire dire ; que Louis XIV se soit un jour laissé persuader que tous les biens de ses sujets étoient sa propriété ; des paroles échappées, des actes isolés même ne sont pas des chartes entérinées en parlement. Non, tel n'est point le droit royal, comme le conçoit l'église gallicane, et pour un homme de la hauteur de M. de La Mennais, c'est prendre un avantage peu digne de lui que de se donner l'absurde à combattre. »

M. de La Mennais compare le dévoûment des courtisans et des chevaliers à celui de ces gladiateurs fiers de mourir pour divertir un moment un despote stupide ; c'est un des traits les plus brillans de son écrit. M. de Frénilly trouve là un sophisme peu digne d'un grand écrivain. « En quoi étoit-il donc aveugle, dit-il, en quoi méritoit-il d'être assimilé au dévoûment des gladiateurs le dévoûment de tant de généreux guerriers, de ces Turenne, de ces Catinat, de ces Vauban, et plus tard de ces Lescure, de ces Bonchamp, de ces La Rochejacquelein, qui personnifioient la patrie dans le roi donné de Dieu, qui aimoient leur pays dans leur maître, non pas de cet amour platonique et spéculatif qu'inspire un royaume, mais de cet amour énergique et chevaleresque qu'inspire le roi compatriote, le roi légitime, le roi de droit divin au chrétien qui se dévoue ; chef-d'œuvre de l'ordre monarchique, qui imprime le sentiment au devoir, donne au calcul la noblesse de l'ame, et exalte le patriotisme en lui donnant le charme et la puissance de l'amour? Qu'importe, après cela, qu'un plat courtisan ait dit à un enfant-roi, en lui montrant une foule enivrée : *Tout cela est à vous ?* Qu'importe qu'un sot général ait dit : *Si le roi m'ordonnoit de tirer sur le saint sacrement, je tirerois?* J'ai moi-même entendu le commandant d'un département me dire : *Si le roi*

m'écrivoit de brûler telle ville, je la brûlerois ; voilà ce que j'ap-
pelle être royaliste. Qu'importent des citations stériles et pué-
riles? N'en feroit-on pas mille en sens contraire? Des citations sont-elles un auxiliaire digne de M. de La Mennais?»

L'auteur de la *Lettre* signale, en passant, l'emphase et la
prétention de ces formes sentencieuses avec lesquelles on a
quelquefois l'air de rendre des oracles. « Il est donné, dit-il,
à très-peu d'hommes, à aucun peut-être d'employer des
paroles qui régentent le monde. Dans un talent médiocre,
elles font sourire ; dans un talent supérieur, elles étonnent
et repoussent. La vérité n'a point cet air ambitieux ; il ne
suffit pas d'être exalté pour être inspiré. :.... Le monde dé-
mêle ce qu'il y a de superbe dans cette humilité qui descend
au-dessous de l'homme pour s'élever jusqu'à Dieu et le faire
parler par sa bouche ; il exige qu'on produise son diplome
de prophète, il le discute, et s'il y reconnoît le sceau divin,
ce n'est point à l'empire des phrases, mais à l'empire des
pensées ; ce n'est pas à l'exaltation des paroles, mais à la
grave modération du style, à la hauteur calme et majes-
tueuse des conceptions, et à la justesse de la dialectique.
Ces caractères divins sont rarement accordés aux écrivains
modernes. »

S'il y eut jamais, dit M. de Frénilly, des princes contre
lesquels on put se révolter, c'étoient Henri VIII et Elisabeth en Angleterre. L'un et l'autre faisoient et défaisoient
la religion au gré de leurs caprices, envoyoient les catholiques à l'échafaud, et rendirent des lois atroces. Les catholiques se révoltèrent-ils cependant? Non, et nous voyons
que, dans les mémoires des missionnaires martyrs ou confesseurs, publiés par Challoner, ces prêtres reconnoissent
devant les juges l'autorité d'Elisabeth, et protestent qu'ils
lui sont soumis en tout ce qui n'est pas contraire à la loi de
Dieu. Ces prêtres étoient-ils aussi des gallicans, et leur
pieuse résignation est-elle une simplicité ridicule, et dont il
est permis de se moquer?

On peut juger, par les citations que nous avons faites,
dans quel esprit cette *Lettre* de M. de Frénilly est écrite. Le
noble pair s'exprime sur M. de La Mennais avec une grande
modération ; il a même reçu, à ce sujet, des remercîmens
des amis de M. de La Mennais. Il entre peut-être un peu de
politique dans ces remercîmens, car M. de Frénilly laisse

assez voir qu'il n'approuve ni les principes ni le ton de l'ouvrage qu'il examine. Il reproche à l'auteur de *se livrer à une*
franchise de discours, à un luxe de mépris, do sarcasme et
quelquefois d'injure. Il n'y a donc guère d'apparence que
M. de Frénilly pense dans six mois comme M. de La Mennais, ainsi qu'un journal s'en flatte; un homme de l'âge,
du caractère et du talent du noble pair ne change pas aussi
aisément d'opinion.

La *Lettre* de M. de Frénilly nous donne l'avis d'un homme
du monde, et d'un homme de beaucoup d'esprit sur le livre
de M. l'abbé de La Mennais : nous aurons bientôt à annoncer un ouvrage d'un théologien sur le même sujet. Un grand-
vicaire, ancien professeur de théologie, fait imprimer en
ce moment un examen du système de M. de La Mennais.
Nous en avons vu les premières feuilles ; l'auteur fait toucher au doigt les inconséquences et les contradictions de
l'écrivain qu'il combat. On ne veut pas de la Charte, dit-il,
et on veut tout ce qui en constitue l'esprit ; on demande la
liberté de conscience, la liberté de la presse, la liberté de
l'éducation, sans lesquelles la Charte ne seroit plus qu'une
lettre morte ; on s'élève contre l'ordonnance qui a frappé les
Jésuites, et on présente leur société comme ne pouvant convenir au temps actuel, et comme ayant même des *inconvéniens*
graves. Dans un temps où l'esprit d'indépendance se répand
de plus en plus, on le favorise par des idées exagérées de
liberté, et on oppose au torrent des opinions, non des dogmes certains et universellement reconnus, mais un système
nouveau, douteux et controversé, auquel on exige une
soumission aveugle. Tel est à peu près le résumé de l'a-
vertissement du nouvel ouvrage, qui paroîtra très-incessam-
ment chez Ad. Le Clere et compagnie, au bureau de ce journal ; nous en rendrons compte dès qu'il paroîtra (*).

_____

(*) Cet article étoit imprimé quand nous avons reçu des *Observations*
sur le dernier écrit de M. l'abbé de La Mennais, par M. l'abbé Flottes, professeur de philosophie à Montpellier, brochure in-8°. M. Flottes est déjà
connu par d'autres réfutations du système de M. de La Mennais ; il a surtout attaqué cet écrivain sur ses citations, et lui a reproché de les altérer et
de les tronquer suivant l'intérêt de son système. M. Flottes adresse les
mêmes reproches à son adversaire pour le livre des *Progrès de la révolu-*
tion, et signale de plus les variations de l'auteur sur une question importante. Les *Observations* se trouvent à Montpellier, chez Virenque, et à
Paris, chez Levavasseur et Pichard, et au bureau de ce journal.

NOUVELLES ECCLÉSIASTIQUES.

ROME. Le 6 mars, M. le cardinal Gaysruch, archevêque de Milan, visita la basilique St-Pierre, et fit ensuite son entrée au conclave. Le 7, M. le cardinal Albani, 1ᵉʳ diacre, qui étoit arrivé la surveille de sa légation de Bologne, visita la même église, et entra le soir au conclave.

— Le 9, est arrivé de Naples M. le cardinal Firrao, premier de l'ordre des prêtres, qui est descendu à la maison des Clercs-Mineurs. M. le cardinal de Latil, archevêque de Reims, est arrivé le même jour; le 10, M. le cardinal d'Isoard, archevêque d'Ausch, et le 11, M. le cardinal de la Fare, archevêque de Sens.

— Les 8, 9 et 10 mars, les chefs d'ordre dans le conclave ont été les cardinaux Castiglioni, Naro et Frosini; les 11, 12 et 13, les cardinaux Bertazzoli, de Gregorio et Riario-Sforza, et les 14, 15 et 16, les cardinaux della Somaglia, Doria-Pamphili et Bernetti.

PARIS. L'instruction de M. l'archevêque, le vendredi 20, avoit pour texte ces paroles de saint Paul : *Les holocaustes et les sacrifices pour le péché ne vous ont point été agréables, alors j'ai dit : Me voici.* Le prélat a montré J. C. s'offrant à son père comme victime dès les premiers jours du monde, et successivement figuré par tous les sacrifices de la loi ancienne. Toute religion emporte avec elle l'idée d'un sacrifice, et tout sacrifice est composé de deux parties, l'une matériel e, l'autre spirituelle. Ce seroit une erreur de vouloir que le sacrifice fût purement spirituel, la nature de l'homme exigeant qu'on parlât aussi à ses sens; mais aussi le sacrifice doit être intérieur pour ne pas mériter le reproche fait aux Juifs : *Ce peuple m'honore des lèvres, mais son cœur est loin de moi.* Ici M. l'archevêque a demandé ce que l'on devoit penser de ceux qui, entraînés par un aveuglement déplorable, vivent sans Dieu en ce monde, et avancent sans réflexion vers le terme qui épouvante même les saints. Puis revenant à l'idée de sacrifice, le prélat a montré que J. C. crucifié renfermoit tous les caractères du sacrifice, et qu'il étoit à la fois hostie de louange, hostie pacifique, hostie de propitiation. L'Epître aux Hébreux nous indique les rapports entre le sacrifice de J. C. et ceux de l'ancienne loi. J. C. est le grand-prêtre qui entre dans le sanctuaire avec son sang. Ici les rapprochemens se présentent en foule; M. l'archevêque s'est borné à les faire entrevoir, et s'est cependant arrêté sur les sacrifices d'Abel, d'Abraham et de Melchisédech, qui sont rappelés dans le canon de la messe comme des figures de celui qui est offert sur nos autels. Un passage de la loi, qui défendoit d'offrir dans le même sacrifice l'agneau et sa mère, a donné au prélat l'occasion d'une prière touchante qu'il a adressée à Marie, considérée tour à tour comme notre protectrice et comme la mère des douleurs. L'Ecriture nous présente J. C. sous cette figure d'un agneau, et d'un agneau immolé. Saint Jean l'appelle même ainsi, et l'agneau pascal dont le sang devoit garantir les maisons des Hébreux étoit évidemment une figure du Sauveur, comme la manducation de l'agneau et les conditions prescrites pour cela aux Juifs étoient une figure de l'Eucharistie et des dispositions qu'il y faut apporter. M. l'archevêque a insisté sur plusieurs de ces rapprochemens, dont il a tiré des réflexions pleines de piété et d'une utilité pratique. En résumant ce qu'il venoit d'exposer sur le sacrifice, il a exhorté les fidèles à se livrer à un sentiment de reconnoissance envers la victime immolée dès l'origine du monde, et il leur a même suggéré des pensées et des affections aussi justes que touchantes. Je puis donc, peuvent dire les fidèles, je puis unir mon sacrifice à celui de J. C.; il s'est offert pour moi, afin que je m'offre avec lui. Avec quelle confiance n'adresserai-je point ma prière à Dieu, puisqu'étant uni à J. C., c'est J. C. qui prie avec moi! Je puiserai en lui le courage et les forces qui me manquent; uni à cette grande victime, j'espérerai tout de la miséricorde de Dieu, et je défierai en quelque sorte sa justice. Fussé-je accablé sous le poids de mes péchés, un regard sur Jésus crucifié, mes lèvres collées sur son cœur, mon union avec son sacrifice, renoueroient pour moi la chaîne des grâces. C'est par là que M. l'archevêque a terminé un discours également solide, instructif et plein d'onction. L'auditoire étoit très-nombreux, et semble augmenter chaque vendredi.

— Le *Constitutionnel* se trouve dans le dernier embarras ;

il ne sait comment apprendre à ses lecteurs une nouvelle qu'ils ne voudront jamais croire, et qu'il faudra lui répéter plus d'une fois à lui–même, dit–il, avant qu'elle puisse entrer dans son esprit. Cette nouvelle terrible, incroyable, et qui casse bras et jambes, la voici dans toute son horreur... Il s'est rencontré, dans l'arrondissement du Hâvre, un maire, un juge de paix et un procureur du Roi, qui ont osé donner raison, par le temps qui court, à un simple curé de village! Et contre qui, s'il vous plaît, se sont-ils permis de lui donner raison? Contre une bande de jeunes libéraux qui avoient pris à tâche de se réunir sous les murs de son église, au bruit des violons et des cornemuses, pour troubler le catéchisme et l'office divin. Or, il suffit d'entendre là-dessus le *Constitutionnel* et les autres journaux révolutionnaires, pour être convaincu que c'étoient les pauvres jeunes gens qui étoient dans leur droit, et le curé qui étoit dans son tort. Premièrement, l'enclos où ils faisoient leurs saturnales appartient au père de l'un d'entre eux, et ce n'est pas leur faute s'il est attenant à l'église. Ce n'est pas leur faute non plus si, du haut des arbres où ils se perchoient, leurs simagrées et leurs gestes indécens étoient visibles pour les fidèles qui prioient dans l'intérieur. Et puis c'étoit le temps du carnaval; rien ne les empêchoit de porter des masques, et de se montrer avec des figures de diables à travers les vitraux de l'église. Enfin, tout ce vacarme de danses, de chansons et d'orgies étoit extérieur, et des carreaux de verre séparoient les choses sacrées de ce mélange de profanations. A la vérité, ces scènes de scandale et d'impiété ont été renouvelées après une première condamnation, et les joyeux enfans de la licence, punis d'abord d'une amende de six francs chacun par le juge de paix, sont revenus à la charge le dimanche suivant avec un redoublement de cynisme et de haine contre la religion. Alors le procureur du Roi et la gendarmerie ont été obligés d'intervenir, et c'est là ce qui ne peut entrer dans l'esprit du *Constitutionnel,* tant la chose lui paroît forte pour notre temps, et contraire au régime de l'ordre légal. Voilà ce que c'est que d'appartenir de si près à la révolution; on a tant vu de profanations, on a tant vu traîner de saints dans les rues la corde au cou, on a tant vu briser de crucifix et mettre d'églises au pillage, qu'on finit par avoir le goût tout-à-fait usé sur ces choses-là. Qu'est – ce que c'est qu'un prêtre insulté dans

l'exercice de ses fonctions, et livré à la dérision d'une jeunesse impie, en comparaison de tous ceux qui ont passé par
les flagellations, par les exils et par la mort? Ils en reverront
bien d'autres, et on leur apprendra quelque jour à se plaindre pour de pareilles bagatelles. En attendant, préparons-
nous à voir arriver bientôt force pétitions contre les curés
qui ne savent pas marcher avec le siècle des lumières, et
mettre l'exercice du culte catholique en harmonie avec la
licence du carnaval. Le *Constitutionnel* a pris l'affaire en main,
et elle marchera, n'en doutez pas. Jugez d'ailleurs si elle va
paroître bonne aux Isambert et aux Montlosier de Normandie, quand il commence par nier, comme étant impossibles,
tous les faits qui peuvent donner raison à un curé contre des
libéraux; quand il déclare qu'un tel genre de triomphe ne se
conçoit pas, que c'est pour lui une énigme inexplicable,
qu'il en a vainement cherché le mot, et qu'il y renonce. Ce
langage ne peut manquer d'être compris par les pétitionnaires normands, et Dieu merci, nous pouvons nous promettre
encore un bon samedi de ce côté-là.

—Les prêtres auxiliaires du diocèse de Langres ont donné,
cet hiver, une mission à Doulaincourt, cure de canton, même
diocèse. Les exercices, qui avoient commencé le 18 novembre, ont fini le 18 février. Il n'existoit point de préventions
dans cette paroisse; seulement deux ou trois individus, qui
lisent le *Constitutionnel,* essayèrent, en envoyant des articles
au *Courrier de la Haute-Marne,* de jeter le blâme sur la
conduite des missionnaires et sur celle du curé, M. Tresse,
qui, à ce qu'il paroît, n'est pas dans leurs bonnes grâces.
L'esprit et le ton de ces articles ont nui à leur propre
cause dans l'esprit des habitans, et la mission a eu tout le
succès qu'on en attendoit. Les trois missionnaires et le curé
ont été sans cesse occupés au saint tribunal. Les deux communions générales ont été fort nombreuses, et plus de vingt
propriétaires se sont disputé l'honneur d'offrir le terrain où
devoit être plantée la croix. Cette dernière cérémonie a offert
un touchant spectacle par l'empressement des habitans pour
décorer tous les lieux où devoit passer la procession, et par
les sentimens de religion qu'ils ont fait éclater. Mais en même
temps, tout ce qui s'est passé dans cette mission, le zèle des
ecclésiastiques et la piété des fidèles, ont déplu à quelques

esprits ombrageux. Le *Courrier de la Haute-Marne* a jeté du ridicule sur la mission dans ses articles du 31 décembre et du 17 janvier. Ce journal, qui désole les prêtres du diocèse par ses accusations et ses déclamations, a avancé qu'il étoit d'usage que les missionnaires fussent accompagnés ou suivis de femmes; que les missionnaires avoient divisé et effrayé les esprits à Doulaincourt; que le curé avoit constamment troublé la paix dans cette paroisse; qu'au mépris de l'autorité municipale, il avoit voulu imposer à la paroisse un Frère de Saint-Joseph; qu'il invectivoit en chaire, etc. M. Tresse a écrit au journaliste pour démentir ces faits; on n'a tenu aucun compte de ses réclamations, et on a laissé peser sur les missionnaires et sur lui des imputations fausses et injurieuses. Il n'est point vrai que ni ces missionnaires ni les autres soient suivis de femmes; seulement, vers le milieu de la mission, M. le curé crut devoir appeler une Sœur de la Providence pour instruire quelques personnes, entr'autres, des enfans. Si son zèle a déplu à quelques libéraux, il doit lui attirer l'estime de tous les gens de bien. C'est de concert avec le maire, l'adjoint et les membres du conseil municipal qu'il demanda un Frère pour les écoles. Mais, qui le croiroit? un article du *Constitutionnel* du 21 octobre fit changer ces dispositions. Ce journal ayant dit que les Frères de St-Joseph recevoient les débris des Jésuites, on eut peur, et ceux qui avoient été d'avis d'appeler le Frère reculèrent. Tels sont les services que rendent ces journaux avec leurs accusations et leurs plaisanteries. M. l'abbé Tresse n'a jamais invectivé personne du haut de la chaire, et depuis 12 ans qu'il prêche, il pourroit défier qui que ce soit de citer en ce genre rien de positif. Enfin, ce qu'on a dit des mauvais effets de la mission, des gens auxquels elle auroit fait perdre l'esprit, des exagérations des missionnaires, tout cela est une invention des correspondans du *Courrier,* et tout cela auroit mérité de la part de ce journal un désaveu qui ne devoit pas coûter beaucoup à des écrivains justes, honnêtes et consciencieux.

— La mort de M. de Bausset, archevêque d'Aix, a été vivement sentie par tous ses amis. M. l'évêque de Fréjus a adressé sur ce sujet, à ses curés et recteurs, une circulaire où il les invite à célébrer un service pour le métropolitain. Il rend compte de la visite qu'il fit au prélat mourant, dans sa dernière maladie , et des pieuses dispositions où il le trouva. La circulaire de M. l'évêque de Fréjus est datée de Salernes, où il terminoit les exercices d'une mission qui a produit de grands fruits. Il est à remarquer que le prélat ne savoit point encore sa nomination à l'archevêché d'Aix. M. l'évêque d'Angoulême a fait célébrer aussi le 6 mars , dans sa cathédrale, un service pour le prélat, dont il avoit été grand-vicaire, et par qui il avoit été sacré. Le clergé de la ville et le séminaire ont assisté à ce service, et ont pris part à la douleur de M. l'évêque et des ecclésiastiques de Provence qui l'ont suivi à Angoulême et qui y secondent son zèle.

— La cour d'assises de la Nièvre, dans la dernière audience de sa dernière session, appliquant l'article 10 de la loi du 25 avril sur le sacrilège, a prononcé la peine de la réclusion contre un jeune homme de 20 ans, déclaré coupable d'avoir volé dans l'église de Pouilly les vases contenant les saintes huiles qui servent pour le baptême. Des journaux, en rapportant cet arrêt, ajoutent que ces vases *ont été considérés comme servant à la célébration des cérémonies de la religion.* Eh mais! est-ce que ces vases n'y servoient pas en effet? Pouvoit-on se dispenser de les *considérer* ainsi? N'auroit-il pas été étrange qu'un tribunal eût décidé que des vases qui servent pour le baptême ne servent pas pour les cérémonies de la religion? L'expression des journalistes est donc tout-à-fait déplacée, et donneroit lieu de croire qu'ils n'ont pas beaucoup de *considération* ou d'affection pour ce qui touche à la religion.

NOUVELLES POLITIQUES.

Paris. Voici encore un régal qui arrive aux journaux antireligieux. La liberté individuelle d'un petit garçon a été violée par un prêtre des environs de Marseille, de complicité avec le maître d'école de sa paroisse. Sans égard pour les droits de l'homme de ce jeune citoyen, ils l'ont chassé du catéchisme et enfermé sous clé, pendant un demi-quart d'heure, dans un recoin obscur de l'église. Marseille a , comme Paris, ses fidèles gardiens des libertés publiques : ils ont trouvé, dans cet énorme excès de pouvoir, de quoi faire traduire le curé et le maître d'école devant la police correctionnelle; mais là on a reconnu que l'autorisation de poursuivre devoit d'abord être obtenue du conseil d'Etat. A ce sujet, la *Gazette des tribunaux* s'étonne qu'il faille tant de cérémonie pour traduire en justice des délinquans de cette espèce, et elle ne conçoit pas que les tribunaux puissent se croire liés là-dessus par les vieilles lois de l'empire. Mais demandez-lui si les lois de la Convention sont bonnes et valables contre les missionnaires et contre toutes les congrégations religieuses, elle vous répondra que la chose est hors de doute, et que, quand il s'agit de la jurisprudence révolutionnaire, il n'y a plus ni ordonnances royales ni Charte qui tiennent.

— Le Roi, instruit des efforts que les dames de charité de St-Quentin n'ont cessé de faire cet hiver pour adoucir la position dans laquelle un grand nombre d'ouvriers de cette ville se trouvent réduits par la cherté du pain et la stagnation des manufactures, vient de leur faire remettre un secours de 3000 fr.

— Le Roi, LL. AA. RR. et les ministres ont pris part à une souscription ouverte en faveur de la vaccination gratuite des enfans dans le département de la Seine.

— Un incendie a réduit en cendres, dans la nuit du 20 de ce mois, la filature de coton de Coye, arrondissement de Senlis, dont l'établissement avoit coûté un million, et qui occupoit plus de mille bras. Les secours n'ont pu que préserver du feu le village et le château. Le grand nombre d'ouvriers que ce malheur prive d'existence sont soulagés en ce moment par la bienfaisance de M. le duc de Bourbon, qui leur fait distribuer cinq cents livres de pain par jour.

— M. Lechat, conseiller d'Etat honoraire, vient, par décision royale du 1er mars, d'être nommé conseiller d'Etat en service extraordinaire.

— M. Ernest Ledhuy est nommé vice-consul à Buenos-Ayres.

— Des rixes déplorables ont eu lieu dernièrement dans le port de Mahon entre des marins de la frégate américaine *Java* et des marins des corvettes françaises *la Pomone* et *le Faune*. Dans la soirée du 15 février, M. l'enseigne de vaisseau Mesnard, qui faisoit partie de l'état-major de ce dernier bâtiment, a été cruellement assassiné par des matelots anglo-américains. Les coupables ont été livrés à la justice.

— Des lettres de Brest assurent que le gouvernement français vient de faire remettre au général Pizarro, frère du colonel de ce nom, qui est à Paris, un secours provisoire pour subvenir aux premiers besoins des réfugiés portugais.

— La colonie d'Angola, sur la côte occidentale de l'Afrique, a proclamé roi don Miguel le 26 février dernier. Des réjouissances ont eu lieu à cette occasion. Une députation de la ville de Funchal vient de témoigner à ce prince les protestations de dévoûment des habitans de Madère.

— Une frégate et une corvette portugaises, sous le commandement de Miranda-Everard, font le blocus de l'île de Tercère, et doivent le continuer tant que les libéraux retirés dans la forteresse ne se seront point rendus au gouvernement de don Miguel.

— Le blocus de l'île de Tercère, établi par le gouvernement de don Miguel, vient d'être notifié au commerce anglais par ordre du comte d'Aberdeen, ministre des affaires étrangères.

— L'amiral autrichien Dandolo a obtenu à Egine une indemnité de 87,000 piastres pour les dernières captures qui avoient été faites des batimens de son gouvernement.

— Le pacha d'Egypte a reçu l'ordre du grand Turc de renvoyer de ses Etats le consul russe qui y étoit resté malgré la guerre entre la Turquie et la Russie.

CHAMBRE DES DÉPUTÉS.

Le 20, M. Thénard, au nom de la commission qui a été chargée de l'examen de trois projets de loi tendant à modifier les limites de plusieurs arrondissemens et départemens, propose l'adoption de ces projets.

M. Faure fait aussi un rapport favorable de plusieurs autres projets de loi tendant à autoriser cinq départemens à s'imposer extraordinairement pour leurs routes.

M. de Cambon présente le résumé de la discussion de la loi sur les tabacs. Il combat les différentes objections, et persiste, au nom de la commission, à demander que le monopole ne soit prorogé que pendant deux ans au lieu de six. M. de Riberolles obtient la parole pour un fait personnel : c'étoit pour rappeler à M. le rapporteur qu'il n'avoit pas tenu ses argumens en réserve, mais qu'il les avoit fait valoir dans le sein de la commission de cette loi dont il faisoit partie.

M. le ministre des finances monte à la tribune. Il expose les besoins du trésor, et l'impossibilité où l'on est de pouvoir remplacer le produit de l'impôt des tabacs par un autre impôt. Son Exc. réfute les différens systèmes que l'on a présentés pour remplacer le monopole, et montre qu'aucun d'eux ne peut présenter des résultats aussi satisfaisans que le mode en usage. Si on détruisoit le monopole tel qu'il existe, il seroit bientôt rétabli en faveur de plusieurs compagnies. Enfin, ce n'est pas par cet impôt que l'on doit commencer des réductions dans l'intérêt du peuple. M. Roy soutient qu'il n'y a aucun inconvénient à le prolonger encore six ans.

Plusieurs membres demandent à répondre. M. le président fait observer que la discussion générale étant close, on ne pourra parler que sur les amendemens. Il lit d'abord celui de M. de Brigode, qui ne prorogeroit l'impôt que jusqu'au 1er janvier 1832. M. d'Andigné le réfute et appuie la proposition du gouvernement. M. B. Constant prétend que conserver le monopole c'est violer la Charte et attenter à la propriété. (Murmures.) Quoique M. Roy en ait démontré l'inutilité, il voudroit que l'on fît une enquête. Après de nouvelles observations de MM. Bacot de Romans et de Chantelauze pour le projet de loi, et de M. Duvergier de Hauranne contre le monopole, l'amendement est rejeté à une grande majorité.

On passe à celui de la commission. M. de Cordoue, en défendant la proposition du ministère, se plaint de ce que les royalistes voient partout la révolution revenir, et de ce qu'ils ne veulent pas reconnoître que la couronne ait son meilleur soutien dans la majorité constitutionnelle de la chambre; mais l'orateur est interrompu successivement par les murmures de la droite et les cris *parlez donc du tabac!* M. Humann reproduit les argumens des adversaires du monopole. M. Bacot de Romans combat la réduction que propose la commission. La clôture, vivement demandée, est prononcée, malgré les réclamations de M. Ch. Dupin, qui veut absolument être entendu.

L'amendement de la commission, mis aux voix, est rejeté par une majorité formée des deux sections de la droite et d'une partie du centre gauche. M. B. Constant propose alors de réduire la prorogation à trois ans, ensuite M. Demarçay à quatre, et M. de Cordoue à cinq. Ces amendemens sont successivement écartés par la même majorité, et l'article unique de la loi est adopté.

M. de Brigode propose un article additionnel, portant qu'après la promulgation de la loi il sera nommé une commission chargée d'examiner le monopole du tabac et de faire un rapport à la chambre. Il essaie en vain de se faire entendre, et il obtient alors de M. Royer-Collard que mention de cette impossibilité sera faite au procès-verbal. On procède au scrutin sur la loi, et elle passe à la majorité de 226 contre 67.

Le 21, M. Benjamin Constant demande la parole sur la rédaction du procès-verbal. Il se plaint de n'y pas voir mentionnée l'impossibilité où M. de Brigode s'est trouvé, par l'opposition de la droite, de développer l'article additionnel qu'il proposoit. M. le président avoue qu'il a dit au secrétaire-rédacteur de ne pas rendre compte de cet incident.

M. de Saint-Luc, au nom d'une commission, propose, avec quelques modifications, l'adoption d'un projet de loi tendant à autoriser les villes de Saint-Germain-en-Laye, d'Arles et de Poitiers, et le département des Côtes-du-Nord, à s'imposer extraordinairement.

M. de Sade rend compte de la réclamation de douze habitans de Metz contre l'admission de M. de Turmel, comme ne payant pas le cens. Il dit que l'honorable membre convient qu'il y a erreur dans la cote de ses contributions, mais qu'il a prouvé que l'administration ne l'avoit pas imposé suffisamment. Comme la chambre a jugé dans le temps à l'égard du général Foy, que les contributions qu'il auroit dû payer lui seroient comptées, la commission propose l'ordre du jour.

M. de la Boulaye remarque que plusieurs des signataires de cette pétition prennent la qualité de membres du *comité constitutionnel*. Or l'orateur a beau chercher dans l'Almanach royal, il n'y trouve que des comités de bienfaisance, d'instruction publique, des manufactures, etc. Il engage donc LL. Exc. à faire insérer celui-là dans le Bulletin de lois. (Rires et agitations.)

M. le ministre de l'intérieur déclare ne pas connoître plus que M. de la Boulaye de *comité constitutionnel*, ni de loi en vertu de laquelle il puisse exister en France un comité qui s'arroge le droit de présenter des pétitions aux chambres et d'exercer toute autre action. Par cela seul que la réclamation est faite sous une telle dénomination, M. de Martignac sollicite l'ordre du jour.

M. Marschall dit que le droit d'association est la plus précieuse de nos libertés : pourquoi n'en useroit-on pas, surtout pour nos droits politiques ? M. de Martignac n'entend pas contester le droit qu'ont des citoyens d'avoir des réunions particulières et dans les limites de la loi, pour délibérer sur leurs intérêts ; mais là s'arrête le droit qu'on peut leur reconnoître : une société organisée, des individus coalisés pour intenter des actions en nom collectif, tout cela est évidemment illicite.

M. de Montbel réfute une autre assertion de M. Marschall, qui accuse les conseils-généraux et municipaux actuels d'être antisociaux. L'honorable membre soutient que ces conseils, qui renferment beaucoup de personnages respectables, dont un certain nombre siègent à la chambre, n'agissent qu'avec dévoûment, [désintéressement et indépendance. M. Dupin aîné convient qu'on ne peut accueillir une pétition d'une association en nom collectif, car il craindroit d'en recevoir bientôt de la *congrégation*. Il loue donc l'empressement de M. de Martignac à défendre les règles. L'ordre du jour est prononcé à une grande majorité.

M. Jars, autre rapporteur, présente l'analyse fort étendue d'une pétition du sieur Las-Cases, habitant du Finistère, qui demande la révision de l'article 38 de la Charte, en ce qui concerne l'âge de l'éligibilité qu'il voudroit voir fixé à 25 ans. M. Jars, qui se montre favorable à ce vœu, conclut au dépôt au bureau des renseignemens.

Comme plusieurs de ses amis, M. de Sainte-Marie demande la question préalable. Il se plaint de ce que l'abus des pétitions aille jusqu'à attaquer le pacte fondamental. En pareil cas, on ne devroit pas faire à une pétition l'honneur d'un rapport; autrement le peuple croira bientôt que la Charte peut se modifier comme une loi ou un règlement.

M. Delaborde cherche à justifier le pétitionnaire, et désire de voir figurer dans cette assemblée cette précieuse jeunesse..... M. de La Boulaye appuie l'ordre du jour au nom de l'inviolabilité de la Charte. M. Sébastiani plaide encore la cause de la jeunesse. M. de la Boëssière rappelle qu'en 1815, il a combattu dans le Midi pour la Charte, et que tous les royalistes y sont dévoués, même ceux dont elle consommoit la spoliation. MM. de Cambon et Pardessus appuient l'ordre du jour. M. le garde-des-sceaux défend l'observation et l'intégrité de la Charte, et soutient que l'on ne doit pas laisser penser qu'elle est susceptible de révision. MM. Sébastiani et Viennet protestent alors de leur dévoûment à la Charte. L'ordre du jour est mis aux voix et adopté à l'unanimité, à l'exception de MM. de Corcelles et Jacqueminot.

La chambre se forme ensuite en comité secret. On y a, dit-on, discuté alors la proposition de M. Sébastiani, tendant à supprimer la retenue sur les pensions militaires au profit de la caisse des Invalides. On assure qu'elle a été défendue par MM. Faure, de Leyval, Arthur de la Bourdonnaye, Lamarque, et combattue par MM. Chollet, Delaborde, et surtout par M. le ministre des finances.

Le 23, M. le président lit une lettre de M. le comte de Labesèque, par laquelle cet honorable député du Nord donne sa démission à cause du mauvais état de sa santé.

L'ordre du jour est la discussion de la proposition de M. Pelet (de la Lozère), tendant à ce qu'à l'avenir les quatre candidats à la présidence sur lesquels ne seroit pas tombé le choix du Roi soient de droit vice-présidens. Cette proposition, défendue par MM. Brun de Villeret, Lemercier et Pelet, et combattue, au nom de la commission, par M. Al. de Noailles, rapporteur, est rejetée à une grande majorité.

Après quelques débats, on fixe l'ouverture de la discussion de la loi départementale au lundi 30. Il n'y aura séance publique que le samedi 28, pour le rapport hebdomadaire des pétitions.

La chambre adopte ensuite successivement, et sans discussion, quatre projets de loi relatifs à des changemens de circonscription territoriale, et neuf autres qui autorisent à s'imposer extraordinairement cinq départemens pour leurs routes, et les villes de Saint-Germain-en-Laye, Arles, Poitiers et le département des Côtes-du-Nord, pour des constructions.

A quatre heures et demie, la chambre se forme en comité secret. On assure qu'elle a repris la discussion de la proposition de M. Sébastiani contre la retenue d'usage sur les pensions militaires, et que cette proposition, combattue par MM. de la Boulaye, Lepelletier d'Aulnay, rapporteur, et les ministres de la guerre et des finances, et défendue encore par MM. Mathieu-Dumas et Sebastiani, a été rejetée à une grande majorité.

Les amis de l'ordre légal nous révèlent chaque jour le secret de leurs affections ; ils parlent bien haut de leur respect pour les lois, et ils se jouent de celles qui leur déplaisent. La *Gazette des tribunaux* rendoit compte, il y a peu de jours, d'un jugement porté à la cour d'assises de Pau dans une affaire de fausse monnoie. Trois Espagnols étoient accusés d'avoir émis de fausses pièces de 30 sous; *les preuves les plus entières et les reconnoissances les plus positives se réunissoient pour les accabler* : mais, ajoute la Gazette, *la salutaire omnipotence du jury, sans laquelle notre Code pénal ne seroit plus qu'un code de barbarie, étoit leur ressource*. Les accusés, déclarés non coupables à l'unanimité, ont été mis sur-le-champ en liberté. Ainsi on absout ceux que condamnoit une loi précise; des jurés, qui ont fait serment de juger en conscience, déclarent non coupables des hommes convaincus par *les preuves les plus entières* et par *les reconnoissances les plus positives*. Et des jurisconsultes approuvent cela ! et ils admirent la *salutaire omnipotence du jury!* C'est-à-dire, dans le fond, qu'ils approuvent l'arbitraire dans les jugemens. On s'est plaint souvent autrefois des princes qui faisoient fléchir la justice au gré de leur intérêt ou de leurs caprices ; que dira-t-on de simples citoyens qui jugent aussi suivant leurs passions ou leurs idées, et qui déclarent non coupables ceux qu'en leur ame et conscience ils savent être coupables? N'est-ce pas se moquer de la conscience, de la justice, des lois, de l'intérêt de la société, de tout ce qu'il y a de plus imposant et de plus sacré dans les législations humaines?

Inhumation de M. Alexandre Lameth.

Déjà nous avons eu occasion de faire remarquer que la religion de Robespierre avoit considérablement perdu entre les mains des libéraux, et que les doctrines révolutionnaires de 93 lui furent moins contraires que les doctrines constitutionnelles de 1829. Vous vous rappelez, en effet, que l'*Etre suprême et l'immortalité de l'ame* avoient été reconnus dans la fameuse déclaration de principe de la Convention nationale.

Les libéraux, qui se sont chargés de nous donner une *église nationale* de leur façon, ne sont pas, à beaucoup près, aussi généreux que le chef du comité de salut public. On en peut juger par le discours prononcé sur la tombe de

M. Alexandre Lameth, par M. Jay, grand-prêtre du *Constitutionnel*. Rien de plus |obscur et de plus entortillé que cette oraison funèbre; rien de plus avare que M. Jay en fait de concessions religieuses. Mais il faut l'avouer, il avoit une tâche difficile à remplir dans cette occasion. Placé entre les abonnés du *Constitutionnel* et la famille du défunt qui l'avoit choisi pour l'organe de ses douleurs, grand devoit être son embarras. D'abord il ne pouvoit décemment classer M. Alexandre Lameth dans le règne animal, ni dans le règne végétal, parce que toute la famille l'auroit renié comme interprète de ses sentimens. Ensuite il n'y avoit nul moyen pour lui d'immoler des Jésuites sur la tombe du défunt, parce que les enfans de cette famille ont été élevés à Saint-Acheul, et qu'ils n'en sont sortis que pour aller retrouver leurs maîtres en pays étranger.

D'un autre côté, M. Jay, en sa qualité de grand-prêtre de la religion nationale, ne pouvoit reconnoître, comme Robespierre, ni l'Etre suprême, ni *l'immortalité de l'ame*, sans se brouiller avec tous les abonnés de son journal; inconvénient plus grave encore que celui de sacrifier des Jésuites aux manes de M. Alexandre Lameth.

Dans cette position, il a dû prendre un moyen terme pour sortir d'embarras et ménager tout le monde. Il n'a pas osé ensevelir tout-à-fait son mort dans le néant; mais il ne lui a pas non plus assigné une destination fixe et déterminée. Il l'a envoyé dans ce qu'il appelle la *région mystérieuse*, à côté des grandes ames de l'ancien député Manuel et du général Foy.

Voyez donc un peu ce que c'est que de vouloir ainsi nager entre deux eaux. Voilà une oraison funèbre qui ne satisfera ni la famille du défunt, ni les abonnés du *Constitutionnel* : l'une dira que c'est trop peu; les autres diront que c'est trop. Des frères et des parens aussi catholiques que ceux que nous connoissons à M. Alexandre Lameth, aimeroient mieux être sûrs de le retrouver au rendez-vous des ames immortelles, entrevu par le comité de salut public lui-même, que de l'aller chercher dans la *région mystérieuse*, auprès des deux libéraux frénétiques dont le voisinage est sûrement très-peu envié par les chrétiens qui cherchent l'éternité.

Nous ne promettons pas plus de succès à l'orateur funèbre du côté des tristes disciples formés à l'école du *Constitutionnel*. Ceux-ci ne sont nullement accoutumés à la spiritualité, et quoiqu'il n'y ait à en prendre que ce qu'on veut dans la *région mystérieuse*, ils n'en demandoient pas tant à M. Jay. Il peut être assuré qu'ils le chicaneront là dessus, et nous sommes forcés de convenir qu'ils auront raison; car, en vérité, lorsqu'on fait tant que de vouloir loger hors de la matière les vertus et le génie des morts, sans oser trancher le mot et nommer le ciel des chrétiens, on est bien exposé à tomber dans l'inconséquence et dans l'absurde.

De tout cela, nous ne voulons tirer qu'une conséquence; c'est que M. Jay n'a bien rempli sa tâche ni au gré d'une famille qui compte des membres estimables, ni au gré même des partisans de l'impiété, et qu'un homme propre à rédiger le *Constitutionnel* ne sauroi être propre à rédiger des oraisons funèbres.   B.

Le Gérant, ADRIEN LE CLERF.

++

Vie de saint Martin, évêque de Tours, par Gervaise; nouvelle
édition, revue par M. A. E. (1).

Notre ancienne histoire fait voir quelle étoit la dévotion
de nos pères pour saint Martin. Il y avoit un concours continuel à son tombeau, érigé dans une église qui prit son
nom, et la garde de ses reliques fut confiée à un chapitre
enrichi de grands priviléges. Le trésor de cette église avoit
été prodigieusement enrichi par la piété des rois, des princes, des prélats et des fidèles, et lors des pillages des protestans, il y a bientôt trois siècles, il se montoit à plus de
4000 marcs d'or ou de vermeil. De fréquens miracles en-
tretinrent et accrurent cette dévotion pour saint Martin, et
sa fête est une de celles qui s'est observée plus long-temps.
Sulpice Sévère est celui qui nous a fait le mieux connoître la vie et les vertus de saint Martin. Depuis, Grégoire de
Tours donna un recueil de ses miracles, et Alcuin un abrégé
de sa vie. Tillemont a traité ce sujet avec son exactitude et
sa critique ordinaire. C'est sur ces matériaux que Gervaise
a principalement composé son histoire, qui parut à Tours
en 1699, in-4°. Elle est partagée en quatre livres, dont le
premier s'étend jusqu'à l'épiscopat de saint Martin, et le
second jusqu'au règne de Maxime; le troisième comprend
les dernières actions du saint, sa mort, et les premiers
honneurs rendus à sa mémoire; enfin le quatrième rend
compte des translations de son corps, des miracles opérés
et des profanations des protestans. La dernière partie du
quatrième livre a été l'objet d'une critique faite par dom
Badin, Bénédictin de St-Maur, et publiée à Tours en 1700;
elle a principalement pour objet ce qui regarde l'abbaye de
Marmoutier et l'église de St-Martin de Tours. Gervaise n'y
répondit pas.

_____

(1) Un vol. in-12, prix, 2 fr. 50 c. et 3 fr. 25 cent. franc de port.
A Tours, chez Mlle Auger, et à Paris, au bureau de ce journal.

Cet auteur étoit, par sa position, à portée de recueillir les matériaux de la vie de saint Martin. Nicolas Gervaise, prévôt de Suèvre dans l'église St-Martin de Tours, avoit fait beaucoup de recherches et sur cette église et sur le saint évêque. Il s'étoit aidé des chroniques du temps, des registres et des titres du chapitre, et des découvertes faites par l'abbé Galiczon. On a encore de lui d'autres ouvrages. Depuis, il quitta sa retraite de Suèvre, alla à Rome, et obtint du pape le titre d'évêque d'Horren. Ayant été alors sacré à Rome même, il s'embarqua pour les missions de l'Amérique méridionale, et fut massacré sur les bords de l'Orénoque, le 20 novembre 1729, ainsi que les ecclésiastiques qui l'accompagnoient. Il paroît que les auteurs du massacre furent les caraïbes qui habitoient la Guyanne.

Le nouvel éditeur, qui ne s'est fait connoître que par les lettres A. E...., annonce qu'il ne s'est permis que de légères corrections pour le style. Il a pris un format plus commode, et il a eu pour but de ranimer la piété des peuples envers un saint qui fut, comme le dit Alban Butler, la gloire des Gaules et la lumière de l'église d'occident au 4e siècle.

Gervaise place la naissance de saint Martin en Pannonie en 316, son épiscopat en 370, et sa mort en 396; mais ces dates ne sont pas incontestables. Jérôme de Prato, dans son édition de Sulpice Sévère, met la naissance du saint en 310, et Alban Butler regarde comme plus probable l'opinion qui fixe la mort du saint en l'an 400.

L'historien ne s'est pas borné, comme nous l'avons vu, à raconter la vie du saint évêque; il rappelle, dans les 3e et et 4e livres, les honneurs rendus de toutes parts à saint Martin. Le respect qu'on avoit pour sa mémoire ne se borna pas à la France; l'Italie et l'Espagne se distinguèrent par leur dévotion pour lui. Les plus anciens missels des Gaules nous offrent un office propre pour sa fête. Saint Perpet, évêque de Tours, fit élever en l'honneur du saint une belle église, où son corps fut déposé; il y établit des clercs pour le service divin, et c'est là l'origine du chapitre de Saint-Martin de Tours, dont Gervaise raconte l'histoire. Il fait connoître l'illustration de cette église, qui comptoit parmi ses chanoines des prélats, des princes et des seigneurs. L'historien finit par le récit du pillage et des profanations des protestans en 1562; mais du moins ils n'avoient pas détruit l'église. Il étoit réservé à notre révolution de renverser cet édifice consacré par les respects de tant de siècles.

Le volume est terminé par des pièces justificatives, parmi lesquelles on remarquera un inventaire curieux des choses précieuses qui se trouvoient dans le trésor de l'église de St-Martin de Tours, lorsqu'elle fut pillée dans le 16ᵉ siècle.

Ces détails suffiroient pour montrer quel est l'intérêt de cette Vie, où l'auteur a cherché à rassembler tout ce qui est relatif aux vertus et à la mémoire d'un saint évêque, qui fut en même temps un grand homme.

———————————⟡———————————

NOUVELLES ECCLÉSIASTIQUES.

Rome. Le 11 mars, au matin, M. le cardinal de Crôï est arrivé en cette ville. Le 12, après midi, MM. les cardinaux Firrao, de Látil et d'Isoard, après avoir visité la basilique St-Pierre, entrèrent au conclave, où ils furent reçus avec les formalités accoutumées. Le 13, après midi, MM. les cardinaux de la Fare et de Crôï visitèrent également là même église, et firent leur entrée au conclave, ce qui portoit le nombre des cardinaux réunis dans le conclave à 48.

— Le 9, M. le comte de Lutzow, ambassadeur d'Autriche, avoit présenté au sacré Collège ses lettres de créance et les lettres de condoléance de l'empereur sur la mort de Léon XII. M. le cardinal Castiglioni, alors chef d'ordre, lui avoit répondu. L'ambassadeur prononça son discours en latin, et le cardinal lui répondit en italien.

— Le 24 février, M. della Porta, patriarche de C. P. et vice-gérent de Rome, administra les sacremens de baptême et de confirmation à un Juif, Isaac Piperno, de Rome, âgé de 29 ans. Son parrain pour le baptême fut M. Olivier Kelly, archevêque de Tuam, en Irlande, et pour la confirmation, M. Nicholson, de Dublin. M. le vice-gérent adressa une exhortation au nouveau converti, qui fut admis aussi à la sainte table.

Paris. Le conclave et ce qui s'y passe fait depuis quelques jours, dans certains journaux, le sujet d'articles plus ridicules les uns que les autres. L'un se fait écrire des lettres de Rome remplies d'invraisemblances et même d'absurdités, et qui, par la forme comme par le fond, décèlent une autre origine; et ont été évidemment fabriquées à Paris; l'autre vous raconte tous les secrets du conclave, comme s'ils lui avoient été révélés. Ils savent, à point nommé, et combien tel cardinal a eu de voix, et combien tel autre en aura. Ils font même là-dessus des calculs plaisans. Ainsi le *Constitu-tionnel* annonçoit mercredi, qu'au scrutin du 13 mars, où il y avoit 47 votans, M. le cardinal Gregorio avoit obtenu 33 voix, M. le cardinal Galeffi 30, et M. le cardinal Pacca 27; or, 33, 30 et 27 font juste 90 voix, et il n'y avoit que 47 votans! Conciliez tout cela, si vous pouvez. Il y a dans ce qu'on nous dit chaque jour du conclave d'autres traits de cette force; on appelle les cardinaux réunis au conclave les *conclavistes,* tandis que ce nom ne désigne que les ecclésiastiques qui sont avec le conclave. On nous parle de fonctions qui n'existent pas, et on raconte des choses qui annoncent à la fois beaucoup d'ignorance et beaucoup de malice.

— Les discours que nous avions annoncés à St-Etienne-du-Mont ont eu lieu les trois derniers dimanches. Le premier dimanche de carême, c'est M. le curé de St-Etienne qui a prêché. Son sermon étoit sur le salut; le salut renferme toutes les destinées de l'homme; c'est la seule affaire importante, il faut y travailler avec application et avec courage. Le deuxième dimanche, M. l'abbé Martin de Noirlieu a parlé sur le péché, et a montré que le péché est le souverain mal de Dieu et le souverain mal de l'homme. Le discours de dimanche dernier étoit de M. l'abbé Jammes; le sujet étoit la conversion. Quels sont ceux qui ont besoin de se convertir? Ceux qui n'ont pas la foi, pour la recouvrer, et ceux qui l'ont encore et qui ne la pratiquent pas, pour la conserver; tel a été le premier point; le second a exposé les motifs de se convertir promptement, le délai de la conversion la rend toujours plus difficile, et il la rend souvent impossible. Le genre de ce discours a paru commandé par la circonstance du carême où l'on doit s'occuper spécialement sur les grandes vérités de la religion; mais M. le curé de St-Etienne a annoncé dimanche dernier qu'ayant égard aux besoins et aux vœux de la jeunesse, on donneroit après Pâque des conférences sur les grandes

preuves du christianisme. Il a rappelé le grand bien qu'a-
voit fait, il y a quelques années par ce genre de discours,
un orateur célèbre, et en parlant de lui-même avec modestie, il a espéré qu'on voudroit bien tenir compte du
zèle et des efforts de ceux qui se dévouent à une œuvre si
importante et si bien appropriée aux circonstances actuelles.

— Le lundi 30 mars, à deux heures précises, il y aura une
assemblée de charité dans l'église St-Louis de la Chaussée-
d'Antin. Le sermon sera prêché par M. l'abbé Jammes, aumônier de l'école polytechnique, et la quête sera faite par
Mme la marquise de Vogué et Mme la comtesse de Boisgelin.

— Nous avons déjà vu en quels termes magnifiques nos
évêques relevoient l'autorité du saint Siège, et exprimoient
leur vif attachement pour cette chaire antique et vénérable.
M. l'évêque de Belley professe les mêmes principes, et partage les mêmes sentimens. Dans son Mandement sur la mort
de Léon XII, le prélat se plaît à célébrer les prérogatives du
pontife romain :

« Qu'elle est auguste, qu'elle est sainte, qu'elle est importante pour
nous la qualité de chef suprême de l'Eglise catholique! qu'elle est digne de
toute notre attention et de tout notre respect! C'est un phare resplendis-
sant qui dirige notre course sur la mer orageuse de la vie et nous conduit
au port du salut; c'est un abri contre tant de vents de doctrine, selon l'expression de saint Paul, qui soufflent de toutes parts et nous entraînent en
des exagérations opposées ; c'est une colonne lumineuse qui éclaire le
peuple de Dieu au milieu du désert de la vie, pour le conduire à la sainte
montagne où le Tout-Puissant veut publier sa loi ; c'est une pierre ferme,
un rocher qui s'élève au milieu des eaux, et contre lequel des flots écumans
viennent tous les jours se briser.

» Mais quoique toutes ces images soient puisées dans les livres saints et
soient facilement comprises, parlons sans figure. Le pontife romain est le
centre de l'unité catholique.... Dépositaire des pouvoirs que Jésus-Christ
lui a légués dans la personne de saint Pierre, le pontife romain peut dire
comme Jésus-Christ : *Toute puissance m'a été donnée sur la terre comme
dans le ciel.* Sa juridiction spirituelle ne connoît point de bornes ; elle s'é-
tend sur tous les pays et sur tous les chrétiens sans distinction. »

Il est impossible sans doute de donner une plus haute idée
de l'autorité pontificale. Néanmoins M. l'évêque de Belley
croit devoir mettre en garde les fidèles contre des systèmes
outrés qu'on essaie de faire revivre :

« Quand nous parlons de la puissance de l'Eglise, N. T. C. F., loin de
nous la pensée que cette puissance ait pour objet l'autorité temporelle des
souverains. C'est encore ici Bossuet qui nous servira de guide, et dont

nous empruntons les paroles. « Nous déclarons, dit ce grand évêque, que
» saint Pierre et ses successeurs, vicaires de J. C., et que toute l'Eglise
» même ; n'ont reçu de puissance de Dieu que sur les choses spirituelles, et
» qui regardent le salut, et non point sur les choses temporelles et civiles...
» et que cette doctrine, nécessaire pour la tranquillité publique, et non
» moins avantageuse à l'Eglise qu'à l'Etat, doit être inviolablement suivie,
» comme conforme à la parole de Dieu, à la tradition des SS. Pères, et à
» l'exemple des saints. »
   » L'épiscopat français, si indignement outragé par les ennemis de la religion dans ces derniers temps, n'a pas hésité un moment de renouveler
cette déclaration il y a trois ans, quand on osa, contre l'évidence des faits,
répandre quelques nuages sur ses sentimens de respect, de soumission,
d'amour et de dévoûment sans réserve à l'autorité royale.
   » Mais ce qui doit surtout fixer votre attention, N. T. C. F., c'est que
le saint pontife dont nous pleurons la perte n'a pas cessé depuis lors de
nous donner, en général et en particulier, les témoignages les plus touchans d'estime, d'attachement et de confiance ; preuve manifeste qu'il étoit
bien éloigné de ces prétentions exagérées qu'on attribue aux pontifes romains en remontant à des siècles antérieurs au nôtre, et en citant des
faits étonnans sans doute, mais qui le seroient infiniment moins, si on
vouloit rappeler mille circonstances de temps, de lieux et de personnes,
qui, dans plusieurs cas, ont rendu légitime et utile l'usage d'une puissance que les papes avoient reçue comme arbitres, et qui a souvent épargné
l'effusion du sang. »

C'est ainsi que la véritable sagesse sait concilier et un
profond attachement pour le saint Siège et un juste éloignement pour des doctrines suspectes par leur exagération.
   — Un vol sacrilège et une révoltante profanation ont été
commis à Marseille dans la nuit du 9 au 10 mars. Les voleurs, après avoir enlevé un saint ciboire dans l'église de St-
Théodore, ont caché les hosties consacrées sous des mottes
de terre, en face la rue de Beaumont. Le bruit du vol s'é-
tant répandu, des ouvriers ont eu la curiosité de fouiller sous
les mottes, et y ont trouvé les hosties. Aussitôt la foule s'y
est portée, et l'autorité a envoyé des sentinelles pour prévenir tout désordre. Le jour même, à trois heures, le clergé
de Saint-Vincent de Paul est venu en procession sur le lieu.
On a recueilli les hosties avec respect, et on a purifié par le
feu la terre qu'avoient touchée les parcelles consacrées. Un
des ecclésiastiques a adressé au peuple qui l'entouroit une
allocution pour faire sentir l'énormité du crime, et engager
les fidèles à l'expier par leurs prières. Le clergé s'est ensuite
dirigé vers l'église Saint-Théodore, où on a reporté les hosties. Un prêtre portoit les saintes hosties sous le dais. On
chantoit le *Miserere* avec le *Parce, Domine.* Arrivé à l'église,

un nouveau discours a été prononcé pour déplorer l'attentat, et on a fait les prières expiatoires prescrites par le rituel.
La nuit suivante, on a découvert les coupables ; ils sont, à ce
qu'il paroît, au nombre de sept. Leur chef étoit un nommé
Long, homme hardi et entreprenant. Deux ciboires déjà
aplatis ont été trouvés dans sa paillasse. Celui qui a eu le
plus de part au vol est, dit-on, un nommé Viguier, reçu
nouvellement dans la troupe des voleurs. Il se laissa enfermer dans l'église, força le tabernacle, sortit le lendemain
matin, et alla déposer les hosties dans le lieu indiqué. On le
vit, lui et ses complices, rôder à l'entour, et c'est ce qui
donna des soupçons. On dit qu'il y a encore un complice à
découvrir, les autres sont arrêtés. M. l'évêque, non content
de ces premiers devoirs rendus spontanément au Sauveur
outragé, a voulu que la réparation fût proportionnée à l'attentat. Par un Mandement qui sera un monument de sa foi
et de sa piété, il a ordonné une procession générale, qui
s'est faite avec une grande pompe le dimanche 15, et à laquelle ont assisté le chapitre, le clergé des paroisses, les séminaires, les congrégations et confréries, les marguilliers
des différentes églises, le cercle religieux, les Frères des
écoles chrétiennes, etc., etc. Les troupes de la garnison ont
maintenu un ordre parfait. M. l'évêque portoit le saint sacrement, et M. l'évêque de Verdun assistoit à la cérémonie.
La procession s'est dirigée vers la grotte où le précieux dépôt
avoit été trouvé. Le bruit des tambours et les sons de la musique du 6e de ligne se mêloient aux chants de l'église. Les
rues et les fenêtres étoient pavoisées, et une foule immense
couvroit les boulevards et les avenues. Partout le peuple a
pris part au triomphe de Notre-Seigneur, comme il avoit
pris part à l'outrage, et le recueillement le plus touchant a
régné pendant la cérémonie. Elle a été terminée par une
amende honorable, et par la bénédiction du saint sacrement,
qui a été donnée au bruit des salves d'artillerie (*). Cette

(*) La personne qui veut bien nous mander ces détails nous apprend en
même temps la mort d'un ecclésiastique distingué de la ville. M. l'abbé
Bonnefoy, archidiacre, grand-vicaire et curé de St-Théodore, à Marseille,
a été enlevé tout à coup par une apoplexie foudroyante. Il avoit assisté à la
procession générale le 15. Peut-être l'émotion que lui avoit causée le crime
commis dans son église aura-t-elle hâté sa fin. Sa mort est un deuil pour
ses paroissiens et pour tout le diocèse.

pompe, ces élans de la piété, cette protestation solennelle contre un horrible sacrilège, ont offusqué des esprits toujours portés à prendre ombrage de ce qui est honorable à la religion. Le *Messager*, journal libéral de Marseille, a fait, sur la cérémonie, un article plein de malice et de mauvaise foi; la *Gazette des tribunaux*, à Paris, paroît s'être emparée des réflexions fausses et malignes de son confrère de province; mais la manifestation unanime des sentimens de toute une population parle plus haut que l'opposition partiale de deux ou trois écrivains qui ont déjà donné, en bien des occasions, la mesure de leur amour pour la justice et la vérité.

— Nous n'avions point encore assez de scandales, et l'on nous en ménage de nombreux. On annonce en ce moment une *Gazette des cultes,* qui commencera, dit-on, dans le courant du mois d'avril. Ce titre feroit croire qu'on se propose d'y traiter également des divers cultes et des diverses communions qui existent en France; mais dans le tableau des matières que doit embrasser ce nouveau journal, il n'est presque question que de ce qui a rapport au clergé catholique, qui sera apparemment l'objet de la bienveillance spéciale des rédacteurs. On parlera du ministère des affaires ecclésiastiques, de la Sorbonne, des séminaires, des missions; on publiera les plaintes envoyées contre le clergé, ce qui, avec l'esprit actuel, nous promet une ample moisson de dénonciations et d'accusations. On aura une chronique ecclésiastique qui sera probablement dans le goût de celles que nous a données quelquefois le *Constitutionnel.* Le *Prospectus* indique assez dans quel esprit tout cela sera rédigé; on s'y plaint de l'influence du clergé qui a pénétré partout, et on prétend que *la France est alarmée de cette irruption.* Pour remédier à ce pressant besoin, la *Gazette des cultes* annonce qu'elle exercera *une surveillance sur la partie extérieure de la religion, sur le personnel des cultes, sur les actes et les discours de leurs ministres;* elle *veillera sans relâche à l'exécution de l'article 5 de la Charte;* elle *examinera et discutera l'établissement des congrégations religieuses;* elle *produira au grand jour de la publicité les abus et les désordres.* Vous voyez d'avance tout ce que cela nous promet, et ce qu'on peut attendre d'un journal rédigé dans ce sens. Mais ce n'est pas tout, et les détails où entre le *Prospectus* achèvent de nous éclairer sur la direction que l'on veut donner à la nouvelle gazette. On examinera *l'innovation* du ministère des affaires ecclésiastiques, et on aura les yeux ouverts sur tout ce qui se fera dans ce ministère; on signalera entr'autres *les lenteurs et la négligence* du ministre dans l'exécution des ordonnances du 16 juin; car c'est là sans doute ce qui est capital pour le bien de la religion. On *surveillera avec soin l'enseignement de la théologie; on exercera sur les séminaires une surveillance active et continuelle;* on enverra des rédacteurs pour suivre les missionnaires dans leurs excursions, et on livrera jour par jour les rapports de ces rédacteurs à la publicité. Comme ces rédacteurs, que personne ne connoît, seront nécessairement *fidèles et impartiaux,* on pourra avoir une confiance entière en leurs récits. *Tous les yeux seront* donc *incessamment ouverts sur les missions,* dit le Prospectus; et ce qu'il y a de plaisant ou plutôt de déplorable, c'est qu'après avoir annoncé cette inquisition constante sur tout ce qui tient au clergé, la *Gazette des cultes* parle de son amour pour la *tolérance* et pour la *liberté civile et religieuse.* Il paroît que le clergé est excepté de cette tolérance, et que ce n'est pas pour lui qu'existe la liberté civile et religieuse. S'il vouloit exercer sur des particuliers le même système d'inquisition qu'on annonce et qu'on proclame hautement contre lui, quel *tolle* on entendroit de toutes parts! quels cris d'indignation! quel sujet fécond de railleries piquantes! Tous les journaux à la fois se souleveroient contre cette prétention arrogante et odieuse; mais quand il s'agit d'humilier le clergé, les choses changent de nom, l'inquisition est un devoir, et la tolérance permet d'être intolérant pour les prêtres. Tel est l'esprit d'un parti qui a fait tant de progrès dans ces dernières années, et qui a acquis une si effrayante influence; tel sera l'esprit de la *Gazette.* Ce journal paroîtra, dit-on, deux fois par semaine; ses rédacteurs ne se nomment point; son gérant responsable doit être un M. Brissaut.

— Deux cours d'assises viennent encore de n'avoir aucun égard à la loi du sacrilège. La cour d'assises d'Agen avoit à juger, le 11 mars, la fille Marguerite Coutnou, sur un vol d'un chandelier d'église. Cette fille, déja condamnée pour vol, et vivant dans le libertinage, étoit entrée, au mois d'août dernier, dans l'église de Montflauquin, arrondissement de Villeneuve, et y avoit volé un chandelier. Elle avouoit le vol, mais on a prétendu que le chandelier n'étoit pas destiné à la célébration des cérémonies de la religion. L'avocat n'a pas manqué cette occasion d'attaquer la loi du sacrilège. En vain le ministère public, par l'organe de M. Laffitte, a montré que le chandelier, placé sur l'autel, servoit évidemment aux cérémonies de la religion ; en vain a-t-il représenté que la fille Cournou, déjà reprise de justice, et vivant dans le désordre, ne méritoit ni indulgence, ni intérêt ; le jury, en répondant affirmativement au vol, a écarté la circonstance aggravante, et a décidé par conséquent qu'un chandelier d'église ne servoit pas à l'église. La fille Cournou a été simplement condamnée à une peine correctionnelle de 13 mois de prison. Le président des assises étoit M. le conseiller Molié, qui étoit en disgrâce sous le précédent ministère. L'autre affaire est assez semblable. Depuis assez long-temps, on s'apercevoit de nombreuses soustractions dans différentes églises de Nîmes. On voyoit disparoître non-seulement des livres et autres objets appartenant à des particuliers, mais des tableaux, des flambeaux d'autel, des nappes d'autel et de communion. On cherchoit vainement les auteurs de ces vols, qui avoient eu lieu la nuit dans quatre églises, à la cathédrale, à Saint-Charles, à Saint-Paul et à Saint-Baudile. Enfin, on reconnut que la coupable étoit Louise Favier, d'Orange, fille qui affectoit l'extérieur de la piété. Elle avoua la plupart des vols, qui étoient confirmés par des dépositions ; mais elle prétendit s'excuser par une maladie de vapeurs. A l'audience, le 17 mars, elle a eu une attaque de nerfs. Son avocat a soutenu que les flambeaux et les nappes n'appartenoient pas à la célébration des cérémonies religieuses. Le jury a répondu affirmativement sur deux vols, et a écarté la circonstance du vol de nuit et de la destination des objets à un usage religieux. En conséquence, la fille Favier n'a été condamné qu'à cinq ans d'emprisonnement. Ce jury auroit donc décidé aussi qu'une nappe d'autel, par exemple, ne servoit pas pour les cérémonies de l'église ; cela est curieux. Voilà donc une nouvelle législation qui s'établit. Cet abus, contre lequel nous nous sommes élevé plus d'une fois, vient d'être signalé à la tribune de la chambre des pairs. M. le comte de Tascher, parlant le 14 mars sur le projet de loi relatif au duel, s'est plaint du système qui prévaloit parmi les jurés. Ses réflexions ont d'autant plus de poids, que le noble pair ne dissimule pas qu'il n'a pas été dans le temps de l'avis de la loi sur le sacrilège :

« Qu'arrive-t-il, Messieurs? Quelque chose de déplorable, quelque chose dont les législateurs surtout doivent être épouvantés, et qui mérite de fixer l'attention du gouvernement. Il arrive que le jury se refuse à faire l'application de la loi ; il arrive que le jury se parjure au nom de la société dans le sanctuaire de la justice. Certes, nobles pairs, ce scandale est grand, et d'autant plus grand, qu'il est l'application raisonnée d'une doctrine hautaine qui, sous le nom d'omnipotence du jury, menace d'envahir le pouvoir législatif, et dans laquelle il est, ce me semble, permis de voir la révolte contre la loi et le parjure authentique. Et ce n'est point ici une vaine figure ; vous le voyez tous les jours, Messieurs, dans l'application d'une loi récente. Le fait est constant ; le prévenu n'a pas même la ressource de la dénégation. Il est convaincu du délit, et cependant le jury prononce devant Dieu et devant les hommes que l'accusé n'est pas coupable. »

NOUVELLES POLITIQUES.

Paris. Ce n'est pas seulement la France et l'Eglise catholique qui ont un *parti-prêtre*; le *Constitutionnel* a reçu des lettres particulières de Londres par lesquelles on lui annonce que les congrégations et le *parti-prêtre* de l'église protestante d'Angleterre font feu de toutes leurs pièces pour forcer le roi de revenir sur la détermination par lui prise à l'égard des catholiques d'Irlande. Il nous semble que le *Constitutionnel* a tort de nous apprendre ces choses-là ; car enfin, il travaille de tout son cœur à nous émanciper aussi, à nous séparer de Rome, et par conséquent à nous associer à la réforme des Anglais. Or, il prend là un bien mauvais moyen de nous convertir au protestantisme, et il devroit être le premier à sentir que ce n'est pas la peine de quitter le nôtre pour nous en aller retomber d'un autre côté dans les congrégations et le parti-prêtre anglican. Ajoutons même, puisque l'occasion s'en présente, que notre *parti-prêtre*, à nous, ne paroît pas tout-à-fait aussi ardent que celui des protestans ; car on ne sache pas que le nôtre ait jamais songé à faire des scènes au Roi de France pour l'empêcher de signer ce qui peut lui convenir.

— Les pauvres d'Amiens, au nombre de plus de douze cents, se sont encore ressentis cet hiver de l'ancien voisinage des Jésuites. On sent bien qu'un établissement aussi considérable que St-Acheul devoit avoir un peu d'avenir devant lui au moment où il a été inopinément détruit. Une partie de ses provisions étoit faite pour l'année suivante, les terrains qui en dépendoient se trouvoient ensemencés ; or, c'est ce dernier fonds de ressources qui a servi à soulager, pendant toute la durée de l'hiver, un nombre considérable de pauvres. On a remarqué avec plaisir, comme un commencement de tolérance de la part des libéraux d'Amiens, qu'ils n'ont point paru trouver mauvais que les indigens de leur ville continuassent d'être nourris par la charité des Jésuites.

— Le Roi a fait remettre à M. l'abbé Dujardin, curé de Chanteloup (Seine-et-Oise), une boîte d'or, pour lui témoigner sa gratitude de l'hommage que cet ecclésiastique lui a fait de deux dessins à l'encre, exécutés par le Dauphin, père de S. M.

— Le Roi, ayant appris que l'enseigne de vaisseau Mesnard, qui vient d'être si cruellement enlevé à sa famille et à son pays dans le port de Mahon, avoit dans la marine un frère du même grade que lui, s'est empressé de nommer cet officier lieutenant de vaisseau.

— M. le Dauphin a honoré de sa présence, mardi, l'école royale polytechnique. Le prince a passé la revue des élèves, et a adressé à plusieurs des paroles de bienveillance et d'encouragement. Il a voulu assister à une leçon de M. Aimé Martin sur l'histoire de France, et, avant de se retirer, il a désiré qu'on lui donnât la liste des élèves qui se font le plus remarquer dans leurs études, promettant de les retrouver dans quelques années, lorsqu'ils seront attachés à des services publics.

— Mercredi dernier, M. le duc de Bordeaux a été conduit par son gouverneur au jardin du Roi, pour y voir les animaux et les produits d'histoire naturelle.

— Le jour que MM. Dupin et Sébastiani firent leurs rapports sur les lois communale et départementale, plusieurs députés s'étoient fait inscrire dès minuit pour être plus certains qu'ils seroient les premiers entendus sur ces lois. M. Labbey de Pompières, qui n'est arrivé qu'à 6 heures du matin, n'a été que le 18e orateur inscrit. Aussi s'est-il empressé de faire ses excuses dans les journaux.

- L'avocat Duplan, auteur d'une pétition adressée à la chambre des députés pour le rétablissement de la garde nationale parisienne, pétition dont le style est absolument révolutionnaire, et qu'il n'a pas craint de faire imprimer, vient de recevoir la notification de la saisie qui a été ordonnée de cette publication par le ministère public, et une assignation pour comparoître devant M. le juge d'instruction Rolland de Villargues.

— Dans la nuit de mercredi à jeudi dernier, un violent incendie a détruit le bazar des galeries Boufflers, boulevard des Italiens. Tous les meubles qui y étoient exposés ont été réduits en cendres. L'hôtel Boufflers et deux autres maisons voisines ont été fortement endommagées. Personne n'a péri; mais plusieurs pompiers sont dangereusement blessés. Des souscriptions ont été ouvertes en faveur de ces marchands dont cet incendie va causer la ruine. On attribue cet évènement à la malveillance d'une de ces marchandes qui étoit criblée de dettes, qui ne seroit peut-être pas étrangère à l'incendie de l'autre bazar, il y a quatre ans. Cette femme a été arrêtée, et une instruction judiciaire est déjà commencée à son égard.

— Le comte Alexandre Lameth, membre de la chambre des députés, sur les obsèques duquel nous avons fait quelques remarques, est mort le jeudi 19 mars. Il étoit né en 1757, et étoit le troisième de quatre frères comblés des bienfaits de la cour. Il fit la guerre d'Amérique comme aide-de-camp de Rochambeau, fut nommé député de Péronne aux Etats-généraux, et embrassa avec chaleur le parti de la révolution. Cependant en 1791, effrayé de la direction que prenoient les choses, il quitta les jacobins, et concourut à la formation de la société des feuillans. Il s'efforça de raffermir l'autorité royale qu'il avoit contribué à ébranler. Il étoit lié alors avec Barnave, Duport, La Fayette. Il servit dans l'armée de ce dernier, sortit de France avec lui, et partagea sa captivité. Rentré en France en 1800, il administra plusieurs préfectures, fut nommé dans les cent jours membre de la chambre des pairs, et député aux dernières élections. Il siégeoit au côté gauche, et venoit de publier une *Histoire de l'Assemblée constituante*. Ses obsèques ont eu lieu le 21 à l'Abbaye-aux-Bois, et des discours pompeux ont été prononcés sur sa tombe par MM. Kératry, Jay et C. Perrier. Ces sortes de discours sont obligés quand il s'agit des partisans de la révolution, et on a vu, entr'autres, dans quel esprit étoit celui de M. Jay.

— L'*Aviso de la Méditerranée* a été condamné, par le tribunal correctionnel de Toulon, à 5o fr. d'amende, et à l'insertion, qu'il avoit refusée, d'une réclamation de M. le comte de la Flotte d'Argenson, lieutenant de vaisseau, sur le service des ports.

— Dans la matinée du 12 de ce mois, un incendie, occasionné par l'imprudence d'un fournier, a éclaté dans la commune de Choye (Haute-Saône) et s'est propagé avec une effrayante rapidité qu'accroissoit encore un grand vent. Soixante-dix maisons sont devenues la proie des flammes, et l'on n'a pu en sauver que fort peu de mobilier. Un père de famille a péri, et d'autres personnes ont été grièvement blessées. M. le comte de Coligny, maire de cette malheureuse commune, a montré beaucoup de dévoûment ; son château a été le refuge des incendiés et des blessés.

— La corvette du Roi *la Bayonnaise*, commandée par M. Goirand de Tromelin, est entrée à Marseille le 13 de ce mois, venant de faire le tour du globe.

— Le vaisseau *la Provence*, qui est le principal bâtiment de la station d'Alger, vient de revenir à Toulon pour s'y radouber. Il est monté par M. le capitaine Labretonnière, commandant du blocus d'Alger, qui va, dit-on, se rendre à Paris pour se concerter avec le gouvernement sur les mesures à prendre pour terminer, par un traité de paix ou par une expédition suffisante, les différends avec cette régence.

— Les nombreuses réclamations qui s'élevoient contre le projet de loi sur la liberté de la presse présenté aux chambres des Pays-Bas, ont engagé le gouvernement à le retirer, et à en présenter un autre qui, en abrogeant l'arrêté-loi de 1815, renferme des dispositions beaucoup moins sévères contre les délinquans. L'emprisonnement des prévenus n'aura jamais lieu avant leur condamnation. Le droit de discussion et de critique des actes de l'autorité publique sera entièrement libre.

— On a exécuté le 6 mars, à Lisbonne, le général Moreira, ainsi qu'un colonel et trois officiers qui avoient pris part à sa conspiration. Leurs enfans ont été bannis en Afrique.

— A l'occasion de la mort du pape Léon XII, don Miguel a ordonné que le deuil fût porté pendant un mois, et que les tribunaux et tous les lieux publics fussent fermés pendant trois jours. Ce prince lui - même s'est abstenu de se montrer le 8, le 9 et le 10 mars.

— La mission de lord Strangford auprès de l'empereur du Brésil a échoué. Don Pedro a repoussé les conseils de l'allié le plus ancien et le plus utile de la maison de Bragance : il a déclaré qu'il ne vouloit entrer dans aucun arrangement avec son frère don Miguel, et qu'il étoit prêt à combattre pour placer sa fille sur le trône de Portugal.

CHAMBRE DES PAIRS.

Le 26, il a d'abord été procédé à la vérification des titres de M. le marquis de Dreux-Brezé, appelé à siéger dans la chambre à titre héréditaire.

Le projet de loi sur la pêche fluviale a été renvoyé à une commission composée de MM. les marquis de Boissy-Ducoudray, de Louvois, de Malleville, et les comtes d'Argout, de Chabrol, Siméon, de Tocqueville.

Le ministre de l'intérieur a présenté divers projets de loi d'intérêts locaux déjà adoptés par la chambre des députés, et le ministre des finances le projet de loi sur les tabacs.

Le surplus de la séance a été occupé par divers rapports faits au nom du comité des pétitions.

La chambre a, dit-on, passé à l'ordre du jour sur une pétition pour la suppression de la loterie, d'après les améliorations apportées à cet égard par l'ordonnance du 22 février dernier; et sur une autre pétition qui demandoit que les audiences du conseil d'Etat fussent publiques. On ajoute qu'elle a ordonné le dépôt au bureau des renseignemens de deux pétitions sollicitant l'une qu'il soit accordé un défenseur d'office aux prévenus en matière correctionnelle, et l'autre qu'il soit apporté des modifications à la législation sur la contrainte par corps. A l'occasion de cette dernière, le ministre de l'intérieur a annoncé que M. le garde-des-sceaux devoit apporter un projet de loi sur cette matière dans la première séance de la chambre.

Le second volume de la *Collectio selecta Patrum* (1) a paru. Il se compose d'ouvrages des Pères des temps apostoliques, de Tatien, d'Athénagore, de saint Théophile, d'Hermias et de saint Irénée, évêque de Lyon.

(1) In-8°, prix, 7 fr. le volume. A Paris, chez Adrien Le Clère et compagnie, au bureau de ce journal.

L'article de chaque auteur est précédé d'une courte notice sur sa vie et ses ouvrages. A la fin du volume est une espèce de concordance entre la nouvelle *Collection* et la *Bibliothèque choisie des saints. Pères* publiée par M. l'abbé Guillon. Cette concordance indique les rapports entre ces deux grands recueils. Un pareil supplément se trouve à la fin du premier volume. Nous reviendrons sur la collection nouvelle, dont nous avons déjà donné une idée nos 1494 et 1513.

L'éditeur des deux entreprises vient aussi de faire paroître le seizième et dernier volume de la *Bibliothèque choisie*. Ce volume comprend les tables de tout l'ouvrage. Les tables sont une chose indispensable dans une telle collection; elles en unissent les différentes parties, elles facilitent les recherches et épargnent au lecteur du temps et de l'embarras. M. l'abbé Guillon n'a donc rien épargné pour procurer à sa *Bibliothèque* un avantage qui manque à plusieurs grandes collections. Son 26e volume a quatre tables; d'abord une table générale des auteurs et des ouvrages, suivant l'ordre où ils sont placés dans la *Bibliothèque*; une table chronologique des principaux écrivains ecclésiastiques depuis les temps apostoliques jusqu'à la fin du 18e siècle; une table des auteurs et des ouvrages principaux mentionnés dans la *Bibliothèque*, et enfin une table générale des matières contenues dans l'ouvrage. Cette dernière table est très-ample et paroît faite avec beaucoup de soin; elle est méthodique, raisonnée, descend dans les détails, et indique toutes les divisions et subdivisions des différentes matières. Cette table est comme la clé de la voûte qui unit et consolide les parties d'un édifice. Elle a dû couter bien du temps à l'auteur; mais elle en épargnera aux lecteurs qui voudront consulter sa collection.

Le volume est terminé par un recueil des jugemens portés sur l'ouvrage dans les feuilles périodiques. Ces jugemens, émanés d'auteurs de principes très-différens, et consignés dans des journaux de diverses couleurs, forment une masse imposante de témoignages honorables pour M. l'abbé Guillon. L'auteur a bien voulu nous compter au milieu de ce grand nombre d'écrivains dont il rapporte les jugemens; il cite l'article que nous avons donné sur les premiers volumes de la *Bibliothèque* dans notre n° 1017; mais il n'a point cru devoir faire usage des articles assez étendus que nous avons publiés sur les différentes livraisons dans les nos 1378, 1382 et 1470 : nous y renvoyons pour se faire une idée de cette vaste et laborieuse entreprise.

———————————————

Recherches sur les connoissances intellectuelles des sourds-muets, considérés par rapport à l'administration des sacremens; par M. l'abbé Montaigne (1).

Il ne s'agit pas ici des sourds-muets instruits avec le secours des méthodes nouvelles, mais de ceux qui ont été abandonnés à eux-mêmes, et qui n'ont

———————————————

(1) Un vol. in-8°, prix, 1 fr. 50 c. et 1 fr. 75 c. franc de port. A Paris, chez Adrien Le Clere et compagnie, au bureau de ce journal.

pas reçu d'instruction. Que faut-il penser d'eux ? Ont-ils des connoissances religieuses et morales ? Comment acquièrent-ils ces connoissances ? Peut-on leur administrer les sacremens ? Telles sont les questions que l'auteur se propose de résoudre. Appelé, il y a quelques années, aux fonctions d'aumônier dans la maison des sourds-muets à Paris, il a pu apprécier par lui-même l'état de ces infortunés, quand ils arrivent dans cette maison, et avant que leur intelligence ait été éveillée par l'usage des signes et par les soins de leurs instituteurs.

1° Les sourds-muets ont-ils des connoissances religieuses et morales ? L'auteur invoque sur ce point le témoignage de ceux qui se sont le plus occupés des sourds-muets. L'abbé de l'Epée regardoit les sourds-muets comme *réduits en quelque sorte à la condition des bêtes*, c'est ainsi qu'il s'exprime dans sa *Véritable manière d'instruire les sourds-muets*, Paris, 1784, in-12. L'abbé Sicard croyoit aussi que le monde moral n'existoit pas pour eux. On a des témoignages analogues de M. l'abbé Salvan, de M. Paulmier, de M. Bébian, de M. l'abbé Gondelin, etc. L'auteur répond ensuite à quelques objections qu'on peut faire contre son opinion et celle des instituteurs des sourds-muets qu'il vient de citer.

2° Les sourds-muets acquièrent-ils des connoissances religieuses et morales autrement qu'à l'aide des mots d'une langue ? M. l'abbé Montaigne ne le pense pas, et s'appuie encore ici sur le sentiment des auteurs qui ont le mieux observé les sourds-muets. Il discute quelques objections, celle entr'autres qu'il n'est pas croyable que Dieu laisse les sourds-muets dans l'ignorance absolue de la religion. On verra avec intérêt de quelle manière l'auteur résout cette difficulté.

3° Quels sont les sacremens que l'on peut administrer aux sourds-muets ? L'auteur résout cette question successivement pour le baptême, la confirmation, l'eucharistie, la pénitence, le mariage, etc. Sa conclusion est qu'il faut traiter en enfant tout sourd-muet qui n'a pas de connoissance de nos langues. Il déclare, en finissant, que son intention n'a pas été de tracer pour les autres une règle de conduite, mais de rassembler des matériaux sur une question neuve, que sa position l'avoit forcé d'examiner, et dont il laisse la décision aux théologiens instruits et aux supérieurs ecclésiastiques.

Cette réserve de l'auteur, la clarté et la méthode qu'il a mises dans ses discussions, les témoignages qu'il a réunis, les raisons qu'il y ajoute, tout cela donne du prix à cette espèce de dissertation. Elle sera lue avec fruit par les pasteurs qui peuvent se trouver quelquefois embarrassés sur la conduite à tenir envers les sourds-muets privés de toute instruction. Ils puiseront dans cet écrit des notions précises sur une matière que l'auteur paroît avoir méditée avec soin, et qui n'avoit pas été, que je sache, examinée sous les deux rapports qu'elle présente; car il y a ici deux questions, la question philosophique et la question théologique, et l'auteur discute l'une et l'autre.

Le Gérant, ADRIEN LE CLERE.

❦❦

Des progrès de la puissance ecclésiastique en France,
par M. le comte de Montlosier; in-8º.

On prétend qu'une des perfections de l'art dramatique est
de savoir exposer le sujet d'un ouvrage dès les premiers
mots, et de mettre tout de suite le lecteur ou l'auditoire au
fait de ce qu'on va dire. Il paroît que M. le comte de Montlosier possède ce genre de talent. Avec lui, on voit tout d'un
coup de quoi il est question, et ses lecteurs comprennent
d'autant mieux les choses dont il veut leur parler, qu'ils
savent eux-mêmes combien les progrès de cette affreuse
puissance ecclésiastique sont inquiétans et rapides par le
temps qui court.

Le sujet traité par M. le comte ne pouvoit donc être mieux
choisi, et d'ailleurs il appartenoit au Nestor des publicis-
tes auvergnats de nous avertir du grand péril dont la France
est menacée *par les progrès de la puissance ecclésiastique.* Seulement il auroit pu nous rassurer un peu en nous montrant
la légion d'écrivains impies déchaînée contre elle; puis encore ces autres légions d'acquéreurs de biens nationaux,
devenus électeurs en vertu de ces acquisitions même, et qui
ne sont rien moins que disposés à se dessaisir des débris de
la grande puissance dont on nous signale les progrès.

À cela près, vous voyez que M. de Montlosier a fait un
ouvrage très-utile, et surtout fort approprié aux circonstances. Ajoutons qu'il y a prodigué l'érudition d'un bout à
l'autre, et qu'il s'y trouve de quoi émerveiller toute l'école
révolutionnaire à laquelle il s'adresse. Que cependant ceux
qui seroient tentés d'entreprendre des chefs-d'œuvre pareils
ne se découragent point; ils sont en état d'en faire autant,
et si quelqu'un vient nous demander conseil là-dessus, voici
ce que nous lui dirons.

Prenez une histoire ecclésiastique, et lisez-la le crayon à
la main, avec l'intention d'y ramasser tout ce qu'elle aura
de fautif ou d'hostile, soit contre les papes et les évêques,

soit contre la discipline de l'Eglise ou contre les divers ordres religieux. Passez sur tout ce qui est bien sans en rien
dire., et emparez-vous de tout ce qui est susceptible d'être
un peu noirci ou mal interprété, sans oublier aucune éplu-
chure, composez-vous ensuite un gros butin de grec, de
latin et d'hébreu avec l'érudition que vous aurez volée dans
les trente ou quarante volumes qui vous auront passé sous
les yeux; ayez l'air de faire, comme de vous-même, les
mille citations des auteurs originaux que les historiens pillés
par vous ont péniblement consultés et compilés; donnez
effrontément à entendre que c'est vous qui avez ramassé
toutes ces richesses éparses dans les dépôts où elles sont
conservées : alors vous aurez fait un livre comme celui de
M. de Montlosier, vous serez aussi savant que M. de Montlosier, vous pourrez vous pavaner glorieux et fier comme
M. de Montlosier.

L'autre partie de son travail n'a pas dû coûter plus d'efforts à notre habile compilateur; au moins pouvons-nous
assurer qu'elle ne lui a coûté aucune idée de son propre
fonds. Vous comprenez bien, en effet, ce qu'une histoire de
dix-huit siècles, qui a vu passer une centaine de générations
de prêtres et de clercs à raison de cinq à six cent mille individus l'une dans l'autre, peut avoir fourni de petites taches, de petites imperfections, voire même d'abus, de fautes
et de graves sujets de reproches. Si une chose étonne, ce
n'est pas de voir sortir de là deux cents pages de critique et
de plaintes, c'est de n'en voir sortir que cela. Encore M. de
Montlosier a-t-il été forcé de recourir, pour compléter son
acte d'accusation, à des points qui ne paroissent pas trop
dignes de mort. Tel est celui-ci, par exemple, que nous
choisissons entre mille de la même espèce : « Tout ce qui
étoit chrétien, dit-il, dans les hautes classes de la société,
disoit le bréviaire, et assistoit tous les jours à plusieurs
messes. » Or, il a beau attribuer ce mal aux progrès de la
puissance ecclésiastique, il nous est impossible de partager
là-dessus ses inquiétudes et son effroi.

Si Dieu prête vie au savant vieillard, peut-être lui pren-
dra-t-il fantaisie de compiler d'autres histoires pour nous
montrer les progrès de la puissance royale et de la puissance
féodale. Nous allons lui indiquer pour ce cas-là de très-
bonnes sources, qui lui épargneront beaucoup de recherches

et de travail; ce sont les procès-verbaux de la Convention nationale, le *Moniteur* des belles années de la révolution, le recueil des actes et harangues des *jacobins*, des *cordeliers*, des *feuillans* et même des *girondins* de ce temps-là. Il y verra de quoi-les *nobles* et les *tyrans* sont aussi accusés de leur côté, et si les progrès de leur puissance offrent moins de matériaux que la puissance ecclésiastique aux entrepreneurs de compilations révolutionnaires.

Une chose irrite M. le comte de Montlosier par-dessus tout dans l'histoire du clergé de France, c'est l'empire qu'il avoit acquis à certaines époques du moyen âge sur toutes les autres classes de la société ; cependant rien de plus légitime et de plus naturel que cet empire. Quand les aïeux de M. de Montlosier ne savoient que dresser des faucons et des chiens de chasse, les prêtres et les moindres clercs étudioient les lettres et les sciences. Les Bénédictins et les Chartreux écrivoient l'histoire, et les princes alloient les visiter comme des espèces de phénomènes. Comme les ecclésiastiques étoient alors à peu près les seuls oracles de la civilisation, on recouroit à leurs jugemens et à leurs décisions. Que d'autres, à leur place, eussent été tentés d'abuser de tant d'influence et de supériorité ! ils s'en servirent pour maintenir l'ordre et la paix dans les Etats, pour former des générations religieuses, et assurer par là le règne de la justice et le repos du monde. Plût à Dieu que ceux qui ont partagé depuis leur instruction et leurs lumières n'en eussent pas fait un plus mauvais usage, et que les progrès de la puissance philosophique en France n'eussent jamais été plus dangereux que ceux de la puissance ecclésiastique !   B.

NOUVELLES ECCLÉSIASTIQUES.

PARIS. Nous avons donné les noms des cardinaux réunis dans le conclave; ils étoient, le 13 mars, au nombre de 48. Dix y manquoient encore, savoir, les cardinaux Brancadoro, Gravina, Cesarei Leoni, l'archiduc Reynier, de Clermont-Tonnerre, de Silva, Ferrero della Marmora, de Inguanzo, de Cienfuegos et Rudnay. Le cardinal Brancadoro est aveugle; le cardinal Gravina, archevêque de Palerme, est dans sa 80ᵉ année ; le cardinal Cesarei Leoni, évêque d'Iési, a 72 ans, et est apparemment malade ou infirme ; le cardinal de Silva, patriarche de Lisbonne, est âgé de 72 ans, et il ne paroît pas qu'il doive faire le voyage ; le cardinal Ferrero de la Marmora a le même âge, et est aumônier du roi de Sardaigne ; les cardinaux de Inguanzo et de Cienfuegos sont archevêques de Tolède et de Séville, on n'a pas ouï dire qu'ils se soient mis en route pour le conclave ; le cardinal de Clermont-Tonnerre doit être arrivé ; nous apprenons en ce moment qu'il étoit le 18 à Nice, en bonne santé. Il paroît qu'il voyage à petites journées. Enfin le cardinal Rudnay, primat de Hongrie, peut encore arriver, et peut-être les premières nouvelles nous annonceront-elles qu'il est au conclave.

— Les dernières nouvelles de Rome ne disent rien des opérations du conclave. Le précédent numéro du *Diario* étoit rempli en entier par les détails de la réception de l'ambassadeur d'Autriche. La description de son cortège, le discours de l'ambassadeur aux cardinaux et la réponse du cardinal Castiglioni occupoient tout le journal. De même, le *Diario* du 18 est tout rempli par l'audience de l'ambassadeur de France, qui a eu lieu le 10 mars. M. de Châteaubriand s'est rendu au conclave avec grand appareil ; une longue suite de voitures l'accompagnoient. Il a présenté ses lettres de créance comme ambassadeur extraordinaire auprès du sacré Collège, a été reçu avec les honneurs accoutumés, et a prononcé un discours en français, auquel le cardinal Castiglioni, chef d'ordre ce jour, a répondu en italien.

— Aucun nouveau cardinal n'étoit entré au conclave. Les chefs d'ordres, le 17, le 18 et le 19, étoient les cardinaux Pacca, Falzacappa et Cristaldi ; les trois jours suivans, ce devoient être les cardinaux Galeffi, Pallotta et Marco y Catalan.

— Un journal contient l'article suivant : *Nos lettres de Rome nous annoncent comme un évènement à peu près certain la nomination du cardinal Gregorio ; il a eu, le 16, 38 voix sur 50, il ne devoit être proclamé que le 19, et devoit être rebaptisé sous le nom d'Alexandre.* Il y a bien des choses fausses ou

ridicules dans ce court récit. D'abord il n'y avoit pas, le 16,
50 cardinaux dans le conclave; il n'y en avoit que 48. Ensuite, si M. le cardinal Gregorio avoit eu 38 voix, il auroit été déjà proclamé pape, puisqu'il ne faut que les deux
tiers des voix. Enfin, ce qu'on ajoute, que le cardinal
devoit être rebaptisé sous le nom d'Alexandre, est de la dernière absurdité. Est-ce qu'on rebaptise les papes quand ils
sont élus? Est-ce que le *Constitutionnel* juge que M. le cardinal Gregorio n'est pas assez chrétien pour gouverner
l'Eglise, et auroit besoin d'un nouveau baptême? Cet illustre et pieux cardinal seroit un choix dont on auroit lieu
de se féliciter. M. Emmanuel de Gregorio est né à Naples
le 18 décembre 1758, d'un père espagnol, mais qui étoit
au service du roi de Naples. Il entra dans la prélature, fut
secrétaire de diverses congrégations, et subit sous Buonaparte une détention de trois ans à Vincennes. Il a été fait
cardinal le 8 mars 1816, et est archimandrite de Messine,
et préfet de la congrégation du Concile.

— La ville et le chapitre de Meaux viennent de faire la
plus douloureuse perte dans la personne de M. l'abbé Deneuilly, chanoine titulaire, et grand-pénitencier de la cathédrale. M. Louis-Claude Deneuilly naquit le 13 décembre
1762 à Dammartin, diocèse de Meaux. Sa piété, qui ne s'est
jamais démentie, et un attrait particulier pour tout ce qui
tient à la religion, firent juger de bonne heure que Dieu
l'appeloit à l'état ecclésiastique. Il entra au collège de Meaux,
dirigé par les prêtres de la congrégation du Saint-Esprit. Il
devint successivement préfet des études et professeur d'hu-
manités. La révolution le surprit dans ces dernières fonctions, et les lui fit quitter par l'effet de la persécution dirigée
contre les chefs et professeurs de cette maison. Il ne sortit
point de France pendant les orages révolutionnaires; ayant
trouvé un asile chez un cultivateur des environs de Meaux,
il y vécut paisiblement, consacrant les instans que son zèle
n'occupoit pas, à l'éducation des enfans de la maison et à la
culture des plantes médicinales; ce qui lui fournissoit le
moyen d'être utile aux pauvres, qui ont toujours été les plus
chers objets de sa tendresse. Après le concordat, il devint
curé d'Eve, près Dammartin; là, son zèle, sa charité, sa
douceur, le don qu'il avoit reçu du ciel d'inspirer la confiance
aux plus grands pécheurs, lui firent bientôt une réputation

qui ne se renferma pas dans les limites de sa paroisse. M. de Faudoas, évêque de Meaux, crut devoir lui donner occasion d'étendre ses pieuses conquêtes, en l'attachant par le titre de chanoine à son église cathédrale. M. Deneuilly prit possession le 28 novembre 1818 de cette nouvelle dignité, vacante par la mort de M. l'abbé Regnard. A Meaux, sa modestie ne fut pas capable d'arrêter l'élan général de la confiance qu'inspiroient sa douceur, sa charité, sa prudence et une simplicité aimable. Grands et petits, riches et pauvres, vouloient l'avoir pour guide dans les voies du salut. M. de Cosnac, successeur de M. de Faudoas, lui donna le titre de grand-pénitencier. L'abbé Deneuilly justifia ce choix par un redoublement d'activité et de zèle. Il n'y avoit point d'ame égarée qui ne voulût l'avoir auprès de son lit de douleur. Jamais il ne sortoit de sa maison sans être chargé d'aumônes qu'il prenoit sur ses propres besoins, ou dont la confiance des personnes aisées le rendoit dépositaire. Il a ramené nombre de gens qui s'étoient signalés par leurs excès ou leurs égaremens révolutionnaires. Il avoit gagné l'estime et la vénération de Santerre lui-même. Cet homme, dont le nom rappelle de si fâcheux souvenirs, passoit une partie de l'année dans les environs d'Eve. Il eût voulu voir continuellement l'abbé Deneuilly, et avoit l'occasion de l'aider dans ses aumônes. Quand Santerre fut atteint de sa dernière maladie, l'abbé Deneuilly fut appelé à Paris pour l'assister à la mort; mais il n'arriva que pour recevoir son dernier soupir. M. Deneuilly, dans l'année qui a précédé sa mort, avoit presque perdu l'usage de ses yeux par l'effet de la cataracte. Cette infirmité ne l'empêchoit pas de s'acquitter de sa charge. Sa constitution sembloit lui promettre encore de longs jours, lorsqu'une apoplexie foudroyante l'a enlevé, dans l'espace de quelques minutes, à ses amis désolés, le matin du 16 février 1829. Toutes les classes l'ont pleuré. Le concours, à son enterrement, étoit innombrable. Sa mort a fait connoître plusieurs traits de son ingénieuse charité que sa modestie avoit réussi à cacher de son vivant. Il a été remplacé à la cathédrale de Meaux par M. l'abbé Bonhomme, ci-devant curé de Juilly, à qui le Roi avoit accordé le canonicat de joyeux avènement.

— Les habitans du Quesnoy, diocèse de Cambrai, n'avoient point d'église, la leur ayant été abattue pendant la révolution; ils viennent d'en bâtir une à l'aide de souscriptions volontaires et des secours du gouvernement. Plus de 30,000 fr. ont été recueillis dans la ville même; de plus, un emprunt a été autorisé pour faire face aux dépenses, qui se sont élevées à plus de 120,000 fr. L'église a été bénie l'année dernière par M. l'abbé Bonce, chanoine de Cambrai, et supérieur du séminaire, qui avoit été chargé de cette fonction par M. l'évêque. L'église est finie, elle est fort bien, et en proportion avec la population; mais l'intérieur auroit encore besoin de travaux d'embellissement. Les habitans du Quesnoy ont fait trop de sacrifices pour qu'on puisse en attendre de nouveaux de leur piété. M. de l'Epine, maire du Quesnoy et député du Nord (*), qui a eu le plus de part au projet de construction, et qui, par son zèle, a excité celui de ses concitoyens, a sollicité les bienfaits de Mme la Dauphine, qui a bien voulu accorder 300 fr. pour l'église.

— Deux prêtres, envoyés par M. l'archevêque de Toulouse, ont donné, dans la paroisse de Launac, une mission fondée par un des habitans du lieu. Ils ont prêché assidument pendant quarante jours avec autant de succès que de zèle. L'union la plus intime a régné entre les missionnaires et le curé de la paroisse, et les curés voisins se sont fait un plaisir de contribuer aux exercices de la mission et de soulager les missionnaires. Le vendredi 6 mars a eu lieu la plantation de la croix, au milieu d'une foule nombreuse et recueillie. C'est ainsi que les missionnaires répondent à des déclamations par des faits, et à des injures par des services. Les fabricans de pétitions trouveroient à Launac et ailleurs la réfutation de leurs accusations calomnieuses.

— Un incrédule fort zélé, nommé Robert Owen, a entrepris de former aux Etats-Unis une colonie d'incrédules; c'est absolument le même projet qu'avoit eu Voltaire, et

(*) M. le baron de l'Epine est le même qui a prononcé, dans la séance du 7 mars dernier, un discours en faveur des sociétés de missionnaires. Ce discours, qui a été imprimé depuis, fait honneur au talent comme à la sagesse et la loyauté de ce magistrat. M. de l'Epine fait l'histoire de la législation sur les congrégations, répond aux objections du pétitionnaire (M. Isambert), et finit par remarquer que c'est l'impiété qui voudroit interdire les missions, et que les ennemis des missionnaires se font un argument des troubles qu'ils sont parvenus quelquefois à exciter.

dont il parle si souvent dans sa correspondance. Il vouloit former à Clèves une colonie de philosophes qui auroient travaillé de concert au progrès des lumières. Ce
projet avorta ; celui de Robert Owen sera-t-il plus heureux ? Quoi qu'il en soit, il a réuni environ 800 à 1000.
individus, des admirateurs de Voltaire et de Rousseau, des
gens épris de toutes les idées philosophiques, et pleins d'un
beau zèle pour les propager. Cette colonie s'appelle *Nouvelle*
Harmonie; mais on doute que l'harmonie puisse s'y soutenir
long-temps, et déjà voilà M. Owen qui a laissé là son monde
pour voyager en Europe. Il a promis de revenir, mais avant
son départ, il a voulu s'illustrer par une démarche éclatante.
tante. Au mois de janvier 1828, il a porté un défi au
clergé de la Nouvelle-Orléans, comme aux prédicateurs de
la religion en tout autre lieu, pour examiner avec lui la vérité de la religion chrétienne. Dans ses discours publics
comme dans son défi, il a la prétention de prouver que
toutes les religions du monde sont fondées sur l'ignorance ;
qu'elles ont été et sont les causes véritables du vice, de la
discorde et de la misère dans toutes les classes ; qu'elles
sont aujourd'hui le seul obstacle à la formation d'une société vertueuse, éclairée et charitable ; enfin qu'elles ne
peuvent plus se maintenir que par l'ignorance des peuples
et la tyrannie de ses chefs. M. A. Campbell a accepté le
défi, et s'offre de montrer que ces assertions sont insoutena-
bles, et que M. Owen est hors d'état de les prouver par la
voie du raisonnement ou d'une discussion loyale. Depuis
qu'il a répondu au défi, il a reçu une visite de M. Owen,
et ils sont convenus de se trouver ensemble à Cincinnati,
dans l'Etat de l'Ohio, le second lundi d'avril 1829. La dis-
pute aura lieu dans quelque local commode de cette ville.
On a trouvé ce délai un peu long, mais M. Owen a allégué
qu'il alloit partir pour l'Angleterre, et qu'il ne prévoyoit pas
pouvoir revenir aux Etats-Unis avant le commencement du
printemps prochain. Les curieux se demandent s'il sera bien
exact au rendez-vous, et si ce voyage en Angleterre, qui a
suivi de si près le défi, n'est pas déjà une espèce de reculade.
Quoi qu'il en soit, M. Campbell a fait insérer dans les journaux l'annonce du combat; il espère que beaucoup de gens
voudront être témoins de cette lutte d'une espèce nouvelle,
et il se félicite d'avoir choisi une saison favorable pour les

voyageurs, et un lieu dont les communications par les bateaux à vapeur rendent l'accès facile. Il parle peu de lui-même, et s'exprime avec réserve sur le compte de son adversaire, dont il paroît estimer les talens et les connoissances. Il souhaiteroit qu'un sténographe habile et impartial voulût prendre la peine de recueillir les détails de la discussion pour les publier ensuite, et faire connoître les résultats de la conférence.

NOUVELLES POLITIQUES.

Paris. Les libéraux ne croient pas tout perdre à vouloir mourir sans les secours de l'Eglise. Aussitôt que la renommée publie quelque chose de pareil, et que, par des signes d'impiété finale, ils sont parvenus à se faire refuser la sépulture ecclésiastique, les voilà sauvés de l'obscurité ; c'est à qui prononcera sur leur tombe les plus belles oraisons funèbres ; les journaux révolutionnaires leur consacrent des pages entières d'apologie ; les populations accourent pour les voir enterrer ; on ne s'entretient que de leurs vertus et de leurs belles qualités : un refus de sépulture en fait tout à coup les meilleurs citoyens, les meilleurs pères de famille, les ames les plus charitables. C'est ce qui vient encore d'arriver, dans le département du Var, à un brave frère et ami, nommé M. Charles, auquel l'idée qu'il a eue de refuser fièrement les sacremens a fait obtenir une pompe funèbre magnifique, et un petit bout de célébrité dont il est douteux qu'il se réjouisse beaucoup dans la tombe.

— Le Roi, dont la bonté soulage et console toutes les infortunes, a fait remettre, sur sa cassette, 2000 fr. au maire du second arrondissement pour les victimes de l'incendie du bazar. A la réception de dimanche, S. M., ainsi que son auguste famille, lui ont adressé, sur le sort de ces malheureux incendiés, des questions empreintes du plus touchant intérêt.

— M. le Dauphin, Mme la Dauphine et Madame, duchesse de Berri, se sont empressés de faire remettre, au maire du second arrondissement, chacun une somme de 500 fr. pour les victimes de l'incendie du bazar. M. le duc de Bordeaux et Mademoiselle y ont joint une somme de 400 fr. Une quête faite à la Bourse pour ces incendiés a produit 3600 fr. MM. les agens de change ont donné en outre 6000 fr., et les courtiers de commerce 2000 fr.

— Mme la Dauphine, qui, lors de son voyage à Elbeuf, en juin dernier, a si bien apprécié l'utilité de la maison des Orphelines de la Providence, maison créée et dirigée par mademoiselle Berteau, vient de faire remettre au maire de cette ville une nouvelle somme de 500 fr. pour ce précieux établissement, qui contient 140 jeunes filles.

-- A la suite d'un rapport où M. de Vatimesnil établit la nécessité d'une nouvelle législation sur l'instruction publique, et annonce qu'il s'occupe activement de rédiger un projet de loi à ce sujet, est intervenue, en attendant, une ordonnance royale le 26 de ce mois, qui établit une chaire du droit des gens dans les facultés de droit de Paris et dans celle de Strasbourg, et en outre, à Paris, une chaire d'histoire du droit romain et du droit français. Les professeurs et maîtres d'étude des collèges royaux, et les régens des collèges communaux, seront nommés par le grand-maître. Les maîtres d'étude seront proposés par les proviseurs, et pourront être suspendus par eux; ils devront avoir le grade de bachelier-ès-lettres, et il y en aura au moins un pour 25 élèves. Le reste de l'ordonnance règle un nouveau mode d'enseignement dans les collèges, et permet aux maîtres de pension d'employer le mode qui leur conviendra, ou de se borner à l'enseignement des professions industrielles.

— M. Thomas, avocat, candidat libéral, a été élu par le collège électoral de Marseille. C'est la première fois que cette ville envoie un député de cette opinion. M. Thomas avoit pour concurrent M. Durand, négociant recommandable, et candidat royaliste.

— M. Rodet, candidat libéral, a été élu à Trévoux (Ain). Il a eu 88 voix sur 132.

— Le collège électoral de Réthel (Ardennes) a élu, au second tour de scrutin, M. le général Clausel, candidat libéral. Il a obtenu 106 voix sur 193 votans.

— M. le baron Poyféré de Cère a été élu par le grand collège de Mont-de-Marsan, à une majorité de 50 suffrages sur 97 votans.

— L'académie des inscriptions et belles-lettres a élu M. Pardessus à la place vacante par le décès de M. Gail. Ses concurrens étoient MM. Champollion le jeune, Thurot et Cousin.

— Un journal destiné d'abord à rendre compte aux négocians du cours des denrées, l'Echo des marchés, prit tout à coup une face nouvelle : il changea de titre, devint l'Echo de Paris, et s'occupa, sans se soumettre à aucune formalité, de littérature, de spectacles et de mœurs. Un article licencieux intitulé la suite d'un bal masqué, ayant éveillé l'attention de l'autorité, les sieurs Sombret, directeur-gérant, et Herhan, imprimeur, ont été cités à la police correctionnelle sous la prévention, 1° de défaut de cautionnement; 2° de fausse déclaration; 3° d'outrages à la morale publique et aux bonnes mœurs. Le tribunal, vendredi dernier, a remis la cause à huitaine.

-- Nous avons annoncé le désastre qu'a éprouvé, le 11 de ce mois, le bourg de Sissonne, arrondissement de Laon. Le feu a continué toute la journée et une partie de la nuit suivante, quoiqu'il y eût 8 pompes. On s'y porta de tous les villages voisins pour donner du secours. Les jeunes gens de l'école ecclésiastique de Liesse étoient en promenade dans les environs; à la vue du feu, le supérieur y envoya une vingtaine des plus en état de rendre service, et ils ont travaillé avec ardeur jusqu'à plus de minuit.

M. l'abbé Martin fit porter aussi du pain aux malheureux incendiés. Il n'est resté presque debout que l'église, la maison du curé et celle des Sœurs. On a fait de tous côtés des quêtes pour les victimes du désastre. Il y avoit huit jours que des missionnaires avoient terminé à Sissonne une mission qui n'avoit pas été fort heureuse, grâce au zèle de quelques libéraux, qui avoient publiquement menacé ceux qui iroient à confesse de leur faire un mauvais parti.

— Dans la journée du 11 mars, seize maisons de la commune de Traussancourt (Oise) ont été la proie des flammes, et dans la nuit du 20, dix maisons de Montigny, même département, ont eu un sort semblable ; les malheureux habitans ont tout perdu.

— M. le vice-amiral de Rigny vient d'arriver à Toulon sur le vaisseau le Conquérant. Il doit venir bientôt à Paris.

— La seconde chambre des Etats-généraux des Pays-Bas s'est assemblée, le 25 mars, en comité général pour la discussion du projet d'adresse au roi, résolu par suite des nombreuses pétitions pour l'exécution du concordat, la liberté de la presse et de l'instruction publique, etc. Le projet de rédaction, qui avoit été confié à M. Lehon, à qui l'on doit la proposition de la mesure, a été adopté à la majorité de 55 voix contre 40. Il sera renvoyé à la première chambre.

— Le général Jackson a été élu à la présidence des Etats-Unis pour quatre ans, à partir du 4 mars. John Calhoun a été élu vice-président. Le nouveau président a composé son ministère.

— Une nouvelle révolution a éclaté, à la fin de novembre dernier, dans l'Etat de Buenos-Ayres. Elle a été faite par le général Lavallé, à la tête de sa division qu'il ramenoit de la guerre du Brésil. Le 30 novembre, il fit son entrée dans la capitale, et chassa les ministres et le gouverneur Dorrego ; il convoqua ensuite une assemblée générale du peuple, et se fit nommer gouverneur provisoire.

_____

CHAMBRE DES DÉPUTÉS.

Le 28, M. le président donne lecture de trois lettres ; la première contient la démission de M. Sernin, député de l'Aude ; par les deux autres, MM. Hély-d'Oissel et Duchatel s'excusent, pour cause d'indisposition, de ne pouvoir prendre part en ce moment aux travaux de la chambre.

M. Blin de Bourdon, rapporteur de la commission à laquelle a été renvoyé le projet de loi tendant à autoriser la ville de Boulogne à contracter un emprunt pour achever les travaux de son port, propose l'adoption de ce projet.

M. le président propose d'en fixer la délibération après celle de la loi départementale. M. de Chantelauze demande que l'on s'occupe enfin de la loi sur la dotation de la chambre des pairs, qui a été présentée dès le commencement de la session, et qui est d'un grand intérêt. M. de Chauvelin monte à la tribune pour combattre cette proposition. Bientôt il se plaint, en termes assez vifs, de ce que les ministres ne tiennent pas à certaines dispositions de la Charte. Plusieurs fois il est rappelé à la question par M. le président, et interrompu par les murmures. M. de Martignac déclare que les ministres seront toujours prêts à donner des explications sur leurs principes, parce qu'ils sont conformes à la Charte; mais que, respectant aussi la chambre et son règlement, ils ne veulent pas continuer un débat à cet égard.

M. de Cassaignoles, membre de la commission chargée de cette loi sur la dotation, annonce que le rapport pourra en être présenté dans quelques jours. La chambre fixe à samedi prochain la discussion du projet de loi relatif à la ville de Boulogne.

MM. Boulard, Viennet et Humblot-Conté font le rapport des pétitions. Sept ou huit, fort insignifiantes, sont écartées par l'ordre du jour.

Le sieur Seline, à Paris, adresse un mémoire sur la politique à suivre dans les affaires d'Orient. La commission propose l'ordre du jour; d'après ce principe fondamental de la Charte, qu'au Roi seul appartient le droit de paix et de guerre. M. Delaborde profite de cette occasion pour demander aux ministres si le traité du 6 juillet 1827 sera l'ultimatum de la générosité européenne. M. Hyde de Neuville s'étonne de cette interpellation, et déclare que les traités conclus au nom du Roi seront exécutés. M. Ch. Dupin, malgré les murmures, se plaint de voir vacant le ministère des affaires étrangères, et demande quand cessera l'*interim*. M. le garde-des-sceaux rappelle qu'au Roi seul appartient le choix de ses ministres, et qu'il fera ce qu'il jugera convenable pour la direction de ses affaires politiques.

M. de Montbel appuie l'ordre du jour au nom de la prérogative royale. M. Al. de Noailles pense qu'on ne devroit nullement discuter sur des pétitions aussi déplacées. M. Méchin défend ce qu'il appelle *le droit sacré* de pétition. L'ordre du jour est enfin adopté.

Le maire et les conseillers municipaux de Mont-St-Aignan (Seine-Infér.) se plaignent de quelques usurpations de la part de M. l'archevêque de Rouen sur les biens de la fabrique de cette commune, et de changemens de circonscriptions ordonnés par l'autorité spirituelle. La commission propose le renvoi au ministre des affaires ecclésiastiques. M. l'évêque de Beauvais s'étonne que les pétitionnaires s'adressent à la fois à l'administration et à la chambre; il attend des renseignemens sur cette affaire, et saura concilier les égards dus à M. l'archevêque et la fermeté qui convient à un ministre.

M. de Formont demande l'ordre du jour, attendu que les pétitionnaires, comme vient de le dire S. Exc., n'auroient dû s'adresser à la chambre que s'il y eût eu déni de justice. M. Duvergier de Hauranne soutient que l'invasion du du presbytère a eu lieu non pas en faveur d'un séminaire légal, mais pour un petit séminaire complètement illégal. M. l'évêque de Beauvais répond que l'un et l'autre étoient autorisés. L'ordre du jour, voté seulement par la droite, n'est point accueilli. Le renvoi est ordonné.

Une discussion sur le cumul des traitemens a offert peu de résultats.

Le 30, on remarque à leurs places les généraux Hygonet et Tib. Sébastiani, qui viennent d'arriver de Morée. La chambre accorde un congé à M. Seguy, qui est malade.

M. le ministre des finances présente quatre projets de loi. Le premier porte confirmation de divers échanges et de baux emphytéotiques entre le domaine de la couronne et plusieurs particuliers ; le second tend à régler la concession faite à la ville de Paris du palais de la Bourse et de ses abords ; le troisième est relatif à la refonte des anciennes monnoies d'or et d'argent, dont il peut rester encore pour 600 millions, et porte que ces pièces cesseront d'avoir cours dans cinq ans. Le quatrième a pour objet d'assurer la distribution journalière à domicile des lettres dans toutes les communes de France.

L'ordre du jour est l'ouverture de la discussion du projet de loi relatif à l'organisation des conseils d'arrondissement et de département. M. de Formont, premier orateur inscrit, s'attache à montrer les dangers qu'il y auroit d'introduire le principe d'élection dans l'administration : c'est entrer dans les voies de la souveraineté du peuple, et dépasser la Charte, qui a restreint prudemment le droit d'élection à la nomination des députés, en traçant les limites du pouvoir populaire. Il prouve que la nomination des membres des conseils appartient au Roi, d'après l'article 14 de la Charte. Ce pacte fondamental est donc un vain-simulacre pour ceux qui l'invoquent chaque jour avec tant d'enthousiasme réel ou feint.

M. Jacqueminot prétend que la France entière attend dans cette affaire, l'accomplissement de ses vœux les plus chers et les plus légitimes ; que c'est le complément des libertés publiques consacrées par la Charte : toutefois il trouve que c'est le moins qu'on puisse faire que d'adopter tous les amendemens proposés par la commission, attendu que le projet présenté par le gouvernement est loin de satisfaire aux besoins de la nation.

M. de Corcelles s'élève aussi contre l'insuffisance du projet ministériel, et plaisante sur les alarmes et les craintes du parti royaliste et des hommes sages. M. Etienne ne conçoit pas pourquoi le gouvernement a présenté cette loi avec tant d'hésitation, et les soins qu'il a cherché à prendre pour y éloigner toute possibilité de contact avec la politique générale de l'État. Il ne pourra voter le projet, si l'on n'admet le principe de l'élection directe et les autres propositions de la commission.

M. Thouvenel est ensuite appelé à la tribune ; mais il ne peut obtenir de silence ni d'attention. Il lit, au milieu du bruit, un discours dans lequel il cherche à combattre toutes les objections qui s'élèvent contre le système qu'on veut introduire, et conclut en faveur des amendemens de la commission.

Commission du budget de 1830 *(recettes et dépenses)* : MM. de Lardemelle, de Rambuteau, Pardessus, Dutertre, Mestadier, de Clarac, Ravez, de Berbis, C. Perrier, Laffite, de Lastours, Humann, Aug. Perrier, Girod (de l'Ain), Gautier, B. Delessert, de Cormenin, Lefèbvre.

Commission du règlement définitif de l'exercice 1827 : MM. d'Augier, de Pina, de Curzay, Amat, de Bussières, du Theil, d'Andigné, de Saunac, Thénard, Bignon, Vassal, de Calmon, Dumas, Faure, de la Bourdonnaye, de Riberolles, Delaborde, Labbey de Pompières.

Commission de l'allocation des crédits supplémentaires de 1828 : MM. de Lorgeril, Allent, de Janckowitz, Haas de Belfort, Lepelletier d'Aulnay, Sapey, Lucas, Lafont, Duvergier de Hauranne.

Ces trois commissions ont élu pour présidens, la première, M. Gautier ; la seconde, M. de la Bourdonnaye, et la troisième, M. Allent, et pour secrétaires, MM. de Cormenin, Delaborde et Lepelletier d'Aulnay.

Pèlerinage sentimental d'un poète.

La fille de *Napoléon* a été dernièrement l'objet d'un pieux pèlerinage. On ne sait quelle inspiration conduisit tout à coup vers lui un poète parisien que l'on ne croyoit pas si dévot. Quelques journaux ont publié cette anecdote ; mais leur récit est plein d'inexactitudes, et nous sommes obligés de le rectifier.

Le poète ne fut point rebuté comme ils l'ont dit. Au contraire, il obtint gracieusement la permission d'exercer le genre de culte que notre célèbre M. Grégoire a si heureusement désigné sous le nom de *basiléolâtrie*. Après qu'il eut offert ses premières adorations, et que le fils du *dieu Mars* fut parvenu à décoller ses pieds de la bouche qui les pressoit, voici de quelle manière on s'exprima de part et d'autre.

Le poète, tirant son portefeuille : Mon prince, ne craignez rien ; ce ne sont pas des vers que je vous apporte. Quand je me rappelle tout ce qu'il en a été commandé et payé par votre auguste père, à l'occasion de votre naissance, je sens parfaitement que vous n'aurez pas tout lu à l'âge de trente ans ; mais il doit y avoir sous ces trois cachets quelque chose de plus intéressant. Ceci vient de votre auguste père, et est resté en dépôt, suivant ses intentions, pour ne vous être remis qu'à l'âge où, Dieu merci, vous voilà parvenu.

Le duc : Donnez, mon ami, donnez.... Ah ! ah ! ce sont des conseils politiques pour me guider. Voyons un peu.... Tenez, vous êtes en quelque sorte de la famille par vos bons sentimens, et par la nature de votre ambassade ; écoutez cela. (Puis il lit tout haut ce qui suit) :

« Si Dieu prête vie à mon héritier, et *répugnance* contre les Bourbons à mes fidèles sujets, voici une courte instruction qui pourra lui tenir lieu d'expérience, jusqu'à ce qu'il ait eu le temps de faire connoissance lui-même avec l'espèce d'hommes que je lui donne.

» La France est une nation vaine et folle par excellence. Il n'y a rien qu'on ne puisse faire d'elle avec de l'énergie et un chapeau à trois cornes bien enfoncé ; mais malheur à ceux qui la gâteront par trop de foiblesse ou de bonté ! Elle sera bientôt maîtresse chez eux, s'il n'y prennent garde ; car elle veut être menée sévèrement, et sentir le pouvoir dans ses rênes pour marcher droit. Si nous n'avons jamais eu de difficultés ensemble, c'est que je l'ai tenue bridée court, comme elle demandera toujours à l'être. Aussi, quoique je l'aie rudement brusquée pour la rompre au devoir et à l'obéissance, nous n'en étions pas plus mauvais amis.

» Que mon successeur ne s'inquiète point de l'air de jactance et des bravades révolutionnaires auxquelles la France est revenue aussitôt qu'elle m'a vu le dos tourné : cela ne signifie rien quand on la connoît ; vingt-quatre heures de ma vieille méthode en feroient l'affaire, et ce qui prouve qu'elle est excellente, c'est qu'on s'en trouve bien de part et d'autre. Quand je devins maître de ces gens-là, ils portoient la tête encore plus haute qu'à présent, et je ne m'en suis pas embarrassé : je les ai pris fiers et insolens au dernier point ; je les ai laissés extrêmement souples et mo-destes : je les ai pris bavards ; je les ai rendus muets : je les ai pris avec toute leur anarchie et tous leurs rêves de souveraineté ; rien de plus admirable que l'état d'obéissance et de raison où je les avois mis quand nous nous sommes quittés.

» S'il arrive par hasard que les poëtes, les orateurs et les journalistes révolutionnaires reprennent le ton que j'avois eu soin de leur faire perdre, que mon héritier ne s'en effraie pas ; c'est l'espèce de monde qu'on peut faire taire le plus aisément : j'ai vu la plupart de ces gens-là couchés devant moi à plat ventre, demandant pour toute liberté la permission de m'enfumer de leurs vers et de leur prose. Pour des hochets et de l'argent, ils seront toujours prêts à retomber la face contre terre. »

Le poëte : C'est de quoi je ne doute nullement, et si vous connoissiez leurs mœurs comme moi, vous seriez de mon avis.

Le duc : En vérité, vous me surprenez ; car, à les entendre, il me semble que j'y regardérois à deux fois pour passer auprès du *Constitutionnel*, du *Courrier français* ou du ci-devant *Journal de l'empire*, avec une cravache à la main.

Le poëte : Avec tout ce qu'il vous plaira, Monseigneur ; ne vous gênez pas le moins du monde ; nous sommes prêts à tout recevoir et endurer de votre part. Songez donc qu'il n'est pas un de nous qui n'ait marché à quatre pattes devant votre auguste père, et qui ne souhaite de recommencer devant son auguste fils.

Le duc : Mais, dans ce cas, pourquoi personne ne s'avise-t-il actuellement de vous remettre tous à la raison, plutôt que de vous laisser troubler l'Etat comme vous le faites à la journée ?

Le poëte : Ah ! mon prince, la chose est ici bien différente ! Nous avons ce qu'on appelle des maîtres légitimes, que le temps, le devoir et la vieille sagesse gothique de nos ancêtres nous ont imposés : nous nous sommes déclarés en état de *répugnance* contre eux, et nous ne voulons pas en avoir le démenti. C'étoit pour nous débarrasser de Dieu et d'eux que la révolution a commencé, et il faut absolument qu'elle s'achève. *Que les destins s'accomplissent!* comme disoit souvent votre auguste père.

Le duc : Eh bien ! mon ami, je réfléchirai sur tout cela. Je suis bien aise de savoir que la raison mûrit et s'éclaire dans votre pays · allez la retrouver, et donnez-moi souvent de ses nouvelles.

Tels sont les détails que nous avons reçus de notre côté, au sujet du poétique pèlerinage dont les journaux ont parlé d'une autre manière. Comme cependant nous n'étions pas du voyage, nous n'en pouvons garantir pour le moment que la partie sentimentale.　　B.

Quelques Observations sur les doctrines du jour, par M. Lantbois (1).

J'essaierai, dit l'auteur, de porter la lumière dans les ténèbres que la France libérale a épaissies autour de nous, et de simplifier des questions qui ne sont complexes qu'en apparence. Ce qu'il y a de pire, ajoute-t-il

---

(1) In-8°. A Paris, chez Gautier-Laguionie, Hôtel des Fermes, et au bureau de ce journal.

dans son introduction, c'est l'éternel mensonge des docteurs du parti : parlent-ils de tolérance, ils pensent à l'oppression du catholicisme; se disent-ils les amis du Roi, ils méditent l'abaissement du trône; proclament-ils la liberté, ils rêvent le despotisme.

Ces *Observations* se partagent en plusieurs sujets ou chapitres; les titres en indiqueront l'objet : des royalistes et des constitutionnels, du Roi et de la royauté en France, de la révolution (car il n'y en a qu'une), du patriarche de la révolution, d'une bizarrerie de la révolution, de la jeunesse dans le siècle des lumières, du régime délibératif et du régime consultatif, des deux routes de la révolution et de sa tendance unique, des influences libérales sur la littérature, de la force réelle des libéraux, de l'autorité, de la modération.

Ces chapitres sont généralement assez courts; l'auteur énonce ses pensées et laisse les développemens à la sagacité des lecteurs. Il a bien étudié le parti qu'il signale, il en apprécie avec justice le langage, les moyens et le but; il se moque avec esprit de cette manie politique qui absorbe aujourd'hui la plupart des hommes; enfin, il juge avec sagesse notre situation, nos travers, nos ridicules, nos contradictions, nos inconséquences. Cette brochure, si elle est de M. Lanthois, fait honneur à son jugement, à sa pénétration, et surtout à son dévoûment à une cause qui semble s'affoiblir chaque jour.

Etude du chrétien, ou le Disciple à la suite de son divin maître dans le jardin des Olives, devant les juges de Jérusalem et sur le Calvaire (1).

Cet ouvrage, qui paroît destiné à fournir une suite de lectures pour le carême, embrasse toute l'histoire de la Passion depuis le jardin des Oliviers jusqu'à la résurrection et à l'ascension du Sauveur. L'auteur ne s'attache pas précisément à rapporter toutes les circonstances de la Passion, qu'il suppose bien connues; il cherche plutôt à en tirer des réflexions pieuses, et à offrir au lecteur des considérations solides et instructives. Il nous paroît avoir atteint son but. Ses lectures sont bien écrites, elles sont nourries de passages de l'Ecriture, et annoncent un esprit judicieux, éclairé et accoutumé à réfléchir sur les vérités de la religion et sur les obligations du chrétien.

Il y a quarante lectures en tout, et chacune est partagée en différentes considérations qui offrent des points de repos au lecteur. Il y a quelques lectures un peu plus longues, et que l'on pourroit diviser en deux, de sorte que l'on auroit un sujet de lecture pour chaque jour de carême. Tout ce que nous avons vu de l'ouvrage nous donne lieu de croire qu'il sera bien accueilli du public, et qu'il pourra contribuer à ranimer la foi des uns et à toucher la piété des autres.

---

(1) Un vol. in-12, prix, 2 fr. et 3 fr. franc de port. A Paris et à Lyon, chez Périsse frères, et au bureau de ce journal.

Le Gérant, ADRIEN LE CLERE.

‡‡

Mélanges de philosophie, d'histoire et de littérature,
par M. de Féletz (1).

Ces *Mélanges* sont le recueil des articles que M. de Féletz
a fait paroître dans le *Journal des débats.* On sait que ce lit-
térateur est un des plus anciens rédacteurs d'un journal qui,
il y a vingt-cinq ans, avoit une grande vogue, et qui la méritoit par ses doctrines et par le ton de ses articles. Alors
Geoffroy, Dussault, M. de Féletz, et quelquefois M. de
Boulogne, M. de Bonald, M. Delalot, coopéroient à ce
journal, et en faisoient un recueil précieux sous le rapport
de la littérature, de la critique et du goût. Les articles de
M. de Féletz étoient de ceux qui plaisoient le plus par la
finesse des aperçus, par les grâces du style et par une manière ingénieuse et piquante de juger les auteurs, d'analyser
leurs ouvrages et de faire sentir leurs défauts. Si quelquefois le genre des ouvrages dont il rendoit compte, son ton et
ses plaisanteries, paroissoient offrir quelque légèreté, surtout en les comparant avec le sérieux de son caractère et
avec la gravité des fonctions qu'il prescrit et des études qu'il
suppose, beaucoup d'autres articles se faisoient remarquer
par une doctrine saine et par des jugemens sûrs, présentés
avec beaucoup d'art, de grâce et de sel. Déjà plusieurs de
ces articles ont été insérés dans le *Spectateur français* de
M. Fabry. Aujourd'hui M. de Féletz en publie un recueil
plus étendu. Il ne les reproduit pas tous, mais ceux seulement qui ont été jugés dignes des honneurs d'une réimpres-
sion. Ce n'est point M. de Féletz qui a fait le choix; il a
craint, dit-il, *l'indulgence ou plutôt la foiblesse paternelle,*
et il a prié deux amis de choisir pour lui. Ces amis sont
M. Amar et M. Ducluseaux, l'un conservateur à la bibliothèque Mazarine, l'autre professeur de l'Université.

_____

(1) Quatre vol. in-8°, prix, 30 fr. A Paris, chez Grimbert, et au bureau
de ce journal.

Le recueil est partagé sous quatre titres : 1° Religion et Philosophie ; 2° Littérature ; 3° Histoire, Mémoires et Voyages ; 4° Romans et articles mélangés. L'ouvrage entier aura six volumes, dont quatre ont paru. Le premier, le seul dont nous nous occuperons en ce moment, est consacré aux articles sur la religion et la philosophie. Dans la 1re section, M. de Féletz rend compte de plusieurs ouvrages plus ou moins célèbres, du *Génie du christianisme*, de l'*Essai sur l'indifférence*, des *Soirées de Saint-Pétersbourg*, de l'*Essai sur la réformation de Luther*, par Villers, des *Lettres de quelques Juifs*, des *Martyrs de la foi*, etc. La plupart de ces articles sont assez anciens, et seront cependant relus avec plaisir même aujourd'hui. On y trouve des aperçus pleins de sens, des développemens judicieux, des discussions intéressantes. Le critique parle toujours de la religion, non-seulement avec respect (ce seroit, dans sa position, un foible mérite), mais avec conviction et sentiment; il fait surtout remarquer les torts des philosophes modernes, la foiblesse de leurs objections, l'impuissance de leurs attaques. Le plus souvent il ne leur oppose qu'une courte réflexion, mais cette réflexion est frappante par sa justesse, sa précision et son à-propos. En appréciant les écrivains, l'auteur n'est ni enthousiaste, ni détracteur; il rend hommage à leur talent et sait en démêler les écarts. Les articles les plus remarquables de cette section sont ceux sur M. de La Mennais, sur M. de Maistre, sur Villers, sur l'abbé Guénée. Dans une occasion, il me paroît avoir un peu cédé au sentiment de l'amitié; c'est au sujet des *Martyrs de la foi*, de M. l'abbé Guillon, ouvrage rempli d'inexactitudes et de partialité. L'éloge qu'en fait M. de Féletz donne lieu de croire qu'il l'avoit lu un peu légèrement, ou qu'il a craint de désobliger un confrère et un ami. Je vois pourtant avec plaisir qu'il n'a pas fait entrer dans ses *Mélanges* un autre article qu'il avoit publié dans le *Journal des débats*, il y a quelques années, sur l'*Histoire de l'Eglise* commencée par M. Guillon; et je lui sais bon gré d'avoir supprimé cet article, moins encore parce qu'il y disoit trop de bien d'une compilation assez mauvaise, que parce qu'il y portoit un jugement injuste et amer sur un corps respectable et cher à tous les gens de bien. J'aime à croire que l'auteur a senti combien cet article étoit déplacé de sa part, et dans un temps où ceux qu'il censuroit si sévèrement étoient en butte à la haine des ennemis de la religion et de la monarchie.

La seconde section, sur la philosophie morale, est encore plus riche en articles. Là passent en revue les ouvrages de Portalis, de Barthès, de Cabanis, de Mme de Staël, de Lavater, de Leroy, de Dupont de Nemours, et parmi les vivans, de M. de Bonald, de M. Azaïs, de M. Salgues, de M. Virey, de M. Cousin, etc. Les jugemens que porte le critique sur ces écrivains et sur leurs ouvrages sont généralement sages et bien motivés. L'article sur Cabanis surtout est fort bon ; l'auteur s'élève avec chaleur contre les doctrines désolantes du matérialisme. Ailleurs, il marque du sceau du ridicule des systèmes faux et dangereux, des théories pompeuses, des rêveries qui avoient eu un moment de vogue. Son article sur Dupont de Nemours est fort amusant ; ceux sur Barthès, sur M. Azaïs, sur Hufeland, sur Vicq d'Azir, sur Lavater et sur d'autres écrivains de l'époque sont intéressans pour le fond et pour la forme. Le goût de l'auteur, son instruction variée, sa manière piquante, son talent de manier la plaisanterie, donnent à ses articles un intérêt plus durable que celui qui s'attache ordinairement à ces sortes de productions.

Je ne veux point chicaner l'auteur sur quelques jugemens et sur quelques opinions que je ne puis partager. Je suis fâché seulement qu'il se montre mécontent de l'esprit qui règne dans le clergé ; je crois qu'il pouvoit s'en reposer à cet égard sur le zèle et la sagesse des évêques, comme sur les principes et la prudence éclairée de tant de membres distingués dans le clergé du second ordre. Les inconvéniens qu'il signale ne frappent pas ceux qui observent de plus près l'état des choses, et qui suivent les prêtres dans les soins touchans du ministère journalier. C'est là où on apprend à les connoître, à les estimer, et à se défier de ces reproches et de ces accusations qu'on se permet trop légèrement dans des cercles frivoles ou dans des journaux livrés à l'esprit de parti. M. de Féletz a sans doute trop de droiture pour former son jugement sur de telles autorités.

Dans un autre article, nous examinerons les 3 volumes suivans des *Mélanges*, qui sont consacrés à la littérature et à l'histoire.

P 2

NOUVELLES ECCLÉSIASTIQUES.

‑ ROME. Le 11 mars, l'ambassadeur des Pays‑Bas a eu son audience du sacré Collège ; il a prononcé un discours en français, et M. le cardinal Bertazzoli a répondu en italien. Le discours de Son Em. donne des espérances d'une heureuse conclusion des affaires ecclésiastiques dans les Pays‑Bas.

—Les 23, 24 et 25, les chefs d'ordres dans le conclave étoient MM. les cardinaux Arezzo, Pedicini et Albani.

— Le 2 mars, le roi de Bavière a reçu les hommages du corps diplomatique, de la prélature et de la noblesse. Ce prince continue à garder l'*incognito*, et à visiter les monumens de la religion et des arts.

— On apprend de Palerme que M. le cardinal Gravina, archevêque de cette ville, se rend au conclave, malgré son grand âge. Son Em. célébra, dans sa métropole, un service pour Léon XII, et s'embarqua le 14 mars au matin pour Naples, où elle arriva le 16 au matin. On calcule qu'elle aura pu arriver à Rome vers le 24 du même mois.

PARIS. Un journal ordinairement mieux informé donne de singulières nouvelles du conclave ; il dit que le 18 mars, les deux *fractions* du conclave qui portent le cardinal *Paul* et le cardinal Gregorio, étoient convenues de réunir leurs voix sur le cardinal Gazzola, évêque de Montefiascone, qui est âgé de 85 ans ; que la proposition lui en fut faite, mais qu'il adressa aux cardinaux un discours qui dura une demi‑heure, pour décliner le fardeau qu'on vouloit lui imposer, et pour les engager à choisir un pape moins âgé. Tout porte à croire, ajoute le journal, que les voix se porteront sur un prélat âgé, et en ce cas, le cardinal Arezzo auroit beaucoup de chances. Nous avouons que ces nouvelles nous paroissent fort peu vraisemblables. A Rome même, on est exposé à être induit en erreur sur ce qui se passe dans le conclave, et il faut se défier des bruits qui courent à cet égard, et qui ne reposent que sur des données inexactes ou incomplètes. Ensuite il y auroit plusieurs remarques à faire sur le récit ci‑dessus. On y parle de deux *fractions* du conclave ; le terme usité à Rome,

en pareil cas, est *factions* (*), mot qui, dans cette circonstance, n'a point une acception injurieuse, et signifie seulement les opinions ou partis en faveur de tel ou tel cardinal. Ainsi, on dit la *faction* des couronnes, la *faction* des
zélés, etc. Le cardinal *Paua* est sans doute une faute d'impression pour *Pacca*. Quant au cardinal Arezzo, il n'est pas
à beaucoup près aussi âgé que le cardinal Gazzola ; ce cardinal, qui est Sicilien, est né le 17 décembre 1756.

— Le plus ancien des évêques de France vient de mourir
dans un âge très-avancé. M. Sébastien-Michel Amelot, ancien évêque de Vannes, est décédé à Paris le 2 avril, dans sa
88ᵉ année. Le prélat étoit né à Angers le 5 septembre 1741,
fut d'abord grand-vicaire d'Aix, nommé à l'évêché de Vannes en 1774, et sacré le 23 avril 1775. Il fut pourvu en 1780
de l'abbaye de Saint-Vincent, diocèse de Besançon. Lors de
la révolution, il fit cause commune avec ses collègues, passa
en Allemagne, puis en Angleterre, et signa toutes les réclamations des évêques non-démissionnaires. Rentré en France
en 1814, et devenu peu après entièrement aveugle, M. Amé-
lot se condamna à une retraite profonde, au milieu de laquelle il ne connoissoit pas l'ennui. Sa patience et sa résignation étonnoient tous tous ceux qui l'approchoient, et
prenoient leur source dans une piété vive et dans un esprit
nourri depuis long—temps de lectures solides. Une vie simple et frugale lui faisoit encore trouver dans un modique
revenu le moyen d'assister les pauvres. Le prélat n'avoit
point oublié son ancien diocèse, et contribuoit par ses dons
à soutenir le séminaire. Il est mort après une très-courte
maladie, ayant reçu tous les secours de la religion.

— Aujourd'hui samedi 4 avril, il y aura, à deux heures
et demie précises, une assemblée de charité dans l'église
St-Thomas-d'Aquin, pour l'œuvre réunie du bon Pasteur
et de sainte Marie-Egyptienne. Le sermon sera prêché par
M. l'abbé Comballot, et la quête faite par Mᵐᵉˢ les comtesses de Beaurepaire et Frédéric de la Rochefoucauld. On peut
leur adresser les dons, ou bien à Mᵐᵉ la vicomtesse de Vaudreuil, trésorière de la maison du bon Pasteur, et à madame

___

(*) Nous profitons de cette occasion pour avertir d'une faute d'impression
qui se trouve dans notre n° 1527, page 196 ; au lieu de *fonctions qui n'existent pas*, il faut lire *factions*.

Bonnet, trésorière de sainte Marie-Egyptienne. Ces deux œuvres, également intéressantes, sont destinées pour des filles égarées qui demandent leur admission dans ces retraites, et qui y sont visitées par des dames charitables. Le travail en linge et en broderie est un des principaux moyens pour soutenir ces établissemens, et on aura obligation aux personnes qui voudroient bien procurer de l'ouvrage.

— Il y aura, la semaine de la Passion, des retraites dans la plupart des paroisses de la capitale, pour préparer à la Pâque. Chaque jour il y aura des sermons. A la Madeleine, les prédicateurs seront MM. Duthozet, Landrieux, Longin, Bonnet et Bonnevie.

— Nous avons été obligé d'interrompre les citations de mandemens que nous avions commencé à donner dans ce journal. Nous le regrettons d'autant plus, que ces citations faisoient bien connoître l'esprit qui anime le corps épiscopal, et étoient une réponse victorieuse à ses détracteurs. Un zèle toujours dirigé par la sagesse, des réflexions et des conseils applicables aux circonstances, souvent des sujets importans traités avec étendue, la religion vengée des injures de ses ennemis, le clergé défendu contre des attaques passionnées, c'est ce qu'on a pu remarquer dans ces mandemens, et ce qui nous fait supporter avec plus de peine de n'avoir pu continuer nos extraits. Il nous a été impossible même jusqu'ici d'insérer un passage du mandement de M. l'évêque de Belley, que nous avions promis, et qui renferme une excellente apologie du clergé, et une réponse très-solide aux déclamations dont on est rebattu. Le passage est un peu long, mais il est si bien frappé, si judicieux et si bien approprié aux circonstances, que nous nous reprocherions de ne pas le faire connoître un peu plus tôt ou un peu plus tard.

— On a jugé, le 31 mars, au tribunal correctionnel de Chartres, l'affaire de la femme Dubuard, veuve Pierre, appelant du jugement rendu contre elle à Nogent-le-Rotrou. Nous avons rendu compte de ce jugement n° 1510; elle avoit été condamnée à deux ans de prison, maximum de la peine. On se rappelle quel tableau pathétique un avocat disert fit des sinistres effets des missions, et quel vif intérêt excita ce pauvre M. Filleul, qui n'avoit pu se mettre en garde contre les coups d'une veuve. On a commencé à Chartres par interroger la veuve Pierre et par entendre les témoins; les dépositions n'ont rien appris de nouveau. Les avocats ont pris ensuite la parole. Celui de la femme Dubuard a lui-même parlé contre les missions, et a formé le vœu qu'une loi les interdît. Celui du sieur Filleul a encore moins ménagé les missions et les missionnaires, et a peint d'une manière effrayante les résultats de leurs prédications. Le ministère public même n'a pas été en reste avec les avocats ; il a reproché aux missionnaires d'avoir excité la fureur du peuple ; Filleul n'étoit coupable que d'imprudence, les missionnaires, au contraire, ont exalté les têtes, et le magistrat déplore les effets de leur zèle. Il semble que tout le monde s'étoit donné le mot pour tenir le même langage dans cette circonstance, et pour payer le tribut au délire qui égare les têtes. On a cité M. Isambert et M. B. Constant, ces grandes autorités du moment, pour savoir ce qu'il falloit penser d'exercices salutaires qui ont fait du bien en tant de villes, ont fait cesser tant de désordres, ont ramené des populations entières à la pratique de la religion. Toutefois M. le procureur du Roi de Chartres a dit que le jugement de Nogent-le-Rotrou, contre une femme qui est dans l'indigence, étoit fort sévère, et il a exprimé le vœu que les nouveaux juges modifiassent la peine et les dommages-intérêts. En effet, le tribunal a réduit l'emprisonnement à trois mois, l'amende à 20 fr., et les dommages-intérêts à 100 fr. Filleul a été condamné aux dépens tant de première instance que d'appel, sauf son recours contre la veuve Pierre. Ainsi a fini cette cause, qui avoit attiré à l'audience une affluence extraordinaire. On avoit cru l'occasion favorable pour porter un grand coup aux missions, et on a profité amplement de cette bonne fortune.

NOUVELLES POLITIQUES.

PARIS. Les journaux de la révolution ont trouvé, la semaine dernière, dans leur correspondance, de petites nouvelles dont ils se sont fort amusés. On leur apprenoit que dans les provinces où le peuple ne lit point le *Constitutionnel*, le *Courrier français* et le *Journal des débats*, les pauvres conscrits, aux approches du tirage au sort, ont encore la simplicité de recourir à la prière et même aux pélerinages pour demander au ciel de leur être propice. C'est une chose qui étonne bien nos écrivains libéraux, et ils ont peine à comprendre que les travaux de l'impiété ne soient pas plus avancés. Mais ce qu'ils voient là n'est qu'une foible indication de ce qu'ils verront plus tard, quand des afflictions bien autrement sérieuses que les petits chagrins des conscrits pleuvront de toutes parts sur le royaume. Ce qui est ici à remarquer, c'est que l'ombre d'une tribulation suffit pour ramener les pensées des hommes vers la source des consolations. Puisqu'il ne nous manque que des adversités et des coups du ciel pour revenir à la religion, n'en doutez pas, nous y reviendrons.

— Dimanche dernier, à la réception, le Roi a demandé, avec le plus grand intérêt, des nouvelles de la santé de M. de Bully à M. de Lardemelle, son collègue à la chambre des députés.

— Le Roi, pour récompenser encore les services de M. le vice-amiral de Rigny, vient de le nommer comte.

— M. le Dauphin, président de la société royale des prisons, vient d'accorder sur les fonds de la société, pour l'amélioration du régime intérieur des prisons, une somme de 82,000 fr., qui doit être répartie entre 41 départemens.

— M. le duc de Bordeaux et MADEMOISELLE ont visité, mercredi dernier, les puits artésiens de la gare de Saint-Ouen. M. Héricart de Thury leur a expliqué les différentes manœuvres que les entrepreneurs ont fait exécuter en leur présence. En se retirant, le jeune prince a laissé 200 fr. pour les ouvriers.

— Le décès de M. Auger ayant laissé une place vacante à l'Académie française, M. Etienne a été réintégré dans son ancien fauteuil.

— Le ministre de l'intérieur a, dit-on, autorisé les réfugiés portugais qui sont débarqués à Brest à venir habiter Fougères et Laval. A cet effet, des casernes seront mises dans les deux villes à leur disposition.

— Plusieurs bâtimens viennent encore de partir de Portsmouth, ayant à bord 400 réfugiés portugais tant pour Tercère que pour Rio-Janeiro. Il ne restera plus, dans ce port anglais, que 400 autres de ces réfugiés.

— M. le duc de Mortemart, ambassadeur de France en Russie, a été nommé par l'empereur Nicolas chevalier de l'ordre de Saint-André.

CHAMBRE DES PAIRS.

Le 31 mars, la chambre a d'abord prononcé l'admission de M. le marquis de Brézé, dont les titres avoient été préalablement vérifiés.

M. le garde-des-sceaux a présenté un projet de loi sur la contrainte par corps.

Trois commissions ont été nommées pour l'examen des projets de loi présentés dans la dernière séance sur des intérêts locaux, et une autre pour la loi relative à la prorogation du monopole du tabac. Celle-ci a été composée de MM. les marquis de Castellane, de Lancosme, de Talhouet, le comte de Sussy et les barons de Barante et Mounier.

M. le comte d'Ambrugeac a fait ensuite le rapport du Code pénal militaire. La chambre s'est ajournée à samedi prochain.

CHAMBRE DES DÉPUTÉS.

Le 31 mars, on continue la discussion générale sur le projet de loi relatif à l'organisation des conseils d'arrondissement et de département.

M. Devaux soutient que le principe de l'élection n'est pas une concession, mais bien un droit et une justice. L'orateur cherche à établir que la représentation des intérêts locaux, comme celle des intérêts généraux, doit être élective. Il ne sauroit pardonner au ministère de restreindre à trente mille, dans la loi en question, les quatre-vingts mille électeurs de la France.

M. de Sallaberry regarde le projet de loi comme révolutionnaire, puisqu'il introduit l'élection populaire et la souveraineté du peuple. Ce sera une constitution nouvelle, car elle détruit la Charte en brisant sa disposition la plus salutaire, l'article 14, qui laisse au Roi le pouvoir de nommer à tous les emplois d'administration publique. Quoi qu'en disent nos adversaires, dit-il, nous ne pouvons nous empêcher de voir la révolution partout : nous la voyons en personne dans les comités-directeurs avoués même à cette tribune; nous la voyons dans cette irruption de mauvais livres, dans ces manifestes des journaux de parti, dans ces cours où l'on défigure la philosophie et l'histoire, dans ces souscriptions ouvertes pour faire payer au public les amendes encourues par des coupables.... L'honorable membre s'élève avec la plus grande énergie contre les projets des libéraux, et montre quelles seroient les suites désastreuses des deux lois arrachées au ministère.

M. Cunin-Gridaine fait l'apologie des amendemens de la commission, et s'étonne que le ministère ne veuille point y donner son adhésion. M. Daunou ne voit de garantie pour les intérêts locaux que dans les comités librement élus par le peuple. M. de Gouve de Nuncques reproduit les argumens de ses amis sur la nécessité du nouveau système et la sécurité qu'on doit en avoir. Il assure que plus on étendra les droits des Français plus on sera sûr de leur fidélité. M. Petou repousse de toutes ses forces le projet de loi ministériel comme une œuvre de déception, et comme ne pouvant satisfaire les libertés publiques et les besoins de la nation. M. Thil prend la défense des électeurs, précisément parce qu'ils font aujourd'hui les choix les plus constitutionnels et les plus opposés au jésuitisme.

M. de Pina fait observer que c'est à tort qu'on reproche aux royalistes d'être partisans du gouvernement absolu et de l'arbitraire; ce n'est pas dans leurs rangs que se rencontrent tous les anciens flatteurs du régime impérial. L'orateur vote contre le projet de loi, qui ne seroit qu'une charte départementale en opposition avec la charte royale. Des départemens, il est vrai, ont demandé une part plus large pour les autorités locales; mais c'est seulement des modifications à la centralisation absolue, qui est un reste du gouvernement impérial. Ils ne peuvent vouloir des administrations nommées à la pluralité des voix, ni voir sans crainte se multiplier les réunions électorales, dont ils connoissent déjà les fâcheux effets.

M. Jars se prononce, comme les autres orateurs de son opinion, exclusi-vement pour les amendemens de la commission, et se plaint amèrement de la défiance que semble montrer le ministère pour les élections populaires.

Le 1er avril, on continue la discussion de la loi départementale.

M. Syrieys de Mayrinhac n'entend pas accuser les ministres de vouloir exposer la France à de nouveaux orages, il rend justice à leur intention ; mais quand les gouvernemens sont entrés dans une mauvaise voie, ils ne peuvent guère rétrograder. Il ne dit pas que la loi proposée soit mauvaise dans toutes ses parties ; mais le principe d'élection qui la vicie le force de la repousser. On s'élève contre l'aristocratie, et l'on ne voit pas qu'il se forme une aristocratie nouvelle, qui jette les fondemens de sa puissance dans les collèges électoraux et les comités directeurs, et qui, à l'aide de l'organisation qu'on veut établir, enlaceroit dans sa chaîne la population entière, circonviendroit le trône et usurperoit le pouvoir.

M. le ministre de l'intérieur ne recule pas devant les difficultés que pré-sente l'adoption d'une législation aussi délicate. Il s'attendoit aux reproches d'insuffisance d'un côté, et d'envahissement de la prérogative royale de l'autre ; mais, selon lui, le ministère ne devoit pas priver plus long temps la France d'un bienfait qu'elle attend de son Roi, d'une organisation qui n'a cessé d'être réclamée. M. de Martignac s'attache donc à réfuter les ob-jections des deux partis ; il soutient que sa loi ne viole pas la Charte, at-tendu qu'on ne doit pas considérer les fonctions de membres des conseils locaux comme emplois d'administration publique ; il convient cependant qu'il étoit très-légal que le Roi continuât d'y nommer. Il croit que ces con-seils ne présenteront aucun danger, puisque le Roi pourra les dissoudre ; mais il avoue que le contact d'opposition et d'hostilité qu'ils auront avec les préfets sera violent, et il ne se tranquillise à cet égard que sur la sa-gesse des choix qu'il espère des électeurs.

M. de Martignac combat surtout la suppression totale des conseils d'ar-rondissement, demandée par la commission et par le côté gauche, qui vou-droient que les conseils de département fussent nommés par les comités can-tonnaux. Il déclare que le gouvernement ne peut consentir à cette énorme concession, qui rapporteroit une loi de l'Etat exécutée sans contestation depuis trente ans, et qui rendroit enfin trop démocratique le système du projet de loi. Il ne peut adhérer non plus à cette extension des facultés pour élire, telles que dès l'âge de vingt-cinq ans, cet appel de tous les élec-teurs actuels sans exception. Ces dispositions présenteroient les inconvé-niens les plus graves et renverseroient tout notre système constitutionnel. Il importe encore plus que les conseils-généraux soient absolument étrangers à la politique. Il fait remarquer que la commission a renversé toute la loi et en a proposé une toute nouvelle. Est-ce là respecter la prérogative royale ?

M. de Sainte-Marie soutient que s'il y avoit quelques modifications à apporter aux conseils tels qu'ils existent aujourd'hui, ce ne devoit être que dans la fixation des attributions, mais qu'on ne devoit toucher en rien au mode de nomination, et que jamais on n'auroit dû penser à le confier à l'élection. Il ne compte pas sur le droit de dissolution ; le cas échéant, le ministère reculeroit devant ces mesures comme pour des coups d'Etat. Dé-placer le pouvoir, c'est commencer une révolution. On doit éviter des in-novations quand elles présentent des dangers. (*In dubio abstine.*)

M. Don. de Sesmaisons reconnoît tout le bien que font les conseils-généraux dans leur organisation actuelle. S'il vote pour la loi, c'est parce qu'il désire que le pouvoir des préfets soit plus balancé ; mais il ne se rangera jamais aux envahissemens proposés par la commission.

M. Delacroix-Laval combat le projet de loi, surtout les amendemens, comme attentatoires aux droits de la couronne, et susceptibles de nous ramener à ces temps où la nation avoit pris rang avant le Roi.

Le 2, on continue la discussion générale de la loi départementale.

M. Girod (de l'Ain) pense que le système constitutionnel de la France étoit incomplet sans l'organisation exclusivement représentative et indépendante qu'il est question d'établir ; mais il n'y a que le projet de la commission qui puisse satisfaire aux besoins de la nation.

Le gouvernement représentatif, dit M. le comte de la Bourdonnaye, ne peut subsister que par le concours et l'entier équilibre des trois pouvoirs ; mais si, en introduisant des lois organiques, on accorde plus de prépondérance à l'un d'eux, on porte un coup mortel à la constitution du pays. Est-ce donc au moment où l'un de ces pouvoirs, égaré par l'effervescence des passions, faussé par la licence de la presse, au moment où la couronne est dépossédée de toute influence légitime sur les électeurs, qui sont aujourd'hui maîtrisés par un pouvoir occulte, que l'on doit, par une nouvelle concession, créer 40,000 collèges électoraux, et appeler 2 millions de citoyens à la participation de droits politiques que la Charte ne leur a point accordés ? On favorise de tous les moyens le développement le plus formidable du pouvoir démocratique, et l'on ne fait rien pour accroître dans la même proportion l'autorité royale, que l'on va jusqu'à dépouiller du droit de nommer un grand nombre de ses agens ; ni les privilèges de l'aristocratie, c'est-à-dire de la pairie, qui ne tire plus sa force que du trône contre l'esprit d'égalité qui la mine et le morcellement des propriétés qui la tue. L'honorable membre montre, par d'autres considérations élevées, l'impossibilité d'admettre le nouveau système sans compromettre la sûreté du trône et des institutions qu'il a données, et vote contre le projet de loi.

Il est défendu par M. Al. Delaborde, qui lui succède. M. de Conny, examinant dans son esprit et ses résultats la loi en délibération, prouve qu'elle est antimonarchique, qu'elle renverse la Charte, et que si l'on étend de jour en jour le pouvoir électoral, on se prépare de nouvelles calamités.

M. Ch. Dupin, toujours fidèle à sa méthode, se sert de chiffres pour appuyer les amendemens de la commission, et demande que l'on statue de suite sur ce qui concerne Paris.

M. de Schonen cherche à réfuter tous les argumens des orateurs royalistes et du ministre de l'intérieur contre les propositions de la commission ; il prend avec chaleur la défense des électeurs, et voudroit qu'en abaissât même le cens à 200 fr., afin qu'ils fussent encore plus nombreux.

M. de Brigode soutient que la démocratie n'est plus à redouter aujourd'hui. L'état actuel des choses, et même le projet ministériel, lui semblent trop servir l'aristocratie, dont il ne veut point entendre parler.

La séance se termine par un discours de M. Viennet, interrompu continuellement à raison de ses violentes déclamations. Les défenseurs de la monarchie sont, selon lui, ses plus dangereux ennemis ; il plaisante sur leurs alarmes, et soutient que tout va bien. Si le vieux trône est tombé, c'est qu'il s'appuyoit sur des prestiges ; le trône constitutionnel ne se consolidera qu'en donnant la plus grande extension aux libertés publiques.

Voici le résultat du renouvellement des bureaux le 28 mars :

Présidens, MM. de Larede, de Lastours, Delaborde, Sébastiani, du Maralhach, Cassaignoles, Pougeard du Limbert, de Cambon, de la Bourdonnaye.

Secrétaires, MM. de Champvallins, de Panet, Béranger, Lamarque, Ricard, Thil, Jacqueminot, Lemercier, Arthur de la Bourdonnaye.

Commission des pétitions, MM. Dartigaux, Bastoulh, Kératry, Moyne, Gérard, Baillot, Dumeylet, Etienne, Calemard de la Fayette.

Quand les Jésuites furent bannis de France en 1762, il paroît qu'ils oublièrent dans leur collège de Lyon une modique somme de vingt millions. On ne dit pas si c'est en francs ou en livres tournois ; mais n'importe, la chose est toujours bonne à retrouver. Aussi plusieurs journaux annoncent-ils qu'une fouille extraordinaire vient d'être ordonnée à cet effet *par le gouvernement* ; et remarquez, s'il vous plaît, la malice de M. Roy. Il n'a pas voulu faire entrer cette ressource dans son budget des voies et moyens ; homme de peu de foi, il a commencé par se faire adjuger son monopole du tabac, comme si de rien n'étoit, et que la fouille du collège des Jésuites n'eût pas été là pour tranquilliser le fisc.

Comme la recherche dont il s'agit est de nature à exciter la curiosité publique, nous aurons soin de tenir nos lecteurs au courant de tout ce qui pourra s'y rapporter. Pour commencer, voici une lettre qu'on nous assure avoir été écrite, ces jours derniers, au secrétaire-général du comité-directeur de Paris, par son collègue du comité constitutionnel de Lyon (*) :

« Cher frère et ami,

» Vous connoissez l'importante recherche qui nous occupe. Il s'agit encore moins de *déterrer* les vingt millions que les anciens Jésuites avoient laissés à Lyon derrière eux, comme une espèce de poire pour la soif, que d'achever de confondre ces ogres de prêtres qui avoient entrepris d'avaler tout le royaume. Maintenant que l'éveil est donné sur cette découverte, il n'y a plus moyen de reculer ; il faut absolument que les vingt millions se retrouvent. Il y va de l'honneur de notre *comité constitutionnel*, et j'ose dire de celui de votre comité-directeur. Vous sentez bien qu'au point où la chose est arrivée, nous ne pouvons plus en avoir le démenti.

» Cependant je ne vous cache pas, cher frère et ami, que la fouille n'est rien moins que de l'argent comptant, et qu'elle pourroit bien ne pas répon-

---

(*) On sait que, dans la séance de la chambre des députés du 21 mars, l'honorable M. Marschall a reconnu que les *comités constitutionnels* étoient assez mûrs pour être produits au grand jour.

dre à nos espérances. Vous savez que les furets de la révolution n'étoient pas gens à laisser dormir les capitaux dont ils avoient vent. Ils en ont déterré bien d'autres, dont ils ne rendront compte que dans l'autre monde. Aussi je serois assez disposé à croire que le pécule des Jésuites ne leur a pas échappé. Or, comme le vin est tiré, vous sentez que le comité-directeur est obligé de le boire, sous peine de nous faire essuyer à tous la plus dure mystification.

» Nous espérons qu'il ne reculera pas devant le petit sacrifice que l'honneur lui impose, et qu'il nous enverra de quoi remplir l'engagement que nous avons pris de découvrir les vingt millions des révérends Pères; car vous comprenez bien que, pour les déterrer, il faut d'abord les enterrer. Cette comédie sera un peu chère, je l'avoue; mais le comité-directeur a les reins bons, et il le fera voir dans cette occasion, comme il l'a déjà prouvé dans beaucoup d'autres. Il est trop éclairé pour ne pas apercevoir, au premier coup-d'œil, la gloire qui lui en reviendra. Pensez donc que jamais les Jésuites ne se releveront d'un coup pareil, car entre nous, cher frère, nous les avons toujours écrasés d'accusations sans pouvoir administrer la preuve de rien; mais ici les voilà pris sur le fait, et coûte qui coûte, il faut absolument que notre fouille serve à les ensevelir.

» Remarquez bien, d'ailleurs, que parmi tous les griefs dont on s'est avisé contre eux, on n'avoit point songé à les représenter comme des imbécilles : or, c'est un point que nous allons ajouter aux autres, et pour vingt millions nous en aurons le plaisir; car je vous donne à penser ce qu'on dira d'eux quand on saura qu'ils ont passé quarante-cinq ans du plus dur exil, souvent sans pain et sans souliers, tandis qu'ils n'avoient qu'à frapper la terre du pied pour en faire sortir un immense trésor; et puis que dire de leur entêtement à se condamner encore aujourd'hui à la même misère et aux mêmes privations plutôt que de recourir à leur cachette de Lyon? Oui, je vous le répète, il y a là de quoi les noyer à tout jamais dans le ridicule.

» Si le comité-directeur avoit besoin d'encouragemens et d'illustres exemples, je lui citerois les riches seigneurs du royaume, qui brûlèrent leurs châteaux, il y a 40 ans, pour mettre sur le corps des patriotes quelque chose d'analogue à ce que nous nous proposons de mettre sur le corps des Jésuites; je lui citerois, d'après le témoignage du *Censeur européen*, de MM. Comte et Dunoyer, les princes français dirigeant eux-mêmes de Coblentz et de Pilnitz les coups destinés à briser leur trône, et à plonger leur royaume dans l'abîme de l'anarchie. J'ajouterois, cher frère, que ces choses-là portent bonheur, puisque M. Comte se trouve pourvu par M. de Vatimesnil d'une des premières chaires de l'Université, et M. Dunoyer présenté comme candidat au collège électoral de Pontoise.

» Il ne me reste qu'à vous avertir de prendre garde à un certain anachronisme que le comité-directeur pourroit commettre par inadvertance. Vous sentez que les vingt millions des Jésuites de Lyon doivent se retrouver en monnoie du siècle de Louis XIV et de Louis XV, et porter un millésime antérieur à 1762; moyennant cette précaution, nous pourrons faire du charlatanisme comme tel libraire qui, avec quelques chiffons autographes de la main de Buonaparte, fait les délices de vos badauds. Il est probable que nos vingt millions de monnoie ancienne ne produiront pas moins d'effet.

» Salut et fraternité,   DE FOUILLANCOUR. »

AU RÉDACTEUR.

Monsieur, on a déjà remarqué que les principes mis en avant par M. de La Mennais, en traitant des questions de théologie, donnent lieu de croire qu'il n'est pas très-versé dans cette science. Il n'est peut-être pas moins curieux de considérer la manière dont il emploie et applique l'Ecriture sainte.

Une des premières règles d'interprétation de l'Ecriture, est que les paroles de l'auteur sacré doivent s'expliquer par les antécédens et par les conséquens; qu'elles doivent être entendues comme elles l'ont toujours été par tous les interprètes, et qu'on ne peut les détourner de leur sens littéral et naturel, à moins d'y être autorisé par d'autres passages de l'Ecriture, ou par la tradition, ou par une raison évidente. Or il est facile de voir que M. de La Mennais ne s'assujettit pas à cette règle.

On sait comment, pour étayer son *Système du sens commun*, il a expliqué le célèbre passage où saint Paul dit que les Gentils portent écrite dans leurs cœurs la loi qui les jugera; *ostendunt opus legis scriptum in cordibus suis.* (Rom. c. II, v. 15.) Il a voulu faire croire que ces mots, *in cordibus suis*, devoient s'entendre non du cœur de chaque païen en particulier, mais du cœur moral de chaque nation païenne, sans se soucier ni de l'interprétation commune, ni des paroles qui précèdent et qui suivent, ni de tout ce qu'une pareille explication présente de ridicule. Dans le dernier ouvrage où M. de La Mennais renchérit sur toutes ses exagérations, je trouve trois textes employés d'une manière fort singulière.

Le premier est tiré de saint Matthieu, xx, 25; *principes gentium dominantur eorum; et qui majores sunt potestatem exercent in eos.* Il est clair, par ce qui précède, que le Sauveur, pour réprimer les désirs encore grossiers des fils de Zébédée, qui, comme les autres Juifs, attendoient du Messie une royauté temporelle, oppose ici l'autorité temporelle des princes séculiers qui aiment à dominer sur ceux qui leur sont soumis, à l'autorité spirituelle qu'il étoit venu seule exercer sur la terre, qu'il devoit seule laisser à ses ministres, et qui consiste, comme le dit Bossuet, à servir ceux que l'on doit régir. Saint Pierre fait allusion à ces paroles du Sauveur, lorsqu'il exhorte les pasteurs des âmes à éviter, dans leur gouvernement, l'esprit de domination; *pascite qui in vobis est gregem Dei, non ut dominantes.....* Tel est le sens que tous les interprètes ont donné à ce passage. M. de La Mennais, qui veut trouver dans l'Ecriture un appui à ses systèmes, suppose qu'il est ici question de l'autorité séculière, telle qu'elle existoit chez les païens, par opposition à cette même autorité, telle qu'elle doit exister chez les chrétiens. Il croit qu'on ne réfutera pas ses preuves; et il est vrai que l'on pourroit s'en dispenser.

L'apôtre saint Paul, voulant nous faire sentir la grandeur du bienfait de la rédemption, dit souvent que Jésus-Christ nous a délivrés de la servitude, qu'il nous a apporté la liberté des enfans de Dieu ; *Christus nos liberavit* (Gal. IV, 31)..... *in libertatem vocati estis* (Gal. V, 13).... *ubi spiritus Domini, ibi libertas.* (Cor. III, 17.) Ces expressions n'ont jamais été entendues des interprètes catholiques que d'une liberté toute spirituelle, c'est-à-dire de l'affranchissement de l'erreur et du péché, et il est impossible d'admettre un autre sens quand on lit les Epîtres où l'apôtre explique si bien cette délivrance de la servitude du péché ; *liberati a peccato.* (Rom. VI, 18 et 21.) M. de La Mennais a trouvé un autre sens ; il prétend qu'il s'agit là de la liberté civile et politique que Jésus-Christ est venu apporter à ses disciples, et du droit qu'ils ont de s'élever contre la puissance temporelle, et de la renverser quand ils la croient injuste. C'est une liberté dont n'avoient pas joui les premiers chrétiens auxquels pourtant les paroles de l'apôtre s'adressoient plus directement encore qu'à nous. C'est une liberté dont ne s'étoient pas douté les chrétiens des siècles suivans, qui apparemment n'étoient pas assez éclairés pour bien entendre ces passages. Ce n'est pas que M. de La Mennais soit le premier qui ait vu là autre chose qu'une liberté spirituelle ; Luther et Calvin alléguoient aussi ces textes, lorsqu'ils prêchoient leur fausse et séditieuse liberté.

Ces exemples ne montrent-ils pas que M. de La Mennais est aussi étranger aux règles d'interprétation de l'Écriture, qu'aux principes admis dans la théologie ? Que penser donc du mépris avec lequel il parle de la théologie telle qu'on l'enseigne aujourd'hui ? *Ce n'est plus*, dit-il, *qu'une scolastique mesquine et dégénérée.* Je demande si un ennemi de la religion pourroit qualifier d'une manière plus dure et plus insultante l'enseignement que les évêques, dans tout l'univers catholique, font donner dans leurs séminaires. Cette théologie ne comprend-elle pas toutes les vérités de la doctrine catholique ? et supposeroit-on que l'Eglise eût permis qu'on en retranchât une partie ? Si elle comprend et expose toute cette doctrine, comment oser dire qu'elle *n'est plus qu'une scolastique mesquine et dégénérée, qui ne donne aucune idée de l'ensemble de la religion ?* M. de La Mennais se croit appelé à tout réformer ; il a voulu refaire notre intelligence, il voudroit refaire nos sciences. Son avis seroit donc que l'on mît la théologie *en rapport avec tout ce qui peut être l'objet de la pensée de l'homme,* c'est-à-dire qu'on en fît une science universelle, une espèce d'encyclopédie. Ce seroit vraiment le moyen d'avoir des ecclésiastiques fort savans.

Le critique loue la méthode de saint Thomas, et la propose pour modèle. Ceux qui connoissent les ouvrages de ce saint docteur, et la théologie telle qu'on l'enseigne aujourd'hui, seroient tentés de juger par ce seul trait que le censeur ne connoît pas plus les écrits de saint Thomas que la théologie. Est-ce que la méthode employée par saint Thomas n'est pas la même qu'on suit aujourd'hui dans les écoles ? N'est-elle pas plutôt perfectionnée que dégénérée ? N'a-t-elle pas été dégagée de beaucoup de questions moins utiles, et appliquée à toutes celles que l'esprit de critique a fait naître dans ces derniers temps ? Il est vrai qu'on n'a pas encore jugé à propos de donner pour base à la science théologique les théories de M. de La Mennais, et c'est là le mal. Si on eût voulu adopter ces grands principes *hors desquels on ne peut qu'expirer dans le vide,* alors, il n'en faut pas douter, tout en conservant la méthode qui déplaît si fort au moderne doc-

teur, la théologie seroit une science admirable à tous égards ; mais en seroit-elle plus solide?

M. de La Mennais voudra donc bien permettre à ces pauvres professeurs
en théologie qui ont eu, ainsi que tant d'autres, le malheur d'encourir sa
disgrâce, de ne pas se laisser éblouir par l'éclat de son style et par le ton
solennel de ses décisions, de démêler les sophismes déguisés sous un pompeux appareil, et de ne pas trop s'effrayer de ses anathèmes. Il leur per-
mettra d'estimer encore et de conserver malgré ses mépris cet enseignement
qui a formé tant de prêtres habiles et éclairés, qui a donné à l'église de
France entr'autres tant de grands évêques, tant de savans docteurs, tant
d'esprits sages et judicieux; cet enseignement qui l'auroit peut-être préservé lui-même de tant d'écarts, s'il en eût mieux lui-même pris les
leçons.

J'ai l'honneur, etc.   D., un de vos abonnés.

M., 15 mars 1829.

L'Evangile médité et distribué pour tous les jours de l'année,
nouvelle édition (1).

Les anciennes éditions de l'*Evangile médité* étoient en 8 volumes; on a
cru qu'il seroit agréable aux ecclésiastiques et aux fidèles d'avoir cet ouvrage réduit à un moindre nombre de volumes, et fixé à un prix moins
élevé. Chaque volume de la nouvelle édition en fait deux des anciennes,
et cependant les volumes ne sont point d'une épaisseur incommode, ni
le caractère n'est désagréable à la vue. On nous paroît donc avoir résolu
heureusement un problème difficile, en facilitant le débit d'un ouvrage
si estimé. Nous reviendrons sur cette édition qui ne peut manquer d'être
accueillie par les âmes pieuses.

Nous remarquerons seulement ici que c'est la première fois que l'on
trouve dans le format in-12 les plans de conférences et d'homélies, disposés
par M. Romain, ancien supérieur des Missions-Étrangères. C'est une heureuse addition à l'ouvrage primitif, et un moyen de le rendre plus utile
encore aux ecclésiastiques. Ils trouveront dans les 80 plans de conférences
et d'homélies un précieux secours pour les instructions qu'ils ont à faire.

---

(1) Quatre vol. in-12, prix, 10 fr. et 15 fr. franc de port. A Paris, à la
librairie ecclésiastique d'Adrien Le Clere et compagnie, au bureau de ce
journal.

Le Gérant, ADRIEN LE CLERE.

Discussion au parlement d'Angleterre sur l'émancipation.

M. Peel présenta le 12 mars à la chambre des communes, comme il l'avoit annoncé, le bill en faveur des catholiques anglais. Ce bill est rédigé sur les mêmes bases que le ministre avoit posées dans sa proposition antérieure au parlement. On a fait cependant une modification au serment ; la première clause conçue en ces termes : *Je déclare que je professe la religion catholique*, a été retranchée. On a voulu, dit-on, éviter par là tout ce qui pouvoit perpétuer une distinction qui est cependant aussi naturelle que notoire. Les catholiques pourront siéger ou voter dans les deux chambres après avoir prêté le serment, ils pourront voter aux élections, et être élus eux-mêmes. Ils peuvent exercer tous les emplois civils et militaires en prêtant le serment, mais ils ne pourront être régent du royaume, ni lord chancelier, ni lord lieutenant d'Irlande. Ils pourront être membres de toute espèce de corporations, excepté des universités. Ils ne prêteront aucun autre serment que celui qui est joint au bill. Des catholiques qui prendroient un titre d'évêché appartenant à l'église établie paieront 100 liv. st. d'amende.

Cette dernière clause a paru singulière, ou tout au moins inutile. Qu'importe, au fond, aux évêques anglicans qu'il y ait un archevêque catholique d'Armagh, de Dublin, etc.? Les évêques anglicans n'en jouissent pas moins et de leurs grandes églises et de leurs gros revenus ; on ne les confond point avec les prélats catholiques. Les titres que prennent ces derniers ne troublent point la possession des autres. Un pauvre évêque catholique ne doit point porter d'ombrage à un riche prélat protestant. Depuis si long-temps qu'il y a des évêques catholiques en Irlande à côté des évêques protestans, quel inconvénient en est-il résulté? Les évêques catholiques ont pour eux la prescription. Les obligera-t-on à changer leurs titres anciens, les titres dont ils jouissent depuis la fondation de l'église d'Irlande, les titres qu'ils avoient

avant l'introduction du protestantisme? Ce seroit un bouleversement dans la hiérarchie. Cette clause du bill pourroit
donc être une source de vexations, elle renouvelle la théorie des amendes qu'on espéroit voir cesser, et qui est en contradiction avec la lettre, et plus encore avec l'esprit du bill.

Nous ne voyons point toutefois que, dans le parlement,
on ait réclamé contre cette clause, et nous nous en éton-
nons. Il auroit eté digne des partisans sincères de la liberté religieuse qui siègent dans la chambre des communes
de combattre une disposition qui pourroit atténuer en Irlande les heureux effets du bill. En Angleterre, les évêques
catholiques n'ont que des titres d'évêchés *in partibus;* mais
en Irlande, ils ont conservé l'ordre de succession, et il est
bien tard pour les troubler dans une possession si ancienne
et si légitime.

Quelques personnes ont été étonnées, peut-être même scan-
dalisées de la formule de serment; elles ont cru voir dans cette
formule des clauses choquantes, et qui pouvoient répugner
à des consciences délicates. Il est bon de leur faire remarquer que cette formule est à peu près la même qui avoit
déjà été prescrite en 1778 et en 1791. Lorsque cette formule
fut proposée pour la première fois, les catholiques consultèrent des théologiens étrangers. Ceux d'Irlande s'adressè-
rent dès 1775 à la faculté de théologie de Paris; il y eut
deux réponses différentes de docteurs français, mais ils
s'accordoient à dire qu'on pouvoit prêter le serment projet-
jeté. Le serment prescrit en 1778 contenoit une renoncia-
tion à toute obéissance envers le prétendant; mais cette
clause fut omise dans le serment de 1791, le prétendant
étant mort peu de temps auparavant. Les catholiques consultèrent en 1789 six universités du continent, savoir, celles
de Louvain, de Douai, de Paris, d'Alcala, de Valladolid et
de Salamanque. Leurs réponses se trouvent à la fin du premier volume des *Mémoires historiques* de M. Butler *sur les
catholiques anglais.* Elles portoient que les catholiques pouvoient reconnoître que le pape n'a aucun pouvoir civil en
Angleterre, qu'il ne peut dispenser de l'obéissance due au
roi, et qu'on est obligé de tenir la foi aux hérétiques. Le
nouveau serment proposé par M. Peel a beaucoup de rapports avec celui de 1791; seulement on en a retranché deux
clauses, l'une où on rejetoit et détestoit la doctrine qu'il est

permis de tuer les hérétiques et les infidèles, l'autre qu'on n'est point obligé de tenir sa parole aux infidèles ou hérétiques. Les préventions des protestans n'étant plus les mêmes, on a jugé inutile de faire désavouer des doctrines qui ne sont point celles des catholiques. Seulement dans le nouveau serment, il a été ajouté une clause par laquelle on abjure toute intention de renverser l'église établie, et on promet de ne point troubler ou affoiblir la religion protestante ou le gouvernement protestant dans le royaume. Le reste du serment est absolument le même. La substance de ce serment est conforme à la déclaration des évêques d'Irlande en 1826, insérée dans notre n° 1216, tome XLVII; et à celle des évêques d'Angleterre mentionnée n° 1233.

La première lecture du bill a passé sans opposition dans la séance du 12 mars. Seulement il y a eu presque tous les jours, dans l'une et l'autre chambres, des discussions relativement à des pétitions pour et contre les catholiques. Chaque fois, les adversaires du bill ne manquoient pas de profiter de ces occasions pour attaquer les concessions projetées, qu'ils présentoient comme une innovation dangereuse. On alloit, disoient-ils, ébranler l'église établie, le papisme alloit renaître, le protestantisme étoit menacé, la constitution anglaise étoit en danger. Lord Wellington et les autres ministres ont répondu à ces plaintes, et cherché à dissiper ces terreurs réelles ou affectées. Le premier a très-bien répliqué à lord Eldon, un des plus violens adversaires de la mesure.

La seconde lecture du bill dans la chambre des communes a eu lieu le 17, et a donné lieu à de vives discussions. Plusieurs orateurs ont parlé pour et contre. La discussion a continué le 18; on a surtout remarqué le discours de sir Charles Wetherell, avocat-général et membre du cabinet. Il a attaqué le bill avec une extrême chaleur, et n'a pas épargné M. Peel. Celui-ci s'est étonné de cette sortie si peu attendue de la part d'un homme attaché à l'administration. Il a répondu à ses allégations, a tracé un nouveau tableau de l'Irlande, et a montré la nécessité d'une mesure de conciliation. Son discours a fini à plus de 3 heures du matin; la chambre s'étant divisée immédiatement, le résultat à donné 353 voix pour le bill, et 173 contre; la majorité étoit donc de 180. Le 23, la discussion a recommencé sur le bill. M. Bankes et M. Moore ont demandé que les catholiques fussent exclus du parlement ; M. Peel leur a répondu, et l'amendement a été rejeté par 207 voix contre 84. D'autres amendemens de sir J. Inglis et de M. Estcourt ont été écartés par une majorité plus forte encore. La clause qui exclut M. O'Connell, à moins qu'il ne soit élu une seconde fois, a passé ; deux membres de la chambre ont déclaré, en son nom, qu'il ne vouloit point mettre d'obstacle à l'adoption du bill. Sur la motion de M. Peel, on ajoutera à la déclaration la formule ordinaire du serment : *Ainsi Dieu me soit en aide...*

Le 24, les amendemens proposés par les adversaires du bill ont été repoussés à une grande majorité. Le marquis de Chandos vouloit qu'on exclût les catholiques de la place de premier ministre ; rejeté par 218 voix contre 98. Sir Édouard Knatchbull demandoit qu'ils n'entrassent pas au conseil privé, ce qui a été repoussé à l'unanimité. Un autre, M. Dundas, proposoit de ne point étendre les avantages du bill aux catholiques d'Écosse ; il n'y a eu que 45 voix pour sa motion et 158 contre. Les articles relatifs aux Jésuites et aux autres religieux ont passé sans changement, quoique plusieurs membres les aient combattus. Les uns ont dit que ces articles contrastoient avec des institutions libres, les autres que les dangers qu'on craignoit des Jésuites étoient imaginaires. Tel a été, entr'autres, l'avis de M. Rice. Lord Stanley, qui est du comté de Lancastre, vouloit qu'au moins on rendît témoignage à la bonne conduite des Jésuites qui ont leur établissement dans ce comté, à Stonyhurst. Quelques membres pensoient qu'on devroit laisser au gouvernement la faculté d'accorder aux religieux étrangers d'y résider pour un temps limité. La 16ᵉ clause, qui interdit aux prélats catholiques de prendre les mêmes titres que les évêques anglicans, a été adoptée. M. Peel en a fait ajouter une autre, portant que nul catholique engagé dans les ordres sacrés ne pourra être élu membre du parlement, et que celui qui recevroit les ordres après son élection perdroit le droit de siéger.

Le vendredi 27, le rapport du comité général sur le bill amena quelque discussion. Il fut question principalement des Jésuites, et il est assez curieux de voir en quels termes plusieurs membres parlèrent de ces religieux. La justice que leur rendirent de sages protestans est un témoignage qui n'est pas suspect. Sir R. Vivyan parla longuement sur les dangers de laisser les Jésuites se recruter; il cita les *Monita secreta* comme un recueil authentique, et répéta les accusations qu'il avoit lues sans doute dans quelques journaux et pamphlets d'outremer. M. Lewis lui répondit; il est persuadé qu'il entre beaucoup de préjugés dans ce qu'on dit des Jésuites. Il rappelle à cette occasion que, pendant qu'il étoit membre de la commission pour l'état de l'éducation en Irlande, on fit venir le Père Kenny, supérieur des Jésuites d'Irlande, et on l'interrogea pendant trois jours sur ce qui regardoit son corps et l'enseignement. Le Père Kenny répondit à tout avec franchise, et un membre de la commission, M. Foster, qu'on savoit être peu favorable aux catholiques, avoua qu'il avoit été content de la sincérité et de la loyauté du supérieur. Le Père Kenny, entr'autres, s'expliqua très-bien sur les *Monita secreta*, fit l'histoire de ce libelle, et déclara que c'étoit un recueil calomnieux et apocryphe. On lui présenta les règles et les constitutions de la société, et il reconnut qu'elles étoient exactes, et que tout s'y trouvoit.

Tel fut le récit de M. Lewis; M. Foster, qui étoit présent, et qui est aussi membre de la chambre, le confirma. Il croit que les *Monita secreta* ne méritent aucune confiance. Il est convaincu que les Jésuites sont des hommes consciencieux et zélés; ils travaillent aux missions, ils s'occupent de conversions. Je loue, dit M. Foster, leur conduite sous ce rapport; elle est conséquente de leur part : mais comme protestant, je la crains pour mon pays, et je crois qu'on devroit les empêcher de se répandre. M. Hume a dit qu'aucun corps n'avoit rendu plus de services que les Jésuites, et M. Munck qu'aucun ordre n'avoit produit autant d'hommes distingués. M. Peel s'est opposé à l'amendement de sir R. Vivyan, qui vouloit qu'on exclût sur-le-champ les Jésuites de l'enseignement; ce seroit contraire à la bonne foi, dit-il. Ils ont profité du bénéfice des lois existantes; tout ce qu'on peut faire, c'est d'empêcher leur nombre d'augmenter. M. Peel a ensuite proposé un article qui accorderoit au gouvernement la faculté d'autoriser les Jésuites et religieux qui viendroient en Angleterre pour des motifs valables, à y rester six mois.

Tous les amendemens ont été rejetés, et la chambre a ordonné, à une majorité de 233 voix contre 106, que le bill avec les amendemens proposés par le ministre seroit transcrit, selon l'usage. Il fut décidé que la proposition de la troisième lecture seroit faite le lundi 30. Elle a eu lieu en effet ce jour-là. Les opposans ont fait un dernier effort. Le marquis de Chandos a demandé que la troisième lecture n'eût lieu que dans six mois, ce qui a été rejeté par 320 voix contre 142. Un autre amendement, qui consistoit à défendre à tout catholique membre d'une corporation de voter sur des fonds affectés à des œuvres de charité, a été écarté par 233 voix contre 17. Les débats n'ont fini qu'à quatre heures du matin, et M. Peel a terminé la discussion avec le même talent qu'il l'avoit commencée; aussi a-t-il été à la fin couvert d'applaudissemens.

Le bill pour la franchise élective a éprouvé encore moins de difficultés dans la chambre des communes. On sait que ce bill supprime les électeurs à 40 shellings, et porte le cens à 10 livres sterling. Plusieurs amendemens ont été écartés à une forte majorité. M. Moore, député protestant de Dublin, vouloit qu'on fît une exception pour les francs-tenanciers protestans, et qu'on élevât le cens des catholiques à 20 l. st. pour écarter la population inférieure. M. Peel a fait sentir combien ces calculs étoient impolitiques; l'amendement de M. Moore a été rejeté à une majorité de 96 voix. Les autres clauses du bill ont été adoptées sans division, et la troisième lecture a eu lieu le même jour que celle du bill principal : il a passé sans difficulté. Les Irlandais sont très-mécontens de cette élévation du cens, qui affoiblira l'influence des catholiques ; mais le ministère a cru que cette mesure étoit très-politique dans les circonstances actuelles, et après l'exemple des derniers troubles, où on a vu combien il étoit facile d'exalter le peuple et de le faire voter au gré de ceux qui le dirigeoient.

NOUVELLES ECCLÉSIASTIQUES.

Paris. Notre journal étoit imprimé et distribué samedi matin, quand on a appris par le télégraphe la nouvelle de l'élection du pape. Cette nouvelle est arrivée avec une etonnante célérité, puisque l'élection a eu lieu le mardi matin, 31 mars, et qu'on l'a apprise à Paris le samedi 4, avant midi. Les voix des cardinaux se sont réunies sur le cardinal François-Xavier Castiglioni, évêque de Frascati et grand-pénitencier. Ce cardinal est né à Cingoli, dans l'Etat de l'Eglise, le 20 novembre 1761. Il fut fait en 1800 évêque de Monte-Alto, petite ville de la marche d'Ancône. Le 8 mars 1816, Pie VII lui donna le chapeau, et le fit évêque de Césène. Le 13 août 1821, le cardinal Castiglioni passa dans l'ordre des évêques, et devint évêque de Frascati, un des évêchés suburbicaires. Il étoit en dernier lieu grand-pénitencier, et préfet de la congrégation de l'*Index*. Comme grand-pénitencier, il assista à la mort Pie VII et Léon XII. Il est d'usage que le grand-pénitencier aille, pendant la semaine sainte, entendre les confessions des fidèles dans les 3 basiliques patriarcales. Le cardinal Castiglioni avoit eu des voix dans le précédent conclave. Ce fut lui qui, en dernier lieu, eut à répondre, comme chef d'ordre, aux discours des ambassadeurs d'Autriche et de France. Ses réponses sont pleines de sagesse comme de dignité. Dans celle au comte de Lutzow, S. Em. louoit le vif intérêt que montroit l'empereur d'Autriche pour la splendeur de l'Eglise, et ses soins pour la conservation et la prospérité de la religion dans ses Etats. La réponse à M. de Châteaubriand est plus remarquable encore, et acquiert un nouvel intérêt par l'élévation de son auteur sur le saint Siège. Il est curieux de voir en quels termes le pontife futur s'exprimoit peu de jours avant l'élection sur les circonstances où se trouve l'Eglise, sur la meilleure politique à suivre et sur les qualités du pape qui alloit être élu :

« Le sacré Collège étoit bien persuadé que la perte douloureuse de Léon XII seroit extrêmement sensible au cœur du fils aîné de l'Eglise, de l'auguste Charles X, roi très-chrétien, tant à cause des excellentes vertus de ce pontife que de la tendre affection qu'il avoit pour S. M. ; mais si nous trouvons dans son amère douleur la preuve éclatante d'une ame souverainement religieuse, nous y trouvons aussi, pour notre consolation commune, une nouvelle assurance d'avoir toujours dans S. M. un soutien dans les besoins de l'Eglise, et un défenseur de cette foi qui, depuis les premiers siècles, a si fort brillé dans le florissant royaume de France; nous en avons pour gage l'empressement qu'elle met à la prompte et libre élection du chef suprême de l'Eglise, attestant admirablement par là que les intérêts de la religion catholique, vraie et solide base des empires, sont la plus chère de ses pensées parmi ses immenses soins, *comme tous les sages y applaudissent* (1), et comme en sont un précieux témoignage les lettres royales que vient de présenter V. Exc., lettres pleines des sentimens les plus religieux, dignes d'un fils et d'un héritier du trône de saint Louis.

» Le sacré Collège connoît la difficulté des temps auxquels le Seigneur nous a réservés. Toutefois, plein de confiance dans la main toute-puissante du divin auteur de la foi, il espère que Dieu mettra une digue au désir effréné de se soustraire à toute autorité, et que, par un rayon de sa sagesse, il éclairera les esprits de ceux qui se flattent d'obtenir le respect pour les lois humaines indépendamment de la puissance divine.

» Tout ordre de société et de puissance législative venant de Dieu, la seule véritable foi chrétienne peut rendre sacrée l'obéissance, parce que seule elle consolide le trône des lois dans le cœur des hommes, motif solide auquel la sagesse humaine s'efforce en vain de substituer d'autres motifs, ou trop foibles, ou propres à produire des chocs.

» Le sacré Collège, pénétré de l'importance de l'élection qui intéresse la grande famille de toutes les nations réunies dans l'unité de la foi et dans l'indispensable communion avec le centre de cette même unité, adresse les prières les plus ferventes au Saint-Esprit, de concert avec tant de fervens et édifians catholiques de la France, pour obtenir un chef qui, revêtu de la suprême puissance, dirige heureusement le cours de la barque mystique.

» Confiant dans les paroles de N. S. Jésus-Christ, qui nous a promis d'être avec son Eglise non-seulement aujourd'hui et demain, mais jusqu'au dernier des jours, le conclave espère que Dieu accordera à cette Eglise un pontife saint et éclairé, lequel, avec la prudence du serpent et la simplicité de la colombe, gouvernera le peuple de Dieu, et qui, plein de son esprit, et à l'exemple du pontife défunt, réglera sa conduite selon la politique de l'Evangile, laquelle se tire de la source divine des saintes Ecritures et de la vénérable tradition, et qui est la seule véritable école d'un bon gouvernement; politique par conséquent aussi élevée au-dessus de toute politique humaine, que le ciel l'est au-dessus de la terre.

» Ce pontife, donné par Dieu, sera certainement le père commun des fidèles; sans acception des personnes, son cœur, animé de la plus vaste charité, s'ouvrira à tous ses enfans; émule de ses prédécesseurs les plus illustres, il veillera à la défense du dépôt qui lui sera confié; du haut de son siège, il montrera aux admirateurs étrangers de la gloire ancienne et nouvelle de Rome, outre un grand nombre d'autres monumens, le Vatican et le vénérable institut de la Propagande, pour démentir celui qui accuseroit Rome d'être l'ennemie des lumières et des arts... »

---

(1) Les journaux qui ont donné ce discours avant nous, et qui en offroient, disoient-ils, la traduction *littérale*, ont totalement défiguré cet endroit, et au lieu de *comme tous les sages y applaudissent*, ils font dire au cardinal, *comme le prouvent tous ses actes confirmés par les applaudissemens universels*. Or le texte italien ne contient pas un mot de cela; il n'y est point parlé *d'actes*, et encore moins de *tous les actes*. Il y est dit seulement, *siccome tutti i saggi glie ne fanno plauso*, ce qui fait un sens fort différent. Cependant tous les journaux ont copié cette traduction fautive, où il y avoit peut-être quelque intention.

Ce langage à la fois pieux, digne et sage, indique assez l'esprit qui anime le nouveau pontife et les vues qui le dirigeront. Le cardinal Castiglioni a pris le nom de Pie VIII, conformément à l'usage suivi par un grand nombre de papes de prendre le nom du pontife auquel ils devoient le chapeau.

— Une dépêche télégraphique, transmise de Lyon le 5 avril, annonce que le pape Pie VIII a choisi pour secrétaire d'Etat le cardinal Albani. Joseph Albani, de l'illustre famille de ce nom, qui a donné à l'Eglise un vertueux et zélé pontife (Clément XI) et plusieurs cardinaux, est né à Rome le 13 septembre 1750; il fut d'abord clerc de la chambre, président des monnoies, puis auditeur-général de la chambre. Créé cardinal par Pie VII le 23 février 1801, il est le premier de l'ordre des diacres. Il fut forcé comme les autres de venir à Paris en 1809. Il étoit en dernier lieu secrétaire des brefs et légat de Bologne. Ce cardinal, qui avoit été autrefois nonce à Vienne, avoit eu le secret de la cour impériale dans les deux derniers conclaves, et le comte de Lutzow, ambassadeur d'Autriche, l'avoit annoncé formellement dans son discours au conclave, le 9 mars, comme l'organe des intentions de l'empereur. Son âge paroîtra peut-être un peu avancé pour les fonctions qu'il va remplir; M. le cardinal della Somaglia avoit le même âge lorsqu'il fut nommé secrétaire d'Etat en 1823 par le feu pape.

— Le samedi 4, au soir, les cloches de toutes les églises paroissiales de la capitale annoncèrent l'érection et l'exaltation du souverain pontife Pie VIII. Elles sonnèrent encore le dimanche matin, et après la grand'messe, un *Te Deum* solennel fut chanté dans toutes les églises, en action de grâces de cet heureux évènement.

— M. Roch-Etienne de Vichy, évêque d'Autun, est mort à Paris le vendredi 3 avril. Le prélat étoit né le 7 juillet 1753 à Paulhaguet, diocèse du Puy. Il étoit, avant la révolution, grand-vicaire d'Evreux, abbé commendataire de Saint-Ferme, abbaye de l'ordre de St-Benoît au diocèse de Bazas, et aumônier de la reine. En 1814, il fut nommé aumônier de MADAME, duchesse d'Angoulême. Nommé à l'évêché de Soissons en 1817, et institué pour ce siège dans le consistoire du 1er octobre, il ne prit pas néanmoins possession de ce siège, à cause des difficultés qui survinrent pour l'exécution du concordat. Le roi le nomma à l'évêché d'Autun en 1819, et il fut sacré à Paris le 28 octobre de cette année. Depuis il avoit été fait pair de France et conseiller d'Etat. Il étoit venu à Paris pour assister à la session, lorsqu'il est tombé peu à peu dans un état d'affoiblissement qui l'a enlevé la semaine dernière. M. de Vichy laissera de vifs regrets dans un diocèse où il s'étoit concilié l'estime et l'attachement par sa piété, par sa sagesse et par son esprit de douceur et de conciliation.

— Nous regrettons d'avoir été prévenu trop tard vendredi dernier, et de n'avoir pu annoncer la quête pour les pauvres religieuses, qui a eu lieu hier mardi. M. l'archevêque de Bordeaux a prononcé le discours, et Mgr le nonce a donné le salut. La quête a été faite par mesdames de Gourgues, de Chamoy et de Saint-Didier. Les personnes qui voudroient prendre part à la bonne œuvre sont priées d'envoyer leurs dons à mesdames les quêteuses ou à madame de Grosbois, rue du Bac. Il existe à Paris plus de 200 religieuses âgées, pauvres et infirmes; leur situation est faite pour toucher les ames pieuses et les cœurs humains.

— La ville de Belley vient de perdre son curé, M. Guillaumot, qui gouvernoit cette paroisse depuis 1811. M. Guillaumot étoit du diocèse de St-Claude, et fut d'abord vicaire à Charcillat, puis à Gigny, où il se distingua par sa piété, son activité et son zèle. Pendant la persécution, il prit quelque temps de l'emploi dans une administration civile; mais à peine la religion recouvra-t-elle un peu de liberté, qu'il se joignit aux missionnaires, qui s'efforçoient de ranimer la foi sur les frontières du Jura et de l'Ain, où l'impiété avoit fait plus de ravages. Les grands-vicaires de Lyon le nommèrent curé de Verjon, puis de Belley. M. Guillaumot s'acquitta des devoirs pastoraux avec une fidélité rare; des prédications fréquentes, les exercices de piété, les associations de dévotion, le tribunal de la pénitence, l'occupoient presque continuellement. Il forma et soutint l'établissement des Sœurs de Saint-Joseph pour l'éducation des filles pauvres, et prenoit un vif intérêt aux écoles des Frères. Il descendoit dans les plus petits détails pour les pauvres, les visitoit souvent, et joignoit les conseils de la sagesse aux secours de la charité. Il a laissé un legs pour entretenir un petit hospice qu'il avoit fondé pour des vieillards dans la maison de Saint-Joseph, à Belley. Une fièvre catharrale l'a enlevé le 25 janvier dernier à son troupeau. Au premier bruit du danger, on fit une neuvaine dans sa paroisse, et les fidèles se portèrent en grand nombre à l'église. Le 24, le malade demanda et reçut les sacremens avec des marques d'une vive piété. Ses obsèques ont prouvé à quel point il étoit aimé. M. l'évêque, le chapitre, le clergé de la ville, le petit séminaire, les autorités l'accompagnèrent jusqu'à sa dernière demeure. On lisoit sur la figure des assistans la douleur dont ils étoient pénétrés. Le diocèse de Belley vient d'éprouver coup sur coup de grandes pertes; quatre curés de chefs-lieux d'arrondissement, des curés de canton et d'autres laborieux ecclésiastiques ont été enlevés en peu de temps.

NOUVELLES POLITIQUES.

PARIS. Vous ne devineriez jamais pourquoi les crimes se multiplient de tous côtés, au point d'effrayer la *Gazette des tribunaux* elle-même, qui, en général, n'est pourtant pas très-facile à émouvoir sur ces choses-là. Vous commenceriez, peut-être, par imaginer que le mal provient de l'extrême dissolution des mœurs du peuple : ce n'est pas cela. Vous diriez que le mépris et l'oubli des devoirs religieux doivent entrer pour beaucoup dans l'excès de perversité dont on se plaint : ce n'est pas cela. Vous attribueriez tout ou partie de cette corruption aux mauvaises leçons et aux tristes exemples que l'impiété révolutionnaire s'efforce de substituer aux règles de la morale et aux salutaires influences de la religion : ce n'est pas cela. Tous les désordres auxquels la France est en proie proviennent de ce que l'enseignement mutuel est négligé. La *Gazette des tribunaux* ne connoît point d'autre source de mal. On lui apprend qu'une femme a empoisonné son mari, qu'un fils a tué sa mère, que le crime de Papavoine se renouvelle contre de jeunes enfans : elle ne sait indiquer qu'un remède à ces horribles frénésies; c'est l'enseignement mutuel; et il ne paroît pas lui venir à la pensée que l'enseignement religieux puisse entrer pour quelque chose dans la grande amélioration qui l'occupe.

— Il est bien reconnu aujourd'hui qu'il n'y a pas de comité-directeur; on vient encore d'en avoir la preuve récente. Le général Clausel vient d'être élu député à Réthel où personne ne le connoît. Il avoit échoué l'année dernière à Castelnaudary, et l'on conçoit encore qu'il eût quelque chance de succès dans un pays voisin du sien, le général étant né à Mirepoix; mais qu'il ait été nommé à Réthel, à 250 lieues de son pays, dans une petite ville où il n'étoit jamais allé, ce ne peut être que l'influence d'un parti. Le général Clausel avoit d'ailleurs des titres incontestables à la marque d'estime et de confiance qu'il reçoit. Il est neveu d'un conventionnel qui avoit voté la mort du roi. On connoît ses services pendant les cent jours. Il força la fille de Louis XVI à quitter Bordeaux. Le 12 juillet, il fit encore relever le drapeau tricolore, et crioit, dit-on, à ses grenadiers de tuer sans plus de façon celui qui oseroit crier *vive le Roi* ! Il fut compris dans l'ordonnance du 24 juillet, et condamné à mort par contumace le 11 septembre 1816. Il s'étoit retiré aux États-Unis, et publia un *Exposé de sa conduite*. On conçoit aisément que des électeurs royalistes s'empressent d'appeler un tel homme à la défense d'une dynastie et d'un trône auxquels il a donné tant de gages de son dévoûment.

— Une succursale fut dernièrement érigée en cure dans le diocèse de Paris; ce petit évènement a suffi pour remuer toutes les cervelles révolutionnaires qui en ont eu connoissance. Le *Constitutionnel*, entr'autres, a paru croire que le parti libéral étoit encore menacé de mort par le *parti-prêtre*. Voyez donc un peu, un desservant changé en curé! Voilà un de ces avancemens qui doivent faire trembler tous les gardiens de l'ordre légal; car cela est bien autrement grave qu'un séïde des cent jours changé en député; et vraiment M. de Montlosier a eu bien raison de publier un livre *sur les progrès de la puissance ecclésiastique,* plutôt que sur les progrès de la puissance révolutionnaire.

— J. B. Cavaignac, ancien conventionnel, est mort le 24 mars à Bruxelles où il étoit retiré. Il étoit député du Lot à la Convention, et y vota la mort du roi, tout en parlant de sa sensibilité. On assure aussi qu'il se montra très-peu humain dans ses missions à Auch; il secondoit l'apostolat philosophique du représentant Dartigoyte, en faisant la guerre aux saints et aux prêtres. Dans le département des Landes, il fit arrêter quatre-vingts nobles; voyez dans *les Missionnaires de 1793*, de Fabry, des détails sur les exploits révolutionnaires de Cavaignac. Dénoncé après le 9 thermidor, il sut néanmoins échapper à la réaction, Il sortit du conseil des 500 en 1797, obtint divers emplois, alla à Naples en 1806, et y fut en faveur auprès de Murat; fut nommé préfet de la Somme pendant les cents jours, et obligé de sortir de France en 1816, à cause de la loi sur les régicides.

— Ce n'est qu'à une majorité de 368 contre 328 voix que M. l'avocat Thomas l'a emporté, à Marseille, sur le candidat porté par les électeurs attachés à la monarchie et à la religion. On assure que les agens du comité-directeur ont employé jusqu'à la violence pour influencer l'élection : une troupe de jeunes libéraux bordoient toutes les issues du lieu de la réunion, et contraignoient les électeurs à donner leurs voix au candidat libéral; on alloit aussi à la rencontre de ceux qui venoient des villages voisins, et on les intimidoit même par des menaces. Le soir, on célébra le triomphe du parti par des illuminations et des sérénades.

— M. le duc de Bourbon, prince de Condé, a fait remettre, 1° 1000 fr. à M. le curé de Sainte-Valère, pour les pauvres de sa paroisse; 2° 400 fr. pour les incendiés du bazar; 3° 400 fr. pour les incendiés de Breteuil et de Montigny (Oise); 4° 400 fr. pour les incendiés de Quesnel (Somme); 5° 200 fr. pour les incendiés de Sissonne (Aisne).

— Par ordonnance du 2 avril, les collèges électoraux de Pontoise, Hazebrouck et Narbonne sont convoqués pour le 14 mai, à l'effet d'élire chacun un député en remplacement de MM. Al. de Lameth, décédé, Labasecque et Sernin, démissionnaires.

— M. le comte de Saint-Aulaire est nommé président du collège de Verdun, qui va procéder à son remplacement.

— M. le marquis d'Herbouville, pair de France, est mort ces jours derniers.

— M. le ministre de la marine a donné 200 fr. pour les incendiés du ba-zar, et MM. les préfets de la Seine et de police chacun 100 fr.

— Le ministre de l'intérieur a adressé dernièrement au nom de S. M., à M. le préfet de l'Oise, une très-belle médaille d'or, portant d'un côté le portrait du Roi, et de l'autre cette inscription : *A l'abbé de Mony, desser-vant de la commune de la Berlière (Oise), pour avoir sauvé, en expo-sant ses jours, une femme près de périr dans l'incendie du 4 au 5 jan-vier 1829.* M. le sous-préfet de Compiègne ayant réuni les curés, juges de paix, maires, adjoints et conseillers municipaux, vient de faire la remise de cette médaille avec toute la solennité que comportoit la circonstance.

— Quelques journaux ont parlé de l'incendie qui a éclaté à Sichem, mais on a omis de rendre compte de la conduite courageuse de M. le curé de cet endroit. Ayant appris qu'un homme accablé de la goutte se trouvoit en grand danger, il court au logis de ce malheureux, s'élance dans la maison au grand étonnement des assistans, charge sur ses épaules cet homme à demi mort, et à peine étoit-il sorti de la maison, qu'elle s'écroule.

— Sur la proposition du ministre de l'intérieur, une ordonnance royale a nommé membres du conseil municipal de Nancy, MM. Simonin, méde-cin ; Lippmann, président du consistoire israélite ; le général Drouot, et le comte de Ludre.

— Un journal annonce qu'il va être érigé, dans le royaume des Pays-Bas, une direction particulière pour le culte catholique, et que ces fonctions délicates seront confiées au comte de Celles, ambassadeur à Rome.

— Le marquis de Campuzano, ambassadeur d'Espagne auprès de don Miguel, a quitté Madrid le 16 mars pour se rendre à son poste.

— Le roi d'Espagne vient de nommer M. de Calomarde ministre des af-faires étrangères.

— Le président de la Grèce a divisé la république en 13 départemens ; la Morée en contient 7, et les îles 6.

CHAMBRE DES PAIRS.

Le 4, la chambre a d'abord vérifié les titres de M. le comte de Saint-Aulaire (qui étoit député) et de M. le duc de Périgord, devenus pairs par hérédité.

Elle a entendu les rapports de plusieurs commissions spéciales ; savoir, par M. le marquis de Malleville, sur le projet de loi de la pêche fluviale, et par MM. le comte Abrial et les ducs de Crillon et de Praslin sur des lois d'intérêts locaux.

Divers rapports, qui ont été faits au nom du comité des pétitions, par MM. les comtes Molé, de Juigné, de Rougé et le baron Mounier, sur 21 pé-titions de différens départemens, relatives aux droits qui pèsent sur les vins et les vignobles, ont donné lieu à une discussion dans laquelle ont été entendus le marquis de Lally, le comte Chaptal et le duc Decazes.

On assure que, conformément aux conclusions pressantes des quatre rapporteurs et des trois autres orateurs, ces pétitions ont été renvoyées aux ministres des finances, de l'intérieur, du commerce et des affaires étrangères, et que M. Roy a annoncé que le gouvernement, ayant égard à tant de doléances, il seroit présenté à la chambre des députés, après la discussion de la loi départementale, un projet de loi concernant les droits sur les boissons.

Le ministre de la guerre et MM. le marquis de Mirepoix, les comtes de Chastellux et d'Ambrugeac ont été ensuite entendus sur une pétition relative à la répartition du contingent d'hommes à fournir par le département de la Seine, qui se fait sur le nombre effectif des habitans, tandis que le tiers de la population est variable et étrangère.

Le ministre de la guerre a, dit-on, répondu aux orateurs qui appuyoient cette réclamation, que le conseil d'Etat s'occupoit en ce moment de cette question, et qu'on y cherchoit les moyens de soulager Paris du fardeau d'un contingent militaire exagéré.

On ajoute que le renvoi au ministre de la marine a été ensuite prononcé pour une pétition de quarante hommes de couleur et de négocians des colonies, demandant que les noirs jouissent des mêmes droits que les blancs leurs concitoyens.

La chambre s'est ajournée à mardi pour discuter le projet de loi de la pêche fluviale.

CHAMBRE DES DÉPUTÉS.

Le 3, un congé est accordé à M. Thibord du Chalard, député de la Creuse.

On continue la discussion générale de la loi départementale.

M. de Béranger s'élève contre le système administratif actuel, auquel il reproche la prodigalité dans les dépenses, la lenteur dans les affaires et les incapacités auxquelles se trouvent réduits les citoyens. Il croit que l'Etat ne trouvera d'économie que par l'exécution du nouveau système, et prétend que le droit d'élection est incontestable.

M. le garde-des-sceaux se plaint de ce que le projet de loi présenté par le gouvernement a été l'objet des attaques unanimes de tous les orateurs, et déclare qu'il est difficile de concilier les deux opinions qui le combattent. M. Portalis soutient que cette loi ne viole nullement la Charte; que, si le Roi a nommé jusqu'à ce jour aux fonctions de conseillers de département, c'est en l'acquit des intéressés et en l'absence d'une législation spéciale, mais que ce droit doit appartenir à ceux-ci. Ces fonctions, d'ailleurs, n'attribuant aucun pouvoir politique, ne doivent pas être considérées comme des emplois d'administration publique. Il ne se dissimule pas les dangers qu'entraîneroit l'introduction d'une élection populaire; mais le mode proposé n'en est point une à ses yeux. S. G. termine en répondant aux différens reproches adressés au ministère.

M. de la Boëssière, tout en regrettant de combattre les ministres inves-
tis de la confiance royale, ne balance pas à repousser une législation qui
introduit dans l'administration la démocratie, laquelle règne déjà dans les
comités directeurs et cherche à tout envahir. La France a un besoin absolu d'une royauté puissante, et son gouvernement ne pourra subsister, si
on affoiblit de plus en plus les pouvoirs de cette royauté. La publicité des
actes des conseils d'arrondissement et de département est une garantie suffisante, sans chercher à établir une élection dangereuse.

M. le ministre de l'instruction publique répond aux différens argumens
développés dans cette tribune. L'élection ne lui semble pas contraire à nos
institutions, puisque la Charte déclare que les impôts seront votés. On dit
qu'il n'y aura pas d'harmonie entre les préfets délégués de l'autorité et les
conseils délégués de la population : tant mieux, les préfets mettront plus
d'ordre dans leur administration, et seront davantage les hommes du département. (Bravos à gauche.) M. de Vatimesnil avoue qu'il ne faut pas se
flatter de bannir entièrement la politique des conseils. Quant aux électeurs, le gouvernement ne propose d'appeler que ceux qui paient le cens
absolu, comme étant les plus grands propriétaires. Enfin, c'est à une
entière unanimité que les ministres ont adopté le système qu'ils soutiennent.

M. de Montbel ne voit pas la nécessité de détruire un système éprouvé
par trente ans de succès, pour rétablir celui qui succomba dans la révolution par ses propres excès. Au Roi seul doit appartenir le pouvoir d'administrer et la puissance exécutive, et l'on iroit confier des fonctions importantes à des délégués du peuple !

M. Salverte attaque les conseils-généraux existant aujourd'hui, comme
n'étant que des corps délibérans pour les préfets. Il croit que les dangers
de révolution sont loin de nous.

On demande la clôture. M. B. Constant a la parole pour la combattre.
Elle est mise aux voix, et soutenue seulement par le côté droit. La discussion est ajournée à lundi.

Le 4, MM. Gérard, Jars et Clément font le rapport hebdomadaire des
pétitions.

Le général Allix demande que sa solde arriérée de quatre ans et huit
mois lui soit payée intégralement. Il prétend que s'il a été exilé, c'est par
une erreur de nom, et qu'on ne doit pas en conséquence le priver de son
traitement comme un proscrit.

M. le ministre de la guerre annonce que cette réclamation a déjà été l'objet d'un examen administratif très-approfondi, mais que le pétitionnaire
doit sentir l'effet d'une loi de bannissement, et qu'il ne sauroit demander
un traitement pour le temps qu'il s'est trouvé hors du territoire français. Le
général Lamarque, qui a partagé cet exil, se plaint de la mesure qui a
frappé ceux qui ont favorisé le retour de Buonaparte, et demande le renvoi
au ministre de la guerre. MM. de Caqueray et de Montbel s'étonnent de ce
que le sieur Allix réclame encore, après avoir ressenti, comme les autres
coupables, les effets de la clémence royale, et avoir même obtenu un traitement de réforme.

M. Méchin ne conçoit point pourquoi l'on traite avec tant de *cruauté*
un brave militaire, lorsque les émigrés, qui étoient aussi sous le coup
d'une proscription, ont obtenu toutes les places à la restauration, et enfin

un milliard d'indemnité. Quant à l'ordonnance du 23 juillet, il trouve que la liste qu'elle contenoit étoit une dérision, puisque c'étoit Fouché qui l'avoit préparée. Les autres détails dans lesquels entre l'orateur excitent à tout moment les murmures de la droite. M. de Formont soutient que la chambre n'a pas à s'occuper de cette pétition, car ce seroit examiner si le Roi a fait grâce suffisante. Après de nouvelles observations de M. Dupin aîné en faveur de la pétition, l'ordre du jour est mis aux voix, mais il n'est soutenu que par le côté droit et une partie du centre droit. Le renvoi au ministre de la guerre est prononcé.

Le fils de Bernardin de St-Pierre sollicite une loi qui assure aux enfans des hommes de lettres la propriété des ouvrages littéraires de leurs pères. Renvoi au ministre de l'intérieur et au garde-des-sceaux.

Le sieur Savary, avocat à Alençon, propose des économies sur les traitemens des préfets, des employés des postes, et surtout des cardinaux et des évêques, afin de pouvoir augmenter le nombre des curés et desservans. Renvoi à la commission du budget.

Le sieur Rey, à Paris, demande l'abolition de la rétribution universitaire, et la suppression du droit annuel qui pèse sur les instituteurs. M. Demarçay appuie cette pétition. M. de Sainte-Marie regarde le monopole de l'Université comme une tyrannie. L'honorable membre soutient que l'éducation est, d'après la loi naturelle, le droit autant que le devoir des pères et mères.

M. Sapey croit que ce seroit surcharger sensiblement le trésor, que de supprimer la rétribution universitaire. M. Charles Dupin s'élève contre cet impôt, qu'il qualifie d'immoral ; mais il se console dans les soins que prend M. de Vatimesnil de favoriser l'instruction primaire, et surtout de veiller à ce qu'il ne se glisse pas dans nos écoles des doctrines jésuitiques. M. le ministre de l'instruction publique soutient que le gouvernement a fait ce qu'il a pu au moyen de la dernière ordonnance qui autorise les maîtres de pensions à former dans leurs maisons des classes conformes aux besoins du commerce, avec dispense d'envoyer les élèves aux collèges royaux, et en établissant des plans d'études dans ces collèges pour faciliter cette instruction spéciale. Quant à l'impôt universitaire, il est voté chaque année dans le budget, et il lui paroît juste de le maintenir comme devant être à la charge de ceux qui font instruire. S'il y a quelque bien à faire dans l'enseignement, c'est plutôt de venir au secours de l'instruction primaire.

M. de Laboulaye pense que cette rétribution pourroit être maintenue, mais il voudroit que l'éducation fût libre. Pourquoi ne confieroit-on pas l'instruction à des corps religieux que l'on autoriseroit ? (A gauche : Voilà où vous en voulez venir.) On sait combien ils forment de sujets distingués. L'ordre du jour est mis aux voix et rejeté. La chambre prononce le renvoi au bureau des renseignemens, et (à une foible majorité) au ministre de l'instruction publique.

La chambre adopte ensuite, à la majorité de 241 voix contre 18, le projet de loi qui autorise le gouvernement à créer 1600 actions de 1000 pour pourvoir à l'achèvement du port de Boulogne.

Nous sommes forcé de renvoyer au numéro prochain la séance du lundi 6.

Le Gérant, ADRIEN LE CLERE.

✝✝

Theologia moralis beati de Ligorio (1).

Nous ne parlerons ici ni de la sainteté et du savoir du bienheureux Liguori, ni du nombre et du mérite de ses ouvrages de théologie et de piété, ni de la réputation qu'ils lui ont faite. Nous avons plusieurs fois eu occasion de nous étendre sur sa vie et sur ses écrits. Nous avons, entr'autres, annoncé n° 996, t. XXXIX, la 12ᵉ édition de sa *Théologie morale,* et nous en avons fait un juste éloge. Une nouvelle édition vient de paroître à Besançon; on assure que cette édition a été revue avec soin sur les éditions précédentes, et on y a joint le traité de la pratique des confesseurs. Eu tête du premier volume, on a imprimé le bref que Léon XII adressa, sous la date du 19 février 1825, au libraire Marietti, de Turin, au sujet d'une édition de la *Théologie morale* que celui-ci venoit de publier. Le souverain pontife y parle en termes très-honorables du bienheureux Liguori, le compte parmi les écrivains qui ont le plus travaillé pour la défense de la religion et des bonnes mœurs, et le loue surtout de sa tendre piété et du soin particulier qu'il prend dans ses écrits de conseiller le fréquent usage des sacremens et d'inculquer l'amour de Dieu, la confiance en sa miséricorde et en ses mérites, et le culte de la sainte Vierge et des saints. Le saint Père ajoute que le libraire Marietti mérite bien de la religion et de la société en recueillant et publiant de tels ouvrages.

Voici l'ordre des traités de cette édition; dans le premier volume, sont les traités de la conscience, des lois et des préceptes des vertus théologiques; dans le second, les traités sur les six premiers préceptes du décalogue; dans le troisième, les derniers préceptes du décalogue et les pré-

_____

(1) 9 vol. in-8°, prix, 32 fr. et 9 vol. in-12, prix, 24 fr. A Besançon, chez Montarsolo, et à Paris, chez Adr. Le Clere et compagnie, au bureau de ce journal.

ceptes de l'Eglise; dans le quatrième, les préceptes particuliers à différens états, et le traité des péchés; dans les tomes V, VI et VII, les traités des sacremens; dans le tome huitième, les traités des censures et de l'irrégularité, avec une appendice sur des décrets des papes relatifs à la morale; enfin dans tome IX, le traité de la pratique des confesseurs, l'examen des ordinands et une table générale. On y a joint aussi un abrégé de doctrine morale et canonique, tirée des écrits de Benoît XIV par M. Mansi, archevêque de Lucques.

Nous parlerons une autre fois d'une édition qui se publie dans les Pays-Bas, et qui paroît mériter aussi l'attention des théologiens.

NOUVELLES ECCLÉSIASTIQUES.

Paris. Nous n'avons reçu que le *Diario* de Rome du 28 mars, qui, par conséquent, ne pouvoit parler de l'élection. M. le cardinal Gravina, archevêque de Palerme, étoit arrivé à Rome, et entré le 26 au conclave. M. le cardinal de Clermont-Tonnerre étoit arrivé le 27. Ainsi, il y aura eu cinquante cardinaux au moment de l'élection.

— Nous ne prétendons pas relever tous les commentaires des journaux sur les dernières nouvelles de Rome; nous remarquerons seulement quelques inexactitudes dans ce qui a été dit du nouveau pape et de son secrétaire d'Etat. Il n'est point vrai que le cardinal Castiglioni fût évêque de Montefiascone, il étoit évêque de Frascati, et auparavant de Césène; le siège de Montefiascone est occupé, depuis 1820, par M. le cardinal Gazzola. Le *Constitutionnel* veut que nous croyions que le nouveau pape est en opposition ouverte avec les Jésuites; mais cette nouvelle, qu'il nous donne sur la foi de son correspondant de Rome, n'a pas le moindre fondement. Il n'est pas vrai néanmoins, comme le dit un autre journal, que ce soit sur le rapport de M. le cardinal Castiglioni que Pie VII a rétabli les Jésuites. En 1814, le prélat Castiglioni étoit évêque de Montalto; ne résidoit pas à Rome, et il n'est guère vraisemblable qu'il ait

été consulté sur la bulle de rétablissement des Jésuites. Sa
promotion au cardinalat n'eut lieu qu'au mois de mars 1816.
Un autre journal parle du cardinal Albani dans des termes qui
annoncent à la fois beaucoup d'ignorance et beaucoup de
passion. Il dit que ce cardinal est connu par sa haine contre
la France, qu'il n'a dû sa promotion au cardinalat qu'à
l'influence de la cour de Vienne, qu'il avoit été autorisé à
se marier pour ne pas laisser périr le nom des Albani, et
qu'il est *rentré* ensuite dans le sacré Collège. Tout cela est
ridiculement faux. Le prélat Albani n'avoit pas besoin de
l'influence de l'Autriche pour arriver au cardinalat. Sa
place d'auditeur-général de la chambre est une de celles
qu'on appelle *cardinalices,* et qui procurent le chapeau.
Depuis plus d'un siècle, il y a toujours eu des cardinaux du
nom d'Albani; l'oncle du cardinal Albani actuel, le cardinal Jean-François Albani, fut long-temps doyen du sacré
Collège, et n'est mort qu'en 1803. Le cardinal Joseph Albani
est de l'ordre des diacres, et auroit pu avoir été marié autrefois; mais il est absurde de dire qu'il s'étoit marié étant
cardinal, et qu'il *rentra* ensuite dans le sacré Collège. Il n'a
pas eu besoin d'y *rentrer,* puisqu'il n'en étoit point sorti.
Quant à ce qu'on dit de sa haine contre la France, cette
imputation ne repose que sur les liaisons du cardinal avec la
cour d'Autriche, et principalement avec M. de Metternich.
Or, on peut être lié avec M. de Metternich sans nous haïr,
et si M. le cardinal Albani n'aime point les principes des
révolutionnaires français, il est trop équitable assurément
pour envelopper toute la nation dans ses justes répugnances
contre des principes funestes et contre des hommes dangereux.

— L'assemblée de charité qui se tient tous les ans, le
lundi saint, pour les enfans délaissés de l'établissement de
Mᵐᵉ de Carcado, aura lieu le lundi 13 avril, à une heure,
dans l'église St-Sulpice. M. l'archevêque de Paris prononcera le discours, qui sera suivi de la quête en faveur des
enfans délaissés. Cette œuvre intéressante est continuée depuis la mort de Mᵐᵉ de Carcado par de pieuses dames. On
peut adresser les dons à Mᵐᵉ la comtesse de Saisseval, trésorière générale de l'œuvre, rue Notre-Dame-des-Champs,
nᵒ 17.

R 2.

— Il y a eu une autre assemblée de charité le vendredi de la Passion, à St-Germain-des-Prés, en faveur de l'œuvre des asiles pour la première enfance. M. l'abbé Martin de Noirlieu a fait le discours, après lequel il y a eu une quête par Mmes de Lagrange et de St-Priest. On peut leur adresser les offrandes, ou à Mme de Pastoret, présidente de l'œuvre.

— Lors de la pétition présentée à la chambre le mois dernier contre les missions, M. le vicomte de Conny, député de l'Allier, avoit préparé un discours en faveur des missions et des missionnaires. La clôture de la discussion l'empêcha de prendre la parole; mais il a fait imprimer son discours, qu'il est à regretter que la chambre n'ait pas entendu. L'orateur y discutoit la question sous les différens rapports qu'elle peut présenter. Il rappeloit avec honneur le nom, les travaux et les établissemens de saint Vincent de Paul. N'y auroit-il pas de l'ingratitude à renverser son ouvrage? Les Lazaristes rendent encore beaucoup de services dans les pays étrangers, et les filles de la Charité, qui sont sous leur juridiction, et dont le dévoûment est si admirable et si utile aux malheureux, seroient un nouveau motif de protéger ceux qui les dirigent. M. de Conny traite même la question sous le rapport de l'ordre légal; ce n'est pas sans doute l'ordre légal de la Convention que l'on invoque. Les missionnaires de France ont été autorisés par une ordonnance spéciale insérée au *Bulletin des lois*. L'orateur finit par un passage du *Génie du christianisme* en faveur des missionnaires, et se félicite de pouvoir voter comme voteroit M. de Châteaubriand. Ce discours, sage et solide, auroit pu dissiper les préjugés des hommes de bonne foi dans cette affaire, s'il y en a. Quant aux gens passionnés, les meilleures raisons ne les touchent guère.

— Nous avons presque à regretter d'avoir rendu compte de la cérémonie qui a eu lieu à Marseille le 15 mars, avant d'avoir reçu le mandement de M. l'évêque, et une relation imprimée, qui étoit beaucoup plus complète que celle qu'on avoit bien voulu nous envoyer dans le premier moment. Le mandement de M. l'évêque est du 11 mars, et déplore l'attentat sacrilège dans des termes pleins de foi, de piété et de chaleur. Le prélat ordonne ensuite la procession; il prescrit une octave de prières dans l'église de Saint-Théodore;

tous les prêtres de la ville sont invités à y aller célébrer une
messe, en réparation du crime commis, et les fidèles à y
faire une communion. Chaque année, le 10 mars ou le dimanche suivant, on célébrera dans la même église une messe
votive du saint sacrement avec une amende honorable. La
relation imprimée peint très-bien la consternation des âmes
pieuses quand on apprit l'horrible profanation. M. l'abbé de
Mazenod, grand-vicaire et prévôt du chapitre, se rendit dans
la grotte où les saintes espèces avoient été déposées; on les
recueillit avec le plus de soin et de respect qu'il fut possible.
M. de Mazenod fit une vive exhortation au peuple pour réparer le sacrilège. Arrivé à l'église, il prit de nouveau la parole, et se rendit l'interprète de la douleur générale. Le jour
de la procession, ce fut encore M. le grand-vicaire qui fit
l'amende honorable, et après la bénédiction du saint sacrement, il parla une dernière fois, et exhorta les fidèles à continuer d'aller prier à St-Théodore pendant l'octave. Cette
église n'a pas désempli pendant les 8 jours; les prêtres et les
fidèles se succédoient pour venir y adorer le saint sacrement.
Comment est-il possible que ces témoignages de douleur et
de piété blessent des gens qui veulent sans doute qu'on croie
qu'ils respectent la religion? Le *Messager* de Marseille, et
après lui le *Constitutionnel*, ont fait, sur la cérémonie du 15
mars, des articles pleins de déclamations et de malice :

« Une cérémonie digne de l'Espagne, dit ce dernier, vient d'avoir lieu à
Marseille; à l'occasion d'un vol commis par quelques malfaiteurs, M. l'é-
vêque a fulminé un mandement où les habitans de Marseille sont représentés comme des Gomorrhéens et des Amalécites. Il a ordonné ensuite une
procession générale en expiation du crime, dont la population marseillaise
est fort innocente... Les hommes qui réfléchissent ont dû se demander dans
quel but de tels spectacles sont offerts au peuple, et sur quelle loi se fonde
l'évêque qui les ordonne. C'est une innovation étrange qui n'est autorisée
par aucune disposition législative, que repoussent nos mœurs, qui blesse la
liberté des cultes, et qui peut exercer une dangereuse influence sur l'esprit
des peuples. »

Ainsi ce qui occupe et ce qui fâche le *Constitutionnel*, ce
n'est point un vol sacrilège et une profanation odieuse, c'est
la cérémonie destinée à les réparer. Ce n'est pas le crime
qui le touche, c'est l'expiation. En quoi cette expiation
blesse-t-elle la liberté des cultes ? en quoi *peut-elle exercer une
dangereuse influence sur l'esprit des peuples ?* En ce qu'appa-

remment elle peut inspirer de l'horreur pour un coupable
attentat, en ce qu'elle peut rendre les sacrilèges plus rares
et leurs auteurs plus odieux. Il faut ménager la réputation
des profanateurs, et il n'est pas permis de flétrir l'excès de
l'impiété. C'est ainsi qu'on honore la religion; telle est la
protection qu'on lui accorde, telle est la tolérance dont on
use envers elle. Il est faux d'ailleurs que M. l'évêque de
Marseille représente dans son mandement les habitans de
cette ville *comme des Gomorrhéens et des Amalécites;* non-
seulement ces mots ne s'y trouvent point, mais il n'y a rien
qui y ressemble même de loin. Au contraire, le prélat déplore le crime commis *au centre d'une ville si renommée par sa
piété, si célèbre par sa foi... La population toute entière de cette
vaste cité s'est montrée chrétienne dans cette déplorable circonstance... La consternation a été générale, et jamais la piété ne
présenta un spectacle plus édifiant.* Loin donc d'accuser ses
diocésains, le prélat les loue. L'article du journaliste est
donc empreint à la fois de calomnie, de dérision, de mauvaise foi et d'impiété.

— M. l'abbé Galy, conservateur de la bibliothèque publique de Cahors, y est mort le 15 mars, à l'âge de 78 ans. Il
étoit né à Toulouse, et étoit, avant la révolution, chanoine
de la collégiale de Montpézat, diocèse de Cahors. Il se li-
vroit en même temps à la prédication, et il paroît qu'il eut
des succès en ce genre, et qu'il rendit des services. Il étoit
en même temps instruit et d'un caractère obligeant et aimable. Le malheur qu'il eut de prêter le serment au commencement de la révolution fut suivi d'un autre, il persé-
véra dans le schisme lors même que tout devoit l'éclairer et
le ramener à l'unité. Enfin étant tombé malade le 14 mars,
il fit prier M. le curé de la cathédrale de venir le visiter, et
comme par une illumination soudaine, il rétracta son serment dans toute la sincérité de son ame, et déclara qu'il se
soumettoit à toutes les décisions du chef de l'Eglise, et qu'il
souhaitoit que sa déclaration fût rendue publique. Il mourut dans de vifs sentimens de foi et de piété, laissant par sa
démarche une grande consolation à ses confrères. *(Extrait
du Mémorial de Toulouse.)*

— On vient d'exécuter à Gand la statue en marbre de
M. de la Gaude, évêque de Namur, mort le 23 février 1826.

Cette statue, exécutée par M. Parmentier, est destinée à être placée dans la cathédrale de Namur; la pose du prélat est noble, et l'expression de sa figure est pleine d'onction. Une courte inscription latine rappelle les titres de M. de la Gaude. On sait que M. Charles-François-Joseph de Pisani de la Gaude, né à Aix le 4 mars 1743, étoit, avant la révolution, évêque de Vence; il fut sacré pour ce siège en 1784, refusa le serment en 1791, donna sa démission en 1801, et fut nommé à Namur en 1804, sur la démission de M. Bexon. On a, entr'autres, de M. de la Gaude, une Lettre pastorale du 25 août 1791, sur l'obéissance au souverain pontife; cette Lettre pastorale est longue et développée, le prélat y exposoit les preuves par la tradition. L'abbé Barruel en a donné des extraits dans son *Journal ecclésiastique*.

— Un protestant né à Brunswick, mais qui depuis long-temps demeure en Italie, Charles Siberling, cocher de profession, a fait abjuration l'année dernière à Parme. Arrivé à l'âge de 55 ans, et vivant au milieu de catholiques, il étoit cependant resté dans les erreurs de sa secte, quoiqu'il se sentît pressé quelquefois d'y renoncer. La majesté du culte catholique, et les exemples de piété qu'il avoit sous les yeux, le sollicitoient d'une part; mais d'un autre côté, il étoit retenu à la vue de tant de mauvais catholiques dont la conduite et les principes étoient pour lui un sujet de scandale. Etant tombé malade, et ayant été recueilli dans l'hôpital de Parme, il y trouva des personnes pieuses et de saints prêtres, dont le zèle et la charité le touchèrent. On lui fit sentir que les mauvais exemples des chrétiens ne prouvoient rien contre la vérité de la religion, et qu'ils étoient l'accomplissement de cette prédiction, qu'*il y en a beaucoup d'appelés, mais peu d'élus*. Il demanda donc à être instruit dans la foi catholique, et après les préparations convenables, il fit son abjuration le 14 avril 1828, entre les mains du Père Tacchini, Dominicain, professeur d'Ecriture sainte, qui l'avoit instruit de concert avec le Père Louis de San Secondo, Capucin. De pieux fidèles, qui vont visiter et servir les pauvres de l'hôpital, assistoient à la cérémonie, et ont comblé le bon étranger de soins et de prévenances. La franchise qu'il a mise dans sa démarche continue à se montrer par son exactitude à remplir ses devoirs, et par son assiduité aux pratiques de religion.

NOUVELLES POLITIQUES.

Paris. Un journal paroît enchanté de l'élection du pape Pie VIII. Il ne doute pas que ce ne soit l'ouvrage de M. de Châteaubriand, et que le conclave n'ait eu l'intention de répondre au vœu manifesté par le noble ambassadeur. Sous un certain point de vue, il pourroit bien se faire que le journaliste eût raison, et que M. de Châteaubriand eût contribué sans le vouloir au résultat de l'élection. En effet, c'est sa harangue qui a donné lieu à la réponse si sage et si mesurée par laquelle M. le cardinal de Castiglione a su redresser les écarts d'imagination du grand interprète des besoins du siècle. Or, cette réponse a mis en évidence une sagesse et une pureté de doctrines qui ont dû obtenir les suffrages et l'assentiment du conclave; et il est permis d'imaginer que cette circonstance n'a pas nui à l'élection de Pie VIII. Mais en vérité si c'est là-dessus que le journaliste se fonde pour féliciter son patron, on peut lui répondre qu'il n'y a pas de quoi; car il est évident que tout le mérite du noble ambassadeur a été de fournir au nouveau pape l'occasion de lui donner une leçon de convenance et de sagesse.

— Vous ne devineriez peut-être pas ce que le *chansonnier national* fait en prison; il y tient une cour nombreuse, y donne des audiences comme un ministre, on lui remet des placets qu'il approuve, il fait mettre des détenus en liberté; enfin, il écrit à M. le préfet de police pour lui recommander des malheureux, et lui soumettre des plans d'administration. Tout cela est parfaitement accueilli, et pris en grande considération. La cuisine de M. Béranger, les agrémens de sa prison, ses soirées; tout rappelle ce vers du *Mercure galant*, par lequel M. Boniface Chrétien annonce des billets d'enterrement de son invention, qui seront si enjolivés, dit-il, et si agréables à l'œil, *qu'on aura du plaisir à se faire enterrer..* Oui vraiment, quand on voit des gens aussi occupés que M. Laffite, aussi boiteux que M. Benjamin Constant, aussi goutteux que M. de la Fayette, monter presque chaque jour au troisième étage d'une prison pour y porter leurs hommages à un mauvais chansonnier, on est bien tenté de promettre aussi aux écrivains factieux, ennemis de la religion et du Roi, *qu'ils auront du plaisir à se faire enfermer.*

— Ainsi qu'on devoit s'y attendre, les journaux de la révolution annoncent que la fouille qui a été faite dans l'ancien collège des Jésuites de Lyon n'a pas eu l'heureux résultat qu'ils avoient fait semblant de s'en promettre. On n'a point retrouvé les vingt millions qu'on cherchoit; mais c'est égal, disent-ils, on a toujours retrouvé la place. Il faut pourtant convenir que voilà des gens bien faciles à contenter. En vérité, le ministère est trop bon de se mettre l'esprit en quatre pour chercher des projets de loi qui puissent leur faire plaisir, il seroit bien plus court de les amuser avec des fouilles.

— Le Roi, ayant eu connoissance des sacrifices extraordinaires que la commune de Meslai (Mayenne) avoit faits pour reconstruire son église, et le chœur de cet édifice réclamant des réparations urgentes, a daigné, sur la demande de M. le marquis de Bailly, pair de France, mettre à la disposition de M. de Pignerolles, maire de cette commune, une somme de 300 fr.

— Le Roi a donné une somme de 600 fr. pour la réparation de l'église de Lieursaint.

— Mme la Dauphine, accompagnée de M. le duc de Damas, président du comité du monument de Quiberon, a visité le 7, dans les ateliers de M. Corbel, le superbe mausolée qui sera élevé aux victimes.

— M. le duc d'Orléans a envoyé 300 fr. pour les victimes de l'incendie du bazar.

— Une ordonnance royale du 26 mars organise sur de nouvelles bases l'école royale préparatoire de marine. Le nombre des élèves est fixé à 150; ils recevront, pendant leur séjour à l'école, la même instruction religieuse que dans les collèges royaux.

— M. le ministre des affaires ecclésiastiques vient de faire souscrire, pour son ministère, à plusieurs exemplaires de l'édition des Pères que publie M. Méquignon-Havard, sous le titre de *Collectio selecta SS. Ecclesiæ Patrum*, et que nous avons annoncée avec éloge.

— Le clergé, les autorités et les habitans de Gournay se sont réunis pour un service funèbre qui a été célébré pour Mme Anne-Françoise-Charlotte de Montmorency-Luxembourg, duchesse de Montmorency; cette dame, encore plus illustre par sa piété que par sa naissance, est morte le mois dernier, à Paris, à l'âge de 76 ans. Elle avoit donné à la ville de Gournay de nombreuses preuves de sa bienfaisance et de sa générosité. Aussi la nouvelle de sa mort y a excité les plus vifs regrets. Le corps municipal, la fabrique, le bureau des pauvres ont unanimement demandé un service, et M. le curé s'est empressé de déférer à leurs vœux. Le service a été célébré avec pompe, le 2 avril, dans l'église paroissiale de Saint-Hildebert, en présence des autorités, des personnes attachées à la maison de Montmorency, et d'un grand concours d'habitans.

— D. V. Ramel de Nogaret, ancien conventionnel, est mort le 31 mars à Bruxelles, où il demeuroit. C'étoit un avocat de Carcassonne, qui avoit été député aux Etats-généraux en 1789. Député de l'Aude à la Convention, il y vota la mort du Roi, admit la ratification du peuple, et rejeta le sursis. Il fut nommé ministre des finances depuis 1796 jusqu'en 1799. Il ne fut appelé à aucune fonction sous le gouvernement impérial, et ne reparut sur la scène que pendant les cent jours. Nommé alors préfet du Calvados, il se retira l'année suivante dans les Pays-Bas, où il reprit la profession d'avocat. La veille de sa mort, il avoit reçu les sacremens des mains du curé de Notre-Dame du Sablon. Le 1er avril, un autre conventionnel, parent et ami de Ramel, le suivit au tombeau; c'est Maragon, aussi député de l'Aude à la Convention. Il avoit toujours voté comme Ramel, dont il étoit cousin-germain, et fut, après sa sortie de la Convention, consul à Hambourg. Il étoit aussi retiré à Bruxelles, et est mort à l'âge de 88 ans.

— De graves désordres ont éclaté dans l'institution préparatoire pour l'école polytechnique, dirigée par M. Mayer. Les élèves, après avoir cassé et brisé le mobilier de la maison, ont enfoncé les portes de la cave, et là leur raison s'est troublée à un tel point qu'on a été obligé de requérir la gendarmerie. Les élèves ont été renvoyés chez eux. M. le grand-maître de l'Université a chargé MM. Dinet et Thibault, inspecteurs-généraux, de s'enquérir des causes d'un pareil désordre et de lui en faire un rapport.

— La cour royale a confirmé, mardi dernier, le jugement du tribunal correctionnel qui a condamné les sieurs Magallon, éditeur, et Briffaut, rédacteur de l'ancien Album, le premier à un an de prison et 500 fr. d'amende, et le second à deux mois de prison et 50 fr. d'amende, pour outrage à la morale publique et provocation à l'assassinat dans une apologie de Sand.

— Les sieurs Sombret, éditeur, et Herhan, imprimeur de l'Echo de Paris, ont été condamnés, le premier à 400 fr., et le second à 16 fr. d'amende et aux dépens, pour fausse déclaration et défaut de cautionnement, en introduisant dans cette feuille de la littérature et de la politique.

— Le tribunal correctionnel de Montbéliard vient de condamner à 25,000 fr. d'amende et aux frais un particulier de cette ville, nommé Goynel, pour délit d'usure habituelle. Les capitaux prêtés à usure étoient évalués à 58,000 fr. Cent trente-neuf témoins ont déposé contre le prévenu.

— La musique du sixième régiment de ligne avoit été demandée pour la sérénade donnée sous les fenêtres du nouveau député libéral de Marseille ; mais le commandant a refusé positivement, d'après les intentions de son chef.

— Dans sa séance du 17 mars, la chambre de la noblesse du royaume de Suède a résolu, à une majorité de 170 contre 155, la publicité de ses délibérations.

— Le 21 mars, à six heures du soir, un affreux tremblement de terre a ravagé une partie de l'Espagne, et principalement le royaume de Murcie et le gouvernement d'Orihuela. Des édifices ont été renversés ; Guardamar et d'autres bourgs ont été entièrement engloutis, d'autres villages ne présentent qu'un monceau de ruines, et l'on comptoit les morts par trois à quatre cents ; un quartier de montagne a écrasé le village de Los-Garres ; Carthagène, Alicante et Elche ont beaucoup souffert. Le 24, on a ressenti encore des secousses, mais plus légères.

CHAMBRE DES PAIRS.

Le 7, M. le comte d'Ambrugeac a prononcé d'abord l'éloge funèbre de feu M. le comte de Saint-Aulaire.

La discussion s'est ensuite ouverte sur les articles du projet de loi relatif à la pêche fluviale. Ils ont été successivement adoptés, après avoir entendu douze orateurs, et l'ensemble du projet a passé au scrutin à la majorité de 129 contre 6.

Le 9, M. le comte de Chastellux a d'abord prononcé l'éloge funèbre de M. le duc Charles de Damas.

M. le ministre de la guerre a présenté un projet de loi relatif à l'interprétation des lois pénales sur les vols entre militaires.

Les projets de loi relatifs aux emprunts votés par les villes de St-Germain-en-Laie, Arles et Poitiers, et à des impositions extraordinaires votées par six départemens, ont été adoptés à l'unanimité, après avoir entendu MM. le duc de Praslin et le ministre de l'intérieur.

La chambre a ensuite entendu le rapport fait par M. le comte de Sussy au nom de la commission spéciale chargée de l'examen du projet de loi sur les tabacs; il a conclu, dit-on, à l'adoption.

Le surplus de la séance a été occupé par le renouvellement des bureaux et par le tirage au sort de la grande députation qui sera chargée de complimenter le Roi le 12 avril. MM. l'archevêque de Tours et le comte de Marcellus font partie de cette députation.

La chambre se réunira mardi pour la discussion du projet de loi sur les tabacs.

CHAMBRE DES DÉPUTÉS.

Le 6, on reprend la discussion de la loi départementale.

M. de la Boulaye oppose à M. Salverte et à d'autres orateurs de la gauche, qui sollicitent la prompte présentation d'un projet de loi satisfaisant sur la ville de Paris, l'importance qu'il y auroit à faire, dans la loi actuelle, quelques exceptions pour les autres grandes villes. Il repousse le principe de cette loi, parce que l'égalité des droits politiques est contraire à la nature et à l'intérêt des sociétés bien organisées. Il ne craint pas, en combattant, qu'on lui reproche de l'impopularité, puisque ce n'est pas pour encourager les passions populaires que les députés sont choisis, mais pour les comprimer par de bonnes lois. M. de la Boulaye trouve que l'introduction d'un tel système ne pourroit avoir lieu que dans des temps plus calmes, et s'empare de cet aveu de M. de Martignac, que rien n'imposoit au Roi un tel sacrifice, et que ce n'est qu'une pure concession. Où est donc la reconnoissance publique? Au lieu de la voir se manifester, on n'aperçoit partout que le soulèvement des passions, que des demandes insatiables. L'orateur montre que l'on va créer un quatrième pouvoir qui deviendra plus fort que les trois autres, qui sera maître de toute l'administration locale et même de la tribune. Qui nécessite cette nouvelle législation? N'at-on pas la liberté de la presse, le droit de pétition, la cour des comptes? M. de la Boulaye tremble des suites du nouveau système, et craint qu'on n'ait pas plus de force pour la dissolution que Louis XVI, lorsqu'il voulut dissoudre, à deux cents pas de son palais, et entouré de sa garde, une assemblée devenue hostile, et devant laquelle la monarchie tomba le même jour.

M. B. Constant s'occupe de réfuter les objections des trois ministres qui ont combattu les amendemens de la commission. Il soutient que les électeurs à 300 fr. doivent être appelés à élire les conseils; il répond du dévoûment de ces électeurs, mais il ne veut pas de privilège pour la grande propriété. Il se plaint de ce que les orateurs royalistes défendent les institutions qui nous restent de Buonaparte, et prétend qu'ils ont fait même l'éloge de cet homme. MM. de Puymaurin, de Montbel et de Conny interrompent alors M. B. Constant, en disant que c'est à lui qu'on doit adresser ces reproches. Il achève ensuite son discours par une apologie de l'élection populaire, qu'il montre comme pouvant ramener la concorde ; par la critique des alarmes que les deux lois ont fait naître, et par des conseils aux ministres d'avoir moins de défiance dans le peuple.

MM. de Montbel et de Syrieys ont la parole pour un fait personnel. Ils exposent que c'est à tort que le préopinant leur reproche l'éloge de Buonaparte : ils ont seulement voulu dire que l'usurpateur avoit rendu service à la France en détruisant le désordre anarchique des élections administratives; du reste, ils se sont soulevés contre l'usurpateur, et ils n'ont point reçu de faveur de lui dans les cent jours, ni rédigé l'acte additionnel.....

M. Bignon combat le projet de loi ministériel. S'il étoit fait davantage dans l'intérêt du pays, il donneroit, selon lui, plus de force au gouvernement. Ce projet est nécessairement mauvais tel qu'il est présenté, puisqu'il ne trouve pas de défenseur. Avec les amendemens, il répondra au vœu de la France.

M. Méchin, membre de la commission, répond à toutes les objections faites contre les amendemens; mais la chambre n'est pas attentive, et il passe beaucoup de feuillets de son discours.

M. Ravez soutient que les conseils-généraux sont des conseils administratifs. Leur organisation existe en vertu de plusieurs lois qui ne sont point abrégées ; pourquoi veut-on aujourd'hui retrancher au Roi une des prérogatives que la Charte lui a conservées? On cherche à faire presque autant que l'Assemblée constituante, qui retiroit au monarque les nominations : les suites en furent terribles, le trône ne put plus se soutenir. Pendant ce discours, des coups de sifflets se sont fait entendre d'une tribune publique ; mais M. Royer-Collard a dit ne les avoir pas entendus. Le discours de M. Ravez, solide et mesuré, a été écouté avec une grande attention.

M. Delalot prononce ensuite un discours pour défendre le projet de loi ministériel. On réclame vivement la clôture. M. le ministre de l'intérieur demande à être encore entendu. La discussion générale est continuée au lendemain.

Le 7, on achève la discussion générale de la loi départementale.

M. de Chantelauze montre en peu de mots qu'elle est contraire aux prérogatives royales, et dangereuse, et qu'elle n'a pour but que de satisfaire aux exigences d'un parti qui veut dominer l'administration. M. le ministre de l'intérieur obtient la parole : il avoue que l'organisation actuelle des conseils d'arrondissement et de département existe très-légalement en vertu de lois antérieures à la Charte, et que le Roi a le droit d'en nommer les membres ; mais il croit que la loi en discussion n'est pas contraire à celle-ci. Répondant ensuite aux orateurs de la gauche, il se plaint de ce qu'on a totalement changé la loi, lorsqu'elle devoit être accueillie avec reconnoissance comme une pure concession du monarque, et avec les conditions qu'il devoit attacher au don qu'il faisoit librement. Les ministres, continue M. de Martignac, sont responsables envers le Roi et le pays de l'avenir que peuvent avoir pour la monarchie les graves dispositions qu'ils proposent ici ; leur conscience leur défend donc de conseiller à S. M. de consentir au projet tel qu'il est amendé. Une grande agitation succède au discours de S. Exc.; les membres de la gauche donnent beaucoup de marques de mécontentement, et le calme est long-temps à se rétablir. M. Amat renonçant à la parole, M. Dupin aîné est appelé à la tribune. Il ne veut pas entendre dire que la loi soit une concession ; elle est, au contraire, un droit qui nous appartient légitimement, puisqu'il s'agit de voter l'impôt. C'est ôter à la chambre toute liberté de discussion, que de l'empêcher d'introduire tous les amendemens qu'elle veut.

La clôture est ensuite prononcée. M. Sébastiani, rapporteur., fait le résumé de la discussion. Il soutient que l'élection n'est point la souveraineté du peuple, que les amendemens ne compromettent point les prérogatives royales, et que ce seroit un privilège intolérable que de s'en tenir à la restriction proposée par le gouvernement, de n'appeler à l'élection que les grands propriétaires. Il persiste enfin dans le projet rédigé par la commission, et comme elle propose la suppression des conseils d'arrondissemens, qui font l'objet du chapitre premier, il propose avant tout que la chambre commence par délibérer sur le chapitre ii.

M. Mestadier combat cette transposition, qui établiroit une sorte de préjugé pour la suppression en question, et ne laisseroit pas le vote libre. M. le ministre de l'intérieur déclare qu'il ne peut consentir à un tel supplément d'amendement. Ce seroit porter une atteinte grave à la prérogative royale, que de supprimer, par voie d'amendement, la législation existante. L'ordre naturel de la délibération est celui qui s'offre le premier. M. Sébastiani persiste. M. de Martignac réplique. MM. de Chauvelin, Aug. Périer, Amat, Duvergier de Hauranne, défendent avec chaleur la proposition. MM. de Leyval et de Cambon la combattent de nouveau. Elle est mise aux voix au milieu de la plus vive agitation. Deux épreuves sont douteuses. Enfin elle est rejetée au scrutin secret à la majorité de 195 contre 167. Une partie du côté droit n'a pas pris part aux épreuves, et a voté au scrutin avec le côté gauche.

Le 8, M. le président donne lecture de l'article 1er du projet de loi, qui porte que les conseils d'arrondissement sont composés d'autant de membres que l'arrondissement a de cantons, sans que le nombre puisse être au-dessous de neuf. Il fait observer qu'il est indispensable de délibérer sur cet article, attendu que proposer le rejet entier d'un chapitre, comme le fait la commission, ce n'est pas un amendement.

M. Sébastiani présente alors un amendement ainsi conçu : « Les conseils d'arrondissement sont supprimés. » M. Royer-Collard dit que celui-ci étant plus large sera discuté le premier. M. Dandigné de Resteau soutient que la chambre étant saisie du rapport de la commission, on ne peut y rien changer. M. G. de la Rochefoucauld appuie avec chaleur la suppression. M. le ministre de la marine montre qu'on ne peut adopter cette mesure sans violer l'initiative royale. Les chambres peuvent, d'après la Charte, supplier le Roi de présenter une loi, mais non pas faire une loi nouvelle à propos d'amendemens.

La proposition est successivement défendue par MM. Sébastiani, Faure, de Rambuteau, Aug. Perrier, et combattue par M. de Leyval, le ministre de l'instruction publique et M. Cuvier, commissaire du Roi, qui représentent l'utilité des conseils d'arrondissement. Après un résumé de M. Sébastiani, l'amendement de la suppression est mis aux voix : le côté gauche et la plus grande partie du centre gauche se lèvent ; le centre droit et le reste du centre gauche votent contre ; presque toute la droite demeure immobile. Le bureau paroît indécis sur la majorité : on renouvelle l'épreuve ; la droite s'abstient encore de prendre part à la délibération, le résultat semble le même ; la sensation est inexprimable. Enfin M. Royer-Collard, après avoir consulté les secrétaires, déclare que l'amendement est adopté.

Les membres de la gauche ont les yeux fixés avec anxiété sur les ministres. Après quelques momens d'hésitation, les ministres de l'intérieur et de la justice sortent tout à coup de la salle. La séance est alors interrompue : on se doute que LL. Exc. sont allées aux Tuileries ; le désordre et la confusion s'accroissent. Après une demi-heure d'effervescence, M. le président obtient un peu de silence, et met de suite aux voix les paragraphes de l'article 9 du projet de loi et les amendemens de la commission. Après quelques observations de MM. Pelet, Méchin et Jars, ils sont adoptés par le levé des deux parties de la gauche. Le côté droit continue son impassibilité, et cette fois le centre droit ne prend point part à la délibération.

A cinq heures et demie les portes s'ouvrent, les deux ministres reviennent à leur place, et bientôt M. de Martignac monte à la tribune. Il lit alors une ordonnance que vient de rendre S. M., portant que les deux projets de loi sur l'organisation départementale et communale sont retirés. Cette lecture est suivie d'un profond silence. M. le président annonce qu'il n'y a plus ainsi rien en délibération, et la séance est levée au milieu d'une excessive agitation.

Le 9, M. le président tire au sort la grande députation qui doit aller présenter à S. M. l'hommage de la chambre à l'occasion de l'anniversaire du 12 avril.

M. Sapey fait le rapport de la commission qui a examiné le projet de loi relatif au service de la poste dans toutes les communes, et propose l'adoption de ce projet.

M. Ch. Dupin demande que l'on consacre aux pétitions la séance de demain vendredi, indépendamment de celle du samedi. M. le président fait observer que ce seroit contre l'usage et même contre le règlement ; puisqu'il porte qu'il n'y aura qu'un rapport de pétitions par semaine. Les rapports qui ne devoient être présentés que le samedi-saint ne sont d'ailleurs pas prêts. M. Royer-Collard essaie de mettre aux voix la proposition ; mais la chambre est dans une grande agitation. M. Ch. Dupin vient développer sa proposition à la tribune, et soutient qu'on ne sauroit trop prendre d'intérêt à s'occuper de pétitions. Sa motion est combattue par MM. de Beaumont et de Cambon, et défendue par MM. B. Constant, Daunant et de Tracy. Elle est mise aux voix : les deux parties de la droite se lèvent contre, et les deux sections de la gauche se lèvent pour. L'épreuve étant douteuse, elle est recommencée : elle offre le même résultat. M. le président consulte alors le bureau, et déclare que la proposition est adoptée.

Un journal qui, au mérite de ne point traiter de la politique, joint celui d'offrir d'excellens principes littéraires, et des articles judicieux et piquans sur les différentes branches des sciences et des arts, l'*Universel*, a donné un fort bon article sur un roman nouveau de M. Pigault-Lebrun. On sait que M. Pigault-Lebrun est un de nos plus féconds romanciers, qui ne se pique pas, dans ses romans, de respecter, ni le goût, ni les mœurs. Nous avons parlé de ses œuvres, n° 1129, tome XLIV. Quelques-uns de ses écrits ont même été l'objet de poursuites judiciaires. Le 3 décembre 1824, le tribunal de police correctionnelle déclara le libraire Barba coupable d'outrages à la morale publique et religieuse pour avoir réimprimé *M. de Roberville,* roman du sieur Pigault-Lebrun. La cour royale, en infirmant ce jugement pour raisons de formes, maintint la saisie des exemplaires, et ordonna qu'ils fussent mis au pilon, *l'ouvrage contenant des outrages à la morale publique.* Le 25 juin 1825, Barba fut encore condamné à l'amende et à la prison pour avoir publié un autre enfant du sieur Pigault-Lebrun, *l'Enfant du carnaval,* et le tribunal ordonna que les exemplaires saisis seroient détruits.

Aujourd'hui Barba fait annoncer ces mêmes livres dans tous les journaux, et nous avons vu avec étonnement et douleur, le lundi 30 mars, un journal estimable d'ailleurs, et qui professe des principes religieux, nous l'avons vu, dis-je, annoncer les romans de M. Pigault-Lebrun, entr'autres, *la sainte Ligue ou la Mouche*, et recommander avec éloge l'*Esprit de l'Eglise* de Potter, et *les Ruines* de Volney. Cette annonce d'ouvrages, qui fait plus de deux grandes colonnes aura sans doute échappé à la vigilance d'un rédacteur consciencieux, et qui s'est même montré quelquefois sévère dans ses jugemens. On ne le soupçonne pas d'avoir trahi ses principes pour un vil intérêt; mais il n'en est pas moins déplorable que de telles annonces et de tels éloges aient paru dans un journal qui a la confiance d'un grand nombre de lecteurs (1). C'est ce qui nous engage à faire connoître le jugement de *l'Universel* sur M. Pigault-Lebrun, et sur son nouveau roman. Le titre seul de ce roman annonce tout ce qu'on peut en attendre; c'est *la Mouche ou la sainte Ligue, pour servir de suite aux annales du fanatisme, de la superstition et de l'hypocrisie.* Voici un extrait de l'article de *l'Universel :*

« C'est avec les romans, les journaux, les pièces de théâtre, qu'on met la corruption à la portée de toutes les intelligences. Qu'un faiseur de métaphysique tombe dans des erreurs dangereuses, il faut de l'instruction

---

(1) Depuis que cet article est rédigé, le rédacteur du journal dont nous parlons a reconnu son tort, et a promis de redoubler de sollicitude. Cet aveu qui l'honore ne nous paroît pas une raison de supprimer notre article, qui devoit d'abord paroître plus tôt, et qui a été retardé par l'abondance des matières.

pour s'égarer avec lui, et par conséquent sa fatale influence n'aura qu'un horizon borné. Ce n'est pas là que le peuple fait son cours de philosophie, il faut mettre la métaphysique à sa taille. Les mauvais principes, soit en morale, soit en politique, doivent lui être présentés sous la forme de l'épigramme ou du quolibet, et les littérateurs se sont chargés de l'égarer en l'amusant, et de populariser, par des applications bouffonnes, de dangereuses théories.....

» Ce n'est point assez qu'on ait traduit récemment Henri III et sa cour devant le parterre, voici venir M. Pigault-Lebrun, qui, dans un beau mouvement de zèle, a voulu commenter la même idée, et consacrer six volumes à insulter les croyances religieuses et monarchiques ; et qu'on ne dise point, pour justifier cette volumineuse diffamation, qu'il est permis de s'indigner à la vue de tant d'immoralités et de vices. On sait que M. Pigault-Lebrun ne s'est pas précisément montré l'apôtre de la morale dans ses nombreux écrits, et on dira peut-être qu'il a mauvaise grâce à faire le procès à la débauche et à la corruption. Si notre mémoire nous sert bien, chaque pas de M. Pigault-Lebrun dans la carrière littéraire a été une insulte aux bonnes mœurs ; et il faut le dire, malgré les égards qu'on doit à la vieillesse, son dernier ouvrage est digne des autres ; M. Pigault finit comme il a commencé.....

» C'étoit une bonne fortune pour lui qu'un sujet où il pourroit attaquer à la fois la monarchie et la religion dans un roi et dans des prêtres, et aussi Dieu sait comme il s'en est donné. Pas un vice, pas un ridicule n'a été omis ; l'histoire est commentée, revue, et considérablement augmentée ; pas un crime qui n'ait un prêtre pour auteur, un noble pour complice ; tout ce qui appartient aux classes élevées de la société est de droit entaché de cagotisme et de corruption. M. Pigault fait danser ses marionnettes suivant un système ; il faut, pour la gloire de la philosophie et l'instruction du peuple, signaler les fautes des ecclésiastiques et des rois, et dans cette mission, M. Pigault a tout le zèle d'un néophyte. Met-il Henri III en scène, c'est pour nous montrer en lui un joueur de bilboquet, une espèce de Cassandre qui passe sa vie avec des mignons et des chiens ; mais des qualités brillantes de celui qui fut duc d'Anjou, pas un mot. Il ne faut montrer que le revers de la médaille : c'est une bonne œuvre qu'un mensonge philosophique. Sommes-nous introduits auprès d'un évêque, c'est pour voir tous les vices sous la pourpre. Entrons-nous au couvent, c'est pour y être témoins d'un vol.

» Comme les harpies, M. Pigault souille tout ce qu'il touche..... ; mais, disons-le pour rassurer les bons esprits, ici la force a manqué à l'auteur, on ne peut lui savoir gré que de la bonne intention. L'indifférence du public fera justice d'une rapsodie sans talent, et personne ne reconnoîtra la verve licencieuse de l'auteur de *Jérôme*, du *Citateur*, en lisant les derniers blasphèmes de cette voix qui tombe et de cette ardeur qui s'éteint. »

Le Gérant, ADRIEN LE CLÈRE.

‡‡

Première Lettre à M. l'archevéque de Paris, par l'abbé de La Mennais; in-8°.

Un des esprits les plus judicieux comme un des plus saints évêques de son temps, saint François de Sales, voyoit avec douleur qu'on remuât ces questions délicates de l'autorité du pape sur le temporel des princes, qu'on *en fît le jouet de la parlerie de gens qui, au lieu de l'éclaircir, la troublent, au lieu de la décider, la déchirent, et ce qui est le pis, en la troublant, troublent la paix des ames, et en la déchirant, déchirent la très-sainte unanimité des catholiques* (1).

« Je hais par inclination naturelle, disoit encore ce sage et saint prélat, je hais toutes les contentions et disputes qui se font entre les catholiques, desquelles la fin est inutile, et encore plus celles desquelles les effets ne peuvent être que dissensions et différends, mais surtout en ce temps plein d'esprits disposés aux controverses, aux médisances, aux censures et à la ruine de la charité... La pauvre mère poule qui, comme ses petits poussins, nous tient dessous ses ailes, a bien assez de peine de nous défendre du milan, sans que nous nous entrebecquetions les uns les autres, et que nous lui donnions des entorses ; enfin, quand les rois et les princes auront une mauvaise impression de leur père spirituel, comme s'il les vouloit surprendre et leur arracher leur autorité, qu'en adviendra-t-il qu'une très-dangereuse aversion du cœur (2) ? »

Des réflexions si justes ne s'appliquent que trop à un écrit dont l'auteur ne cesse de revenir sur le même sujet, et de disputer sur des questions si propres à diviser les esprits. Déjà il avoit développé surabondamment sa doctrine, en 1825 et 1826, dans son livre intitulé *la Religion considérée dans ses rapports avec l'ordre politique et civil.* Cette doctrine fut désavouée par les évêques dans leur décla-

_____

(1) Lettre 813°, t. XI, p. 403 de l'édition des œuvres de saint François de Sales par Blaise. Dans les anciennes éditions, cette lettre étoit la 49° du 7° livre.
(2) Lettre 814°, tome XI, page 408 de la nouvelle édition. Dans les anciennes, cette lettre est la 58° ou 59° du 7° livre.

ration du 3 avril 1826. M. de La Mennais, qui ne fléchit point devant de telles autorités, a reproduit ses idées dans ses *Progrès de la révolution;* son système a été repoussé par un illustre prélat, dans un mandement que nous avons fait connoître. Seroit-ce une raison de plus pour l'auteur de recommencer la discussion? Il adresse une *première Lettre à M. l'archevêque de Paris,* et cette *Lettre* doit être suivie de quelques autres, destinées à établir ce qu'il appelle la *vérité catholique* et le *système chrétien.* Ainsi ces *contentions et disputes* qui affligeoient saint François de Sales vont renaître avec plus de force. On va multiplier des écrits qui, *au lieu d'éclaircir, troublent et divisent,* et pour rendre cet effet plus sûr, on y joindra parfois un ton d'ironie mal recouvert sous quelques formules de respect, et on adressera à un illustre archevêque des reproches graves et des conseils assez hautains, entremêlés de quelques artifices oratoires qui rendront le trait plus pénétrant. Admirez, en effet, la modération et la politesse d'un auteur qui dit à M. l'archevêque de Paris : *La pensée la plus favorable que la charité pourra concevoir au sujet d'une démarche qu'elle m'empêche de caractériser ici, sera qu'embarrassé des soins d'une vaste administration, vous n'avez pas même ouvert l'ouvrage dont vous censurez si amèrement l'auteur.* Quel effort de charité de supposer qu'un supérieur n'a pas lu l'ouvrage qu'il censure! Que faudroit-il penser d'un évêque qui, dans un mandement, flétriroit un livre qu'il n'auroit pas ouvert? N'est-ce pas la supposition la plus maligne que d'accuser un prélat de se jouer ainsi des règles de l'équité la plus commune, et de le présenter comme capable de cet abus d'autorité, et d'une légèreté si odieuse dans une matière si grave?

Cependant la *Lettre* de M. de La Mennais offre beaucoup de traits qui ne sont pas plus respectueux ; le mandement de M. l'archevêque *pénètre l'ame de je ne sais quelle tristesse indéfinissable. Pardon, M*gr*, j'exprime ce que je sens, ce qu'ont senti comme moi tous les vrais catholiques, qui ne sauroient se consoler qu'en cette occasion, non content d'être l'homme de Dieu, il ne vous ait pas plu d'être un peu moins l'homme de ce temps.* Il faut que cette plaisanterie si déplacée, et empruntée à une feuille ennemie du clergé, ait beaucoup plu à l'habile écrivain ; il l'avoit déjà insérée dans sa lettre à la *Quotidienne,* il la reproduit ici sous une forme plus piquante.

Ailleurs, M. de La Mennais prétend que, *pour réfuter
M. l'archevêque, il suffiroit de lui opposer des écrivains dont les
uns ne croient pas en Dieu, et dont les autres croient à peine
en J. C.*; on sent tout ce que ce rapprochement a de flatteur, et il est impossible de mettre plus d'aménité dans la
polémique. C'est avec la même grâce et le même sel que
M. de La Mennais joue sur un mot du mandement; M. l'archevêque lui avoit reproché de ne pas *se contenter de cette
vaste carrière des innocentes disputes que la vérité même laisse la
liberté de parcourir;* l'auteur répond agréablement : *Mon tort
seroit de n'avoir pas senti comme vous, Mgr, l'obligation que la
vérité nous imposoit d'être des innocens.* Cette pointe n'est-elle
pas bien à sa place dans un ouvrage de discussion et de doctrine, et cette ironie ne sied-elle pas bien vis-à-vis d'un
prélat qui occupe un rang si distingué dans l'Eglise et dans
l'opinion?

M. de La Mennais a l'air de s'étonner que M. l'archevêque
se soit *affranchi de la discussion* dans son mandement, comme
s'il étoit convenable et même possible qu'un évêque entamât
une controverse dans un mandement, et refutât pied à pied
toutes les assertions d'un auteur. *Vous ne l'avez point tenté,
vous ne le tenterez point,* dit modestement dans un autre endroit M. de La Mennais. Ce défi si humble est encore une
répétition de la lettre insérée dans la *Quotidienne* du 4 mars;
aucun n'a essayé ni n'essaiera de réfuter mon ouvrage. Une modestie profondément enracinée brille encore dans le passage
final, que nous citons en entier:

« Jetez les yeux autour de vous, et voyez, Mgr, qui défend aujourd'hui
le gallicanisme : des ennemis de l'Eglise, qui conspirent publiquement sa
ruine et celle de la religion chrétienne, des sectaires retranchés de la communion catholique, de cauteleux adulateurs du pouvoir, qui le poussent
à sa perte pour attirer sur eux, en le flattant, ses regards et ses faveurs;
un petit nombre de vieillards respectables sans doute, mais qui ne vivent
que de quelques souvenirs d'école : tout le reste, qu'est-ce que c'est? Et y
a-t-il des paroles pour peindre cette ignorance et cette bassesse, ce dégoû-
tant mélange de bêtise et de morgue, de niaiserie stupide et de sotte confiance, de petites passions, de petites ambitions, de petites intrigues et
d'impuissance absolue d'esprit? Mgr, votre place n'est pas là; ne descendez
point dans cette boue, croyez-moi, elle vous tacheroit. Prenez, il en est
temps encore, des pensées plus élevées. »

Ces conseils sont très-paternels sans doute, et administrés

daus la forme la plus persuasive. On est édifié de voir un
prêtre parler sur ce ton à un archevêque; il n'y a là nulle
morgue, et ces expressions de *bêtise*, de *niaiserie*, de *stupide*,
de *sotte*, de *boue*, annoncent une raison calme et un goût dé-
licat qui relèvent la cause de M. de La Mennais.

On se rappelle qu'en citant le mandement de M. l'archevêque dans notre n° 1518, nous remarquâmes une faute
d'impression qui s'étoit glissée dans plusieurs exemplaires,
et dont on avoit averti par une circulaire expresse. Nous ne
donnâmes le mandement qu'avec la correction indiquée,
comme on le voit dans le présent volume, page 58; mais
personne n'auroit soupçonné que M. l'archevêque, qui connoît les règles de l'Eglise, et qui s'exprime toujours dans
ses mandemens avec autant d'exactitude que de dignité, eût
pu appeler l'Eglise une *secte*. Toutefois M. de La Mennais,
dans son impartialité, reproche au prélat cette expression
même, et sans tenir compte ni de la circulaire, ni de la correction, *il vous plaît*, dit-il, *d'appeler l'Eglise une secte*. Y
a-t-il dans cette remarque beaucoup d'équité et de bonne
foi?

Dans le reste de la brochure, l'auteur ne fait presque que
répéter ce qu'il avoit dit dans ses précédens ouvrages sur ce
qu'il appelle la *vérité catholique*. Il traite très-durement le
gallicanisme de doctrine *servile et impie*. On a peine à concevoir de telles exagérations. Nous ne faisons certainement
point profession d'un gallicanisme outré, nous avons déploré plus d'une fois l'abus qu'on a fait des maximes gallicanes, nous nous sommes élevé en ce genre contre des ouvrages et des systèmes qui tendoient à introduire le schisme
et l'anarchie dans l'Eglise, nous avons caractérisé nettement et les prétentions exorbitantes des parlemens, et les
écarts des jurisconsultes, et les principes dangereux même
de quelques docteurs prévenus; nous avons mérité pour
cela, dans un certain parti, le nom de *trompette de l'ultramontanisme*. Nous n'avons point rougi de cette épithète, qui
nous étoit décernée par des écrivains passionnés. Nous nous
faisons gloire de notre attachement au saint Siège, et nous
espérons marcher jusqu'à la fin dans la même route; mais
nous n'avons point flétri comme des hérésies des maximes
reçues dans une grande église, nous avons distingué les libertés gallicanes, telles que les entendoient les magistrats,

de ces libertés, telles que les expliquoient les évêques ; nous avons fait remarquer combien, en plusieurs circonstances, le clergé français, même en soutenant ses maximes, avoit montré d'attachement et de soumission à l'autorité pontificale ; enfin, jamais nous ne nous serions permis d'opposer les catholiques aux gallicans, et de dire par exemple, *les catholiques pensent ceci, les gallicans pensent cela*, comme si les gallicans n'étoient plus catholiques, et comme si de simples particuliers pouvoient aller plus loin que l'Eglise, et appliquer une qualification injurieuse à des doctrines qu'elle souffre dans son sein. Ces excès sont blâmés des plus sages ultramontains. Que résultera-t-il de ces exagérations imprudentes ? C'est que de même que l'abus qu'on avoit fait des libertés gallicanes, l'excès où on les avoit poussées, les conséquences qu'on en vouloit déduire, l'application qu'en avoient tentée les magistrats, le parti qu'avoient cherché à en tirer les ennemis de l'Eglise ; de même, dis-je, que ces abus et ces conséquences outrées avoient alarmé de bons esprits, et les avoient portés à se réfugier vers l'autorité pontificale, comme vers un puissant moyen de maintenir l'ordre et la paix dans l'Eglise, de même aujourd'hui, l'extension qu'on voudroit donner aux doctrines ultramontaines, l'exagération qu'on y mêle, l'abus qu'on en fait, les conséquences outrées qu'on en tire, sont plus propres à leur faire des ennemis que des partisans. Voilà le beau service que l'on rend à l'Eglise par ces mouvemens de zèle et par ces principes extrêmes. On effraie les hommes les plus sages, on donne aux ennemis de la religion un avantage dont ils profitent amplement, on divise les esprits, on affoiblit l'autorité véritable du saint Siège. Nous citerons, à ce sujet, une lettre d'un théologien romain, écrite en 1826, dans un temps où M. de La Mennais venoit comme aujourd'hui de sonner le tocsin ; cette lettre est d'un religieux distingué par son savoir, sa sagesse et son mérite, et est adressée à un ecclésiastique français fort estimable, qui lui avoit demandé son avis sur ces disputes :

« Vous me demandez ce que l'on pense à Rome des sorties de M............. contre le clergé de France, et ce qu'on y enseigne sur la puissance des papes de déposer les rois qui abuseroient de leur autorité. A cela, je réponds qu'il n'est peut-être pas de pays au monde où l'on soit plus réservé sur ces questions, et où on en parle moins qu'à Rome. On enseigne, il est vrai, l'infaillibilité du pape portant un jugement doctrinal en matière de foi, et parlant, comme on dit, *ex cathedrá*; mais on ne fait point un article de foi de cette infaillibilité, et on ne regarde pas comme hérétiques ceux qui la nient. Les témoignages de bienveillance que les papes ont, en toute occasion, donnés au clergé de France, prouvent leur opinion constamment favorable à ce clergé. Quant au pouvoir des papes sur le temporel des rois, je puis vous assurer qu'il n'est pas une école à Rome où il en soit question. Une thèse où l'on soutiendroit que le pape a le droit de déposer les rois, quand ils abusent de leur autorité, ne passeroit pas à la censure de Rome. Il est bien fâcheux qu'on agite ces sortes de questions en France, et qu'on les agite avec tant de chaleur dans un temps et des circonstances où tous ceux qui aiment la religion devroient réunir leurs efforts contre l'ennemi commun ; cette espèce de guerre civile est vraiment affligeante. »

Ces réflexions sont d'autant plus judicieuses, que la théorie de M. de La Mennais est sans application possible. Il convient lui-même, dans sa *Lettre* à M. l'archevêque, que l'autorité qu'il attribue au pape n'auroit d'effet qu'autant que les esprits s'y soumettroient librement. Mais qui peut espérer que, du temps qui court, on s'accorde à reconnoître une telle puissance au souverain pontife? Quelle apparence que des protestans, des gens indifférens à la religion, des hommes ennemis de ses droits les plus essentiels, aillent se soumettre à un droit douteux et contesté? N'entendons-nous pas tous les jours crier à la théocratie, lorsque l'Eglise est abattue, dépouillée, opprimée, insultée indignement? et c'est alors qu'on pourroit espérer de voir établir un système qui accorde aux papes un immense pouvoir! Avant qu'un tel système s'accrédite, il faudroit qu'il s'opérât une bien étonnante révolution dans les esprits. C'est donc perdre tout-à-fait son temps que de raisonner dans une hypothèse chimérique, et de vouloir appliquer à notre siècle une théorie si fort opposée aux idées dominantes; c'est comme si on essayoit de faire remonter un torrent vers sa source.

Enfin M. de La Mennais nous fournit lui-même un argument contre son système. Un des motifs qu'il fait valoir pour montrer la nécessité de sa théorie, c'est d'opposer un frein aux abus du pouvoir. Or, il nous dit page 38 de sa *Lettre* : *Argumenter contre un pouvoir quelconque de l'abus supposé qu'on en peut faire, est un sophisme qui ne tend à rien moins qu'à renverser toute autorité sur la terre.* Un autre sophisme, c'est de dire que, dans le système de M. de La Mennais, les papes n'auroient aucun pouvoir sur le temporel des souve-

rains, mais que, par leur autorité spirituelle, ils décide-
roient s'il y a abus dans l'exercice du pouvoir des princes.
Cette distinction, imaginée par M. de La Mennais, pour
rendre son système moins choquant en apparence, est une
idée toute nouvelle, qui ne change rien au fond, et qui dé-
guise mal les inconvéniens et la foiblesse de ce pouvoir
exorbitant qu'on attribue au pape.

Il nous reste à former le vœu que M. de La Mennais veuille
bien pardonner cette discussion *innocente* à celui auquel il a
donné dans sa *Lettre* un témoignage si aimable de souvenir
affectueux.

NOUVELLES ECCLÉSIASTIQUES.

Rome. Il a plu à la divine Providence d'écouter les vœux
des fidèles, en mettant un terme au veuvage de l'Eglise,
après 49 jours de vacance du siège, et 36 jours de conclave.
M. le cardinal François-Xavier Castiglioni, évêque de Frascati, grand-pénitencier et préfet de l'*Index*, a été élu pape
dans le scrutin du 31 mars. Sur la question qui lui a été faite
par le cardinal doyen s'il acceptoit, il a déclaré qu'il se soumettoit à la volonté divine, et il a pris le nom de Pie VIII.
M. Zucche, maître des cérémonies, dressa l'acte d'acceptation ; après quoi les deux premiers diacres, les cardinaux
Albani et Cacciapiatti, accompagnèrent l'élu dans la sacristie, où on le revêtit des habits propres du souverain pontife.
Rentrée dans la chapelle, S. S. reçut la première *obédience*
ou *adoration,* avec le baisement de main et l'embrassement
sur les deux joues. Le cardinal Galeffi, camerlingue, mit au
doigt du pape l'anneau du pêcheur, que Sa Sainteté remit à
M. Zucche pour y faire graver le nom de Pie VIII. Cependant le cardinal Albani annonça l'élection au peuple, de la
grande galerie qui donne sur la place du Quirinal. La foule
qui remplissoit la place, malgré la pluie, fit retentir l'air
d'applaudissemens, auxquels se joignirent le son de toutes
les cloches, les salves d'artillerie du château St-Ange et la
musique militaire. Le 1er avril, à dix heures, S. S. ayant,
dans son carrosse, les cardinaux della Somaglia et Galeffi,
se rendit à la chapelle Sixtine, au Vatican, où eut lieu le se-

cond hommage appelé *adoration*. Ensuite S. S., précédée de
la prélature et des cardinaux, et placée sur son siège portatif,
descendit processionnellement dans la basilique St-Pierre,
y adora le saint sacrement, se rendit ensuite au maître-
autel, et s'y assit. Le cardinal doyen entonna le *Te Deum*,
pendant lequel le nouveau pontife reçut la 3e *adoration*.

— Le pape, après avoir nommé M. le cardinal Albani secrétaire d'Etat, a confirmé M. le cardinal Pacca dans la
place de prodataire, et a nommé pénitencier M. le cardinal
de Gregorio.

Paris. Le vendredi 17 avril, il y aura une réunion pour
l'œuvre du Calvaire, dont Mme la Dauphine est protectrice.
M. l'évêque de Nanci et Toul prêchera la Passion à 2 heures
très-précises dans l'église St-Germain-l'Auxerrois. Avant le
discours, il y aura des morceaux de musique exécutés par
les élèves de M. Choron. La quête sera faite par Mme la duchesse d'Escars et Mme la marquise de Gabriac.

— Nous croyions, dans notre simplicité, que c'étoit aux
cardinaux que nous devions le choix du nouveau pape ;
point du tout, ils lui ont bien donné leurs voix, mais c'est
un ambassadeur qui a tout conduit. C'est lui qui a *déjoué
les intrigues françaises et italiennes*, et qui a *assuré le triomphe de la raison contre l'absurdité et le fanatisme*; car il faut
que vous sachiez qu'*au sein même du conclave, quelques cardinaux fanatiques avoient fait une sortie violente contre nos institutions.*, Voilà ce qu'on a lu vendredi dans un journal dé-
voué à M. de Ch., et ce qui ne peut réjouir que ses ennemis.
Assurément, on ne l'accusera pas d'avoir eu quelque part à
cette dépêche ; sa modestie bien connue, son caractère, sa
position., son tact exquis des convenances, tout le met à
l'abri d'un tel soupçon. Comment un ambassadeur, un
homme accoutumé à la politesse des formes diplomatiques,
auroit-il pu se permettre un langage digne de 1793? Comment un ministre qui a des rapports journaliers avec les cardinaux auroit-il pu les traiter publiquement de *fanatiques?*
Un homme public qui oublieroit à ce point tout ce que demandent de lui son rang et ses fonctions perdroit toute influence à Rome et ailleurs. Il ne tombe donc pas sous le
sens que l'article du journal puisse offrir la pensée d'un
homme d'un caractère aussi noble et aussi loyal que l'illustre ambassadeur. Mais cet article injurieux n'en pourra pas

anbias l'embarrasser et le compromettre. Que pourra-t-on penser à Rome de cette jactance de ses amis? N'y sera-t-on pas blessé de ces reproches insultans d'*absurdité* et de *fanatisme*? Comment sait-on que des cardinaux avoient fait *au sein du conclave une sortie violente contre nos institutions*, comme s'ils avoient eu à s'occuper d'un tel objet; et comme si *nos institutions* avoient eu le moindre rapport avec l'élection du pape? Notez que cette imputation méprisable et absurde, le journaliste lui-même n'en paroît pas bien sûr; *on prétend*, dit-il, et c'est sur un tel fondement qu'il vient flétrir des membres du sacré Collège de l'épithète de *fanatiques*. On ne peut que déplorer cette licence qui ne respecte plus rien, ni les rangs les plus élevés, ni les vertus les plus pures. Ici heureusement elle se trouve mêlée à une jactance et à des airs de triomphe assez voisins du ridicule. Ces gens qui se vantent d'avoir fait le pape par eux ou par leurs amis ressemblent un peu à la mouche de la fable, qui avoit fait arriver le coche au haut de la montagne. Une petite observation renverseroit seule les prétentions gasbonnes de l'indiscret ami; si l'ambassadeur avoit eu tant d'influence sur le choix du pape, comment se fait-il que le premier acte du pape ait été de nommer un ministre étroitement lié avec l'Autriche? Est-ce aussi par hasard le même ambassadeur qui auroit dicté ce choix? ou bien auroit-il été mystifié dans cette circonstance par ceux qu'il auroit servis? Cet échec seroit un peu humiliant pour un si habile politique, et je crois que M. de Metternich pourroit en rire un peu.

.. — Un autre article sur le conclave a paru dans un journal non moins exactement informé de tout ce qui s'y est passé. Le récit de ce journal pourra amuser un instant nos lecteurs. Vous saurez donc que le cardinal *autrichien* Albani, qui, par parenthèse, n'est point Autrichien, pouvant disposer de 15 ou 16 voix, avoit proposé au cardinal Cappellari de le faire élire, mais à deux conditions, l'une que lui, cardinal Albani, seroit secrétaire d'Etat, l'autre que les Jésuites ne seroient pas supprimés, mais qu'on leur défendroit seulement de se mêler de la politique. Le cardinal Cappellari, dit le journaliste, *homme très-éclairé, et par conséquent ennemi des Jésuites*, refusa de souscrire à de telles conditions. Le cardinal Albani se retourna donc d'un autre côté, et le *Constitutionnel* est porté à croire que le nouveau pontife a consenti à ces conditions. Ce petit conte n'est qu'un réchauffé de ce qu'on a débité sur d'autres conclaves, et ces pactes prétendus sont de ces anecdotes qui traînent depuis long-temps dans les écrits des protestans et des ennemis du saint Siège. Mais pour en revenir au récit du *Constitutionnel,* le plaisant est que le cardinal Albani, qui tout à l'heure ne vouloit un pape qu'à condition de ne pas supprimer les Jésuites, et qui abandonnoit le cardinal Cappellari à cause de son refus de se soumettre à cette condition; le cardinal Albani, dis-je, se trouve, à la fin du même article, être tout-à-fait contraire aux Jésuites. Il a été effrayé de leurs vues et de leurs prétentions, si bien que sa nomination plaît aujourd'hui au journaliste. Mais comment a-t-il changé si subitement? C'est qu'il a été sans doute révolté d'une intrigue des Jésuites. Imaginez que ces gens-là correspondoient du dehors avec quelques membres du conclave, et que, pour s'entendre, ils avoient disposé dans les jardins du palais de Monte-Cavallo *de petits linges en manière de télégraphe.* Le conclave s'en est plaint, et le provincial des Jésuites a écrit au sacré Collège *en termes peu convenables.* Et l'on vous raconte sérieusement de telles pauvretés! et il se trouvera des lecteurs assez bons pour ajouter foi à ces rapsodies! Mais ce qui passe toute croyance, c'est que le *Constitutionnel* incline à penser que ce sont ces *petits linges* qui sont cause de l'élection du cardinal Castiglioni. Ce dernier trait est digne en effet de tout ce qui précède, et tout ce récit est de la plus heureuse vraisemblance. Ces *petits linges,* qui ont de si grandes suites, qui font changer les cardinaux, qui font perdre aux Jésuites leur crédit, qui font nommer un pape, ce sont là de ces anecdotes précieuses qui expliquent tous les évènemens, et que l'histoire recueillera.

— Le 24 mars, M. Gomez Labrador, ambassadeur d'Espagne à Rome, avoit eu son audience du sacré Collège, et avoit eu l'honneur de le complimenter. Nous croyons devoir donner son discours. Il n'y est point question, à la vérité, des besoins du siècle, des progrès de la raison et de la marche de la civilisation; mais le noble ambassadeur s'y montre franchement religieux, et y tient le langage qui convenoit à ses sentimens personnels et à ceux de son souverain. M. Labrador est déjà connu par la mission honorable qu'il remplit, il y a 30 ans, auprès de Pie VI, et par les soins qu'il rendit à ce pontife malheureux. Son discours ne sera pas loué par les journaux de la révolution ; mais c'est un nouveau titre qu'il aura à l'estime de tous les gens de bien :

« J'ai l'honneur de présenter à VV. EE. les lettres de créance d'ambassadeur extraordinaire du roi, mon auguste souverain, auprès du sacré Collège réuni en conclave, et la lettre par laquelle S. M. répond à celle qui lui annonçoit la perte inattendue du saint Père Léon XII, de pieuse mémoire. S. M., pour me donner cette nouvelle preuve de sa confiance royale, s'est rappelée sans doute, plus que mon zèle pour son service, cette rare circonstance que j'ai résidé près de trois pontifes souverains comme ministre et comme ambassadeur, et que j'ai eu le bonheur de pouvoir adoucir le dur esclavage de Pie VI, et de rendre quelques services politiques à Pie VII, deux pontifes de vénérable et éternelle mémoire. S. M. m'ordonne de faire part au sacré Collège de la profonde douleur dont elle fut pénétrée en recevant la funeste nouvelle de la mort du père commun des fidèles.

» La lettre de S. M. le fait connoître avec plus de dignité et de force que je ne pourrois le faire. S. M., qui, si elle ne portoit pas le titre de roi catholique comme attribut de sa couronne, l'auroit acquis par son zèle et par ses vertus, vénéroit le défunt pontife comme chef visible de l'Eglise, et entretenoit avec lui une correspondance amicale, dans laquelle elle trouvoit, non-seulement la consolation, mais encore les conseils dont les souverains de cette époque ont tant besoin. Heureusement, la nation magnanime, confiée par la Providence au gouvernement de S. M. C., a été dans tous les temps constante et invariable dans sa loyauté, et aussi prodigue de la vie pour conserver intacte la seule religion qu'elle professe, que pour défendre les droits de son roi, et pour augmenter le riche trésor de gloire immortelle dont il a hérité de ses ancêtres.

» Au milieu de son affliction, S. M. tourne les yeux vers la capitale du monde chrétien, et voit, dans le grand sénat des princes de l'Eglise, le prompt remède à la calamité qu'elle a éprouvée. VV. EE. ne tarderont pas sans doute à y remédier, en nommant un pontife qui unisse aux vertus de pasteur suprême les qualités d'un souverain qui, dans l'administration du gouvernement temporel, puisse servir de modèle aux autres, et qui, facile à accorder ce qui est juste, oppose en même temps, avec sa fermeté évangélique, une digue insurmontable aux mauvaises doctrines qui, sous le faux nom d'idées généreuses, détruisent dans leurs bases les trônes de l'Europe, pour précipiter avec eux les nations dans l'ignominie et le sang. C'est ainsi que gémit une autre partie du monde, très-heureuse pendant qu'elle conservoit dans leur pureté la religion et la fidélité, qui sont des produits naturels du sol espagnol, et qui seules pourront sauver ces régions de l'abîme des révolutions continuelles.

» Ayant rempli la mission de mon auguste souverain, que VV. EE. me permettent de leur faire connoître mon profond respect pour le sacré Collège et pour chacun de ses membres, et que je me recommande à leurs prières et à leur bienveillance. »

M. le cardinal Arezzo, qui répondit à l'ambassadeur, le fit dans les termes les plus honorables pour ce ministre, et loua surtout le zèle et la piété du roi.

NOUVELLES POLITIQUES.

PARIS. Toute l'école des matérialistes est en travail pour découvrir l'origine de l'espèce humaine ; car il paroît que l'on commence à convenir qu'elle vient de quelque part. Mais comme il ne faut pas qu'elle vienne de Dieu, les disciples du docteur Broussais ont trouvé, à force de recherches, que nous descendons des chauve-souris. Par où l'on voit que nous n'avons pas trop perdu en chemin, et que, si nous avons appartenu autrefois aux petites espèces d'animaux, nous avons aujourd'hui de quoi nous en consoler, en voyant l'école de M. Broussais reconnoître en nous un immense perfectionnement. De la chauve-souris à l'homme, il y a un peu loin ; et le chemin que nous avons fait nous donne l'espoir que notre espèce s'améliorera encore, et parviendra, par exemple, à ne pas mourir. C'étoit aussi l'espoir de Condorcet, quelques mois avant qu'il mourût de faim, de misère et de désespoir dans les carrières de Montrouge.

— A l'occasion de l'anniversaire du 12 avril, le Roi a reçu les félicitations de LL. AA. RR., des grands-officiers de sa maison, des ministres, de M. l'archevêque de Paris, des députations des deux chambres, du corps municipal et des officiers de la garnison. Le soir, les édifices publics et beaucoup de maisons ont été illuminés.

— Le Roi a bien voulu, sur la demande de M. le baron des Etangs, sous-préfet de Villeneuve-d'Agen, donner une somme de 1000 fr. pour contribuer à la réédification des écoles chrétiennes gratuites qui avoient été incendiées l'année dernière par le feu du ciel.

— Le Roi a envoyé 500 fr. à Mme Genty de Bussy, l'une des dames chargées de la quête pour l'école de charité et les pauvres de la paroisse Saint-Denis, au Marais.

— M. le vicomte de Labriffe ayant fait connoître au Roi le mauvais état des cloches d'Arcis-sur-Aube, S. M. a daigné accorder pour leur réparation une somme de 500 fr.

— M. Salleron, tanneur, qui a siégé quelque temps à l'extrême gauche de la chambre des députés, vient d'être nommé adjoint au maire du douzième arrondissement de Paris.

— M. le ministre de l'instruction publique, en exécution de l'ordonnance qui crée à la faculté de droit de Paris une chaire d'histoire du droit, et une chaire du droit public et du droit des gens, vient de nommer, pour occuper ces chaires, MM. Poncelet, professeur-suppléant à la faculté, et Royer-Collard, docteur en droit.

— M. Boissonade, membre de l'Académie des inscriptions et belles-lettres, est nommé professeur de littérature grecque au collège royal de France, en remplacement de feu M. Gail.

— Une dame recommandable par sa piété et par son zèle pour les bonnes œuvres, est morte, le 13 mars, à Nice, où elle s'étoit rendue pour essayer de rétablir une santé chancelante : c'est Mme la marquise de Latour-du-Pin-Montauban, fille unique de M. le maréchal de Vioménil. Elle avoit rendu les plus tendres soins à ce vénérable vieillard, qu'elle avoit eu la douleur de perdre il y a deux ans. Elle étoit trésorière de la société pour le soulagement et la délivrance des prisonniers, et prenoit part à d'autres bonnes œuvres. Sa perte est d'autant plus douloureuse, qu'elle n'étoit point avancée en âge, et qu'elle auroit pu rendre encore des services à la société et aux malheureux : Mme de Latour-du-Pin n'avoit que quarante-quatre ans. C'est d'elle que nous tenions les détails que nous avons donnés dans le temps sur la mort du maréchal de Vioménil.

— M. le comte de Boissy, ancien agent diplomatique, est de retour de la mission dont il avoit été chargé auprès de l'ambassadeur de France à Rome pendant la tenue du conclave.

— La gabarre de S. M. l'*Astrolabe*, commandée par M. Dumont d'Urville, qui vient de faire le tour du globe avec la mission de rechercher les traces de Lapeyrouse, est arrivé le 25 mars à Marseille.

— L'empereur de Maroc a remis à l'escadre autrichienne les prisonniers qu'il avoit faits à cette nation; mais il a, dit-on, chassé le chargé d'affaires napolitain, en exigeant un tribut du roi des Deux-Siciles.

— L'ambassadeur de Russie en Perse a été assassiné à Téhéran le 12 février, à la suite d'une émeute occasionnée par une rixe avec ses gens. La populace envahit son hôtel, et massacra toutes les personnes de la légation; à l'exception du premier secrétaire, qui seul put échapper au carnage. Le schah arriva trop tard sur les lieux avec son fils et son armée. Désolé d'une telle catastrophe, et impatient de donner toute satisfaction à la Russie, il a ordonné aussitôt un deuil général de huit jours, et a envoyé un de ses fils avec le kaïmacan auprès du général Paskewitsch, pour lui témoigner ses regrets.

CHAMBRE DES DÉPUTÉS.

Le 10, d'après la décision prise la veille par la majorité, MM. Clément et de Sade font un rapport de pétitions.

Le sieur Charles Lucas, avocat à Paris, demande qu'afin de prévenir les crimes, on alloue une plus forte somme pour l'instruction primaire, et qu'on introduise un système pénitenciaire dans les pensions. MM. Delaborde et Thouvenel appuient cette pétition, ainsi que M. Pelet, qui se plaint, à cette occasion, qu'on prenne tant de précautions pour s'assurer des principes des instituteurs. Le renvoi aux ministres de l'instruction publique, de l'intérieur et de la justice, proposé par la commission, est ordonné.

Le sieur Vertou, à Bibiche (Moselle), demande la révocation du maire de cette commune, à raison des réparations qu'il a fait exécuter, à l'église et au presbytère. Ordre du jour.

113 des 700 habitans de Lalonde (Seine-Inférieure), se plaignent de M. l'abbé Partie, desservant de cette commune, pour ses sermons, des refus de sacrement, et des concussions, et sollicitent sa destitution. La commission propose le renvoi au ministre des affaires ecclésiastiques. M. Petou dit qu'il a essayé en vain de calmer le caractère de M. Partie, et il ne peut lui pardonner d'avoir dit en chaire que le pouvoir spirituel étoit au-dessus du pouvoir temporel.

M. l'évêque de Beauvais ne voit pas comment on vient diffamer, devant la chambre, un ecclésiastique sans doute respectable. Son Exc. annonce que lorsque M. Petou est venu au ministère faire d'abord ces plaintes, elle lui a répondu qu'elle ne pouvoit révoquer un succursaliste, mais qu'elle en écriroit à M. l'archevêque de Rouen. Ce prélat, ayant fait une enquête, a trouvé des motifs d'excuse pour quelques faits, et aucun sujet de blâme pour les autres. Au reste, il y a un appel comme d'abus, et le conseil d'Etat est saisi de l'affaire; on doit donc attendre que l'autorité compétente ait prononcé. S. Exc. ajoute qu'il seroit superflu de lui renvoyer la pétition. D'ailleurs, il faut y prendre garde; en accueillant de semblables plaintes, on décourage les pasteurs. Les fonctions du saint ministère ne sont pas dans les attributions de la chambre, et ne peuvent être soumises à son examen.

M. Thil soutient que l'autorité du ministre ne doit pas rester impuissante en pareil cas. MM. Amat, de la Boulaye, de Formont rappellent que la chambre n'a point à s'occuper de semblables plaintes; les pétitionnaires ont trois recours suivant le cas, à l'archevêque, aux tribunaux et au conseil d'Etat. Pourquoi donc écraser un homme qui ne peut se défendre ici? N'est-il pas plus juste de laisser l'affaire suivre son cours au conseil d'Etat? MM. Duvergier de Hauranne et Méchin reviennent sur les griefs imputés à M. l'abbé Partie. M. de la Bourdonnaye montre que l'on s'éloigne de la marche constitutionnelle. La chambre ne doit se prononcer sur une réclamation que lorsque le ministre n'a pas fait son devoir. On veut donc aujourd'hui tracer à M. Feutrier ce qu'il doit faire en discutant l'affaire devant lui. M. Dupin aîné combat cette question préjudicielle. M. l'évêque de Beauvais, répondant à quelques reproches, déclare qu'il ne met ni mollesse, ni timidité dans ses devoirs. L'affaire n'a éprouvé aucune lenteur, et sous peu de jours elle doit être jugée. M. de la Bourdonnaye s'oppose de nouveau au renvoi, puisque le conseil d'Etat n'a pas encore prononcé, et qu'il n'y a pas de déni de justice. L'ordre du jour est mis aux voix, et soutenu seulement par le côté droit et une partie du centre droit; il est rejeté. Le renvoi est prononcé.

Le sieur Quiclet demande l'intervention de la chambre pour qu'il lui soit permis de mettre en cause M. le président Amy, comme s'étant fait inscrire indûment en 1827 sur les listes électorales de Paris. La commission propose l'ordre du jour, attendu que le pétitionnaire pourvoit se pourvoir devant les tribunaux. MM. Dupont (de l'Eure) et de Schonen appuient la pétition. M. de Montbel défend le magistrat inculpé, et M. le préfet de la Seine. M. de Chabrol donne ensuite des explications satisfaisantes sur l'affaire, et l'ordre du jour est adopté à une grande majorité.

Le sieur Franque, avocat à Paris, demande l'abrogation de la loi sur le sacrilège, que le jury se refuse à appliquer. M. de Pina réclame l'ordre du jour, en se plaignant de ce qu'on vienne ainsi si scandaleusement, et contre l'initiative royale, demander l'abrogation d'une loi; la dignité de la chambre elle-même est intéressée à ce qu'elle ne devienne pas l'écho des déclamations séditieuses et impies. M. Thouvenel parle au milieu du bruit. Plusieurs membres de la gauche demandent le renvoi de la discussion au lendemain, ce qui ne seroit pas encore arrivé pour des pétitions. La clôture est prononcée malgré la gauche. L'ordre du jour, soutenu par les deux parties de la droite, est déclaré rejeté après deux épreuves douteuses. Le simple dépôt au bureau des renseignemens, proposé par la commission, est adopté par une majorité formée des deux sections de la gauche et d'une partie du centre droit.

Le 11, sur le rapport de MM. de Panat et Caumartin, la chambre prononce l'admission de MM. Thomas et Rodet, élus à Marseille et à Trévoux.

MM. Laffite, Daumant et Humblot font un rapport de pétitions qui ne présentent pour la plupart aucun intérêt.

La chambre passe à l'ordre du jour sur des pétitions qui demandent que les places des receveurs-généraux soient mises en adjudication au rabais ; que des communes des Basses-Pyrénées soient remboursées de fournitures faites en 1813 ; qu'il soit établi un autre système de loterie. Elle ordonne le renvoi aux ministres du commerce et des finances d'une réclamation de primes pour l'exportation des tissus faits avec des laines étrangères, et le dépôt au bureau des renseignemens d'un projet de création de banque départementale, et d'une demande en révision des lois sur la contrainte par corps.

Des habitans de Wasselone (Bas-Rhin) reprochent des actes arbitraires et des concussions à leur maire. Renvoi au garde-des-sceaux, à la demande du ministre de l'intérieur lui-même, qui s'est assuré de la fausseté de ces faits, allégués par pure vengeance, mais qui désire qu'il soit fait justice des dénonciateurs.

Les sieurs Ternaux père et fils, négocians à Paris, fondés de pouvoir des propriétaires du navire espagnol *la Velox Mariana*, capturé avant les hostilités avec l'Espagne en 1823, réclament la valeur du bâtiment et de ce qu'il contenoit. M. Portalis expose que cette prise n'a rien de contraire au droit des gens, et que le capitaine du *Jean Bart* n'a fait que son devoir en l'opérant. La *Mariana* a été capturée pour avoir refusé de répondre aux questions qui lui étoient adressées, et avoir, au contraire, tiré un coup de canon sur le vaisseau du Roi. Au surplus, des négociations sont entamées avec S. M. C. au sujet des bâtimens qui ont souffert de cette guerre, et chacun obtiendra justice. Après de nouvelles observations pour et contre la pétition par MM. Ternaux et Hyde de Neuville, la majorité se prononce pour le renvoi aux ministres des affaires étrangères et des finances.

Nous sommes forcé de renvoyer au numéro prochain la séance du 13.

Jusqu'ici on nous avoit parlé de l'*omnipotence* du jury sans la bien définir ; aujourd'hui voilà que l'on vient d'expliquer, de professer, de soutenir cette doctrine. La *Gazette des tribunaux* du 26 mars nous rendoit compte de deux affaires assez importantes qui avoient été portées à la cour d'assises de Perpignan, aux audiences du 12 et 16 mars. Il s'agissoit de gens prévenus de vol ; dans la première affaire, l'avocat a exhorté les jurés *à user de l'omnipotence que la loi leur accorde*, et à *prononcer un verdict d'absolution*. Sur quoi le président des assises, M. de Lunaret, fit observer que le mot *verdict* n'étoit point français, et que celui d'*omnipotence* étoit un *mot* douteux, qui, depuis quelques temps, jouissoit d'une vogue éphémère. L'omnipotence du jury, ajoute-t-il, est une monstruosité qui doit être réprouvée par tous les bons esprits.

L'avocat ne se tint point pour battu, et à l'audience du 16 mars, plaidant encore pour un autre homme accusé de vol, il invoqua de nouveau l'omnipotence du jury. Le président l'invita à rentrer dans la cause, et à laisser là une doctrine qui y est étrangère. L'avocat eut peine à déférer à cette invitation, qui, selon lui, entravoit la défense, et il conclut son plaidoyer en exhortant les jurés à faire un légitime usage de leur omnipotence, et à prononcer un verdict d'absolution. Le président, dans son résumé, s'éleva de nouveau contre la doctrine de l'omnipotence; ce n'étoit là, dit-il, qu'un système que des idéologues pouvoient bien développer dans leurs écrits, mais qui, dans la pratique, ne pourroit qu'égarer les jurés en les détournant des devoirs que la loi leur a tracés. Les flatteries de l'avocat ont plus touché les jurés que les conseils judicieux du président : l'accusé a été renvoyé absous. La Gazette des tribunaux, non-seulement approuve cette décision, mais développe la doctrine de l'omnipotence du jury.

« Cette omnipotence, dit-elle, est inhérente à l'institution. Les jurés ne sont point interrogés seulement sur la matérialité du fait, mais aussi sur la criminalité, et alors même que les faits sont constans, ils peuvent, en appréciant la culpabilité, prononcer un verdict d'absolution, si la cause présente des circonstances atténuantes... La loi fait aux jurés un devoir de ne consulter que leur conscience; ils peuvent donc, ils doivent même prononcer l'absolution de l'accusé, bien qu'il soit l'auteur du fait incriminé, toutes les fois que leur conscience, à raison des circonstances qui auront accompagné l'action, répugnera à prononcer une condamnation. » La Gazette justifie aussi le mot verdict; « ce mot, dit-elle, est nécessaire à notre langue; les mots décision, sentence, jugement, paroissent insuffisans pour désigner les réponses d'un jury, car ils n'emportent pas avec eux l'idée d'une vérité absolue. Le mot verdict, au contraire, dérivé de deux mots latins, veré dictum, est l'expression la plus propre à caractériser les décisions du jury, ne sont que la vérité même. »

Voilà une théorie tout-à-fait nouvelle et fort simple. Les jurés ne sont point obligés de juger suivant la vérité et la justice; ils peuvent, ils doivent juger suivant leurs répugnances. Leurs décisions sont la vérité même. Un accusé s'avoue coupable, sa culpabilité est prouvée par tous les témoignages; n'importe, les jurés, s'ils ont de la répugnance à le condamner, peuvent et doivent déclarer qu'il n'est pas coupable, et alors cette déclaration, quand elle seroit démentie par l'évidence, est la vérité même. Cette théorie orgueilleuse et immorale peut éblouir un moment des esprits ignorans et présomptueux, qui auront la foiblesse d'être flattés du pouvoir qu'on leur décerne; mais tout ce qu'il y a d'hommes sages, justes et droits ne doivent-ils pas être révoltés de ce renversement de toutes les idées, de ces prétentions superbes, de cette insulte hautaine à toutes les notions de justice et de vérité? N'est-ce pas là la confusion des langues? et ne peut-on pas appliquer à un tel système ce que disoit Isaïe de ceux qui appellent le mal un bien et le bien un mal; væ qui dicitis malum bonum et bonum malum?

Le Gérant, ADRIEN LE CLERE.

✠✞✞

Extraits du Mandement de M. l'évêque de Belley pour le carême.

Nous aurions quelques excuses à faire pour présenter si tard des extraits d'un mandement publié à l'occasion du carême, si ces extraits avoient quelques rapports avec le carême ; on verra bientôt que le passage que nous citons est totalement indépendant de cette circonstance : mais ce passage nous a paru une excellente réponse aux déclamations des ennemis du clergé. Les sages réflexions du prélat s'appliquent très-bien aux circonstances actuelles, et ne peuvent que faire une forte impression sur les esprits droits et sur ceux qui cherchent réellement la vérité :

« Après avoir entendu pendant long-temps les déclamations les plus violentes contre le clergé, contre la religion catholique et tous les établissemens qui se lient plus ou moins à son existence, vous étiez édifiés, sans doute, du silence et de la patience inébranlables dont les ministres de cette religion sainte vous donnoient l'exemple, lorsque tout à coup la voix de l'épiscopat tout entier s'est fait entendre, non pour demander justice contre ses ennemis, mais pour porter au pied du trône d'humbles représentations, et signaler au pieux monarque qui nous gouverne le danger que pourroient présenter quelques mesures nouvelles relatives à l'enseignement. Mais si cette démarche éclatante a réveillé votre attention et excité votre étonnement, quel sentiment avez-vous éprouvé lorsque vous avez vu les ennemis de la religion et du clergé donner à cette conduite respectueuse, sage et mesurée, le caractère de l'insubordination et de la révolte, quand vous les avez entendus multiplier leurs déclamations, et conseiller d'ajouter aux mesures violentes qu'ils avoient suggérées des mesures plus violentes encore ; quand vous avez vu quelques hommes vertueux, attachés à la religion, partager un instant les injustes préventions de ses ennemis, et sans approuver des dispositions que la prudence et la justice repoussoient également, blâmer vos premiers pasteurs de ce qu'ils ne se prêtoient pas aveuglément et en silence à tout ce qu'on exigeoit d'eux, malgré le cri de leur conscience, malgré le devoir qui leur est imposé de veiller sur la perpétuité du sacerdoce, et sur le droit qu'il a reçu d'*enseigner toutes les nations au nom du Père, du Fils et du Saint-Esprit?* S'il falloit croire et les ennemis déclarés de la religion et les apôtres de l'indifférence, les prédicateurs de l'Evangile devroient éviter avec le plus grand soin tout objet de controverse et de contradiction. C'est attiser le feu, disent-ils, que de travailler à l'éteindre ; c'est trop que de répondre une fois à des hommes qui, tous les jours, se permettent les impiétés les plus grossières, et les impostures les plus hardies contre le clergé et contre l'Eglise catholique. Vainement nous citerions l'exemple des Irénée, des

Justin, des Tertullien, des Grégoire, des Athanase, des Augustin, des Hilaire de Poitiers, et de tant de saints évêques qui, dans tous les temps, ont opposé à l'erreur des apologies, des instructions, des mandemens, des lettres pastorales, pour en arrêter les progrès et pour empêcher le scandale des foibles. D'après les hommes du jour, c'est nous qui avons tort de veiller sur le troupeau qui nous est confié, de combattre les loups qui veulent le dévorer et le perdre; peu s'en faut qu'on n'aille jusqu'à blâmer les martyrs, les apôtres et J. C. lui-même, d'avoir troublé les consciences en travaillant au renversement de l'idolâtrie et de toutes les erreurs criminelles qui en étoient la suite.

Vous avez été déconcertés, N. T. C. F., par tant de contradictions; des doutes et des incertitudes se sont élevés dans votre esprit, et ont donné lieu à une foule de réflexions et de demandes.

Accoutumés à voir vos pasteurs uniquement occupés de leurs devoirs, prêchant sans interruption la paix et la soumission aux lois, ne parlant presque jamais des intérêts de la terre, qu'autant qu'ils se lient avec ceux du ciel, vous demandez pourquoi ils sont accusés de former un parti en France, *parti-prêtre*, pour employer l'expression odieuse dont on se sert, qu'on voudroit faire regarder comme ennemi de nos institutions civiles, comme disposé à favoriser un régime qui n'est plus, qui ne peut plus être, qui seroit en opposition avec tous les devoirs présens du chrétien, avec le respect et la soumission que nous devons au souverain légitime que la Providence nous a rendu, et autour duquel le clergé voudroit pouvoir ramener tous les cœurs. Comment se fait-il, dites-vous, qu'on accuse les prêtres de tout diriger et d'être partout, tandis qu'on ne les voit nulle part dans l'action du gouvernement, tandis qu'ils sont éloignés de toutes les administrations, qu'ils ne témoignent aucun désir d'en faire partie, malgré les souvenirs honorables qu'ils pourroient invoquer? Nous voyons les ennemis du clergé, nous les entendons, nous sommes témoins de leurs associations, du mouvement qu'ils se donnent pour influencer le pouvoir et en diriger les opérations, et ce sont eux qui se plaignent, et qui accusent le clergé des manœuvres dont ils sont évidemment seuls coupables!

Accoutumés à voir toutes les pages de l'histoire fournir des monumens authentiques des lumières du clergé, de son influence sur les progrès des sciences et des arts, vous demandez pourquoi on voudroit persuader à vos enfans que c'est le clergé qui travaille à faire revivre l'ignorance et la barbarie, tandis que ses institutions, ses travaux et ses sacrifices ont si puissamment contribué, et contribuent encore à détruire l'une et l'autre.

Accoutumés à croire, d'après le bon sens et l'expérience, que les maisons d'éducation méritent d'autant plus la confiance des parens, qu'on y voit régner plus d'attachement à la religion, principe puissant pour maintenir l'ordre, l'application, les bonnes mœurs et la subordination, vous demandez pourquoi les maisons les plus nombreuses, les plus régulières, celles où l'on n'a jamais vu de coupables insurrections, qui présentent plus de garanties, comme étant sous la conduite des premiers pasteurs, ont été dénoncées et poursuivies avec un acharnement qui tenoit de la fureur, pourquoi les unes ont été fermées et dispersées au grand déplaisir des parens vertueux, les autres sont devenues tout à coup l'objet d'une surveillance outrageante, qui nous met dans la triste nécessité de repousser vos enfans des saints asiles que vous aviez choisis pour leur procurer une éducation peu coûteuse, et qui vous offroient le double avantage de les voir avancer en même temps dans les sciences et dans la pratique des vertus. Vous demandez pourquoi, par la contradiction la plus étrange, on veut d'un côté favoriser les lumières, et de l'autre on paralyse les établissemens qui les répandent avec plus d'efficacité, en les mettant à la portée de plus de monde, en ne les répandant que par zèle pour le bien public, et sans aucune vue d'intérêt temporel. Vous demandez pourquoi, dans un moment où un grand nombre d'anciennes paroisses sont encore sans pasteur, on tend à diminuer le nombre des ecclésiastiques, tandis qu'on ouvre une ample carrière à l'industrie, à la médecine, au droit civil, aux sciences humaines de tous les genres.

Accoutumés à entendre proclamer hautement les droits inviolables de la liberté et de l'égalité promis et assurés à tous les Français sans distinction, droits qui leur assurent l'espoir d'arriver à tous les emplois lorsqu'ils ont acquis les connoissances suffisantes pour les remplir; droits qui laissent à chacun la liberté de ses pensées, de ses affections, de son culte, de ses opinions, et même de toutes ses actions, quand elles ne sont pas opposées à une loi positive; vous demandez en vertu de quelle loi il est défendu d'appartenir à une association religieuse, uniquement parce qu'elle est catholique, en vertu de quelle loi on frappe d'incapacité quelques Français, sans autre crime que celui d'appartenir à ces associations approuvées par la religion de l'Etat, tandis qu'on laisse jouir de la plénitude de leurs droits et d'une entière liberté de conscience les membres des associations de commerce, d'industrie, d'agriculture, de science, de politique, d'opposition à la religion et autres, quoique non légalement autorisées.

Accoutumés à voir que partout, mais particulièrement dans les campagnes, les congrégations ou associations religieuses se composent de tout ce qu'il y a de plus distingué dans les deux sexes par la probité, la régularité de mœurs, la charité envers les pauvres et tous les malheureux, la soumission à toutes les lois de l'Eglise et de l'Etat, vous demandez pourquoi ces associations catholiques sont l'objet d'une haine persévérante qui les poursuit sans ménagement, et les signale à toute la France comme des foyers de conspirateurs et d'ennemis du bien public, tandis que c'est à ces associations qu'on doit cette foule d'établissemens de charité et d'instruction dont les ruines couvrent la France, et troublent peut-être encore la conscience de ceux qui les ont détruits.

Pour répondre à tant de questions, N. T. C. F., on vous dit que c'est à tort que le clergé se plaint et crie à la persécution, qu'on ne veut qu'arrêter son ambition et ses envahissemens, qu'on veut le forcer à ne s'occuper que de ses devoirs, mais que, du reste, on sent la nécessité de la religion, et l'obligation d'investir le sacerdoce de toute la considération dont il a besoin dans les augustes et importantes fonctions dont il est chargé. Voilà ce que l'on dit. Mais le bon sens vous inspire aussitôt de demander de quel droit on veut mettre des bornes au pacte fondamental de la société, quelle est la loi qui exclut les membres du clergé des avantages attachés au gouvernement représentatif. Vous demandez s'il n'est pas à craindre qu'en provoquant l'arbitraire et le despotisme sur un point, on ait bientôt à le redouter sur plusieurs autres.

On veut arrêter l'ambition et l'envahissement du clergé! vous ne demandez pas où sont les preuves de cette ambition et de cet envahissement dans un moment où les prêtres sont éloignés de toutes les fonctions civiles, et où les pasteurs ont à peine l'absolu nécessaire pour vivre; mais vous demandez ce qui ar iveroit, si, pour empêcher l'ambition et l'envahissement des magistrats, des militaires, des hommes de lettres, des négocians, des industriels de toute espèce, on les abreuvoit de calomnies et d'outrages. Si on torturoit l'histoire et même la langue pour leur donner des dénominations flétrissantes, si on les signaloit à l'opinion publique comme les ennemis de l'Etat et les perturbateurs de la société, si on relevoit avec affectation et avec exagération les fautes les plus légères, croiroit-on les environner de considération et de respect? Ne se regarderoient-ils pas comme persécutés, et n'est-il pas évident qu'ils auroient le droit de laisser échapper quelques plaintes?

On a osé vous dire que l'ordre légal exigeoit la conduite qu'on tient envers le clergé et les congrégations religieuses; mais alors vous demandez, avec plus d'instance, si l'ordre légal ne peut être établi que sur le mensonge, la calomnie et les violences; vous demandez si la religion catholique est exclue de l'ordre légal, quoique formellement reconnue comme religion de l'Etat; vous demandez si le moment approche où le règne de l'arbitraire et du despotisme va commencer au nom de la liberté et de l'égalité, si la dispersion des congrégations religieuses d'hommes ne sera pas bientôt suivie de la douce et philosophique persécution qui arracha de leurs saints asiles les vertueuses colombes qui y passoient leur vie dans la retraite et l'innocence; vous demandez si les promesses et les sermens vont être une seconde fois le prélude de la dispersion des prêtres, de l'abolition du culte, de la destruction des églises, du renversement des clochers, et autres désordres trop peu éloignés de nous pour être oubliés.

Ici, N. T. C. F., nous nous hâtons de vous répondre qu'il ne faut point se livrer à de si funestes pressentimens; que c'est à tort que les fidèles s'alarment à ce point, surtout dans les campagnes; qu'à la vérité, il se trouve encore des hommes assez pervers pour désirer tous ces bouleversemens: propagateurs des principes de ceux qui les ont opérés la première fois, ils se constituent à chaque instant leurs défenseurs et leurs apologistes, ils vantent sans cesse leurs ouvrages, et les répandent avec profusion; héritiers de leur haine contre la religion catholique, ils seroient encore disposés à l'*écraser* et à *décatholiser la France,* selon le langage de leurs maîtres et de leurs devanciers, si la chose étoit en leur pouvoir.

Ne nous demandez pas où sont ces ennemis acharnés de la religion catholique; il ne nous convient pas de les désigner, mais ils vont peut-être se dénoncer eux-mêmes par de nouvelles déclamations contre vos pasteurs. Au lieu de voir dans nos instructions le cri de la foi de nos pères qui se plaint d'être abandonnée et outragée par une partie de ses enfans, ils vous feront entendre contre nous des accusations de fanatisme, d'aristocratie, de parti-prêtre, d'ultramontanisme, de jésuitisme, et autres expressions vides de sens, dont on se sert depuis quelques années pour abuser et tromper la France; au lieu de voir dans nos instructions l'accomplissement de l'obligation qui nous est imposée de conserver l'intégrité du dépôt qui nous a été confié par notre divin maître, intégrité qui nous est garantie par l'assentiment et les habitudes de la grande majorité de la nation, et par les lois fondamentales du royaume, vous les entendrez crier à l'ambition, à l'envahissement, au despotisme sacerdotal, et autres déclamations dont la société, le bon sens et l'expérience devroient enfin faire justice; au lieu de voir dans nos instructions l'usage légitime de cette liberté d'écrire qu'ils réclament avec tant d'instance, et dont ils usent si largement, ils provoqueront contre nous toute la sévérité des lois qui existent, et de celles qui n'existent pas : car telle est leur manière d'entendre la liberté, qu'ils n'en veulent que pour eux, et ne manqueroient pas d'exercer la censure la plus sévère, et de prendre les mesures les plus efficaces contre les écrivains qui leur disent la vérité, si le pouvoir étoit entre leurs mains. »

NOUVELLES ECCLÉSIASTIQUES.

Rome. Le Pape Pie VIII a nommé secrétaire des mémoriaux M. le cardinal Pedicini; préfet de l'*Index*, M. le cardinal Caprano, et légat de Bologne, M. le cardinal Bernetti. M. le cardinal Arezzo est confirmé pour trois autres années dans la place de légat de Ferrare. S. S. a confirmé également dans les charges de sa maison plusieurs de ceux qui y avoient été nommés par son prédécesseur.

— Le 2 avril, on a chanté un *Te Deum* dans toutes les églises de Rome pour l'exaltation du pape; le soir, les palais étoient illuminés.

— Le couronnement du pape aura lieu le dimanche 5 dans la basilique de Saint-Pierre. Un avis de M. le cardinal Zurla annonce une indulgence plénière pour ce jour. Le samedi, en mémoire de la fête, et par anticipation, M. Soglia, archevêque d'Ephèse et aumônier de S. S., a fait, dans la cour du Vatican, l'aumône d'un *paolo* par tête à tous les pauvres de la capitale.

— Le 3 avril, le roi de Bavière est allé rendre visite au saint Père au palais Quirinal.

Paris. Le mercredi saint, un peu avant huit heures du matin, le Roi, M. le Dauphin, Mme la Dauphine et Madame sont montés dans une même voiture pour se rendre à Saint-Germain-l'Auxerrois. Les officiers de leurs maisons les suivoient dans dix voitures. Le Roi a été reçu à la porte de l'église par M. le curé et par le maire du 4e arrondissement M. l'évêque d'Hermopolis a célébré la messe, et a donné la

communion au Roi et à LL. AA. RR. M. le Dauphin et deux
aumôniers du Roi tenoient la nappe de communion pour
S. M. Les officiers de M. le Dauphin et les dames des prin-
cesses ont rempli la même fonction pour leur communion.
Un nombre considérable de fidèles étoit venu pour être témoin de cet acte religieux, où la piété du Roi et de la famille royale se montrent d'une manière si consolante. Après
une messe d'actions de grâces, célébrée par M. l'abbé Per-
reau, le Roi et son cortège sont retournés aux Tuileries.

— La cérémonie de la Cène a eu lieu au château le jeudi
matin, suivant l'usage. On avoit érigé un autel, une chaire
et une estrade dans la galerie de Diane. Les enfans représentant les apôtres étoient placés sur l'estrade. A dix heures,
le Roi est arrivé dans la galerie où la famille royale ëtoit
déjà. M. l'ancien évêque de Strasbourg a officié, et M. l'abbé
du Guerry, aumônier du 6ᵐᵉ régiment d'infanterie de la
garde royale, a prêché sur la nécessité et l'importance de
la religion. S. M. a lavé ensuite les pieds des 13 enfans, et
leur a distribué le pain, le vin et l'argent, qui lui étoient
présentés successivement par M. le Dauphin et par les
grands-officiers de la maison du Roi. Après la cérémonie, le
Roi et la famille royale se sont rendus à la chapelle pour
assister à l'office du jour; la grand'messe a été célébrée par
Mᵍʳ Tharin.

— Quatre sièges épiscopaux étoient vacans en ce moment,
ceux d'Autun et de Nevers par la mort de MM. de Vichy et
Millaux, celui du Mans par la démission de M. de la Myre,
et celui de Fréjus par la nomination de M. de Richery à
l'archevêché d'Aix. S. M. vient, par ordonnance du 16, de
nommer à ces quatre sièges, savoir, à Autun, M. l'abbé
d'Héricourt, grand-vicaire de Besançon, et précédemment
d'Evreux; à Nevers, M. l'abbé d'Auzers, grand-vicaire,
archidiacre, chanoine et official d'Amiens; au Mans,
M. l'abbé Carron, grand-vicaire de Nevers, et à Fréjus,
M. l'abbé Michel, grand-vicaire de Fréjus, et curé de
Notre-Dame, à Toulon. Nous n'avons pas besoin d'insister
sur la sagesse de ces choix; ces ecclésiastiques sont tous
connus par leur mérite et leur piété. M. l'abbé d'Héricourt
est le même dont la vocation eut tant d'éclat il y a plusieurs
années, à un âge et dans une position qui lui offroient dans

le monde une brillante perspective. M. l'abbé d'Auzers a été long-temps curé de Mauriac, diocèse de Saint-Flour, et y jouissoit d'une grande considération. M. l'abbé Carron est neveu de l'admirable abbé Carron, mort en 1821, et dont nous avons souvent parlé dans ce journal; digne élève d'un si saint prêtre, M. l'abbé Carron, le neveu, a exercé le ministère à Rennes avant d'être grand-vicaire de Nevers. Enfin M. l'abbé Michel, qui connoît déjà le diocèse de Fréjus, et qui y avoit mérité la confiance d'un pieux prélat, pourra y continuer le bien qu'il faisoit déjà dans une grande ville où son zèle et ses vertus étoient justement appréciés.

— Le vendredi 10 avril, M. l'archevêque a terminé, à Notre-Dame, son cours d'instructions sur la Passion. Les deux vendredis précédens, le prélat avoit prêché, la première fois sur les prophéties relatives à la Passion et sur leur accomplissement, la seconde fois sur les souffrances de N. S. depuis son incarnation. Dans le premier discours, M. l'archevêque a développé les nombreux et étonnans rapports des prophéties avec les évènemens, rapports tels qu'il semble que les prophètes aient moins prédit ces évènemens que raconté des faits dont ils avoient été témoins. Le second discours a exposé sommairement tout ce que le Sauveur avoit eu à souffrir durant tout le cours de sa vie mortelle. Le discours du vendredi 10 a été consacré entièrement à la sainte Vierge, dont l'Eglise célébroit ce jour la compassion. Le prélat a rappelé l'origine et le but de cette dévotion si chère à la piété, il a parcouru les sept douleurs de Marie, et a fait sentir tout ce que cette tendre mère avoit eu à souffrir pendant sa carrière mortelle. Il a montré dans ces épreuves le modèle des sentimens qui doivent nous animer dans les nôtres, et a parlé pendant une heure et demie sur ce sujet avec une solidité et une onction propres à instruire, à consoler, à toucher et à fortifier les fidèles, qui étoient encore ce jour-là en plus grand nombre à Notre-Dame que les vendredis précédens. En général, ces exercices du carême n'ont pas été moins remarquables par l'empressement qu'on a mis à s'y rendre de tous les quartiers de la capitale, que par le zèle du prélat à annoncer la parole de Dieu. Chaque discours étoit suivi de l'adoration des saintes reliques, qui se faisoit avec beaucoup de piété. Le lundi saint, M. l'archevêque a prêché à St-Sulpice sur la miséricorde, au milieu d'un nombreux concours, et le lendemain, le prélat a prêché dans l'église de l'Assomption.

— M. l'archevêque officiera pontificalement le jour de Pâque, à Notre-Dame, et donnera, à la fin de la messe, la bénédiction papale, à laquelle une indulgence plénière est attachée.

— On a vu, numéro du 14 février, que le procureur du Roi, à Toulon, avoit appelé du jugement du tribunal de cette ville, qui acquittoit le rédacteur de l'*Aviso de la Méditerrannée,* de la plainte en outrage formée contre lui à raison de deux articles de ce journal sur M. le recteur de la Crau. L'affaire a été portée le 31 mars à l'audience de la cour royale d'Aix. La requête demandoit que le journaliste fût condamné à 25 jours d'emprisonnement et 300 fr. d'amende. Le rapport a été fait par M. le conseiller Castellan. M. de Thorame, avocat-général, sans abandonner la prévention, a fait ressortir quelques circonstances atténuantes. Il s'en est rapporté à la sagesse de la cour pour la fixation de l'amende. M. Tassy, défenseur de l'*Aviso,* a fait valoir comme de raison les droits de la liberté de la presse, et a prétendu que les gens en place devoient se mettre au-dessus de l'épigramme et de l'injure. La cour a reconnu dans son arrêt que le fait imputé, avec la circonstance de l'habitude, au recteur de la Crau d'Hières par l'*Aviso,* portoit le caractère d'outrage public, et que les expressions du journaliste dénotoient qu'il avoit bien compris la portée du trait lancé par lui ; néanmoins elle a admis des circonstances atténuantes. Elle a donc déclaré Rousseau-Marquézy, âgé de 26 ans, et rédacteur de l'*Aviso,* coupable d'avoir outragé M. Giraud dans les deux articles de son journal, et l'a condamné à 200 fr. d'amende et aux frais. L'éditeur de l'*Aviso,* en rapportant cet arrêt, prétend que ce n'est point la publication du fait que la cour a condamnée, mais l'habitude attribuée au recteur ; c'est ainsi que ce jeune homme profite de la leçon que lui ont donnée les magistrats.

NOUVELLES POLITIQUES.

Paris. Il y a plus de sympathie qu'on ne l'imagine entre les Jésuites et l'Université. Vous n'entendez jamais parler d'aucune insurrection d'écoliers survenue dans l'empire de l'ordre légal, sans apprendre, courrier par courrier, quelque révolte pareille arrivée à Fribourg ou à Saint-Sébastien. Nos journaux révolutionnaires ont là-dessus une mine d'analogies qui est inépuisable, et toutes les fois qu'ils ont besoin de faire passer une insurrection de notre propre terroir, vous pouvez être sûrs qu'il leur en vient une autre des pays étrangers, à l'heure et à la minute, comme pour légitimer celle qu'ils ont à vous annoncer de la part de leur petite jeunesse constitutionnelle. C'est ainsi que la révolte de l'institution Mayer a été immédiatement suivie, ou, pour mieux dire, précédée d'une secousse plus violente encore qui a bouleversé tout le collège des Jésuites de Fribourg. On a chassé trente-deux élèves de l'école préparatoire de M. Mayer ; de quoi vous plaignez-vous ? c'est bien pire chez les Jésuites ; ils ont été obligés d'en chasser quarante de leur maison de Fribourg. Puis les tremblemens de terre de la province de Murcie sont arrivés par là-dessus. Que voulez-vous répondre à tout cela ? C'est la nature qui est en travail d'un côté, et la *raison publique* de l'autre. Toutefois nous venons de parler à deux bons frères coadjuteurs des Jésuites de Fribourg, qui ont encore couché dans leur collège lundi dernier ; et il est inutile d'observer qu'ils n'ont pas ouï dire un mot du grand mouvement insurrectionnel que les journaux révolutionnaires cherchoient à nous offrir pour consolation.

— La famille royale de Portugal nous paroît classée d'une manière toute naturelle dans notre Almanach royal de 1829. L'article qui la concerne se borne à relater des points de fait, sans rien décider ni préjuger sur les points de droit. On y rappelle tout simplement que la princesse dona Maria est reine, et don Miguel lieutenant-général du royaume, selon les décrets de l'empereur du Brésil qui leur ont conféré ces titres, c'est-à-dire qu'ils sont l'un et l'autre ce qu'ils peuvent être en vertu des décrets dont il s'agit ; mais l'Almanach royal n'en garantit nullement la validité. C'est comme qui diroit que le duc de Reichstad a été nommé *roi de Rome* par décret de M. son père. Or, tous ces faits-là sont fort exacts ; mais ils ne décident pas un mot de la question de droit, et n'engagent l'avenir en rien que ce soit : ainsi, les journaux de révolution ont tort de leur faire ville gagnée, et de déclarer don Miguel usurpateur sur une pièce aussi mal probante que l'article de l'Almanach royal. Cette pièce est ce qu'on veut, bonne ou mauvaise, selon la valeur qu'on peut attacher aux actes de l'empereur du Brésil, et laissant toute réserve là-dessus à ceux qui voudront disputer pour ou contre don Pedro, pour ou contre les droits de sa fille et de son frère. C'est du *statu quo* tout pur.

— Quoique les frères et amis du *chansonnier national* aient soin de nous rassurer sur l'état de sa cuisine et sur la gaie manière dont il passe son temps en prison, la charité publique ne se refroidit point à son égard : on continue de liarder pour lui à force, comme s'il n'y avoit pas de Jacques Laffite et de comité-directeur. Dans la dernière liste de souscripteurs publiée par le *Courrier français*, on remarque sept cents personnes qui se sont cotisées pour lui envoyer 35 fr. C'est ce qui s'appelle du scandale à 1 sou par tête, et une manière neuve de voler les pauvres.

— Le Roi a bien voulu donner il y a deux ou trois ans, aux marins du Portel, près Boulogne-sur-Mer, une somme de 800 fr., pour les aider à la construction d'une église qu'ils avoient fait commencer. M. le duc de Doudeauville, alors ministre de la maison du Roi, qui avoit obtenu ce don, et qui y avoit ajouté 200 fr., vient d'envoyer à ces pieux marins une nouvelle somme de 200 fr. pour concourir à l'achèvement de cette église. Son fils, M. le vicomte Sosthènes de la Rochefoucauld, y a joint une semblable somme.

— Le Roi, à son passage à Maisons-sur-Seine le 11 avril, a fait remettre au maire, par M. le prince de Solre, une somme de 500 fr. pour les pauvres de cette commune.

— Par ordonnance du 12 de ce mois, le Roi a nommé 58 gentilshommes honoraires de sa chambre.

— M. le proviseur du collège royal de Bourbon a versé au bureau de charité du premier arrondissement, au nom des fonctionnaires et élèves de cet établissement, une somme de 806 fr., destinée au soulagement des pauvres.

— Le ministre de l'instruction publique va habiter l'hôtel rue de Grenelle-Saint-Germain, n° 116, où l'on transfère les bureaux de l'Université.

— Mme la comtesse de Nantouillet est morte à Paris à la fin de mars, à l'âge de soixante-douze ans. Ses obsèques ont eu lieu, le 31 mars, à Saint-Thomas-d'Aquin, au milieu d'une nombreuse réunion de parens et d'amis également sensibles à une telle perte. Mariée au comte de Nantouillet, que feu M. le duc de Berri honora de tant d'amitié, leur union auroit été paisible et heureuse sans les orages de la révolution. La comtesse suivit son mari dans l'exil, et partagea les disgrâces et les privations des fidèles défenseurs du trône. Rentrée en France, elle perdit son époux en 1824, et d'autres personnes chères à sa famille. La piété avoit ajouté quelque chose de plus touchant à ses qualités naturelles, à cet esprit de bienveillance et à cette fleur de politesse qu'elle tenoit de son heureux caractère et de son excellente éducation. Ses souffrances ont été adoucies par la religion et par les soins d'une nièce, la comtesse de Seuil, qu'elle avoit élevée comme sa fille, et qui ne l'avoit pas quittée dans ses malheurs. Ses restes ont été déposés à Picpus, auprès de ceux de son mari.

— On vient de découvrir à Cahors une mosaïque, qui formoit le pavé d'un ancien temple consacré à Diane.

— M. le procureur du Roi de Brive dirige en ce moment des poursuites contre sept jeunes gens de la ville, prévenus d'avoir injurié des missionnaires qui se rendoient à Tulle.

— Nous n'avons pu donner qu'une idée des résultats occasionnés dans le royaume de Murcie et dans d'autres parties de l'Espagne par le tremblement de terre du 21 mars. A Bénéjugar, il s'est formé quatre cratères, dont deux lancent de la lave et les autres une fumée sulfureuse, et sur l'emplacement de Torremijà, des ouvertures qui jettent des torrens d'eau fétide. La rivière Sigura a changé son cours, elle se jette maintenant dans la mer sur un autre point. On a compté jusqu'à 48 secousses; les oscillations étoient si grandes, que des personnes qui étoient sur des balcons ont été précipitées dans la rue, et que les branches des plus grands arbres ont touché à terre. On ne sait pas encore précisément le nombre des personnes qui ont péri dans l'engloutissement des villages et ailleurs par le renversement des édifices. On a retiré des seuls décombres d'Almoraldi 470 cadavres.

— Le roi d'Espagne, vivement affligé des désastres que le tremblement de terre du 21 mars a occasionnés dans la province de Murcie, a ordonné qu'on réservât tout le produit des revenus de cette province pour secourir les familles qui ont été ruinées par cet affreux évènement.

— Le landgrave régnant de Hesse-Hombourg est mort à Hombourg le 3 avril, à l'âge de 59 ans.

— M. de la Bretonnière, qui est revenu à Toulon, a remis le commandement de la station d'Alger à M. Labreyte, commandant *l'Iphigénie*. Les bâtimens français serrent de près la côte ennemie; en quinze jours, il a été fait deux prises qui cherchoient à éviter la croisière.

CHAMBRE DES PAIRS.

Le 14, la chambre a renvoyé à l'examen de la commission précédemment nommée pour l'examen du projet de code pénal militaire, le projet de loi relatif à l'interprétation de plusieurs articles des lois pénales militaires actuelles.

La discussion a été ensuite ouverte sur le projet de loi relatif à la prorogation du monopole des tabacs. Ce projet a été adopté au scrutin, à la majorité de 139 contre 4, après avoir entendu MM. les comtes d'Argout, Mollien, le marquis de Lancosme, le duc Decazes, le comte de Tournon, le ministre des finances et le directeur-général des contributions indirectes. Il n'y a, dit-on, que M. Decazes qui ait présenté des observations contre cette loi.

Le 15, M. le baron Meunier a développé sa proposition tendant à faire décider qu'il ne seroit fait rapport que des pétitions qui auront été présentées par un pair. Cette proposition a été prise en considération par la chambre.

La discussion s'est ensuite ouverte sur le projet de code pénal militaire. Aucun orateur ne s'étoit fait inscrire sur l'ensemble du projet. Les art. 1 et 2 ont été renvoyés à la commission, après une discussion dans laquelle ont été entendus MM. le maréchal duc de Dalmatie, les comtes de Pontécoulant, de Peyronnet, de Tournon, de Saint-Roman, les ducs Decazes, de Broglie, le marquis de Coislin, le comte d'Ambrugeac, rapporteur, les ministres de la guerre et de l'instruction publique, et les conseillers d'État de Salvandy et Jacquinot-Pampelune, commissaires du Roi.

Les art. 3 et 4 ont été adoptés avec quelques amendemens de rédaction proposés par la commission.

CHAMBRE DES DÉPUTÉS.

Le 13, M. le ministre des finances annonce que le Roi l'a chargé de présenter un projet de loi sur les taxes qui pèsent sur les boissons. M. Bacot de Romans, directeur des contributions indirectes, fit l'exposé des motifs et le texte de ce projet de loi, qui aura pour résultat d'alléger de plus de

16 millions cet impôt aux entrées des villes. Il sera réduit suivant la population des villes, d'après l'état annexé à ladite loi. L'hectolitre de vins en cercle ne paiera plus à Paris que 9 fr.

L'ordre du jour est la discussion du projet de loi relatif à l'établissement d'un service régulier de poste dans toutes les communes de France. M. de Villeneuve, directeur-général, présente de nouvelles observations à cet égard. M. Boulard voit plusieurs inconvéniens dans le système de cette loi. M. Pelet en prend la défense. M. Bavoux trouve fort insignifiant de s'occuper de ce projet après le retrait des lois communale et départementale que le ministère, dans un moment de dépit, vient d'enlever aux discussions de la chambre. MM. Mestadier et de Villeneuve répondent à diverses objections des préopinans, et M. Sapey résume la discussion.

On passe aux articles, et ils sont successivement adoptés après quelques débats et le rejet de différens amendemens. Ces articles portent qu'à partir du 1er avril 1830, la poste fera recueillir au moins tous les deux jours, et distribuer de suite dans chaque commune, les lettres et journaux, moyennant, pour celles-ci, une surtaxe d'un décime, dont on pourra toutefois s'affranchir, en faisant prendre au bureau de poste ses lettres, pourvu qu'il y ait sur l'adresse *poste restante*. D'un autre côté, on aura la faculté de porter ou faire porter ses lettres au bureau de son ressort. La loi n'est pas applicable au département de la Seine.

On procède au scrutin sur l'ensemble de cette loi; mais il ne se trouve que 210 votans, et il en faut au moins 212, puisque le nombre des députés est en ce moment de 425. Un instant après rentrent plusieurs députés qui étoient dans la salle des conférences. M. le président se plaint amèrement de cette excessive négligence.

Le 15, MM. Creuzé et Coudert obtiennent des congés. M. Rodet, député de l'Ain, admis à la dernière séance, prête serment, et va prendre place à l'extrême gauche.

M. de Saint-Georges fait le rapport de la commission qui a examiné le projet de loi concernant la dotation de la pairie. Il en propose l'adoption, mais avec différens amendemens qui ont pour but de substituer au mot *dotation*, qui emporte une idée de perpétuité, celui de *pension*; de conserver au fils successeur à la pairie ces pensions jusqu'à concurrence de 10,000 fr., si sa fortune n'est pas assez forte pour soutenir la dignité de ce rang; de ne pas inscrire sur le grand-livre de la dette publique, mais sur le livre des pensions, les 2,186,500 fr. de dotation dont jouissent des pairs et anciens sénateurs en vertu d'ordonnances royales, et les 456,500 fr. de pensions accordées à des veuves de tels personnages. Enfin, l'article 6 porte que les dotations que le Roi pourra accorder à des pairs pour former des majorats ne le seront que pour d'*éminens services* rendus à l'Etat. D'après un autre article, il sera laissé un *fonds permanent* de 120,000 fr. pour des pensions accordées ou à accorder à des pairs ecclésiastiques, qui devront être insérées au *Bulletin des lois*.

La chambre fixe la discussion de cette loi à lundi prochain.

M. Thénard, au nom d'une autre commission, propose l'adoption du projet de loi sur la refonte des anciennes monnoies. La délibération en aura lieu après la loi de la pairie.

La chambre est dans l'usage de vaquer le jeudi et le vendredi saint. M. le président demande si elle veut entendre samedi un rapport de pétitions : plusieurs membres de la droite rappellent que l'on avoit décidé la semaine dernière, qu'il n'y auroit pas le samedi saint de rapports sur les pétitions. M. Royer-Collard insiste. M. Duplessis de Grénédan fait alors la proposition formelle que la semaine sainte soit exempte de rapports de pétitions; mais la majorité décide que la séance de samedi y sera consacrée. On intervertira l'ordre des feuilletons pour commencer par celles des propriétaires de vignobles.

Ou procède ensuite à un nouveau scrutin pour l'adoption de l'ensemble de la loi du service de la poste dans toutes les communes, et elle passe à la majorité de 261 contre 47.

Discussion à la chambre des lords sur l'émancipation des catholiques anglais.

Nous avions présenté, sous un seul coup d'œil, tout l'ensemble de la discussion sur l'émancipation dans la chambre des communes, nous donnons de même aujourd'hui dans un seul article l'ensemble des discussions qui ont eu lieu dans la chambre des lords. Nous croyons que cette manière vaut mieux que des articles successifs et détachés, qui n'auroient pas offert la même liaison.

Quand les bills eurent été adoptés dans la chambre des communes, on ne perdit pas de temps pour les porter à la chambre des lords. Dès le 31 mars, M. Peel se présenta à la barre de la chambre, assisté d'un grand nombre de membres de la chambre des communes. La réunion des pairs étoit une des plus complètes qu'on ait vues, et beaucoup d'étrangers s'étoient rendus à la séance. Après la première lecture du bill, le duc de Wellington a demandé que la seconde fût fixée au jeudi 2 avril. Les lords Bexley, Eldon, Malmesbury, Sidmouth et Farnham vouloient un terme plus éloigné, mais les lords Wellington, Holland, Goderich et Ellenborough ont fait remarquer que le bill étoit déjà suffisamment connu. La seconde lecture fut donc fixée au jeudi, et celle du bill sur la franchise au vendredi.

Le jeudi, le duc de Wellington prononça un long discours en faveur de la mesure. L'archevêque de Cantorbéri, l'archevêque d'Armagh, les évêques de Londres et de Salisbury, le duc de Richmond, les lords Harewood, Salisbury et Enniskillen ont parlé contre le bill. L'évêque d'Oxford a été d'un avis différent, ainsi que les lords Somers, Lansdown, Wicklow. La discussion fut continuée au lendemain.

Dans cette seconde séance, la discussion fut fort animée. L'archevêque d'Yorck et l'évêque de Durham combattirent le bill comme ne présentant que des garanties insuffisantes pour l'église établie. Le duc de Sussex parla en faveur de la mesure. Dans son discours, il fit allusion à la publication de la correspondance qui eut lieu sur l'émancipation entre le feu roi et Pitt, et blâma cette publication; ce qui amena une explication assez vive entre le prince et lord Kenyon. Il y eut un peu de tumulte dans la chambre, plusieurs membres réclamèrent inutilement la parole. Enfin le lord chancelier se fit entendre, et défendit le bill dans un discours très-remarquable.

Lord Falmouth, lord Mansfield, le marquis d'Anglesea parlèrent après lui, et la chambre s'ajourna au lendemain samedi, malgré les efforts du duc de New Castle, qui demandoit l'ajournement au lundi.

La discussion reprit donc le samedi 4, à une heure. Les lords Guilford, Eldon, Tenterden, Redesdale, Farnham, Sidmouth combattirent le bill, qui fut soutenu par les lords Westmoreland, Grey, Liverpool, Plunkett et par le duc de Wellington. Les débats durèrent jusqu'à onze heures du soir. Alors la division eut lieu, et les voix se trouvèrent ainsi partagées sur la seconde lecture du bill : en faveur du bill, 147 présens et 70 par procuration ; contre le bill, 79 présens et 33 par procuration ; ce qui fait en tout 217 pour et 112 contre, majorité 105. Ce résultat a passé toutes les espérances, et ne laisse plus de doute sur le succès du bill.

Après la division, le bill a été lu pour la seconde fois, il fut décidé qu'il seroit discuté en comité général le mardi 7. Dans l'intervalle, le duc de Wellington proposa le 6 la seconde lecture du bill pour le cens électoral, elle passa à une majorité de 139 contre 17. Le comte de Winchelsea prit cette occasion pour déclarer qu'il ne prendroit plus aucune part aux discussions de la chambre, la constitution étant, selon lui, tout-à-fait changée ; entr'autres réformes, il voudroit que les évêques fussent exclus de la chambre. Ils ne seroient, dit-il, que plus en état de servir l'église établie.

Le mardi 7, la chambre se forma en comité général pour la discussion des articles du bill. Lord Eldon soutint que l'adoption du bill étoit incompatible avec le serment que prêtent les pairs, et où ils déclarent que les pratiques de l'Eglise romaine sont idolâtres. Comment pourroit-on favoriser l'exercice d'une religion qu'on a déclaré être idolâtre? Cette objection a paru embarrasser les évêques anglicans qui avoient voté pour le bill ; l'évêque d'Oxford, qui a été précédemment professeur de théologie dans cette université, a eu recours à des distinctions, et a dit qu'en déclarant les pratiques de l'Eglise catholique idolâtres, on entendoit seulement qu'elles tendent à l'idolâtrie, mais non pas qu'elles soient précisément et de fait idolâtriques. Lord Tenterden, grand-juge, a prétendu qu'il falloit s'en tenir aux termes propres, et regarder comme idolâtre ce qu'on appeloit idolâtre. Les zélés protestans disent qu'on n'a pas répondu à l'objection de lord Eldon ; mais aussi comment fait-on déclarer sous serment ce que les gens les plus sages et les plus instruits parmi les protestans savent être faux? Plusieurs amendemens ont été proposés et rejetés ; l'un avoit pour but d'exclure de la chambre des pairs tout pair catholique qui entreroit dans les ordres.

Le mercredi, la chambre reprit la discussion en comité général. Plusieurs amendemens furent encore proposés, mais tous furent repoussés. Tous les articles du bill ont été successivement adoptés. Le duc de Wellington a demandé que la troisième lecture fût fixée au vendredi 10 avril, ce qui a été accordé par la chambre.

Ce jour a vu enfin terminer cette grande affaire : le bill relatif à la franchise passa sans discussion ni division. Pour l'autre bill, il fut encore prononcé quelques discours de part et d'autre. Le duc de Sussex, l'évêque de Norwich, les ducs d'Athol et de Wellington, les marquis Cambden et Lansdown, les lords Granville, Harrowby, Middleton, Holland parlèrent pour les catholiques ; le duc de Cumberland, les évêques de Litchfield et de Bath, le duc de New Castle, les lords Eldon et Abingdon parlèrent contre. On alla aux voix, et il se trouva 213 membres pour la troisième lecture et

109 contre. La majorité en faveur du bill a donc été de 104 voix. Qui auroit pu s'attendre, il y a quelques années, à une majorité si décisive?

Le 13 avril, le roi a donné son assentiment aux deux bills. Les commissaires pour proclamer la sanction royale étoient le lord chancelier et les lords Bathurst et Ellenborough. Ils sont venus à la chambre des lords à quatre heures, et l'orateur de la chambre des communes, accompagné de plusieurs membres, s'est rendu à la barre de la chambre pour entendre les commissaires. Ainsi, voilà le dernier sceau mis à la grande mesure dirigée par lord Wellington. On dit qu'elle sera exécutée immédiatement, et que les pairs catholiques pourront siéger à la chambre haute après Pâque.

Les Jésuites vengés de la sottise française par le bon sens anglais.

Voici deux vers tellement connus, que pour les reproduire, on est comme obligé d'en demander la permission :

Rien n'est plus dangereux qu'un ignorant ami ;
Mieux vaudroit un sage ennemi.

Mais j'en ai absolument besoin pour exprimer ce que je veux dire, et s'ils étoient encore à faire, je crois presque que, dans cette occasion, ils viendroient d'eux-mêmes se présenter sous ma plume. Vous allez voir, en effet, par l'exemple des Jésuites, combien il est plus avantageux d'avoir affaire, comme catholique, à des étrangers raisonnables qu'à des frères inconséquens, à de sages ennemis de sa communion qu'à des amis ignorans et insensés.

Toutefois, en appliquant la dernière partie de cette définition à nos persécuteurs de congrégations et de Jésuites, je ne suis pas sûr que, dans le fond, ils me passent l'expression d'amis de la religion catholique dont je me sers à leur égard; mais s'ils pensoient autrement qu'ils ne parlent, s'ils étoient fourbes et hypocrites, s'ils mentoient à leur conscience pour surprendre notre jugement et nous rendre dupes de leur perfidie, est-ce ma faute, et suis-je obligé de le deviner? Non, c'est leur affaire plutôt que la mienne; je ne puis les juger que sur ce qu'ils disent, et prendre leurs déclarations que comme ils les donnent.

Or, en partant des points qu'ils ont mille fois posés eux-mêmes, en tenant pour bon et pour dit ce qu'ils n'ont cessé de répéter dans leurs manifestes, je manquerois peut-être de justice et au moins de charité, si je refusois de les considérer comme de loyaux défenseurs de la religion catholique, en un mot, comme de sincères chrétiens. Ils m'en voudroient, et je suis forcé de convenir qu'ils auroient raison ; je n'ai pas le droit de leur attribuer des sentimens diamétralement opposés à leur langage.

Ainsi voilà qui est convenu ; je m'en rapporte à eux ; je m'en tiens à ce qu'ils disent sans y rien soupçonner de faux. S'ils me trompent, c'est l'affaire de leur conscience.

A présent donc que nous sommes d'accord sur l'innocence de leurs intentions, voyons ce que ces bons frères en Jésus-Christ veulent aux Jésuites, et pourquoi ils tiennent tant à s'en défaire. Ils les repoussent, disent-ils, comme une congrégation funeste qui dénature le véritable esprit du christianisme, qui cherche à introduire parmi nous des doctrines ennemies de la paix publique, qui n'est bonne, enfin, qu'à tout gâter dans les affaires.

Mais voici un grand embarras qui se présente : les *sages ennemis* des Jésuites avouent franchement aujourd'hui dans le parlement britannique que les précautions prises à l'égard des Pères de la compagnie de Jésus ont pour principal objet de préserver l'église protestante des conquêtes spirituelles de l'illustre société. Ces sages ennemis déclarent hautement que ce qui leur fait peur, c'est la réputation d'habileté des Jésuites en tout ce qui touche les triomphes de la religion catholique ; que le zèle de leurs prédicateurs et de leurs missionnaires exposeroit l'église réformée à des pertes et à des conversions contre lesquelles il est bon de la protéger. Ces sages ennemis sont unanimes dans leur manière de voir et de s'exprimer à ce sujet. Les uns se plaisent à reconnoître les immenses services dont la civilisation est redevable à la société de Jésus. Les autres parlent avec admiration du nombre d'hommes supérieurs qu'elle a produits. Tous conviennent qu'elle a surpassé en mérites et en travaux tout ce que l'on a connu de plus distingué dans les autres ordres religieux, et qu'elle excelle merveilleusement à s'emparer des esprits au profit de l'Eglise catholique. Seulement ils ajoutent que c'est précisément ce genre de succès qui la rend redoutable dans un pays où il importe de conserver à la religion dominante la prépondérance et les avantages dont elle jouit.

Maintenant, je le demande, est-ce là un jugement qui puisse faire tort aux Jésuites que nous persécutons en France? Y trouve-t-on de quoi justifier nos brutales rigueurs, nos cris de proscription? Oui, sans doute, ils sont l'objet de quelques précautions et de quelques méfiances de la part de leurs sages ennemis d'Angleterre ; mais ceux-ci vous disent pourquoi, et ce pourquoi, si vous n'étiez pas des amis perfides, seroit la plus sévère condamnation de votre conduite. Quoi! l'unique crime des Jésuites, aux yeux des hommes d'Etat du parlement anglais, est d'être habiles à faire triompher l'Eglise catholique et à l'enrichir de conquêtes spirituelles, et c'est de cela que vous avez peur aussi, vous qui vous annoncez comme enfans de cette même Eglise catholique, et comme admirateurs de notre religion! Vous osez dire que c'est par intérêt pour elle qu'il faut repousser les Jésuites! Mais ce qui est mauvais pour les protestans de la Grande-Bretagne est nécessairement bon pour les catholiques de France. Entendons-nous donc : si le principal talent des Jésuites consiste à ruiner les fausses religions au profit du catholicisme, et à ramener au bercail les brebis qui en sont séparées, je conviens qu'ils peuvent bien ne pas faire l'affaire des protestans anglais ; mais c'est précisément ce qu'il vous faut, à vous qui voulez qu'on vous croie amis de la religion de l'Etat. Mais non ; vous entendez persécuter les Jésuites, et avoir tout le profit de cette persécution, sans nous déclarer franchement que vous en avez peur, comme leurs sages ennemis d'Angleterre, et que vous en avez peur précisément à cause de leur réputation de zèle et d'habileté pour la défense de la foi.   B.

Le Gérant, ADRIEN LE CLERE.

****

Enseignement de la religion, par M. Mérault (1).

L'ouvrage commence par une introduction sur l'étude l'enseignement de la religion. L'auteur y combat les idées fausses qu'on se forme sur l'étude de la religion, et signale les défauts qui déparent, suivant lui, son enseignement. Il montre que l'étude de la religion est non-seulement un devoir, mais un bonheur; qu'on y a Dieu même pour maître, qu'elle a pour objet de faire des saints, des sages et des heureux. Il croit qu'il y a quelques abus dans l'enseignement de la religion, 1° en ce qu'on insiste plus sur les sévérités et les menaces de la religion que sur ses bienfaits et ses promesses; 2° en ce qu'on ne s'occupe point assez de J. C.; 3° en ce qu'on isole les vérités ou qu'on les présente avec peu de discrétion et de sagesse; 4° enfin en ce qu'on s'attache à des opinions et à des choses qu'il faudroit négliger. L'auteur voudroit donc que la théologie ne fût autre chose qu'un catéchisme renforcé, ou qu'on établît du moins dans les séminaires un catéchisme pour développer les vérités élémentaires. M. l'abbé Mérault motive ce vœu par des considérations présentées avec beaucoup d'art et d'esprit, mais auxquelles on pourroit, je crois, en opposer d'autres non moins fortes. S'il faut le dire, il me semble que l'auteur s'exagère beaucoup les inconvéniens qu'il signale, qu'il y revient trop souvent, et qu'il met à tout cela une importance excessive. Il avoue lui-même qu'on lui a reproché *une sorte d'âpreté* dans ses doléances sur ce point, et ne répond pas, quoi qu'il en dise, d'une manière satisfaisante à ce reproche. Je ne pense pas qu'on doive moins de charité à de pieux ecclésiastiques qu'aux ennemis de la religion. Quant au fond de la question, blâmer la forme d'enseignement générale-

_____

(1) Cinq vol. in-12, prix, 15 fr. et 20 fr. franc de port. A Paris, à la librairie ecclésiastique d'Adrien Le Clere et compagnie, au bureau de ce journal.

ment adopté, c'est une espèce de témérité qui m'étonne dans un homme aussi judicieux et aussi réservé que M. Mérault. Ses reproches, au fond, tomberoient à peu près sur tous les évêques et sur tous les supérieurs de séminaires, qui autorisent les abus dont il se plaint. S'il a raison, ils sont tous coupables au moins de négligence. Il ne s'est pas avoué cette conséquence de son système, mais elle est assez évidente, et c'est un motif de plus pour lui de se défier d'une idée plus spécieuse que fondée, et qui l'a trop séduit. Je viens maintenant au plan de l'ouvrage.

L'enseignement de la religion, dit M. l'abbé Mérault, se réduit à quatre points principaux : les vérités qui sont contenues pour la plupart dans le symbole, les vertus et les devoirs qui sont exposés dans les commandemens de Dieu et de l'Eglise, la grâce et les sacrémens qui la confèrent, enfin la prière. C'est la division de l'ouvrage. L'auteur, avant d'entrer en matière, donne encore trois instructions préliminaires, sur la science véritable de la religion, sur ce qu'il y a de plus essentiel dans son enseignement, et sur les moyens de s'instruire. Elles nous ont paru renfermer beaucoup de choses solides et judicieuses.

L'explication du symbole forme la première partie de l'ouvrage, et remplit en entier les deux premiers volumes. L'auteur parcourt les divers articles du symbole, et traite successivement de Dieu, de J. C. ; des mystères de l'incarnation et de la rédemption, du Saint-Esprit, de l'Eglise, de ses caractères, de son autorité, de nos devoirs envers elle, des quatre fins de l'homme, etc. Sur tous ces points, l'auteur a moins cherché la précision théologique qu'une exposition nourrie de sages réflexions et de pieux sentimens, et entremêlée de traits et de récits propres à jeter de l'intérêt et de la variété sur le sujet. Il fait d'ailleurs profession de s'en tenir à la doctrine de l'Eglise, et de n'avoir point de sentimens particuliers. Sur l'article de la sainte Vierge, il blâme ceux qui se permettent de parler avec mépris de certaines pratiques de dévotion usitées envers elle, et il insiste sur le devoir et les avantages de la dévotion envers Marie. L'article de l'Eglise est fort étendu ; l'auteur montre la nécessité de se soumettre à l'Eglise. Il rappelle qu'elle a triomphé de toutes les hérésies. Il proclame l'autorité de l'Eglise dispersée, il cite avec honneur la conduite de l'épiscopat français au commencement de la révolution ; enfin il s'explique fort bien sur les droits du saint Siège.

Nous sommes forcé d'abréger l'analyse des volumes suivans. Dans le tome III, l'auteur passe en revue les commandemens de Dieu ; après six instructions préliminaires, il parle du grand précepte de Dieu, de l'amour du prochain, de l'observation du dimanche, de l'éducation, de la pureté des mœurs, de la médisance, etc. Le tome IV traite de la grâce et des sacremens. Sur la grâce, M. Mérault ne cherche point à expliquer comment elle agit ; il laisse de côté toutes les questions et les controverses qui ont causé tant de troubles dans l'Eglise, et se borne aux points essentiels. Il s'attache surtout à faire connoître le prix de la grâce, et l'empressement avec lequel nous devons y répondre. Il s'étonne qu'on ait méconnu dans l'homme le pouvoir de résister à la grâce, et finit par cette réflexion, que la science pratique de la grâce est d'agir comme si tout dépendoit de nous, persuadés que tout dépend de Dieu. Dans le même volume, l'auteur explique ce qui regarde le baptême, la confirmation et l'eucharistie considérés comme sacrement et comme sacrifices. Dans le dernier volume, après quelques explications préliminaires, M. Mérault traite ce qui concerne la pénitence et ses diverses parties, puis l'extrême-onction, l'ordre et le mariage. Dans la quatrième partie, de la prière, il en développe la nécessité et les effets, et explique l'oraison dominicale. Dans une conclusion, il présente des réflexions fort judicieuses sur l'influence de la religion pour le bonheur des hommes, sur les reproches que le monde fait au clergé, et sur la folie d'un peuple qui s'éloigne de Dieu.

Tout l'ouvrage est plein à la fois d'esprit et de piété ; le style en est facile, gracieux, abondant ; peut-être même pourroit-on trouver que l'auteur auroit dû se restreindre en quelques endroits. Mais M. l'abbé Mérault a été bien aise de réunir tout ce que ses réflexions et son expérience lui ont suggéré sur l'enseignement de la religion. Membre d'une congrégation respectable, employé long-temps lui-même dans l'enseignement, puis grand-vicaire d'un diocèse et supérieur d'un séminaire, il étoit à tous ces titres, et de plus par son âge, ses talens et ses services, un des hommes les plus propres à présenter ses vues sur ce qui fait le sujet de son livre. S'il va trop loin en quelques endroits, on est sûr

V 2

du moins qu'il ne cherche que la gloire de Dieu et le bien du prochain; il ne paroît tenir à aucune école particulière, il semble même prendre à tâche de désavouer les opinions suspectes. Sa réputation sous ce rapport étoit, à ce qu'on assure, bien établie dans sa congrégation, et sa conduite pendant la révolution a été constamment honorable. Il règne d'ailleurs dans son livre un ton d'aménité, de douceur et de charité qui prévient en sa faveur. Je m'estime heureux d'avoir cette occasion de payer mon tribut de respect et d'estime à un homme si recommandable et si distingué, et je le prie d'accueillir avec indulgence quelques observations que je soumets à son excellent jugement.

Les volumes ayant paru séparément, chacun a un avant-propos. A la fin du dernier volume est une table générale des matières, et une table pour répartir les différentes instructions de l'ouvrage entre les fêtes et les dimanches de l'année.

NOUVELLES ECCLÉSIASTIQUES.

PARIS. Il y a quelque temps, un ecclésiastique estimable, attaché à un établissement de charité, après avoir lu un dimanche, en chaire, le mandement de M. l'archevêque sur la mort de Léon XII, ajouta quelques réflexions sur la partie de ce mandement où l'illustre prélat s'élevoit contre des doctrines nouvelles. Il dit qu'un écrivain avoit témérairement soulevé des questions graves et intempestives, et que le plus sage étoit de se confier à la divine Providence, qui n'abandonnera jamais son Eglise. Ce peut de mots a attiré au prédicateur un article injurieux dans un journal ridicule. On reproche à M. l'abbé La Touche d'avoir prêché contre la doctrine de l'écrivain signalé, quoiqu'il se soit borné aux courtes paroles que nous venons de citer, et on l'accuse d'avoir prêché le dimanche suivant en faveur du magnétisme et des magnétiseurs. Le fait est que le prédicateur a cru devoir parler brièvement du magnétisme dans l'explication des commandemens de Dieu; mais il ne l'a ni approuvé, ni anathématisé. Le journaliste a été scandalisé apparemment de cette sorte d'indifférence, il suppose charitablement que M. l'abbé La Touche est partisan du magnétisme, qu'il appelle *un système d'athéisme que l'enfer a suscité pour mettre en doute les miracles de J. C.* Là-dessus, il cite la défection de l'abbé OEgger, et il finit par cette réflexion charitable : *Voilà où conduisent l'orgueil, l'impénitence et l'ambition !* C'est en ces termes qu'on parle d'un ecclésiastique estimable et laborieux, qui ne fait point de livres ni de journal, qui ne prône point tel ou tel système, qui est fermement attaché au saint Siège, mais qui ne se croit pas pour cela dispensé d'être soumis à ses supérieurs ; qui ne déclame point contre les évêques, et travaille en silence avec autant de désintéressement que de zèle. C'est une œuvre méritoire que de diffamer un prêtre livré au ministère, qui prêche assidument la parole de Dieu, et qui peut faire quelque fruit ; il est bon de mettre les fidèles en garde contre l'effet de ses prédications. Et quel est donc celui qui vient l'accuser *d'orgueil, d'impénitence* et *d'ambition ?* Un religieux devroit-il composer des libelles? Nous ne lisons point dans la vie de saint François qu'il ait fait un journal, ni qu'il s'élevât contre les prédicateurs de son temps. Le saint fondateur recommandoit à ses disciples de couvrir les fautes des prêtres ; le réformateur, au contraire, non-seulement publie les fautes des prêtres, mais les insulte et les calomnie. C'est une nouvelle manière d'entendre la règle, et de suivre l'esprit de saint François. Prions Dieu qu'il inspire au pétulant frère un peu de la discrétion, de l'humilité et de la charité du saint patriarche, ou plutôt prions Dieu de le guérir, car nous craignons qu'il ne se ressente encore de la maladie dont il avoue avoir été atteint. Dans le même numéro où il attaque un prédicateur, il nous fait l'honneur de nous adresser trois pages d'injures. Il croit que nous copions l'*Abréviateur* et le *Figaro,* que nous n'avons jamais lus. Il nous accuse d'ignorance et d'impiété ; le reproche d'ignorance est assez piquant sous sa plume. Quant au reproche d'impiété, nous croyons que sa maladie y est pour quelque chose, et nous lui pardonnons volontiers une accusation si folle. Nous aimons à croire que lorsqu'il sera tout-à-fait *sui compos,* si cela lui arrive, il regrettera une telle injure, et le ton qui règne dans tout son article.

— On a découvert dans l'église de St-Sulpice, la veille du jour de Pâque, un très-beau bas-relief en bronze doré, qui avoit été posé quelques jours auparavant, et qui orne tout le devant du maître-autel. Ce bas-relief, qui a dix pieds de long, représente le Sauveur dans le temple au milieu des docteurs, au moment où il est retrouvé par la sainte Vierge et par saint Joseph. La grandeur de ce bas-relief, qui couvre le devant du maître-autel, le nombre et la pose des figures, l'exécution des draperies et des ornemens, tout l'ensemble de ce morceau fait honneur à l'habileté de l'artiste, M. Debey, sculpteur, qui a sculpté le modèle. Quant au travail en bronze, il est dû à M. Choiselat-Gallien, fabricant de bronzes. On sait qu'il est déjà sorti de ses ateliers plusieurs morceaux très-remarquables, et il a beaucoup contribué, entr'autres, à la décoration de l'église Saint-Sulpice. C'est lui qui a fourni le tabernacle, l'exposition, les candelabres, la garniture de l'autel, les epistoliers, etc., et son nouveau bas-relief, qui est en harmonie avec les autres morceaux, complète la décoration de l'autel et ajoute à celle de l'église.

— Les missions qui viennent d'avoir lieu dans le diocèse de Tulle ont été plus heureuses qu'on ne pouvoit l'attendre dans la disposition générale des esprits. La première a été celle de Brive, dont nous avons rendu compte n° 1524. On a vu combien les résultats avoient été satisfaisans. Un incident, arrivé à la fin de la mission, ne dément point ce que nous avons dit. La conduite insolente de huit jeunes gens, qui, lors du départ des missionnaires, se portèrent sur la route pour les insulter, a affligé tous les gens de bien. Ces procédés grossiers et violens des ennemis des missions ne peuvent que tourner à leur honte. Au surplus, les tribunaux sont saisis de cette affaire, et la plupart de ces jeunes insensés ont quitté la ville. A Ussel, quatre missionnaires de Limoges étoient arrivés précisément dans la saison des réunions et des plaisirs; on disoit que la mission ne feroit aucun fruit, et que le zèle des vertueux prêtres échoueroit contre le besoin de la dissipation et contre le goût des divertissemens. Cependant leur charité a triomphé de ces obstacles; on est venu à leurs discours. Le sous-préfet et des notables de la ville ont donné l'exemple. Les préventions se sont dissipées, et ceux mêmes qui ne partageoient pas le mouvement général ont été forcés de le respecter.

Plusieurs milliers de personnes se sont assises à la table
sainte, et leur ferveur a été un grand sujet de consolation
pour les missionnaires. A Tulle, la mission commença le
premier dimanche de carême; la procession fut assez nombreuse, mais on eut lieu de croire que la curiosité avoit le
plus de part à cette affluence. Les premières instructions furent suivies, mais le nombre des hommes y étoit petit. In-
sensiblement l'auditoire s'accrut. Les exercices se faisoient
en même temps à la cathédrale et dans l'église des Péni-
tens-Blancs. En outre, on réunissoit dans la chapelle de
l'hospice plusieurs centaines d'hommes que l'on disposoit
à la première communion. Les ouvriers de la manufacture
d'armes, dont on avoit craint peut-être plus d'opposition,
ou au moins d'indifférence, se sont distingués par leur empressement à profiter de ces salutaires exercices. Tous les
ecclésiastiques de la ville ont été occupés à entendre les
confessions. Une classe seule a résisté à l'impulsion générale; c'est celle des hommes égarés par la lecture des mauvais journaux. L'influence de ces feuilles, avec leurs déclamations, leurs injures et leurs moqueries, est prodigieuse
et déplorable. D'un autre côté, la très-grande majorité des
habitans de Tulle a montré le désir de revenir à la religion;
les devoirs du chrétien ne sont plus négligés, et la grâce a
parlé à des cœurs qui sembloient insensibles à sa voix. La
communion générale des femmes, qui a eu lieu le dimanche des rameaux, a été de 1500; celle des hommes est fixée
au jour de Pâque, et on a lieu de croire qu'elle sera très-
consolante.

— La cour d'assises du Doubs, séant à Besançon, et présidée par M. Pourtier de Chaussen, a appliqué dernièrement la loi du sacrilège à un homme qui, par l'audace et le
nombre de ses vols, a justement paru ne mériter aucune
indulgence. François Bourquin, tisserand à Mossans, s'in-
troduisoit dans les églises, enlevoit les vases sacrés, et après
les avoir déformés, les vendoit à des bijoutiers ou à des
brocanteurs. Il commit son premier vol en plein midi, dans
l'église même de sa paroisse, pénétra dans la sacristie, s'em-
para d'un calice et d'une patène, et alla à Belfort pour en
tirer parti. Il divisa le calice en deux, et vendit le pied
à l'un et la coupe à l'autre. Il avoit pris un faux nom, et
avoit effrontément demandé à aller chez le commissaire de

police pour rassurer l'acheteur. Enhardi par cet essai, Bourquin vola un ciboire dans le tabernacle d'Hyèvre, sans que l'on ait jamais pu savoir quand ni comment il a pu y parvenir. Il mutila encore ce ciboire, et le vendit en deux parties pour 30 francs. Enfin le troisième vol d'un ciboire eut lieu à Cuve avec la même audace; mais cette fois Bourquin fut arrêté, le ciboire à la main, par les soins d'un bijoutier, tandis qu'il offroit à un brocanteur le haut de ce ciboire qu'il disoit être un sucrier. Traduit aux assises, Bourquin a nié tous ces vols, mais les preuves étoient accablantes, et le jury ayant répondu affirmativement sur la question de vol de vases sacrés dans un tabernacle, et négativement sur la question d'effraction, l'accusé a été condamné aux travaux forcés à perpétuité, en vertu de l'article 8 de la loi du 20 avril 1825. La *Gazette des tribunaux*, en rapportant cet arrêt, y voit une *méprise*; c'est la première fois, dit-elle, qu'on applique la loi dans toute sa rigueur *pour de simples vols* de vases sacrés dans un tabernacle. Elle veut que ce soit par *méprise* que le jury n'a pas usé de son *omnipotence*, et elle croit que Bourquin n'auroit dû être condamné qu'aux travaux forcés à temps. Ainsi *elle* auroit voulu qu'on usât d'indulgence envers un effronté coquin, coupable de trois vols successifs. Elle trouve que c'est être trop sévère que de condamner aux travaux forcés à perpétuité un homme auquel on n'a à reprocher que *de simples vols* de vases sacrés dans un tabernacle. Le vol d'un vase sacré, et d'un vase sacré renfermé dans un tabernacle, peut-il être qualifié de *simple vol?* Que dirons-nous de cette obstination à vouloir éluder une loi positive, à approuver ceux qui la violent, à prétendre que ceux qui la suivent et l'exécutent se trompent? C'est une belle chose que l'ordre légal entendu de cette manière. J'admire aussi cette philantropie qui s'intéresse si vivement à un audacieux coupable, à un profanateur d'habitude, et qui voudroit apparemment lui laisser l'espoir de sortir quelque jour des galères pour recommencer ses vols et ses profanations.

— Les journaux n'ont point fait connoître la fin édifiante d'un conventionnel mort il y a quelques années; c'est Jean-Baptiste Lacoste, avocat et député du Cantal à la Convention. Lacoste vota pour la mort de Louis XVI et contre le sursis. Envoyé en mission dans les départemens, il y suivit le système de terreur alors en vigueur. Dans une lettre datée de Strasbourg le 14 nivose (3 janvier 1794), il se vantoit des profanations qu'il avoit ordonnées à Spire, et envoyoit la dépouille des églises, les saints, les ciboires et autres *instrumens de sottise*. Dénoncé en 1795 pour sa conduite dans ses missions, il fut arrêté, puis amnistié. En 1800., Buonaparte l'appela à la préfecture des Forets, et en 1815 à celle de la Sarthe. Compris ainsi dans l'exception à la loi d'amnistie, Lacoste se réfugia en Belgique; depuis, il revint à Mauriac, sa patrie. Y étant tombé malade, il fit appeler le curé de la ville, M. l'abbé d'Auzers, qui le confessa, et l'engagea à déclarer publiquement combien il regrettoit d'avoir participé aux lois sanguinaires de cette époque, d'avoir voté la mort de Louis XVI, d'avoir ordonné le supplice de l'abbé Filiol, vicaire de Mauriac, exécuté à Mauriac en 1793 pour refus de serment; d'avoir enfin dans ses missions insulté la religion, persécuté les gens de bien et donné des scandales. Le malade se soumit humblement à ce qui lui étoit prescrit, et témoigna un vif repentir de ses cruautés et des folies auxquelles il avoit pris part. Ce ne fut pas chez lui une disposition passagère, ni l'effet de la crainte de la mort. Lacoste ne succomba point à cette maladie, et pendant les deux ou trois ans qu'il survécut, il se montra exact aux pratiques de la religion, et même aux exercices de pénitence. Il mourut dans ces sentimens le 13 août 1821. Ceux qui l'ont vu dans ses dernières années savent combien il s'empressoit de parler de ses erreurs, de son repentir, et surtout du malheur d'avoir voté la mort d'un prince vertueux. Ces détails sont publics à Mauriac, et nulle conversion n'a paru ni plus éclatante, ni plus sincère. M. l'abbé d'Auzers, qui a eu part à cette conversion, est le même qui vient d'être nommé à l'évêché de Nevers.

NOUVELLES POLITIQUES.

Paris. En exprimant les chagrins de son parti, au sujet de la mésaventure des deux lois retirées, un journal révolutionnaire s'écrie avec un douloureux accent : *Les départemens auront donc encore pour un an un clergé richement doté !* D'après cette exclamation, il paroît qu'on en promettoit de

balles à ce *riche clergé*, et que si les deux projets de loi venoient à reparoî-
tre l'année prochaine, il n'auroit qu'à tendre les épaules. Il n'est pas même
dit que, dans le budget de 1830, on ne tentera pas de le mettre à l'eau
pour le soulagement des marchands de vin. Il est certain du moins que ce
ne sera pas faute de bonne volonté de la part des conseillers de la révolution.

— Les journaux de l'irréligion sont ravis de la manière dont les choses
vont dans le département de la Seine-Inférieure. L'échec du curé de Lalonde n'étoit que le prélude d'une victoire non moins glorieuse qui vient
d'être remportée à Caudebec, par l'enseignement mutuel sur l'enseignement chrétien. Ce dernier avoit ravagé la ville tout à son aise, sous la coupable protection d'un maire royaliste, qui favorisoit sourdement les indignes manœuvres de la congrégation. Les jours de réparation sont arrivés,
et un adjoint selon le cœur des libéraux est venu arrêter l'affreux torrent
de l'instruction religieuse, qui menaçoit de tout emporter. Il a ramené
l'enseignement mutuel en triomphe, et déjà quarante petits garçons de la
génération constitutionnelle se nourrissent de la précieuse manne que l'ordre légal a fait tomber sur le pays de Caux. Il y aura bien du malheur si
l'adjoint dont il s'agit ne fait pas son chemin ; car le voilà, Dieu merci,
bien recommandé par les journaux révolutionnaires.

— On vient de publier le tableau des produits indirects pendant le premier trimestre de 1829. Il présente une augmentation de 4,469,000 fr. sur
les trois premiers mois de 1827, qui ont servi de base au budget de l'année
courante, mais une diminution de 7,663,000 fr. sur le même trimestre de
l'année dernière.

— M. le ministre de l'intérieur a accordé, sur les fonds spéciaux de son
département, un secours de 10,000 fr. pour les victimes de l'incendie du
bazar, en recommandant à M. le préfet de la Seine de lui faire connoître
l'évaluation des pertes, afin de donner un secours supplémentaire. Le même
ministre, qui, sur le premier avis de l'incendie du bourg de Sissonne,
avoit accordé sur ces fonds une somme de 8000 fr., vient d'allouer un autre
secours de 12,900 fr. pour le même objet.

— MM. les députés du département de la Haute-Saône ayant fait connoître au ministre de l'intérieur l'incendie qui a détruit une grande partie
de la commune de Choye, S. Exc. a mis à la disposition du préfet un premier secours de 12,000 fr. pour soulager les habitans qui ont été victimes
de cet évènement.

— La commission chargée de l'examen du projet de loi sur les boissons
est composée de MM. de Calmon, de Bastoulh, Boissy-d'Anglas, de Saunac, Durand, Balguerie aîné, Pavée de Vandœuvre, Louis, de Saint-
Legier.

— M. Lepelletier d'Aulnay est nommé rapporteur de la commission du
projet de loi portant allocation des crédits supplémentaires pour 1828.

— L'Académie française vient d'accorder à M. Bignan le prix de poésie
qu'elle avoit proposé, d'après les intentions du ministre de l'intérieur, pour
célébrer le voyage du Roi dans les départemens de l'est.

— M. Becquerel a été élu, lundi dernier, membre de l'académie des sciences, section de physique, à la majorité d'une voix. A la séance précédente, il y avoit eu un nombre égal de suffrages entre lui et M. Pouillet, son concurrent.

— Un incendie assez violent s'est manifesté dernièrement dans la commune de Souppes, arrondissement de Fontainebleau. On a été touché de l'empressement avec lequel M. le curé de Dordive et M. le vicaire de Ferrières sont accourus sur les lieux. Ces deux ecclésiastiques excitoient les travailleurs par leur exemple et leur courage; on les a vus, à plusieurs reprises, exposer leurs jours dans les endroits les plus périlleux.

— Dans la nuit du 13 au 14, un terrible incendie a dévoré tout un quartier des Brotteaux, faubourg de Lyon; 3o à 4o maisons ont été la proie des flammes, 15o familles sont privées d'asile et de ressources. Le maire de la Guillotière a fait un appel à ses administrés pour venir au secours de ces malheureux. Diverses souscriptions ont été ouvertes à Lyon; le clergé de cette ville a donné l'exemple d'une charité admirable.

— La ville de Lyon, pour arriver à l'extinction dans son sein de la mendicité, vient, sur la proposition de M. le maire, approuvée par M. le préfet, de créer un dépôt provisoire, où seront reçus les malheureux qui n'ont d'autre ressource que la mendicité.

— Quatre jeunes Chinois ont débarqué ces jours derniers à Calais. Ils viennent en France pour s'instruire dans notre religion et dans les arts de l'Europe.

— La seconde chambre des Etats-généraux des Pays-Bas, après une discussion de plusieurs jours, a décidé négativement, à la majorité, les trois questions qui avoient été posées à cet égard, savoir, que le jury ne devoit pas être admis dans les cours provinciales et dans les autres tribunaux criminels, dans les procès pour délits de la presse, ni dans les mises en accusation.

— Le roi d'Angleterre vient de nommer M. Robert Gordon ambassadeur extraordinaire et ministre plénipotentiaire auprès de la Porte ottomane.

— Des habitans de Londres et de Wesminster ont adressé une pétition, revêtue de 113,000 signatures, pour demander au roi la dissolution du parlement. Le duc de Wellington a reçu cette volumineuse adresse, pour le transport de laquelle il a fallu le secours de deux hommes, et l'a envoyée, chargée sur une voiture, au roi, à Windsor.

— Un décret du roi d'Espagne, en date du 28 février dernier, porte que, les blasphèmes et les juremens se multipliant chaque jour, il est recommandé aux autorités compétentes de réprimer ces délits et de les punir d'une manière exemplaire. Un charretier vient d'être condamné à deux ans de galère pour avoir crié *carajo* après ses chevaux, en présence même du roi, dans une des rues du Pardo, où le saint sacrement passoit.

— M. l'évêque d'Orihuela a adressé au roi d'Espagne une relation détaillée des effets déplorables du tremblement de terre. Ce vénérable prélat s'est rendu sur les lieux, où il a fait prendre toutes les mesures commandées par l'humanité : il a fait conduire dans des voitures ou sur des brancards, dans les villes qui n'ont pas été ruinées, tous les blessés qu'on a retirés de dessous les décombres, ou qui se trouvoient épars dans les campagnes.

— Le commissaire-général de la Cruciade, d'après les ordres du roi d'Espagne, s'est empressé de donner, pour les victimes du tremblement de terre de Murcie, 16,000 piastres fortes (80,000 fr.)

— Le 22 mars, on a ressenti, à Ancône, une secousse de tremblement de terre.

— Les Russes ont définitivement mis l'île de Candie en état de blocus.

— Lorsque M. de Lesseps, consul général de France à Tunis, eut fait remettre dernièrement au dey les cadeaux d'usage, celui-ci, pour témoigner au consul la satisfaction et l'estime qu'il a su se concilier, voulut lui faire un riche présent : M. de Lesseps refusa plusieurs fois, en se fondant sur les défenses et les règlemens ministériels. Le dey insistant encore, le consul français le pria de remplacer son acte de générosité par la mise en liberté de tous les prisonniers grecs qui étoient dans ses Etats. Le lendemain, ils furent libres.

— La corvette du Roi *la Bayonnaise*, commandée par M. Legoarant de Tromelin, vient de rentrer à Toulon, après avoir fait le tour du monde et exploré plusieurs archipels de l'Océan pacifique, ainsi que l'île Vanicolo, un peu après le départ de MM. Dillon et Durville. M. de Tromelin a placé, le 12 juin dernier, une inscription sur le monument élevé à Lapeyrouse par l'officier français M. Durville.

CHAMBRE DES PAIRS.

Le 18, la discussion a continué sur le projet de code pénal militaire.

L'article 1er, renvoyé dans la dernière séance à la commission, a été adopté, après avoir entendu MM. le comte d'Ambrugeac, rapporteur, le duc de Dalmatie, le comte de Pontécoulant, les ministres de la guerre et de l'instruction publique.

Un amendement proposé sur l'art. 2 par M. le comte de Rougé a motivé un nouveau renvoi de cet article à la commission.

Les art. 3 et 4 avoient été adoptés dans la dernière séance; l'article 5 a été renvoyé à la commission, à la suite d'une discussion dans laquelle ont été entendus MM. les ducs Decaze et de Broglie, et MM. Jacquinot de Pampelune et de Salvandy, commissaires du Roi.

Le 20, les articles 2 et 5, maintenus par la commission, ont été adoptés après une discussion dans laquelle ont été entendus MM. le baron de Barante, les comtes Molé, de Saint-Roman, Siméon, de Tocqueville, de Chastellux, le duc de Broglie, le baron Pasquier, l'évêque d'Hermopolis, le comte de Kergariou, le vicomte de Chifflet, les ducs Decaze, de Praslin, le baron Mounier, le comte d'Ambrugeac, rapporteur, le garde-des-sceaux et le ministre de l'instruction publique.

Cette vive discussion avoit, dit-on, pour objet la suppression dans le projet de loi de la mort civile et de ses conséquences. M. l'évêque d'Hermopolis a déclaré qu'il voteroit contre ces dispositions, si elles entraînent la dissolution complète du mariage. M. le garde-des-sceaux a annoncé qu'il seroit présenté ultérieurement un projet de loi sur les effets de la mort civile.

La chambre a ajourné au lendemain la continuation de la discussion des articles de ce code.

CHAMBRE DES DÉPUTÉS.

Le 18, MM. Simon, Boulach et Vanlot obtiennent des congés.

Le rapport des pétitions est fait par MM. Daunant et de Lorgeril.

M. Daunant entretient d'abord la chambre de 72 réclamations d'environ 60,000 propriétaires de vignobles ou marchands de vins, qui se plaignent du bas prix et du défaut de vente des vins, ainsi que du peu d'exportation, et qui demandent qu'on y remédie en supprimant ou en diminuant les droits d'octroi, de circulation et de douane. M. le rapporteur, à la suite de quelques considérations en faveur de ces pétitions, en propose, au nom de la commission, le renvoi aux ministres des finances, de l'intérieur, du commerce et des affaires étrangères, à la commission du budget, et à celle du projet de loi qui vient d'être présenté sur les boissons.

MM. Cunin-Gridaine, Crignon de Montigny, de Montsaulnin, Gautier, Enouf, de Châteaudouble, Delaborde, de Rambuteau, Dartigaux, Ravez et Demarcay appuient successivement ces réclamations. Les renvois proposés par la commission sont ensuite prononcés.

Des pharmaciens de Paris demandent des modifications à la loi du 21 germinal an XI, qui règle l'exercice de la pharmacie; ils présentent un projet de loi à ce sujet, et insistent surtout sur le danger de laisser vendre des drogues par les épiciers et herboristes. Renvoi au ministre de l'intérieur.

Le sieur Joubert, maire de Virezailles, présente un mémoire sur le système municipal. Le dépôt au bureau des renseignemens proposé par la commission est adopté. M. Marschall demande en outre le renvoi au ministre de l'intérieur; il est adopté à une foible majorité après deux épreuves douteuses. Enfin un mémoire du sieur Oudotte, de Châlons-sur-Marne, sur les moyens d'empêcher l'agiotage qui a lieu pour le remplacement des jeunes gens, est renvoyé au ministre de la guerre, à la suite de quelques observations de M. Mathieu Dumas.

La chambre se forme ensuite en comité secret. On dit qu'elle a entendu alors la lecture d'une proposition de M. Chevrier de Corcelles pour l'obtention d'une loi sur un nouveau règlement du tarif des notaires.

Le 20, M. Odier fait le rapport de la commission qui a examiné le projet de loi ayant pour but de régulariser la cession faite à la ville de Paris des abords du palais de la Bourse; il conclut à son adoption.

M. le président donne lecture de deux lettres de MM. Durand et Tonnet-Herpent, députés de la Moselle et des Deux-Sèvres, portant leur démission. M. Durand allègue des affaires de famille. M. Tonnet déclare qu'ayant été obligé de dénaturer sa fortune, il ne paie plus le cens.

M. Boissy-d'Anglas fait admettre M. Poyféré-de-Cère; l'honorable membre prête serment, et va prendre place au centre gauche.

M. Moyne, au nom d'un autre bureau, propose l'admission du général Clausel, sans s'arrêter à une protestation de 35 électeurs, motivée sur ce qu'il n'avoit point son domicile politique dans le département. M. de Conny s'oppose avec force à cette admission, qui seroit inconstitutionnelle, puisque M. Harmand d'Abancourt complète le nombre des députés qui n'ont point leur domicile dans le département des Ardennes. M. Pelet combat ces assertions. L'admission est prononcée malgré le côté droit et une partie du centre droit. M. Clausel, après avoir prêté serment, va s'asseoir à l'extrême gauche, entre les généraux Mathieu Dumas et Lamarque, auprès de M. B. Constant.

L'ordre du jour est la discussion générale du projet de loi relatif à la dotation de la pairie. M. de Corcelles désapprouve ce soin d'enrichir des pairs. Il critique surtout le fonds de 120,000 fr. destiné à doter des pairs ecclésiastiques. Il voit avec peine des prélats dans la chambre haute, c'est rendre les privilèges au sacerdoce; les premiers chrétiens, continue-t-il, ne faisoient pas les lois de l'empire, ils savoient, au contraire, s'y soumettre.

M. de Leyval demande la suppression d'une partie de la loi. M. Labbey de Pompières croit que les hommes d'Etat devroient être pauvres comme Epaminondas, et qu'on ne doit pas accorder tant de richesses à la chambre des pairs aux dépens des contribuables. M. Sapey en appelle aussi au désintéressement des pairs. Il voudroit qu'on ne leur accordât de pensions qu'à titre de récompense nationale, et qu'avec l'assentiment des deux chambres. M. Bavoux reproche au ministre des finances d'avoir présenté une loi si onéreuse au trésor, et ne veut pas entendre parler de ces pensions, surtout pour les pairs ecclésiastiques.

M. de Laboëssière défend le projet de loi, et se prononce pour ces allocations, afin d'assurer l'indépendance et la force de la chambre héréditaire, qui doit être l'appui du trône dont elle émane. M. Salverte ne voit pas pourquoi on accorde plutôt des pensions aux pairs qui ont rendu des services qu'aux autres citoyens. Il reproduit surtout les assertions de ses amis contre les dotations aux pairs ecclésiastiques, et contre l'admission d'évêques à l'autre chambre. La clôture de la discussion est prononcée.

Il a paru successivement sept nouveaux volumes de la *Bibliothèque des familles chrétiennes*, dont nous avons annoncé le commencement n° 1452. Le premier volume contenoit, comme on peut s'en souvenir, la vie et les écrits de la duchesse de la Vallière, et le second les *Méditations du Père Nouet*. Les volumes qui ont paru sont la suite des *Méditations du Père Nouet*, l'*Introduction à la vie dévote*, par saint François de Sales; le *Traité de l'éducation des filles*, de Fénelon, avec deux lettres de l'abbé Gérard sur le même sujet; le *Traité du choix et de la méthode des études*, par l'abbé Fleury; les *Conversations morales de madame de Maintenon*, et les *Proverbes* par la même. Plusieurs de ces écrits sont anciennement connus, d'autres paroissent pour la première fois.

L'éditeur a joint, au *Traité de l'éducation des filles*, par Fénelon, deux lettres de l'abbé Gérard à une mère, l'une sur l'éducation de sa fille, l'autre sur un choix de lectures. Le même volume contient de courtes notices sur Fénelon et sur l'abbé Gérard, par M. Henrion, qui a donné des soins à plusieurs parties de la collection. Le *Traité du choix des études* est précédé d'une notice par M. Laurentie. L'auteur y donne son jugement sur le *Traité*; seulement il auroit pu se dispenser, ce semble, de parler là des opinions gallicanes de Fleury, dont il n'y a pas de traces dans le *Traité des études*. M. Laurentie a trop de goût pour ne pas voir que ce n'étoit pas ici le lieu de faire le procès aux gallicans et de déplorer les *préjugés* de Fleury, dans une occasion où on se seroit plutôt attendu à trouver un éloge de ce judicieux écrivain.

Les *Conversations* et les *Proverbes* de Mme de Maintenon sont publiés par M. de Monmerqué; il a joint à un des volumes sa notice sur cette femme célèbre. Cette notice, déjà imprimée dans la *Biographie universelle*, reparoît ici avec de nouveaux développemens et avec quelques corrections. On connoît l'exactitude de M. de Monmerqué, son goût pour les recherches historiques, et l'étude particulière qu'il a faite du règne de Louis XIV. Sa notice sur Mme de Maintenon est curieuse et intéressante; l'auteur la venge très-bien des reproches de ses détracteurs, et montre quelles ont été les causes des préventions répandues contre elle. Peu de femmes ont eu un caractère plus honorable et une conduite plus soutenue. J'ai autrefois dans ce journal (n° 75, tome III) cherché à apprécier le mérite de cette dame et la sévérité des jugemens dont elle a été l'objet. Je trouve même que M. de Monmerqué n'est pas exempt de sévérité sur un point qu'il discute à la page XLVII de sa notice; mais ce n'est point ici le lieu d'examiner la justesse de ses assertions.

Mme de Maintenon a fourni trois volumes à la *Bibliothèque des familles chrétiennes*. Un de ces volumes porte le titre de *Conversations morales*; ces *Conversations* furent publiées pour la première fois en 1757, sous le titre de *Loisirs de madame de Maintenon*. La nouvelle édition a été collationnée sur les manuscrits de mademoiselle d'Aumale, amie de cette dame; le recueil qu'elle en avoit conservé contient quinze autres *Conversations* qui étoient inédites, et qui sont la matière d'un autre volume. L'éditeur les publie à part, afin de conserver son droit de propriété, et il établit dans un *avertissement* l'authenticité du manuscrit, qui est relié aux armes de mademoiselle d'Aumale. Madame de Maintenon avoit aussi écrit des *Proverbes* pour l'instruction et l'amusement des jeunes élèves de Saint-Cyr : ce sont des scènes courtes, dans lesquelles des *Proverbes* sont mis en action. Ces petites pièces sont contenues dans un autre manuscrit relié aussi aux armes de mademoiselle d'Aumale, et qui a pour titre *Proverbes de Madame*. On a cru que ces divers écrits intéresseroient le public et par le nom de l'auteur et par le but qu'il s'est proposé. M. de Monmerqué regarde les *Conversations* comme propres à éclairer les jeunes personnes sur la conduite qu'elles ont à tenir dans le monde, sur les défauts qu'elles doivent éviter et sur les vertus qui conviennent à leur sexe.

Cette petite collection, publiée par M. Blaise aîné, dans le format in-18, mérite l'intérêt du public et par le choix des ouvrages et par les soins qu'y apporte l'éditeur.

L'Esprit du christianisme, ou la Conformité du chrétien avec Jésus-Christ, par le Père Nepveu (1).

Cet ouvrage est une des meilleures productions du pieux auteur. On sait que nous devons au Père Nepveu un assez grand nombre de livres de piété, qui sont lus depuis long-temps avec fruit, et qui ont été souvent réimprimés. Celui-ci est un des plus édifians et des plus solides : l'auteur y explique la nécessité, les avantages et la pratique de l'imitation de Notre-Seigneur. L'ouvrage est partagé en cinq livres. Dans les derniers, l'auteur traite des vertus que nous devons imiter dans Jésus-Christ, du zèle, de l'humilité, de l'obéissance, de la charité, de la patience, du mépris du monde, de la mortification, etc. Sur chacune de ces vertus, il expose l'exemple de Jésus-Christ, les autres motifs qui doivent nous porter à la pratique de la vertu, et les moyens de l'acquérir.

Le même libraire a publié un autre ouvrage d'un religieux de la même société, le Père Henri Balde; il a pour titre *les grandes Vérités du christianisme qui donnent la méthode de bien vivre et de bien mourir* (2). Il y a en tout 81 chapitres, qui sont sur le temps, sur les fins de l'homme, sur l'adversité, sur le péché, sur la mort et sur la manière de s'y préparer, sur le zèle des ames, sur la perfection, etc. Le volume est terminé par les soupirs de l'ame fidèle sur le peu d'estime que les chrétiens de nos jours font des grandes vérités de la religion.

L'ouvrage dont nous avions parlé n° 1526 paroît en ce moment même; il a pour titre *Essai historique et critique sur la suprématie temporelle du pape et de l'Eglise* (3), par M. l'abbé Affre, grand-vicaire d'Amiens. L'auteur y répond particulièrement aux derniers écrits de M. de La Mennais, et cite les déclarations des évêques sur les droits respectifs de l'autorité civile. L'importance de la matière, la vivacité et la chaleur avec laquelle ces questions ont été agitées tout récemment, la réputation de M. l'abbé Affre, son mérite et son savoir comme théologien, tout appelle la curiosité et l'intérêt sur son livre, dont nous nous occuperons très-prochainement.

(1) In-12. Prix, 1 fr. 25 cent.; papier fin, 1 fr. 75 cent.
(2) In-18. Prix, 75 cent., et 1 fr. franc de port.
Ces deux ouvrages se trouvent, à Lyon, chez Périsse, et à Paris, place Saint-André-des-Arts, et au bureau de ce journal.
(3) Un vol. in-8°, prix, 6 fr. et 7 fr. 50 cent. franc de port. A Paris, chez Adr. Le Clere et compagnie, au bureau de ce journal, et à Amiens, chez Caron-Vitet.

Le Gérant, ADRIEN LE CLERE.

✠✠

Sur un ou deux passages des Mémoires de M. de Bourrienne.

A qui donc se fier désormais? Voici un historien qu'on seroit tenté de croire infaillible. Jamais on ne fut plus avantageusement placé que lui pour recueillir des faits. Non-seulement il a été témoin de ceux qu'il retrace, mais il les a vus
naître dans la pensée où ils sont éclos. Ce n'est point d'ailleurs à sa mémoire qu'il en redemande le souvenir; il les a
enregistrés jour par jour sur ses tablettes. En un mot, nous
ne connoissons personne à qui l'on puisse faire plus justement qu'à M. de Bourrienne l'application du vers latin :

> *Felix qui potuit rerum cognoscere causas.*

Et cependant voilà un autre témoin oculaire qui se présente
pour le contredire du blanc au noir, pour le démentir de
fond en comble sur un des points les plus graves de ses
Mémoires. Ceci est par trop curieux pour qu'il soit permis
de le soustraire à la connoissance de nos lecteurs.

M. de Bourrienne dit positivement : J'ai vu conduire,
réunir et fusiller ensemble, sur le bord de la mer, quatre
mille prisonniers de la forteresse de Jaffa, qui ne s'étoient
rendus que sous la condition d'avoir la vie sauve (1). C'étoient
les 2 aides-de-camp Eugène Beauharnais et Crosier qui leur
avoient porté cette promesse; c'étoit à leur parole qu'ils s'é-
toient confiés. L'aide-de-camp Crosier fut si chagrin qu'on
l'eût fait servir à préparer cette boucherie, qu'il ne chercha
plus ensuite que l'occasion de mourir, et qu'il la trouva
quelque temps après.

Arrive là-dessus M. l'intendant-général d'Aure, qui dit à
son tour : Cela n'est pas vrai ; les quatre mille hommes que

_____

(1) Ce fait horrible étoit déjà connu ; il a été révélé dans les mémoires de
quelques contemporains, et attesté par des témoignages irrécusables.

vous faites si horriblement fusiller, je les ai sauvés. C'est moi qui fus chargé de les transporter ailleurs par mer. Je les ai embarqués et conduits à leur destination.

L'auteur des *Mémoires* entre dans les détails les plus minutieux pour expliquer et même pour justifier cette cruelle détermination. On ne savoit que faire de tant de monde, dit-il, on manquoit de vivres pour les nourrir. Il auroit fallu des escortes pour les conduire ailleurs; on n'avoit point d'embarcations à sa disposition... Enfin on résolut de les massacrer pour le plus court.

M. l'intendant-général répond : On ne manquoit de rien; on avoit des vivres en abondance, et quant aux moyens d'embarquement, la preuve qu'il s'en trouvoit à Jaffa, c'est que je m'en suis servi pour l'évacuation des prisonniers dont il s'agit.

Dans ce conflit de témoignages, auquel des deux faut-il s'en rapporter? Nous en demandons bien pardon à M. d'Aure, mais s'il n'y avoit aucun moyen d'expliquer cette contradiction, ce seroit du côté de M. de Bourienne que nous inclinerions. Voici pourquoi : c'est qu'il déclare, sans y être obligé, que s'il eût été consulté sur le parti qu'il y avoit à prendre, il auroit conseillé celui qui fut pris. Or, à coup sûr, il faudroit être bien mal inspiré pour faire si bon marché de sa réputation et de ses sentimens d'humanité en l'honneur d'un fait imaginaire. Il nous semble du moins que l'auteur des *Mémoires* auroit ici quelque chose à gagner à ce qu'il ne fût pas vrai. Mais il est indubitable, et nous ne connoissons point de certitude historique mieux établie. Seulement il nous reste à expliquer le témoignage de M. d'Aure de manière à ce qu'il n'ait point à se plaindre de notre confiance dans celui de M. de Bourrienne.

Nous voulons croire que Buonaparte ait été embarrassé des quatre mille prisonniers qu'on lui amena; mais probablement il en étoit encore plus embarrassé quand ils étoient en possession de la forteresse de Jaffa. Pour les en déloger, il dut lui paroître commode de ne mettre en avant que deux aides-de-camp. Voilà pourquoi il aura préféré ce moyen à tout autre, sauf à paroître ensuite fâché de l'arrangement qui lui convenoit tant. C'est ce qui arriva. Lorsqu'il se vit débarrassé de ses quatre mille ennemis, il fit semblant d'être embarrassé de ses quatre mille prisonniers, et l'on vient de voir comment il sut se tirer de là. Cependant, puisqu'il étoit si fort contrarié de la capitulation, et de la parole d'honneur engagée en son nom par ses deux aides-de-camp, il y avoit un parti bien simple à prendre, et l'on peut même dire qu'il n'y en avoit qu'un; c'étoit de faire reconduire les malheureux Egyptiens où il les avoit trouvés, pour les revoir ensuite l'épée à la main, si la chose lui convenoit.

Elle ne lui convint point, et c'est là le côté horrible de sa détermination. Comme sûrement il en rougissoit aux yeux de son armée, il aura cherché à se créer des prétextes et des embarras de force majeure; il se sera hâté de faire disparoître les sept petites embarcations qui se trouvoient dans la rade, il aura donné à M. d'Aure quelques centaines d'invalides et de blessés à emporter dessus; puis il aura paru désespéré de ne plus avoir de moyens de transport pour les quatre mille prisonniers qui lui tomboient inopinément sur les bras; puis il se sera trouvé là des gens qui auront plaint, non pas les malheureux Egyptiens, mais lui, de cette cruelle nécessité. Vous savez le reste, et vous le savez mieux que M. d'Aure, qui étoit alors en mer avec sa légère cargaison d'infirmes et de vieillards, et qui aime peut-être d'ailleurs à se persuader pour l'honneur des conquérans, qu'il a effectivement emmené toute la garnison de Jaffa sur sa flottille de cinq barques et de deux autres petits bâtimens.

Il est un autre point sur lequel l'auteur des *Mémoires* nous inspire la plus grande confiance; c'est celui qui a rapport à l'espèce d'instinct religieux de Buonaparte. Non-seulement il respectoit la religion partout comme un puissant moyen de gouvernement (1), mais il avoit une sorte d'aversion naturelle pour les gens qu'il voyoit incliner vers le matérialisme. M. de Bourrienne en cite pour exemple deux savans de l'expédition d'Egypte, dont un lui déplaisoit souverainement par ses abstractions antireligieuses, tandis que l'autre le séduisoit par des idées contraires qui *s'harmonisoient*, dit-il, avec les siennes (2).

Nous ne sommes point surpris de retrouver cet instinct de

_____

(1) Tome II, page 165.
(2) *Ibid.*, page 70.

Buonaparte dans les *Mémoires* de son secrétaire. On est toujours convenu qu'il y avoit en lui quelque chose du législateur, et comme les législateurs sans religion ne se conçoivent pas, il est assez naturel que son intelligence lui ait fait entrevoir le principal fondement des sociétés humaines. A la vérité, il n'a pas toujours suivi là-dessus les inspirations de sa première sagesse, et la fougue de son caractère l'a souvent détourné de la route qu'il avoit reconnue pour être la meilleure; mais malgré cette imperfection de sagacité, il a laissé une leçon de prudence aux gouvernemens qui n'ont ni son épée, ni son bras de fer.

Une chose fâcheuse à savoir, c'est que cette leçon n'a été bien saisie et bien retenue que par ceux qui en veulent faire mauvais usage. C'est une espèce de secret dont eux seuls se sont emparés pour le faire tourner à mal. En leur apprenant ce qui sauve les Etats, Buonaparte leur a indirectement appris ce qui les perd; et puisque c'est la religion qui soutient les gouvernemens, il n'est pas difficile d'en conclure que c'est l'irréligion qui les renverse. Voilà ce qu'ils savent on ne peut mieux, et ce que malheureusement nous ne paroissons pas comprendre aussi bien qu'eux. Cela viendra pourtant, et bon gré malgré, il faudra bien que notre intelligence finisse par s'ouvrir là-dessus; mais alors ceux qui travaillent aujourd'hui à sauver la monarchie par la religion ne seront plus là, que pour voir la ruine de l'une opérée par la ruine de l'autre.   **B.**

NOUVELLES ECCLÉSIASTIQUES.

Rome. Le couronnement du pape a eu lieu le dimanche 5 avril, par le plus beau temps. Le matin, le saint Père se rendit du Quirinal au Vatican, ayant dans sa voiture les cardinaux Gaysruck et de la Fare. S. S. fut reçue dans la salle des ornemens par tous les cardinaux en chappe, et les premiers diacres, Albani et Cacciapiatti, l'aidèrent à se revêtir des ornemens pontificaux. Alors commença la procession pour se rendre à l'église par la *Scala regia*. S. S. étoit

sur son siège portatif, et s'arrêta devant la porte sainte sous
le portique de la basilique. Là, elle monta sur un trône, et
M. le cardinal Galeffi, archiprêtre, lui adressa un discours
latin ; après quoi le chapitre et le clergé de l'église furent
admis au baisement des pieds. La procession entra dans l'é-
glise ; le saint Père s'arrêta devant la chapelle du Saint-
Sacrement pour y adorer Notre-Seigneur. Il s'arrêta encore
dans la chapelle de Saint-Grégoire, et admit les cardinaux
à lui baiser la main, et les évêques à lui baiser le pied. Les
cardinaux et prélats se revêtirent des habits qui leur sont
propres, et S. S. entonna tierce, et fit sa préparation à la
messe. Le cardinal-diacre Riario-Sforza l'aida à s'habiller,
et le cardinal Pacca lui mit au doigt l'anneau pontifical. La
procession se dirigea vers l'autel de la Confession, et par
trois fois, un maître des cérémonies, à genoux, brûla devant le pape des étoupes, en chantant à haute voix : *Pater
sancte, sic transit gloria mundi.* Entré dans le sanctuaire, le
souverain pontife récita le *Confiteor* au bas de l'autel, et
reçut le manipule des mains de M. de Retz, auditeur de
Rote, sous-diacre latin. Trois cardinaux-évêques récitèrent
les oraisons d'usage ; le cardinal Albani présenta à S. S. le
pallium, et après avoir baisé et encensé l'autel, elle se rendit à son trône, où elle reçut les cardinaux et prélats à
l'*obédience*. La messe fut continuée, et le saint Père donna
à la fin la bénédiction apostolique. Il se rendit ensuite à la
grande galerie du portail, où le cardinal Albani lui mit la
tiare sur la tête, et d'où S. S. donna ensuite sa bénédiction
à la foule rassemblée sur la place. Quarante-huit cardinaux
étoient présens, le cardinal de Clermont-Tonnerre seul y
manquoit pour cause d'indisposition. Le roi de Bavière,
la grande-duchesse Hélène de Russie, le corps diplomatique, et beaucoup de personnages distingués assistoient à la
cérémonie. Il y a eu pendant trois jours des illuminations
par toute la ville.

— Le 8 avril, la grande-duchesse Hélène de Russie, fille
du prince Paul de Wurtemberg, alla au Vatican pour y faire
visite à S. S.

— Le 10, le saint Père alla à la Villa di Malta rendre au
roi de Bavière la visite qu'il en avoit reçue. L'entrevue des
deux souverains dura trois quarts d'heure.

— Un avis du cardinal secrétaire d'Etat, publié à l'occasion du couronnement, fait savoir que le saint Père vient de prendre des mesures de bienfaisance pour le soulagement des malheureux. Outre les 5000 écus distribués en aumônes, on rendra gratuitement les effets portés cette année au mont-de-piété, et qui n'excèdent pas 5o bajoques. Cinquante dots de cinquante écus chacune seront données à autant de filles pauvres et honnêtes. On habillera mille pauvres, ce qui favorisera en même temps les manufactures du pays. S. S. se réserve de prendre d'autres mesures pour encourager le commerce et l'industrie.

— L'ambassadeur de France fit partir le 31 mars, à 8 heures du soir, un courrier pour annoncer l'élection du souverain pontife. La nouvelle arriva à Toulon le 4 avril, à quatre heures du matin, et fut transmise à Paris par le télégraphe. On l'apprit dans cette ville à huit heures, et à onze heures, on fit connoître qu'on l'avoit reçue. Le courrier, reparti de Toulon à une heure après-midi, est arrivé à Rome le 8 avril, à huit heures du soir. Ainsi la nouvelle de l'élection du pape est arrivée à Paris en 84 heures, et l'ambassadeur a reçu en huit jours, heure pour heure, la réponse à ses dépêches. Près de 900 lieues ont donc été parcourues en 170 heures, en défalquant 20 heures perdues. Il n'y a peut-être pas d'autre exemple d'une telle promptitude.

— L'exaltation de Pie VIII a été célébrée par des réjouissances à Cingoli, où est né ce pontife, et où réside sa famille. Le nouveau pape a été prévôt de la cathédrale. On s'est réuni à la cathédrale pour un *Te Deum*, qui a été entonné par M. l'archidiacre Castiglioni, frère du saint Père, et les autorités sont allées complimenter les frères du pontife.

PARIS. On va reprendre à St-Etienne-du-Mont les conférences qui avoient eu lieu ce carême. Il y aura chaque dimanche une conférence où l'on traitera le dogme, et où l'on discutera principalement les questions soulevées récemment soit dans des cours publics, soit dans des écrits qui ont eu plus ou moins de vogue. On espère que ces discussions intéresseront surtout les jeunes gens qui suivent les cours de quelques professeurs, qui y entendent débiter des principes fort singuliers, et qui doivent être curieux de voir ce qu'on peut leur opposer. Dimanche prochain, M. le curé de St-Étienne-du-Mont ouvrira les conférences, et il parlera tous les quinze jours. Le dimanche suivant, la conférence sera faite par M. l'abbé Jammes, aumônier de l'école polytechnique, qui donnera aussi une conférence tous les quinze jours.

— Le lundi saint, M. l'évêque de Versailles, accompagné de MM. ses grands-vicaires, a visité la maison d'arrêt de cette ville. Le prélat y a trouvé le maire, le procureur du Roi, ses substituts, le chef d'escadron de la gendarmerie, et bon nombre de personnes qui appartiennent aux classes distinguées de la société. A l'arrivée de Mgr, les prisonniers ont chanté un cantique à deux chœurs. M. l'abbé Fournier, aumônier des prisons, l'a reçu avec l'eau bénite et l'encens, et lui a exprimé dans une courte harangue sa reconnoissance et celle des malheureux détenus. Le prélat répondit avec autant de bonté que de piété, et se rendit au pied de l'autel pour faire sa prière, pendant laquelle on chanta le *Laudate Dominum*. Il adressa ensuite aux prisonniers une touchante exhortation; il s'estimoit heureux de se trouver au milieu de cette portion de son troupeau à laquelle il portoit un véritable intérêt, et cette visite étoit une de celles qui lui causoient le plus d'attendrissement. Le langage de M. l'évêque fut celui d'un pasteur et d'un père : le vendredi saint, dit-il à ces malheureux, est un jour qui doit convertir tout le monde; si la société vous rejette, s'il est des hommes qui sont forcés d'invoquer contre vous toute la rigueur des lois, la religion du moins vous tend les bras; elle m'envoie vers vous, et j'y viens de grand cœur. Le prélat, sans justifier leurs fautes, leur a parlé de la violence des tentations et des rigueurs de la pauvreté. Souvenez-vous, leur a-t-il dit en finissant, de ces conseils, hélas! trop promptement oubliés, que vous ont donnés peut-être dans votre enfance de tendres mères. Souvenez-vous de ces prières pures et ferventes qui avoient tant de charmes pour vous. L'accent du prélat donnoit une nouvelle force à ses exhortations. En quittant la chapelle, il descendit dans les salles basses, où étoient réunis les détenus. Là, chacun reçut des conseils et des paroles de consolation. Un homme prévenu d'assassinat étoit retenu dans les fers, et n'avoit pu partager avec les autres prisonniers les bénédictions du vénérable évêque: M. Borderies parcourut des corridors longs et obscurs pour se rendre à son cachot ; on le vit penché vers le coupable, lui exprimer par ses regards et ses paroles tout son intérêt, le bénir et ne le quitter pas sans lui laisser quelque consolation. Le prélat se rendit ensuite à la prison des femmes, où on l'écouta avec le même recueillement, et où ses bénédictions furent aussi accompagnées d'aumônes. Les prisonnières chantèrent des cantiques avec les pieux fidèles qui s'occupent de l'œuvre des prisons. Les larmes qu'on a vu répandre font espérer que cette visite ne sera pas sans résultat, et qu'elle jettera des sentimens de religion dans des cœurs égarés par la force des passions.

— La cour de cassation vient de statuer sur une question qui peut intéresser plusieurs de nos abonnés. En 1809, le maire de la commune de Maret ouvrit une souscription pour la construction d'une église. Chaque souscripteur s'obligeoit pour lui et ses héritiers. Il devoit être dressé un rôle des soumissionnaires, et le préfet devoit le rendre exécutoire. Le sieur Reverchon, propriétaire de forges à Maret, souscrivit, et s'engagea pour lui et ses héritiers à payer 3000 fr. dans cinq ans, à condition que les travaux seroient commencés en 1810. Or, les travaux avoient commencé dès 1809, et avoient continué les années suivantes. Le montant des souscriptions s'éleva à 30,000 francs, et fut accepté par le conseil municipal en 1813. En 1819 intervint une ordonnance du Roi autorisant cette acceptation. Cependant Reverchon étoit mort en 1816, laissant sa femme pour légataire universelle. Elle refusa de payer, et un premier jugement lui donna gain de cause, fondé sur ce que la souscription étoit une libéralité qui devenoit nulle par l'omission des formalités requises pour les donations entre vifs. La commune appela, et le 11 décembre 1827, la cour royale de Paris infirma le jugement, attendu que la souscription étoit un contrat intéressé, que l'édifice devoit être utile à Reverchon comme aux autres, et que les conditions sous lesquelles la souscription avoit été faite se trouvoient remplies. La veuve Reverchon s'est pourvue en cassation contre cet arrêt ; l'affaire a été portée à l'audience du 7 avril, et M. Odilon-Barrot a plaidé pour la veuve. La cour, sur les conclusions conformes de M. Lebeau, a rejeté le pourvoi, l'arrêt attaqué n'ayant violé aucune loi, et une ordonnance, du Roi ayant postérieurement autorisé l'acceptation donnée du vivant de Reverchon par le conseil de la commune. Ce cas pouvant se représenter, il est utile de donner de la publicité à cette décision.

— Le procès intenté il y a quelques mois au Sauveur des hommes n'est point fini. Le *Globe* s'étoit réservé des conclusions qui nous paroissent très-conformes à celles du juif Salvador. Tout en disant qu'il passe avec respect devant ce formidable sujet, il a soin de louer outre mesure et l'ouvrage et l'auteur. Il va même jusqu'à vouloir affoiblir l'horreur qui s'est attachée au projet et au but de M. Salvador, en disant que le christianisme lui paroît *bien désintéressé dans cette singulière polémique*, c'est-à-dire qu'il regarde comme chose indifférente que J. C. ait été bien ou mal jugé, qu'il soit mort comme juste ou comme coupable, qu'on ait puni en lui un séditieux, un perturbateur du repos public, où frappé une victime innocente, un Dieu qui s'offroit en expiation pour le salut du monde; voilà ce qui n'est rien dans la cause du christianisme aux yeux des théologiens du *Globe*. Même ils promettent de revenir encore là-dessus pour nous réconcilier tout-à-fait avec le scandaleux ouvrage qu'ils ont pris sous leur protection; car cet ouvrage leur paroît admirable, à eux, par les grands aperçus et les grandes découvertes dont il est rempli. Une de ces heureuses découvertes consiste à nous montrer le christianisme *comme un pas rétrograde dans l'histoire du monde.* Par bonheur, la réforme de Luther et de Calvin est venue corriger un peu l'œuvre attentatoire de Jésus-Christ, et communiquer aux peuples un commencement de vie nouvelle, en attendant que *ce retour préparatoire et incomplet vers le mosaïsme* se soit opéré d'une manière plus parfaite et plus décisive. Ainsi, nous avons l'espoir de devenir juifs quand le retour *préparatoire* deviendra *complet;* perspective heureuse, comme vous voyez, et que nos réformateurs tiennent en réserve derrière Luther et Calvin pour notre second jour de marche. Ainsi, en rompant avec l'Eglise catholique, nous ne serions encore qu'à moitié chemin, et il nous resteroit un autre grand pas à faire pour être à la hauteur des doctrines du *Globe*. En vérité, quand on n'est pas obligé d'être juif comme M. Salvador, est-il concevable que le zèle de l'irréligion puisse conduire les gens aussi loin dans la haine du christianisme?

— On n'a pas assez remarqué le religieux exemple qu'a donné l'autorité civile à Fribourg à la nouvelle de la mort de Léon XII. L'avoyer en charge, M. Ph. Gottrau, ordonna sur-le-champ, par une proclamation du 23 février, que toute danse, tout spectacle et concert, ainsi que tout travestissement n'auroient pas lieu pendant le reste du carnaval dans la partie catholique du canton. Le conseil d'Etat fit célébrer un service pour le pape dans l'église de St-Nicolas; ce service eut lieu le 2 avril. M. l'évêque de Lausanne, résidant à Fribourg, publia le 14 mars un mandement sur la mort du pape. Le prélat y fait en abrégé l'histoire du dernier pontificat, et y rappelle les grandes vertus de Léon XII. Outre le précédent service, il en a été célébré un le 3 avril dans toutes les églises de la ville, et le 24 mars dans les autres églises du diocèse. Les prêtres ont été invités à célébrer le saint sacrifice pour le même pape. Un nouvel établissement va se former à Fribourg; les Rédemptoristes ou missionnaires de la congrégation du bienheureux Liguori, qui habitoient un château aux environs de la ville, ont obtenu du gouvernement la permission de se fixer dans la ville même. Ils y ont acquis les bâtimens de l'ancien séminaire, et on croit qu'ils se proposent d'y avoir un pensionnat à un prix modique pour les enfans de la campagne et de la classe peu aisée. Il paroît qu'à Fribourg on n'a pas peur des congrégations ni des établissemens dirigés par la religion.

NOUVELLES POLITIQUES.

Paris. M. le duc de Bordeaux, accompagné de son gouverneur, est allé mercredi visiter le monument élevé aux victimes de Quiberon.

— On assure que M. le duc de Montmorency-Laval est nommé ministre des affaires étrangères.

— M. Génin, candidat libéral, a été élu député à Verdun.

— Sur la demande de la députation du Rhône, le ministre de l'intérieur a accordé un secours provisoire de 10,000 fr. aux incendiés des Brotteaux, à Lyon.

— Le sieur Duplan, avocat-stagiaire, a comparu, mercredi dernier, devant le tribunal correctionnel, sous la prévention d'outrages à l'autorité constitutionnelle du Roi et à la dignité royale, à raison de sa pétition à la chambre des députés pour le rétablissement de la garde nationale parisienne, pétition qu'il a fait imprimer à 500 exemplaires. M. l'avocat du Roi Menjaud de Dammartin a soutenu la prévention avec beaucoup d'énergie et de talent; M. Boinvilliers, défenseur du prévenu, a prétendu que le tribunal étoit incompétent, et que c'étoit aux chambres seules à déférer son client à la justice. Le tribunal, sans s'arrêter à cette demande exceptionnelle, a condamné Duplan à 3 mois de prison, 500 fr. d'amende et aux dépens.

— M. Faucompret, préfet des études du collège de Sainte-Barbe, est nommé directeur de ce collège, en remplacement de M. Nicolle, décédé.

— Pendant la nuit du 13 au 14 de ce mois, les images des saints qui ornoient le calvaire du bourg de Solesme (Nord) ont été abattues et jetées dans la boue. Un couteau et une serpette, qui avoient servi à détruire aussi les plantes et arbustes de ce calvaire, ont été trouvés sur le terrain.

— Un violent incendie a éclaté à Sorrèze, dans la nuit du 11 au 12 avril. Trois maisons ont été la proie des flammes.

— Le ministre de l'intérieur a fait transporter, de la Morée en Corse, un millier de plants de vignes de l'espèce qui produit le raisin de Corinthe.

— L'autorité a fait fermer, à Lausanne, le lieu de réunion des méthodistes. La même mesure a été, dit-on, prise dans d'autres lieux des cantons où se tenoient de telles assemblées.

— On apprend, par le journal officiel de la Guadeloupe, que, dans la séance extraordinaire du 12, trois des membres de la cour royale, y compris le président, ont donné leur démission par suite du mécontentement produit par l'introduction dans les colonies des ordonnances sur le Code civil et de procédure. Ils ont été remplacés provisoirement par des Européens. Les officiers de la milice, et presque tous les fonctionnaires publics, y compris le commissaire de police, les avocats et avoués, qui sont créoles, ont refusé d'assister à cette séance. Les démissionnaires ont rédigé des remontrances contre les ordonnances, et deux cents créoles des plus notables leur ont adressé une adresse de félicitation. M. le baron des Rotours, gouverneur, a publié un ordre du jour pour témoigner son mécontentement de la conduite des officiers.

CHAMBRE DES PAIRS.

Le 21 avril, la délibération a continué sur les articles du code pénal militaire. Les articles 6 et suivans jusqu'au 21e ont été adoptés, à l'exception des 8e, 9e, 12e, 16e et 18e, qui ont été renvoyés à la commission.
Les orateurs entendus dans la discussion qui a eu lieu ce jour sont

MM. les comtes de Pontécoulant, de Ségur, de Kergariou, Daru, les marquis de Coislin, de Mortemart, le duc Decazes, les comtes de Chastellux, de Saint-Roman, de Sparre, Belliard, de Rougé, Abrial, de Tournon, de Bastard, Montalivet, les barons Pasquier, de Charrette, Mounier, le duc de Dalmatie, le marquis de Castellane, les ministres de la justice, de la guerre, de l'instruction publique, et MM. Jacquinot de Pampelune et Salvandy, commissaires du Roi.

Le 22, la chambre a adopté les articles 8, 9, 12, 16 et 18 du code pénal militaire, renvoyés la veille à la commission, ainsi que les articles 22 et 27. Les articles 23, 24, 25 et 26 ont été renvoyés à la commission.

Les orateurs qui ont parlé à ce sujet sont MM. les comtes de Sparre, de Ségur, de Tocqueville, de Pontécoulant, Abrial, Maurice Mathieu, Daru, de Tournon, Dode, les marquis de Rougé, de Coislin, Delaplace, les maréchaux comte Molitor et duc de Dalmatie, M. le comte d'Ambrugeac, rapporteur; les ministres de la guerre et de l'instruction publique, et les commissaires du Roi.

L'article 21 consacre, dit-on, un principe, et porte qu'aucune des peines infligées aux militaires ne le pourra être que par jugement.

Le 23, les articles qui avoient été renvoyés à la commission, ainsi que les 28e, 29e et 30e ont été adoptés à la suite d'une discussion dans laquelle la chambre a entendu à peu près les mêmes orateurs qui avoient parlé aux séances précédentes.

CHAMBRE DES DÉPUTÉS.

Le 21, M. de Saint-Georges fait le résumé de la discussion générale du projet de loi relatif à la dotation de la pairie. Il persiste dans les conclusions de la commission, et oppose aux adversaires des pensions à donner aux pairs ecclésiastiques l'article 27 de la Charte.

La commission propose de réunir en un seul article les 1er, 6e et 8e du projet de loi, et de mettre conséquemment que les pensions, montant à 2,186,000 fr., accordées à des pairs, ou dont jouissent d'anciens sénateurs, ainsi que celles des veuves de pairs et de sénateurs, montant à 456,501 fr., seront inscrites au livre des pensions, avec jouissance du 22 décembre 1829. On y inscrira aussi les pensions qui pourroient être accordées, en cas de viduité, aux femmes de sénateurs actuellement existans.

M. Dupin aîné combat cette rédaction. Il auroit voulu qu'on maintînt la distinction des pensions données aux pairs de celles dont jouissent les sénateurs, et qu'il fût même question d'abord de celles-ci, comme étant plus légitimement dues. Cette proposition, combattue par MM. Roy, Ricard, de Martignac et Chantelauze, et défendue par MM. Mauguin, Benjamin Constant et Bavoux, est rejetée par une majorité formée des deux parties de la droite et d'une portion du centre gauche.

M. Bavoux demande que les pensions dont jouissent d'anciens sénateurs ou leurs veuves soient inscrites à partir du 22 septembre 1829, et que les

pensions accordées à des pairs *cessent* au 1er janvier 1830. (Murmures.)
Quoique M. Bavoux déclare renoncer à cette dernière disposition, M. de
Cormenin l'appuie hautement : il blâme vivement les dotations données
aux pairs, il en conteste le droit, et il conjure la chambre de ne pas sanctionner ces dons, et grever ainsi le trésor lorsqu'on néglige de payer l'arriéré
de la Légion-d'Honneur, les fournitures faites par des communes, etc. On
ne devroit admettre à la pairie que ceux qui ont assez de fortune pour se
constituer un majorat. Il ne faut pas, ajoute-t-il, qu'après que le Roi a
donné des honneurs, la nation donne encore son argent.

M. le ministre de l'intérieur répond avec dignité aux excursions du préopinant ; il déclare que les règnes de Louis XVIII et de Charles X n'ont pas
besoin d'être justifiés du reproche qui vient de leur être fait d'injustice et
d'iniquité. Il s'étonne qu'on vienne censurer publiquement un droit que le
Roi tient de la Charte même : elle porte, en effet, qu'il a le pouvoir de
nommer les pairs à vie et de les rendre héritiers selon sa volonté. M. de
Martignac montre que toutes les dotations ont été accordées légalement, et
qu'elles ont été consolidées par le vote successif des chambres.

M. Mauguin ne trouve pas fondée l'indignation du ministre. Arrivant à
l'article en discussion, il en conteste la légalité et en demande le rejet.
MM. Dupin aîné et B. Constant s'élèvent aussi contre le discours de M. de
Martignac, et critiquent de nouveau les pensions données aux pairs. L'a-
mendement de M. Bavoux, soutenu seulement par l'extrême gauche, est
rejeté. La chambre adopte ensuite l'article de la commission, avec un paragraphe additionnel de M. Sapey, pour interdire le cumul des pensions.

Le 22, après la lecture du procès-verbal, M. Voyer d'Argenson prétend
que, la veille, on n'a pas fait la contre-épreuve en votant le premier article, qu'une grande partie de la chambre auroit alors rejeté pour rendre
hommage au discours de M. de Cormenin. M. le président répond qu'elle
a eu lieu, que la décision est consommée, et que l'observation est étrangère à la rédaction du procès-verbal.

L'article 2 porte que les rentes ou pensions seront inaliénables et transmissibles au successeur à la pairie, dans le cas où la fortune de celui-ci ne
s'élèveroit pas à 30,000 fr. de revenu. La commission propose de ne déclarer les pensions transmissibles qu'au premier degré seulement, et jusqu'à
concurrence de 10,000 au lieu de 12,000 fr.

M. le général Lamarque demande, avec M. Béranger, que les pensions
s'éteignent à la mort des possesseurs actuels. Cet amendement, soutenu
par MM. Salverte et Crignon de Bonvalet, est vivement combattu, comme
injuste, parcimonieux, et détruisant l'économie de la loi et les actes du
Roi, par MM. de Chantelauze, D. de Sesmaisons, de Saint-Georges, rapporteur, et par les ministres des finances et de l'intérieur. Il est ensuite mis
aux voix ; les deux sections de la droite se lèvent pour le rejet, et les parties de la gauche votent son adoption. Deux épreuves étant douteuses, on
procède au scrutin, et il est rejeté à la majorité de 173 contre 161.

M. de Formont propose, avec M. de Charencey, que les pensions soient
transmissibles au premier successeur naturel ou au successeur à la pairie
constitué par le Roi. Ils se fondent sur la nécessité de confirmer les dispositions qu'a faites jusqu'ici le Roi sur la dotation de l'ancien sénat. Cet
amendement, combattu par M. Dupin aîné, et défendu par MM. de
Chantelauze, de Charencey et par le ministre des finances, n'est soutenu

que par le côté droit et une partie du centre droit, et n'est rejeté qu'à une majorité très-foible. L'article, amendé par la commission, est ensuite adopté.

L'article 3 porte que le successeur à la pairie qui voudra réclamer la transmission de la pension en fera la demande, dans les six mois, par une requête présentée à la chambre des pairs, laquelle sera renvoyée à une commission de onze pairs tirée au sort, et que cette commission examinera et fera connoître si la transmission est indispensable au nouveau membre pour soutenir la dignité de son rang.

M. de Verna propose d'ajouter que, s'il n'y a pas lieu à transmission, la pension soit mise à la disposition du Roi, pour la répartir entre les pairs dont la fortune est insuffisante. Il est continuellement interrompu par la gauche, surtout pour s'être servi de l'expression de chambre haute. Son amendement n'est soutenu que par le côté droit.

M. Viennet demande, *dans l'intérêt de la morale publique,* que l'on supprime les mots *pour soutenir la dignité de son rang,* parce que ce seroit avouer la foiblesse humaine que de dire que la fortune ajoute à la considération. M. Dupin propose alors de fixer par un chiffre la quotité de fortune qui donneroit droit à obtenir la transmission. M. de Montbel soutient que la dignité de la pairie seroit profondément blessée, si un pair étoit obligé de soumettre sa situation à une commission : le Roi seul est placé dans une position assez haute pour décider une pareille question. M. Salverte appuie l'article du projet. M. le ministre des finances croit que l'on devroit stipuler que le successeur à la pairie devra faire sa demande de transmission au Roi. M. Mauguin, appuyant la motion de M. Dupin, demande que l'on fixe la somme à 30,000 fr. de revenu, comme le portoit d'abord le projet. L'article et les différens amendemens sont renvoyés à l'examen de la commission.

Le 23, M. Thomas, nouveau député de Marseille, prête serment, et va prendre place au centre gauche.

M. de Saint-Georges propose, au nom de la commission, de remplacer l'article 3 par une rédaction où on s'en rapporteroit à la déclaration du pair. MM. de Conny, de Montbel et de Cordoue appuient l'avis de la commission, qui est adopté avec un sous-amendement de M. Thill, portant que le pair affirmera qu'il n'a pas 30,000 fr. de rente.

Le 7° article, qui deviendra le 9°, porte qu'un fonds permanent, qui ne pourra excéder 120,000 fr. par an, est affecté aux pensions que le Roi a accordées ou accordera à des pairs ecclésiastiques, et que les ordonnances qui les constitueront seront insérées au *Bulletin des lois.*

M. Dupin aîné vote le rejet de cet article, comme ayant pour résultat de créer à l'autre chambre un banc d'évêques, dont ne parle pas la Charte. Il croit qu'il vaut mieux donner aux pairs laïcs, qui ont une famille à soutenir, qu'à des pairs qui vivent dans le célibat ; les évêques sont déjà trop riches et cumulent plusieurs traitemens. Si on a de l'argent de trop, il faut plutôt le donner à ces vieux prêtres de l'Assemblée constituante, que l'on traite avec tant de rigueur parce qu'ils ont eu le malheur de prêter serment.

M. de Montbel relève ces différentes assertions. Il fait observer que le banc ecclésiastique dont parle M. Dupin sera bien restreint, car, au milieu de 300 pairs, il se réduira à 10 pensionnés à 12,000 fr. Puisqu'il y a une religion de l'Etat, et qui a sans doute de grands intérêts, pourquoi n'auroit-elle pas de représentans comme autrefois? pourquoi les ministres de cette religion ne seroient-ils pas admissibles comme les autres Français à des fonctions importantes? Quant à la richesse du clergé de nos jours, elle existe plutôt en vertus qu'en fortune. M. de Sade combat aussi l'article, il pense que les pensions ne devroient être aussi accordées aux pairs ecclésiastiques que pour de grands services rendus à l'Etat; il trouve d'ailleurs que les richesses corrompent le clergé.

M. le ministre des affaires ecclésiastiques répond à quelques observations qui ont été faites. On a dit que les ecclésiastiques ne devroient pas siéger à la chambre héréditaire, cette question a été résolue par la Charte, qui laisse la nomination des pairs au choix du Roi. Si quelques-uns y sont appelés, c'est qu'on a cru que l'intérêt le plus haut de la société, celui de la religion, devoit être représenté, et que des hommes vieillis dans des fonctions respectables pouvoient concourir à nos institutions. C'est à tort que l'on reproche aux évêques de ne pas être soumis à la Charte; car en entrant à la chambre ils prêtent serment de fidélité à ce pacte fondamental. Tout le clergé enfin professe cette doctrine, que le pouvoir temporel est distinct et séparé du pouvoir spirituel, et que l'obéissance au souverain est un de ses devoirs. On se plaint du traitement des évêques, ne sait-on pas qu'ils doivent soutenir leur rang, et qu'ils ont tant d'aumônes à faire. Son Exc. défend ensuite la permanence des fonds proposée par le projet de loi.

M. Marschall proteste de la bienveillance de ses amis pour le clergé. M. de Maussion soutient que le haut clergé doit être appelé à la chambre des pairs, et rappelle que Buonaparte avoit senti lui-même l'utilité de cette mesure. M. le ministre de l'intérieur ajoute de nouvelles observations en faveur des pairs ecclésiastiques, et répond au prétendu cumul exagéré dû traitement des évêques. M. Mauguin voudroit que l'on se bornât à conserver les pensions dont jouissent les prélats membres de l'autre chambre. L'article est mis aux voix, et est voté par les deux sections de la droite, plus M. de Charency et un autre membre du centre gauche. Deux épreuves sont douteuses, il est adopté alors au scrutin à la majorité de 172 voix contre 163.

L'article suivant, qui portoit que le Roi pourroit accorder à des pairs de France, pour d'éminens services, une dotation inaliénable, a été ensuite l'objet d'une discussion assez vive, et a été rejeté.

M. Méquignon-Havard a fait paroître différentes livraisons des collections qu'il publie.

1° La seconde livraison de la *Collectio selecta Patrum*. Cette livraison est en deux volumes, dont le premier, tome III de la collection, contient le dernier livre du traité de saint Irénée contre les hérésies, qu'il auroit mieux valu, ce semble, donner dans le volume précédent, pour ne pas diviser les écrits de ce Père; deux fragmens de lettres du saint, l'*Octavius* de Minutius Felix, d'après l'édition de Davis, à Cambridge, en 1712, et le commencement des écrits de saint Clément d'Alexandrie. Ce qui en est entré dans ce volume est la *Cohortatio ad gentes*, le *Pædagogus*, et un petit écrit sous ce titre: *Quis dives salvetur*. Pour ces écrits, l'éditeur paroît avoir suivi l'édition de Polter, à Oxford, en 1715.

Dans le tome IV sont les sept livres des *Stromates* du même saint, on n'y a pas joint le 8ᵉ livre, dont l'attribution à saint Clément paroît douteuse. A la suite des écrits du saint docteur, sont ceux de saint Hipolyte, évêque et martyr, qui vivoit au 3ᵉ siècle, et qui a écrit aussi en grec. Ce que l'on donne ici de ses ouvrages est un traité de l'antechrist, un autre fort court contre les juifs, des fragmens contre trois hérétiques du temps, et une homélie. Des notices courtes, mais précises et substantielles, sur Minutius Felix, sur saint Clément et sur saint Hipolyte, précèdent leurs ouvrages. Cette collection paroît dirigée avec exactitude, et l'exécution des volumes est satisfaisante.

2° Nous annoncerons à la fois trois livraisons de la *Bibliothèque choisie des Pères de l'Église,* de M. l'abbé Guillon, édition in-12. Ces livraisons, chacune de 3 vol., contiennent depuis le tome X jusqu'au tome XVIII de la collection. Nous n'avons pas besoin d'insister sur le mérite de cette entreprise, qui est calquée sur l'édition in-8°, qui la reproduit en entier, et qui peut convenir à bon nombre de personnes, soit pour la commodité du format, soit pour la différence du prix.

3° La 5ᵉ livraison de la Bible de Vence; elle se forme des tomes IX et XIX de l'édition, l'éditeur ayant jugé à propos de faire marcher ensemble l'ancien et le nouveau Testament. Dans le tome IX, outre plusieurs dissertations reproduites des éditions précédentes, est une traduction nouvelle du livre de Job. M. Drach s'y est proposé de suivre la méthode des anciens, d'être aussi littéral que le permet la différence des langues, et de ne point faire comme quelques modernes qui, dans leurs traductions, passent d'un texte à un autre, de la Vulgate, par exemple, à l'hébreu ou au syriaque. M. Drach croit que c'est là un abus qui ôte l'ensemble et l'unité de leur travail. Quant à sa traduction, nous ne l'avons pas examinée avec assez de soin pour avoir le droit de donner notre avis, mais nous croyons M. Drach propre également par ses connoissances, son zèle et son application à s'acquitter dignement de sa tache; il a joint à sa traduction un grand nombre de notes pour l'intelligence du texte et l'éclaircissement des difficultés qu'il présente. Ces notes paroissent à la fois judicieuses et savantes.

Le tome XIX renferme la préface générale sur le nouveau Testament et des dissertations préliminaires; il n'y a point d'avertissement de M. Drach. On a distribué aux souscripteurs, avec cette livraison, un extrait de l'ouvrage de M. l'abbé Caron sur les rapports entre Isaac et Notre-Seigneur, ouvrage dont nous avons précédemment rendu compte. Cet extrait doit être joint au tome VII de la Bible de Vence.

4° Enfin, la fin de la septième édition du *Dictionnaire historique* de Feller. Nous avions annoncé les premières livraisons jusqu'à la sixième, et nous nous proposions de consacrer un article plus étendu à cet ouvrage, où il y a de nombreuses additions; mais le temps nous a manqué pour nous livrer à cet examen, nous ne pouvons même aujourd'hui annoncer que très-brièvement les cinq derniers volumes qui complètent l'ouvrage. Cette édition, comme on sait, a dix-sept volumes; le dernier a paru récemment. On devoit donner à la suite une *Bibliographie* de Feller; mais l'éditeur paroît avoir renoncé à ce projet, dont, en effet, je crois, que l'utilité eût été médiocre.

Le Gérant, ADRIEN LE CLERE.

✠✠

Sur l'affaire de M. l'abbé Partie, et sur le discours de M. Petou à son sujet.

Il y auroit un petit supplément à faire au discours prononcé par M. Petou dans la séance du 10 avril, relativement à la pétition d'habitans de Lalonde contre leur curé. L'honorable député a dit que cette pétition n'étoit pas de celles qui sont rédigées *sous l'inspiration des passions,* qu'elle avoit pour elle la *sanction de la prudence et du temps,* que lui, M. Petou, n'avoit cessé, depuis deux ans, d'inviter les pétitionnaires *à la patience,* et qu'il avoit été *assez heureux pour calmer l'irritation des esprits.* Nous ne doutons pas de la bonne volonté de M. Petou; quant au succès de ses efforts, c'est autre chose, et on ne voit guère comment l'*irritation* des pétitionnaires a été *calmée.* Ils poursuivent leur curé avec acharnement depuis deux ans, et M. Petou lui-même ne paroît pas beaucoup de sang-froid dans cette affaire. Il parle du curé de Lalonde comme d'un brouillon, d'un emporté, d'un séditieux, et tout son discours n'a pas paru trop dans le rôle d'un médiateur, et ne *calmera* pas l'*irritation* des esprits à Lalonde. S'il a cru que la pétition n'avoit pas été rédigée *sous l'inspiration des passions,* cela fait honneur à sa candeur; en examinant les choses de plus près, il auroit vu de quoi se détromper. Nous avons parlé plusieurs fois des démêlés qu'a eu à soutenir M. l'abbé Partie, et on a pu juger si la passion n'y a eu aucune part. Nous renvoyons à nos numéros 1483 et 1493 pour connoître l'origine de son affaire. Nous y ajouterons seulement aujourd'hui quelques nouveaux renseignemens.

La paroisse de Lalonde, canton d'Elbeuf, diocèse de Rouen, avoit eu pendant la révolution deux prêtres assermentés. Après le concordat, elle eut pour curé M. Duvivier, ecclésiastique sage, doux, modeste, zélé, charitable. Malgré ces qualités, il n'est point d'amertume dont on ne l'ait

abretaté. Chansons diffamatoires, placards injurieux, accusations absurdes, pétitions à l'archevêché, procès même,
rien ne fut épargné pour le dégoûter. On envoya même
chez lui des gendarmes pour l'arrêter, et il fut obligé de fuir
et de se cacher pendant plus de huit jours dans des paroisses éloignées. Il est vrai qu'on le soupçonnoit d'un tort
assez grave; le drapeau tricolore avoit disparu de l'église par
suite du retour du Roi en 1815. Le même esprit a continué
à régner en cette commune, et le curé y a éprouvé pendant
14 ans une suite de persécutions et de tracasseries. Ce n'est
que dans les quatre dernières années qu'on le laissa tranquille. Toutefois son zèle ne fut point entièrement stérile
dans cette paroisse. Il y a formé des ames fidèles qui pratiquent la piété avec persévérance et courage. Il prêchoit avec
force, et il eût obtenu encore de plus grands succès sans les
contradictions qu'on s'étudioit à lui susciter dans quelques
lieux de rassemblement. Son vœu, en mourant, avoit été
d'être remplacé par M. l'abbé Partie, qui fut en effet nommé et installé la même année. Les mêmes causes produisirent les mêmes effets, et les mêmes vertus provoquèrent les
mêmes tracasseries. Les gens à qui les sermons, les conférences et le zèle d'un pasteur déplaisoient, se déclarèrent
contre M. Partie, comme ils s'étoient déclarés contre M. Duvivier.

Ce n'est pas dans sa conduite ni dans ses paroles qu'est
la source véritable des accusations dont M. Partie a été
l'objet; c'est dans la lecture des journaux révolutionnaires,
dans les exemples qu'ils fournissent, dans l'esprit qu'ils
suscitent. On veut montrer du zèle à profiter de leurs leçons, et des hommes qui ne vont point à l'église, et qui
n'entendent point leur curé, dénoncent ses prônes, ses prédications, sa dureté pour les mourans, ses exactions; toutes
choses qu'ils ne savent point par eux-mêmes, ou qu'ils ar-
rangent et grossissent au gré de leur imagination. Cependant
sur les plaintes qui ont été portées, M. l'archevêque a ordonné une enquête, dont le résultat a été directement contraire à la pétition. M. Partie est un des ecclésiastiques les
plus estimables du diocèse. Dernièrement encore il a donné
une preuve de dévoûment qui auroit dû désarmer ses ennemis. Dans la nuit du 13 au 14 septembre 1828, il courut au
secours d'une maison embrasée, travailla pendant 2 heures

à éteindre l'incendie, excita les travailleurs par son exemple, et parvint par son activité à sauver la moitié de la maison. Il s'empressa ensuite de se rendre chez un des travailleurs que la fatigue de la journée avoit mis en danger. Plus récemment encore, le dimanche 5 avril, pendant que l'on préparoit à la chambre un rapport et des discours contre lui, il se préparoit à partir avec ses paroissiens au moment de la grand'messe pour une œuvre semblable, lorsqu'on vint l'avertir que le feu étoit éteint. Et voilà l'homme que l'on traduit comme un emporté et un brûlot!

On a fait sonner bien haut à la chambre le nombre de 113 pères de famille qui ont signé la pétition; mais de ces pères de famille, il faudroit déduire beaucoup de jeunes gens qui ne sont pas des modèles de régularité, et de ces hommes de campagne, simples, ignorans, crédules, qu'on pousse comme on veut. Des ennemis de la religion se servent de ces instrumens pour diminuer son influence, ils trouvent plaisant de forcer à déguerpir un curé qui prêche trop souvent, et qui les importune par son zèle. Ils s'obstinent d'autant plus à ce projet, que le curé s'obstine de son côté à remplir son ministère avec plus de constance et de mépris pour les contradictions. Voilà le secret de ces tracasseries. On a dit que M. Petou avoit fait des démarches auprès de ce curé pour l'engager à plus de prudence; le fait est que M. Partie ne connoît rien dans ce genre de la part du député, qu'il y a près de trois ans qu'il n'a eu l'honneur de s'entretenir avec lui, et qu'il n'a jamais reçu de lui aucune communication. Enfin M. Thil, avocat de Rouen, qui a aussi parlé le 10 à la chambre dans cette affaire, et dans des termes fort injurieux pour le curé, et fort honorables pour les *honorables* pétitionnaires, auroit dû se rappeler peut-être qu'ayant signé comme avocat un mémoire contre M. Partie, il ne lui convenoit guère de le poursuivre encore à la tribune; outre que les gens du pays auroient beaucoup ri de ces *honorables signataires*, de ces pauvres paysans, ouvriers, charretiers et autres, que l'on décoroit ainsi de pompeuses épithètes. Si la chambre se met ainsi à écouter toutes les plaintes des mauvais paroissiens contre leurs curés, et surtout si elle se fait juge de ces plaintes, la tribune retentira de dénonciations sans fin. Les plus mauvais sujets, encouragés par l'espérance du scandale, se ferout un plaisir d'humilier et de vexer leurs pasteurs. Des députés ont, ce semble, autre chose à faire que d'écouter de telles pétitions, de les discuter et de les favoriser. Ce ne seroit pas le moyen de calmer l'irritation des passions, et de faire respecter ce qui est plus respectable et plus sacré que le droit de pétition.

NOUVELLES ECCLÉSIASTIQUES.

Rome. Le dimanche des Rameaux, le saint Père a tenu chapelle papale au palais Vatican. S. S. fit la bénédiction et distribution des palmes, après quoi eut lieu la procession accoutumée par la salle royale. S. S. étoit sur son siège portatif, précédée des cardinaux et de tous ceux qui ont droit d'assister à ces cérémonies. La messe fut célébrée par M. le cardinal Fesch.

— Dans l'après-midi du même jour, M. le cardidal de Gregorio, nouveau grand-pénitencier, se rendit à St-Jean de Latran pour entendre les confessions.

— Le saint Père a nommé à la légation de Forli M. le cardinal Riario-Sforza.

Paris. On assure que M. l'abbé d'Anzers, chanoine et grand-vicaire d'Amiens, qui avoit été nommé par le Roi à l'évêché de Nevers, a refusé, et a sur-le-champ écrit pour annoncer son refus, en laissant voir par sa lettre que rien ne le détermineroit à se charger du fardeau de l'épiscopat. Ces sortes d'exemples, qui se renouvellent presque à chaque promotion, n'empêcheront pas de crier contre l'esprit d'ambition du clergé. On peut assurer que, depuis la restauration, il y a eu plus de trente refus semblables, tous par des motifs qui font honneur à la modestie, à la piété et à la pureté des vues des ecclésiastiques nommés.

— La neuvaine du Calvaire pour la fête de l'Invention de la croix commencera le samedi 2 mai par les premières vêpres. Le dimanche 3, jour de la fête, il y aura grand'-

messe et office pontifical; il y aura aussi ce jour réunion de l'association de St-Joseph. Le lundi, grand'messe, offices et instructions par M. le curé et le clergé de St-Etienne-du-Mont; le mardi, la grand'messe et l'office par MM. les curés et le clergé de St-Merry et de St-Louis-en-l'Ile, le sermon par M. l'abbé Pascal, et les stations par M. l'abbé Fontanelle; le mercredi, la grand'messe et l'office par MM. les curés et le clergé de Saint-Germain-des-Prés et de l'Abbaye-aux-Bois, le sermon et les stations par des ecclésiastiques de ce clergé; le jeudi, grand'messe, office et instructions par M. le curé et le clergé de la Madeleine. Le matin, à 8 heures, M. l'archevêque de Paris célébrera la messe pour les associations de Ste-Geneviève. Le vendredi 8, la grand'messe et l'office par MM. les curés de St-Thomas-d'Aquin et de Ste-Valère, le sermon et les stations par des ecclésiastiques de leur clergé. Le samedi, la grand'messe, l'office et les instructions par les missionnaires, qui seront assistés des clercs du chapitre de St-Denis. Le dimanche 10, M. l'archevêque de Bourges officiera pontificalement, assisté des missionnaires, qui feront les instructions. Le lundi, clôture de la neuvaine, la grand'messe, l'office et les instructions par M. le curé, le clergé et le séminaire des Missions-Etrangères. Le mardi 12, M. l'évêque de Nanci officiera pontificalement pour le repos des ames des bienfaiteurs du Calvaire; l'exhortation et les stations par les missionnaires. On visitera comme à l'ordinaire les deux chapelles. Il sera célébré chaque jour deux messes pour le Roi et sa famille. Les indulgences seront comme les années précédentes. On continue à s'inscrire pour les concessions de terrain au cimetière, et pour les registres de la confrérie, et pour les dons et souscriptions pour la construction de l'église.

— La messe qui est célébrée ordinairement le 3 mai, jour de l'Invention de la sainte croix, aux intentions de l'association de la Propagation de la foi, sera célébrée le samedi 2 par anticipation, à 9 heures, dans l'église des Missions, rue du Bac. M. l'évêque de Nanci et Toul officiera, et le sermon sera prononcé par M. l'abbé Ganilh. Il sera dit des messes à la même heure dans différentes églises pour la commodité des associés, à St-Roch, à St-Eustache, à St Nicolas-des-Champs, à Saint-Jean-Saint-François, à Saint-Nicolas-du-

Chardonnet, à Saint-Sulpice, à St-Jacques et aux Quinze-
Vingts. Dans l'église des Missions, il y aura après le sermon
une messe pour les missionnaires et associés défunts. Il n'y
aura point de quête pour l'œuvre.

— Vendredi dernier, 24 du mois, trois missionnaires
sont partis du séminaire des Missions-Etrangères pour
les missions d'Orient; ils se rendent à Nantes, où ils
s'embarqueront pour Macao, d'où ils entreront ensuite en
Chine, en Cochinchine ou au Tong-King, suivant les besoins
de chacune de ces missions. La veille de leur départ, il y
avoit eu au séminaire la cérémonie d'usage pour les missionnaires qui partent; leurs confrères et leurs amis leur
baisent les pieds; c'est une pieuse pratique dont l'idée a été
peut-être inspirée par ce mot de saint Paul : *Quàm speciosi
pedes evangelizantium pacem, evangelizantium bona!* et l'on
retrouve la même pensée dans Isaïe et dans Nahum. La
veille du départ des trois missionnaires, après la prière du
soir, M. l'abbé Dubois, ancien missionnaire, et un des directeurs de la maison, adressa aux jeunes apôtres un discours sur les difficultés et les obstacles qu'ils avoient à attendre, et sur l'esprit qui devoit les animer dans leur péni-
ble carrière. Il les exhorta à marcher sur les traces de leurs
courageux prédécesseurs, à répondre par la pureté de leur
zèle à la sainteté de leur vocation, à rechercher moins les
succès de leur ministère que les vertus qui les préparent, à
pratiquer surtout cette charité généreuse qui n'a en vue que
la gloire de Dieu et le salut des ames. Après le discours eut
lieu le baisement des pieds; M. l'évêque de Nanci, M. l'abbé
Jalabert, grand-vicaire du diocèse, les supérieurs et directeurs de la maison, et quelques ecclésiastiques du dedans et
du dehors, allèrent se prosterner aux pieds des missionnaires, qui les embrassèrent ensuite, et qui sembloient tout
confus de cette espèce d'hommage qu'on leur rendoit. Quelques laïques furent aussi admis à baiser les pieds des missionnaires, qui ne manquoient pas de se recommander aux
prières de tous les assistans. C'est la seconde fois que la
même cérémonie a lieu cette année. Au mois de février dernier, deux autres missionnaires sont partis du même séminaire pour les missions d'Orient; parmi eux étoit M. l'abbé
Supriès, du diocèse de Fréjus, ecclésiastique de beaucoup
de mérite, et qui est destiné pour les missions de la pres-

qu'île de l'Inde. C'est donc en tout cinq missionnaires qui sont partis cette année pour l'Asie. L'année dernière, il étoit parti six missionnaires, et six l'année précédente. C'est donc à tort que le bruit s'est répandu dans une province éloignée, ainsi que nous l'avons appris, que le séminaire de la rue du Bac manquoit en ce moment de sujets qui se destinent aux missions. Le fait est que ce séminaire n'a jamais fourni autant de sujets qu'il l'a fait dans ces dernières années. A la vérité, ce séminaire ne compte pas et ne peut pas compter autant d'élèves que les séminaires diocésains ; la raison en est toute simple, les vocations pour les missions étrangères ne pouvant pas être aussi nombreuses que celles pour l'état ecclésiastique en général. Mais à aucune époque le séminaire de la rue du Bac n'a été plus riche en sujets qu'en ce moment. Avant la révolution, il avoit ordinairement six ou huit élèves, c'est la même proportion aujourd'hui. En ce moment, après le départ des cinq missionnaires, il reste cinq jeunes ecclésiastiques, et on en attend d'autres ; car, dans cette maison, on reçoit à toutes les époques de l'année les sujets qui se présentent, et on y a pour but principal d'éprouver leur vocation. Le séjour qu'ils font dans ce séminaire est une garantie de plus qu'on a de leur aptitude aux fonctions de l'apostolat. Le séminaire de la rue du Bac est sans contredit l'établissement qui doit inspirer le plus de confiance, et qui entre le mieux dans les vues de l'association pour la propagation de la foi. Il est chargé de cinq missions, celles du Sutchuen, du Tong-King, de la Cochinchine, de Siam et de l'Inde. Ces missions réunies comptent environ 400,000 chrétiens, dirigés par 30 ou 40 prêtres européens, et par plus de cent prêtres du pays. Aucune autre mission n'offre un si grand nombre de prêtres et de fidèles ; de plus, les persécutions auxquelles ces missions sont exposées, la sévérité des édits, l'arbitraire des gouverneurs, la nécessité où sont souvent les missionnaires de fuir et de se cacher, tout cela doit appeler sur eux l'intérêt des ames pieuses. Les missions nouvelles qui se sont formées dans d'autres pays sont fort respectables sans doute, mais ne doivent point nous faire oublier des missions plus anciennes, qui ont rendu tant de services, et qui en rendent encore tous les jours.

— Nous avons de bien mauvaises nouvelles à donner à

ceux qui craignent par-dessus toute chose que le nouveau pape ne soit Jésuite. Voici l'extrait d'une lettre que nous avons sous les yeux, et qui semble indiquer que l'air de Rome n'est pas aussi mauvais pour les révérends Pères que leurs ennemis veulent avoir l'air de le croire :

« Vos lettres de France sont réellement bien plaisantes, et rien n'est plus divertissant que les terreurs qu'on y exprime au sujet du jésuitisme. Figurez-vous bien qu'il n'y a pas à Rome une famille honnête, pas une corporation civile ou religieuse, pas un homme de bonne compagnie, qui ne professe hautement la plus grande considération pour cette illustre compagnie de Jésus, qui vous effarouche tant en France. Tout ce qu'il y a de distingué tient singulièrement à honneur d'avoir quelque point de contact avec des Jésuites. On les recherche comme prédicateurs, comme confesseurs, comme directeurs et maîtres spirituels des jeunes gens ainsi que des vieillards. Ils sont en si grande vénération, qu'une injure ou seulement un mot équivoque proféré contre eux donneroit la plus mauvaise idée de celui qui le prononceroit. Il ne leur manque qu'une chose pour avoir autant de mérite que ceux de France, c'est d'avoir des occasions d'exercer leur patience, et de montrer combien la persécution les relève encore et les anoblit. Mais il y a grande apparence que, de long-temps, ils ne seront mis à l'épreuve sous ce rapport, et qu'ils perdront ainsi un de leurs plus beaux moyens d'édifier le monde..... »

Cette lettre est écrite par un homme d'un esprit mûr et d'un jugement sain, qui l'adresse à sa famille, sans y attacher d'autre importance que celle de rétablir des vérités que notre *raison publique* travaille si misérablement à obscurcir.

— Quoique la malveillance des journaux antireligieux se soit déjà exercée contre la mission qui se donne dans ce moment à Clairac, nous n'en publions pas avec moins de confiance l'extrait suivant d'une lettre reçue de cette ville : « La mission que donne ici M. l'abbé Guyon avec M. l'abbé Petit, son confrère, ne se ressent point de l'influence des jours mauvais où nous vivons. Jusqu'à présent, elle a produit les fruits les plus abondans. Elle est suivie avec beaucoup de ferveur et de piété par toute la population de cette ville, et par une grande affluence de fidèles des campagnes voisines qui viennent y assister. On remarque comme une circonstance particulière que le nombre des hommes qui approchent la sainte table est plus considérable que celui des femmes; mais cela provient probablement de ce que celles-ci ont moins d'erreurs à réparer. Il est certain du moins que, parmi ces derniers, on compte une grande quantité de fidèles qui n'avoient pas approché des sacremens depuis bien des années. Si de simples menaces de persécution ont produit ce redoublement de zèle et de piété, pourquoi n'espérerions-nous pas que la persécution vue de plus près ameneroit des résultats encore plus favorables à la religion? »

— Le 10 avril, le tribunal correctionnel de Dieppe a condamné à 6 jours de prison, 16 fr. d'amende et aux frais, les jeunes gens qui s'étoient permis des danses bruyantes près de l'église de Saint-Martin-la-Campagne; les journaux avoient déjà parlé de cette affaire, où le scandale paroît avoir été provoqué par des gens qui se sont tenus à l'écart. Le fait est que les danses et réjouissances eurent lieu sur un terrain appartenant à M. Routier, pendant le temps que le curé faisoit dans l'église une instruction. Il rendit plainte; on a parlé des rigueurs exercées contre ces bons jeunes gens, et la *Gazette des tribunaux* a appelé tout l'intérêt de ses lecteurs sur ces malheureuses victimes. Il paroît que les magistrats ont vu la chose autrement. M. Lemoine d'Aubermesnil, procureur du Roi, a invoqué contre les prévenus l'art. 13 de la loi du sacrilège contre ceux qui excitent du trouble ou du désordre même à l'extérieur d'une église, et qui par là interrompent les cérémonies de la religion. Le sage magistrat a ajouté que les vrais coupables du scandale n'étoient pas devant le tribunal, et qu'il étoit des gens pour qui le désordre étoit un besoin, mais qu'il ne leur répondoit que par le mépris. L'avocat des prévenus a soutenu que le lieu où on avoit dansé étoit trop éloigné de l'église pour que l'instruction eût pu être troublée; que ce lieu étoit de tout temps consacré aux danses, et qu'un catéchisme ou une instruction ne pouvoit être considéré comme une cérémonie religieuse. Le tribunal de Dieppe a répondu à ces allégations par son jugement. On dit que les jeunes gens ont appelé à la cour royale de Rouen.

NOUVELLES POLITIQUES.

PARIS. Le comité-directeur se trouve dans l'embarras des richesses : il n'a qu'un député à faire nommer dans l'arrondissement de Pontoise, et il a deux candidats bons à placer ; ce sont MM. Dunoyer et Charles Lameth. Le *Courrier français* recommande l'un, le *Constitutionnel* recommande l'autre. Si les électeurs de Pontoise sont embarrassés, ils peuvent tirer à la courte paille : on peut parier à coup sûr que le sort ne tombera pas sur un député royaliste.

— On assure que le Roi doit aller habiter le château de Saint-Cloud avec la cour dans les premiers jours du mois prochain.

— Le Roi a fait donner une médaille d'argent, avec son effigie, au nommé Guermone, gendarme de Saint-Ouen, qui, le 3 décembre dernier, avoit sauvé, au péril de ses jours, une femme près de se noyer dans la Seine.

— M.me la Dauphine a bien voulu accorder une somme de 300 fr. à la fabrique de Balêmes, près Langres, pour reconstruire un autel en l'honneur de la sainte Vierge, et contribuer aux réparations de l'église du lieu.

— Par ordonnance du 24 avril, le Roi a nommé ministre des affaires étrangères M. le duc de Laval-Montmorency, pair de France, ministre d'Etat, ambassadeur à Vienne. Une ordonnance du même jour confère le titre de ministre d'Etat et membre du conseil privé à M. le comte de la Ferronnays, pair de France, qui se trouve remplacé par M. le duc de Laval.

— M. le baron Henrion de Pensey, premier président de la cour de cassation, conseiller d'Etat en service extraordinaire, et chef du conseil de M. le duc d'Orléans, est mort, vendredi dernier, à l'âge de 88 ans.

— La commission chargée de l'examen des comptes de l'exercice 1827 a nommé M. Saunac pour son rapporteur.

— Le prix proposé par l'Académie française pour la langue basque a été décerné, vendredi dernier, à M. Darrigol, supérieur du séminaire de Bayonne ; c'est par erreur qu'on avoit supposé que le prix avoit été remporté par un ecclésiastique attaché au séminaire de Strasbourg.

— Le conseil de discipline des avocats de Paris a décidé, le 15 de ce mois, qu'il n'y avoit pas lieu à plainte contre MM. Berryer fils et Claveau, qui avoient été renvoyés devant ce conseil au sujet des plaidoiries dont ils s'étoient chargés dans une affaire pendante à la cour royale.

— Un paysan du département des Vosges, Jean-Dominique Colin, âgé de trente-neuf ans, et né à Laveline, avoit la réputation de sorcier. Il exerçoit la médecine, donnoit des remèdes, parcouroit le pays, et prétendoit guérir toutes les maladies. En 1824, le tribunal de Lunéville le condamna à 100 fr. d'amende ; en 1827, le tribunal d'Epinal le condamna, pour récidive, à deux mois de prison et 1000 fr. d'amende. L'année dernière, le tribunal de Lunéville le condamna de nouveau à 1000 fr. d'amende et trois mois de prison. Colin n'en continua pas moins son métier. Arrêté le 4 février dernier, il a prétendu qu'il ne faisoit que *ventouser* les personnes qui le demandoient. Traduit au tribunal d'Epinal sous la double prévention d'escroquerie et d'exercice illégal de la médecine, il a été condamné à 1000 fr. d'amende et cinq ans de prison ; mais, sur son appel, la cour royale de Nanci a, le 31 mars dernier, réduit la peine à deux ans de prison et 5o fr. d'amende.

— Les réfugiés portugais qui étoient à Brest quittent cette ville en trois détachemens pour se rendre à Fougères, à Mayenne et à Laval, où le gouvernement leur donne hospitalité.

— La gazette officielle de Lisbonne du 11 avril annonce que la veille don Miguel s'est rendu, avec les infantes ses sœurs, à l'église patriarcale de Lisbonne, où il a assisté au service funèbre célébré pour le repos de l'ame de Léon XII. Les feuilles libérales s'amusoient pendant ce temps à accuser ce prince d'attentat à la vie de ses sœurs.

— Le roi d'Espagne a fait distribuer pour premier secours, sur sa cassette, 1500 réaux (environ 375,000 fr.) aux victimes du tremblement de terre de la province de Murcie. Il y a fait joindre 20,000 fanégas de blé des rentes décimales qui appartiennent à la couronne. La reine et les membres de la famille royale ont fait aussi des dons considérables. Le marquis de Zambrano, ministre de la guerre, a versé, tant pour lui que pour ses employés, 25,000 fr.

— Une ordonnance du roi des Deux-Siciles, en date du 7 de ce mois, porte que les parens des rois de ce pays ne pourront contracter mariage sans le consentement du prince régnant, et qu'ils auront aussi besoin de son autorisation pour hypothéquer ou aliéner leurs immeubles, faire des emprunts ou échanges, et recevoir des capitaux mobiliers.

— Suivant la *Gazette d'Augsbourg*, un protocole a été signé à Londres le 22 mars pour étendre les limites de la Grèce, d'après la proposition que la France avoit faite le 16 novembre. On prétend aussi que la forme du gouvernement de ce nouvel Etat a été fixée dans cet acte, et qu'elle sera monarchique.

— Le quartier-général de l'armée russe a été transporté, le 30 mars, de Jassy à Isakha, sur la rive droite du Danube. Le passage du fleuve n'a pu avoir lieu à cause de la grande hauteur des eaux.

— La chambre du commerce de Paris, aussitôt qu'elle a eu connoissance des évènemens de Mexico, s'est empressée de solliciter du gouvernement qu'il soit fait des démarches pour indemniser les Français qui ont été victimes de ces désordres. Le ministre du commerce a répondu que cet objet avoit fixé l'attention spéciale du gouvernement, et qu'il avoit pris à cet égard des mesures dont on doit espérer le succès.

— Plus de 160 Espagnols, proscrits du Mexique, viennent d'arriver à Bordeaux. Ils font le tableau le plus effrayant de l'état d'anarchie et de désordre où cette république est plongée plus que jamais.

— La république de Buenos-Ayres continue à être en proie à des dissensions intestines. Le nouveau gouvernement de la capitale est contrarié par le gouverneur de la province de Santa-Fé, qui a coupé toutes les communications avec l'intérieur. La liberté de la presse est si peu observée, qu'un journaliste, pour avoir publié une chanson assez insignifiante, mais qui a déplu aux autorités, a été exilé sur-le-champ.

CHAMBRE DES PAIRS.

· Le 24, la délibération a continué sur les articles du projet de code pénal militaire. Les articles 31 à 43 ont été adoptés, sauf les 33° et 40°, qui ont été renvoyés à la commission.

La chambre a entendu à ce sujet MM. les maréchaux duc de Dalmatie et comte Molitor; les comtes Belliard, de Chastellux, de Ségur, Molé, de Montalivet, d'Aramon, de Saint-Roman, de Tournon, de Sparre; les marquis Delaplace, de Coislin, de Rougé, le comte d'Ambrugeac, rapporteur; MM. les ministres de la justice, de la guerre et de l'intérieur, et M. de Salvandy, commissaire du Roi.

Le 25, la chambre a renvoyé à la commission les articles 46, 48, 50, 52 et 55, après avoir entendu MM. les maréchaux ducs de Dalmatie et de Raguse, les marquis de Coislin et de Lauriston, le duc Decaze, les comtes de Sparre, Daru, Belliard, de Rougé, de Montalivet, de Kergariou, les barons Pasquier, de Barante, Mounier, le rapporteur, le ministre de la guerre et les deux commissaires du Roi.

Le 27, la chambre a adopté les articles renvoyés à la commission, et a renvoyé quelques-uns des suivans à son nouvel examen. La délibération s'est arrêtée à l'article 75.

Les orateurs qui ont parlé ce jour sont MM. les comtes de Kergariou, Belliard, Molé, de Ségur, de Sparre, de Peyronnet, de Kergolay, Maurice Mathieu, Dode, les marquis Delaplace, de Coislin, de Lally, le maréchal duc de Dalmatie, les ministres de la guerre et de l'instruction publique et les deux commissaires du Roi.

CHAMBRE DES DÉPUTÉS.

Le 24, des congés sont accordés à MM. Marchegay et Dussol.

On reprend la discussion des articles de la loi relative aux pensions accordées à des pairs et aux biens de l'ancien sénat. M. de Lachèze propose un paragraphe additionnel à l'article 5, ainsi conçu : « A l'avenir, les ecclésiastiques qui seront nommés pairs ne pourront obtenir une pension sur le fonds permanent de 120,000 fr., qu'en déclarant qu'ils n'ont pas un revenu net de 30,000 fr., tant de leur fortune personnelle que de leur traitement et indemnités comme membres du clergé. L'ordonnance constitutive de la pension fera mention de la déclaration. » (Bravos à gauche.)

M. Sosthène de la Rochefoucauld pense que si on veut assimiler par là les pairs ecclésiastiques aux pairs laïcs, on ne doit pas comprendre leur traitement d'évêque dans les 30,000 fr. M. le ministre des finances appuie cette réclamation. En ce moment, presque tous les membres de la droite ne sont pas encore arrivés. Ce paragraphe est mis aux voix, malgré les observations de M. le général de Sainte-Marie que la chambre est à peine en nombre; il passe à la majorité des deux sections de la gauche, à l'exception du mot *indemnité*, que l'on consent à retrancher. Il deviendra l'art. 6.

L'article 10, devenant l'article 7, porte que les immeubles provenant de la dotation du sénat et des sénatoreries seront remis, le 1ᵉʳ janvier 1830, pour être vendus au profit de l'Etat, à l'exception de ceux qui sont actuellement affectés à un service public. Cette administration recevra en même temps le compte de l'actif et du passif de la caisse de la dotation, et fera verser au trésor royal la somme qui sera restée sans emploi. Cet article est adopté avec la suppression, proposée par M. Aug. Perrier, des mots *à l'exception de ceux affectés à un service public*.

M. Viennet demande que l'on ajoute que l'arriéré dû aux anciens sénateurs qui ne sont pas pairs de France sera porté au passif de la dotation du sénat, afin de leur être payé sur les fonds disponibles. Cet amendement est rejeté, d'après les observations de MM. de Saint-Georges, Sapey et Roy.

On adopte sans difficulté les deux articles suivans, portant que la rente de 1,330,818 fr., inscrite sur le grand-livre au nom du sénat, sera annullée le 29 septembre 1829, et que les 2 millions restant des 4 millions attribués à la dotation du sénat par le décret de l'an 11, cesseront d'être portés au budget. L'article 13, devenant l'article 9 et dernier, passe également. Il est ainsi conçu : « Les dépenses de la chambre des pairs seront fixées chaque année par la loi des finances. »

On procède au scrutin sur l'ensemble de la loi, et elle passe à la majorité de 217 contre 127.

La chambre se forme ensuite en comité secret. Elle s'est, dit-on, occupée de la prise en considération de la proposition de M. Chevrier de Corcelles, tendante au changement du tarif des notaires.

Le 25, MM. de Lorgeril, Humblot-Conté et de Schonen font le rapport des pétitions.

Le sieur Oudotte, à Châlons-sur-Marne, propose des mesures contre les accaparemens de grains. M. le ministre de l'intérieur soutient, ainsi que MM. Reboul, Guilhem et Méchin, qu'il ne se fait point d'accaparemens, et qu'on doit laisser le commerce entièrement libre. Ordre du jour.

Les sieurs Lepeyen, à Jouy-aux-Arches (Moselle), et Legrand, architecte à Paris, demandent que les cendres de Voltaire et de J. J. Rousseau soient transférées avec toute la pompe convenable au cimetière du Père Lachaise. (Vive agitation; MM. de Conny, de Formont, Coutard, Laboëssière, et d'autres membres de la droite demandent en même temps la parole.) La commission s'étant assurée que, lors des travaux qui ont été faits pour rendre au culte l'église Sainte-Geneviève, les restes de ces deux écrivains ont été transférés avec décence dans un autre caveau de ce monument, et qu'un procès-verbal en a été dressé, propose l'ordre du jour, attendu d'ailleurs qu'une mesure législative pourroit seule ordonner la translation ailleurs, puisque c'est en vertu d'une loi que les restes de quelques grands hommes avoient été placés au Panthéon.

M. de Conny se demande comment on pourroit rendre encore de trop pompeux honneurs funèbres à deux écrivains dont les écrits ont amené la révolution et corrompu tant de personnes, à l'auteur d'un poème degoûtant, etc. L'honorable membre ne peut achever son discours. L'ordre du jour est adopté.

La chambre renvoie au ministre des finances et au bureau des renseignemens une pétition pour la réduction de l'impôt sur le sel, appuyée par MM. Marschall, de Formont, Kératry, Cunin-Gridaine, de Tracy et de Syrieys.

Le sieur Gille, à Lyon, demande la révision des lois de la révolution, du consulat et de l'empire, et que toutes soient mises en harmonie avec la Charte et nos institutions; ordre du jour attendu qu'une commission a été nommée dans ce but, et qu'elle a déjà fait les deux tiers de ce travail immense.

Le sieur Guérard, maire de Mortains (Marne), adresse quelques réflexions sur le projet de loi municipale, au sujet de la réunion des communes; la commission propose le renvoi au bureau des renseignemens. M. Duvergier de Hauranne insiste pour le renvoi au ministre de l'intérieur, en disant qu'il ne suffit pas d'avoir retiré deux lois si désirées de toute la France, mais qu'il faut en représenter d'autres, l'état de choses existant, tant pour le système communal que pour les conseils-généraux, étant illégal. Le renvoi est prononcé.

Le 27, un congé est accordé à M. de Fussy.

M. Lepelletier d'Aulnay fait le rapport de la commission qui a examiné le projet de loi concernant les crédits supplémentaires pour l'exercice 1828. Ces allocations demandées ont pour but de couvrir un excédant de dépenses de 71,387,319 fr. sur les prévisions du budget des recettes de ladite année. Sur cela, il y a 38 millions de frais extraordinaires occasionnés par l'expédition de Morée; les autres 32 ou 33 millions d'insuffisance ont été occasionnés par la diminution inattendue des produits pendant l'année dernière. M. le rapporteur ne s'élève pas moins contre l'habitude qu'ont les ministres de dépasser chaque année les dépenses fixées par la chambre. Il regarde cela comme un abus de pouvoir, et voudroit que les ministres fussent punis en pareil cas; enfin, il critique quelques-unes des dépenses qui ont été ainsi faites.

La délibération sur ce projet de loi est fixée au lundi 4 mai.

L'ordre du jour appelle la discussion de la loi relative à la démonétisation et à la refonte des anciennes monnoies d'or et d'argent. D'après cette loi, les anciennes pièces cesseront d'avoir cours forcé pour leur valeur nominale au 1er juillet 1834, et ne pourront plus être reçues ensuite aux hôtels des monnoies que pour le poids qu'elles auront conservé.

Les orateurs inscrits, MM. de Saint-Albin, Reboul, de Lorgeril et Mestadier sont entendus en faveur de ce projet. Il passe ensuite à la majorité de 264 contre 8, avec un amendement de M. Bizien du Lézard, qui laisse un mois de plus aux receveurs-généraux et percepteurs pour recevoir les anciennes monnoies.

L'*Histoire de l'Eglise*, par Bérault-Bercastel, qui commença à paroître en 1778, fut dans l'origine favorablement accueillie du clergé, et depuis ce temps, elle n'a pas cessé de jouir d'une réputation qu'elle mérite sous plusieurs rapports. On l'a souvent réimprimée dans ces derniers temps. Si on n'y trouve pas cette simplicité, cette naïveté que l'on aime dans Fleury; si on désireroit souvent moins de pompe et de recherche dans le style, si la critique n'y est pas toujours sûre, l'auteur compense ces inconvéniens par d'autres avantages. Son *Histoire* offre du mouvement et de la rapidité. Il s'est renfermé dans un cadre plus resserré que Fleury. Il ne puise point ses matériaux à des sources suspectes. Ses auteurs favoris ne sont ni Matthieu Páris, ni Luitprand, ni Pétrarque, ni Villain, ni les écrivains les plus renommés par leur malignité et par leur antipathie pour le saint Siège. Il ne se lamente pas perpétuellement sur l'abolition d'une discipline respectable sans doute, mais que l'Eglise a pu avoir de justes raisons de changer. Il ne loue pas les temps anciens pour se donner le droit de critiquer des pratiques chères à la piété, et des institutions qui ont été utiles à la religion. Il ne donne pas sans cesse les fausses décrétales d'Isidore comme l'origine d'un nouveau droit introduit dans l'Eglise, et comme la source du développement et de l'étendue de l'autorité pontificale. Enfin on n'y remarque pas ces traits un peu malins, ces réflexions chagrines, ces jugemens sévères que tant d'auteurs se permettent sur les papes et sur leurs actes les plus légitimes. Fortement attaché à l'Eglise et à son chef, l'abbé Béraut-Bercastel se plaît à éclaircir des faits, et à rectifier des passages dont on avoit abusé.

Diverses éditions de cette *Histoire*, qui ont paru dans ces dernières années, avoient toutes promis des améliorations importantes, et même une continuation qui devoit prolonger le récit des faits au moins jusqu'à l'époque du concordat. Cependant toutes n'ont reproduit le travail de Béraut que tel qu'il étoit sorti de sa plume. Aucune continuation n'a paru, et celle dont on avoit hasardé un premier volume n'a pu aller plus loin, grâce à une partialité et à une prolixité qui ont révolté tous les lecteurs et fait avorter l'entreprise.

L'*Histoire de l'Eglise*, par Béraut-Bercastel, est donc restée jusqu'ici, malgré de pompeuses annonces, fort incomplète et, fort incommode. Le 18e siècle y manque tout-à-fait, et le 17e siècle y est présenté d'une manière inexacte et superficielle. Il y a dans cette partie beaucoup de faits importans omis, et toute cette fin de l'ouvrage porte des traces de précipitation qui appelle une révision soignée. De plus, on ne trouve dans l'ouvrage ni tables, ni notes marginales, ni numéros distinctifs, ni divisions par livres, ni indications d'années. Pour trouver un fait, pour vérifier une citation, pour connoître la vie ou les ouvrages d'un personnage, il faut parcourir une longue suite de sommaires, et perdre en tâtonnemens un temps précieux.

Pressé par des amis respectables, un ecclésiastique a entrepris de revoir l'*Histoire* de Béraut-Bercastel, et d'en préparer une nouvelle édition. Son plan est de reproduire le travail de Béraut, en n'y faisant que les corrections et additions indispensables. Il se propose entr'autres de remplir quelques lacunes sur ce qui regarde le schisme d'Avignon, les croisades, l'inquisition, etc. Nous oserions l'engager, s'il en a le loisir, à refondre ce qui regarde la fin du 17e siècle, qui est tout-à-fait superficielle et même tronquée. De plus, il rendra l'usage du livre beaucoup plus commode. Chaque page portera la date de l'année et le numéro des sommaires, comme dans l'histoire de Fleury; chaque livre sera précédé de sommaires, chaque volume terminé par une table alphabétique, sans parler d'une table générale à la fin de l'ouvrage.

Nous regrettons de ne pouvoir faire connoître le nom de l'ecclésiastique qui veut bien se consacrer à ce travail ; mais nous savons qu'il est digne d'inspirer la confiance par ses principes, par sa sagesse et par son application. Il suit principalement les conseils d'un ami judicieux et éclairé. Il se propose de commencer l'année prochaine la publication de la nouvelle édition, et il espère pouvoir la continuer ensuite sans interruption. Ayant appris que quelques libraires vouloient réimprimer Béraut-Bercastel, il nous a prié d'annoncer son entreprise, qu'il estime devoir être agréable au clergé, et qui tend à accroître l'utilité d'un ouvrage déjà recommandable à bien des égards.

M. Méquignon-Junior a publié les tomes XII et XIII de son édition de Billuart, dont nous avons parlé n°ˢ 1418 et 1478. Le tome XII traite de la pénitence, et est accompagné, suivant la méthode de Billuart, de dissertations et de digressions historiques. Le tome XIII traite des trois derniers sacremens, il contient aussi plusieurs dissertations et digressions, et par appendice les ordonnances de nos rois relatives au mariage, quoique ces ordonnances ne soient plus observées depuis le changement de notre législation.

A la fin du volume est une dissertation nouvelle, en latin, sur les empêchemens du mariage établis par le droit civil. Cette dissertation est de M. l'abbé Icart, professeur de théologie. Il y examine, 1° si les princes ont droit d'établir des empêchemens dirimans ; 2° s'il existe de ces sortes d'empêchemens dans notre code ; 3° quels ils sont. On voit par là quel peut être l'intérêt de cette dissertation, où l'auteur discute à la fin la question du mariage des prêtres dans la législation actuelle. Il y émet le vœu qu'une loi formelle remplisse sur ce point la lacune du code, et consacre une disposition invoquée par la religion et par les bonnes mœurs.

AVIS.

MM. les souscripteurs dont l'abonnement expire le 12 mai prochain, sont priés de le renouveler de suite, pour ne point éprouver un retard qui les exposeroit à ne pouvoir compléter leur collection.

Ils voudront bien joindre à leurs lettres pour réabonnement, réclamations ou changement de domicile, *une des dernières adresses imprimées* qu'ils ont reçues avec leur journal.

Le Gérant, ADRIEN LE CLERE.

✚✚

Réponse à quelques journaux.

Peut-être devrions-nous nous dispenser de répondre à quelques attaques assez malignes et assez injustes auxquelles nous avons été en butte depuis quelque temps. Peut-être devrions-nous compter assez sur la sagesse et sur la bienveillance de nos lecteurs pour ne pas entreprendre une justification dont nous osons croire n'avoir pas rigoureusement besoin. C'est, en effet, le parti que nous aurions pris, si nous n'avions eu à nous plaindre que des journaux irréligieux et révolutionnaires. Mais que des journaux d'une autre couleur, que des écrivains qui professent un vif attachement à la religion, et avec lesquels nous nous croyions unis pour la défense de la même cause, nous poursuivent aussi de leurs plaisanteries ou de leurs injures, c'est là ce qui nous est sensible, et ce qui nous paroît devoir nous faire sortir de notre silence. Les traits qu'on nous a lancés nous ont d'autant plus surpris, que nous ne les avions point provoqués, et que nous évitions même avec soin tout ce qui avoit l'apparence d'hostilités. S'il y avoit quelque dissentiment entre ces journaux et nous sur certains points, nous ne pensions pas que ce fût une raison pour nous déchirer mutuellement. Nous ne voyions pas trop quel avantage il y avoit à nous diviser, à affoiblir ainsi notre cause, et à réjouir nos ennemis communs par le spectacle de nos débats.

Un article de la *Quotidienne* du 5 avril est venu nous arracher à nos espérances et à nos illusions. Sans aucune provocation de notre part, elle nous a fait un affront auquel nous ne devions pas nous attendre; elle nous accole à un journal avec lequel nous n'avons aucun point de contact, et dont nous repoussons et abhorrons les doctrines. L'article est terminé ainsi : *Nous avons un bon moyen de nous préserver de la peste de l'ultramontanisme; suivons seulement la théologie du Courrier et de l'Ami de la religion.* Un tel rapprochement n'a sûrement pas moins étonné le *Courrier* que nous-même.

En quoi notre théologie a–t–elle le moindre rapport avec la sienne? Un journal qui déclame perpétuellement contre les papes et les évêques, qui accueille toutes les calomnies contre le clergé, qui plaide la cause du protestantisme, qui débite les maximes les plus contraires à l'autorité de l'Eglise et aux intérêts de la religion; un tel journal auroit la même théologie que nous! Non, cela ne tombe pas sous le sens ; le rédacteur de la *Quotidienne* ne le croit pas, et cette insulte gratuite est une calomnie absurde qu'un homme d'honneur devroit s'empresser de rétracter.

Auroit–on voulu insinuer qu'au moins sous le rapport du gallicanisme, il pouvoit y avoir quelque ressemblance entre le *Courrier* et nous? Une telle imputation seroit encore aussi injuste que ridicule. Assurément le *Courrier* et nous, nous n'entendons pas le gallicanisme de la même manière. C'est se moquer du monde que de prétendre ranger dans la même catégorie et les catholiques les plus soumis à l'autorité, et ceux qui insultent journellement à la religion et à l'autorité. Parce que ceux-ci s'emparent quelquefois des libertés galli-canes comme d'un manteau pour couvrir leur marche, parce qu'ils en parlent sans les connoître, parce qu'ils font de belles protestations dont personne n'est dupe, les confon-dra-t-on avec des chrétiens qui ont de la foi et de la con-science, mais qui croiroient pouvoir suivre sur certains points les sentimens reçus autrefois en Sorbonne? Plusieurs députés de la gauche ont parlé quelquefois en faveur des libertés gallicanes ; les mettra–t–on sur la même ligne que les évêques qui ont signé la déclaration de 1826? Il a plu un jour à M. B. Constant de faire à la tribune une espèce de déclaration d'attachement aux quatre articles; dira-t-on pour cela qu'il a la même théologie que M. d'Hermopolis? Accolera-t-on M. Dupin à feu M. le cardinal de la Luzerne, parce qu'ils ont fait l'un et l'autre un livre sur les libertés, que certainement ils n'entendoient pas de la même manière?

Ce n'est pas la première fois qu'on a recours à ce sophisme. Dans son numéro du 5 mars, le même journal, après plu-sieurs plaisanteries sur les gallicans, disoit : *Un évêque qui fait un mandement n'est pour eux qu'un pamphlétaire.* Et qui sont donc ces gallicans qui traitent un mandement comme un pamphlet? Apparemment le *Journal des débats*, le *Con-stitutionnel* ou le *Courrier;* ce sont là, en effet, ceux qui se sont donné plus de licence contre les mandemens des évêques; ils les ont disséqués et commentés de la manière la plus insultante et la plus dérisoire. Mais qui peut croire au gallicanisme de ces gens-là? Qui peut les invoquer comme des autorités sur ces matières? Quel chrétien sera tenté de régler sa foi sur les déclamations et les railleries de tels journaux? Une opinion modérée sera-t-elle digne de flétrissure parce qu'il plaira à quelque sophiste de s'en emparer et de la pousser à l'extrême? Alors la vertu perdroit donc aussi sa beauté, parce qu'un hypocrite en prendroit le masque.

Non, les gallicans véritables, ceux qui suivent les doctrines reçues généralement autrefois dans le clergé de France, ne regardent point *un évêque qui fait un mandement* comme *un pamphlétaire;* du moins nous ne connoissons aucun gallican de cette espèce, qui, dans ces derniers temps, se soit permis de traiter un mandement d'évêque comme un pamphlet. Ce n'est que dans une autre école que nous trouvons un pareil exemple de témérité. Le dernier numéro du *Mémorial* pour mars et avril contenoit un dialogue entre deux démons, qui se rendent compte mutuellement de ce qu'ils ont fait sur la terre. Ils se vantent à qui mieux mieux de leurs prouesses, de leur influence, de leur succès. L'un, qu'on appelle Sabaoch, et qui paroît le démon de l'audace et de l'impiété, dit: *Partout j'ai inspiré des orateurs, souvent même j'ai fait leurs discours;* l'autre, à qui on donne le nom de Simiel et le caractère de l'hypocrisie, répond: *Et moi j'ai dicté des mandemens.* Voilà ce qu'on a lu dans le dernier cahier du *Mémorial,* page 259. Simiel ne dit pas autre chose en ce moment, de sorte que sa phrase ne peut pas être adoucie par ce qui précède et par ce qui suit.

Est-ce un gallican qui parle ainsi des mandemens des évêques, et qui les représente comme dictés par le démon? Le gallicanisme règne-t-il au *Mémorial,* et seroit-ce lui qui y auroit glissé cet article? M. le comte O'Mahony seroit-il devenu tout à coup gallican? Ce seroit un changement non moins prodigieux que celui qui se fit en lui il y a quelques années, et à la suite duquel on le vit subitement prendre rang parmi les docteurs, faire la leçon aux évêques, et frapper de ses foudres tous ceux qui ne pensent pas comme

lui. Mais peut-être que ses collaborateurs et ses amis ont
désapprouvé l'insulte faite à l'épiscopat. Nous voudrions le
croire, mais la *Quotidienne* du 27 avril ne nous en laisse
guère l'espérance; elle fait un grand éloge de ce cahier du
Mémorial, et entr'autres du dialogue de Sabaoch et de Simiel. *Ce dialogue*, dit-elle, *est piquant et ingénieux ; cela
est gai à force d'être effrayant ; M. O'Mahony a fait de notre
situation morale une terrible histoire..., et nous devons remercier l'écrivain de nous avoir fait méditer si profondément et d'une
façon si nouvelle sur les bassesses de l'intrigue et sur les fureurs
de l'ambition.*

Actuellement se plaindra-t-on des gallicans qui traitent
des évêques comme des *pamphlétaires*? Qui a jamais rien dit
de semblable à la phrase insolente de l'hypocrite Simiel?
Les feuilles libérales sont restées au-dessous de cette audace : elles ont eu recours au persifflage, au sophisme, à la
méchanceté, pour dénaturer et travestir les mandemens;
elles n'ont point dit qu'ils étoient *dictés* par un démon, et
par le démon de l'hypocrisie. Ce trait étoit réservé à un recueil catholique, à un recueil qui professe une grande sévérité de principes, qui s'annonce pour le défenseur de l'autorité. Voilà un moyen nouveau d'inspirer aux fidèles plus
de respect pour les premiers pasteurs, et de redresser les
écrivains irréligieux qui insultent journellement à l'épiscopat! Peut-on espérer que ceux-ci rougissent de leur témérité, quand ils voient des chrétiens, des vengeurs de la véritable doctrine, du *christianisme catholique*, du *christianisme
complet*, quand ils les voient leur donner la main pour essayer de flétrir les actes les plus respectables de l'autorité
épiscopale?

Il seroit inutile sans doute de chercher quels sont ces
mandemens qu'on prétend avoir été dictés par l'hypocrite
Simiel. Il n'est aucun lecteur qui se méprenne à l'intention
du rédacteur de l'article. On a pris soin d'ailleurs d'ôter
tout doute à cet égard; à la suite du dialogue est une critique du mandement d'un illustre prélat, puis on annonce
avec éloge les deux *Lettres* de M. de La Mennais à M. l'archevêque, lettres où on admire, dit le *Mémorial, la force de
la dialectique et la supériorité de talent.*

Nous parlerons plus brièvement de quelques autres attaques dont nous avons été l'objet. Un journal misérable disoit dernièrement que le *Mémorial* avoit *fait justice de nous en nous plaçant entre le calviniste B. C. et l'apostat Dumonteil.* Nous ne prétendons pas répondre sérieusement à de telles injures, mais nous souhaitons que nos lecteurs sachent jusqu'où vont la modération, la sagesse et l'équité de nos adversaires. Le fait est que nous n'avions pas remarqué tout le sel de la note du *Mémorial*, à laquelle fait allusion le journal que nous citons. C'est dans le cahier de février dernier que M. O'Mahony, dont l'aménité est bien connue, nous place en effet parmi les patrons du gallicanisme, entre M. B. C. et Dumonteil. Ce rapprochement lui a sans doute paru piquant. Nous ne prétendons pas obtenir quelques égards de celui qui outrage audacieusement les évêques; mais nous dirons à M. O'Mahony que, s'il daignoit jeter les yeux sur notre journal, il y verroit que nous n'y faisons point de plaidoyer pour le gallicanisme. Nous nous élevons seulement contre ceux qui portent à un excès intolérable les doctrines contraires, et qui représentent les gallicans comme des fauteurs du schisme et de l'hérésie.

Le *Mémorial*, dans son cahier suivant, nous appelle un *journal gallican;* nous sentons parfaitement l'intention bienveillante qui nous attire cette dénomination, mais si c'est le seigneur Simiel qui a *dicté* cela au rédacteur, le démon de l'hypocrisie l'a trompé sur ce point comme sur les mandemens des évêques, et nous l'engageons à se défier de ces fictions, qui heureusement ne prouvent rien. Il y a deux ans, le *Mémorial* nous appeloit un journal *ministériel*, actuellement il nous désigne sous le nom de journal *gallican*. Nous ne sommes pas plus l'un que l'autre. Nous n'approuvions pas, il s'en faut, tout ce qu'a fait l'ancien ministère, mais aussi nous blâmions une opposition violente qui le poursuivoit avec acharnement; de même, nous sommes loin d'adopter toutes les opinions que l'on donne sous le nom de gallicanisme, mais en même temps nous réclamons contre l'exagération insensée qui flétrit le gallicanisme comme un système impie, qui ressuscite des doctrines oubliées, et nous les donne comme l'enseignement général de toute l'Eglise, qui plaide pour une suprématie qu'on avoue n'être point applicable aux circonstances présentes. Nous voyons avec douleur qu'on semble prendre plaisir à mettre la discorde dans le clergé, à soulever les esprits contre les évêques, à relâcher les liens de la discipline, à affoiblir l'autorité des uns et l'obéissance des autres. Croit-on véritablement que l'église de France devienne plus florissante quand on aura livré à la risée les mandemens des évêques, quand on les aura représentés comme des ennemis de l'autorité du saint Siège, et qu'on aura accoutumé leurs inférieurs à se défier de leurs sentimens et à censurer leurs actes? Puisse la Providence nous préserver des maux que tant d'imprudence et de témérité entraîneroit, si cet esprit pouvoit prévaloir dans un clergé si recommandable par son respect pour l'autorité, par sa sagesse et par ses lumières!

NOUVELLES ECCLÉSIASTIQUES.

ROME. Le mercredi saint, le saint Père avec les cardinaux et prélats se transporta des salles du Vatican à la chapelle de Sixte IV, et y assista aux ténèbres. Dans le même temps, M. le cardinal de Gregorio, grand-pénitencier, se rendit à Ste-Marie Majeure pour entendre les confessions. Le jeudi saint, M. le cardinal Pacca officia en présence du pape et du sacré Collège. Après la messe, S. S., revêtue des habits pontificaux, porta le saint sacrement au tombeau préparé dans la chapelle Pauline; de là elle fut portée sur son siège à la galerie de l'église St-Pierre, et y donna la bénédiction à la foule rassemblée sur la place, bénédiction à laquelle est attachée une indulgence plénière. Le souverain pontife quitta ses habits pontificaux, prit la mozette et l'étole, et lava les pieds dans la salle ducale à douze prêtres pèlerins de diverses nations, qu'il servit ensuite à table. Les cardinaux dînèrent au palais, et pendant le repas, le Père Benetello, Jésuite, fit un discours en italien sur la Passion. Après le dîner, on chanta les ténèbres, auxquelles assistèrent le pape, les cardinaux et prélats. M. le cardinal de Gregorio alla entendre les confessions dans l'église St-Pierre.

— Le vendredi saint, toutes les cérémonies de l'office du jour furent observées dans la chapelle Sixtine; M. le cardinal de Gregorio officia. Le saint Père y assista, ainsi que le sacré Collège, et un discours latin fut prononcé par le Père Gualenghi, mineur conventuel. Les cardinaux dînèrent encore au Vatican, et M. Vannicelli, chanoine de St-Pierre, leur fit un discours en latin sur la Passion du Sauveur. Le soir, le pape et les cardinaux assistèrent aux ténèbres, après quoi ils descendirent à l'église St-Pierre pour y vénérer les reliques de la Passion, qui s'y conservent. M. le cardinal grand-pénitencier entendit les confessions dans cette même basilique.

— Le 9 avril, on a chanté un *Te Deum* à grand orchestre dans la chapelle de la cour à Naples, pour rendre grâces à Dieu de l'élection de Pie VIII. Le roi et la reine y ont assisté avec la famille royale et toute la cour.

PARIS. L'octave de la fête de l'Invention dé la croix sera aussi célébrée à St-Roch. Le dimanche 3, M. l'archevêque de Bourges officiera pontificalement; le sermon sera prononcé à une heure par M. Ferrand de Vers, chanoine d'Autun. Chaque jour, une des paroisses visitera le Calvaire. Le lundi, l'office, les sermons et stations du matin par MM. les curés et ecclésiastiques de Saint-Ambroise et de St-Antoine des Quinze-Vingts; les stations du soir par M. l'abbé Mathieu, chanoine de Notre-Dame. Le mardi, l'office, les sermons et stations par le clergé de Bonne-Nouvelle; le mercredi, par celui de Saint-Etienne-du-Mont; le jeudi, par celui de St-Louis de la Chaussée-d'Antin; le vendredi, par celui de St-Germain-l'Auxerrois, et le samedi, par celui de Saint-Eustache. Le dimanche 10, un prélat officiera, et les stations seront faites, le matin par M. Modelonde, et le soir par M. Marduel; le sermon à une heure par M. Ferrand de Vers.

— Quatre jeunes Chinois chrétiens sont arrivés à Paris le 21 avril. Ils sont envoyés en Europe par M. Lamiot, prêtre de la congrégation de Saint-Lazare, qui a demeuré long-temps à Pékin, et qui en a été renvoyé dans la persécution de 1820. Il réside aujourd'hui à Macao, et il adresse à ses confrères en France les jeunes Chinois pour y achever leurs études, et s'y préparer au sacerdoce. Ils ont fait la traversée assez heureusement, et ont débarqué en Angleterre, d'où ils sont arrivés à Calais le 10 avril. Ils avoient une lettre de recommandation pour le curé de cette ville, qui les a accueillis avec beaucoup de bienveillance. On leur a même rendu des honneurs; ils ont été présentés aux autorités réunies à l'Hôtel-de-Ville, et là, un des magistrats leur a adressé un petit discours latin, auquel un des Chinois a répondu dans la même langue. On leur a distribué des médailles, et ils se sont mis ensuite en route pour Paris. A Amiens, où ils sont arrivés le mardi saint, ils ont logé au séminaire, qui est tenu par MM. de la congrégation de Saint-Lazare. M. Bailly, supérieur de la maison, les a reçus avec intérêt; M. l'évêque et les personnes les plus distinguées ont voulu les voir. Ils ont passé les derniers jours de la semaine sainte au séminaire, et ont édifié par leur piété. M. Etienne, procureur-général de la congrégation de Saint-Lazare, est parti de Paris pour les y amener, et ils sont arrivés tous ensemble le mardi de Pâque. Ils demeurent dans la maison chef-lieu de la congrégation, rue de Sèvres, et se proposent d'y passer quelques années. Deux de ces jeunes gens ont environ 25 ans, et deux autres environ 20; le plus âgé, Joseph Ly, s'exprime en latin avec facilité, et sert d'interprète aux autres, qui s'appellent Matthieu Lu, François Kiou, et Jean-Baptiste Tchen. Ils portent encore le costume de leur pays. Leurs cheveux sont rasés au-dessus du front, et ceux de derrière forment une tresse qui descend jusqu'au bas des reins. Leur coiffure est un bonnet de soie, à bords relevés, avec une petite houpe rouge. Ils portent des bas blancs, une robe courte avec de larges manches, et par-dessus une autre robe plus courte avec des boutons de cuivre. Depuis leur arrivée, ils ont été l'objet de la curiosité publique; ils ne sortent pas dans les rues, mais plusieurs personnes ont été admises à les voir. Ils ont été présentés à M. le nonce et à M. l'archevêque, qui se sont entretenus avec le plus âgé d'entr'eux. Le 28 avril, ils ont été conduits à la cour par M. Etienne. Introduits chez S. M., ils l'ont saluée à la manière de leur pays, en frappant trois fois la terre de leur front. Joseph Ly a adressé au Roi un compliment en chinois, dont nous donnons ici la traduction :

« Nous nous estimons heureux, grand et excellent Roi, de pouvoir offrir à V. M. l'hommage de notre profonde vénération, et de lui exprimer les sentimens de la plus vive reconnoissance de tous les chrétiens de la Chine. Le divin flambeau de la foi nous a été apporté par les missionnnaires; mais nous savons que nous sommes redevables de ce bienfait à la munificence de Louis-le-Grand, votre auguste aïeul, et à la piété de votre illustre frère, le Roi-Martyr. Si nous avons encore le bonheur de conserver au milieu de nous ces hommes apostoliques, et de les voir se multiplier, nous savons que c'est par l'auguste et puissante protection que V. M. accorde à la congrégation de Saint-Lazare, qui nous les a envoyés. Dieu veuille récompenser dans sa gloire de si inappréciables bienfaits! et qu'il nous soit permis, Sire, de supplier V. M. de vouloir bien croire qu'elle a, dans tous les chrétiens chinois, des enfans respectueux et reconnoissans. »

S. M. et madame la Dauphine ont fait plusieurs questions à M. Etienne sur ces étrangers. S. M. a demandé, entr'autres, s'ils avoient de la piété. De leur côté, l'air de bonté du Roi les a frappés, et Joseph Ly lui a appliqué l'épithète de *princeps mansuetus*. Ces jeunes gens ont de la physionomie, l'œil vif; leur teint est plus ou moins basané, et la coupe de leur figure ressemble beaucoup à celle des Chinois peints sur les papiers et les porcelaines de Chine. Ils vont incessamment prendre le costume européen, et s'appliquer à l'étude de notre langue, et on ne doute pas qu'avec l'intelligence dont ils paroissent doués, ils n'y fassent de rapides progrès. On se loue beaucoup de leur caractère et de leurs heureuses dispositions pour l'état ecclésiastique. Ils ne retourneront dans leur pays qu'après avoir achevé leurs études et reçu les ordres, et pourront y rendre service à la religion, sans éprouver les mêmes difficultés que les missionnaires européens, à qui leur figure et leur langage ne permettent guère de cacher leur origine. Tous les quatre appartiennent à des familles chrétiennes, et les parens de l'un d'eux ont reçu autrefois dans leur maison M. François Clet, Lazariste et missionnaire, né à Grenoble, qui partit pour la Chine en 1791 avec MM. Lamiot et Pené, fut arrêté dans la persécution de 1819, et mis à mort le 17 février 1820. Nous avons raconté les circonstances de sa mort n° 674, tome XXVI; on a vu au même endroit que M. Lamiot, qui avoit été mis aussi en jugement, fut banni de Chine et conduit à Canton. M. Lamiot aura prochainement la satisfaction de recevoir un missionnaire de sa congrégation, M. Jean-Baptiste Torrette, prêtre du diocèse de Saint-Flour, qui est parti pour Macao le 28 avril, et est allé rejoindre à Nantes les trois jeunes prêtres du séminaire des Missions-Etrangères dont nous avons annoncé le départ.

— Le 24 janvier dernier, à sept heures du soir, l'église de Saint-Merry étoit fermée, et M. l'abbé Benoît, prêtre de la paroisse, étoit à son confessionnal, qui étoit entouré de quelques personnes. Ayant entendu du bruit du côté du tronc, il y alla, et trouva près du tronc un jeune homme, qui resta interdit à sa vue, et prit la fuite. M. Benoît le suit, et le suisse, averti, vient le joindre. On trouve le jeune homme à genoux devant la chapelle de la Sainte-Vierge; il refusa d'abord de suivre le suisse, étant, disoit-il, occupé à prier. Néanmoins il lui fallut se lever, et on le renferma dans une chapelle sous la garde d'un donneur d'eau bénite qui se trouvoit là. On s'aperçut que le cadenas du tronc avoit été brisé, et on trouva par terre la pince qui avoit servi à l'effraction. Cependant le jeune homme, profitant d'un moment d'absence de son gardien, s'échappe de la chapelle; on le retrouve derrière une colonne, et on le reconnoît, quoiqu'il protestât qu'il ne venoit que d'entrer dans l'église. La garde vint, et emmena Justin Heurtevent, qui fut mis en prison, et traduit devant la cour d'assises. M. l'abbé Benoît, le suisse et le donneur d'eau bénite, les seuls hommes qui se trouvassent alors dans l'église, furent entendus comme témoins, et reconnurent l'accusé. L'accusation fut soutenue par M. Tarbé, et Heurtevent défendu par M. Syriot. Le jury l'ayant déclaré non coupable, il a été acquitté. Un journal applaudit à cette décision. *Ainsi*, dit-il, *la loi du sacrilège est heureusement paralysée par la salutaire omnipotence du jury.* Mais, quand il n'y auroit pas de loi du sacrilège, est-ce qu'il n'y a pas une loi plus ancienne qui défend de voler? Est-il absolument décidé qu'il sera permis de voler dans les églises, et faudra-t-il renvoyer absous les voleurs qu'on prendra en flagrant délit? Voilà un système bien favorable pour les coquins; ils sont prévenus apparemment que, s'il leur est défendu de voler dans les maisons, ils peuvent s'en dédommager dans les églises, que là ils n'ont rien à craindre, que la *salutaire omnipotence* du jury leur assurera l'impunité. Peut-on se jouer plus impudemment de la religion, de la morale et des lois? et ne nous pardonnera-t-on pas une juste indignation contre la doctrine scandaleuse de quelques avocats, qui encouragent au vol et à la profanation, et qui excitent les jurés à désobéir aux lois?

NOUVELLES POLITIQUES.

PARIS. Les journaux révolutionnaires ont adopté, contre la religion et le clergé, une tactique qui ne leur réussit pas trop mal ; c'est de saisir au premier bond toutes les petites anecdotes qui peuvent leur servir à mauvaise interprétation et à mauvaise fin. Comme tout commence par quelque récit vague, obscur et incertain, ils profitent de ce premier moment pour faire leurs thêmes ; et quand les éclaircissemens arrivent, quand les choses tournent à leur confusion, ou que les arrêts de la justice viennent à démentir leurs calomnies, ils restent sur leur première version, et laissent le public dormir sur les doux scandales dont ils l'avoient régalé d'abord. Il n'est plus question de rien ; les blessés gardént leurs coups, et le mensonge ses profits. Il n'y a presque pas de jour où cette remarque ne se reproduise. Jamais vous ne trouverez, dans le *Courrier français*, dans le *Constitutionnel*, ni dans le *Journal des débats*, la réparation d'une calomnie contre un prêtre.

— L'*Album national* n'y va pas de main morte. Il publie un petit traité à l'usage de ceux qui voudront se révolter contre les contributions. Il appelle *courageuse* toute petite ville de quatre mille ames qui se mettroit bien dans la tête de garder son argent. Il l'assure que personne n'oseroit se mettre en devoir de la contraindre à payer ses impôts. Sans parler encore précisément de la loi agraire, il signale la fortune de M. Roy comme très-bonne à prendre, du moins jusqu'à concurrence de trente-neuf millions et demi, en supposant qu'elle ne s'élève pas au-delà de quarante ; car, après en avoir audacieusement examiné la source, il trouve qu'on seroit bien honnête de lui laisser 500,000 fr. Nous ne pourrions pas dire au juste quelle étoit la part que Cartouche remettoit aux voyageurs qu'il dévalisoit sur les grands chemins ; mais nous sommes persuadés que, s'il étoit tombé sur les quarante millions de M. Roy, il se seroit mieux montré que l'*Album national*.

— Il n'y a plus de comité directeur ; tous ses journaux le disent : il ne leur reste qu'à supprimer aussi les *comités constitutionnels*, reconnus à la tribune par l'honorable M. Marchall. Nous croyons que c'est une chose qu'ils peuvent faire maintenant sans aucun inconvénient : la révolution marche toute seule, et elle n'a certainement plus besoin de personne pour lui tenir les lisières.

— Un incendie ayant détruit en partie la manufacture de faïence des sieurs Martin et Dattez, à Saint-Avold (Moselle), le Roi, Mᵐᵉ la Dauphine et MADAME, duchesse de Berri, se sont empressés, sur la demande de M. de Saint-Albin, député de ce département, de faire donner un secours de 1000 fr. sur leur cassette particulière, indépendamment de celui qui a été accordé sur les fonds du ministère de l'intérieur.

— Les secours donnés par le Roi et LL. AA. RR. pour les victimes de l'incendie de Choye, près Gray, se sont élevés à 3000 fr. M. Brusset, député de cet arrondissement, qui avoit sollicité ces secours, a obtenu en outre 12,000 fr. sur les fonds du ministère de l'intérieur, et 3000 fr. de diverses souscriptions et offrandes.

— M. le Dauphin et Mme la Dauphine, accompagnés de M. le directeur-général des ponts et chaussées, sont allés visiter, mardi dernier, le nouveau pont de Gournay-sur-Marne, que M. le duc de Ventadour a fait construire d'après le système de M. le vicomte de Barrès, qui a dirigé les travaux. LL. AA. RR. n'ont point quitté Gournay sans laisser aux ouvriers employés au pont et aux pauvres du lieu des marques de leur munificence habituelle.

— Jeudi, le tribunal correctionnel a eu à s'occuper, pour la première fois, d'un procès de diffamation entre deux journaux. Il s'agissoit d'une accusation portée par le *Constitutionnel* contre la *Quotidienne*, à raison de quelques réflexions de celle-ci sur l'emploi des fonds versés au bureau du *Constitutionnel* par les souscriptions qu'il avoit ouvertes pour la chaumière de Clichy, le nommé Chauvet et les enfans du général Foy. L'*Album national* avoit le premier mis en doute la bonne foi des propriétaires du *Constitutionnel*; mais il n'a pas été assigné. M. Chevassut, stipulant tant pour lui que pour les autres gérans du *Constitutionnel*, MM. Jay et Bailleul, étoit présent à l'audience, ainsi que M. Laurentie, directeur de la *Quotidienne*. M. Barthe, avocat des premiers, a conclu à 30,000 fr. de dommages-intérêts, et à l'insertion du jugement dans tous les journaux de la France. M. Berryer fils a repoussé avec talent la prévention. La cause a été remise à huitaine, pour entendre les conclusions de M. Fournerat, substitut du procureur du Roi.

— Les travaux de la chambre des députés avancent rapidement sous la direction et d'après les plans de M. Jules de Joly, architecte de la chambre et du ministère de l'intérieur. On se propose, à la fin de la session, de faire marcher simultanément les travaux de l'extérieur et ceux de la salle des séances.

— M. le comte Digeon a fait don à la ville de Nérac d'une statue en pied d'Henri IV; elle sera inaugurée le 3 mai. Des fêtes et des illuminations célébreront cette inauguration, et pour que tout habitant puisse ce jour-là mettre la *poule au pot*, la ville fera une distribution de vins et de comestibles aux pauvres et aux prisonniers.

— M. le vice-amiral de Rigny vient d'arriver à Paris.

— L'auteur des *Lettres sur la chouannerie*, M. Descepeaux, en avoit destiné le produit au soulagement des royalistes du pays, pauvres ou ruinés par la révolution : cet hiver, une somme de 5000 fr., résultat des souscriptions, a été distribuée aux chouans pauvres et infirmes du département de la Mayenne. On ne pouvoit sans doute faire un plus noble emploi des produits d'un livre estimable et intéressant dont nous avons fait dans le temps un juste éloge.

— M. le comte Al. Delaborde, en sortant de la dernière séance de la chambre des députés, a fait une chute fort grave, le cheval du cabriolet de louage qu'il avoit pris s'étant abattu. Il a eu plusieurs côtes de brisées.

— Le prix du pain de quatre livres vient d'être porté à 20 sous 2 liards ; le sac de farine vaut maintenant 98 francs, mais depuis quelques jours la hausse s'est arrêtée.

— Un crime, accompagné de circonstances affreuses, a été commis dernièrement auprès de Carmaux, dans l'arrondissement d'Albi. Trois scélérats, armés d'une grande serpe, pénétrèrent audacieusement dans la maison du curé, l'attachèrent, et le forcèrent à livrer son argent. Ensuite ils le traînèrent dans l'église, et le contraignirent à livrer les vases sacrés, en lui permettant seulement de retirer lui-même les saintes espèces. Le curé résista avec sang-froid et dignité à toutes leurs menaces. Les brigands, frappés de terreur, n'osèrent pousser plus loin leur attentat et se retirèrent précipitamment. Leur serpe, oubliée dans la maison du curé, a mis la justice sur les traces des coupables : ils ont été promptement arrêtés, et trouvés nantis encore des objets volés.

— Des troubles assez sérieux ont eu lieu à Châteauroux à l'occasion de la cherté du blé. Le peuple a voulu retenir dans la ville une voiture de blé destinée pour Orléans, et il a été sourd aux sommations des magistrats. On craignoit, à ce qu'il paroît, que la force armée ne fût insuffisante pour rétablir l'ordre, car on a fait venir de Bourges un détachement de troupes de ligne qui a fait quinze lieues en un jour. Une dixaine des séditieux ont été arrêtés et seront livrés aux tribunaux. Le marché suivant a été calme.

— Par arrêté de M. le gouverneur de la Martinique, la cour royale de la colonie avoit été convoquée extraordinairement pour procéder à l'enregistrement des quatre ordonnances du Roi qui consacrent le nouveau système judiciaire, et recevoir le serment des magistrats nouvellement nommés. Le 23 février, jour fixé, M. le marquis d'Imbert de Bourdillon, procureur-général, s'est transporté au palais de justice de la ville du Fort-Royal avec son substitut et le greffier. M. le gouverneur, qui s'y étoit rendu également avec les autorités, a occupé le fauteuil du Roi ; mais le président, ni aucun des conseillers de la cour, n'y sont venus, tous ayant donné alors leur démission. M. le gouverneur s'est donc vu obligé de faire une nomination provisoire de nouveaux membres de la cour, et le 5 mars, après une messe du Saint-Esprit, célébrée par M. l'abbé Carrand, préfet apostolique, l'installation et l'enregistrement ont eu lieu. C'est M. Aubren qui a été chargé de présider provisoirement cette cour royale.

— La seconde chambre des Etats-généraux des Pays-Bas a adopté, le 28 avril, le nouveau projet de loi sur la presse, à la majorité de 84 voix contre 4.

— Quatre frégates vont partir de Toulon pour ramener à Navarin presque tous nos soldats qui sont encore à Patras. Cette ville sera mise à la disposition du gouvernement grec, et ne conservera qu'un foible détachement de militaires français. Les autres places de la Morée ont été mises en bon état de défense.

— Don Miguel a nommé M. de Magalhaes ministre de la justice et des affaires ecclésiastiques, en remplacement de M. de Mendoça, démissionnaire de ce poste ; on a conféré à celui-ci les fonctions de président de la cour de conscience et des ordres.

CHAMBRE DES PAIRS.

Le 28, la délibération a continué sur le projet de code pénal militaire jusqu'à l'art. 80 :

La chambre a entendu dans la discussion de ce jour MM. les comtes de Ségur, Belliard, Dejean, Daru, de Peyronnet, Molé, de Chastellux, de Montalivet, de Tournon, les marquis de Lauriston, de Rougé, le baron Mounier, le comte d'Ambrugeac, rapporteur ; les ministres de la guerre et de l'instruction publique, et M. de Salvandy, commissaire du Roi.

Le 29, la discussion a continué jusqu'à l'art. 91.

Les orateurs qui ont parlé dans cette séance sont MM. les comtes Molé, de Peyronnet, de Divonne, Belliard, de Ségur, de Tournon ; les barons de Bournonville, Mounier, Pasquier ; les marquis Delaplace, de Rougé ; le rapporteur, les ministres de l'intérieur, de la guerre et de l'instruction publique, et MM. Jacquinot-Pampelune et de Salvandy, commissaires du Roi.

Le 30, la délibération s'est prolongée jusqu'à l'article 97 du code en discussion.

Les orateurs qui ont parlé ce jour sont MM. les comtes de Pontécoulant, de Montalivet, de Ségur, de Chastellux, de Rougé, de Peyronnet, de Tournon, Belliard ; les ducs Decazes, de Broglie ; les marquis de Lalive, de Rougé, de Pange, de Coislin, d'Aramon ; les barons Pasquier, Mounier ; le vicomte Lainé, le rapporteur, les ministres de la justice, de la guerre et de l'instruction publique, et les deux commissaires du Roi.

CHAMBRE DES DÉPUTÉS.

Le 28, M. le président procède au tirage au sort pour le renouvellement des bureaux.

L'ordre du jour est la discussion du projet de loi tendant à autoriser le ministre des finances à abandonner au nom de l'Etat, à la ville de Paris, l'emplacement occupé par le palais de la Bourse et ses abords, à la charge par la ville de faire terminer les constructions, et de demeurer seule chargée de leur entretien.

M. Pelet se plaint, à cette occasion, de ce qu'on fait contribuer les départemens aux embellissemens de Paris. Il demande que l'on ajoute que l'abandon aura lieu *en toute propriété*, afin que l'on soit plus assuré que l'entretien et les réparations de ces localités seront exclusivement à la charge de la ville. M. de Chabrol, préfet de la Seine, répond que la capitale étant le siège du gouvernement et le centre des arts, on doit l'aider à augmenter sa splendeur ; et que d'ailleurs les concessions qui lui ont été faites de la place de la Madeleine, de la fontaine de la Bastille, des Champs-Elysées et de la Bourse lui coûtèrent plus de 12 millions de constructions et de réparations. L'amendement de M. Pelet est adopté, et ensuite la loi elle-même, à la majorité de 261 contre 10.

La chambre se forme ensuite en comité secret. On assure que M. le colonel Laguette-Mornay a alors développé sa proposition, tendant à supplier le Roi de présenter un projet de loi pour payer aux membres de la Légion-d'Honneur la moitié de leur traitement arriéré, depuis 1814 jusqu'en 1820. Cette proposition, vivement appuyée par MM. Sébastiani, Méchin, Lemercier et Faure, a été, dit-on, combattue par M. le ministre des finances, qui a rappelé que la loi de 1820 avoit été une transaction entre les légionnaires et l'Etat; qu'en reconnoissant leurs droits pour l'avenir, elle avoit à jamais repoussé leurs réclamations pour le passé. Son Exc. a cité, à l'appui de cette assertion, le rapport même de la commission qui avoit été chargée de l'examen de cette loi, et dont les généraux Foy et Sébastiani faisoient partie. On ajoute que la prise en considération a été ensuite rejetée au milieu de la plus vive agitation, par une majorité formée des deux sections de la droite et d'une partie du centre gauche.

La chambre ne se réunira que samedi pour le rapport hebdomadaire des pétitions.

De la condition des ministres dans les gouvernemens dits représentatifs?

Si les ministres des rois constitutionnels savent prendre leur mal à patience, il faut convenir qu'ils ont de bien belles occasions de faire leur salut. Sans parler du courage d'esprit et de la force de vocation qui leur sont nécessaires, de quel fonds de résignation n'ont-ils pas besoin pour supporter les rudes épreuves qu'ils ont à subir? et remarquez bien, s'il vous plaît, qu'ils n'en sont pas quittes pour souffrir pendant qu'ils sont ministres; leurs tribulations commencent long-temps avant, et durent long-temps après. C'est une sorte de martyre en trois actes.

Dans le premier, vous les voyez sur la sellette, à la barre des journaux. Ceux-ci leur imposent d'abord une espèce de confession publique qu'ils se chargent de faire eux-mêmes le plus sûr. Ils les examinent dans tous les détails de leur vie passée, en remontant quelquefois jusqu'à leurs grands pères; ils les interrogent sur ce qu'ils ont fait il y a quarante ans; en un mot, ils les veulent purs comme de l'or. Malheur aux pauvres candidats qui se trouvent avoir sur le front la tache indélébile de l'émigration, qui ont partagé les proscriptions et les exils de leurs maîtres! C'est un péché irrémissible qui les rend inhabiles à tout, à moins qu'ils ne s'en rachètent, comme M. de Châteaubriand, comme M. de Montlosier et M. l'abbé de Pradt, par de solennelles expiations. Sans cela, on les brusque, on les ballotte rudement, on les renvoie dix fois de suite de Calais à Douvres, en leur disant force injures, et en leur conseillant de rester le plus loin qu'ils pourront. On ne veut point de celui-ci parce qu'il vient de l'île Bourbon, ni de celui-là parce qu'il vient de Russie, ni de cet autre parce qu'il est bègue; enfin on ne sait à quelles chicanes recourir pour leur barrer le chemin du ministère, et de cette première épreuve, on fait pour eux un premier supplice.

Arrive le second acte, et comme vous savez, c'est là surtout que l'action est vive et chaude. Tout y est tourment pour les malheureux ministres, et sans les grâces d'état qui les soutiennent probablement, la vie des galères devroit leur paroître douce en comparaison des mauvais jours qu'ils ont à passer. Tribunes et journaux, censeurs et pétitionnaires, rivaux et envieux, devanciers et successeurs présomptifs, tout leur est ennemi. Point de soulagement, point de repos ni de compassion à espérer d'aucun côté. La menace aux oreilles et la mort continuellement sous les yeux, telle est l'existence des ministres constitutionnels.

Ajoutez à leurs propres souffrances celle d'assister, pour ainsi dire, au supplice de leurs prédécesseurs, d'entendre appeler sur eux les malédictions et les vengeances publiques. Triste situation qui les force de s'appliquer à eux-mêmes la réflexion philosophique de ce pauvre artisan qui, en voyant un de ses semblables étendu par terre au coin d'une borne, ne peut s'empêcher de se dire ·

Voilà pourtant l'état où je serai dimanche ! ·

Eh ! oui, Messieurs, voilà l'état où vous serez dimanche et peut-être demain ; voilà le troisième acte qui vous attend pour vous consoler des insomnies, des rudes épreuves et de toutes les avanies que vous avez eues à essuyer dans les deux autres. Mais ce n'est pas votre faute, c'est celle des gouvernemens représentatifs, qui le veulent ainsi pour la gloire des lumières et le bonheur des oisifs.

Mais une chose vraiment admirable, et qui fait le plus grand honneur au régime constitutionnel, c'est qu'il ne manque pas plus de ministres que s'il avoit du repos et des lits de roses à leur offrir. Au contraire, plus il leur rend la vie dure, plus il s'en présente pour le servir. On ne rencontre que des aspirans qui se poussent et se heurtent, et qui se battroient volontiers, pour arracher le collier de misère à ceux auxquels il est échu. On ne connoît pas une seule coterie qui n'ait une multitude de candidats à vous offrir. C'est comme une bénédiction.

Cependant, on peut bien le dire, la condition de ministre a singulièrement baissé dans ces derniers temps. Sans parler de ceux de la vieille monarchie, et sans remonter plus loin qu'au règne de Buonaparte, rappelez-vous ce qu'étoient alors les premiers serviteurs de la couronne, et calculez de quelle hauteur ils sont descendus aux yeux des peuples, depuis que ceux-ci ont reçu toute permission de les traiter familièrement. Il y a tel député, tel rédacteur de journal bien fier aujourd'hui, qui a donné plus de coups de chapeau, et fait plus de révérences au mameluck Roustan, qu'il ne croit en devoir maintenant à tous les ministres du Roi. Or, cela vient nécessairement de ce que le pouvoir monarchique ne peut être impunément livré, en France, aux investigations, aux tracasseries et à la censure. Nous sommes la nation du monde chez laquelle la familiarité engendre le plus facilement le mépris, et l'on ne peut nier que le gouvernement représentatif ne nous ait rendus très-familiers. De même qu'il n'y a point de héros pour leurs valets de chambre, il n'y a point de grandeur monarchique pour les gens qui lisent les journaux révolutionnaires.   B.

Le Gérant, ADRIEN LE CLERE.

╪╪╪

Sur le monument en l'honneur des victimes de Quiberon.

Le massacre des royalistes pris à Quiberon est un des actes les plus horribles de la révolution. Ce fut un an après la mort de Robespierre, lorsque la terreur sembloit avoir perdu son funeste empire, lorsque la Convention proclamoit de grands principes de justice et d'humanité, que l'on égorgea lâchement, dix jours après la victoire, 700 prisonniers qui s'étoient rendus par capitulation. Et celui qui fit rendre cet atroce décret étoit un de ceux qui avoient le plus contribué à renverser Robespierre! et il est mort tranquillement dans son lit il y a quelques années (le 16 novembre 1820), après avoir éprouvé, dit-on, les effets d'une auguste munificence, et avoir même échappé à la loi de 1816 contre les régicides; car il resta constamment à Paris, tant la restauration fut une réaction barbare! tant les familles des victimes de Quiberon étoient implacables dans leur vengeance!

On connoît les motifs et le but de l'expédition de Quiberon. La Convention étoit abhorrée et méprisée; le nombre des mécontens étoit considérable, surtout en Bretagne. On se flatta qu'une descente de royalistes opéreroit un mouvement dans cette province, ranimeroit la Vendée, et pourroit amener la chute d'un gouvernement odieux. On joignit à des corps d'émigrés environ 4000 prisonniers français qui se trouvoient en Angleterre, et qu'on espéroit rattacher à la même cause. M. de Hercé, évêque de Dol, voulut être de l'expédition, dans le double but de prêter son ministère aux militaires qui en auroient besoin, et de rentrer dans son diocèse dont il souffroit d'être éloigné. Le 27 juin, la première division d'émigrés débarqua dans la baie de Quiberon; ils y furent joints par les mécontens de l'intérieur. On s'avança jusqu'à Carnac et Auray, et le drapeau blanc fut arboré dans presque tout le Morbihan. Mais l'activité du général républicain, Hoche, changea bientôt la face des choses. Il resserra les émigrés dans la presqu'île de Quiberon, et une seconde division d'émigrés, commandée par le comte de Sombreuil, n'arriva que pour être témoin du désastre. Les prisonniers français qu'on avoit incorporés à l'expédition désertoient en foule, et alloient se joindre aux troupes républicaines. Le 20 juillet, le fort où étoient les émigrés fut emporté; une capitulation verbale leur promettoit la vie sauve. Hoche vouloit en effet honorer sa victoire par sa loyauté, mais deux *représentans*, Tallien et Blad, firent conduire les émigrés à Auray. Le premier alla faire à la Convention un rapport fastueux et mensonger; et la mort des émigrés fut résolue. L'évêque de Dol, le comte de Sombreuil, plus de 700 hommes furent fusillés. L'évêque avoit avec lui son frère, l'abbé de Hercé, qui étoit son grand-vicaire, et seize autres ecclésiastiques (1); ils périrent tous. Des commissions créées à Vannes, à Auray et à Quiberon envoyèrent successivement tous les prisonniers au supplice.

Une plaine auprès d'Auray fut le principal théâtre de cette épouvantable boucherie. La piété des habitans venoit visiter ce lieu avec respect, et y prier pour les victimes. La plaine prit même le nom de champ des martyrs. En 1814, on recueillit les ossemens, et on les transporta dans l'église de la Chartreuse d'Auray, devenue établissement de sourds-muets. Cette translation eut lieu le 15 mai par les soins de de M. Deshayes, curé d'Auray, et le 21, M. de Bausset, évêque de Vannes, célébra un service pour les malheureuses victimes. M. le duc d'Angoulême, dans un voyage qu'il fit à cette époque en Bretagne, voulut venir prier auprès de leurs restes. Quelques mois après, on recueillit aussi les ossemens de ceux qui avoient été fusillés auprès de Vannes; le 7 novembre, ils furent transférés dans la cathédrale, et déposés dans une chapelle, et M. l'évêque célébra un service et prononça un discours. Une souscription fut proposée pour élever un monument aux victimes de Quiberon, nous l'annonçâmes n° 63. Plus tard, MADAME posa la première pierre de la chapelle où le monument doit être placé. Cette chapelle, construite exprès, est adossée à l'église de la Chartreuse, elle a 50 pieds de long; le frontispice a 28 pieds de large, et est orné d'un porche avec quatre colonnes. Cette chapelle est en pierre blanche, et revêtue en dedans de marbre noir. Sur le frontispice est cette inscription : *Gallia*

(1) Nous avons donné leurs noms tome III de ce journal, n° 56.

mœrens posuit, et dans l'intérieur, en avant de l'espèce de sanctuaire où sera placé le mausolée *Sta viator, heroes calcas*.

Le monument, qui vient d'être achevé, partira prochainement pour sa destination. On a pu le visiter depuis près d'un mois, et chacun a été frappé de l'ensemble et des détails. Le monument a treize pieds de long sur neuf de large et dix-sept de hauteur, et est surmonté d'une croix. Le soubassement, en marbre blanc, offre sur chacune de ses faces les noms des victimes au nombre de neuf cent quarante-trois (1); des bas-reliefs, des anges, des torches renversées, des guirlandes de cyprès décorent et entourent ces noms. Dans l'intérieur de ce soubassement, on a pratiqué une chambre sépulcrale où doit être érigé un autel, et d'où l'on descendra au caveau où seront déposés les ossemens des victimes. Une porte en bronze ferme cette chambre. Sur le soubassement s'élève le cénotaphe ou sarcophage, aussi en marbre blanc. Sur ses faces latérales sont deux bas-reliefs qui représentent le débarquement des émigrés à Quiberon, et le dévoûment d'un officier de marine qui se jeta à la nage pour faire cesser le feu d'une corvette anglaise, et revint partager le sort de ses camarades (2). Aux faces antérieure et postérieure, on a placé dans des niches circulaires les bustes des 4 principaux officiers de l'expédition, MM. de

---

(1) On a imprimé à Brest en 1814 un *Tableau des victimes de Quiberon, ou liste nominative des émigrés et insurgés fusillés*. L'éditeur prévient que la liste qui a servi de modèle étoit tellement inexacte, quoique officielle, qu'on aura sans doute laissé échapper quelques erreurs. En effet, elle paroît très-fautive. Dans cette liste, le total des fusillés est de 710. De plus, 184 insurgés furent condamnés à une détention de quelques mois; 2848 prisonniers furent acquittés et incorporés dans les troupes républicaines, 2000 furent mis en liberté après avoir payé des contributions en grains, 400 moururent dans les prisons et hôpitaux, et 3000 vieillards, femmes et enfans furent mis en liberté à l'entrée des républicains dans la presqu'île. Tel est le calcul de la liste de Brest. Fantin des Odoards, dans son *Histoire de la révolution*, dit que sur 575 prisonniers, 15 ou 20 seulement s'échappèrent; mais cet historien inexact et partial ne mérite aucune confiance. Il est constant que le nombre fut plus considérable.

(2) Cet officier est, dit-on, M. Geril du Papeu. Son nom ne se trouve point dans la liste imprimée à Brest, ni dans celle qu'a publiée M. de Villeneuve-la-Roche-Barnaud, à la suite de ses *Mémoires sur l'expédition de Quiberon*, Paris, 1822, 2 parties. La liste gravée sur le monument paroît moins fautive que celle imprimée à Brest; cependant on semble craindre qu'il ne s'y soit encore glissé des erreurs, car on a prévenu les familles qu'elles pouvoient réclamer contre les omissions ou altérations de noms.

Sombreuil, d'Hervilly, de Soulanges et de Talhouet. Au-dessus deux autres bas-reliefs semi-circulaires représentent, l'un la religion protégeant le tombeau des victimes, l'autre le buste de M. l'évêque de Dol, Urbain-René de Hercé. Ce sarcophage est revêtu aussi d'ornemens funéraires. Des inscriptions analogues sont gravées sur les quatre faces. L'une présente la date et le lieu de l'évènement. Au-dessus des noms des victimes, on lit sur le soubassement : *Pro Deo, pro rege nefariè trucidati. Preciosa in conspectu Domini mors sanctorum ejus. Pro animabus et legibus nostris. Accipietis gloriam magnam et nomen æternum.* Au-dessous des bas-reliefs, on lit sur le sarcophage : *Perierunt fratres mei omnes propter Israel* et *In Deo speravi, non timebo.* Dans l'intérieur de la chapelle, on placera deux bas-reliefs représentant, l'un M. le duc d'Angoulême à genoux et en prières devant les ossemens des victimes ; l'autre, MADAME posant la première pierre de la chapelle. Le premier est terminé, et se voit à côté du mausolée.

Le plan et l'exécution du monument font également honneur au talent de l'architecte, M. Caristie. Nous n'avons rien vu depuis la restauration qui offrît un caractère aussi noble et aussi religieux. Les ornemens en sculpture sont de MM. Petitot, Roman et Plantard.

Comme on continue dans le pays à aller en pélerinage au champ des *martyrs,* ce champ a été enceint de fossés, bordés de peupliers. En avant, on a érigé une croix. On se propose d'élever à l'entrée du champ un portique pour servir d'abri aux pélerins, et de logement à un invalide qui gardera l'entrée. On a construit dans le champ une petite chapelle expiatoire en granit. Le chemin qui conduit de ce champ à la Chartreuse a pris le nom de chemin des pélerins. Un banc est destiné à servir de repos dans ce chemin.

· Le monument et tous ses accessoires, exécutés d'après une souscription à laquelle s'est joint le gouvernement, sont à la fois une expiation d'un grand crime et un hommage rendu au dévoûment d'honorables victimes de leur constance et de leur fidélité. Toutes les dispositions qu'on a faites sur les lieux sont bien entendues, et la religion y tient la place qu'elle devroit toujours avoir dans ces monumens, et qui leur donne un caractère plus vénérable et plus imposant.

Il nous est impossible de passer ici sous silence une honteuse apologie du massacre de Quiberon, qui a paru ces jours-ci dans une feuille libérale. Le *Journal des débats* du 1ᵉʳ mai avoit joint à la description du monument de Quiberon des réflexions sur le massacre. Il s'étoit élevé contre ce lâche assassinat de guerriers *reçus à capitulation, et égorgés par leurs vainqueurs mêmes, au mépris de la foi jurée;* il avoit déploré le supplice de 943 royalistes massacrés par les républicains. Le *Constitutionnel* ne peut souffrir que l'on ternisse ainsi la gloire de la révolution; il s'étonne de trouver de telles assertions *dans un journal qui, plusieurs fois, a su parler des catastrophes et des nécessités de la révolution dans un langage plein de convenance. Les nécessités de la révolution!* voilà qui vaut bien, ce semble, les *rigueurs salutaires* de la StBarthélemi qu'on a reprochées à un écrivain royaliste. Les *nécessités de la révolution!* ainsi le massacre de Quiberon fut un malheur *nécessaire.* Il n'en faut parler que *dans un langage plein de convenance,* et il n'est pas permis de s'élever avec indignation contre l'horrible barbarie qui a conduit à la mort tant de Français dix jours après la victoire.

Cette tendresse pour les bourreaux et cette pitié pour les assassins font assurément honneur à la philantropie du *Constitutionnel,* et il est fort curieux de le voir dans la même page jeter les hauts cris pour trois mulâtres qu'on a illégalement retenus en prison pendant plusieurs mois, et à quelques lignes de là, couvrir de sa haute protection ceux qui ont pris part aux massacres des royalistes de Quiberon. Cela annonce une sensibilité bien singulière.

Le *Constitutionnel,* continuant son plaidoyer, prétend qu'il n'y avoit point eu de capitulation à Quiberon, qu'il n'a pas pu y en avoir, que le général Hoche l'a déclaré, que les émigrés n'avoient autre chose à faire que de se rendre à discrétion, que les militaires républicains purent témoigner de l'intérêt aux royalistes, et faciliter leur fuite, mais que *l'armée victorieuse n'eut point à égorger ceux qui avoient reçu sa foi.* Le journal ajoute que *ce fut la raison d'État de ce temps, ce fut l'ordre formel et long-temps attendu du comité de salut publĭc, qui condamna et fit fusiller* les royalistes.

Toute cette apologie est curieuse, et digne d'un patron de la révolution. Malheureusement elle repose sur des asser tions aussi fausses qu'atroces. Qu'il n'y ait point eu de capitulation, c'est ce qui est contraire à toutes les relations du temps. On dit que le général Hoche l'a déclaré ainsi, et où est son témoignage? On cite les Mémoires de M. de Vauban, mais il est assez reconnu que ces Mémoires ont été altérés par Fouché, pour diffamer les royalistes et nos princes. Le bruit général, dans le temps, fut qu'il y avoit eu une capitulation, et plusieurs Mémoires en parlent. Papon, dans son *Histoire de la révolution*, fait mention de cette capitulation. M. de Villeneuve-la-Roche-Barnaud ne permet pas d'en douter : *Manquant de part et d'autre des choses nécessaires pour écrire, on stipula verbalement une capitulation garantie par la parole d'honneur des deux chefs, et basée sur les conditions suivantes : Le comte de Sombreuil se dévoue pour ses compagnons d'armes, tous les émigrés pourront se rembarquer, les soldats pourront être incorporés dans les troupes républicaines.* (*Mémoires*, 2ᵉ partie, page 139.)

M. de Villeneuve revient plusieurs fois dans ses *Mémoires* sur cette capitulation. Il parle avec estime du général Hoche, et il cite ce mot de lui aux émigrés : *Messieurs, vous allez tous vous rembarquer.* Le général pressoit donc le rembarquement, afin de n'avoir plus à lutter avec l'inexorable Tallien ; mais sur de nouveaux ordres de celui-ci, on ramena les émigrés au fort Penthièvre, puis à Auray. Le général Humbert traitoit aussi les émigrés avec humanité, et leur promit tous les égards qu'exige le malheur. Mais bientôt Hoche et Humbert furent éloignés, le général Lemoine prit leur place.

Cependant Tallien étoit accouru à Paris en toute hâte, et sur son rapport, on avoit ordonné que tous les émigrés fussent traduits devant des commissions militaires et fusillés. Ces commissions hésitant à condamner, le général Lemoine les cassa de son autorité, et en créa d'autres, dont la majorité étoit composée d'étrangers. Les commissions étoient au nombre de six, dont deux à Vannes, deux à Auray et deux à Quiberon. Ces deux dernières étoient composées, l'une d'officiers tirés d'un bataillon d'Arras, l'autre d'officiers belges. La première accordoit le sursis sur les raisons les plus plausibles, la seconde condamnoit indistinctement français et étrangers. Ce furent donc des officiers de l'armée républicaine qui condamnèrent les émigrés, comme ce fu-

rent des soldats qui exécutèrent les condamnations. On voit
qu'un général républicain présida à l'exécution du comte
de Sombreuil; des officiers présidoient chaque jour à l'exécution des autres. Nous tirons tous ces détails des *Mémoires*
de M. de Villeneuve.

Maintenant peut-on dire que l'armée républicaine fut
étrangère au massacre, quand nous voyons le général Lemoine casser une commission qui ne montroit pas assez de
vigueur, et en nommer six pour expédier plus vite les royalistes; quand nous savons que chaque commission étoit
composée d'un lieutenant-colonel, d'un capitaine, d'un
sergent, d'un caporal et d'un fusilier, que tous les émigrés
furent fusillés par des détachemens de soldats commandés
par un officier, etc. ? Est-ce *outrager et calomnier* l'armée du
général Hoche que de rapporter de tels faits? Doit-on plus
à cette armée qu'à la vérité de l'histoire? Est-il permis de
dissimuler ce qui est notoire? La conduite du général Hoche
dans cette circonstance fut noble et loyale, puisqu'il aima
mieux se retirer que de prendre part aux massacres. D'autres
généraux et officiers, des soldats même, se distinguèrent
par de beaux traits d'humanité; M. de Villeneuve en cite
quelques exemples. Mais il n'en est pas moins vrai que
d'autres officiers et soldats prêtèrent leur ministère pour
exécuter une loi atroce.

Le *Constitutionnel* nous dit froidement que *ce fut une raison
d'Etat de ce temps, et l'ordre formel du comité de salut public,
qui condamna et fit fusiller* les émigrés. Voilà vraiment une
belle excuse, *la raison d'Etat de ce temps !* Avec cela on peut
tout légitimer, et les massacres de septembre, et le tribunal
révolutionnaire, et la loi des suspects et toutes les horreurs
de Lyon et de Nantes. Mais il y avoit, dit le journaliste, *un
ordre formel du comité de salut public.* Ah ! c'est différent; si le
comité de salut public l'*ordonnoit formellement*, le devoir
étoit d'obéir, et c'eût été manquer à ce comité et à l'ordre
légal que d'épargner les émigrés (1). Ainsi le *Constitutionnel* a

---

(1) Il est même à remarquer que le comité de salut public prit dans
cette occasion une mesure tout-à-fait arbitraire et tyrannique. Les commissions militaires avoient accordé un sursis à 108 émigrés qui paroissoient être dans des exceptions favorables. Le comité jugea dans sa sagesse

parfaitement raison de s'élever contre le mot *nefarië* qui se trouve dans une des inscriptions; c'est manquer, dit-il, aux familles des militaires *qui partagèrent avec le général Hoche la gloire de la belle et pacificatrice campagne de la Vendée.* Quelle susceptibilité ! il faudra donc rayer ce malheureux adverbe *nefarië;* je propose de le remplacer par quelque chose de plus poli pour les bourreaux. On pourroit mettre, par exemple, dans l'inscription que nous avons citée, *generosè et humaniter trucidati;* alors l'inscription seroit dans toutes les *convenances,* elle respecteroit les *nécessités de la révolution,* elle célébreroit la magnanimité des républicains, elle seroit conforme à *la raison d'Etat de ce temps* et aux *ordres formels du comité de salut public.* Ce sera ainsi désormais qu'il faudra écrire l'histoire, et déjà, en effet, plusieurs écrivains l'ont ainsi traitée, dissimulant la cruauté des révolutionnaires, et en rejetant la faute sur les victimes mêmes.

Décidé à pallier l'horreur de cette boucherie, le *Constitutionnel* prétend qu'on a beaucoup exagéré le nombre des victimes, qu'il n'y eut point 943 royalistes fusillés, que 1000 hommes à peu près posèrent les armes avec Sombreuil, qu'il y avoit dans le nombre des prisonniers républicains qu'on avoit enrôlés, et que *les autres, environ deux tiers,* se sauvèrent. Dans ce calcul, il n'auroit péri personne, et les commissions, les fusillades, le champ des *martyrs,* les ossemens retrouvés, tout cela seroit des fictions; les larmes de tant de familles qui pleurent un père, un frère, un époux, seroient une moquerie; le monument seroit une grande déception. Il vaut mieux dévorer ces absurdités que de manquer à la révolution et aux *convenances* qu'elle impose.

Nous en restons là sur cette abominable apologie, qui devroit couvrir de honte et de mépris les sophistes assez vils pour chercher des excuses aux cruautés révolutionnaires, et assez effrontés pour plaider formellement et publiquement la cause des bourreaux.

---

que ces exceptions n'étoient point admissibles, et envoya l'ordre de fusiller les 108 émigrés; ce qui fut exécuté avec une docilité parfaite, que le *Constitutionnel* trouve apparemment fort naturelle. C'est une belle chose que l'amour de l'ordre légal et de *la raison d'Etat du temps.*

NOUVELLES ECCLÉSIASTIQUES.

ROME. Le samedi saint, le saint Père assista dans la chapelle Sixtine à l'office du jour; M. le cardinal Odescalchi célébra la grand'messe. Le jour de Pâque, S. S. officia avec la pompe accoutumée dans l'église St-Pierre. Après la messe, elle vénéra les reliques de la Passion, et se rendit à la grande galerie pour y donner la bénédiction solennelle au peuple rassemblé sur la place. Le soir, on illumina la coupole, et la façade de l'église St-Pierre et la colonnade.

PARIS. Le jeudi 7 mai, la première communion des jeunes Savoyards aura lieu dans l'église des Missions-Etrangères. La messe sera célébrée à 9 heures par M. le duc de Rohan, archevêque de Besançon, et sera suivie d'une messe d'actions de grâces. A trois heures, le sermon, les vêpres, le salut et la procession aux fonts. M. l'abbé Matthieu, chanoine de la métropole, fera les instructions. Mme la marquise de Fénelon, née de Ronchérolles, fera la quête.

— Les journaux des Pays-Bas annoncent d'une manière positive que M. Capaccini, prélat romain, qui se trouve depuis quelque temps dans ce royaume, vient d'être nommé internonce à Bruxelles, et que le pape lui a donné en même temps les pouvoirs nécessaires pour la mise à exécution du concordat. Comme ce prélat a visité successivement les provinces du nord et du midi, il pourra connoître mieux que personne l'état de la religion et les besoins de l'Eglise. La nécessité d'un arrangement définitif devient de plus en plus urgente. Les entraves apportées à l'entrée des sujets dans les séminaires menacent les diocèses de manquer de prêtres. Nous nous proposions de faire quelques réflexions sur ce sujet, ainsi que sur la faveur accordée par le gouvernement aux protestans, et sur l'influence croissante du protestantisme; mais ce qui se passe dans notre propre pays ne nous a pas permis de nous étendre, comme nous l'aurions voulu, sur ce qui touche la religion dans un pays voisin. Le *Courrier de la Meuse* a donné de fort bons articles sur l'influence du protestantisme, et a fait voir qu'au milieu même d'une population presque toute catholique, les places étoient à peu près exclusivement entre les mains des protestans. Espérons que la clameur générale contre un tel état de choses fera enfin quelque impression sur un gouvernement qui a intérêt à tenir la balance plus égale envers les catholiques.

NOUVELLES POLITIQUES.

PARIS. Nous avons heureusement en France deux organes dont la franchise nous empêchera d'être pris à l'improviste par les évènemens révolutionnaires dont ils auront le secret : ce sont M. l'abbé de Pradt et l'*Album national*; gens précieux s'il en fut jamais, et dignes d'être comparés aux oies du Capitole. Ils sont, comme on dit, si pressés de jouir et de voir arriver la débâcle, que nous sommes sûrs, avec eux, d'en être avertis quelque temps d'avance. Ah! vraiment, si nous y sommes pris, ce sera bien notre faute. Tandis que les autres écrivains révolutionnaires s'amusent à tourner de loin la religion et la royauté, sans s'expliquer sur ce qu'ils *leur* veulent, M. l'abbé de Pradt et l'*Album* vont droit au fait. Le premier vous dit que cela est du gothique qui tombe en ruines, et dont les peuples ne veulent plus entendre parler. L'autre vous annonce que, dans quelques années, il n'y aura pas un curé en France, et que cette *conviction universelle* est fondée sur ce que *le catholicisme est trop vieux*. Ainsi tenons-nous pour avertis; ces gens-là en savent plus que nous sur l'état des affaires de la révolution, et quand leur indiscrétion ne serviroit qu'à *nous donner le temps* de faire nos paquets, ce sont de bons avis qu'il ne faut point négliger.

— Lundi dernier, S. M., après avoir entendu la messe, s'est rendue, avec M. le Dauphin, au jardin du Roi, pour y visiter le cabinet d'histoire naturelle. S. M. y a été reçue par le ministre de l'intérieur, les administrateurs et professeurs. De là le Roi est allé voir, rue de Vaugirard, le monument élevé aux victimes de Quiberon, où S. M. avoit été précédée par M. de Martignac et par les membres du comité. Le Roi est revenu au château à trois heures, et est parti, une heure après, pour aller habiter celui de Saint-Cloud. S. M. a été reçue, au pont de Saint-Cloud, par M. le baron Capelle, préfet de Seine-et-Oise, M. le curé, M. le maire et le conseil municipal; et à la descente de voiture, par M. le Dauphin, Mme la Dauphine, MADAME, duchesse de Berri, et les enfans de France, qui étoient arrivés quelques instans auparavant.

— Le Roi a daigné accorder une somme de 1000 fr. pour venir au secours de la classe indigente de la ville de Sedan.

— Le mardi 28 avril, à 3 heures, il y a eu, au château, une assemblée de l'association de Saint-Joseph, sous la présidence de MADAME, duchesse de Berri, dans les appartemens de M. le duc de Bordeaux, protecteur spécial des orphelins, auxquels cette association fait apprendre des métiers. Beaucoup d'enfans de familles aisées s'y sont rendus, les uns avec leurs parens, les autres seuls, et ont versé, entre les mains du jeune prince, les sommes qu'ils avoient épargnées sur leurs menus-plaisirs ou recueillies de la charité de leurs connoissances. Les jeunes bienfaiteurs étoient beaucoup plus nombreux que l'année dernière ; aussi la recette a-t-elle été plus forte que la précédente.

— Un horrible assassinat a été commis, samedi dernier, sur la personne de M. Calemard de la Fayette, député de la Haute-Loire, siégeant au côté droit, et l'un des présidens de la cour royale de Lyon. Au moment où il traversoit la place Louis XVI pour se rendre à la chambre, et à peu de distance du monument que l'on élève sur cette place, un individu décoré, qui paroissoit l'y attendre, s'approcha de lui, lui dit quelques paroles, et lui tira à bout portant dans la poitrine un coup de pistolet. L'assassin, voyant arriver la garde voisine, sortit aussitôt un autre pistolet de sa poche, se fit sauter la cervelle, et tomba mort. L'honorable député eut encore la force de se rendre à son domicile, rue Godot. On fit appeler MM. Dupuytren et Beaudelocque, qui parvinrent à extraire la balle qui avoit fracturé l'épaule gauche ; mais le malade étoit dans le plus triste état. Il a déclaré connoître son meurtrier, et n'avoir jamais eu de démêlé avec lui, et il n'a cessé de dire qu'il lui pardonnoit. Cet homme est un nommé Genesté-Plaignol, ancien officier, âgé de 52 ans, arrivé depuis peu de jours à Paris, et qui avoit, le matin, mis six lettres à la poste. Tous les secours de l'art ont été prodigués à M. Calemard ; il a été saigné jusqu'à cinq fois, mais rien n'a pu le sauver, et il a expiré dimanche à quatre heures et demie. Le Roi avoit envoyé, le matin, savoir des nouvelles de ce fidèle serviteur.

— Par ordonnance du 12 avril, dix auditeurs au conseil d'Etat ont été ajoutés à la commission de liquidation de l'indemnité des émigrés, afin d'accélérer le travail de cette commission et d'en hâter la conclusion.

— La commission présidée par M. le comte Daru, créée par l'ordonnance royale du 2 août 1828, pour reconnoître et fixer les dettes de LL. MM. ; vient de finir son travail, qui a été remis à l'intendance générale de la maison du Roi.

— Le code militaire suisse, pour les régimens capitulés au service de France, vient d'être réformé. Entr'autres peines corporelles, celles du fouet et des coups de bâton sont abolies.

— La commission du budget a nommé ses deux rapporteurs : ce sont M. Humann pour les dépenses, et M. de Berbis pour les recettes.

— Le grand prix de mathématiques proposé par l'Académie des sciences pour 1829, et qui avoit déjà été remis trois fois, vient d'être décerné à M. de Pontécoulant, fils du pair de France. Ce prix avoit pour objet de déterminer le prochain retour de la comète de Halley, et le calcul des perturbations de la courte période de 1819.

— La veuve de l'ex-directeur Barras ayant interjeté appel du jugement qui a maintenu les scellés chez ce dernier, la cause a été appelée vendredi dernier à la cour royale. L'avocat Pierre Grand a reproduit ses argumens contre la mesure. Après le réquisitoire de M. l'avocat-général de Vaufreland, qui a conclu à la confirmation du jugement, la cour a remis à huitaine le prononcé de son arrêt.

— La chambre des mises en accusations vient de renvoyer devant la cour d'assises le sieur Mallarme. On croit que la cause sera jugée à la fin de ce mois.

— L'avocat Duplan, qui vient d'être condamné à trois mois de prison, à raison de la publication de sa pétition à la chambre des députés pour le rétablissement de la garde nationale, vient d'adresser au garde-des-sceaux, au président de la cour royale et au procureur-général, une plainte contre M. Menjaud de Dammartin, substitut du procureur du Roi, qui a soutenu l'accusation contre lui.

— M. le duc de Caraman vient de faire présent à la ville de Toulouse du portrait de Louis XVIII, peint par Gérard, qui lui avoit été donné par ce prince.

— Une commission a été nommée sous la présidence du maire du deuxième arrondissement, pour apprécier les pertes éprouvées dans l'incendie du bazar Boufflers, et faire la répartition des souscriptions reçues. Les pertes totales atteignent 1,200,000 fr., dont le quart n'est nullement assuré. Pour faire face à ces 300,000 fr. de dommage, qui pèsent principalement sur des ouvriers et des petits marchands sans ressource, on n'a encore recueilli que 50,000 fr., y compris les dons du Roi et de la famille royale, ainsi que du ministère de l'intérieur.

— Le nouvel ambassadeur du Brésil, M. le marquis de Rezend, a été présenté au Roi et à LL. AA. RR. lundi matin.

— Le maréchal Maison est attendu à Toulon sous quelques jours ; on dit que le colonel Fabvier l'accompagne.

— La frégate française la Thétis, qui stationnoit à Lisbonne, a reçu l'ordre de revenir en France. Elle a mouillé à Toulon le 27 avril.

— Le 17 avril, on a baptisé à Madrid, avec grande solennité, dans l'église de Sainte-Croix, un mahométan qui depuis long-temps demeuroit dans cette ville, où il vendoit de l'essence de rose et d'autres marchandises de son pays. Le roi, qui a été le parrain du nouveau converti, a fait à son filleul une pension de 50 sous par jour.

— Le roi d'Espagne, outre tous les dons qu'il a déjà faits, et les secours qu'il a fait prendre sur différens fonds, a ordonné qu'il fût prélevé, sur le revenu des postes, 25,000 piastres fortes (125,000 fr.), pour soulager les victimes des désastres de la province de Murcie.

— Le marquis de Barbacena a reçu l'ordre de ramener au Brésil l'infante dona Maria da Gloria. Le gouvernement anglais ayant déclaré positivement qu'il n'interviendroit pas hostilement entre le Brésil et le Portugal, la petite princesse ne pouvoit guère rester à Londres : elle doit s'embarquer au premier jour. Le marquis de Palmella s'est retiré en France, où il vivra comme simple particulier.

— Le 28 avril, trois des pairs catholiques d'Angleterre sont venus siéger à la chambre des lords ; ce sont le duc de Norfolk, et les lords Dormer et Clifford.

— Le prince Ypsilanti a envoyé sa démission, et le président de la Grèce l'a acceptée. On ignore qui le remplacera dans le commandement de l'armée qui fait en ce moment la guerre dans la Livadie.

— Les nouvelles qui arrivent successivement du Mexique font toujours le tableau le plus déplorable de l'anarchie et du désordre qui ont lieu plus que jamais dans ce pays. La ville de Sombrerète a été pillée par la populace, qui n'a épargné ni les étrangers ni les natifs. Les archives ont été livrées aux flammes, et les travaux des mines détruits. La perte éprouvée par la compagnie mexicaine qui exploitoit ces mines est évaluée à 1,500,000 dollars.

CHAMBRE DES PAIRS.

Le 1er mai, la chambre a continué la discussion du code pénal militaire. Les articles 98, 100 et 100 *bis* du projet amendé ont été adoptés.

Les articles 99 et 101 ont été renvoyés à la commission, après avoir entendu MM. le maréchal duc de Dalmatie, les ducs de Praslin, Decazes, d'Escars, de Broglie, de Damas; le vicomte Dode; les comtes Molé, de Peyronnet, de Ségur, de Pontécoulant, de Saint-Roman, de la Redorte, de Tournon, Belliard; le comte d'Ambrugeac, rapporteur, le ministre de la guerre, et M. de Salvandy, commissaire du Roi.

Le 2, divers articles qui avoient été renvoyés à la commission ont donné lieu à une discussion dans laquelle ont été entendus MM. les marquis de Rougé, de Lally, les comtes de Tournon, Molé, Forbin des Issarts, de Peyronnet, de Pontécoulant, de Ségur, de Saint-Roman, Belliard; les ducs de Praslin, de Broglie; les barons Pasquier, Mounier, et le rapporteur.

Le 4, M. le duc de Broglie a fait le rapport de la première partie du projet de loi sur la juridiction militaire. Cette partie est relative à la compétence des tribunaux militaires.

On a repris ensuite la discussion du projet de code pénal militaire. Les articles qui restoient à voter ont été adoptés, après avoir entendu MM. les ducs Decazes, de Dalmatie; les marquis de Coislin, de Mortemart; le comte de Tascher, le rapporteur, le ministre de la guerre et M. Jacquinot-Pampelune.

CHAMBRE DES DÉPUTÉS.

Le 2, à l'ouverture de la séance, les députés s'entretiennent pendant quelque temps de l'affreux assassinat de M. Calemard de la Fayette.

Un congé est accordé à MM. de Villemorge et de Kerjegu.

MM. Jars et Seguy font le rapport des pétitions.

Le sieur Combes, médecin à Paris, voudroit qu'on rétablît les statuts qui ont régi l'hospice des Quinze-Vingts depuis saint Louis. M. de Corcelles appuie cette pétition, qui est renvoyée aux ministres de l'intérieur et des affaires ecclésiastiques et à la commission du budget.

Deux pétitions pour la suppression de l'impôt du sel et pour la diminution de celui sur la bierre, sont renvoyées aux ministres des finances et du commerce, et celle-ci en outre à la commission de la loi sur les boissons.

Une réclamation d'un sieur Parron, ancien percepteur à Paris, pour des bonifications dont il dit avoir été spolié par M. de Villèle et le conseil d'Etat, est vivement soutenue par MM. B. Constant et Duvergier de Hauranne, mais rejetée, comme chose jugée, par une majorité formée des deux parties de la droite.

Des propriétaires des marais tourbeux de Savenay réclament contre une décision du conseil d'Etat, rendue en conflit, après un arrêt de la cour royale de Rennes qui les avoit mis en possession de ces marais, et se plaignent de ce qu'on s'est opposé à main armée à l'exécution de cet arrêt. La commission propose le renvoi aux ministres de l'intérieur et de la justice; mais M. de Cormenin soutient le bien jugé du conseil d'Etat, et l'ordre du jour est prononcé.

Des souscripteurs de l'emprunt des cortès sollicitent l'intervention du gouvernement pour obtenir le paiement de leur créance. Cette pétition, appuyée par la commission, et surtout par M. Méchin, est renvoyée au ministre des affaires étrangères.

Les sieurs Zénobis et Vinchet, à Carpentras, se plaignent d'avoir été calomniés en chaire par un prêtre étranger à la commune, et de ce que la loi du 18 germinal an X astreint, pour poursuivre les ecclésiastiques, à l'autorisation préalable du conseil d'Etat. Sur les conclusions de la commission, la chambre passe à l'ordre du jour sur cette seconde demande, attendu la nécessité de conserver une disposition si importante, et elle ordonne le renvoi de la plainte proprement dite aux ministres des affaires ecclésiastiques et de la justice.

Le renvoi au ministre des affaires ecclésiastiques est également ordonné pour une réclamation de trois habitans d'Oissel (Seine-Inférieure) contre de prétendus actes arbitraires du desservant de cette commune, qui auroit méconnu l'autorité du conseil de fabrique.

Le 4, M. le président annonce la mort de M. Calemard de la Fayette. La lettre est signée d'un de ses parens, M. Lablée de l'Étang. On tire au sort une députation de douze membres pour assister au convoi.

Sur le rapport de M. Odier, la chambre prononce l'admission de M. Genin, nouveau député de la Meuse.

L'ordre du jour appelle la discussion générale du projet de loi relatif aux crédits supplémentaires de 1828.

M. Marchall voudroit voir introduire un ordre dans les dépenses qui mît à l'abri des supplémens de crédits. Il reproche à l'ancien ministère d'avoir rétabli le despotisme en Espagne; il critique différentes dépenses du ministère; il accuse M. de Peyronnet d'avoir distrait et détourné à son profit le produit de la vente du mobilier qu'il avoit rénouvelé de la chancellerie. (Explosion de murmures). M. de Sirieys entre d'abord dans quelques détails pour repousser de telles accusations; il combat ensuite l'amendement proposé par la commission concernant les dépenses faites dans l'hôtel du ministère de la justice.

M. B. Constant se plaint de ce que le ministère ait rendu nulle cette session, et vote contre les crédits demandés. M. Bignon désapprouve la manière dont l'expédition de Morée a été conduite. M. Salverte s'en prend au blocus d'Alger; il critique les actes de l'administration, et accuse aussi l'ancien garde-des-sceaux de concussion et de dilapidation. M. Sébastiani ne veut point entendre parler de nouveaux crédits; il voit partout du déficit. Il parle ensuite contre don Miguel et en faveur des Grecs. M. Etienne repousse toutes demandes de nouvelles allocations sur les derniers exercices, et revient sur le mobilier de M. de Peyronnet.

Voici le résultat du renouvellement des bureaux :

Présidens, MM. de Cambon, de Tardy, de Lastours, Dupont (de l'Eure), Despatys, Daunou, Sébastiani, Louis, de Bizemont.

Secrétaires, MM. Lemercier, Beraud, du Marallach, Caumartin, de Cormenin, Jacqueminot, Viennet, de Saint-Albin, de Panat.

Commission des pétitions, MM. Jars, Babey, de Rambuteau, André, d'Harcourt, Laffite, de Cambon, de Marmier, de Béranger.

On a publié, sous le titre de *Chronologie de l'histoire des cultes,* un grand tableau représentant les principaux faits relatifs à l'histoire de la religion, avec les faits correspondans de l'histoire profane. L'auteur est M. Arnault-Robert, qui a cru rendre service, en présentant sous un seul aspect la succession des faits de l'histoire sainte et de l'histoire de l'Eglise. Nous avouons que nous n'aimons point son titre d'*Histoire des cultes* : cela sent un peu le langage de la révolution.

Quoi qu'il en soit, voici son plan. Après la création, vient la suite des patriarches, le déluge, puis la dispersion des enfans de Noé. Chaque nation est représentée sous l'emblème d'un fleuve sur lequel on a tracé les principaux faits de son histoire. Le plus grand fleuve à gauche est consacré à l'histoire sainte jusqu'à Jésus-Christ, et ensuite à l'histoire de l'Eglise. On marque la succession des papes, les conciles généraux, la conversion des divers peuples; la naissance des hérésies. Celles-ci sont sous la forme de ruisseaux sortis du grand fleuve, et qui se partagent ensuite en plusieurs branches.

Au milieu du tableau, l'idolâtrie envahit toutes les nations; plusieurs embrassent successivement le christianisme. On parle sommairement des missions, et des ravages du mahométisme.

A droite, deux autres grands fleuves offrent la chronologie de l'histoire profane, et particulièrement de l'histoire de France jusqu'au moment actuel.

Ce vaste tableau occupe deux feuilles d'une grande dimension qui sont réunies, et qui ont l'avantage d'offrir d'un coup d'œil les principaux traits de l'histoire. Les deux feuilles enluminées sont du prix de 8 fr. et 8 fr. 50 c. franc de port, chez l'auteur, rue Gaillon, n° 6, ou chez Roret, et au bureau de ce journal.

Instructions sur les égaremens de l'esprit et du cœur humain, ou sur les vices capitaux et leur remède; par Humbert (1).

L'abbé Humbert, prêtre du diocèse de Besançon et supérieur des missionnaires du diocèse de Besançon, est auteur de divers écrits de piété. On cite de lui, dans la *France littéraire,* la *Vie chrétienne,* 1752, in-12; *Maximes sur les vérités les plus importantes de la religion,* 1753, in-12; *Règles de conduite pour la jeunesse,* 1753, in-12; *Plan de réforme pour le Missel,* 1758, in-12, et *Cantiques à l'usage des missions,* in-12. Les *Maximes* citées ci-dessus paroissent être le même ouvrage que les *Pensées sur les plus importantes vérités de la religion et sur les principaux devoirs du christianisme,* ouvrage fort connu, souvent réimprimé, et qui avoit paru d'abord sous le titre d'*Instructions sur les principales vérités de la religion,* adressées par M. l'évêque de Toul à son diocèse.

---

(1) Un vol. in-12, prix, 1 fr. 75 c. et 2 fr. 50 c. franc de port. A Paris et à Lyon, chez Rusand, et au bureau de ce journal.

Cet ouvrage ne doit point être confondu avec les *Instructions sur les fonctions du ministère pastoral*, adressées aussi par M. l'évêque de Toul, Drouas de Boussey, à son diocèse. Ces dernières *Instructions*, qui parurent en 1772, en 5 volumes in-8°, sont de M. Drouhart, supérieur du séminaire de Besançon ; ce sont celles-là que l'on connoît sous le nom d'*Instructions de Toul* (nous en avons parlé tome XXI, n° 546) ; mais les *Instructions* ou *Pensées* en un seul volume, par Humbert, sont aussi un ouvrage estimable que M. Drouhart avoit aussi cru pouvoir revêtir de son nom. La société catholique des bons livres en a donné une nouvelle édition en 1826 ; cette édition renferme 147 chapitres, au lieu que les précédentes n'en ont que 136. De plus, chaque chapitre est accompagné de résolutions pratiques qui en sont comme l'analyse et la substance. Ces additions sont dues à un ecclésiastique du diocèse de Besançon.

Les missionnaires de Beaupré formoient une association que nous avons fait connoître ailleurs, n° 913, tome XXXV. L'abbé Humbert, qui fut membre, puis supérieur de cette association, mourut vers 1766, après avoir rendu de grands services au diocèse. L'établissement de missionnaires subsiste toujours, et a aujourd'hui pour supérieur M. l'abbé Vernier, qui a fait paroître, il y a peu de temps, une *Théologie pratique des sacremens*. Nous espérons rendre compte prochainement de cette *Théologie*, que nous avons reçue il y a peu de jours. M. l'abbé Vermot, qui a prêché ce carême avec succès à Paris, appartient aussi à la même association.

Pour en venir actuellement à l'ouvrage qui a donné lieu à cet article, les *Instructions sur les égaremens de l'esprit et du cœur* portent le nom de l'abbé Humbert, et une note de l'*Avertissement* porte que ces *Instructions* sont du même auteur que les *Pensées*, qu'elles ont été publiées peu après elles, et que l'auteur vivoit encore alors. Il auroit peut-être été plus simple de donner à cet écrit le titre d'*Instructions sur les péchés capitaux*, car c'est là le sujet de l'ouvrage. L'auteur parcourt ces sept péchés, en montre la difformité et les conséquences, et présente les avis et les remèdes convenables. Il suit surtout l'orgueil dans ses divers degrés, et s'attache à combattre une passion source de tant de désordres dans l'homme et dans la société. Les *Instructions sur les péchés capitaux* ne forment guère que les deux tiers du volume ; le reste est rempli par des instructions sur la connoissance de soi-même et sur les vertus nécessaires au salut. Cette partie n'est pas sans rapports avec la précédente ; car, comme le dit l'auteur, le meilleur moyen de rabattre l'orgueil de l'homme et de réprimer ses vices, est de l'appliquer à la connoissance de soi-même et de le pénétrer de la beauté de la vertu.

Ces *Instructions* nous ont paru dignes de l'expérience et du zèle d'un missionnaire qui avoit appris à connoître les hommes dans l'exercice d'un long ministère, à sonder leurs plaies et à y appliquer un baume salutaire. Le style est celui qui convient à ces sortes d'écrits, et est simple et solide, également éloigné de négligence et de prétention.

Le Gérant, ADRIEN LE CLERE.

✚✚

Examen de la Profession de foi du vicaire savoyard,
par M. Marceille (1).

Cet ouvrage porte en tête une notice sur M. Marceille, curé de la Daurade à Toulouse, mort en 1826. M. Marie-Gérand Marceille étoit né dans la même ville en 1753; il suivit d'abord les cours de droit, mais quitta ensuite cette carrière pour entrer dans l'état ecclésiastique. Ordonné prêtre en 1776, il fut successivement vicaire à Saint-Julia, à Saint-Nicolas, dans un faubourg de Toulouse, et à la cathédrale. N'ayant point prêté le serment, il se retira en Espagne, d'où il revint dès que les fureurs de la persécution se furent calmées. On le nomma à la cure de la Petite-Daurade, puis à celle de Saint-Jérôme, et enfin à celle de la Daurade, l'une des plus considérables de la ville. L'auteur de la notice fait un grand éloge de ses vertus, de sa charité, de toute sa conduite. Peut-être auroit-il pu y joindre un plus grand nombre de faits, et il nous laisse ignorer même la date de la mort de ce sage pasteur. Nous avons lieu de croire que ce fut en février 1826 que sa paroisse le perdit; toute la ville prit part à cet évènement, et M. le cardinal-archevêque fit écrire au neveu du curé la lettre la plus honorable, où il parloit de M. Marceille comme du *modèle du clergé,* de la *lumière de l'église de Toulouse,* et de la *gloire du diocèse.*

M. Marceille composa l'*Examen de la Profession de foi du vicaire savoyard* peu après son retour de l'exil. Cet ouvrage est en deux parties, comme la *Profession de foi du vicaire.* Rousseau, dans cet épisode, traitoit d'abord de la religion naturelle, puis de la religion révélée. M. Marceille a suivi ce plan; il commence par examiner le portrait que Rousseau trace de son vicaire. Or, à en juger par ce portrait même, ce prêtre seroit un libertin et un hypocrite. Quelle idée

_____

(1) Un vol. in-8°. A Paris, chez Bricon, et au bureau de ce journal.

peut-on avoir d'un homme qui célèbre la messe sans y croire, qui se conforme à des cérémonies dont il ne fait aucun cas, qui avoue même qu'il ne prie pas Dieu? Que fait à l'autel un prêtre qui se vante de ne pas prier? Toute cette fiction de Rousseau n'est donc au fond qu'une satire pleine de perfidie contre le clergé catholique. M. Marceille discute aussi en cet endroit la question du célibat ecclésiastique, et venge la discipline de l'Eglise des objections et des déclamations dont elle a été l'objet.

Dans la première partie de l'*Examen*, M. Marceille considère différentes assertions du vicaire, ou plutôt de celui qui le fait parler. Ces assertions sont sur Dieu, sur l'éternité du monde, sur celle des peines, sur la prière, etc. Sur ces différens points, l'auteur relève les inconséquences, les contradictions et les sophismes de Rousseau. Il apporte dans cette discussion beaucoup de méthode, de jugement *et de* sagacité. Il expose les notions véritables que nous fournit la raison sur les grandes questions de la métaphysique et de la morale, et fait sentir l'abus qu'a fait Rousseau de son esprit et de son imagination, pour ébranler tous les principes et y substituer de belles paroles, et un système de vertu tout en démonstrations et en parade.

Dans la seconde partie de sa *Profession*, le vicaire accumule les objections sur la nécessité et même sur la possibilité de la révélation, sur la force des témoignages, sur les prophéties, sur les miracles, sur les mystères, sur l'examen de toutes les croyances, sur l'Evangile, etc. M. le curé de la Daurade développe très-bien les véritables principes des catholiques sur ces différens chefs, et dissipe les nuages que l'écrivain déiste s'étoit plu à répandre sur ces questions fondamentales. Il oppose Rousseau à lui-même, il le réfute sans passion et sans amertume, il montre les conséquences de ses erreurs; enfin il procède avec une précision et une sagesse qui doivent faire impression sur tout lecteur de bonne foi.

On annonce que M. Marceille a laissé d'autres écrits auxquels il avoit mis la dernière main avant sa mort, et que l'on se dispose à publier. S'ils sont aussi solides et aussi bien raisonnés que l'*Examen*, ils ne peuvent que faire honneur à la mémoire de l'auteur, et qu'être utiles à la cause de la religion.

NOUVELLES ECCLÉSIASTIQUES.

PARIS. Les derniers momens de M. Calemard de la Fayette ont été marqués par une constance, une résignation et des sentimens de piété qui honorent cet excellent homme. Dès qu'il se sentit frappé, il dit à l'assassin : *Malheureux, je ne vous avois fait que du bien, et vous m'avez fait du mal; vous vous êtes déguisé, et je ne vous ai pas reconnu.* Ramené chez lui en cabriolet, M. Calemard eut encore la force de monter au second étage. Son premier mot fut de dire : *Je veux mourir en bon chrétien; un prêtre avant tout.* Il ne voulut entendre parler des secours de l'art qu'après s'être entretenu avec M. le curé de St-Louis, Chaussée-d'Antin, qu'on avoit fait avertir, comme étant plus près. Pendant sa longue agonie, il ne cessoit de répéter : *Je pardonne, je pardonne à mon meurtrier, il a eu un moment de folie; prêt à paroître devant le tribunal de Dieu, qui doit me juger, puisse-t-il me pardonner comme je pardonne!* Sa foi s'est encore ranimée au moment où il a reçu les sacremens de l'Eglise. *Qu'il est doux,* dit-il, *de mourir dans les bras de la religion!* Sa malheureuse épouse lui ayant présenté la croix à baiser, *cela fait du bien,* disoit-il; *je me sens soulagé.* Un de ses parens, M. l'abbé de Lestang, ne l'a pas quitté, et a passé la nuit auprès de lui. Le mourant demanda lui-même les prières des agonisans, et y répondit avec présence d'esprit. Il recommanda ses trois enfans à ses amis, et voulut se priver de la consolation de voir son fils. Ayant appris que le Roi et la famille royale avoient envoyé savoir de ses nouvelles, *je meurs content et consolé,* dit-il; *le Roi a mis le comble à ses bontés.* C'est dans ces sentimens qu'il a expiré, le dimanche 3 mai, à quatre heures et demie du soir, laissant à sa famille et à ses amis un exemple précieux du pouvoir de la religion, qui étouffe les ressentimens de la nature. On a remarqué que le mourant n'a laissé échapper aucune plainte contre son meurtrier.

— L'histoire de l'abbé Partie est celle de beaucoup de curés qui, grâce aux journaux, sont en butte à toutes les tracasseries que peuvent susciter la malignité, l'impiété et la haine. Il n'étoit bruit, cet hiver, dans tout le Beaujolais,

que des exactions, des voies de fait, des prédications séditieuses, des actes arbitraires, des sortilèges même qui signa-
loient le ministère de M. Granjon, curé de Sainte-Paule,
canton du Bois-d'Oingt, diocèse de Lyon. Des pétitions re-
vêtues d'*honorables* signatures, comme cela s'appelle, arri-
voient l'une après l'autre au parquet du procureur du Roi.
et à la sous-préfecture de Villefranche ; l'archevêché à Lyon
en recevoit aussi sa part. Il ne manquoit plus, pour calmer
l'irritation des esprits, que l'*heureuse médiation* de quelque
député ; de M. de Corcelles, par exemple, dont le château
n'est pas plus éloigné de Ste-Paule, que Lalonde ne l'est de
la résidence de M. Petou. Le député que Paris a envié à
Lyon n'auroit pas manqué sans doute de dire aussi que la
pétition des habitans de Ste-Paule n'étoit pas de celles qui
sont rédigées *sous l'influence des passions,* et qu'elle avoit
pour elle *la sanction de la prudence et du temps.* Au milieu de
tout ce bruit, M. l'archevêque-administrateur ayant ordonné une enquête, et en ayant chargé M. Donnet, curé
de Villefranche, celui-ci s'est transporté sur les lieux, assisté des curés de Grand-Ris et de Limas. Le résultat de
l'enquête a été tellement contraire à la pétition, que neuf
membres du conseil municipal, tous les membres du conseil
de fabrique, et tous les notables, ont dressé au même instant une pétition contre le maire et l'adjoint, colporteurs
de la pétition contre le curé. On prétend même que, si ce
brave maire et ce bon adjoint, qui, sans jamais paroître à
l'église, dénonçoient les prônes de leur curé, ne fussent
allés aussitôt porter leur démission au sous-préfet, il y auroit eu matière à les poursuivre comme calomniateurs ; ce
qui seroit peut-être un moyen pour réprimer toutes ces pétitions suscitées par l'esprit de haine et d'impiété.

—Dom Delaporte, religieux Bénédictin de la congrégation
de Saint-Maur, et ancien principal du collège d'Auxerre, y est
mort le 9 mars dernier dans un âge avancé. Charles-Marie
Delaporte étoit né le 8 février 1750 à Ambronai, diocèse de
Belley ; il entra de bonne heure dans la congrégation de
Saint-Maur, et devint ensuite sous-principal à l'école militaire qui venoit d'être formée à Auxerre, et confiée aux Bénédictins. Le principal étoit dom Rosman ; dom Delaporte le se-
conda avec zèle jusqu'à l'époque de la révolution. Alors l'école
militaire fut supprimée, et dom Delaporte forcé de se réfugier

dans sa patrie, d'où il revint à Auxerre en 1795. On espéroit alors un peu plus de calme ; dom Rosman et dom Delaporte s'occùpoient à recueillir quelques jeunes gens dont l'éducation étoit abandonnée, lorsque de nouveaux orages les forcèrent, un an après, de s'en séparer. Cependant dom Delaporte ne tarda point à s'entourer, d'abord à la campagne, puis à Auxerre même, de quelques enfans qu'on lui confioit. Enfin en 1805, il devint principal du collège, à la satisfaction de toute la ville, et il en a rempli les fonctions jusqu'en 1825, qu'il obtint sa retraite de l'Université. C'est surtout pendant ce temps qu'il s'est acquis les plus justes droits à l'estime générale. Il étoit pour ses élèves un véritable père, sans cesse occupé de leurs besoins, se plaisant à les suivre ensuite dans le monde, et les aidant par toute sorte de moyens. Ses confrères trouvoient en lui un conseil et un modèle. Sa piété, son indulgence, son air toujours calme et serein, charmoient tous ceux qui l'approchoient, et ramenoient quelquefois à la religion ceux qui en connoissoient mal l'esprit. Il ne froissoit personne, savoit se priver pour assister les pauvres, et prenoit part à beaucoup de bonnes œuvres. C'est à lui en partie qu'on doit doit la restauration de l'église de St-Germain, qui étoit l'église de l'abbaye, où dom Delaporte avoit long-temps demeuré. Il contribua aussi à l'établissement des écoles chrétiennes. Un état d'infirmités et de souffrances, qui a duré plus d'une année, l'a disposé plus prochainement à la mort, qui l'a frappé le 9 mars, après qu'il eut reçu les sacremens avec de grandes marques de piété. Son testament est une nouvelle preuve de son zèle et de sa charité. Toutes les opinions se sont réunies pour rendre honneur à sa mémoire. L'église de Saint-Etienne étoit remplie le jour de ses obsèques comme dans les solennités. Tout le clergé, le maire, des magistrats, des fonctionnaires, un grand nombre d'anciens disciples, les élèves du petit séminaire et du collège ont assisté aux funérailles de cet homme de bien, et l'ont accompagné à sa dernière demeure. Quelques jours après, M. l'abbé Bruchet, supérieur du petit séminaire, prononça son éloge funèbre dans l'église Saint-Germain. C'est de cet éloge et d'une très-bonne notice qui a été publiée par le même auteur, que nous avons extrait ce court article. M. l'abbé Bruchet y parle avec une touchante sensibilité d'un confrère et d'un ami. Les anciens élèves de dom Delaporte se proposent d'élever un monument à sa mémoire ; une souscription a été immédiatement ouverte , et les principales autorités de la ville se sont chargées de diriger l'emploi des fonds et de surveiller l'exécution du plan. A la fin de la notice, on trouve une épitaphe latine écrite dans un bon style, et qui rappelle les principaux titres du vertueux prêtre à l'estime et au souvenir des habitans d'Auxerre.

— On avoit dû espérer, dit le *Mémorial de Toulouse,* que l'arrêt rendu par la cour royale de Paris dans l'affaire Dumonteil mettroit fin au scandale des demandes en mariage faites par des prêtres; cependant en voilà une nouvelle qui vient d'être portée au tribunal de St-Girons (Arriège) par un prêtre nommé Arpajou. On dit qu'il avoit long-temps hésité à la produire, de peur de perdre sa pension ecclésiastique ; enfin, abjurant toute honte, il a osé, lui prêtre, et recevant un traitement en cette qualité, réclamer publiquement l'autorisation d'enfreindre les engagemens qu'il avoit contractés. La cause a été appelée le 28 avril, *et Ar-* *pajou* lui-même s'est présenté pour la plaider. Il portoit encore l'habit ecclésiastique, mais sa physionomie, selon le *Mémorial,* avoit quelque chose de repoussant et d'ignoble, qui a fait une sinistre impression sur les assistans. Son discours a répondu à ce triste augure. Il a commencé par déclarer avec impudence le genre de liaisons qu'il avoit avec sa servante. Depuis six ans, dit-il, je prie le maire de *bénir* notre union. Il n'a pas dissimulé qu'un avocat l'avoit sollicité de lui confier son affaire ; ce qui montre qu'il en est à St-Girons comme à Paris, et qu'il y a des gens avides de bruit et de scandale. Arpajou a voulu citer l'Evangile ; le président lui a dit de se renfermer dans les textes de lois sur lesquels il fonde sa demande. Cet homme s'est impatienté, et a reproché au président de ne pas faire son devoir. On a donc conseillé à l'avocat de prendre la parole ; celui-ci ne s'est pas fait prier, et il a paru qu'il s'attendoit à plaider. Il l'a fait de manière à être interrompu par le président. Arpajou a voulu parler encore après l'avocat, et a dit tant de choses incohérentes et déplacées, que le président a été obligé de l'arrêter de nouveau. La cause a été renvoyée à un autre jour pour entendre le ministère public, qui a demandé un mois pour préparer ses conclusions. Ce terme a paru un peu long pour une question qui est suffisamment éclaircie pour les bons esprits.

NOUVELLES POLITIQUES.

PARIS. Voilà le *Courrier français* bien attrapé ; il avoit encore trouvé moyen de charger le compte de la congrégation et des Jésuites d'une rigueur dont il se plaignoit, au nom d'un sien confrère que la police correctionnelle de Lille a mis en pénitence pour six mois. Malheureusement M. Bourdeau, sous-secrétaire d'Etat du département de la justice, est venu troubler cette joie du *Courrier,* en déclarant que c'est lui-même qui est le coupable. A la vérité, M. Bourdeau n'ose pas dire que les pauvres Jésuites ne le sont point, parce que ce seroit trop compromettre les antécédens de l'ordre légal. Mais enfin, comme il est assez généralement reconnu que le ministère de la justice n'est pas sous l'influence des révérends Pères, il suffit que M. le sous-secrétaire d'Etat convienne que la rigueur vient de lui pour qu'on présume qu'elle ne vient pas d'eux.

— Voulez-vous savoir pourquoi M. le baron Louis est le plus grand ministre des finances que le *Courrier français* ait jamais connu ? C'est qu'il a religieusement payé toutes les dettes de la révolution. Voulez-vous maintenant savoir pourquoi M. de Villèle n'a été qu'un ministre ignare et *déplorable ?* C'est qu'en accordant une indemnité aux émigrés, il a reconnu les dettes de la royauté. Ainsi vous voyez qu'il y a dettes et dettes, et que c'est la manière de choisir qui fait tout. M. le baron Louis a choisi celles de la révolution, on le préconise ; M. de Villèle a choisi celles de la monarchie, il a fallu le sacrifier.

— Le *Constitutionnel* du samedi 2 mai contenoit le petit article qui suit · « Nous apprenons avec douleur que la cherté du pain devient, dans plusieurs localités, le sujet de troubles que l'administration s'efforce de réprimer. Le meilleur moyen d'y remédier seroit de faire des sacrifices pour fournir aux ouvriers sans travail du pain à meilleur marché ; ce moyen seroit facile à employer si, au lieu de voter des millions en faveur de l'aristocratie, on prélevoit sur le budget quelque cent mille francs pour secourir les malheureux qui meurent de faim. » Voilà un excellent avis donné au peuple, et un bon moyen de calmer ses mécontentemens. Il est à propos de le prévenir que, s'il souffre, c'est l'administration et l'aristocratie qui ont tort, et qu'il y auroit un moyen tout simple de remédier à la cherté du pain. Si on ne prend pas ce moyen ; le peuple comprendra apparemment ce qu'il a à faire contre ceux qui *votent des millions pour l'aristocratie,* et qui se refusent à faire des sacrifices pour lui.

— Le *Constitutionnel* et le *Courrier français* ont renoncé à faire mourir don Miguel de son accident ; ils lui ont trouvé la vie trop dure : maintenant ils se contentent de le faire chasser de son trône par les puissances étrangères, et de l'envoyer on ne sait où avec une portion congrue. On seroit presque tenté de croire que don Miguel est un des tourmens que la Providence a choisis pour les consciences révolutionnaires.

— Sont nommés pour présider les collèges électoraux qui doivent se réunir prochainement, savoir, à Hazebrouck, M. Belmas, évêque de Cambrai ; à Narbonne, M. Jean François, président du tribunal de commerce, et à Pontoise, M. le comte Molé, pair de France.

— L'augmentation du prix des grains a occasionné des désordres dans quelques départemens ; les plus graves ont eu lieu à Montmorillon, à Nevers, où des attroupemens nombreux, composés principalement de femmes, ont arrêté des voitures de blé, et menacé des marchands. L'autorité méconnue, et assaillie de pierres, s'est vue forcée de recourir à l'emploi de la force armée, pour dissiper ces rassemblemens , et assurer la liberté des ventes et la circulation. Les plus mutins ont été arrêtés. Des troubles non moins sérieux ont été facilement réprimés à Fougères, St-Denis d'Orgues, Coulans, Nogent-le-Rotrou, Saumur, Concourson, Oiron, St-Fargeau, St-Germain, Dieppe, Lille, Réthel, Lapalisse, Lyons et Gisors. Une baisse a heureusement lieu depuis quelques jours sur plusieurs points, et 150 navires de blé sont attendus à Rouen et à Caen.

— Après avoir entendu le réquisitoire de M. Fournerat, qui a pensé qu'il y avoit compensation d'injures, le tribunal correctionnel a, jeudi dernier, remis à huitaine le prononcé de son jugement dans le procès en diffamation intentée à la *Quotidienne* par le *Constitutionnel.*

— M. Meon, l'un des conservateurs de la Bibliothèque du Roi, est mort mardi dernier.

— Dimanche dernier, à six heures du soir, le cabaret du sieur Leveillé, près de Versailles , a été le théâtre d'une rixe sanglante entre une quarantaine de soldats suisses et une douzaine de soldats de la garde royale. Un de ces derniers a reçu un violent coup de sabre sur la tête, et a été transporté à l'hospice.

— Le gouverneur de l'île de Tercère avoit déporté en Angleterre les Pères J. Andrade de Pareira, recteur de la Sé d'Angra ; P. J. Toste, vicaire de l'église de Saint-Benito, et F. M. Ramos. Ces religieux, que les révolutionnaires ont obligés de payer les frais de leur déportation, aussitôt qu'ils ont mis le pied sur le sol anglais, se sont empressés de se rendre à Falmouth, d'où ils viennent d'arriver à Lisbonne. S'étant présentés à la cour le 11 de ce mois, don Miguel a reçu ces déportés avec la plus grande bonté, et les a autorisés à porter une médaille à son effigie.

CHAMBRE DES PAIRS.

Le 5, M. le marquis de Mortemart a prononcé l'éloge funèbre de feu M. le duc d'Avaray.

M. le comte de Bastard a fait ensuite, au nom d'une commission, le rapport du projet de loi sur la contrainte par corps.

Le surplus de la séance a été occupé par la délibération sur le projet de loi relatif à l'interprétation de plusieurs articles des lois pénales militaires. Ce projet, qui n'a donné lieu à aucune discussion, a été adopté au scrutin, à la majorité de 111 contre 1, dans les termes proposés par la commission.

Il n'y a pas de séance indiquée.

CHAMBRE DES DÉPUTÉS.

Le 5, M. Génin, admis la veille, prête serment, et va siéger au centre gauche.

On reprend la discussion du projet de loi sur les crédits supplémentaires de 1828.

M. Cabanon se prononce contre ces allocations. M. Agier voit avec peine que le ministère ait perdu dans la chambre l'appui de la gauche. Il vote le projet de loi, mais avec l'amendement de la commission, qui réserve au ministre des finances une action contre l'ex-garde-des-sceaux pour le produit du mobilier renouvelé de la chancellerie. Il ne veut pas traiter cela de concussion, comme M. Marchall, ni de simple revirement de fonds, comme M. de Sirieys ; mais c'est au moins un acte de mauvaise administration, M. Fleury attaque plusieurs des dépenses.

M. le garde-des-sceaux justifie l'expédition de Morée, et soutient que le gouvernement avoit alors le droit d'accorder des subsides, sauf à en rendre compte ensuite aux chambres. Il assure qu'on ne néglige rien pour terminer l'affaire d'Alger. S. G. termine en disant que le ministère n'a en vue que le soutien du trône et des institutions constitutionnelles, et qu'il compte pour cela sur le concours de la chambre.

M. Lepelletier d'Aulnay, rapporteur, résume la discussion, et persiste dans l'amendement de la commission sur le recours à exercer contre M. de Peyronnet pour une dépense inopportune et non autorisée, mais qu'elle ne regarde pas comme une concussion ni une perception illégale.

On passe aux articles. M. le président lit celui qui alloue pour dépenses faites au ministère de la justice 60,678 fr. et 179,000 fr. M. Marchall voudroit qu'on ajoutât que l'ancien ministre sera poursuivi devant la chambre des pairs pour rembourser ces frais. Les murmures l'interrompent constamment, malgré les réclamations réitérées de M. le président. M. Bourdeau, sous-secrétaire d'Etat au département de la justice, combat l'amendement de la commission et celui de M. Marchall ; il montre qu'il n'y a pas eu dans cette affaire de concussion, ni rien qui justifie une action devant les tribunaux.

M. Dupin aîné propose de statuer que le crédit demandé par l'article en discussion sera accordé sauf liquidation, et à la charge par le ministre des finances d'exercer devant les tribunaux une action en indemnité contre l'ancien ministre, qui a ordonné la dépense sans crédit préalable. Cet amendement, vivement combattu par MM. les ministres des finances et de la marine, est soutenu par son auteur et par M. de Tracy. M. de la Boëssière propose en vain un sous-amendement qui l'atténueroit. L'amendement de M. Dupin est mis aux voix : le côté gauche, la plus grande partie du centre gauche, et quatre ou cinq membres du centre droit, se lèvent. L'adoption est proclamée. Le côté droit et presque tout le centre droit désertent aussitôt la salle.

L'article amendé passe ensuite sans difficulté ; mais lorsque l'on en vient au scrutin sur l'ensemble de l'article, il ne se trouve que 202 boules ; le scrutin est nul.

Le 6, M. le président donne lecture d'une lettre de M. le marquis d'Abzac, député de la Dordogne, qui, à raison de sa mauvaise santé, envoie sa démission.

On procède au scrutin pour l'article des crédits supplémentaires concernant le ministère de la justice. Cet article, tel qu'il a été amendé sur la proposition de M. Dupin, passe à la majorité de 186 contre 144. (Sensation).

Le suivant, relatif au ministère des affaires étrangères, a pour but d'allouer 4,500,000 fr. pour dépenses spéciales extraordinaires relatives à l'expédition de Morée; 250,000 fr. pour le rachat des Grecs esclaves en Egypte, et 129,600 fr. pour l'acquittement d'une dette arriérée envers la régence de Tunis. M. Duvergier de Hauranne s'étonne de ce que ces remboursemens n'aient pas été demandés l'année dernière : M. Roy donne des explications à ce sujet. L'article est adopté à la majorité de 249 contre 33.

La chambre adopte ensuite, à la majorité de 230 contre 31, le crédit supplémentaire de 97,778 fr. demandés par le ministre de l'instruction publique; et à la majorité de 207 contre 65, celui de 417,398 fr. pour le ministre du commerce.

Le crédit concernant le ministère de la guerre comprend 3,568,000 fr. pour frais extraordinaires de l'occupation d'Espagne; 16,713 fr. pour accroissement de l'effectif de l'armée; 6101 fr. pour frais extraordinaires de l'expédition de Morée, et 600,000 fr. pour le service de l'arriéré antérieur à 1816.

M. le général Hygonet justifie l'expédition de Morée des attaques dont elle a été l'objet, et émet le vœu que l'occupation française y soit maintenue. M. le général Lamarque dit que cette expédition a été une espèce d'expiation de celle d'Espagne, qui a eu le funeste résultat de replonger dans l'esclavage une nation qui gravitoit vers la liberté. (Murmures à droite). Il demande qu'on réorganise enfin l'armée et qu'on rétablisse la garde nationale, sans quoi il ne votera plus d'allocations.

M. le ministre de la guerre prend la défense de la guerre d'Espagne au nom des généreux sentimens qui l'ont dictée et des effets satisfaisans qu'elle a produits. (Murmures à gauche, approbation à droite). Il rappelle que l'expédition de Morée a été entreprise dans un but d'humanité, et justifie le système de recrutement en vigueur.

M. Pelet voudroit qu'on ne demandât plus de crédits supplémentaires. M. B. Constant, après avoir dit quelques mots contre la guerre d'Espagne et pour la réorganisation de l'armée, conjure les ministres de faire quelque chose de plus pour les institutions constitutionnelles, et pour repousser le parti qui veut bouleverser ces institutions. Sur l'interpellation de la droite, il déclare qu'il veut parler de ces hommes qui s'opposent au retour de la liberté, qui, sous le masque de la religion, veulent courber la France sous le joug ultramontain; qui ont protesté avec tant de chaleur contre de salutaires ordonnances, qui ont soutenu pendant six ans un ministère coupable, etc. Il gémit de ce que le ministère, qui a dans cette chambre de quoi faire le bien, ne le fasse pas, car elle l'aideroit sans doute; ou plutôt, comme le ministère demeure dans une si grande apathie, il appelle de tous ses vœux la dissolution de la chambre, bien assuré des heureux résultats de cette mesure. Les murmures de la droite interrompent l'orateur, M. de Conny demande à répondre; mais il ne peut l'obtenir.

M. Demarçay prétend que nous n'avons fait la guerre en Morée que sous l'influence de l'Angleterre. M. le ministre de la marine relève cette assertion. M. le général Dutertre vient combattre l'opinion de M. Lamarque. Il rappelle que la guerre d'Espagne a rendu les plus grands services, qu'elle a terrassé une vaste conspiration qui éclatoit de toutes parts, qu'elle a couvert de gloire la France et son armée, qu'enfin il alloit de la dignité du Roi de l'entreprendre. M. Sébastiani, revenant aux principes de ses amis, dit qu'il auroit fallu du moins profiter de cette circonstance pour établir une bonne constitution dans ce pays. Il combat ensuite M. Demarçay, et insiste pour la réorganisation de l'armée.

M. le ministre des finances s'attache à montrer la régularité et l'utilité des dépenses du chapitre en discussion. Il est adopté provisoirement par assis et levé.

Le 7 un congé est accordé à M. Petou.

Le crédit supplémentaire du ministre de la guerre est adopté au scrutin à la majorité de 245 contre 35.

Le ministère de la marine en demande un de 23,300,000 fr. M. Hyde de Neuville appuie cette demande, nécessitée par les dépenses de l'expédition de Morée, la mission du Brésil, etc. M. Ch. Dupin pense qu'on auroit dû envoyer 2 ou 3 régimens pour s'emparer d'Alger; il entre ensuite, sur l'administration de la marine, dans des détails qui fatiguent l'attention de la chambre. M. Duvergier de Hauranne n'approuve pas le blocus d'Alger. M. le garde-des-sceaux donne, à cet égard, quelques explications. M. Lepelletier d'Aulnay voudroit qu'on ne fît point de dépenses extraordinaires sans consulter les chambres. MM. les ministres des finances et de l'intérieur combattent cette opinion, qui est encore défendue par M. Duvergier de Hauranne.

M. de Montbel soutient qu'on ne sauroit refuser le remboursement de ces dépenses; mais il n'entend pas que l'expédition de Morée soit une expiation de la campagne d'Espagne, qui a si bien terrassé une révolution commençant de toutes parts, et déjoué les projets de ce qu'on doit plutôt appeler une faction que les personnes dont a parlé M. B. Constant; car ce ne sont point celles-ci qui ont signé l'acte additionnel, et démenti un seul instant la fidélité aux Bourbons. M. de Conny combat aussi avec énergie le discours prononcé la veille par l'orateur de la gauche. Il rappelle que ceux qui conspirent contre les libertés publiques sont plutôt les hommes qui, dans les cent jours, soutenoient si bien l'usurpateur.

M. B. Constant obtient la parole pour un fait personnel. Il prétend que la faction dont il a parlé a appelé l'intervention de l'étranger, ensanglanté le midi de la France, et causé tous les maux qu'elle a pu éprouver depuis Buonaparte. Pour preuve du dévoûment de ses amis, il cite le général de la Fayette, qui a eu le courage, en 1792, de défendre la royauté constitutionnelle à l'assemblée législative... M. de la Fayette vient ensuite se justifier à la tribune du reproche qui lui étoit fait d'avoir sollicité un prince étranger. M. Sébastiani ajoute quelques réflexions semblables, et combat ensuite le chapitre en délibération. À la suite de cette discussion, qui a été très-vive, le crédit demandé a été adopté au scrutin, à la majorité de 201 contre 27.

Instructions sur les vérités fondamentales de la religion, par M. Le Gorguillé, recteur de Coëtmieux (1).

Ces *Instructions* sont le fruit de l'expérience d'un pieux curé. Accoutumé à joindre à la lettre du catéchisme quelques réflexions propres à en faciliter l'intelligence, il a cru que ces réflexions pourroient servir à d'autres. Elles sont plus particulièrement adaptées à l'ancien catéchisme du diocèse de Saint-Brieuc ; mais il ne seroit pas difficile de les lier avec les autres catéchismes, qui ne diffèrent que pour l'ordre des matières et la forme sous laquelle les vérités sont présentées.

Les réflexions de l'auteur nous ont paru claires, simples, précises ; elles sont à la portée des enfans, et peuvent apargner aux pasteurs du temps et de la peine. L'auteur joint des réflexions morales aux explications *dogmatiques*, et tout son travail donne une idée très-avantageuse de *son zèle*, de sa piété, et de son talent pour l'instruction des ames qui lui sont confiées.

Au Tombeau de mon Sauveur, par le Père de Geramb (2).

Ce sont des réflexions pieuses que fait l'auteur sur la passion et le tombeau du Sauveur, sur les égaremens du pécheur, sur son insensibilité. Il se met lui-même en scène avec un excès d'humilité, et raconte d'anciens désordres dont il ne devoit pas la confession au public. J'avoue que j'aurois supprimé les pages 39 et 40. L'écrit d'ailleurs est rempli de *sentimens* de pénitence et de ferveur, et a mérité les suffrages d'un vénérable et judicieux prélat dont l'approbation y est jointe.

---

(1) Prix, 1 fr. et 1 fr. 25 cent. franc de port.
(2) Prix, 1 fr. 20 c. et 1 fr. 35 cent. franc de port.

A Paris, à la librairie ecclésiastique d'Adrien Le Clere et compagnie, au bureau de ce journal.

Fin du cinquante-neuvième volume.

Le Gérant, ADRIEN LE CLERE.

Lightning Source UK Ltd.
Milton Keynes UK
UKHW012232110219
337137UK00006B/1157/P

9 780260 642486